商标实务指南

TRADEMARK PRACTICE GUIDE

（第三版）

主　编　张　锐
副主编　李　石
编　委　朴丽娜　刘新焱　吴永亮
　　　　孙红晓　付育霖　景　灿
　　　　齐守明　纪　刚
出　品　北京玺泽律师事务所

法律出版社
LAW PRESS · CHINA

第三版修订说明

《商标实务指南》自2015年9月首次出版,2017年7月第二版发行至今,已经有近4年时间,由于其极强的实务操作性特点,一直受到商标从业人员(包括商标代理人、商标律师、公司商标法务)及商标学者的好评和肯定。

此次第三次修订,正值如下商标相关机构、法律和规定的重大变革:

1.2018年国家市场监督管理总局成立,"工商"退出舞台。2018年3月,国务院机构改革方案将国家工商行政管理总局、国家质量监督检验检疫总局、国家食品药品监督管理总局、国家发展和改革委员会的价格监督检查与反垄断执法、商务部经营者集中反垄断执法以及国务院反垄断委员会办公室等职责整合,组建国家市场监督管理总局,作为国务院直属机构。2018年4月10日,国家市场监督管理总局正式挂牌。自此,"工商"已成为历史词汇。

2.2018年国家知识产权局重新组建,职责涵盖商标审查。2018年3月13日,国务院机构改革方案出炉,国务院重新组建国家知识产权局,将国家知识产权局的全部职责、国家工商行政管理总局的商标管理职责(前国家工商行政管理总局商标局负责)、国家质量监督检验检疫总局的原产地地理标志管理职责整合。2018年9月11日,中国机构编制网公布《国家知识产权局职能配置、内设机构和人员编制规定》,国家知识产权局主要职能包括:负责知识产权的审查注册登记和行政裁决;实施商标注册、专利审查、集成电路布图设计登记,负责商标、专利、集成电路布图设计复审和无效等行政裁决;拟订原产地地理标志统一认定制度并组织实施;等等。

2019年2月18日,国家知识产权局发布《关于变更业务用章及相关表格书式的公告》,规定原国家工商行政管理总局商标局、商标评审委员会、商标审查协作中心整合为国家知识产权局商标局,不再保留商标评审委员会、商标审查协作中心。机构调整后,商标审查工作对外将以"国家知识产权局"的名义开展,业务办理程序不变,即商标审查及评审行政文件,均以"国家知识产权局"名义作出。

3.2019年新《商标法》公布。2019年4月23日新《商标法》公布,并将于2019年11月1日正式实施。此次修改,重点内容包括:(1)增加"不以使用为目的的恶意商标注册申请,应当予以驳回"的相关规定,且此规定并可被作为提起异议和无效宣告的绝对理由;(2)法定赔偿限额从300万元提高到500万元,等等。

4.2019年新《反不正当竞争法》公布。2019年4月23日新《反不正当竞争法》公布实施,将不正当竞争行为的法定赔偿限额从300万元提高到500万元。

5. 2019 年新《商标授权确权行政案件审理指南》公布。 北京市高级人民法院于 2019 年 4 月 24 日公布实施新《商标授权确权行政案件审理指南》。本指南共计 162 条，分为程序和实体两部分，对商标授权确权中的各类情况，从司法角度对商标法基本逐条给出了详细的阐释，是商标法律从业者的重点参考依据。本指南重点从以下四个方面作出规定：

(1)详细阐述列举“不以使用为目的的恶意商标注册申请”的具体情形，针对囤积商标待价而沽、恶意抢注商标要高价等恶意注册商标的行为，加大打击力度；

(2)根据不同权益特点，对保护规则和范围进行了合理确定，加大对驰名商标和在先著作权的保护力度；

(3)通过在行政程序启动主体的资格审查、审查理由确定以及区分“程序瑕疵”与“程序违法”等三个方面作出具体规定。

6. 2019 年市场监督管理相关规定及办法实施。 国家市场监督管理总局《市场监督管理行政处罚程序暂行规定》及《市场监督管理行政处罚听证暂行办法》于 2019 年 4 月 1 日实施。新规定亮点包括：明确电子商务违法行为的管辖原则；明确特别情形证据的采信规定；明晰电子证据规则等。听证暂行办法明确了中止及终止听证的情形以及听证报告的具体内容。

本书此次修订，将上述变化逐项融入各相关章节及要点之中，为广大读者提供现行最新的依据和实践。

在推出本书第三版的同时，为了能给商标法律从业人员提供更便捷、多维度的实务工具，我们同步推出了“摩知轮”(www. mozlen. com)——商标大数据专业检索平台，包括商标申请基础数据、商品服务分类、商标实务指引、商标行政及司法案例等数据，并推出了多个较为实用的功能模块，如全类全群组转轮查询、多维度搜索及过滤、交叉检索、权属对比、档案对比、自动实时监控等。

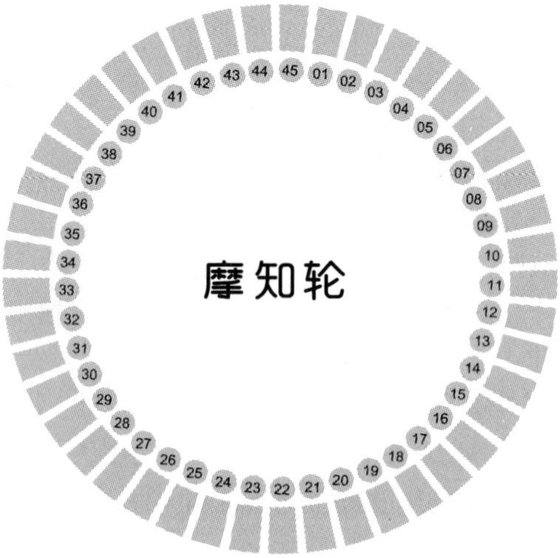

www. mozlen. com

本书此次修改，因上述机构改革，商标行政确权审查机构统一为“国家知识产权局”，书中仍有部分内容保留之前法律文件中出现的“商标局”“商评委”等用词，还请注意以免误解。此次修改，由于时间较为仓促，短短两个月完成，若有疏漏和不足之处，恳请广大读者及同仁提出宝贵建议。

张锐

2019年6月6日于北京望京

第二版修订说明

《商标实务指南》是由北京玺泽律师事务所高级合伙人张锐主编的商标实务工具书。在内容上，本书涵盖了商标领域主要的非诉和诉讼业务操作指引，包括各类业务的官方书式、概念和原理、操作指引、理由及证据材料准备、注意事项、流程图等；在编排形式上，采用了实务操作和法律依据的双向检索编排体例，便于快速查找和理解。

由于内容和体例上具备很强的实务操作性，本书自2015年9月1日正式出版以来，一直受到商标从业人员（包括商标代理人、商标律师、公司商标法务）及商标学者的好评和青睐，并在京东、亚马逊、当当等图书销售平台商标类图书综合排名中保持领先位置，截至2017年3月已经连续加印5次。

2017年1月至5月，国家工商行政管理总局及最高人民法院相继发布并实施了商标授权确权的有关标准和规定，主要包括：

·2017年1月4日国家工商行政管理总局发布并实施的新《商标审查标准》及《商标审理标准》；

·2017年3月1日施行的最高人民法院《关于审理商标授权确权行政案件若干问题的规定》；

·2017年5月4日发布并施行的国家工商行政管理总局《商标评审案件口头审理办法》。

基于上述新规，我们对原版实务内容进行了相应修订。修订较多的章节为商标异议申请、注册商标无效宣告申请、驰名商标认定申请。此次修订重点根据上述新规对商标权益人主张理由作详细更新，包括“代理人、代表人或者有特定关系的他人恶意抢注”“在先权利”“以不正当手段抢注他人已经使用并有一定影响的商标”“驰名商标认定考虑因素”等。

此外，考虑到互联网领域商标纠纷的日益增多，我们特在第三章“商标维权实务”新增“电商平台投诉流程”和“新媒体关键词投诉维权”两节内容，介绍了淘宝、京东、微博、微信的商标侵权投诉流程。

本书此次修订，正值2017年5月17日国家工商行政管理总局《关于深入实施商标品牌战略推进中国品牌建设的意见》发布，主要在深化商标注册管理体制改革、切实加强注册商标行政保护、大力开拓品牌发展国际空间等方面提出具体部署和要求。深入实施商标品牌战略，需要商标从业人员从专业上提供支持。希望本书能够在专业层面上为国家推进实施商标品牌战略提供实务操作性指引。

由于修订时间仓促，若有疏漏和不足之处，恳请广大读者及同仁提出宝贵建议。

编者

2017年7月1日

自　序

进入法律服务行业多年，渐渐明白作为一名提供法律服务的专业人员，要学会并做到三个熟悉：

(1)熟悉实务操作内容和流程；

(2)熟悉实务的法律依据；

(3)熟悉法律依据如何适用于实务及具体案件。

上述三者互相循环促进、相辅相成。

大多数商标代理人、商标律师及公司商标法务，是跟着资深前辈一步一步学习、研究、实践、积累、总结而慢慢成长，大家都有自己的一些经验总结，包括实务流程、申请模板、格式回函、法律法规、典型案例以及供学习研究的数据库，大都放在网页的收藏夹或电脑的文件夹中。在实际办理业务过程中，除了前辈指引或自学整理外，笔者更希望有一本操作性强的法律工具用书，既可以了解商标实务，又能够知晓实务的法律依据，使我们融会贯通地去理解学习。然而，市面上鲜有此类书籍，要么是“说明文”，要么是“论文集”，要么是“案例集”。笔者认为，对于商标法律从业人员，尤其是刚刚从事商标业务的低年级代理人和律师，需要一本真正的实务工具书，帮助其更快地熟悉实际操作，理解相应的法律依据，做到真正的“知其然，知其所以然”和“依法行事”。

为了能让商标从业人员有一本可供参考的工具书，同时也是对自身积累的阶段性总结，笔者大致整理了一些商标基本业务的实操性内容，汇集成此书，若能对大家的实际工作有些许帮助，便已足矣。本书仅对商标基础代理业务实操性内容作归纳总结，对于有争议的知识点未做深入讨论。编辑时间稍有仓促，若有不当之处，请大家批评指正。

本书主要特点：实务操作和法律依据的双向检索。

从内容上来说，本书分为三个部分：实务指南 + 法律法规 + 典型案例。最核心的第一部分“实务指南”内容包含了基本的商标确权和维权业务：(1)商标确权业务（如商标查询、商标申请、驳回复审、商标异议、不予注册复审、无效宣告申请、撤销连续三年不使用申请、驰名商标认定、著名商标申请、商标转让、许可、质押，等等）；(2)商标维权业务（如非诉的工商查处投诉、海关及展会保护、域名争议解决，以及商标行政、民事、刑事诉讼业务）。实务操作内容，包括官方书式、概念和原理、操作指引、理由及证据材料准备、注意事项、流程图等。第二部分“法律法规”收集了商标业务的主要法律依据，并根据业务领域进行归类，包括基本法律、审查评审、驰名商标、商标运用、海关及展会保护、侵权投诉、商标诉讼、域名争议及代理规范等。

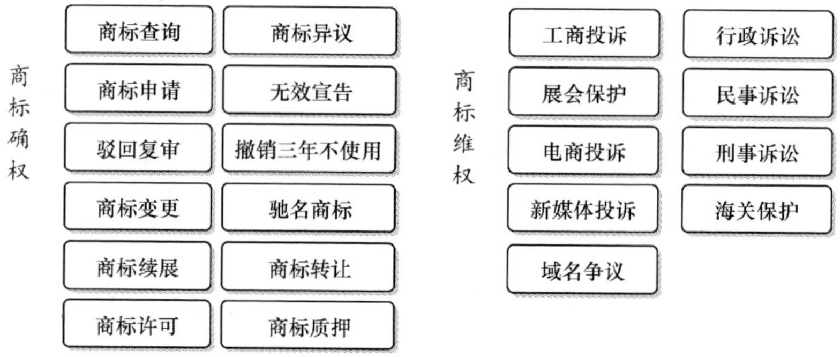

从体例上来看,本书可实现商标实务与法律依据的快速双向检索,采取正文和边注两列的编排方式。例如,第一部分"实务指南"的正文为实务操作,边注为实务对应的第二部分"法律依据"(包括该法律法规所在页码),便于读者在快速了解实务操作的同时,查找相应的法律依据,更能加深对实务的理解。第二部分"法律法规"的正文为法律法规,边注为法律法规适用的实务内容,读者可以检索到第一部分的实务操作,更能清晰地明确法律法规在实务中的适用。

"实务"与"法律"的双向检索图示:

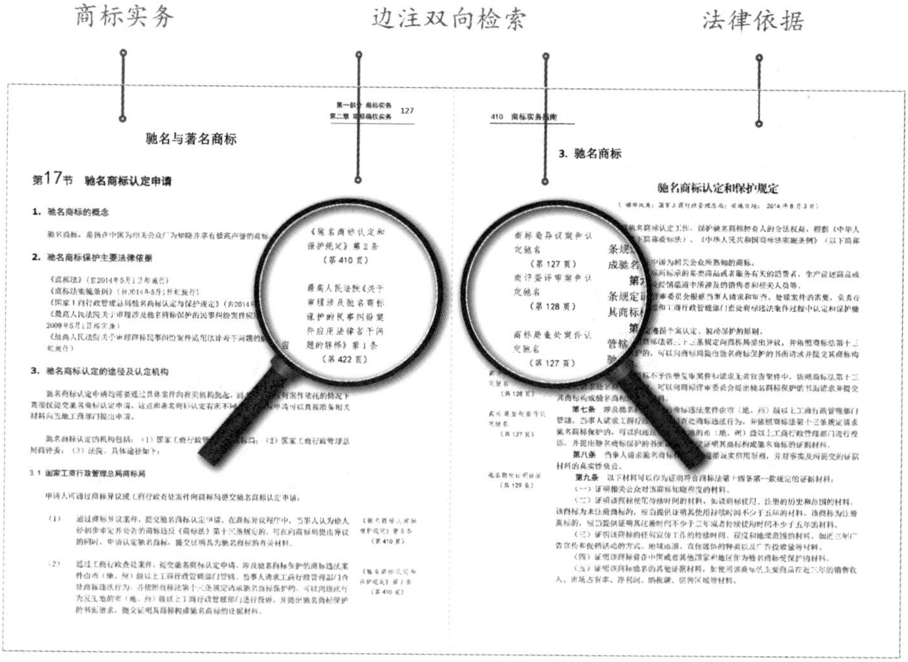

张锐
北京玺泽律师事务所　高级合伙人

目　　录

第一部分　商标实务

3. 驰名商标

4. 商标许可、转让、质押

5. 海关保护

6. 展会保护

7. 行政投诉

第三部分　案例参考

第一部分

商 标 实 务

第一章　商标及商标法律制度

1. 商标及其本质属性

商标是商品生产者、经营者在其生产或者销售的商品上，或者服务提供者在其提供的服务上使用的，用于区别商品或服务来源的标志。该标志可以由文字、图形、字母、数字、三维标志、声音、颜色组合，或上述要素的组合组成，且应具有显著性。经国家知识产权局商标局核准注册的商标为"注册商标"，受法律保护。商标的本质属性包括：显著性和区别性。

1.1　显著性

《商标法》第9条第1款（第336页）

申请注册的商标，应当有显著特征，便于识别，并不得与他人在先取得的合法权利相冲突。

1.2　区别性

《商标法》第8条（第335页）

任何能够将自然人、法人或者其他组织的商品与他人的商品区别开的标志，包括文字、图形、字母、数字、三维标志、颜色组合和声音等，以及上述要素的组合，均可以作为商标申请注册。即商标应当起到区别来源的功能。

2. 商标基本原则和法律制度

2.1　诚实信用原则

《商标法》第7条（第335页）

申请注册和使用商标，应当遵循诚实信用原则。

2.2　先申请原则

《商标法》第31条（第339页）

两个或者两个以上的商标注册申请人，在同一种商品或者类似商品上，以相同或者近似的商标申请注册的，初步审定并公告申请在先的商标；同一天申请的，初步审定并公告使用在先的商标，驳回其他人的申请，不予公告。根据该原则，商标即使已经使用，但若不及时申请注册，可能面临被他人申请在先而获得注册，自身却无法得到对该商标的专用权。

《商标法》
第4条
(第335页)

2.3 注册制度

商标专用权通过注册而取得。自然人、法人或者其他组织在生产经营活动中,对其商品或者服务需要取得商标专用权的,应当向注册机构申请商标注册。中国商标注册的唯一行政机构是国家知识产权局,其他地方市场监督管理局无资格接收商标注册申请。商标通过注册获得保护,并不意味着未注册商标就一定不能得到相应保护。《商标法》第13条第2款规定,就相同或者类似商品申请注册的商标是复制、摹仿或者翻译他人未在中国注册的驰名商标,容易导致混淆的,不予注册并禁止使用,即为未注册但已构成驰名的商标提供了保护救济程序。

《商标法》
第28条、第30条
(第339页)

2.4 审查制度

国家知识产权局对商标注册申请进行形式和实质审查,且应当自收到商标注册申请文件之日起9个月内审查完毕,符合商标法有关规定的,予以初步审定公告;不符合商标法有关规定或者同他人在同一种商品或者类似商品上已经注册的或者初步审定的商标相同或者近似的,由国家知识产权局驳回申请,不予公告。形式审查主要审查申请文件和手续是否符合规定条件。实质审查主要包括:(1)绝对理由审查,即合法性审查;(2)相对理由审查,即在先权利审查。

《商标法》
第60条
(第344页)

2.5 行政与司法保护双轨制

中国商标专用权保护主要涉及两个行政部门“市场监督管理部门、海关部门”;和三个司法部门“公安部门、人民检察院、人民法院”。

(1)市场监督管理部门,一是对注册商标和未注册商标使用行为的监督管理;二是依职权或依投诉查处商标侵权行为。

(2)海关部门,可以根据商标权人的申请对商标进行备案,扣留进出口的嫌疑侵权货物;还可以依职权对进出口侵权货物进行查处,做出没收侵权货物、罚款等行政处罚。

(3)公、检、法,公安部门负责对涉嫌构成假冒注册商标犯罪案件的立案侦查工作。检察院负责商标侵权刑事案件审查批捕、起诉等。法院负责商标有关的行政、民事、刑事案件审判工作。其中,不服国家知识产权局作出裁定的行政诉讼,由北京知识产权法院管辖。

3. 商标确权行政主管机关——国家知识产权局商标局

国家知识产权局商标局是国家市场监督管理总局下属管理的国家知识产权局的一个司局级单位,主管全国的商标注册与管理工作及商标争议评审行政事宜。相关变革进程如下:

2018年3月13日,国务院机构改革方案提请第十三届全国人大第一次会议审议。根据该方案,国务院将重新组建国家知识产权局,将国家知识产权局的全部职责、国家工商行政管理总局的商标管理职责(前国家工商行政管理总局商标局负责)、国家质量监督检验检疫总局的原产地地理标志管理职责整合。

2018年9月11日,中国机构编制网公布《国家知识产权局职能配置、内设机构和人员编制规定》,国家知识产权局主要职能包括:负责知识产权的审查注册登记和行政裁决。实施商标注册、专利审查、集成电路布图设计登记;负责商标、专利、集成电路布图设计复审和无效等行政裁决。拟订原产地地理标志统一认定制度并组织实施等。

2019年2月18日,国家知识产权局发布《关于变更业务用章及相关表格书式的公告》,规定原国家工商行政管理总局商标局、商标评审委员会、商标审查协作中心整合为国家知识产权局商标局,不再保留商标评审委员会、商标审查协作中心。

机构调整后,商标审查工作对外将以"国家知识产权局"的名义开展(**注意,不是以"国家知识产权局商标局"或"商标局"名义**),业务办理程序不变。新业务印章由"国家知识产权局"加"具体业务类型"组成,分为商标审查业务用章、商标注册证明专用章、商标档案业务专用章、商标案件线索转办专用章、商标评审业务章、行政诉讼专用章。

国家知识产权局商标局主要职责如下:

3.1 商标审查

(1)负责商品商标、服务商标、集体商标、证明商标等商标的注册工作;
(2)办理商标异议裁定以及注册商标的变更、转让、移转、续展、补正、注销、撤销、商标许可备案、商标质押登记等有关事宜;
(3)指导、协调、组织各地市场监督管理机关查处商标侵权假冒案件;
(4)依法认定和保护驰名商标;
(5)监督管理商标代理机构;
(6)研究拟定商标注册和管理的规章制度及具体措施、办法;
(7)组织商标国际条约、协定在中国的具体实施;
(8)承办商标国际交流与合作的有关工作。

3.2 商标评审

3.2.1 评审案件类型

《商标评审规则》
第2条
(第455页)

商标评审案件类型,包括两大类:

第一类:不服审查决定而提起的复审案件

(1)驳回复审。当事人对国家知识产权局作出的驳回商标注册申请不服,依照《商标法》第34条规定申请复审。

(2)不予注册复审。被异议人对国家知识产权局作出的不予注册决定不服,依照《商标法》第35条第3款规定申请复审。

(3)撤销注册商标复审。当事人对国家知识产权局作出的撤销或不予撤销注册商标决定不服,依照《商标法》第54条规定申请复审。

(4)注册商标无效宣告复审。当事人对国家知识产权局作出的宣告注册商标无效决定不服,依照《商标法》第44条第2款规定申请复审。

第二类:直接提起的复审案件

无效宣告申请。依据《商标法》第44条第1款、第45条第1款,直接向国家知识产权局对注册商标提出的无效宣告申请。

《商标评审规则》第4条(第455页)《商标法实施条例》第60条(第357页)

3.2.2 评审审理方式

一般情况下,国家知识产权局审理商标评审案件实行书面审理。但是,国家知识产权局根据当事人的请求或者实际需要,可以决定对评审申请进行口头审理。

国家知识产权局决定对评审申请进行口头审理的,应当在口头审理15日前书面通知当事人,告知口头审理的日期、地点和评审人员。当事人应当在通知书指定的期限内作出答复。申请人不答复也不参加口头审理的,其评审申请视为撤回,国家知识产权局应当书面通知申请人;被申请人不答复也不参加口头审理的,国家知识产权局可以缺席评审。

联系方式:

地址:北京市西城区茶马南街1号中国商标大楼

邮编:100055

电话:010-63218500

网址:www. sbj. saic. gov. cn

4. 商标维权主管行政机关——地方市场监督管理机关

地方市场监督管理机关商标管理部门(如北京市市场监督管理局商标处)查处的商标违法案件主要包括:

(1)商标侵权及假冒案件;

(2)商标违法使用案件;

(3)非法印制或者买卖商标标识案件;

(4)商标使用许可违法案件;

(5)其他违反商标法律、法规及规章的案件。

5. 人民法院受理的商标案件

《关于审理商标案件有关管辖和法律适用范围问题的解释》第1条（第576页）
《关于商标法修改决定施行后商标案件管辖及法律适用问题的解释》（第572～573页）

人民法院受理的商标案件包括以下方面：

(1)不服国家知识产权局作出的复审决定或者裁定的案件；

(2)不服市场监督管理部门作出的有关商标的具体行政行为的案件；

(3)商标权权属纠纷案件；

(4)侵害商标专用权纠纷案件；

(5)确认不侵害商标专用权纠纷案件；

(6)商标权转让合同纠纷案件；

(7)商标使用许可合同纠纷案件；

(8)商标代理合同纠纷案件；

(9)申请诉前停止侵犯商标专用权案件；

(10)因申请停止侵害商标专有权损害责任案件；

(11)申请诉前财产保全案件；

(12)申请诉前证据保全案件；

(13)其他商标案件。

第(1)项第一审案件,由北京知识产权法院管辖。

第(2)项第一审案件,根据《行政诉讼法》的有关规定确定管辖。

商标民事纠纷第一审案件,由中级以上人民法院及最高人民法院指定的基层人民法院管辖。

涉及驰名商标保护的民事、行政案件,由省、自治区人民政府所在地市、计划单列市、直辖市辖区中级人民法院及最高人民法院指定的其他中级人民法院管辖。

第二章　商标确权实务

商标申请前事务

第1节　商品及服务分类

1. 商标注册用商品和服务国际分类——尼斯分类

商标注册用商品和服务国际分类的参照标准为《商标注册用商品和服务国际分类尼斯协定》(Nice Agreement Concerning the International Classification of Goods and Services for the Purposes of the Registration of Marks,以下简称《尼斯协定》),《尼斯协定》于1957年6月15日在法国南部城市尼斯签订,1961年4月8日生效。《尼斯协定》的宗旨是建立一个共同的商标注册用商品和服务国际分类体系,并保证其实施。《尼斯协定》的联盟成员国目前已发展到82个。我国于1994年8月9日加入《尼斯协定》联盟。其中,加入《尼斯协定》的其他亚洲国家或地区包括:新加坡、日本、韩国、朝鲜、马来西亚等。

目前,《尼斯协定》中采用的国际分类(The Nice Classification,NCL,尼斯分类)共包括45类,其中商品共34类(第1~34类),服务项目共11类(第35~45类),共包含1万多个商品和服务项目。尼斯分类表定期修订,一方面是增加新的商品;另一方面是将已列入分类表的商品按照新的观点进行调整。尼斯分类第11版2019年文本,自2019年1月1日起实行。

尼斯分类官方网址:http://www.wipo.int/classifications/nice/en/。

2. 中国类似商品和服务区分表

中国现行商标注册用商品和服务分类的参照标准为《类似商品和服务区分表》(基于尼斯分类第11版)(2019年文本)。此区分表依据尼斯分类编辑制定,共包括45类,其中商品34类(第1~34类),服务项目11类(第35~45类),其中加入许多有中国特色的商品及服务项目。

中国类似商品和服务区分表官方网址:http://sbj.saic.gov.cn/sbsq/spfl/。

各类别所涉商品及服务领域如表1所示:

表1 各类别所涉商品及服务领域

类别	领域		群组数
第01类	化学材料	用于工业、科学、摄影、农业、园艺和林业的化学品；未加工人造合成树脂，未加工塑料物质；灭火和防火用合成物；淬火和焊接用制剂；鞣制动物皮毛用物质；工业用黏合剂；油灰及其他膏状填料；堆肥，肥料，化肥；工业和科学用生物制剂	0101～0116；共17类似群
第02类	颜料油漆	颜料，清漆，漆；防锈剂和木材防腐剂；着色剂，染料；印刷、标记和雕刻用油墨；未加工的天然树脂；绘画、装饰、印刷和艺术用金属箔及金属粉	0201～0207；共7类似群
第03类	日化用品	不含药物的化妆品和梳洗用制剂；不含药物的牙膏；香料，香精油；洗衣用漂白剂及其他物料；清洁、擦亮、去渍及研磨用制剂	0301～0310；共10类似群
第04类	燃料油脂	工业用油和油脂，蜡；润滑剂；吸收、润湿和黏结灰尘用合成物；燃料和照明材料；照明用蜡烛和灯芯	0401～0407；共7类似群
第05类	医药卫生	药品，医用和兽医用制剂；医用卫生制剂；医用或兽医用营养食物和物质，婴儿食品；人用和动物用膳食补充剂；膏药，绷敷材料；填塞牙孔用料，牙科用蜡；消毒剂；消灭有害动物制剂；杀真菌剂，除莠剂	0501～0508；共8类似群
第06类	五金器具	普通金属及其合金，金属矿石；金属建筑材料；可移动金属建筑物；普通金属制非电气用缆线；金属小五金具；存储和运输用金属容器；保险箱	0601～0624；共24类似群
第07类	机械设备	机器，机床，电动工具；马达和引擎（陆地车辆用的除外）；机器联结器和传动机件（陆地车辆用的除外）；除手动手工具以外的农业器具；孵化器；自动售货机	0701～0754；共54类似群
第08类	手工器械	手工具和器具（手动的）；刀、叉和匙餐具；除火器外的随身武器；剃刀	0801～0813；共13类似群
第09类	电子仪器	科学、研究、导航、测量、摄影、电影、视听、光学、衡具、量具、信号、侦测、测试、检验、救生和教学用装置及仪器；处理、开关、转换、积累、调节或控制电的配送或使用的装置和仪器；录制、传送、重放或处理声音、影像或数据的装置和仪器；已录制和可下载的媒体，计算机软件，录制和存储用空白的数字或模拟介质；投币启动设备用机械装置；收银机，计算设备；计算机和计算机外围设备；潜水服，潜水面罩，潜水用耳塞，潜水和游泳用鼻夹，潜水员手套，潜水呼吸器；灭火设备	0901～0924；共24类似群

续表

类别	领域		群组数
第10类	医疗器械	外科、医疗、牙科和兽医用仪器及器械;假肢,假眼和假牙;矫形用物品;缝合材料;残疾人专用治疗装置;按摩器械;婴儿护理用器械、器具及用品;性生活用器械、器具及用品	1001～1009;共9类似群
第11类	家用电器	照明、加热、冷却、蒸汽发生、烹饪、干燥、通风、供水以及卫生用装置和设备	1101～1113;共13类似群
第12类	交通工具	运载工具;陆、空、海用运载装置	1201～1211;共11类似群
第13类	军火烟花	火器;军火及弹药;炸药;焰火	1301～1304;共4类似群
第14类	珠宝钟表	贵金属及其合金;首饰,宝石和半宝石;钟表和计时仪器	1401～1404;共4类似群
第15类	乐器用品	乐器;乐谱架和乐器架;指挥棒	1501～1502;共2类似群
第16类	办公用品	纸和纸板;印刷品;书籍装订材料;照片;文具和办公用品(家具除外);文具用或家庭用黏合剂;绘画材料和艺术家用材料;画笔;教育或教学用品;包装和打包用塑料纸、塑料膜和塑料袋;印刷铅字,印版	1601～1620;共21类似群
第17类	橡胶制品	未加工和半加工的橡胶、古塔胶、树胶、石棉、云母及这些材料的代用品;生产用成型塑料和树脂制品;包装、填充和绝缘用材料;非金属软管和非金属柔性管	1701～1708;共8类似群
第18类	皮革皮具	皮革和人造皮革;动物皮;行李箱和背包;雨伞和阳伞;手杖;鞭,马具和鞍具;动物用项圈、皮带和衣服	1801～1806;共7类似群
第19类	建筑材料	非金属的建筑材料;建筑用非金属硬管;柏油,沥青;可移动非金属建筑物;非金属纪念碑	1901～1915;共15类似群
第20类	家具枕头	家具,镜子,相框;存储或运输用非金属容器;未加工或半加工的骨、角、鲸骨或珍珠母;贝壳;海泡石;黄琥珀	2001～2014;共14类似群
第21类	家用器具	家用或厨房用器具和容器;烹饪用具和餐具(刀、叉、匙除外);梳子和海绵;刷子(画笔除外);制刷原料;清洁用具;未加工或半加工玻璃(建筑用玻璃除外);玻璃器皿、瓷器和陶器	2101～2115;共15类似群

续表

类别	领域		群组数
第22类	绳网袋篷	绳索和细绳;网;帐篷和防水遮布;纺织品或合成纤维材料制遮篷;帆;运输和贮存散装物用麻袋;衬垫和填充材料(纸或纸板、橡胶、塑料制除外);纺织用纤维原料及其替代品	2201～2205;共5类似群
第23类	纺织纱线	纺织用纱和线	2301～2303;共3类似群
第24类	布料床单	织物及其替代品;家庭日用纺织品;纺织品制或塑料制帘	2401～2411;共11类似群
第25类	服装鞋帽	服装,鞋,帽	2501～2513;共13类似群
第26类	花边拉链	花边,编带和刺绣品,缝纫用饰带和蝴蝶结;纽扣,领钩扣,饰针和缝针;人造花;发饰;假发	2601～2609;共10类似群
第27类	地毯席垫	地毯,地席,亚麻油地毡及其他铺在已建成地板上的材料;非纺织品制壁挂	2701～2704;共4类似群
第28类	体育玩具	游戏器具和玩具;视频游戏装置;体育和运动用品;圣诞树用装饰品	2801～2812;共12类似群
第29类	食品果蔬	肉,鱼,家禽和野味;肉汁;腌渍、冷冻、干制及煮熟的水果和蔬菜;果冻,果酱,蜜饯;蛋;奶,奶酪,黄油,酸奶和其他奶制品;食用油和油脂	2901～2914;共14类似群
第30类	茶糖调料	咖啡,茶,可可和咖啡代用品;米,意式面食,面条;食用淀粉和西米;面粉和谷类制品;面包、糕点和甜食;巧克力;冰淇淋,果汁刨冰和其他食用冰;糖,蜂蜜,糖浆;鲜酵母,发酵粉;食盐,调味料,香辛料,腌制香草;醋,调味酱汁和其他调味品;冰(冻结的水)	3001～3019;共19类似群
第31类	水果花木	未加工的农业、水产养殖业、园艺、林业产品;未加工的谷物和种子;新鲜水果和蔬菜,新鲜芳香草本植物;草木和花卉;种植用球茎、幼苗和种子;活动物;动物的饮食;麦芽	3101～3110;共10类似群
第32类	啤酒饮料	啤酒;无酒精饮料;矿泉水和汽水;水果饮料及果汁;糖浆及其他制饮料用无酒精制剂	3201～3203;共3类似群
第33类	酒精饮料	酒精饮料(啤酒除外);制饮料用酒精制剂	3301;共1类似群
第34类	烟草烟具	烟草和烟草代用品;香烟和雪茄;电子香烟和吸烟者用口腔雾化器;烟具;火柴	3401～3406;共7类似群

续表

类别	领域		群组数
第35类	广告贸易	广告;商业经营;商业管理;办公事务	3501 ~ 3509;共9类似群
第36类	金融物管	保险;金融事务;货币事务;不动产事务	3601 ~ 3609;共9类似群
第37类	建筑修理	房屋建筑;修理;安装服务	3701 ~ 3718;共18类似群
第38类	通讯电信	电信	3801 ~ 3802;共2类似群
第39类	运输旅行	运输;商品包装和贮藏;旅行安排	3901 ~ 3912;共12类似群
第40类	材料处理	材料处理	4001 ~ 4015;共15类似群
第41类	教育娱乐	教育;提供培训;娱乐;文体活动	4101 ~ 4107;共7类似群
第42类	科研服务	科学技术服务和与之相关的研究与设计服务;工业分析与研究;计算机硬件与软件的设计与开发	4209 ~ 4214;4216 ~ 4218;4220; 4224;4227;共12类似群
第43类	酒店餐饮	提供食物和饮料服务;临时住宿	4301 ~ 4306;共6类似群
第44类	医疗园艺	医疗服务;兽医服务;人或动物的卫生和美容服务;农业、园艺和林业服务	4401 ~ 4405;共5类似群
第45类	法律社交	法律服务;为有形财产和个人提供实体保护的安全服务;由他人提供的为满足个人需要的私人和社会服务	4501 ~ 4506;共6类似群

在申请商标注册时,必须指明具体的商品和服务名称。商品名称力求具体、准确、规范,以便明确指定该商标的保护范围。一般来说,一个商品在商品分类表中有正规名称时,应使用分类表中的规范名称。使用《类似商品和服务区分表》中规范的商品及服务名称,有助于加快商标的注册进程,确保申请人及时获得商标专用权。使用不规范名称,可能会有要求补正的风险。

第2节　商标设定及类别项目的选择

商标，是实体塑造品牌形象的核心载体。如何设定符合企业发展规划的商标，经营者应综合考虑和分析企业、产品、国际国内环境、前沿趋势、消费群体等多种因素。商标注册前需明确：商标种类、要素、不得申请或使用的类型、申请类别及项目。

1. 商标种类

根据商标使用的对象及功能，可将商标分为三大类别：普通商标（商品商标、服务商标）、集体商标和证明商标（见表2）。

《商标法》第3条第1款（第335页）

表2

商标类别	普通商标	集体商标	证明商标
申请主体	依法登记的经营者	团体、协会或者其他组织	具有法人资格，且对某种商品或者服务具有监督能力的组织
商标示例	商标：“YOUKU 优酷” 类别：41 注册号：5939386 注册人：合一网络技术（北京）有限公司	商标：镇江香醋 类别：30 注册号：4488806 注册人：镇江市醋业协会	商标： （绿色食品标示） 类别：31 注册号：892115 注册人：中国绿色食品发展中心

1.1　普通商标

普通商标（商品商标和服务商标），是指依法登记的经营者，用以标明其商品或服务来源的标志。

就普通经营商品或服务的实体而言，其申请商标并用于商品销售及提供服务，则可以在第1～34类（商品类）或第35～45类（服务类）选择类别并指定有关商品或服务项目申请商标。换句话说，普通商标即包括商品商标和服务商标。例如，苹果公司生产销售手机，则将“苹果”商标在第9类申请“手机”等商品项目；宝马公司生产销售汽车，则将“宝马”商标在第12类申请“汽车”等商品项目；百度公司提供搜索引擎服务，则将“百度”商标在第42类申请“提供互联网搜索引擎”服务项目。

1.2　集体商标

《商标法》第3条第2款（第335页）

集体商标，是指以团体、协会或者其他组织名义注册，供该组织成员在商事活动中使用,以表明使用者在该组织中的成员资格的标志。

1.2.1 集体商标的特点

集体商标的特点主要包括:

(1)权利归属组织。集体商标属于由自然人、法人或者其他组织组成的社团组织(如某行业协会),表明商品或服务来源自某一集体组织,但不属于单个自然人、法人或者其他组织。

(2)成员共同使用。集体组织通常不使用该集体商标,而由该组织的成员共同使用。

1.2.2 集体商标与普通商标的区别

集体组织既可以申请注册集体商标,也可以申请注册普通商标,但两者有以下区别:

(1)集体商标表明商品或服务来自某组织;普通商标则表明来自某一经营者。

(2)集体商标申请时必须提交使用管理规则;普通商标申请无此要求。

(3)集体商标不能准许本组织以外的成员使用;普通商标可以许可本组织以外的成员使用。

(4)集体商标失效后两年内国家知识产权局不得核准与之相同或近似的商标注册;普通商标则只需一年国家知识产权局就可以核准与之相同或近似的商标注册。

《商标法》
第3条第3款
(第335页)

1.3 证明商标

证明商标,是指由对某种商品或者服务具有监督能力的组织所控制,而由该组织以外的单位或者个人使用于其商品或者服务,用以证明该商品或者服务的原产地、原料、制造方法、质量或者其他特定品质的标志。

1.3.1 证明商标的特点

证明商标的特点主要包括:

(1)证明商标应是由某个具有检测和监督能力的组织注册和控制,由注册人以外的其他人使用,注册人自己不能使用该注册的证明商标;

(2)证明商标不是表示商品或服务来源于某个经营者,而是用以证明商品或服务本身出自某原产地,或具有某种特定品质的标志;

(3)证明商标的准许使用程序是一个公平开放的程序,只要当事人提供的商品或服务达到证明商标所要求的标准,履行了必要的手续之后,就可以使用该证明商标,证明商标所有人无权拒绝;

(4)证明商标是由多个人共同使用的商标,其注册、使用及管理必须制定统一的管理规则并将之公之于众，让社会各界共同监督，以保护商品与服务的特定品质，保障消费者利益；

(5) 在商标的转让上证明商标有自己独特之处，其所有权可以转让给具有相应检测和监督能力的法人；

(6) 以地理标志作为证明商标注册的，其商品符合使用该地理标志条件的自然人、法人或者其他组织可以要求使用该证明商标，控制该证明商标的组织应当允许。

1.3.2 证明商标与普通商标的区别

证明商标与普通商标的区别如下：

(1) 证明商标表明商品或服务具有某种特定品质；普通商标表明商品或服务出自某一经营者。

(2) 证明商标的注册人必须是依法成立，具有法人资格，且对商品和服务的特定品质具有检测和监督能力的组织；普通商标的注册申请人只需是依法登记的经营者。

(3) 证明商标申请注册时必须按照《集体商标、证明商标注册和管理办法》规定，提交管理规则；普通商标只需按《商标法》及《商标法实施条例》规定提交申请。

(4) 证明商标的注册人不能在自己经营的商品或服务上使用该证明商标；普通商标必须在自己经营的商品或服务上使用自己的注册商标。

(5) 证明商标准许他人使用必须依《集体商标、证明商标注册和管理办法》的规定履行手续，发给《准用证》；普通商标许可他人使用必须签订许可合同。

(6) 证明商标与普通商标都可以转让。但证明商标的受让人必须是依法成立，具有法人资格和具有检测和监督能力的组织；普通商标的受让人包括依法登记的个体工商户、合伙人。

(7) 证明商标失效两年内国家知识产权局不得核准与之相同或近似的商标注册；普通商标则只需一年国家知识产权局就可以核准与之相同或近似的商标注册。

集体商标和证明商标的区别在于，集体商标商标所有权归集体成员所有，而证明商标商标所有权归“具有检测和监督能力的组织”所有。

1.4 地理标志

1.4.1 地理标志的概念

地理标志是指标示产品来源于特定地域，产品品质和相关特征主要取决于自然生态环境和历史人文因素，并以地域名称冠名的特有农产品标志。

《商标法》第16条
（第337页）

在我国,可申请地理标志的产品涉及农产品、食品、中药材、手工艺品、工业品等类多种产品。从已注册的地理标志来看,多以农副产品居多,即水果、大米、蔬菜、家禽、花卉、酒类等。国外在这方面做得已经相当成熟,国外地理标志如法国波尔多葡萄酒、苏格兰威斯忌等已被全世界的消费者广泛认可。

1.4.2 地理标志的申请注册机构及注册形式

目前,我国可以进行产品地理标志申请的部门主要有三个:国家知识产权局、国家质量监督检验检疫总局、农业部。

(1)国家知识产权局

《商标法实施条例》第4条(第347页)

地理标志可以作为证明商标或者集体商标,向国家知识产权局提出申请注册。

2003年4月17日,国家工商行政管理局颁布了新的《集体商标、证明商标注册和管理办法》,对地理标志申请证明商标和集体商标的条件、申请部门、使用管理作出了详尽的规定。2007年2月1日国家工商总局公布地理标志产品专用标志(见图1),同时发布《地理标志产品专用标志管理办法》。

图1

(2)国家质量监督检验检疫总局

2005年,国家质量监督检验检疫总局颁布了《地理标志产品保护规定》,将原产地域产品改称为地理标志产品,并公布了地理标志产品专用标志(见图2)。此规定中规定,地理标志申请主体,为当地县级以上人民政府制定的地理标志产品保护申请机构或人民政府认定的协会和企业。

图 2

(3)农业部

2007 年 12 月,农业部发布了《农产品地理标志管理办法》,并随后开始接受申请并颁发了农业部的“农产品地理标志”专用标志(见图 3)。此办法中规定,农产品地理标志登记申请人为县级以上地方人民政府根据具体条件择优确定的农民专业合作经济组织、行业协会等组织。

图 3

2. 商标构成要素

任何能够将自然人、法人或者其他组织的商品与他人的商品区别开的标志,包括文字、图形、字母、数字、三维标志、颜色组合和声音等,以及上述要素的组合,均可以作为商标申请注册。

《商标法》第 8 条(第 335 页)

可以看出,按照商标要素来分,商标类型包括:文字商标(中文商标)、图形商标、字母商标、数字商标、三维立体商标、颜色组合商标、声音商标、组合商标。

例如:

文字商标(中文商标):优酷

图形商标:

字母商标:YOUKU

数字商标:361°

3. 不得作为商标使用,且不能申请注册的标志

《商标法》
第10条
(第336页)

下列标志不得作为商标使用:

3.1 同中华人民共和国的国家名称、国旗、国徽、国歌、军旗、军徽、军歌、勋章等相同或者近似的,以及同中央国家机关的名称、标志、所在地特定地点的名称或者标志性建筑物的名称、图形相同的

《北京市高级人民法院商标授权确权行政案件审理指南》“商标法第十条第一款的认定标准”
(第601页)
《北京市高级人民法院商标授权确权行政案件审理指南》“含有中国国家名称的标志”
(第601页)

若商标标志虽然具有多种含义或者具有多种使用方式,但若其中某一含义或者使用方式容易使公众认为其属于上述禁用元素的,也应认定为禁用范围,其商标使用情况一般不予考虑。

若商标标志含有中华人民共和国国家名称,但整体上并不相同或者不相近似,如果该标志作为商标注册可能损害国家尊严的,可以认定属于《商标法》第10条第1款第8项规定的“有害于社会主义道德风尚或者有其他不良影响的”情形。

3.1.1 国家名称的范围

上述“国家名称”包括全称、简称和缩写:

(1)中国国家名称的全称是“中华人民共和国”;

(2)简称为“中国”“中华”;

(3)英文简称或者缩写为“CN”“CHN”“P. R. C”“CHINA”等。

《含“中国”及首字为“国”字商标的审查审理标准》
(第484页)

3.1.2 可以包含国家名称的4个条件

但是,对含有与我国国家名称相同或者近似文字的商标申请,申请人及申请商标如果能够同时具备以下4个条件的,可予以初步审定:

(1)申请人主体资格应当是经国务院或其授权的机关批准设立的。申请人名称应经名称登记管理机关依法登记。

(2)申请商标与申请人企业名称或者该名称简称一致,简称是经国务院或其授权的机关批准。

(3)申请商标与申请人主体之间具有紧密对应关系。

(4)申请商标指定使用的商品或服务范围应与核定的经营范围相一致。

3.1.3 包含“国”字的商标申请

此外,“国”字能否作为商标首字申请,可区别对待:

(1)“国+商标指定商品名称”商标或者含有“国+商标指定商品名称”的商标,根据审理标准,其因“构成夸大宣传并带有欺骗性”“缺乏显著特征”“具有不良影响”,应予驳回。

(2)对带“国”字头但不是“国 + 商标指定商品名称”组合的申请商标，如果对使用在指定商品上直接表示了商品质量特点或者具有欺骗性，甚至有损公平竞争的市场秩序，或者容易产生政治上不良影响的，应予驳回。

3.2　同外国的国家名称、国旗、国徽、军旗等相同或者近似的，但经该国政府同意的除外

《北京市高级人民法院商标授权确权行政案件审理指南》“含有外国国家名称的标志”
(第601页)

外国国家名称包括外国国家名称的中、外文全称或者简称等，官方文献等可以作为认定外国国家名称的依据。

若商标标志中虽含有外国国家名称，但是整体上并不相同或者不相近似，如果该标志作为商标注册可能损害该国尊严的，可以认定属于《商标法》第10条第1款第8项规定的“有害于社会主义道德风尚或者有其他不良影响的”情形。

具有下列情形之一的，可以推定属于《商标法》第10条第1款第2项规定的“经该国政府同意”，但有相反证据的除外：

(1)当事人提交了该国政府同意诉争商标申请注册的文件的；

(2)当事人提交了相同申请人就诉争商标在相同商品或者服务上，已经在该国获准注册的文件的。

3.3　同政府间国际组织的名称、旗帜、徽记等相同或者近似的，但经该组织同意或者不易误导公众的除外

3.4　与表明实施控制、予以保证的官方标志、检验印记相同或者近似的，但经授权的除外

3.5　同“红十字”“红新月”的名称、标志相同或者近似的

3.6　带有民族歧视性的

“民族歧视性”，是指商标的文字、图形或者其他构成要素带有对特定民族进行丑化、贬低或者其他不平等看待该民族的内容。民族歧视性的判定应综合考虑商标的构成及其指定使用商品或者服务。商标的文字构成与民族名称相同或者近似，并丑化或者贬低特定民族的，判定为带有民族歧视性。

3.7　带有欺骗性，容易使公众对商品的质量等特点或者产地产生误认的

《商标审查标准》“带有欺骗性，容易使公众对商品的质量等特点或者产地产生误认的”
(第372页)

带有欺骗性，是指商标对其指定使用商品或者服务的质量等特点或者产地作了超过其固有程度或与事实不符的表示，容易使公众对商品或者服务的质量等特点或者产地产生错误的认识。包括但不限于如下情形：

《北京市高级人民法院商标授权确权行政案件审理指南》"'欺骗性'的认定""使用企业名称注册商标""'已故知名人物'的保护"
(第601页、第602页)

(1)容易使公众对商品或服务的质量、品质、功能、用途、原料、内容、重量、数量、价格、工艺、技术等特点产生误认的。

(2)若商标中含有企业全称或者简称,而申请人与该企业全称或者简称存在实质性差异的,在易使公众对商品或者服务来源产生误认的。

(3)若商标标志或者其构成要素与特定行业、地域的已故知名人物姓名、肖像等相同或者近似,并由此导致公众对诉争商标指定使用的商品或者服务的质量、信誉、工艺等特点产生误认的。

(4)其他容易使公众对商品或者服务的产地、来源产生误认的。

公众基于日常生活经验等不会对诉争商标指定使用的商品或者服务的质量等特点或者产地产生误认的,不属于本项情形。

《商标审查标准》"有害于社会主义道德风尚或者有其他不良影响的"
(第377页)
最高人民法院《关于审理商标授权确权行政案件若干问题的规定》
第3条、第5条
(第585页)

3.8 有害于社会主义道德风尚或者有其他不良影响的

3.8.1 社会主义道德风尚

社会主义道德风尚,是指我国人们共同生活及其行为的准则、规范以及在一定时期内社会上流行的良好风气和习惯。有害于社会主义道德风尚的,即指含有淫秽、侮辱、封建迷信、邪教及其他与社会良好风气和习惯相违背的内容,如用"流氓""下流"等,这些都是应当被禁止的。

3.8.2 其他不良影响

其他不良影响,是指商标的文字、图形或者其他构成要素对我国政治、经济、文化、宗教、民族等社会公共利益和公共秩序产生消极的、负面的影响。包括但不限于如下情形:

(1)具有政治上不良影响的;

(2)商标含有我国国家名称,导致国家名称的滥用,可能对社会公共利益和公共秩序产生其他消极、负面影响的;

(3)有害于种族尊严或者感情的;

(4)有害于宗教信仰、宗教感情或者民间信仰的;

(5)与我国各党派、政府机构、社会团体等单位或者组织的名称、标志相同或者近似的;

《北京市高级人民法院商标授权确权行政案件审理指南》"'规范使用文字'的认定"
(第602页)

(6)与我国党政机关的职务或者军队的行政职务和职衔的名称相同的;

(7)与各国法定货币的图案、名称或者标记相同或者近似的;

(8)商标含有不规范汉字或系对成语的不规范使用,容易误导公众特别是未成年人认知的;

(9)商标标志或者其构成要素未规范使用汉字或者成语,可能对我国文化教育产生消极、负面影响的；

(10)将政治、经济、文化、宗教、民族等领域公众人物姓名等申请注册为商标的；

(11)商标标志或者其构成要素与已故的政治、经济、文化、宗教、民族等公众人物的姓名、肖像等相同或者近似，可能对我国社会公共利益和公共秩序产生消极、负面影响的；

《北京市高级人民法院商标授权确权行政案件审理指南》"'已故知名人物'的保护"

（第602页）

(12)商标标志或者其构成要素可能对我国政治、经济、文化、宗教、民族等社会公共利益和公共秩序产生消极、负面影响的；

(13)根据公众日常生活经验，或者词典、工具书等官方文献，或者宗教等领域人士的通常认知，能够确定商标标志或者其构成要素可能对我国社会公共利益和公共秩序产生消极、负面影响的。

当事人的主观意图、使用方式、损害结果等可以作为认定是否具有"其他不良影响"的参考因素。

《北京市高级人民法院商标授权确权行政案件审理指南》"'其他不良影响'的判断因素"

（第601页）

在审查判断商标标志或者其构成要素是否具有"其他不良影响"时，一般以商标申请注册时的事实状态为准。核准注册时事实状态发生变化的，以核准注册时的事实状态判断其是否具有"其他不良影响"。

《北京市高级人民法院商标授权确权行政案件审理指南》"'其他不良影响'的判断时间"

（第602页）

3.9 县级以上行政区划的地名或者公众知晓的外国地名，不得作为商标

县级以上行政区划的地名或者公众知晓的外国地名，不得作为商标。但是，地名具有其他含义或者作为集体商标、证明商标组成部分的除外；另外，商标标志或者其构成要素含有县级以上行政区划的地名或者公众知晓的外国地名，但是整体上具有其他含义的亦除外。

3.9.1 县级以上行政区划

县级以上行政区划包括：

(1)县级的县、自治县、县级市、市辖区；

(2)地级的市、自治州、地区、盟；

(3)省级的省、直辖市、自治区；

(4)两个特别行政区，即香港特别行政区、澳门特别行政区；

(5)台湾地区。

3.9.2 县级以上行政区划的地名

县级以上行政区划的地名以我国民政部编辑出版的《中华人民共和国行政区划简册》为准。具体包括：

(1)全称；

(2)简称;

(3)县级以上的省、自治区、直辖市、省会城市、计划单列市、著名的旅游城市的拼音形式。

《商标审查标准》"含有地名的商标的审查"(第382页)
最高人民法院《关于审理商标授权确权行政案件若干问题的规定》第6条(第585页)
《北京市最高人民法院商标授权确权行政案件审理指南》"地名商标的其他含义"(第602页)

3.9.3 例外情况

县级以上行政区划的地名或者公众知晓的外国地名,不得作为商标。但是,有以下情形之一的除外:

(1)地名具有其他含义且该含义强于地名含义的。

(2)商标由地名和其他文字构成而在整体上具有强于地名含义的其他含义的。具有下列情形之一的,可以认定上述"整体上具有其他含义":

(a)诉争商标仅由地名构成,该地名具有其他含义的;

(b)诉争商标包含地名,但诉争商标整体上可以与该地名相区分的;

(c)诉争商标包含地名,整体上虽不能与该地名相区分,但经过使用足以使公众将其与之区分的。

(3)商标由两个或者两个以上行政区划的地名的简称组成,不会使公众发生商品产地等特点误认的。

(4)商标由省、自治区、直辖市、特别行政区,省会城市、计划单列市、著名的旅游城市以外的地名的拼音形式构成,且不会使公众发生商品产地误认的。

《北京市最高人民法院商标授权确权行政案件审理指南》"已经获准注册'地名'商标扩展注册的判断"(第602页)

(5)商标所含地名与其他具备显著特征的标志相互独立,地名仅起真实表示申请人所在地作用的。

(6)地名作为集体商标、证明商标组成部分的。

已经注册的使用地名的商标继续有效。即商标法未禁止地名作为商标注册和使用之前已经获准注册的地名商标,在原注册范围内有效,当事人主张在该地名商标基础上申请注册其他商标的,一般不予支持。

《商标法》第11条(第336页)

4. 不得作为商标注册的标志

不得作为商标注册的,是指缺乏显著性特征的标志,不得作为商标注册。下列标志不得作为商标注册:

《北京市最高人民法院商标授权确权行政案件审理指南》"商标法第十一条的适用"(第603页)

4.1 仅有本商品的通用名称、图形、型号的,不会被相关公众作为商标识别的标志

这里的通用名称、图形、型号,是指国家标准、行业标准规定的或者约定俗成的名称、图形、型号,其中名称包括全称、简称、缩写、俗称。例如,"风衣"作为商品的通用名称使用在衣服商品上不具有显著性,不能发挥商标识别商品来源的功能。

4.2　仅直接表示商品的质量、主要原料、功能、用途、重量、数量及其他特点的描述性标志

仅仅直接表示商品的质量、主要原料、功能、用途、重量、数量及其他特点的标志,因为描述了商品的特点,导致消费者无法识别来源。因此,描述性标志不得作为商标注册。这里的其他特点包括:

(1)指定使用商品的特定消费对象;
(2)指定使用商品的价格;
(3)指定使用商品的内容;
(4)指定使用商品风格或者风味;
(5)指定使用商品的使用方式、方法;
(6)指定使用商品的生产工艺;
(7)指定使用商品生产地点、时间、年份;
(8)指定使用商品的形态;
(9)指定使用商品的有效期限、保质期或者服务时间商品的销售场所或者地域范围;
(10)商品的技术特点。

4.3　其他缺乏显著特征的标志

《商标审查标准》"商标显著特征的审查"(第384页)
《北京市高级人民法院商标授权确权行政案件审理指南》"'其他缺乏显著特征'的认定"(第603页)

4.3.1　缺乏显著特征的情形

缺乏显著特征的情形包括但不限于:

(1)过于简单的线条、普通几何图形,例如,"";
(2)过于复杂的文字、图形、数字、字母或上述要素的组合;
(3)一个或者两个普通表现形式的字母,例如,"A";
(4)普通形式的阿拉伯数字指定使用于习惯以数字做型号或货号的商品上,例如,"301",用于消毒剂;
(5)指定使用商品的常用包装、容器或者装饰性图案,例如,"",用于酒瓶;
(6)单一颜色;
(7)非独创的表示商品或者服务特点的短语或者句子,例如,"一旦拥有,别无所求",但独创且非流行或者与其他要素组合而整体具有显著特征的除外;
(8)商标仅由广告宣传用语等构成的,一般属于"缺乏显著性特征"的情形,但经过使用取得显著特征,并便于识别的,可以作为商标注册;

(9)本行业或者相关行业常用的贸易场所名称,例如,"玩具集市"用于玩具商场;

(10)本行业或者相关行业通用的商贸用语或者标志,例如,"电汇"用于支付;

(11)企业的组织形式、本行业名称或者简称,例如,"重工"用于起重运输机械;

《北京市高级人民法院商标授权确权行政案件审理指南》"使用企业名称注册商标"
(第601页)

(12)若商标标志仅由申请人的企业全称或者简称(以容易使公众将其作为指代企业主体身份的标识为认定要件)构成,或者显著识别部分仅是企业全称或简称的,且在申请人与该企业全称或者简称不存在实质性差异,不易使公众对商品或者服务来源产生误认的情况下,可以认定属于"其他缺乏显著特征的",但是具有显著特征且符合商业惯例的除外;

(13)颜色组合标志、声音标志或者以商品自身形状、包装、装饰等形式体现的三维标志等,缺乏显著性特征的,是否系当事人所独创或者最早使用,与认定该标志是否具有显著特征无关。

《商标审查标准》"经过使用取得显著特征的商标的审查"
(第393页)
《北京市高级人民法院商标授权确权行政案件审理指南》"使用企业名称注册商标"
(第601页)

4.3.2 经过使用取得显著特征

本身不具备显著特征的标志经过使用取得商标显著特征,能够起到区分商品或服务来源作用的,可以作为商标注册。国家知识产权局审查经过使用取得显著特征的标志,应当综合考虑下列因素:

(1)相关公众对该标志的认知情况;

(2)该标志的使用足以使其发挥识别商品来源的作用;

(3)该标志在指定商品/服务上实际使用的时间、使用方式及同行业使用情况;

(4)其他经营者使用该标志的情况;

(5)使用该标志的时间、地域、范围、规模、知名程度等;

(6)使用该标志的商品/服务的销售量、营业额及市场占有率;

(7)使用该标志的商品/服务的广告宣传情况及覆盖范围;

(8)使该标志取得显著特征的其他因素。

申请人应当提交上述审查因素相应的能够显示所使用的商标标志(与商标基本一致)、商品/服务、使用日期及该标志的使用人的证据材料,且应当限定在商标指定使用的商品或服务上,并以国内相关公众的认知为准。

《商标法》第12条
(第336页)
《北京市高级人民法院商标授权确权行政案件审理指南》"商标法第十二条的适用"
(第604页)

4.4 不得注册的三维标志类型

以三维标志申请注册商标的,若有以下情形,不得注册:

(1)仅由商品自身的性质产生的形状,包括实现商品固有的目的、功能、用途、效果等,必须采用的或者通常采用的形状;

(2)仅为获得或实现自身技术效果而需有的商品形状,包括为达到特定技术参数、指标等所需要采用的形状;

（3）仅使商品具有实质性价值的形状，包括影响消费者购买意愿的商品外观、造型等。

商标含有三维标志的，应当从整体上判断其是否具有显著特征，一般情况下不能仅因该商标含有文字或者图形等其他因素，即认定其具有显著特征。另外，该三维标志的使用情况在认定是否具有显著性特征时不予考虑。

5. 类别和具体项目的选择

5.1　商品及服务类别的选择

5.1.1　选择商品及服务类别的主要依据

（1）《尼斯协定》。中国是《尼斯协定》的成员国，因此在确定商品类别时首先应当参照《尼斯协定》。目前使用的是 2019 年 1 月 1 日正式生效的《尼斯协定》第 11 版（WIPO 官方链接：http://www. wipo. int/treaties/en/classification/nice/）。

（2）《类似商品和服务区分表》（以下简称《区分表》）。除此之外，中国国家知识产权局在《尼斯协定》的基础上进一步制定了《区分表》，将每个国际分类进一步划分为若干个类似群组，并以类似群组作为确定商标保护范围的基本标准。

5.1.2　选择商品及服务类别的延展保护

选择商品类别时，需要注意如下事项：

有很多商品项目，虽然从市场的角度来看是同一领域商品，但《区分表》则根据其不同的材料或功能而将其划分在不同的类别，比如，“服装”属于第 25 类，“皮包”属于第 18 类。根据行业不同，选择类别时，可参照表 3：

表 3

行业	类别类型	类别及项目
互联网	关联类别	第 09 类：应用软件 第 35 类：在线商店 第 38 类：提供在线论坛 第 39 类：GPS 导航服务 第 41 类：提供在线音乐及录像等 第 42 类：互联网搜索引擎 第 45 类：在线社交服务

续表

行业	类别类型	类别及项目
电子	核心类别	第09类:电脑、手机、电视机等
	关联类别	第42类:计算机软件服务相关 第35类:组织(商业、广告、展览)交易会等 第40类:电子产品加工服务 第41类:在线电子服务下载、在线电子游戏等 第37类:电子产品的维修服务
服饰	核心类别	第25类:服装 第18类:皮具、皮包
	关联类别	第14类:首饰 第09类:太阳镜 第35类:销售服务 第37类:服装修补、翻新、清洗服务 第40类:服装加工 第42类:服装设计 第45类:服装出租 第23类:丝、线等生产资料 第24类:床上用品、纺织工艺品等 第26类:服装花边、配料等
化妆	核心类别	第03类:化妆品、洗衣、洗发等
	关联类别	第21类:化妆用具 第42类:化妆品研究 第44类:美容院、整形
首饰	核心类别	第14类:珠宝、手表、首饰等
	关联类别	第37类:珠宝首饰修理
食品	关联类别	第29类:腌腊制品、鱼制食品、干果、豆腐制品、食用油等 第30类:调味品、糕点、方便食品等 第31类:新鲜水果、蔬菜、活动物等 第32类:饮料、果汁、矿泉水、啤酒等 第33类:白酒、红酒、葡萄酒、白兰地等含酒精饮品等 第39类:物流、配送、仓储等 第40类:食品加工、饮料加工等 第44类:营养与饮食指导、保健等

续表

行业	类别类型	类别及项目
餐饮	核心类别	第 43 类:餐饮、餐馆、酒店、住宿等
	关联类别	第 08 类:餐具(刀、叉和匙)等 第 21 类:餐具(刀、叉、匙除外)等 第 40 类:食品加工、剥制加工等 第 44 类:营养与饮食指导、保健等 第 35 类:饭店商业管理
电器	核心类别	第 09 类:电视机、音响、摄像机等
	关联类别	第 11 类:照明设备、电冰箱、空调、电暖器、热水壶、油烟机、空气净化器等 第 37 类:电器设备的安装与修理
家居	核心类别	第 20 类:家具、沙发、枕、垫、橱柜、非金属家具部件、玻璃镜子等
	关联类别	第 19 类:地板、木材 第 24 类:床上用品、床单、被罩、毛巾被、毯子、窗帘、纺织品壁挂、塑料家具罩、纺织品制家具罩、家具遮盖物、家具用织物等 第 37 类:家具修复、家具保养、家具制造(修理)等 第 40 类:家具生产加工服务、层压板加工、木器制作、木材加工服务
房产	核心类别	第 36 类:商品房销售,不动产中介 第 37 类:房产建筑、室内装修
	关联类别	第 40 类:材料处理、加工服务 第 45 类:物业管理
汽车	核心类别	第 12 类:汽车
	关联类别	第 11 类:车灯 第 37 类:汽车保养和修理、汽车清洗 第 39 类:汽车运输、汽车出租 第 06 类:汽车车轮锁
旅游	核心类别	第 39 类:旅游观光、旅行安排、旅行社、商品包装、物流运输等
	关联类别	第 41 类:假日野营娱乐服务 第 43 类:餐厅、酒店、茶馆、住宿 第 44 类:疗养院、桑拿服务、(景区)风景设计、庭园设计

续表

行业	类别类型	类别及项目
文娱	核心类别	第41类:教育、电视文娱节目、电影、娱乐、在线游戏、健身俱乐部等
	关联类别	第16类:图书期刊报纸等 第35类:电视广告 第38类:电视播放 第45类:在线社交网络服务 第09类:软件程序
医疗	核心类别	第05类:药品 第44类:医疗服务
	关联类别	第30类:保健食品 第10类:医疗器械
商贸	核心类别	第35类:销售服务、在线商场
	关联类别	第39类:物流运输
金融	核心类别	第36类:保险、金融事务、货币事务
	关联类别	第35类:会计
机械	核心类别	第07类:各型机械 第12类:车辆器械和设备、陆海空器械和设备 第28类:运动、体育器械 第06类:机械金属零部件 第08类:手工用具和器械 第09类:电子机械产品、机械用精密仪器
	关联类别	第37类:各型机械设备的安装与维修 第35类:机械设备的展览展示、代理销售、广告宣传等 第42类:机械研发、材料测试、电子器械软件安装等 第40类:机械加工 第39类:仓储运输
化工	核心类别	第01类:化工产品等
	关联类别	第02类:防锈剂、天然树脂等 第03类:研磨材料等 第04类:工业用润滑剂、除尘制剂等 第05类:医用化学试剂、农业用杀菌制剂、空气净化制剂、消毒剂等 第07类:各种化学工业用设备等 第17类:各种橡胶、塑料管、绝缘材料、纤维材料等 第42类:化学分析、研究,工程设计、分析 第40类:化学试剂加工和处理等

续表

行业	类别类型	类别及项目
能源	核心类别	第 04 类:煤、石油、燃气等燃料
	关联类别	第 01 类:化工原料等 第 11 类:燃料处理设备等 第 40 类:燃料加工
建材	关联类别	第 06 类:金属建筑物、金属建筑构件等金属建材 第 17 类:保温、隔热、隔音材料、绝缘制品等橡胶材料 第 19 类:非金属建筑结构、可移动的非金属建筑物、大理石、石头、混凝土 第 02 类:建筑用涂料等 第 03 类:抛光制剂、抛光用硅藻石、建筑用砂布等 第 07 类:建筑机械、装卸设备等 第 37 类:建筑、建筑物装饰、施工、修理等 第 40 类:建材加工等

5.2　具体商品或服务项目的选择

5.2.1　商标待使用商品或服务项目的选择

根据《商标法》第 23 条规定,注册商标需要在核定使用范围之外的商品上取得商标专用权的,应当另行提出注册申请。因此,申请人若计划将商标使用在实际生产的商品或服务上的,则一定要选择相应的商品或服务项目。

《类似商品和服务区分表》(基于尼斯分类第 11 版)是国家知识产权局进行形式审查的主要参考依据。如若申请人指定商品或服务项目不属于《区分表》所列,则属非规范项目,很可能国家知识产权局会下补正通知。因此,建议申请时尽量按照《区分表》所列规范商品及服务名称项目选择。对于非规范项目,可根据市场实际情况以及他人是否已于在先注册商标指定非规范项目,考虑是否提交;提交时,应附商品项目说明。

注意:在选择商品或服务项目时,不能使用类别名称或类似群组标题名称,如第 41 类的类别名称“教育,提供培训,娱乐,文体活动”和 4105 群组名称“文娱、体育活动的服务”,而应选择群组下具体的商品或服务项目,如“无线电文娱节目”(见图 4)。

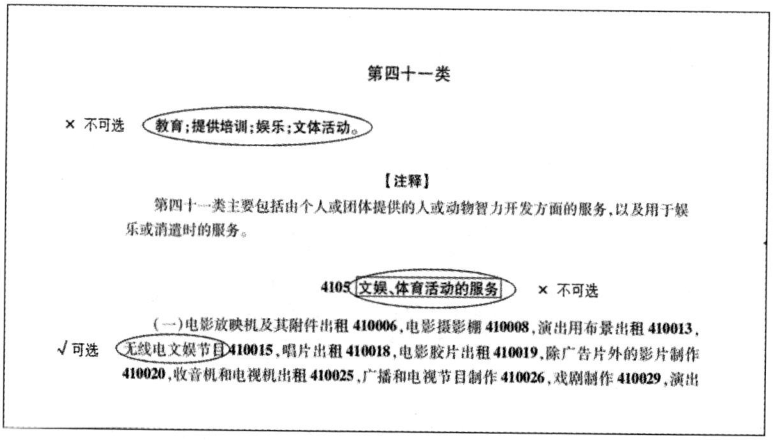
第四十一类

× 不可选 教育;提供培训;娱乐;文体活动。

【注释】

第四十一类主要包括由个人或团体提供的人或动物智力开发方面的服务,以及用于娱乐或消遣时的服务。

4105 文娱、体育活动的服务 × 不可选

(一)电影放映机及其附件出租 410006,电影摄影棚 410008,演出用布景出租 410013,√ 可选 无线电文娱节目 410015,唱片出租 410018,电影胶片出租 410019,除广告片外的影片制作 410020,收音机和电视机出租 410025,广播和电视节目制作 410026,戏剧制作 410029,演出

图 4

5.2.2 同类别不同群组的防御性保护策略

在选定上述商标待使用的商品或服务项目时,若项目仅是个别群组内,未涉及本类的全部群组时,而且申请项目尚未达到10个小项时(10个小项以内的申请,官费统一300元,每增加一项,费用增加30元),申请人可以考虑在本类内进行多群组的覆盖,以期达到对本类内更多群组的防御性保护。

比如,从事教育培训的机构A公司在第41类,仅仅申请了4101群组3个项目"教育,教学,教育信息"等,这些项目是实际要商标使用的具体项目,是必须获得商标专用权的。但是,如果只申请这三项,对于商标在第41类的保护是有缺失的,虽然,第41类划分了4101~4107七个群组,且根据审查标准每个群组不构成类似,但是既然均划到第41类"教育,提供培训,娱乐,文体活动"这个类别中,可以理解这些服务于某种程度上在消费者中可能会有些交叉。因此,在这种情况下,建议在余下的群组中选一个"典型"项目进行防御性保护,防止商标被淡化。比如,4102"安排和组织培训班";4103"流动图书馆";4104"书籍出版,提供在线电子出版物";4105"娱乐"等。

第3节　商标申请前的近似查询

商标申请前的近似查询，是指商标注册申请人在向国家知识产权局提起商标注册申请前，对与申请商标相同或近似的在先商标进行查询，从而分析评估申请商标注册成功概率的申请前期工作。商标查询，虽然不是商标申请的必经程序，但强烈建议在提交申请前进行查询，以避免潜在法律风险及纠纷。

1. 查询目的

商标文字及图样设计完毕之后，能否取得商标注册，能否合法使用，则需要通过先行的商标查询来进行评估。简言之，在商标申请前进行商标查询的目的包括：

(1)评估申请商标的注册成功概率。若成功概率高，则可提起商标申请；反之，则建议修改商标。

(2)避免未经查询而直接申请，导致申请商标因在先相同或近似商标存在而无法获得注册的风险。即可避免浪费申请成本。此外，若无法获得注册，则很可能无法进入很多要求提供商标注册证的交易或保护平台。

(3)避免未经查询而直接使用，导致使用商标因在先相同或近似注册商标存在而被诉商标侵权的法律风险。即可避免商标侵权法律风险。

2. 查询盲期

自2019年新《商标法》公布后，国家知识产权局新的查询系统启用，目前商标检索“盲期”在10日左右，即无法查询到查询当日之前10日之内他人提交的商标申请信息。

3. 查询程序

商标查询前，需要确定两个事项：(1)查询的商标；(2)查询的类别。确定后，即可进行商标查询，商标查询途径主要包括：

(1)通过国家知识产权局商标局“中国商标网”进行查询；

(2)委托商标代理机构进行查询。

3.1　通过国家知识产权局商标局“中国商标网”进行查询

“中国商标网”是国家知识产权局商标局主办的唯一在线查询商标注册信息的网站(网址：http://sbj.saic.gov.cn/)，免费向公众开通商标网上查询。查询方式包括近似查询、综合查询、状态查询、公告查询、商品及服务项目查询(见图5)。注意，在搜索引擎中可能会搜索到许多非官方的查询网站，请勿登录查询，以免信息不准确。

图5

但通过“中国商标网”进行近似查询得到的只能是一份简单的检索结果，所罗列的近似商标范围过宽，商标申请人难以准确判断查询商标申请注册的成功机会，还需要专业代理人对查询结果进行进一步筛选和分析。

在进行图形商标查询时，商标申请人必须根据查询商标的图形要素进行查询，而图形要素的分类直接影响查询的结果，但商标申请人往往难以把握，同样需要专业代理人的辅助。

3.2 委托商标代理机构进行查询

商标查询，主要是对可能查询出的相同或近似商标进行分析，以筛选可能对申请商标造成阻碍的商标。因此，建议委托授权的商标代理机构进行查询，提供详细准确的查询报告和结果分析，给出申请成功概率的初步判断。

（国家知识产权局备案商标代理机构查询官方链接：http://sbj. saic. gov. cn/sbdl/ywzn/）

4. 查询结果分析及筛选

对于查询结果分析及筛选，主要可按照如下步骤进行：

4.1　类别群组相同或近似的判断

每个类别都有类似群的区分，原则上，类别的类似群（又称群组）之间不构成类似，除注解中标注“本类似群同＊构成类似”以外。

中国商标网或其他软件查询出的近似商标的指定群组可能与查询商标指定群组不同或不近似。因此，可以首先删除不相同或不近似群组的商标。

4.2　商标相同或近似的判断

确定筛选后的商标和查询商标属于相同或类似群组后，再行对商标根据《商标审查标准》进行近似比对，最后初步判断商标申请的成功概率。

第4节　商标相同及近似判定

1. 商标相同

商标相同是指两商标在视觉上基本无差别,使用在同一种或者类似商品或者服务上易使相关公众对商品或者服务的来源产生混淆。

1.1　文字商标相同

文字商标相同,是指商标使用的语种相同,且文字构成、排列顺序完全相同,易使相关公众对商品或者服务的来源产生混淆误认。因字体、字母大小写或者文字排列方式有横排与竖排之分使两商标存在细微差别的,仍判定为相同商标。

1.2　图形商标相同

图形商标相同,是指商标图形在视觉上基本无差别,易使相关公众对商品或者服务的来源产生混淆误认。

1.3　组合商标相同

组合商标相同,是指商标的文字构成、图形外观及其排列组合方式相同,使商标在呼叫和整体视觉上基本无差别,易使相关公众对商品或者服务的来源产生混淆。

2. 商标近似

商标近似是指商标文字的字形、读音、含义近似,商标图形的构图、着色、外观近似,或者文字和图形组合的整体排列组合方式和外观近似,立体商标的三维标志的形状和外观近似,颜色商标的颜色或者颜色组合近似,声音商标的听觉感知或整体音乐形象近似,使用在同一种或者类似商品或者服务上易使相关公众对商品或者服务的来源产生混淆。

2.1　文字商标的近似

《商标审查标准》"商标近似的审查"（第395页）

2.1.1　中文商标近似

表4

序号	近似类型	举例
1	文字要素相同,排序不同,易混淆	"迪按"与"按迪"; "新康德"与"新德康"; "嘉仑曼尼"和"曼尼嘉仑"
2	三个以上汉字,仅个别不同,整体无含义或者含义无明显区别,易混淆	"菲利多斯"与"菲利多期" (例外:但首字读音或者字形明显不同,或者整体含义不同,使商标整体区别明显,不易使相关公众对商品或者服务的来源产生混淆的除外。例如,"迷尔派斯"与"舒尔派斯"不近似)
3	文字外形近似,易混淆	"花中王"与"花中玉"
4	文字读音近似,且字形或者整体外观近似,易混淆	"洛其"与"洛期" (例外:但含义、字形或者整体外观区别明显,不易使相关公众对商品或者服务的来源产生混淆的除外。例如,"幸运树"与"幸运数"不近似)
5	文字含义近似,易混淆	拼音和汉字:"TAIYANG"与"太阳"近似; 数字和汉字:"3506"与"三五零六"近似; 外文和汉字:"CROWN"与"皇冠"近似;"APPLE"与"苹果"近似。 注意:中文商标与外文商标的近似性判断,可以综合考虑以下因素: (1)相关公众对外文含义的认知程度; (2)中文商标与外文商标在含义、呼叫等方面的关联性或者对应性; (3)引证商标的显著性、知名度和使用方式; (4)诉争商标实际使用的情况
6	文字重叠近似,易混淆	"百度"与"百度百度"
7	显著部分近似(加通用名称或型号),易混淆	"双安"(指定使用商品:服装)与"双安服饰"(指定使用商品:衬衫)
8	显著部分近似(加生产销售场所文字),易混淆	"金鼎"(指定使用商品:家具)与"金鼎轩"(指定使用商品:家具)近似; "德丰"(指定使用商品:餐馆)与"德丰楼"(指定使用商品:餐馆)近似

《北京市高级人民法院商标确权授权行政案件审理指南》"中文商标与外文商标的近似性判断"（第609页）

续表

序号	近似类型	举例
9	显著部分近似(加直接表示商品的质量、主要原料、功能、用途、重量、数量及其他特点的文字),易混淆	“首信”(指定使用商品:计算机)与“首信高科”(指定使用商品:计算机)近似; “ADAM”(指定使用商品:鞋)与“ADAMSPORT”(指定使用商品:鞋)近似
10	显著部分近似(加修饰词,含义基本相同),易混淆	“吉利”(指定使用商品:汽车)与“新吉利”(指定使用商品:汽车)近似 (例外:但含义或者整体区别明显,不易使相关公众对商品或者服务的来源产生混淆的除外。如“月亮”与“蓝月亮”不近似)
11	显著部分近似(两个以上相对独立的部分构成,其中显著部分近似),易混淆	“TOM'S HUNTER”与“HUNTER”近似 (例外:但整体含义区别明显,不易使相关公众对商品或者服务的来源产生混淆的除外。例如,“二十二世纪”与“世纪”不近似)
12	显著部分近似(完整包含他人知名或者强显著性商标),易混淆	“月圆三千里”(指定服务:饭店)与“三千里”(指定服务:饭店)近似
13	商标包含汉字及其对应拼音,与单独相同拼音商标,易混淆	“优酷 youku”和“youku”

2.1.2 英文商标近似

表5

序号	近似类型	举例
1	外文字母数字要素相同,设计不同,易混淆	“BIGREY”与“”近似 [例外:但有下列情形之一的除外: (1)商标由一个或两个非普通字体的外文字母构成,无含义且字形明显不同,使商标整体区别明显,不易使相关公众对商品或者服务的来源产生混淆的。例如,“”与“”不近似。 (2)商标由三个或者三个以上外文字母构成,顺序不同,读音或者字形明显不同,无含义或者含义不同,使商标整体区别明显,不易使相关公众对商品或者服务的来源产生混淆的。例如,“ARNEGI”与“AIGNER”不近似;“AEB”与“EAB”不近似]

续表

序号	近似类型	举例
2	外文单词要素相同,顺序不同,含义无明显区别,易混淆	“GOODBOOK”与“BOOKGOOD”近似
3	外文四个以上字母,个别不同,但无含义或者含义无明显区别,易混淆	“BALLBAN”与 BALLBANY”近似 (例外:但首字母发音及字形明显不同,或者整体含义不同,使商标整体区别明显,不易使相关公众对商品或者服务的来源产生混淆的除外。例如,“RELGAM”与“SELGAM”不近似)
4	外文修饰不同,即仅在形式上发生单复数、动名词、缩写、添加冠词、比较级或最高级、词性等变化,但表述的含义基本相同,易混淆	“BIGFOOT”与 BITFEET”近似
5	外文和其他商标含义相同,易混淆	数字和外文:“123”与“ONETWOTHREE”近似。 外文和汉字:“CROWN”与“皇冠”近似;“APPLE”与“苹果”近似
6	两个外文单词构成,仅单词顺序不同,含义无明显区别,易混淆	“HAWKWOLD”和“WOLFHAWK”
7	文字重叠近似,易混淆	“VICI”与“VICI VICI”
8	显著部分近似(加通用名称或型号),易混淆	“BMW”(指定使用商品:汽车)与“BMWCAR”(指定使用商品:汽车)
9	显著部分近似(加生产销售场所文字),易混淆	“STARBUCK”(指定使用商品:咖啡馆)与“STARBUCK CAFE”(指定使用商品:咖啡馆)近似
10	显著部分近似(加直接表示商品的质量、主要原料、功能、用途、重量、数量及其他特点的文字),易混淆	“ADAM”(指定使用商品:鞋)与“ADAMSPORT”(指定使用商品:鞋)近似
11	显著部分近似(加修饰词,含义基本相同),易混淆	“HUAWEI”(指定使用商品:手机)与“NEW HUAWEI”(指定使用商品:手机)近似 (例外:但含义或者整体区别明显,不易使相关公众对商品或者服务的来源产生混淆的除外。例如,“MOON”与“BLUE MOON”不近似)

续表

序号	近似类型	举例
12	显著部分近似(两个以上相对独立的部分构成,其中显著部分近似),易混淆	“TOM'S HUNTER”与“HUNTER”近似(例外:但整体含义区别明显,不易使相关公众对商品或者服务的来源产生混淆的除外。例如,“CENTURY”与“21 CENTURY”不近似)
13	显著部分近似(完整包含他人知名或者强显著性商标),易混淆	“LOREALFACE”(指定商品:化妆品)与“LOREAL”(指定商品:化妆品)近似

2.2 图形商标的近似

2.2.1 外观近似

商标图形的构图和整体外观近似,易使相关公众对商品或者服务的来源产生混淆的,判定为近似商标。图形要素分为如下类别:

· 天体,自然现象,地图
· 人类
· 动物
· 超自然的,寓言中的,幻想的或无法辨别的生物
· 植物
· 风景
· 建筑,广告设施,门或栅栏
· 食品
· 纺织品,服装,缝纫用配件,帽,鞋
· 烟草制品,烟具,火柴,旅行用品,扇子,梳妆用具
· 家庭用具
· 家具,卫生设备
· 照明设备,无线电电子管,供暖,炊事或冷藏设备,洗涤机,烘干设备
· 五金器具,工具,梯子
· 机器,电动机,发动机
· 电信,音响录制或复制,计算机,摄影,电影摄影,光学
· 钟表,珠宝,衡器和量器
· 运输,畜具
· 容器和包装,各种混杂产品的图形
· 书写,绘画用品,办公用品,文具和书刊报纸

- 娱乐品，玩具，体育用品，旋转木马
- 乐器及其附件，音乐附属品，铃，图画，雕塑
- 武器，弹药，盔甲
- 纹章，硬币，标志，符号
- 装饰图案，装饰表面或背景
- 几何图形和立体
- 书写体，数字
- 各种文字
- 颜色

2.2.2　包含他人显著性图形

商标完整地包含他人在先具有一定知名度或者显著性较强的图形商标，易使相关公众认为属于系列商标而对商品或者服务的来源产生混淆的，判定为近似商标。

例如，“”与“”近似（指定使用商品：服装）。

2.3　组合商标的近似

2.3.1　汉字部分近似

商标汉字部分相同或近似，易使相关公众对商品或者服务的来源产生混淆的，判定为近似商标。

例如，“”与“”近似。

2.3.2　外文、字母、数字部分近似

商标外文、字母、数字部分相同或近似，易使相关公众对商品或者服务的来源产生混淆的，判定为近似商标。

例如，“英吉特 INFORGATE”与“INFOGATE”近似。

但整体呼叫、含义或者外观区别明显，不易使相关公众对商品或者服务的来源产生混淆的除外。

例如，“星－52”与“幸运 52”不近似。

2.3.3　文字含义相同

商标中不同语种文字的主要含义相同或基本相同，易使相关公众对商品或者服务的来源产生混淆的，判定为近似商标。

例如，“”与“BOOM”近似。

但整体构成、呼叫或者外观区别明显，不易使相关公众对商品或者服务的来源产生混淆的除外。

例如，“HAPPYTREE 开心树”与“KUAILESHU 快樂樹”不近似。

2.3.4　图形近似

商标图形部分近似，易使相关公众对商品或者服务的来源产生混淆的，判定为近似商标。

例如，“迅力 XUN LI”与“”近似。

但因图形为本商品常用图案，或者主要起装饰、背景作用而在商标中显著性较弱，商标整体含义、呼叫或者外观区别明显，不易使相关公众对商品或者服务的来源产生混淆的除外。

2.3.5　整体近似

商标文字、图形不同，但排列组合方式或者整体描述的事物基本相同，使商标整体外观或者含义近似，易使相关公众对商品或者服务的来源产生混淆的，判定为近似商标。

2.4　立体商标相同、近似

立体商标相同、近似的审查包括立体商标之间和立体商标与平面商标相同、近似的审查。

2.4.1　立体商标之间相同、近似

(1)两商标均由单一的三维标志构成，两商标的三维标志的结构、形状和整体视觉效果相同或近似，易使相关公众对商品或者服务的来源产生混淆的，判定为相同或者近似商标。

(2)两商标均由具有显著特征的三维标志和其他具有显著特征的标志组合而成，两商标的三维标志或者其他标志相同或近似，易使相关公众对商品或者服务的来源产生混淆的，判定为相同或者近似商标。

(3)两商标均由具有显著特征的其他标志和不具有显著特征的三维标志组合而成，两商标的其他标志相同或近似，易使相关公众对商品或者服务的来源产生混淆的，判定为相同或者近似商标。

但其他标志区别明显，不会使相关公众对商品或者服务的来源产生混淆的除外。

2.4.2　立体商标与平面商标相同、近似

（1）立体商标由具有显著特征的其他标志与不具有显著特征的三维标志组合而成，该其他标志与平面商标具有显著特征的部分相同或者近似，易使相关公众对商品或者服务的来源产生混淆的，判为相同或者近似商标。

（2）立体商标中的三维标志具有显著特征，但在视觉效果上与平面商标具有显著特征的部分相同或近似，易使相关公众对商品或者服务的来源产生混淆的，判为相同或者近似商标。

2.5　颜色组合商标之间相同、近似

两商标均为颜色组合商标，当其组合的颜色和排列的方式相同或近似，易使相关公众对商品或者服务的来源产生混淆的，判定为相同或者近似商标。

但商标所使用的颜色不同，或者虽然使用的颜色相同或者近似但排列组合方式不同，不会使相关公众对商品或者服务的来源产生混淆的除外。

2.6　颜色组合商标与平面商标、立体商标相同、近似

颜色组合商标与平面商标的图形或立体商标指定颜色相同或近似，易使相关公众对商品或者服务的来源产生混淆的，判定为相同或者近似商标。

虽然使用的颜色相同或近似，但由于整体效果差别较大，不会使相关公众对商品或者服务的来源产生混淆的除外。

第5节 商品及服务类似判定

最高人民法院《关于审理商标民事纠纷案件适用法律若干问题的解释》第11条(第624页)
《商标审理标准》"类似商品或者服务审理标准"(第451页)

1. 商品及服务类似判定的原则

类似商品,是指在功能、用途、主要原料、生产部门、销售渠道、销售场所、商品与零部件、消费对象、消费习惯等方面相同或者相近具有较大关联性的商品。

类似服务,是指服务在目的、内容、方式、对象等方面相同或者相近具有较大关联性的服务。

商品与服务类似,是指具有较大关联性,易使相关公众认为商品和服务由同一市场主体提供。判定商品与服务是否类似,应当综合考虑下列各项因素:商品与服务之间联系的密切程度,在用途、用户、通常效用、销售渠道、销售习惯等方面的一致性。

2. 区分表中的类似

2.1 类似判定标准

(1)一个类似群内的商品和服务项目原则上是类似商品和服务。

(2)若该类似群内的商品和服务项目并不全部判为类似,则按照类似关系将商品和服务项目分为若干部分,用中文(一)、(二)……表示,同一部分的商品和服务项目原则上判为类似,不同部分间的商品和服务项目原则上不判为类似。

(3)对于某些特殊情况,该类似群后面用加注的形式详细说明。类似的商品和服务项目之间应交叉检索。

2.2 使用区分表注意事项

(1)区分表类别的类似群(又称"群组"),原则上各类似群之间不构成类似,除注解中标注"本类似群同 * 构成类似"以外。

例如,第41类"教育,提供培训,娱乐,文体活动",分为7个类似群:

4101 教育
4102 组织和安排教育、文化、娱乐等活动
4103 图书馆服务
4104 出版服务
4105 文娱、体育活动的服务
4106 驯兽
4107 单一服务

每个类似群之间不构成类似，如 4101 和 4104 之间的服务项目不构成类似，即相同文字可以由不同申请人在 4101 和 4104 类似群分别同时获得注册。

(2)一个类似群内的商品和服务项目原则上是类似商品和服务。若该类似群内的商品和服务项目并不全部判为类似，则按照类似关系将商品和服务项目分为若干部分，用中文(一)、(二)……表示，同一部分的商品和服务项目原则上判为类似，不同部分间的商品和服务项目原则上不判为类似。

例如，第 41 类的第 4104 类似群，分为(一)和(二)两部分。那么，(一)自身项目为类似项目，但和(二)里面的服务项目，则不构成类似(见图 6)。

(3)对于某些特殊情况，该类似群后面用加“注”的形式详细说明。有的注解中注明本类中的不同类似群中的某个商品或服务构成类似，也有的是注明本类别中的商品或服务同其他类别中的商品或服务构成类似。类似的商品和服务项目之间应交叉检索。

例如，第 41 类的第 4104 类似群，注解第 2 点指出“录像带发行与 4105 电影胶片的分配(发行)类似”，即同一类别中不同类似群中的项目类似。但第 41 类的第 4101 类似群，注解第 1 点指出“幼儿园与 4304 日间托儿所(看孩子)类似”，4304 意为第 43 共两类的 4304 类似群，即不同类别中项目类似(见图 6)。

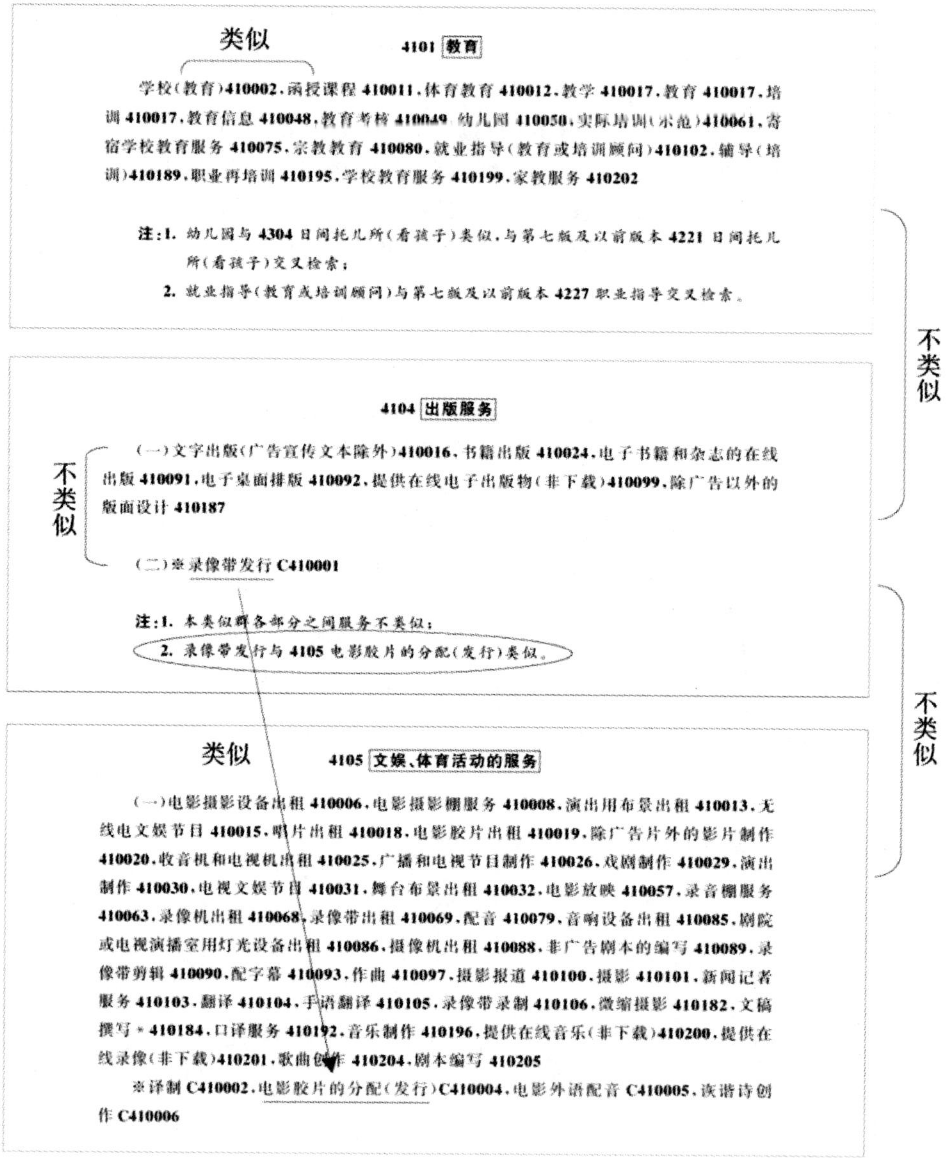

4101 教育

学校(教育)410002,函授课程 410011,体育教育 410012,教学 410017,教育 410017,培训 410017,教育信息 410048,教育考核 410049,幼儿园 410050,实际培训(示范)410061,寄宿学校教育服务 410075,宗教教育 410080,就业指导(教育或培训顾问)410102,辅导(培训)410189,职业再培训 410195,学校教育服务 410199,家教服务 410202

注:1. 幼儿园与 4304 日间托儿所(看孩子)类似,与第七版及以前版本 4221 日间托儿所(看孩子)交叉检索;

2. 就业指导(教育或培训顾问)与第七版及以前版本 4227 职业指导交叉检索。

4104 出版服务

(一)文字出版(广告宣传文本除外)410016,书籍出版 410024,电子书籍和杂志的在线出版 410091,电子桌面排版 410092,提供在线电子出版物(非下载)410099,除广告以外的版面设计 410187

(二)※录像带发行 C410001

注:1. 本类似群各部分之间服务不类似;

2. 录像带发行与 4105 电影胶片的分配(发行)类似。

4105 文娱、体育活动的服务

(一)电影摄影设备出租 410006,电影摄影棚服务 410008,演出用布景出租 410013,无线电文娱节目 410015,唱片出租 410018,电影胶片出租 410019,除广告片外的影片制作 410020,收音机和电视机出租 410025,广播和电视节目制作 410026,戏剧制作 410029,演出制作 410030,电视文娱节目 410031,舞台布景出租 410032,电影放映 410057,录音棚服务 410063,录像机出租 410068,录像带出租 410069,配音 410079,音响设备出租 410085,剧院或电视演播室用灯光设备出租 410086,摄像机出租 410088,非广告剧本的编写 410089,录像带剪辑 410090,配字幕 410093,作曲 410097,摄影报道 410100,摄影 410101,新闻记者服务 410103,翻译 410104,手语翻译 410105,录像带录制 410106,微缩摄影 410182,文稿撰写 * 410184,口译服务 410192,音乐制作 410196,提供在线音乐(非下载)410200,提供在线录像(非下载)410201,歌曲创作 410204,剧本编写 410205

※译制 C410002,电影胶片的分配(发行)C410004,电影外语配音 C410005,诙谐诗创作 C410006

图6

2.3　类似商品及服务的交叉检索

《商标实质审查规程》"类似商品交叉检索明细表"（第474页）

类似的商品和服务项目之间应交叉检索明细，主要可分为本类别和跨类别的类似：

2.3.1　本类别的类似

本类别不同群组之间的商品或服务构成类似，从而在类似检索时，要进行同时交叉检索。举例如图7所示：

3604 不动产事务

不动产出租 **360004**，不动产代理 **360007**，住房代理 **360008**，不动产经纪 **360008**，不动产估价 **360014**，不动产管理 **360032**，公寓管理 **360033**，公寓出租 **360035**，农场出租 **360036**，住所代理（公寓）**360045**，办公室（不动产）出租 **360069**

※商品房销售 **C360007**

注：1. 不动产估价与 **3602** 金融评估（保险、银行、不动产）类似；

2. 不动产经纪与 **3605** 经纪类似。

图7

2.3.2　跨类别的类似

不同类别之间的商品或服务构成类似，从而在类似检索时，要进行同时交叉检索。举例如图8所示：

3907 潜水工具出租

潜水钟出租 **390078**，潜水服出租 **390079**

注：本类似群与 **4105** 浮潜设备出租类似，与第八版及以前版本 **4105** 潜水贴身设备租赁，潜水设备出租交叉检索。

图8

3. 突破《区分表》

3.1　突破类型

突破《区分表》，是指综合考虑案件具体情况，就商品或服务类似作出如下判定：

（1）判定在区分表中未构成类似的商品或服务为类似；或者

（2）判定属于类似商品或服务的为不类似。

3.2 突破考虑要件

在实践中,国家知识产权局或法院做出上述突破一般会考虑以下几个要件:

(1)申请商标所使用的商品或服务与引证商标核定使用的商品或服务具有较强关联性。即结合具体商品或服务在功能、用途、主要原料、生产部门、销售渠道、销售场所、消费对象等方面是否具有较强关联性。

(2)引证商标的显著性和知名度。

(3)申请商标与引证商标具有较高的近似性。

(4)申请商标所有人是否具有主观恶意。

(5)申请商标的注册与使用,容易导致相关公众的混淆误认。

3.3 个案突破举例

对于《区分表》的图片仅是个案突破,对其他案件的处理并不具有强制适用性。举例如下:

3.3.1 不同类别的类似突破认定

表6

类别	类似项目			类别	案件
第25类	服装	←类似→	钱包、公文箱	第18类	第1313473号“E. Q. I. Q”商标争议案
第9类	眼镜	←类似→	眼镜行	第44类	第4040366号“爱尔”商标异议复审案
第8类	指甲刀、剃须刀	←类似→	化妆品	第3类	第4077774号“NIVEA”商标异议复审案
第31类	活鱼等	←类似→	鱼片等	第29类	第4068554号“新东海岸及图”商标异议复审案
第9类	电卷发器	←类似→	剃须刀	第8类	第1793895号“CONAIR”商标异议复审案
第32类	啤酒	←类似→	其他含酒精饮料	第33类	第1035023号“GOLDENBUD”商标异议复审行政诉讼案,(2007)高行终字第417号

续表

类别	类似项目			类别	案件
第9类	眼镜	←类似→	服装	第25类	第3834824号“茵宝UMBRO及图”商标异议复审行政诉讼案，(2012)行提字第10号
第29类	芝麻油	←类似→	酱油	第30类	第1482338号“加加JIAJIA”商标异议复审行政诉讼案，(2011)知行字第7号
第29类	牛奶制品	←类似→	可可制品，巧克力和冰淇淋	第30类	第4038101号商标异议复审案，(2012)一中知行初字第1180号
第44类	按摩	←类似→	按摩器	第10类	第3203797号争议案，(2009)高行终字第1473号
……	……	……	……	……	……

3.3.2　相同类别不同群组商品及服务的类似突破认定

表7

群组	类似项目			群组	案件
3401	烟草	←类似→	烟具火柴	3402	第1349594号“七匹狼SEPTWOLVES及图形”商标争议行政诉讼案，(2004)高行终字第463号
1111	取暖器	←类似→	吊扇	1110	第790700号“TMT及图”商标异议复审行政诉讼案，(2005)一中行初字第947号
1208	车辆轮胎	←类似→	汽车减震器	1202	第6008158号“汇工众”商标争议行政诉讼案，(2012)一中知行初字第2773号

续表

群组	类似项目			群组	案件
3501	广告设计,市场分析,寻找赞助	←类似→	进出口代理,广告宣传,商业区迁移	3503	第6987966号"玫瑰堡ROSE TOWN"商标驳回复审行政诉讼案,(2012)一中知行初字第948号
3704	室内装潢	←类似→	建筑	3701	第3740638号"英皇"商标异议复审行政诉讼案,(2012)一中知行初字第544号
4302	活动房屋出租,旅游房屋出租	←类似→	饭店,汽车旅店	4301	第3335253号"好东客栈TECSON Best Eastern及图"商标异议复审行政诉讼案,(2012)一中知行初字第1119号
0301	护发制剂	←类似→	牙膏	0307	第5707386号"IS SAIXUOON"商标争议行政诉讼案,(2012)一中知行初字第994号
1602	复印纸	←类似→	书本	1606	第4001262号"banny OFFICE DEPOT"商标异议复审行政诉讼案,(2012)一中知行初字第1454号
……	……	……	……	……	……

商标申请及后续事务

第6节　商标注册申请

商标注册申请书

申请人名称(中文)：
(英文)：
申请人国籍/地区：
申请人地址(中文)：
(英文)：
邮政编码：
联系人：
电话：
代理机构名称：
外国申请人的国内接收人：
国内接收人地址：
邮政编码：
商标申请声明：□集体商标　□证明商标
□以三维标志申请商标注册
□以颜色组合申请商标注册
□以声音标志申请商标注册
□两个以上申请人共同申请注册同一商标
要求优先权声明：□基于第一次申请的优先权□基于展会的优先权□优先权证明文件后补
申请/展出国家/地区：
申请/展出日期：
申请号：

申请人章戳（签字）：　代理机构章戳：

代理人签字：

注：请按说明填写　1

下框为商标图样粘贴处。图样应当不大于10×10cm，不小于5×5cm。以颜色组合或者着色图样申请商标注册的，应当提交着色图样并提交黑白稿1份；不指定颜色的，应当提交黑白图样。以三维标志申请商标注册的，应当提交能够确定三维形状的图样，提交的商标图样应当至少包含三面视图。以声音标志申请商标注册的，应当以五线谱或者简谱对申请用作商标的声音加以描述并附加文字说明；无法以五线谱或者简谱描述的，应当使用文字进行描述；商标描述与声音样本应当一致。

商标说明：

类别：

商品/服务项目：

类别：

商品/服务项目：

2

1. 申请人

1.1　申请人的主体

商标分为普通商标(商品商标和服务商标)和集体商标、证明商标,上述不同类型商标申请主体有所不同。

1.1.1　普通商标(商品商标和服务商标)的申请人

自然人、法人或者其他组织在生产经营活动中,对其商品或者服务需要取得商标专用权的,应当向国家知识产权局申请商标注册。

《商标法》第4条(第335页)

外国人或者外国企业在中国申请商标注册的,应当按其所属国和中华人民共和国签订的协议或者共同参加的国际条约办理,或者按对等原则办理。

《商标法》第17条(第337页)

《自然人办理商标注册申请注意事项》(第483页)

(1)自然人。自然人是指具有民事权利能力和民事行为能力的个人,包括中国人、外国人和无国籍人。中国自然人申请商标注册受到限制,仅能以以下身份提起:

①个体工商户。

②农村承包经营户。

③个人合伙经营者。

④其他依法获准从事经营活动的自然人。

⑤外国自然人(港澳台自然人参照办理)。

(2)法人。法人是指具有民事权利能力和民事行为能力,依法独立享有民事权利和承担民事义务的组织。包含中国法人和外国法人(港澳台法人参照办理)。

(3)其他组织。其他组织是指合法成立,有一定的组织机构和财产,但又不具备法人资格的组织。例如,经民政部门核准登记领取社会团体登记证的社会团体;法人依法设立并领取营业执照的分支机构;银行保险公司设在各地的分支机构等。需提供的主体资格证明文件:营业执照/登记证明文件(复印件),国内组织需加盖公章;国外组织需提供中文翻译。

1.1.2　特殊商标(集体商标和证明商标)的申请人

《商标法》第3条(第335页)
《商标法》第16条(第337页)

集体商标,是指以团体、协会或者其他组织名义注册,供该组织成员在商事活动中使用,以表明使用者在该组织中的成员资格的标志。证明商标,是指由对某种商品或者服务具有监督能力的组织所控制,而由该组织以外的单位或者个人使用于其商品或者服务,用以证明该商品或者服务的原产地、原料、制造方法、质量或者其他特定品质的标志。

《商标法实施条例》第4条(第347页)

地理标志,是指标示某商品来源于某地区,该商品的特定质量、信誉或者其他特征,主要由该地区的自然因素或者人文因素所决定的标志。地理标志可以依照《商标法》和《商标法实施条例》的规定,作为证明商标或者集体商标申请注册。

(1)申请集体商标的商标注册申请人的主体资格为经依法登记的,具有法人资格的企业或事业单位。具体包括:工商业团体、协会或者其他集体组织。

(2)申请以地理标志作为集体商标注册的申请人,应当由来自该地理标志标示的地区范围内的成员组成。

(3)申请证明商标的主体为对商品和服务的特定品质具有检测和监督能力的组织。

《商标法》第5条(第335页)

1.1.3 共同申请人

两个以上的自然人、法人或者其他组织可以共同向国家知识产权局申请注册同一商标,共同享有和行使该商标专用权。

共同申请人中可以全部是国内申请人或全部为国外申请人,也可以既有国内申请人也有国外申请人;可以全部是自然人或全部为企业或其他组织,也可以既有自然人也有企业或其他组织。

1.2 申请人名称、国籍和地址

1.2.1 申请人名称

(1)申请人名称需要与申请人主体资格证明文件的名称完全一致。申请人是自然人的,应当在姓名后注明证明文件号码。

(2)外国申请人需以中英文两种文字填写,中文版本禁止带有非中文字符,需全部使用汉字。英文版本禁止带有非英文字符如Î、ß、Ä,需按习惯替换为英文字母。

(3)外国企业申请人的英文名称中不包含表示申请人法律性质文字(如有限公司)的,中文版本应当翻译出法律性质文字,或者特别声明申请人为一企业。

1.2.2 申请人地址

(1)申请人地址需冠有省、市、县等具体行政区划。外国申请人需以中英文两种文字填写,英文版本禁止带有非英文字符如Î、ß、Ä,需按习惯替换为英文字母。

(2)自然人名义申请的,申请人地址可以与主体资格证明文件的地址不一致(可以填写通信地址)。

(3)法人名义申请的,申请人地址必须与主体资格证明文件的地址保持一致。

1.2.3　申请人国籍

(1)国内申请人不填写此栏。国外申请人必须填写。
(2)国外自然人名义申请的,申请人国籍可以与地址不一致。
(3)国外法人申请商标注册的,国籍与地址所在国必须保持一致。

2. 外国申请人的国内接收人

《商标法实施条例》第5条(第347页)

申请商标注册或者转让商标,商标注册申请人或者商标转让受让人为外国人或者外国企业的,应当在申请书中指定中国境内接收人负责接收国家知识产权局后继商标业务的法律文件。国家知识产权局后继商标业务的法律文件向中国境内接收人送达。

(1)国内接收人可以为申请人的国内分支机构、商标代理机构或其他国内联系人。国内接收人地址应当冠以省、市、县等行政区划详细填写。
(2)国内接收人将来发生变更,需提交国家知识产权局备案(变更商标代理人/文件接收人申请书)。

3. 商标申请声明

《商标法实施条例》第13条(第349页)

申请注册集体商标、证明商标的,以三维标志、颜色组合、声音标志申请商标注册的,两个以上申请人共同申请注册同一商标的,应当在申请书上予以声明(画"√"),并附送相关文件。

(1)以三维标志申请商标注册的,应当在申请书中予以声明,说明商标的使用方式,并提交能够确定三维形状的图样,提交的商标图样应当至少包含三面视图。
(2)以颜色组合申请商标注册的,应当在申请书中予以声明,说明商标的使用方式。
(3)以声音标志申请商标注册的,应当在申请书中予以声明,提交符合要求的声音样本,对申请注册的声音商标进行描述,说明商标的使用方式。对声音商标进行描述,应当以五线谱或者简谱对申请用作商标的声音加以描述并附加文字说明;无法以五线谱或者简谱描述的,应当以文字加以描述;商标描述与声音样本应当一致。
(4)申请注册集体商标、证明商标的,应当在申请书中予以声明,并提交主体资格证明文件和使用管理规则。
(5)其他注意事项:①申请商标指定颜色的,不需在申请书上声明,直接提交彩色商标图样即可。②共同申请人提交的申请,需在申请书首页标明,并指

《商标法实施条例》第16条(第350页)

定一名代表人,指定的代表人填写在"申请人名称"栏,其他共同申请人名称应当填写在"商标注册申请书附页——其他共同申请人名称列表"栏。没有指定代表人的,以申请书中顺序排列的第一人为代表人。

《商标法》
第25条、第26条
(第338页)

4. 要求优先权声明

商标注册申请人自其商标在外国第一次提出商标注册申请之日起6个月内,又在中国就相同商品以同一商标提出商标注册申请的,依照该外国同中国签订的协议或者共同参加的国际条约,或者按照相互承认优先权的原则,可以享有优先权;依照前款要求优先权的,应当在提出商标注册申请的时候提出书面声明,并且在3个月内提交第一次提出的商标注册申请文件的副本;未提出书面声明或者逾期未提交商标注册申请文件副本的,视为未要求优先权。

(1)申请人依据《商标法》第25条要求优先权的,选择"基于第一次申请的优先权",并填写"申请/展出国家/地区""申请/展出日期""申请号"栏。

(2)申请人依据《商标法》第26条要求优先权的,选择"基于展会的优先权",并填写"申请/展出国家/地区""申请/展出日期"栏。

(3)申请人应当提交优先权证明文件,包括:①首次/基础商标注册申请文件的副本(须经该国官方证明)及中文翻译(加盖代理机构公章);②首次展会展出商品上使用该商标的证据及中文翻译(加盖代理机构公章)。

(4)其他注意事项:①优先权证明文件不能同时提交的,应当选择"优先权证明文件后补",并自申请日起3个月内提交。未提出书面声明或者逾期未提交优先权证明文件的,视为未要求优先权。②基于同一国外基础申请提交多个中国申请的,只需要提交一份经该国官方证明的商标注册申请文件副本即可,在其他同时提交的申请中可以使用该文件的复印件,并说明原件所在的申请名称。③要求优先权的申请,申请人名称和地址需与首次商标注册申请的名称和地址保持完全一致。

《商标法实施条例》
第86条
(第360页)

5. 申请书签章

商标代理机构向国家知识产权局提交的有关申请文件,应当加盖该代理机构公章并由相关商标代理从业人员签字。

(1)中国申请人直接向国家知识产权局提交注册申请的,应提交个人签字(中国自然人)和加盖单位公章(中国法人或其他组织)的商标注册申请书。

(2)申请人委托代理机构向国家知识产权局提交注册申请的,申请书上可以不加盖申请人公章或签字,但必须加盖代理组织印章,同时由代理人签字。

(3)其他注意事项:①所盖章戳或者签字应当完整、清晰。②申请人为法人或其他组织的,应加盖公章,公章所刻印公司名称需必须与申请人名称完全一致。委托商标代理机构提交的，需加盖代理机构公章，并由代理人签字。③对于共同申请，中国共同申请人的代表人在首页盖章或签字，其他共同申请人都必须在申请书附页盖章或签字（国外申请人可以不在申请书盖章或签字）。

6. 商标图样

《商标法实施条例》第13条（第349页）

申请商标注册，每一件商标注册申请应当向国家知识产权局提交《商标注册申请书》1份、商标图样1份；以颜色组合或者着色图样申请商标注册的，应当提交着色图样，并提交黑白稿1份；不指定颜色的，应当提交黑白图样。

（1）黑白商标：将商标图样直接粘贴或打印在图样框内（长和宽应当不大于10厘米，不小于5厘米），无须附送多余图样。

（2）颜色组合商标或彩色商标：将着色图样直接粘贴或打印在图样框内，另外附送一份打印在A4纸上的黑白图样。

（3）其他注意事项：①图样必须完整、清晰，所有构成要素必须清晰可见；②商标图样方向不清的，应用箭头标明上下方；③三维标志可以提交三维视图，也可以提交六面视图，但必须保证不能超出图样边框。

7. 商标说明

商标注册申请书中需对商标进行说明的情况如下：

7.1　含外文要素商标

申请商标含有外文文字的，应当在申请书中说明含义；申请商标构成字母为非标准字体的，应当说明规范写法。

7.2　含非规范汉字商标

申请商标含有非规范汉字的，应当在申请书中说明出处和规范写法。

7.3　含人物肖像图形商标

（1）申请商标含有人物图形若为真人肖像，如自然人将自己的肖像作为商标图样进行注册申请，应当予以说明。如申请人将他人肖像作为商标图样进行注册申请，应当予以说明，并附送肖像人的授权书并经公证，肖像人已死亡的，应附送申请人有权处置该肖像的公证书，公证书应包括肖像人的肖像。

（2）其他非真实人物图形的，应当说明为“卡通人物造型”。

7.4 三维标志商标

以三维标志申请商标注册的,应当说明商标的使用方式。

7.5 颜色组合申请商标

以颜色组合申请商标注册的,应当说明色标和商标的使用方式。

7.6 声音商标

声音商标,是指由足以区别商品或服务来源的声音本身构成的商标。声音商标可以由音乐性质的声音构成,如一段乐曲,可以由非音乐性质的声音构成,如自然界的声音、人或动物的声音,也可以由音乐性质与非音乐性质兼有的声音构成。

以声音标志申请商标注册的,应当提交符合要求的声音样本,对申请注册的声音商标进行描述,说明商标的使用方式。

(1)声音商标的描述。应当以五线谱或者简谱对申请用作商标的声音加以描述并附加文字说明;无法以五线谱或者简谱描述的,应当使用文字进行描述。

(2)声音样本的要求:

①通过纸质方式提交声音商标注册申请的,声音样本的音频文件应当储存在只读光盘中,且该光盘内应当只有一个音频文件。通过数据电文方式提交声音商标注册申请的,应按照要求正确上传声音样本。

②声音样本的音频文件应小于5MB,格式为WAV或MP3。

(3)商标描述与声音样本应当一致。

以声音标志申请商标注册的,除在申请书中予以声明外,还应当注意几点:

(1)以五线谱或者简谱对申请用作商标的声音加以描述并附加文字说明(乐谱和文字说明整体作为商标申请的图样)。

(2)无法以五线谱或者简谱描述的,应当使用文字进行描述(文字描述整体作为商标申请的图样)。

(3)商标描述与声音样本应当一致。与本声音无关的解释不应出现在商标图样中,如"本声音商标象征着……"。

(4)在"商标说明"栏中说明商标的使用方式。例如,使用在商品本身、容器或包装的具体位置;在经营或服务场所播放;在公司网站播放;在广播、电视、互联网等媒体广告上使用等。

(5)申请的同时应报送符合要求的声音样本(纸质方式提交的载体为只读光盘且只有一个声音文件,网上提交的需按照要求上传声音文件;格式为WAV

或 MP3;小于 5M)。

(6)纸质方式提交的应注意:五线谱或简谱和文字说明要粘贴或打印在图样框内,且应含有谱号、音符。

对于声音商标的补正理由通常有:

(1)应报送清晰的商标图样。图样中的每个文字均应清晰。

(2)应标明“中国国际广播电台”在该五线谱中相对应音符的位置,且商标描述中的文字应仅对声音进行说明,其他说明应写在图样框之外的商标说明栏。

(3)五线谱上含有“中国国际广播电台开始曲”和“陈春光”,应删除。

对于声音商标的补正后的文字描述举例:该声音商标是中国国际广播电台广播节目的开始曲,全长 40 秒,共 18 小节,四分之二拍慢板节奏,G 大调和 C 大调交替转换。前四小节为整段声音商标前奏部分,曲调为 G 大调;中间 11 小节为整段声音商标主题部分,曲调为 C 大调,其中第十二小节、第十三小节播音员报出“中国国际广播电台”的呼号后音乐延续两小节,主题部分结束;最后三小节钢片琴再次奏响主题音乐,转调回 G 大调,该声音商标结束。

注意:不能出现在声音描述中的文字。

8. 类别、商品/服务项目

商标注册申请人应当按规定的商品分类表填报使用商标的商品类别和商品名称,提出注册申请。商标注册申请人可以通过一份申请就多个类别的商品申请注册同一商标。即“一标多类”的申请原则。

《商标法》第 22 条(第 338 页)

(1)申请人应按《区分表》填写类别以及规范的商品/服务项目名称。对于不规范的商品/服务项目,应当附送说明。

《商标法实施条例》第 15 条(第 350 页)

(2)一标多类申请的商品/服务项目应按类别及商标/服务项目对应进行顺序填写,每个类别的项目前应分别标明顺序号。

(3)其他注意事项:

①全部类别和项目填写完毕后应当注明“截止”字样。申请书中项目本栏填写不下的,可按本申请书的格式填写在附页上。

②中国自然人申请的商品和服务范围应以其在营业执照或有关登记文件核准的经营范围或其自营的农副产品为限。

③要求优先权申请的商品/服务项目不得超出首次商标注册申请指定的商品/服务范围(小于或等于),不得更改商品/服务描述。

9. 商标注册申请书附页

此页填写其他共同申请人名称及地址,外国申请人应当同时填写中文名称和英文名称及地址。有多个共同申请人的按顺序依次填写。

共同申请人为中国自然人或法人的,需在空白处按顺序加盖公章或签字。

10. 商标申请提交所需文件

10.1 普通商标申请所需文件

对于普通商标申请,需要提交如下文件:

(1)商标注册申请书。(申请人和委托人签章)

(2)商标代理委托书。(若委托代理机构提交)

(3)申请人主体资格证明文件,请注意如下事项:

①申请人为国内法人或其他组织的,应当提交营业执照、法人登记证、事业单位法人证书、社会团体法人证书、律师事务所执业证书、医疗机构执业许可证等有效证件的复印件(盖章);办学许可证、期刊证、组织机构代码证等证件不能作为申请人身份证明文件。

②申请人以自然人名义办理商标注册申请事宜,应当注意以下事项:

a. 个体工商户可以以其《个体工商户营业执照》登记的字号作为申请人名义提出商标注册申请,也可以以执照上登记的负责人名义提出商标注册申请。以负责人名义提出申请时应提交以下材料的复印件:负责人的身份证;营业执照。

b. 农村承包经营户可以以其承包合同签约人的名义提出商标注册申请,申请时应提交以下材料的复印件:签约人身份证;承包合同。

c. 其他依法获准从事经营活动的自然人,可以以其在有关行政主管机关颁发的登记文件中登载的经营者名义提出商标注册申请,申请时应提交以下材料的复印件:经营者的身份证;有关行政主管机关颁发的登记文件。

d. 自然人提出商标注册申请的商品和服务范围,应当以其在营业执照或有关登记文件核准的经营范围为限,或者以其自营的农副产品为限。

③申请人为港澳台地区或国外的法人或其他组织的,应当提交所属地区或国家的登记证件复印件。外国企业在华的办事处、常驻代表机构的登记证复印件无效。上述文件是外文的,应当附送中文译文;未附送的,视为未提交该文件。

④申请人为港澳台地区自然人且自行办理的,应当提交通行证复印件;申请人为国外自然人且自行办理的,应当提交护照复印件及公安部门颁发的、在有效期(一年以上)内的《外国人永久居留证》、《外国人居留许可》或《外国人居留证》。

⑤外国自然人委托代理机构办理的，需提交的主体资格证明文件：身份证/护照（复印件）及其中译文（加盖代理机构章戳）。根据现行商标实践，驾照不属于有效的主体资格证明文件。申请人提交的各种证件、证明文件和证据材料是外文的，应当附送中文译文。

10.2 证明商标申请文件

《集体商标、证明商标注册和管理办法》第11条（第467页）

对于证明商标申请，需要提交如下文件：

(1)商标注册申请书。

(2)证明商标申请人主体资格证明文件及复印件，或者加盖申请人印章的有效复印件，并应当详细说明其所具有的或者其委托的机构具有的专业技术人员、专业检测设备等情况，以表明其具有监督该证明商标所证明的特定商品品质的能力。

(3)证明商标使用管理规则。使用管理规则具体包括：

①使用证明商标的宗旨；

②该证明商标证明的商品的特定品质；

③使用该证明商标的条件；

④使用该证明商标的手续；

⑤使用该证明商标的权利、义务；

⑥使用人违反该使用管理规则应当承担的责任；

⑦注册人对使用该证明商标商品的检验监督制度。

(4)委托商标代理机构办理注册申请的，须提交商标代理委托书。

(5)如申请注册的证明商标是人物肖像，应附送经过公证的肖像权人同意将此肖像作为商标注册的声明。

10.3 集体商标申请文件

《集体商标、证明商标注册和管理办法》第10条（第467页）

对于集体商标申请，需要提交如下文件：

(1)商标注册申请书。

(2)集体商标申请人主体资格证明文件及复印件，或者加盖申请人印章的有效复印件。集体商标注册申请人，应为某一组织，可以是工业或商业的团体，也可以是协会、行业或其他集体组织，而不是某个单一企业或个体经营者。

(3)集体商标使用管理规则。使用管理规则具体包括：

①使用集体商标的宗旨；

②使用该集体商标的商品的品质；

③使用该集体商标的手续；

④使用该集体商标的权利、义务；

⑤成员违反其使用管理规则应当承担的责任;

⑥注册人对使用该集体商标商品的检验监督制度。

(4)集体成员名单。

(5)委托商标代理机构办理注册申请的,须提交商标代理委托书。

(6)如申请注册的集体商标是人物肖像,应附送经过公证的肖像权人同意将此肖像作为商标注册的声明文件。

10.4 地理标志申请注册文件

地理标志注册申请,除提交上述集体商标、证明商标所需材料外,还应提交以下材料:

(1)地理标志所标示地区的人民政府或者行业主管部门授权申请人申请注册并监督管理该地理标志的文件。

(2)有关该地理标志产品客观存在及信誉情况的证明材料(包括:县志、农业志、产品志等)并加盖出具证明材料部门的公章。

(3)地理标志所标示的地域范围划分的相关文件、材料。相关文件包括:县志、农业志、产品志中所表述的地域范围,或者是县级以上人民政府或行业主管部门出具的地域范围证明文件。

(4)地理标志产品的特定品质受特定地域环境或人文因素决定的说明。

(5)地理标志申请人具备监督检测该地理标志能力的证明材料。申请人具备检验检测能力的,申请人需要提交检验设备清单及检验人员名单,并加盖申请人的公章。申请人委托他人检验检测的,应当附送申请人与具有检验检测资格的机构签署的委托检验检测合同原件,并提交该检验检测机构法人证书、检测资格证书的复印件及检验设备清单、检验人员名单,并加盖其公章。

(6)外国人或者外国企业申请地理标志集体商标、证明商标注册的,应当提供该地理标志以其名义在其原属国受法律保护的证明。

11. 其他注意事项

《商标法实施条例》第18条(第350页)

11.1 注册申请日的确定与受理

商标注册的申请日期以国家知识产权局收到申请文件的日期为准。注意,不是以邮寄申请文件的日期为准。因此,若申请人急需递交商标申请,则建议在准备好申请文件的当日亲自前去或委托代理机构前去国家知识产权局递交申请材料。

商标注册申请手续齐备、按照规定填写申请文件并缴纳费用的,国家知识产权局予以受理并书面通知申请人。

申请手续不齐备、未按照规定填写申请文件或者未缴纳费用的，国家知识产权局不予受理，书面通知申请人并说明理由。申请手续基本齐备或者申请文件基本符合规定，但是需要补正的，国家知识产权局通知申请人予以补正，限其自收到通知之日起 30 日内，按照指定内容补正并交回国家知识产权局。在规定期限内补正并交回国家知识产权局的，保留申请日期；期满未补正的或者不按照要求进行补正的，国家知识产权局不予受理并书面通知申请人。

11.2　同日申请的处理

《商标法实施条例》第 19 条（第 350 页）

两个或者两个以上的申请人，在同一种商品或者类似商品上，分别以相同或者近似的商标在同一天申请注册的，各申请人应当自收到国家知识产权局通知之日起 30 日内提交其申请注册前在先使用该商标的证据。同日使用或者均未使用的，各申请人可以自收到国家知识产权局通知之日起 30 日内自行协商，并将书面协议报送国家知识产权局；不愿协商或者协商不成的，国家知识产权局通知各申请人以抽签的方式确定一个申请人，驳回其他人的注册申请。国家知识产权局已经通知但申请人未参加抽签的，视为放弃申请，国家知识产权局应当书面通知未参加抽签的申请人。

11.3　注册申请的审限

《商标法》第 28 条（第 339 页）

对申请注册的商标，国家知识产权局应当自收到商标注册申请文件之日起 9 个月内审查完毕，符合《商标法》有关规定的，予以初步审定公告。

11.4　驳回和部分驳回

《商标法实施条例》第 21 条（第 351 页）

国家知识产权局对受理的商标注册申请，依照《商标法》及《商标法实施条例》的有关规定进行审查，对符合规定或者在部分指定商品上使用商标的注册申请符合规定的，予以初步审定，并予以公告；对不符合规定或者在部分指定商品上使用商标的注册申请不符合规定的，予以驳回或者驳回在部分指定商品上使用商标的注册申请，书面通知申请人并说明理由。

11.5　分割申请

《商标法实施条例》第 22 条（第 351 页）

11.5.1　分割申请介绍

国家知识产权局对一件商标注册申请在部分指定商品上予以驳回的，国家知识产权局向申请人发送《商标注册申请部分驳回通知书》时，附送《商标注册申请分割申请》。

申请人可以将该申请中初步审定的部分申请分割成另一件申请，分割后的申请保留原申请的申请日期。

申请人申请分割的,应当按照《商标注册申请分割申请》中“备注”所提具体要求,在国家知识产权局附送的原件上填写并签字盖章。申请人或其代理人应当自收到《商标注册申请部分驳回通知书》附送的《商标注册申请分割申请》15日内,将该申请原件直接提交或者邮寄回国家知识产权局。不申请分割的,无须提交。

11.5.2 分割申请的签署

申请人直接递交的,在《商标注册申请分割申请》“申请人章戳(签字)”栏盖章或签字;委托代理机构递交的,代理机构在该申请“代理机构章戳”栏盖章,商标代理从业人员在“代理人签字”栏签字。

11.5.3 分割申请的证明文件

一般情况下无须提供证明文件。但以下情况应提交相关证明文件:

(1)申请人名称发生变更的,应当附送相关变更证明文件原件或经公证的复印件;

(2)代理机构发生变更的,应当附送申请人已向国家知识产权局申请办理变更商标代理人并被受理的相关证明,通常为国家知识产权局作出的该申请受理通知书复印件。

11.5.4 分割申请的审查及处理

国家知识产权局对申请人或其委托代理人提交的《商标注册申请分割申请》及相关证明文件进行审查。对符合要求的,将申请人的原注册申请分割为两件,对其中部分审定的部分,生成新申请号,保留原申请日期,刊登初步审定公告;对拟驳回部分,保留原申请号,申请人可以通过驳回复审等后续程序继续主张权利。

对不符合要求的,视为不同意分割,待部分驳回决定法定程序终结后,再对其中部分审定的部分予以公告。

11.5.5 其他注意事项

(1)每件注册申请只限分割一次,且仅适用于国家知识产权局对一件商标注册申请在部分指定商品或服务上予以驳回程序中,其他程序均不予分割。

(2)申请人提交的《商标注册申请分割申请》,应当为国家知识产权局附送的该原件,且任何栏目内容不得涂改,否则,视为不同意分割。

(3)申请人应当严格按照备注要求填写《商标注册申请分割申请》并签章。未按要求填写、签章的,视为不同意分割。

(4)申请人应当在法定期限内提交分割申请。期满未提交的,视为不同意分割。

(5)分割申请一旦提交,不得撤回。

(6)申请分割的,无须缴纳费用。

11.6 网上申请

11.6.1 一般规定

(1)提交商标网上申请的商标申请人及商标代理机构,应当事先与国家知识产权局签订《商标网上申请系统用户使用协议》,确认同意商标网上申请相关约定。

(2)商标申请人可以自行提交网上申请,也可以委托依法设立的商标代理机构提交商标网上申请。在中国没有经常居所或者营业所的外国人或者外国企业提交商标网上申请应当委托依法设立的商标代理机构办理。

(3)商标申请人自行提交网上申请事宜的,在提交商标网上申请前需在线提交用户注册申请,按要求填写真实有效的用户信息。商标申请人持有电子营业执照的,可以使用电子营业执照进行用户注册申请。

(4)提交商标网上申请,应当通过商标网上申请系统并按照国家知识产权局规定的文件格式、数据标准、操作规范和传输方式提交申请文件。网上申请文件不符合上述规定的,视为未提交。

(5)提交商标网上申请,申请日期以申请文件成功提交进入国家知识产权局网上申请系统的日期为准。提交商标网上申请,申请信息以进入国家知识产权局的数据库记录为准。但是当事人确有证据证明国家知识产权局档案、数据库记录有错误的除外。

(6)提交商标网上申请,商标申请人及商标代理机构应采用在线支付方式在当日系统开放时间内缴纳商标规费,未成功支付的视为未提交申请。关于纸件申请的所有规定,除专门针对以纸件形式提交的商标申请的规定之外,均适用于商标网上申请。

11.6.2 网上申请注册事项及流程

(1)各类型申请人的用户类型及所需资料

①我国大陆企事业单位申请的,应上传加盖公章的主体资格证明文件彩色扫描件。

②我国港澳台地区和外国企业单位申请的,应上传加盖公章的主体资格证明文件彩色扫描件,以及在中国有营业所的证明文件的彩色扫描件。文件为外文的应同时提交中文译文。

③我国大陆自然人申请的,应上传申请人签字的《个体工商户营业执照》彩色扫描件和身份证彩色扫描件。

④我国港澳台地区自然人申请的,应上传申请人签字的身份证明文件彩色扫描件和有效期在1年以上的《港澳居民来往内地通行证》或《台湾居民来往大陆通行证》彩色扫描件。

⑤外国自然人申请的,应上传申请人签字的身份证明文件彩色扫描件和有效期在1年以上的《外国人居留许可》彩色扫描件。文件为外文的应同时提交中文译文。

注意:外国公司在中国依法设立的分公司、子公司应按国内企业申请注册。外国公司在中国的代表处、办事处不是经营场所,不可以申请注册。

(2)申请步骤

申请人或代理人可登录中国商标网网上查询页面(网址:http://sbj. saic. gov. cn/wssq/),根据《商标网上申请指南》的规定进行操作,提交网上申请(见图9,图10)。

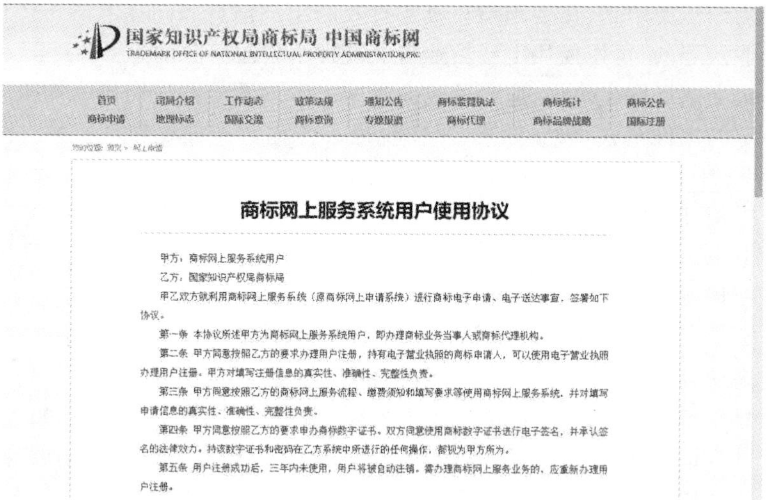

图9

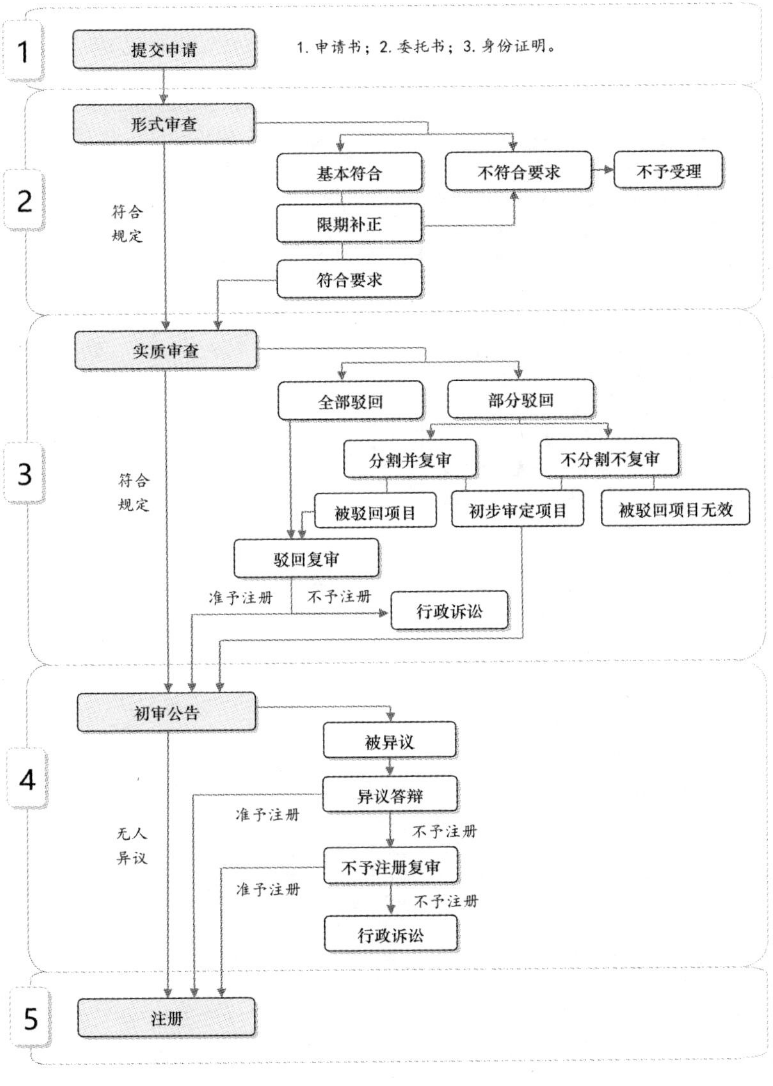

图 10　商标申请注册流程

第7节 商标补正申请

关于商标图样的补正的说明：

1. 要求报送清晰图样的，申请人或代理人应在右框内粘帖补正后的商标图样。商标图样应当不大于10×10cm，不小于5×5cm。以颜色组合或者着色图样申请商标注册的，应当提交着色图样并提交黑白稿1份；不指定颜色的，应当提交黑白图样。以三维标志申请商标注册的，应当提交能够确定三维形状的图样，提交的商标图样应当至少包含三面视图。以声音标志申请商标注册的，应当以五线谱或者简谱对申请用作商标的声音加以描述并附加文字说明；无法以五线谱或者简谱描述的，应当使用文字进行描述；商标描述与声音样本应当一致。

2. 不得随意改动商标图样，应按补正通知指定内容进行补正。补正内容应当打印，并在右下角加盖申请人或代理机构章戳，章戳不得覆盖补正内容。

商标说明：（本页填写不下，可附附页）

关于商品/服务项目补正的说明：

1. 应严格按照补正通知书指定内容进行补正，不得另行添加商品/服务项目。补正内容应当打印，并在右下角加盖申请人或代理机构章戳，章戳不得覆盖补正内容。
2. 补正内容应明确修正后的商品/服务项目。修正后的商品/服务项目应按照类别分别对应填写，各项目之间用分号隔开，并标明顺序号。本页写不下，可按格式另附附页填写。
3. 凡国家知识产权局认为需补正、而申请人或代理人又未在修正后的商品/服务项目中列出的，国家知识产权局将视为申请人或代理人放弃该项目。
4. 补正通知书中未要求补正的商品/服务项目，不得在修正后项目中列出。

类别：

修正后的项目：

根据《商标法实施条例》的规定，申请手续基本齐备或者申请文件基本符合规定，但是需要补正的，国家知识产权局通知申请人予以补正，限其自收到通知之日起30日内，按照指定内容补正并交回国家知识产权局。在规定期限内补正并交回国家知识产权局的，保留申请日期；期满未补正的或者不按照要求进行补正的，国家知识产权局不予受理并书面通知申请人。

《商标法实施条例》第18条（第350页）

1. 常见的补正情况

1.1　商标图样

(1)商标图样不清晰，需要提交清晰的商标图样。
(2)商标构成文字书写不规范，需要说明标准文字构成。
(3)商标包含非规范写法的汉字，需要说明出处。
(4)商标包含外文，需要说明中文含义。

1.2　商品/服务项目

(1)所填报的商品/服务项目名称不属于申请类别。
(2)所填报的商品/服务项目名称不规范、不具体。

2. 补正答复

申请人需要在规定期限内将补正答复交回国家知识产权局的，期满未补正的，视为放弃申请。补正答复需要注意的事项：

2.1　商标图样

(1)重新申报的清晰图样不能做任何改动，应按要求粘贴在框内。
(2)商标说明内容需要打印，可将打印内容粘贴在相应处，并在右下角加盖申请人或代理机构章戳，章戳内容不得覆盖补正内容。
(3)商标说明内容较多的可添加附页，并注明“有附页”。

2.2　商品/服务项目

(1)仅需要按顺序列出修改后项目，无须列要求补正项目。
(2)申请人或代理机构章戳加盖在补正内容右下角，且不得覆盖补正内容。
(3)补正内容较多的可添加附页，并注明“有附页”。

第8节　驳回商标注册申请复审申请

驳回商标注册申请复审申请书

（首页）

申请商标：
类别：
申请号/国际注册号：
国家知识产权局发文号：
申请人名称：
统一社会信用代码：
通信地址：
邮政编码：
联系人：
联系电话（含区号）：
电子邮箱：

商标代理机构名称：
联系人：
联系电话（含区号）：

是否需要提交补充证据材料：是 □ ；否 □

申请人章戳（签字）　　　　　　　　商标代理机构章戳
　　　　　　　　　　　　　　　　　代理人签字：
年　月　日　　　　　　　　　　　　年　月　日

注：填写此申请书（首页）时请认真阅读背面的填写须知，并应按照须知要求提供相应文件材料。

驳回商标注册申请复审申请书
（正文样式）

申请人名称：

通信地址：

法定代表人或负责人姓名：

职务：

商标代理机构名称：

地址：

评审请求与法律依据：

事实与理由：

附件：

申请人章戳（签字）

年　月　日

商标代理机构章戳
代理人签字：

年　月　日

《商标法实施条例》第21条(第351页)

驳回商标注册申请复审申请(以下简称驳回复审申请),是指在国家知识产权局认为申请商标不符合规定或者在部分指定商品上不符合规定的,予以驳回或者部分驳回时,申请人可以在收到驳回通知书后的15日内向国家知识产权局提交的复审申请。

1. 申请商标

申请商标,即国家知识产权局在审查中依照《商标法》和《商标法实施条例》的规定审核认为不符合商标注册的合法性的商标。

申请商标包括中国国内申请商标和通过马德里国际注册指定中国领土延伸保护的商标。

申请书填写注意事项:

(1)申请号:申请商标为马德里国际注册的,需要在国际注册号前加G。

(2)类别:马德里国际注册商标涉及多个驳回类别的,需要依次列明所有驳回类别。

2. 商标局发文号

对驳回申请、不予公告的商标,国家知识产权局应当书面通知商标注册申请人。国家知识产权局书面通知商标注册申请人商标驳回的官方文件为"商标驳回通知书",商标驳回通知书又分全部驳回通知书和部分驳回通知书,通知书右上角标注国家知识产权局发文编号。

3. 申请人

3.1 申请人的概念

申请人是指不服国家知识产权局驳回决定,向国家知识产权局申请复审的申请人,即被驳回商标的申请人。申请商标在驳回决定作出后发生转让、转移、变更,并且已向国家知识产权局提交相关备案申请但未核准的,可以以原名义提交复审申请;也可以新名义提交复审申请,但同时应当提交相应的证明文件。

3.2 共同申请商标的驳回复审申请人

根据商标评审规则,共同申请商标申请复审的,应确定一个代表人,由代表人参与复审程序,但代表人发生变更、放弃复审请求的,应当有其他被代表人的书面授权。

《商标法》第34条(第340页)

4. 提交驳回复审的期限

商标注册申请人不服的,可以自收到驳回通知书之日起15日内向国家知识产权权局申请复审。

4.1　收到驳回通知书的日期

《商标法实施条例》第10条（第348页）

(1)委托代理机构提交商标注册申请的,通知送达代理人的日期视为送达申请人的日期。

(2)国家知识产权局直接递交申请人/代理人的,以递交日为准。

(3)经邮寄的,以当事人收到的邮戳日为准;邮戳日不清晰或者没有邮戳的,自文件发出之日起满15日视为送达当事人,但是当事人能够证明实际收到日的除外。

(4)以数据电文方式送达的,自文件发出之日起满15日视为送达当事人,但是当事人能够证明文件进入其电子系统日期的除外。

(5)文件通过上述方式无法送达的,可以通过公告方式送达,自公告发布之日起满30日,该文件视为送达当事人。

4.2　提交驳回复审的日期

《商标法实施条例》第9条（第348页）

(1)申请人/代理人直接递交复审申请文件的,以递交日为准。

(2)邮寄的,以寄出的邮戳日为准;邮戳日不清晰或者没有邮戳的,以国家知识产权局实际收到日为准,但是当事人能够提出实际邮戳日证据的除外。通过邮政企业以外的快递企业递交的,以快递企业收寄日为准;收寄日不明确的,以国家知识产权局实际收到日为准,但是当事人能够提出实际收寄日证据的除外。

(3)以数据电文方式提交的,以进入国家知识产权局电子系统的日期为准。

5. 补充证据材料

《商标法实施条例》第59条（第356页）
《商标评审规则》第23条（第458页）

当事人需要在提出评审申请后补充有关证据材料的,应当在申请书中声明,并自提交申请书或者答辩书之日起3个月内一次性提交;期满未提交的,视为放弃补充有关证据材料。

证据为3个月期满后生成或者当事人有其他正当理由未能在期满前提交的证据,应予以采信。

6. 驳回决定的法律依据

国家知识产权局做出驳回决定的理由主要有两种:(1)绝对理由;(2)相对理由。

6.1　驳回的绝对理由

绝对理由,是指违反了《商标法》有关商标禁用和禁注的规定。

《商标法》
第4条
(第335页)
《北京市高级人民法院商标授权确权行政案件审理指南》“商标法第四条的适用”
(第600页)

6.1.1 不以使用为目的的恶意商标注册申请

根据2019年新《商标法》第4条的规定,不以使用为目的的恶意商标注册申请,应当予以驳回。此条规定包含两个条件:(1)不以使用为目的;(2)恶意申请。其中,对于“恶意申请”,2019年4月24日北京市高级人民法院《商标授权确权行政案件审理指南》作出规定,商标申请人明显缺乏真实使用意图,且具有下列情形之一的,可以认定违反《商标法》第4条的规定:

(1)申请注册与不同主体具有一定知名度或者较强显著特征的商标相同或者近似的商标,且情节严重的;

(2)申请注册与同一主体具有一定知名度或者较强显著特征的商标相同或者近似的商标,且情节严重的;

(3)申请注册与他人除商标外的其他商业标识相同或者近似的商标,且情节严重的;

(4)申请注册与具有一定知名度的地名、景点名称、建筑物名称等相同或者近似的商标,且情节严重的;

(5)大量申请注册商标,且缺乏正当理由的。

前述商标申请人主张具有真实使用意图,但未提交证据证明的,不予支持。

6.1.2 禁用

本书“第二章第二节”
(第18页)
《商标法》
第10条
(第336页)

下列标志不得作为商标使用(“禁用”):

(1)同中华人民共和国的国家名称、国旗、国徽、国歌、军旗、军徽、军歌、勋章等相同或者近似的,以及同中央国家机关的名称、标志、所在地特定地点的名称或者标志性建筑物的名称、图形相同的;

(2)同外国的国家名称、国旗、国徽、军旗等相同或者近似的,但经该国政府同意的除外;

(3)同政府间国际组织的名称、旗帜、徽记等相同或者近似的,但经该组织同意或者不易误导公众的除外;

(4)与表明实施控制、予以保证的官方标志、检验印记相同或者近似的,但经授权的除外;

(5)同“红十字”“红新月”的名称、标志相同或者近似的;

(6)带有民族歧视性的;

(7)带有欺骗性,容易使公众对商品的质量等特点或者产地产生误认的;

(8)有害于社会主义道德风尚或者有其他不良影响的。

6.1.3 禁注

下列标志不得作为商标注册(“禁注”):

(1)仅有本商品的通用名称、图形、型号的；《商标法》第11条（第336页）
(2)仅直接表示商品的质量、主要原料、功能、用途、重量、数量及其他特点的；
(3)其他缺乏显著特征的。
前款所列标志经过使用取得显著性特征，并便于识别的，可以作为商标注册。

6.2　驳回的相对理由

相对理由，是指申请注册的商标与在先权利存在冲突。

6.2.1　同在先已注册或初步审定商标的权利冲突

《商标法》第30条（第339页）

申请商标，若不符合《商标法》有关规定或者同他人在同一种商品或者类似商品上已经注册的或者初步审定的商标相同或者近似的，由商标局驳回申请，不予公告。

6.2.2　同在先申请或使用商标的冲突

《商标法》第31条（第339页）

(1)先后申请，在先申请优先。先后在同一种商品或者类似商品上，以相同或者近似的商标申请注册的，初步审定并公告申请在先的商标，驳回其他人的申请，不予公告。
(2)同日申请，在先使用优先。同日在同一种商品或者类似商品上，以相同或者近似的商标申请注册的，初步审定并公告使用在先的商标，驳回其他人的申请，不予公告。

例如，若A公司于2015年5月1日申请了一件商标，B公司于2015年5月2日提出了在同一种商品或者类似商品上提交了相同或者近似的商标申请，则B公司的申请将被驳回；若B公司也于2015年5月1日同一天申请，则看A公司和B公司哪家先使用，先使用者，则予以公告；后使用者或未使用者的申请予以驳回。

7.驳回复审理由及注意事项

针对上述国家知识产权局的绝对驳回理由和相对驳回理由，申请人在申请驳回复审时应提出相对应的复审申请理由。

7.1　针对绝对理由(禁注、禁用)驳回的复审理由

7.1.1　因"同中华人民共和国的国家名称等相同或近似"被驳回的复审理由

(1)申请商标所含中国国名与其他具备显著特征的标志相互独立，国名仅起表示申请人所属国作用。
(2)申请商标整体是报纸、期刊、杂志名称或者依法登记的企事业单位名称。

(3)申请商标创意来自自然界客观存在的其他事物,不会使公众误认为以上标志或与以上标志进行联想。

7.1.2 因“同外国的国家名称、国旗、国徽、军旗相同或者近似”被驳回的复审理由

(1)申请商标已经该国政府同意。
(2)申请商标具有明确的其他含义且不会造成公众误认。
(3)申请商标仅构成同外国国名的旧称相同或者近似。
(4)申请商标整体是企业名称且与申请人名义一致。
(5)所含国名与其他具备显著特征的标志相互独立,国名仅起真实表示申请人所属国作用的。

7.1.3 因“同政府间国际组织的名称、旗帜、徽记相同或者近似”被驳回的复审理由

(1)申请商标已经该国政府间国际组织同意。
(2)申请商标具有明确的其他含义或者特定的表现形式,从而不易误导公众。

7.1.4 因“与表明实施控制、予以保证的官方标志、检验印记相同或者近似”被驳回的复审理由

(1)申请商标已经该官方机构授权。
(2)申请商标具有明确的其他含义或者特定的表现形式,从而不会误导公众。

7.1.5 因“同‘红十字’、‘红新月’的名称、标志相同或者近似”被驳回的复审理由

申请商标具有明确的其他含义或者特定的表现形式,从而不会误导公众。

7.1.6 因“带有民族歧视性”被驳回的复审理由

申请商标有明确的其他含义或者不会产生民族歧视性。

7.1.7 因“夸大宣传并带有欺骗性”被驳回的复审理由

申请商标未作夸大宣传,不会误导公众。

7.1.8 因“有害于社会主义道德风尚或者有其他不良影响”被驳回的复审理由

(1)申请商标具有明确的含义,不会有害社会道德风尚或产生不良影响。
(2)其中有关被视为有害宗教信仰、宗教感情或者民间信仰的,可以主张:申请人为宗教组织或者团体或经其授权的宗教企业,商标的文字或者图形虽然与宗教或者民间信仰有关,但具有其他含义或者其与宗教有关联的含义已

经泛化，不会使公众将其与特定宗教或者民间信仰相联系的。

(3)申请商标具有明确的其他含义或者特定的表现形式，从而不会误导公众。

7.1.9　因“使用了县级以上行政区划的地名或者公众知晓的外国地名”被驳回的复审理由

(1)申请商标具有其他含义且该含义强于地名含义。

(2)申请商标由地名和其他文字构成而在整体上具有显著特征，不会使公众发生商品产地误认。

(3)申请商标是申请人的全称。

(4)地名作为集体商标、证明商标组成部分。

7.1.10　因“仅有本商品的通用名称、图形、型号；或仅直接表示商品的质量、主要原料、功能、用途、重量、数量及其他特点的；或其他缺乏显著特征的情形”被驳回的复审理由

《商标法》第11条（第336页）

(1)申请商标为申请人独创，与指定商品/服务的特点无直接关联关系。

(2)申请商标由缺乏显著性的部分和其他要素组合而整体具有显著特征。

(3)申请商标经过使用取得商标显著特征，能够起到区分商品来源的作用。

若国家知识产权局未明确指出申请商标属于《商标法》第11条第1款第1项、第2项、第3项(上述标题3项)的具体情形，仅概括表述为《商标法》第11条第1款，申请人可以向法院提起诉讼时主张法律适用错误的。

《北京市最高人民法院商标授权确权行政案件审理指南》“商标法第十一条的适用‘概括适用条款’”（第603页）

此外，《商标法》第11条第1款第1项、第2项和第3项分别规定了申请商标标志不具有显著特征的情形，认定相同商标在同一商品上是否具有显著特征时，一般不宜并列适用。

针对绝对理由(禁注、禁用)驳回复审理由的注意事项：

(1)他国政府或其他官方机构出具的同意申请商标注册的证明文件需进行公证认证。

(2)申请人可以提交权威性字典中的解释摘录，作为证明申请商标文字具有其他含义的证据。

(3)申请人可以提交申请商标在该国的注册证明，作为证明申请商标已经外国政府同意的证据，该注册证明需要提交公证认证件。

(4)申请人可以提交该商标在其他国家的注册证明文件或在中国其他类别的注册证明文件，证明其本身显著性和可注册性。但在实践中，国家知识产权局采取个案审理原则，对此类证据一般不予考虑。

(5)为证明申请商标整体是报纸、期刊、杂志名称或者依法登记的企事业单位名称，或者申请商标所含国名或地名真实表示申请人所属国/所在地，申请

人可以提交其工商登记证明或其他法人登记证明,域外证据需要提供公证认证证件。

7.2 针对相对理由(在先权利)驳回的复审理由

7.2.1 商品服务不类似和商标不近似

申请商标与在先注册或者申请商标不近似,和/或申请商标与在先注册或者在先申请的商标使用商品或服务不类似,申请商标的注册使用不会造成消费者的混淆误认。注意事项:

(1)在双方商标差别较大的情况下,申请人可提供在中国市场的使用证据,证明申请商标在中国市场已经具有一定知名度,显著性进一步增强,因而与他人在先商标造成混淆误认的可能性很小。

(2)使用证据主要包括:商业使用证据(如产品原件、产品包装原件、产品说明书、使用了复审商标的企业内部资料等其他标示了复审商标的物证资料;引证商标涉及商品的销售合同、销售发票、发货单、出口商品的报关单、销售网络、年度排名等销售资料),以及商业宣传证据[广告发布合同、广告照片、参加展览展会的照片及相关资料、宣传册(单页)、广告宣传费用发票、消费者问卷调查表、各地代理商反馈等]。

《北京市高级人民法院商标授权确权行政案件审理指南》"商标申请驳回复审行政案件中商标近似性的判断"(第609页)

商标申请驳回复审行政案件中,申请商标与引证商标是否近似,主要根据申请商标标志与引证商标标志近似程度等因素进行认定。申请商标的知名度可以不予考虑。

7.2.2 引证商标不构成阻挡

(1)申请人与在先商标所有人达成协议,将在先商标转让于申请人或撤回/注销在先商标,因而在先商标不再阻碍申请商标的注册。注意事项:

①首先需要提交驳回复审申请,同时通知国家知识产权局在先商标的转让或撤回、注销手续正在或将要办理,请求暂缓审理。

②在先商标的转让或撤回手续最好在3个月后补期限内提交,并将相关证明文件提交国家知识产权局。

《北京市高级人民法院商标授权确权行政案件审理指南》"共存协议的形式要件""共存协议的法律后果"(第610页)

③在先商标所有人与申请人实质为同一企业的,也需要对申请商标或在先商标办理变更、转让或对引证商标办注销手续。

(2)申请人与在先商标所有人就双方商标的共存达成共存协议。共存协议可以作为排除混淆的初步证据。鉴于双方商标的差异以及考虑到商标权的私属性,在先商标不应再阻碍申请商标的注册。注意事项:

①首先需要提交驳回复审申请,同时提交共存协议或在先权利人出具的同

意书。不能同时提交的需要在3个月内后补，3个月以后发生的可以按照新发生证据提交。

②引证商标权利人应以书面形式同意申请商标申请注册，明确载明申请商标的具体信息，但附条件或者附期限的共存协议一般不予采信。

③共存协议应当真实、合法、有效，且不存在损害国家利益、社会公共利益和第三人合法权益等情形，否则不应予以采纳。

④共存协议或同意书，若有外国主体，则需提交公证认证件。

⑤引证商标与申请商标的商标标志相同或者基本相同，且使用在相同或者类似商品上的，不能仅以共存协议为依据，准予申请商标的注册申请。

⑥引证商标与申请商标的商标标志近似，使用在相同或者类似商品上，引证商标权利人出具共存协议的，在无其他证据证明申请商标与引证商标的共存足以导致相关公众对商品来源发生混淆的情况下，可以认定申请商标与引证商标不构成近似商标。

⑦引证商标权利人出具共存协议后，以申请商标与引证商标构成近似商标为由，提起不予注册异议或者请求无效宣告的，不予支持，但该协议依法无效或者被撤销的除外。

(3)商标行政案件中，引证商标权利人被注销且无证据证明存在权利义务承受主体的，可以认定引证商标与申请商标不构成近似商标。

(4)根据《商标法》第50条规定，注册商标被撤销、被宣告无效或者期满不再续展的，自撤销、宣告无效或者注销之日起1年内，商标局对与该商标相同或者近似的商标注册申请，不予核准。这种情况下申请人需提交驳回复审申请，同时提交在先商标无效的证明文件（官方裁定、商标档案等）。

《北京市高级人民法院商标授权确权行政案件审理指南》“引证商标权利人被注销”
（第609页）

7.2.3　申请暂缓审理

《商标评审规则》第31条
（第459页）

申请人已经或者将要对引证商标提出异议、撤销、无效宣告或驳回复审申请，可以基于此事实提交复审申请，并请求国家知识产权局暂缓对该复审申请的审理或请求并案审理。注意事项：

(1)在先商标被提异议、撤销请求暂缓驳回复审案件审理的，需要递交完整异议理由及证据材料给国家知识产权局参考。在先商标被提无效宣告的，需要在复审案件和无效宣告案件中均提交并案审理请求。

(2)根据2014年《商标评审规则》，需要等待在先权利案件审理结果的，国家知识产权局可以决定暂缓审理驳回复审案件的审理。

(3)在先商标案件审结完毕的，申请人需将相关案件裁定补充提交至国家知识产权局，请求继续审理。

8. 驳回复审申请文件

驳回复审申请材料包括(按顺序摆放装订):

(1)驳回复审申请书(首页);

(2)评审材料目录;

(3)驳回复审申请书(正文);

(4)商标代理委托书(如委托商标代理机构办理,需签章的委托书);

(5)申请人的主体资格证明文件;

(6)证据目录及证据材料。

《商标法实施条例》第59条(第356页)

申请人需要在提出商标驳回复审申请后补充有关证据材料的,应当在商标驳回复审申请书中声明,并自提交申请书之日起3个月内提交;期满未提交的,视为放弃补充有关证据材料。但是,在期满后生成或者申请人有其他正当理由未能在期满前提交的证据,在期满后提交的,国家知识产权局将证据交被申请人并质证后可以采信。

《商标法实施条例》第11条(第349页)

注意:当事人补充证据需要补充证据或者补正文件的期间以及因当事人更换需要重新答辩的期间不计入商标审查和审理期限。

9. 证据材料

9.1 证据类型

根据《商标评审规则》的规定,申请人提供的证据包括书证、物证、视听资料、电子数据、证人证言、鉴定意见、当事人的陈述等。

9.2 证据形式

(1)应当提供原件,包括原本、正本和副本。

(2)提供原件有困难的,可以提供相应的复印件、照片、节录本。

(3)提供由有关部门保管的书证原件的复制件、影印件或者抄录件的,应当注明出处,经该部门核对无异后加盖其印章。

(4)申请人向国家知识产权局提供物证的,应当提供原物。提供原物有困难的,可以提供相应的复制件或者证明该物证的照片、录像等其他证据;原物为数量较多的种类物的,可以提供其中的一部分。

(5)申请人向国家知识产权局提供的证据系在中华人民共和国领域外形成,或者在我国香港、澳门、台湾地区形成,对方当事人对该证据的真实性存在怀疑并有相应证据支持的,或者国家知识产权局认为必要的,应当依照有关规定办理相应的公证认证手续。

(6)提供外文书证或者外文说明资料,应当附有中文译文。实践中,根据国家知识产权局的要求,提交的外文书证的内容需要完整中文翻译,一一对应。如遇证据内容较多的情况,可根据案情需要对其进行摘译,但不翻译的部分要说明。大段或整页内容不翻译的,要用叉线画掉。

10. 驳回复审申请审理期限

《商标法》第34条(第340页)

9个月(特殊情况下+3个月)。国家知识产权局应当自收到申请之日起9个月内作出决定,并书面通知申请人。有特殊情况需要延长的,经国务院市场监督管理部门批准,可以延长3个月。当事人对国家知识产权局的决定不服的,可以自收到通知之日起30日内向人民法院起诉。

11. 驳回复审审理中的审查意见

《商标法实施条例》第52条(第355页)

在驳回复审案件申请过程中,国家知识产权局认为申请商标除国家知识产权局驳回申请商标申请注册的理由以外,还发现申请注册的商标有违反《商标法》第10条、第11条、第12条和第16条第1款规定情形,国家知识产权局并未依据上述条款作出驳回决定的,国家知识产权局下发《商标驳回复审案件评审意见书》,告知申请人可以对新的驳回事由自收到该通知之日起30日内,向国家知识产权局提交书面申辩意见及相关证据。不提交意见或未在规定期限内提交的,不影响国家知识产权局的评审。

第9节　变更商标申请人/注册人名义/地址申请

变更商标申请人/注册人名义/地址
变更集体商标/证明商标管理规则/集体成员名单申请书

申请人名义(中文)：
(英文)：
申请人地址(中文)：
(英文)：
邮政编码：
联系人：
电话：
代理机构名称：
商标申请号/注册号：
是否共有商标：　□ 是　　□ 否
变更前名义(中文)：
(英文)：
变更前地址(中文)：
(英文)：
变更管理规则：　□ 是
变更集体成员名单：　□ 是

申请人章戳（签字）：　　　　代理机构章戳：

代理人签字：

注：请 按 说 明 填 写

《商标法》
第41条
（第341页）
《商标法实施条例》
第17条
（第350页）

1. 商标变更申请

商标注册人或申请人需要变更其名义、地址、代理人、文件接收人或者删减指定的商品的，均应当向国家知识产权局提出变更申请。

变更商标包括：(1)注册商标；(2)申请中的商标。

变更事项包括：(1)名义；(2)地址；(3)代理人、文件接收人；(4)删减指定的商品；(5)其他。

2. 变更注册人或申请人名义和地址

商标注册人或申请人的名义或地址发生变动后，均应当向国家知识产权局提出变更申请。

注意：注册人或申请人名义的变更，是指同一实体称谓的改变，商标权利没有发生转让或移转，仍属于同一民事主体。若商标发生转让或因继承、企业合并、兼并或改制等发生商标专用权移转的，应办理商标转让或移转手续，而非变更手续。

3. 变更前后名义和地址

变更名义或/和地址分如下类型：

(1)仅申请变更名义的，需填写变更前名义，不需填写变更前地址；

(2)仅申请变更地址的，需填写变更前地址，不需填写变更前名义；

(3)变更名义和地址的，需填写变更前名义和地址的。

4. 变更申请所需文件

变更申请需要准备如下文件：

(1)变更商标申请人/注册人名义/地址申请申请书。

(2)申请人的主体资格证明文件：

①变更名义的，需要提供申请人的主体资格证明文件（如企业的营业执照副本、自然人的身份证/护照等）经申请人盖章或者签字确认的复印件（直接到国家知识产权局注册大厅、国家知识产权局驻中关村国家自主创新示范区办事处办理的，原件经比对后退还）；

②变更地址的，需要提供申请人的主体资格证明文件（如企业的营业执照副本、自然人的身份证/护照等）的原件和申请人经盖章或者签字确认复印件（原件经比对后退还）。

(3)变更名义的证明文件：

①变更名义的，需要提供登记机关出具的变更证明。注册人是企业的，应当出具市场监督管理机关登记部门的变更证明；注册人是事业单位的，

应当出具事业单位主管机关的变更证明;注册人是自然人的,应当出具户口所在地派出所出具的变更证明。证明上的变更前名义和变更后名义应当与申请书上变更前名义和申请人名称相符。外国企业或外国人仅需变更其中文译名的,应提供该外国企业或外国人申请变更中文译名的声明。

②变更地址的,不需要提交变更证明文件,跨国变更地址的除外。自然人跨国籍变更地址的,应当提交在变更后地址所在国家享有居留权的证明文件。

(4)委托商标代理机构办理的提交《代理委托书》。

《商标法实施条例》第30条第1款(第352页)

(5)如果申请变更的商标是共有商标,还应提交以下书件:

①申请变更共有商标代表人的,填写变更注册人名义/地址申请书,还应当提交其他共有人的同意变更的声明。

②申请变更共有商标共有人名义的,无论是变更所有的共有人名义还是变更部分共有人名义,或是变更共有商标代表人的,都应在申请书上填写所有共有人的名称。其中,代表人的名称和地址应写在申请书的第一页上,其他共有人名称应写在申请书的附页上,其他共有人不需填写地址。

③代表人名义、地址发生变更的,应将变更后的代表人名义、地址写在申请书第一页的申请人名称、申请人地址栏目中,将变更前的代表人名义、地址写在申请书第一页的变更前名义、变更前地址栏目中,并应附送相应的变更名义证明。如果代表人的名义、地址没有发生变更,申请变更的是其他共有人的名义,则申请书第一页上的变更前名义、变更前地址栏目不必填写。

④其他共有人名义发生变更的,应在申请书附页的变更前其他共有人名义列表和变更后其他共有人名义列表中(以下简称变更前名义列表和变更后名义列表)分别填写变更前共有人名称和变更后共有人名称,并附送相应的变更证明。如果其他共有人名义没有发生变更,也应将没有变更的共有人名义分别填写在申请书附页的变更前名义列表和变更后名义列表中。

《商标法实施条例》第30条第2款(第352页)

5.“一并变更”原则

变更商标注册人名义或者地址的,商标注册人应当将其全部注册商标一并变更;未一并变更的,由国家知识产权局通知其限期改正;期满未改正的,视为放弃变更申请,国家知识产权局应当书面通知申请人。

《商标法》第49条(第343页)

6. 自行变更使用的法律后果

商标注册人在使用注册商标的过程中,自行改变注册商标、注册人名义、地址或者其他注册事项的,由地方市场监督管理部门责令限期改正;期满不改正的,由国家知识产权局撤销其注册商标。

第10节　商标续展注册申请

商标续展注册申请书

申请人名称(中文)：
(英文)：
申请人地址(中文)：
(英文)：
邮政编码：
联系人：
电话：
代理机构名称：
商标注册号：
是否共有商标：　☐ 是　　☐ 否
类别：

申请人章戳（签字）：　　代理机构章戳：

代理人签字：

注：请 按 说 明 填 写

《商标法》
第40条
(第341页)

1. 商标续展申请

注册商标有效期满,需要继续使用的,商标注册人应当在期满前12个月内按照规定办理续展手续;在此期间未能办理的,可以给予6个月的宽展期。每次续展注册的有效期为10年,自该商标上一届有效期满次日起计算。期满未办理续展手续的,注销其注册商标。

(1)商标期满前12个月内提交,期满之后6个月内宽展期提交的需要发生额外费用。

(2)续展申请的申请日期,直接递交的以递交日期为准邮寄的以基础的邮戳日为准。邮戳不清晰或没有邮戳的,以国家知识产权局实际收到日为准,但当事人能够提出实际邮戳日证据的除外。

2. 申请人

申请人名称、地址应与商标档案保持一致。根据《商标法》规定申请人的名称、地址发生变更的,应向国家知识产权局办理变更备案。在实践中,未进行变更备案的,也不影响续展申请的提交。如主体资格证明文件最新地址与商标档案不一致的,以商标档案地址为准。

3. 共有商标

(1)属于共有商标的,应当在申请书首页“是否共有商标”选择“是”;非共有商标选择“否”。

(2)共有商标申请商标续展注册,需由代表人提出申请,申请人名义/地址填写代表人的名义/地址,其他共有人名义/地址依次填写在申请书附页上(可再加附页),非共有商标的,不需提交附页。

4. 申请书签章

根据《商标法实施条例》第86条规定,商标代理机构向国家知识产权局提交的有关申请文件,应当加盖该代理机构公章并由相关商标代理从业人员签字。

(1)中国申请人直接向国家知识产权局提交注册申请的,应提交个人签字(中国自然人)和加盖单位公章(中国法人或其他组织)的商标注册申请书。

(2)申请人委托代理机构向国家知识产权局提交注册申请的,申请书上加盖申请人公章或签字,同时盖代理组织印章,同时由代理人签字(国外申请人可以不在申请书盖章或签字)。

(3)对于共同申请,中国共同申请人的代表人在首页盖章或签字,其他共同申请人都必须在申请书附页盖章或签字(国外申请人可以不在申请书盖章或签字)。

5. 其他注意事项

(1)一份申请书填写一个商标注册号。

(2)注册商标有多个类别的,按类别号依序填写。

6. 期满不续展的其他影响

《商标审查标准》第十部分“关于商标法第五十条的适用规定”
(第 429 页)

根据《商标法》第 50 条的规定,注册商标期满不再续展的,自注销之日起 1 年内,国家知识产权局对与该商标相同或者近似的商标注册申请,不予核准。此规定的立法目的是,注册商标期满不再续展的,如果不设置一定时间的隔离期限就核准新的相同或近似商标注册,有可能出现这样一种情况,即原注册人期满不再续展商标的商品或服务还未退出市场,新商标注册人的商品或服务却已投入市场,市场上出现两家企业生产的带有相同或者近似商标的商品,造成消费者混淆。为避免这种情况的发生,有必要适用《商标法》第 50 条。

此外,国家知识产权局在对他人商标申请做出审查决定时,在先相同或近似的注册商标期满不再续展,从商标专用权届满之日起未满 1 年,应适用《商标法》第 50 条,予以引证。

商标监控

第11节 商标异议申请

商标异议申请书

被异议商标:
被异议类别:
初步审定号:
初步审定公告期:
被异议人名称:
被异议人地址:
被异议人代理机构名称:

异议人名称:
异议人地址:
邮政编码:
联系人:
电话:
是否提交补充材料: 是□ 否□
异议人代理机构名称:

异议请求和事实依据:

异议人章戳(签字): 代理机构章戳:

代理人签字:

注:请按说明填写

1. 被异议商标

《商标法》第33条（第339页）

被异议商标，是指知识产权局“初步审定并予以公告”的商标。对于未经知识产权局初步审定、经知识产权局初步审定但尚未刊登于《商标公告》或者3个月初审公告期满的商标，均不能提出异议，否则知识产权局会对此类异议申请不予受理。企业若发现自己商标已经被他人提出注册申请，须先确认该商标注册申请进展，再采取相应的监控、提出异议或者无效宣告等措施。

被异议类别、初步审定号以及初步审定公告期均应当按照《商标公告》上的相应内容填写。“被异议类别”一栏可填写被异议商标指定的一个类别或者多个类别。

2. 被异议人

被异议人，是指被异议商标的申请人。被异议人名称/地址应当按照《商标公告》上的商标申请人名称/地址填写。被异议商标为共有商标的，被异议人名称/地址应当填写共有商标申请人的代表人名称/地址。

若被异议商标是通过商标代理机构申请注册的，还须按照《商标公告》上的内容填写被异议人代理机构名称；若被异议商标未有代理机构记载，是其申请人直接办理提交的，则“被异议人代理机构名称”一栏可不填。

3. 异议人

《商标法》第33条（第339页）

异议人，是指对商标局初步审定并予以公告的商标，提出反对注册意见的自然人、法人或其他组织。包括两类：

3.1　在先权利人、利害关系人

在先权利人、利害关系人认为初步审定并予以公告的商标违反《商标法》第13条第2款和第3款、第15条、第16条第1款、第30条、第31条、第32条规定的，可提起异议申请。

3.1.1　在先权利人

(1)驰名商标的所有人；
(2)在先使用商标的所有人；
(3)地理标志的权利人；
(4)在先注册商标专用权人；
(5)在先初步审定商标的所有人；
(6)在先申请商标的所有人；

(7)字号权人;
(8)著作权人;
(9)外观设计专利权人;
(10)姓名权人;
(11)肖像权人等。

《商标审理标准》"利害关系人的认定"(第454页)
《北京市高级人民法院商标授权确权行政案件审理指南》"利害关系人的范围"(第594页)

3.1.2 利害关系人

(1)在先商标权及其他在先权利的被许可使用人;
(2)在先商标权及其他在先权利的合法继受人;
(3)在先权利人的控股股东;
(4)提交了模特、演员等就相关人身权出具的特别授权文件的经纪人;
(5)在先商标权的质权人;
(6)其他有证据证明与在先商标权及其他在先权利有利害关系的主体。

判断申请人是否为利害关系人原则上以提出异议或无效宣告申请时为准。申请时不具备利害关系,但在案件审理时已具备利害关系的,应当认定为利害关系人。

仅因被异议商标的申请注册而受到影响,但与在先权利不具有直接利害关系的主体,不宜认定为"利害关系人"。

《商标法》第33条(第339页)

3.2 任何人

任何人认为违反《商标法》第4条、第10条、第11条、第12条、第19条第4款的禁止性规定的。

《商标法实施条例》第27条第2款(第352页)

4. 异议补充材料

是否提交补充材料一栏,选择"是",则可在提交异议申请书之日起3个月内提交补充证据材料;选择"否",视为放弃补充有关证据材料。

5. 异议请求和事实依据

异议人可以根据被异议商标的具体情况,依据如下理由提出异议申请:

5.1 异议理由一:违反《商标法》禁止性规定

申请商标若违反了"禁用"和"禁注"等规定,任何人均可提出异议。

《商标法》第10条(第336页)

5.1.1 违反"禁用"规定

违反"禁用"规定主要是指使用了下列不得作为商标的标志:

(1)同中华人民共和国的国家名称、国旗、国徽、国歌、军旗、军徽、军歌、勋章等相同或者近似的,以及同中央国家机关的名称、标志、所在地特定地点的名称或者标志性建筑物的名称、图形相同的;

(2)同外国的国家名称、国旗、国徽、军旗等相同或者近似的,但经该国政府同意的除外;

(3)同政府间国际组织的名称、旗帜、徽记等相同或者近似的,但经该组织同意或者不易误导公众的除外;

(4)与表明实施控制、予以保证的官方标志、检验印记相同或者近似的,但经授权的除外;

(5)同“红十字”“红新月”的名称、标志相同或者近似的;

(6)带有民族歧视性的;

(7)带有欺骗性,容易使公众对商品的质量等特点或者产地产生误认的;

(8)有害于社会主义道德风尚或者有其他不良影响的。

县级以上行政区划的地名或者公众知晓的外国地名,不得作为商标。但是,地名具有其他含义或者作为集体商标、证明商标组成部分的除外;已经注册的使用地名的商标继续有效。

5.1.2 违反“禁注”规定

《商标法》第11条(第336页)

《北京市高级人民法院商标授权确权行政案件审理指南》“注册商标通用化的判断”(第616页)

违反“禁注”规定主要是指,将下列标志作为商标注册:

(1)仅有本商品的通用名称、图形、型号的;

主张商标构成商品的通用名称,应当主张通用名称指向的具体商品。可以提交的证明材料包括:

①字典;

②工具书;

③国家或者行业标准;

④相关行业组织的证明;

⑤市场调查报告;

⑥市场上的宣传使用证据;

⑦其他主体在同种商品上使用该商标标志的证据。

(2)仅直接表示商品的质量、主要原料、功能、用途、重量、数量及其他特点的;

(3)其他缺乏显著特征的。

5.1.3 违反“三维标志禁注”规定

《商标法》第12条(第336页)

违反“三维标志禁注”条款,是指仅由商品自身的性质产生的形状、为获得技术效果而需有的商品形状或者使商品具有实质性价值的形状,不得注册。

《商标法》
第4条
(第335页)
《北京市高级人民法院商标授权确权行政案件审理指南》“商标法第四条的适用”
(第600页)

5.1.4 违反“不以使用为目的的恶意注册申请”规定

根据2019年新《商标法》第4条的规定,不以使用为目的的恶意商标注册申请,应当予以驳回。此条规定包含两个条件:(1)不以使用为目的;(2)恶意申请。其中,对于“恶意申请”,2019年4月24日北京市高级人民法院《商标授权确权行政案件审理指南》作出规定,商标申请人明显缺乏真实使用意图,且具有下列情形之一的,可以认定违反《商标法》第4条的规定:

(1)申请注册与不同主体具有一定知名度或者较强显著特征的商标相同或者近似的商标,且情节严重的;

(2)申请注册与同一主体具有一定知名度或者较强显著特征的商标相同或者近似的商标,且情节严重的;

(3)申请注册与他人除商标外的其他商业标识相同或者近似的商标,且情节严重的;

(4)申请注册与具有一定知名度的地名、景点名称、建筑物名称等相同或者近似的商标,且情节严重的;

(5)大量申请注册商标,且缺乏正当理由的。

前述商标申请人主张具有真实使用意图,但未提交证据证明的,不予支持。

5.2 异议理由二:与在先商标构成相同或者类似商品上的近似商标

5.2.1 适用情形

《商标法》
第30条
(第339页)
《商标法》
第31条
(第339页)

(1)被异议商标同异议人在相同或者类似商品上“已经注册”或“初步审定”的商标相同或者近似的,异议人可以提出异议。即同自己在先商标构成近似。

(2)他人初审公告的商标,与异议人申请在先但尚未初审公告的商标,在相同或者类似商品上构成相同或者近似,异议人可基于“申请在先”提出异议。即“申请在先”原则。

(3)他人初审公告的商标,与异议人商标在相同或者类似商品上构成相同或者近似,且同一天申请的,异议人若在先使用,可基于“使用在先”提出异议。即“使用在先”原则。

5.2.2 注意事项

依据上述情形提起的异议申请,异议人须在中国享有在先申请或者注册的商标,并且在异议理由中要阐明:

(1)被异议商标与异议人引证商标构成近似;

(2)所指定使用的商品/服务为同一种或者类似商品/服务,商标并存于市场可能造成消费者混淆或误认。是否属于类似商品/服务,以相关公众的一般认识为准,《类似商品和服务区分表》仅为参考。

5.2.3 证据材料

异议人须提交能够证明在中国享有在先商标注册或者申请的材料;如有被异议商标申请日之前发生的商标使用证据,可在异议申请的补充材料期限内提交,用以证明异议人引证商标的在先使用以及知名度。

被异议人在答辩时,可以提交市场调查报告用于证明被异议商标和引证商标不构成近似商标,但该报告结论缺乏真实性、科学性的,审查机构将不予采纳。

《北京市高级人民法院商标授权确权行政案件审理指南》“市场调查报告的认定”

(第609页)

5.3 异议理由三:侵犯驰名商标权益

《商标法》第13条

(第336页)

5.3.1 适用情形

(1)他人初审公告的商标,属于就相同或者类似商品上复制、摹仿或者翻译异议人未在中国注册的驰名商标,容易导致混淆的,异议人可以提起异议申请。

(2)他人初审公告的商标,属于就不相同或者不相类似商品上复制、摹仿或者翻译异议人已经在中国注册的驰名商标,误导公众,致使该驰名商标注册人的利益可能受到损害的,异议人可以提起异议申请。

5.3.2 注意事项

基于上述情形提起的异议申请,须符合下列要件:

(1)就相同或者类似商品申请注册的商标是复制、摹仿或者翻译异议人未在中国注册的驰名商标,容易导致混淆的。具体包括下列要件:

①异议人商标在被异议商标申请日前已经驰名但尚未在中国注册;

②被异议商标构成对异议人驰名商标的复制、摹仿或者翻译;

③被异议商标所使用的商品/服务与异议人驰名商标所使用的商品/服务相同或者类似;

④被异议商标的注册或者使用,容易导致混淆。

(2)就不相同或者不相类似商品申请注册的商标是复制、摹仿或者翻译异议人已经在中国注册的驰名商标,误导公众,致使该驰名商标注册人的利益可能受到损害的。具体包括下列要件:

①异议人商标在被异议商标申请日前已经驰名且已经在中国注册;

②被异议商标构成对异议人驰名商标的复制、摹仿或者翻译;

③被异议商标所使用的商品/服务与异议人驰名商标所使用的商品/服务不相同或者不相类似;

④被异议商标的注册或者使用,误导公众,致使异议人的利益可能受到损害。

5.3.3 证据材料

证明商标驰名的相关材料,请参见本书第156页。

《商标法》第15条(第337页)《北京市高级人民法院商标授权确权行政案件审理指南》"商标法第十五条的适用"(第605页)

5.4 异议理由四:代理人、代表人或者有特定关系的他人恶意抢注

5.4.1 适用情形

(1)代理人或者代表人未经授权,以自己的名义将与异议人商标相同或者相近似的商标,在相同或者类似商品服务上进行注册申请,并初审公告的,异议人可以提出异议。

"未经授权"是指,被代理人或者被代表人未明确作出同意代理人或者代表人申请注册被异议商标的意思表示。被代理人或者被代表人知道被异议商标的申请注册而未提出反对意见的,一般不能据此推定其同意代理人或者代表人申请注册被异议商标。

"异议人的商标"("被代理人或者被代表人的商标"),是指在被异议商标申请日前存在,但尚未注册或尚未申请的商标,不要求在中国已实际使用。

(2)初审公告商标,与异议人在先使用的未注册商标,构成相同或者类似商品上的相同或者近似,申请人与异议人具有非代理或非代表关系的合同、业务往来关系或者其他关系而明知异议人商标存在,异议人可以对此商标提出异议。

"在先使用",是指在中国境内的使用,仅在其他国家、地区使用商标的,不属于这里规定的"在先使用"。异议人主张保护"在先使用"的商标,应当提交被异议商标申请日前在中国境内使用商标的证据,在其他国家、地区的使用证据或者准备投入中国境内使用的证据可以作为证明其商标在先使用情况的补充。

商标使用的规模、时间、知名度等因素,不影响"在先使用"的判断。

5.4.2 代理人、代表人

《商标法》第15条第1款(第337页)

代理人或者代表人未经授权,以自己的名义将与异议人商标相同或者相近似的商标,在相同或者类似商品服务上进行注册申请,并初审公告的,异议人可以提

出异议。

代理人，包括：(1)《中华人民共和国民法通则》《中华人民共和国合同法》中规定的代理人；(2)基于商事业务往来而可以知悉被代理人商标的经销商。

代表人，是指具有从属于被代表人的特定身份，执行职务行为而可以知悉被代表人商标的个人，包括法定代表人、董事、监事、经理、合伙事务执行人等人员。

《商标审理标准》"代理关系、代表关系的判定"
（第437页）
最高人民法院《关于审理商标授权确权行政案件若干问题的规定》第15条
（第587页）

其他可视为代理、代表人的情形：

(1)代理、代表关系磋商阶段。代理、代表关系尚在磋商阶段，代理人、代表人知悉权利人商标后进行注册，致使其利益可能受到损害的。

(2)代理、代表关系结束后。代理、代表关系结束后，代理人、代表人将权利人商标申请注册，致使其利益可能受到损害的。

(3)虽非代理人或代表人，但与之串通合谋的。虽非以代理人或代表人名义申请注册被代理人或被代表人的商标，但有证据证明，注册申请人与代理人或者代表人具有串通合谋行为的。对于串通合谋抢注行为，可以视情况根据商标注册申请人与上述代理人或者代表人之间的亲属、投资等关系进行推定。具体包括下列情形：

①代理人是公司，商标注册申请人是自然人，并往往是该公司的法定代表人、股东等。

②代理人是公司，商标注册申请人是其他公司，两公司之间往往存在母子公司、投资控股等关系。

③代理人是自然人，商标注册申请人是公司，自然人往往是该公司的法定代表人、主要经营者、股东等。

④代理人是自然人，商标注册申请人是其他自然人，两者之间往往存在夫妻等亲属关系。

被异议商标申请人能够举证证明其在形成代理、代表关系前，在先使用被异议商标的，可以认定不属于《商标法》第15条第1款规定的情形。

认定条件：

认定代理人或者代表人未经授权，擅自注册被代理人或者被代表人商标的行为，须符合下列要件：

(1)被异议人是商标所有人的代理人或者代表人；

(2)被异议商标指定使用在与被代理人、被代表人的商标使用的商品/服务相同或者类似的商品/服务上；

(3)被异议商标与被代理人、被代表人商标相同或者近似；

(4)代理人或者代表人不能证明其申请注册行为已取得被代理人或者被代表人授权。

证据材料:

《商标审理标准》"代理关系、代表关系的判定"(第437页)

根据《商标法》第15条规定,即因代理人或者代表人擅自注册而提出异议,可提交以下证据材料证明代理关系或代表关系的存在:

(1)证明代理关系存在的证据包括:

①代理、经销合同;

②可以证明代理、经销关系的交易凭证、采购资料等;

③其他可以证明代理、经销关系存在的证据。

(2)证明代表关系存在的证据包括:

①企业注册登记资料;

②企业的工资表、劳动合同、任职文件、社会保险、医疗保险材料;

③其他可以证明一方当事人具有从属于被代表人的特定身份,执行职务行为而可以知悉被代表人商标的证据材料。

《商标法》第15条第2款(第337页)

《商标审理标准》"特定关系人抢注他人在先使用商标审理标准"(第438页)

最高人民法院《关于审理商标授权确权行政案件若干问题的规定》第16条(第587页)

《北京市高级人民法院商标授权确权行政案件审理指南》"'其他关系'的认定"(第606页)

5.4.3 特定关系人

初审公告商标,与异议人在先使用的未注册商标,构成相同或者类似商品上的相同或者近似,申请人与异议人具有非代理或非代表关系的合同、业务往来关系或者其他关系而明知异议人商标存在,异议人可以对此商标提出异议。

特定关系人,包括:(1)与权利人有合同、业务往来关系明知权利人商标的人;(2)其他关系明知权利人商标的人。

"合同、业务往来关系",是指双方存在代表、代理关系以外的其他商业合作、贸易往来关系,常见的包括:

(1)买卖关系;

(2)委托加工关系;

(3)加盟关系(商标使用许可);

(4)投资关系;

(5)赞助、联合举办活动;

(6)业务考察、磋商关系;

(7)广告代理关系;

(8)其他商业往来关系。

"其他关系"是指双方商业往来之外的其他关系,常见的包括:

(1)亲属关系;

(2)隶属关系(如除《商标法》第15条第1款规定的代表人以外的其他普通员工);

(3)劳动关系;

(4)营业地址邻近；

(5)商标申请人与在先使用人曾就达成代理、代表关系进行过磋商，但未形成代理、代表关系；

注意：无论代理、代表关系成立时间在商标申请日之前或之后，也无论商标申请是否在代理、代表关系存续期间提起，若经过磋商，形成代理、代表关系，则应适用《商标法》第15条第1款"代表人、代理人"；若经过磋商，未形成代理、代表关系，则适用《商标法》第15条第2款"其他关系"。

(6)曾就达成合同、业务往来关系进行过磋商，但未达成合同、业务往来关系；

(7)虽非以特定关系人名义申请注册，但有证据证明，注册申请人与特定关系人具有串通合谋行为的；

(8)能够知道他人商标且应予主动避让的关系。

认定条件：

认定因具有特定关系而明知异议人商标存在的人，在相同或者类似商品/服务上抢注异议人商标，须符合下列要件：

(1)被异议人与异议人具有合同、业务往来关系或者其他关系而明知异议人商标存在；

(2)被异议商标指定使用在与异议人商标使用的商品/服务相同或者类似的商品/服务上；

(3)被异议商标与异议人商标相同或者近似。

被异议商标申请人能够举证证明其先于《商标法》第15条第2款规定的"他人"使用被异议商标的，可以认定不属于《商标法》第15条第2款规定的情形。

证据材料：

下列证据可以证明合同、业务往来或其他关系的存在：

(1)合同；

(2)可以证明合同、业务往来的来往信函、交易凭证、采购资料等；

(3)企业的工资表、劳动合同、社会保险、医疗保险材料、户口登记证明等；

(4)其他证明特定关系存在的证据。

5.5　异议理由五：侵犯异议人在先权利

《商标法》第32条（第339页）《商标审理标准》"损害他人在先权利审理标准"（第440页）

5.5.1　适用情形

初审公告商标损害异议人现有的在先权利的，异议人可以提出异议。

《北京市高级人民法院商标授权确权行政案件审理指南》“在先权利范围”(第610页)

5.5.2 在先权利的范围

“在先权利”,是指在系争商标申请注册日之前已经取得的,除商标权以外的其他权利,包括:

(1)字号权;

(2)著作权;

(3)外观设计专利权;

(4)姓名权;

(5)肖像权;

(6)其他合法在先权益,包括“商品化权”“知名商品/服务特有名称、包装、装潢”“他人有一定影响的域名主体部分、网站名称”。

5.5.3 在先字号权

(1)以损害在先字号权为由,须满足下列要件:

①字号的登记、使用日应当早于被异议商标注册申请日;

②该字号在中国相关公众中具有一定的知名度;

③被异议商标的注册与使用容易导致相关公众产生混淆,致使在先字号字号权人的利益可能受到损害。认定混淆,应当考虑系争商标与字号的近似程度和系争商标指定使用的商品/服务与字号权人实际经营的商品/服务的关联程度。

最高人民法院《关于审理商标授权确权行政案件若干问题的规定》第21条(第588页)

《北京市高级人民法院商标授权确权行政案件审理指南》“外国企业名称的保护”(第612页)

注意:字号权保护范围,不仅包括字号,而且包括企业名称的简称、事业单位及其他组织的名称及简称、个人合伙及个体工商户的字号及简称;这里的“简称”需满足“具有一定市场知名度并已与企业建立稳定对应关系”的条件。

外国公司的企业名称、字号或者其惯用音译等,在被异议商标申请日前已在中国境内进行商业使用、具有一定知名度且为相关公众所知晓的,当事人可以据此主张在先企业名称权。

(2)可用于证明在先字号权的证据:

①企业登记资料;

②使用该字号的商品交易文书;

③广告宣传材料。

最高人民法院《关于审理商标授权确权行政案件若干问题的规定》第19条(第588页)

5.5.4 在先著作权

(1)以损害在先著作权为由,须满足下列要件:

①所主张的客体构成著作权法保护的作品;缺乏独创性的,不应认定为作品。简单的常见图形、字母等一般不认定为作品。

②异议人为涉案作品的著作权人或者利害关系人；当事人依据商标公告、商标注册证等主张其有权作为在先著作权的利害关系人提出申请的，可以予以支持。

《北京市高级人民法院商标授权确权行政案件审理指南》"损害在先著作权的认定"
（第611页）

③被异议商标与他人在先享有著作权的作品相同或者实质性相似；二者共同使用已进入公有领域的表达不作为考虑因素。对于独创性较低的作品，被异议商标与该作品在视觉上基本无差异的，可以认定构成实质性相似。以下情形，可以不认定为实质性相似：

- 被异议商标与涉案作品相同或者相近似的部分属于公有素材或者公有领域的信息的；
- 被异议商标与涉案作品相同或者相近似的原因在于执行共同的标准或者表达形式有限的；
- 被异议商标与涉案作品相同或者相近似的部分源于案外人的作品，且该作品的创作完成时间早于涉案作品的。

④在被异议商标申请日前，被异议人接触过或者有可能接触到他人享有著作权的作品。

⑤被异议人未经著作权人的许可。

（2）可用于证明在先著作权的初步证据：

①涉及商标标志的设计底稿、原件；

②取得权利的合同；

③被异议商标申请日之前的著作权登记证书；

④在先公开发表该作品的证据材料；

⑤在先创作完成该作品的证据材料；

⑥在先通过继承、转让等方式取得著作权的证据材料等。

注意：商标公告、商标注册证等可以作为确定商标申请人为有权主张商标标志著作权的利害关系人的初步证据。但是，商标注册证或晚于系争商标申请注册日进行登记的著作权登记证书不能单独作为认定著作权成立的定案证据。

异议人主张被异议商标损害角色形象著作权的，人民法院按照最高人民法院《关于审理商标授权确权行政案件若干问题的规定》第19条依据著作权相关规定进行审查。

异议人提供的涉及著作权的底稿、原件、合法出版物、被异议商标申请日前著作权登记证书、取得权利的合同等可以作为认定在先著作权归属的初步证据，但是被异议商标申请人提供相反证据的除外。

《北京市高级人民法院商标授权确权行政案件审理指南》"在先著作权的保护范围"
（第612页）

异议人以损害其在先著作权为由主张被异议商标应当不予核准注册的，对被异议商标指定使用的商品或者服务类别不予考虑。

最高人民法院《关于审理商标授权确权行政案件若干问题的规定》第22条第2款
(第588页)
《北京市高级人民法院商标授权确权行政案件审理指南》“‘商品化权益’的表述”“‘商品化权益’认定的限制”“‘特定条件’的认定”
(第612页、第613页)
《反不正当竞争法》第6条
(第641页)

5.5.5 作品名称、作品中的角色名称所谓“商品化权益”

对于著作权保护期限内的作品,如果作品名称、作品中的角色名称等,满足如下条件,可构成在先权益(所谓“商品化权益”),但是在法律尚未规定“商品化权益”的情况下,在裁判文书中不使用“商品化权益”等称谓。

若依据除《商标法》第32条“在先权利”之外的其他具体条款不足以对当事人提供救济,且无法依据前款所规定的情形予以保护的,在符合特定条件时,可以依据当事人的主张适用《商标法》第32条“在先权利”予以保护,但一般应依据《反不正当竞争法》第6条的规定进行认定。

给予“商品化权益”保护,应同时具备下列情形:

(1)“保护对象”为作品名称、作品中的角色名称等;

(2)在被异议商标申请日前,“保护对象”应具有一定知名度;

(3)被异议商标的申请注册人主观上存在恶意;

(4)被异议商标标志与“保护对象”相同或者相近似;

(5)被异议商标指定使用的商品属于“保护对象”知名度所及的范围,容易导致相关公众误认为其经过“保护对象”利益所有人的许可或者与利益所有人存在特定联系。

5.5.6 在先外观设计专利权

(1)以损害在先外观设计专利权为由,须满足下列要件:

①外观设计专利的授权公告日应早于被异议商标申请注册日及使用日;

②被异议商标与外观设计使用于相同或者类似商品;

③被异议商标与外观设计相同或者近似。

(2)可用于证明在先外观设计专利权的证据:

①外观设计专利证书;

②年费缴纳凭据等证据材料。

5.5.7 在先姓名权

(1)以损害姓名权为由,须满足下列要件:

①“他人”为在世自然人。

②被异议商标与他人姓名相同。“相同”是指使用了与他人姓名完全相同的文字,或者是他人姓名的翻译,在社会公众的认知中指向该姓名权人。

③被异议商标的注册给他人姓名权造成或者可能造成损害。例如,当事人主张被异议商标的申请注册损害其在先姓名权的,一般应举证证明被异

议商标申请人明知其姓名而采取盗用、冒用等手段申请注册商标。如果相关公众认为该商标标志指代了该自然人，容易认为标记有该商标的商品系经过该自然人许可或者与该自然人存在特定联系的，应当认定该商标损害了该自然人的姓名权。

注意：姓名权保护范围，不仅包括户籍登记中使用的姓名，还包括笔名、艺名、别名、译名、雅号、绰号等。当事人以其笔名、艺名、别名、译名等特定名称主张姓名权，该特定名称具有一定的知名度，与该自然人建立了稳定的对应关系，相关公众以其指代该自然人的，应当认定为在先姓名权。此外，能够与特定的自然人建立起对应关系的主体识别符号可以视为该自然人的姓名。

使用姓名申请注册商标，误导公众、妨害公序良俗或者有其他不良影响的，依据《商标法》第 10 条第 1 款第 7 项、第 8 项的规定进行审查。

最高人民法院《关于审理商标授权确权行政案件若干问题的规定》第 20 条（第 588 页）
《北京市高级人民法院商标授权确权行政案件审理指南》“姓名权保护的具体利益”（第 612 页）

(2)可用于证明姓名权的证据：

①本人身份证或其他证明文件；

②本人所获荣誉以及知名度证据等。

5.5.8　在先肖像权

(1)以损害肖像权为由，须满足下列要件：

①被异议商标与他人肖像相同或者近似；

②被异议商标的注册给他人肖像权造成或者可能造成损害。

这里，他人的“肖像”是指通过摄影、绘画等艺术手段将他人的形象进行再现，包括照片、肖像画、视频等表现形式。“他人”为在世自然人。

使用他人的肖像申请注册商标，误导公众、妨害公序良俗或者有其他不良影响的，依据《商标法》第 10 条第 1 款第 7 项、第 10 条第 1 款第 8 项的规定进行审查。

当事人主张被异议商标的申请注册损害其在先肖像权的，应当举证证明被异议商标标志具有足以使相关公众识别其所对应的特定自然人的个性特征，从而使该标志与该自然人之间形成了稳定的对应关系，相关公众容易认为标有被异议商标的商品与该自然人存在许可等特定联系。

《北京市高级人民法院商标授权确权行政案件审理指南》“肖像权的保护”（第 612 页）

人形剪影未包含可识别的特定自然人个性特征，当事人据此主张损害其在先肖像权的，不予支持。

(2)可用于证明肖像权的证据：

①本人身份证或其他证明文件；

②本人照片等相关文件。

5.5.9　在先知名商品/服务特有名称、包装、装潢

(1)知名商品/服务特有名称、包装、装潢的概念

知名商品/服务特有名称、包装、装潢,是指具有区别商品来源的显著特征的商品的名称、包装、装潢。

有下列情形之一的,不能被认定为知名商品特有的名称、包装、装潢:

①商品的通用名称、图形、符号;

②仅直接表示商品的质量、主要原料、功能、用途、重量、数量及其他特点的商品名称;

③仅由商品自身的性质产生的形状,为获得技术效果而需有的商品形状以及使商品具有实质性价值的形状;

④其他缺乏显著特征的商品名称、包装、装潢。

前款第①项、第②项、第④项规定的情形经过使用取得显著特征的,可以认定为特有的名称、包装、装潢。

《商标审理标准》"知名商品/服务特有名称、包装、装潢"(第444页)

(2)以损害知名商品/服务特有名称、包装、装潢为由,须满足下列要件:

①在系争商标申请注册之前他人已在先使用知名商品/服务特有名称、包装、装潢;

②他人知名商品/服务特有名称、包装、装潢未获准注册为商标;

③系争商标与他人知名商品/服务特有名称、包装、装潢相同或者近似;

④系争商标的注册与使用容易导致相关公众产生混淆或误认,致使在先知名商品/服务特有名称、包装、装潢权益人的利益可能受到损害。

《商标法》第32条(第339页)

5.6 异议理由六:以不正当手段抢注他人已经使用并有一定影响的商标

5.6.1 适用情形

初审公告商标,属于以不正当手段抢先注册异议人已经使用并有一定影响的商标的,异议人可以提起异议。

5.6.2 注意事项

最高人民法院《关于审理商标授权确权行政案件若干问题的规定》第23条(第588页)
《北京市高级人民法院商标授权确权行政案件审理指南》"恶意抢注的适用要件"(第613页)

基于上述理由提出异议,须满足下列条件:

(1)未注册商标在被异议商标申请日之前已经使用并有一定影响。

可认定"已经使用"的情形包括但不限于:

①异议人通过商业宣传和生产经营活动,能够使其主张的"未注册商标"发挥识别商品来源的作用的;

②一般在相关公众已将该"未注册商标"与异议人产生联系的情况下,只要该行为不违背异议人主观意愿的;

但是,使用在先未注册商标的商品未在中国境内流通且直接出口的,不能构成《商标法》第32条所规定的"已经使用"。

可认定“有一定影响”的情形包括但不限于：

①异议人举证证明其在先未注册商标的知名度足以使被异议商标申请人明知或者应知该商标存在的；

②异议人提交在先未注册商标的持续使用时间、区域、销售量或者广告宣传等证据，足以证明该商标为一定范围的相关公众所知晓的。

《北京市高级人民法院商标授权确权行政案件审理指南》“‘已经使用’的判断”“‘有一定影响’的判断”（第614页）

(2)被异议商标与在先使用的未注册商标构成相同或近似商标；此“未注册商标”，包括在被异议商标申请日前未提出商标注册申请或者已失效的商标。

(3)被异议商标指定使用的商品与在先使用的未注册商标所使用的商品构成相同或者类似商品。

(4)被异议商标申请人明知或者应知他人在先使用商标。商标申请人能够举证证明其没有利用在先使用商标商誉的恶意的，不构成前款所指情形。

认定被异议商标申请人是否明知或者应知他人的未注册商标时，可以综合考虑以下因素：

《北京市高级人民法院商标授权确权行政案件审理指南》“明知或者应知的认定”（第613页）

①被异议商标申请人与在先商标使用人曾就商标许可、商标转让等进行联络；

②经相关机关认定，被异议商标申请人存在侵害商标权行为；

③被异议商标申请人与在先商标使用人属于同行业；

④在先商标显著性较强的，被异议商标与其高度近似。

5.6.3　证明在先使用商标的影响力的证据材料

《商标审理标准》“已经使用并有一定影响商标的判定”（第445页）

(1)该商标最早使用时间和持续使用情况等相关资料；

(2)该商标所标示的商品/服务的合同、发票、提货单、银行进账单、进出口凭据等；

(3)该商标所标示的商品/服务的销售区域范围、销售量、销售渠道、方式、市场份额等相关资料；

(4)该商标所有人在广播、电影、电视、报纸、期刊、网络、户外等媒体发布的商业广告、宣传资料及上述媒体中所有涉及该商标的评论、报道、宣传等资料；

(5)该商标所标示的商品/服务参加展览会、博览会、拍卖等商业活动的相关资料；

(6)该商标的获奖等商誉资料；

(7)其他可以证明该商标有一定影响的资料。

当事人提交的域外证据材料，能够证明该商标为中国相关公众所知晓的，应当予以采信。

注意：用以证明商标使用情况的证据材料，应当能够显示所使用的商标标识、商品/服务、使用日期和使用人。

商标是否具有一定影响原则上以系争商标申请日为准予以判定。

在系争商标申请日前虽曾使用并具有一定影响,但未持续使用的,还应对该商标的影响力是否持续至系争商标申请注册日予以判定。

《商标审理标准》"已经使用并有一定影响商标的判定"(第445页)

5.6.4 证明被异议人采取了不正当手段抢注的证据材料

(1)证明被异议人与异议人曾有贸易往来或者合作关系的证据材料,如合同、信函、照片等。

(2)证明被异议人与异议人共处相同地域或者双方的商品/服务有相同的销售渠道和地域范围的证据材料。

(3)证明被异议人与异议人曾发生过其他纠纷、可知晓在先使用人商标的证据。

(4)证明被异议人与异议人曾有内部人员往来关系的证据。

(5)证明被异议人具有以牟取不正当利益为目的,利用在先使用人有一定影响商标的声誉和影响力进行误导宣传,胁迫在先使用人与其进行贸易合作,向在先使用人或者他人索要高额转让费、许可使用费或者侵权赔偿金等行为的证据。

(6)证明异议人商标具有较强独创性,系争商标与之高度近似的证据,如商标设计合同等。

(7)其他可以认定为不正当手段的情形的证据,包括但不限于如下类型证据:

①系争商标申请人申请注册多件商标,且与他人具有较强显著性的商标构成相同或者近似的;

②系争商标申请人申请注册多件商标,且与他人字号、企业名称、社会组织及其他机构名称、知名商品的特有名称、包装、装潢等构成相同或者近似的;

③系争商标申请人申请注册大量商标,且明显缺乏真实使用意图的;

注意:系争商标获准注册后,系争商标申请人既无实际使用行为,也无准备使用行为,仅具有出于牟取不正当利益的目的,积极向他人兜售商标、胁迫他人与其进行贸易合作,或者向他人索要高额转让费、许可使用费、侵权赔偿金等行为的,可以判定其明显缺乏真实使用意图。

④其他可以认定为以不正当手段取得注册的情形。

《北京市高级人民法院商标授权确权行政案件审理指南》"具有主观恶意的认定"(第610页)

判断被异议商标申请人是否具有主观恶意,可以综合考虑如下因素:

(1)引证商标具有较强显著性和知名度;

(2)被异议商标申请人与引证商标权利人营业地址临近;

(3)被异议商标申请人与引证商标权利人属于同行业;

(4)被异议商标标志与引证商标标志基本相同且被异议商标申请人未作出合理解释。

5.7　异议理由七:侵犯地理标志

《商标法》第16条第1款(第337页)

5.7.1　适用情形

初审公告商标中有商品的地理标志,而该商品并非来源于该标志所标示的地区,误导公众的,地理标志权利人可以提起异议。

5.7.2　注意事项

从《商标法》第33条对异议人主体资格的限定规定来看,依据《商标法》第16条提起异议的只能是地理标志的在先权利人或者利害关系人。

《商标法》第16条禁止虚假商品来源并且会误导公众的行为。在适用该条款时,会考虑商品类别以及确定商品来源。地理标志的保护范围应有商品类别限制,不能扩大到所有商品上进行保护。

如果诉争商标指定使用的商品与地理标志产品并非相同商品,而地理标志利害关系人能够证明诉争商标使用在该产品上仍然容易导致相关公众误认为该产品来源于该地区并因此具有特定的质量、信誉或者其他特征的,应予以支持。

最高人民法院《关于审理商标授权确权行政案件若干问题的规定》第17条(第587页)

如果该地理标志已经注册为集体商标或者证明商标,集体商标或者证明商标的权利人或者利害关系人可选择依据该条或者另行依据《商标法》第13条、第30条等主张权利。

6. 签名和盖章

国内异议人可以委托商标代理机构提交异议申请,也可以直接前往国家知识产权局办理异议;国外异议人则必须委托商标代理机构办理异议申请。若异议人为国内自然人,直接提交异议申请的,应当在“异议人章戳(签字)”处签字,同时还应在“异议人名称”一栏的姓名后面填写身份证明文件号码;若异议人为国内企业,直接提交异议申请的,应当在“异议人章戳(签字)”处盖公章。异议人章戳(签字)应与异议人名称一致。

异议人委托商标代理机构提交异议申请的,应当填写代理机构名称,并在“代理机构章戳/代理人签字”处由代理人签字并加盖代理机构章戳。委托代理机构办理异议申请的,“异议人章戳(签字)”处无须异议人盖章或签字,异议人仅须在商标代理委托书上盖章或签字,异议人为国外企业时,在委托书上签字即可。

7. 异议申请所需提交文件

异议申请所需材料包括(按顺序摆放装订):

《商标法实施条例》
第24条
(第351页)

(1)商标异议申请书(首页);

(2)商标异议申请书(正文);

(3)商标代理委托书(如委托商标代理机构办理,需签章的委托书);

(4)异议人的主体资格证明文件;

(5)被异议商标初步审定公告页复印件;

(6)证据目录及证据材料。

注意:对于以违反《商标法》第13条第2款和第3款、第15条、第16条第1款、第30条、第31条、第32条规定侵权他人在先权益为由提出异议的,需要提供异议人作为在先权利人或者利害关系人的证明。

上述文件均应当提交一式两份。

《商标法实施条例》
第27条
(第352页)

8. 被异议人答辩

经过形式审查后,国家知识产权局会对符合受理条件的异议申请发出受理通知书,并将商标异议申请书副本送达被异议人,要求被异议人在收到异议答辩通知书以及异议申请书副本之日起30天内,向国家知识产权局提交书面答辩理由和相应证据材料。在提交答辩后可在3个月内补充有关证据材料。

异议答辩所需材料包括(按顺序摆放装订):

(1)异议答辩书;

(2)商标代理委托书(如委托商标代理机构办理商标异议答辩);

(3)被异议商标初步审定公告页复印件;

(4)答辩人("被异议人")的主体资格证明文件;

(5)国家知识产权局异议通知书原件及商标局寄送异议通知书的信封。

商标异议无证据交换程序,因此上述答辩材料仅需提交一份。

未按期进行异议答辩或者补充证据材料,视为答辩人放弃异议答辩或者补充证据材料,不影响国家知识产权局对异议进行审理和裁决。

《商标法》
第35条第1款
(第340页)

9. 异议审理及裁定

9.1 审理期限

12个月(特殊情况+6个月)。在异议答辩期限及3个月答辩补充材料期限截止后,国家知识产权局会将异议双方当事人提交的全部材料汇总,然后按照程序等待排期裁定。经调查核实异议双方当事人陈述事实和理由以及已有证据材料后,国家知识产权局自公告期满之日起12个月内做出是否准予注册的决定,并书面通知异议人和被异议人。有特殊情况需要延长的,经国务院市场监督管理部门批准,可以延长6个月。

9.2 决定准予注册

国家知识产权局做出准予注册决定的，发给商标注册证，并予公告。异议人不服的，可以依照《商标法》第 44 条、第 45 条的规定向国家知识产权局请求宣告该注册商标无效（请参见本书“无效宣告”部分，第 107 页）。

9.3 决定不予注册

国家知识产权局做出不予注册决定，被异议人不服的，可以自收到通知之日起 15 日内向国家知识产权局申请不予注册复审。

10. 商标不予注册复审

《商标法》
第 35 条第 3 款
（第 340 页）

商标不予注册复审的申请人必须是原商标异议案件的被异议人，其他人不得申请不予注册复审。国家知识产权局审理不服国家知识产权局不予注册决定的复审案件，应当通知原异议人参加并提出意见。原异议人的意见对案件审理结果有实质影响的，可以作为评审的依据；原异议人不参加或者不提出意见的，不影响案件的审理。

10.1 商标不予注册复审申请文件

商标不予注册复审申请所需文件包括（按顺序摆放装订）：

（1）商标不予注册复审申请书（首页）；

（2）评审材料目录；

（3）商标不予注册复审申请书（正文）；

（4）商标评审代理委托书（若委托商标代理机构办理，还应一并签章委托书）；

（5）商标不予注册决定原件及国家知识产权局寄送商标不予注册决定的信封；

（6）申请人的主体资格证明文件；

（7）证据目录及证据材料。

上述文件均应当提交一式两份。

申请人需要在提出商标不予注册复审申请后补充有关证据材料的，应当在商标不予注册复审申请书中声明，并自提交申请书之日起 3 个月内提交；期满未提交的，视为放弃补充有关证据材料。但是，在期满后生成或者申请人有其他正当理由未能在期满前提交的证据，在期满后提交的，国家知识产权局将证据交原异议人并质证后可以采信。

10.2 不予注册复审答辩与证据交换

经过形式审查后，国家知识产权局对符合受理条件的商标不予注册复审申请发出受理通知书，并将商标不予注册复审申请书副本送达原异议人，要求原异议人在收到不予注册复审答辩通知书以及不予注册复审申请书副本之日起 30 天内，向国家知识产权局提交书面答辩理由和相应证据材料。

不予注册复审答辩所需文件包括(按顺序摆放装订):

(1)答辩材料目录;

(2)不予注册复审答辩书;

(3)被异议商标初步审定公告页复印件;

(4)如委托商标代理机构办理复审申请,还应一并提交原异议人签字或者盖章的商标评审代理委托书;

(5)证据目录及证据材料;

(6)国家知识产权局不予注册复审通知书原件以及国家知识产权局寄送不予注册复审通知书的信封。

上述文件(1)~(5)均应当提交一式两份。

原异议人需要在提出不予注册复审答辩后补充有关证据材料的,应当在答辩书中声明,并自提交答辩书之日起3个月内提交;期满未提交的,视为放弃补充有关证据材料。但是,在期满后生成或者原异议人有其他正当理由未能在期满前提交的证据,在期满后提交的,国家知识产权局将证据交申请人并质证后可以采信。

原异议人未按期进行答辩或者不提出意见的,被视为放弃答辩,不影响国家知识产权局对不予注册复审案件的审理和裁决。

不予注册复审过程中存在证据交换程序:国家知识产权局将原异议人提交的答辩理由和证据材料送达不予注册复审申请人,要求不予注册复审申请人在收到证据交换通知书以及答辩书副本之日起30天内,向国家知识产权局一次性提交书面质证意见和相应证据材料。不予注册复审申请人不提交质证意见和证据,也不影响国家知识产权局对案件的审理和裁决。

10.3 不予注册复审审理期限及决定

《商标法》第35条第3款(第340页)

12个月(特殊情况+6个月)。国家知识产权局应当自收到申请之日起12个月内做出复审决定,并书面通知不予注册复审申请人和原异议人。有特殊情况需要延长的,经国务院市场监督管理部门批准,可以延长6个月。

在复审过程中,所涉及的在先权利的确定必须以人民法院正在审理或者行政机关正在处理的另一案件的结果为依据的,可以中止审查。中止原因消除后,应当恢复审查程序。

国家知识产权局做出准予注册决定的,移交国家知识产权局发放商标注册证,并予公告。原异议人不服的,可以依照《商标法》第44条、第45条的规定向国家知识产权局请求该注册商标无效。不予注册复审申请人对国家知识产权局的决定不服的,可以自收到通知之日起30日内向人民法院起诉。人民法院应当通知原异议人作为第三人参加诉讼。

第12节　注册商标无效宣告申请

注册商标无效宣告申请书
（首页）

争议商标：
类别：
注册号/国际注册号：
★引证商标：
★类别：
★申请号/注册号/国际注册号：
申请人名称：
统一社会信用代码：
通信地址：
邮政编码：
联系人：
联系电话（含地区号）：
电子邮箱：

商标代理机构名称：
联系人：
联系电话（含地区号）：

被申请人名称：
地址：

是否需要提交补充证据材料：是 □ ；否 □

申请人章戳（签字）　　　　　　商标代理机构章戳
　　　　　　　　　　　　　　　代理人签字：
年　月　日　　　　　　　　　　年　月　日

注：填写此申请书（首页）时请认真阅读背面的填写须知，并应按照须知要求提供相应文件材料。

注册商标无效宣告申请书
（正文样式）

申请人名称：

通信地址：

法定代表人或负责人姓名：

职务：

商标代理机构名称：

地址：

被申请人名称：

地址：

评审请求与法律依据：

事实与理由：

附件：

申请人章戳（签字）

年　月　日

商标代理机构章戳

代理人签字：

年　月　日

★本申请书副本 ____份

1. 无效宣告类型

商标无效宣告,是指对已注册商标启动的依职权和依申请的两类无效宣告:

1.1 国家知识产权局依职权的无效宣告

《商标法》第 44 条(第 341 页)

注册商标若违反禁止性规定等,国家知识产权局可依职权作出的无效宣告。即对于已经注册的商标,违反《商标法》第 4 条、第 10 条、第 11 条、第 12 条规定的,或者是以欺骗手段或者其他不正当手段取得注册的,由国家知识产权局宣告该注册商标无效。

1.2 国家知识产权局依申请的无效宣告

1.2.1 违反禁止性规定等,国家知识产权局依他人(任何人)申请作出的无效宣告

对于已经注册的商标,违反《商标法》第 10 条、第 11 条、第 12 条规定的,或者是以欺骗手段或者其他不正当手段取得注册的,其他单位或者个人可以请求国家知识产权局宣告该注册商标无效。

1.2.2 损害他人在先权益,商评委依在先权利人或者利害关系人申请作出的无效宣告

《商标法》第 45 条(第 342 页)

对于已经注册的商标,违反《商标法》第 13 条第 2 款和第 3 款、第 15 条、第 16 条第 1 款、第 30 条、第 31 条、第 32 条规定的,自商标注册之日起 5 年内,在先权利人或者利害关系人可以请求商标评审委员会宣告该注册商标无效。对恶意注册的,驰名商标所有人不受 5 年的时间限制。实践中,多数无效宣告申请属于此类。

2. 争议商标

本节所指争议商标是已经注册的商标,包括:

(1)经国家知识产权局初步审定 3 个月公告期内无人提异议直接准予注册的商标;

(2)对初步审定公告的商标提出异议,由国家知识产权局调查核实后作出准予注册决定的商标;

(3)被异议人不服国家知识产权局作出的不予注册决定,提出不予注册复审申请,经国家知识产权局审理后,作出准予注册复审决定的商标。

注意:根据《商标法实施条例》第 28 条第 2 款,被异议商标在国家知识产权局作出准予注册决定或者不予注册决定前已经刊发注册公告的,撤销该注册公告。经审查异议不成立而准予注册的,在准予注册决定生效后重新公告。因此,对此类商标提起无效宣告的,以此重新公告日期为起算点。

类别、注册号/国际注册号按照《商标公告》上的相应内容填写。类别栏可填写争议指定的一个类别或者多个类别。国家知识产权局发文号一栏填写国家知识产权局作出的准予注册决定的发文编号,如果没有国家知识产权局发文,则不必填写发文号。

3. 补充材料

是否需要提交补充证据材料一栏,选择“是”,则可在提交无效宣告申请书之日起3个月内提交补充证据材料;选择“否”,视为放弃补充有关证据材料。

4. 签字和盖章

国内申请人可以委托商标代理机构提交无效宣告申请,也可以直接前往商标大楼收文大厅办理无效宣告;国外申请人则必须委托商标代理机构办理无效宣告申请。若申请人为国内自然人,直接提交无效宣告申请的,应当在“申请人章戳(签字)”处签字,同时还应在“申请人名称”一栏的姓名后面填写身份证明文件号码;若申请人为国内企业,直接提交无效宣告申请的,应当在“申请人章戳(签字)”处盖公章。申请人章戳(签字)应与申请人名称一致。

申请人委托商标代理机构提交无效宣告申请的,应当填写代理机构名称,并在“代理机构章戳/代理人签字”处由代理人签字并加盖代理机构章戳。委托代理机构办理无效宣告申请的,“申请人章戳(签字)”处无须申请人盖章或签字,申请人仅须在商标评审代理委托书上盖章或签字,申请人为国外企业时,在委托书上签字即可。

5. 无效宣告被申请人

无效宣告被申请人是争议商标的注册人。被申请人名称/地址应当按照商标公告上的商标注册人名称/地址填写。争议商标为共有商标的,被申请人名称/地址应当填写共有商标注册人的代表人名称/地址。

6. 无效宣告评审请求与法律依据

请求国家知识产权局宣告争议商标无效的,可以依据的法律条款包括如下几种类型:

(1)违反禁止性规定:即违反《商标法》第10条“关于商标禁用标志”、第11条“因不具有显著特征不得注册”、第12条“关于三维标志不得注册的情形”的规定。

(2)以欺骗手段或者其他不正当手段取得注册的,是指以虚构、隐瞒事实真相或者提交伪造的申请书文件及其他有关证明文件取得商标注册等情况。

(3)侵犯他人在先权利的,包括:《商标法》第13条第2款和第3款"驰名商标保护";《商标法》第15条"代理人、代表人或者有特定关系的他人恶意抢注";《商标法》第16条第1款"地理标志保护";《商标法》第30条"与在先初步审定或者注册商标相同或者近似";《商标法》第31条"与在先申请商标相同或者近似";《商标法》第32条"不得损害在先权利、不得以不正当手段抢注他人已经使用并有一定影响的商标"。

无效宣告程序中所适用的法律依据与异议程序中所适用的法律依据基本相同(第88~103页)。

7. 无效宣告申请文件

无效宣告申请所需材料包括(按顺序摆放装订):

(1)注册商标无效宣告申请书(首页);

(2)评审材料目录;

(3)注册商标无效宣告申请书(正文);

(4)争议初步审定公告页和注册公告页复印件;

(5)商标代理委托书(如委托商标代理机构办理,需签章的委托书);

(6)申请人的主体资格证明文件;

(7)证据目录及证据材料。

上述文件均应当提交一式两份。

申请人需要在提出商标无效宣告申请后补充有关证据材料的,应当在商标无效宣告申请书中声明,并自提交申请书之日起3个月内提交;期满未提交的,视为放弃补充有关证据材料。但是,在期满后生成或者申请人有其他正当理由未能在期满前提交的证据,在期满后提交的,国家知识产权局将证据交被申请人并质证后可以采信。

8. 无效宣告申请时限

一般情况下,无效宣告应在争议商标注册日起5年内提起。违反《商标法》第13条第2款和第3款、第15条、第16条第1款、第30条、第31条、第32条规定的已注册商标,自该商标注册之日起5年内(自该商标注册公告之日的次日起5年内,该期间不适用中止、中断等情形),在先权利人或者利害关系人可以在自该商标注册公告之日的次日起,请求国家知识产权局宣告该注册商标无效。

《商标审理标准》"恶意注册的判定"(第436页)
《北京市高级人民法院商标授权确权行政案件审理指南》"恶意注册的认定"(第616页)

对恶意注册的,驰名商标所有人(不包括驰名商标的利害关系人)不受上述5年的时间限制。这里的"恶意注册",可以综合考虑下列因素:

(1)诉争商标与在先驰名商标近似程度较高;

(2)在先驰名商标具有较强显著性、独创性和知名度;

(3)诉争商标指定使用商品与在先驰名商标的商品关联程度较高;
(4)诉争商标申请人与在先驰名商标所有人曾有贸易往来或者合作关系;
(5)诉争商标申请人与在先驰名商标所有人营业地址临近,或者共处相同地域或者双方的商品/服务有相同的销售渠道和地域范围;
(6)诉争商标申请人与在先驰名商标所有人曾发生其他纠纷,足以知晓该驰名商标;
(7)诉争商标申请人与在先驰名商标所有人曾有内部人员往来关系;
(8)诉争商标申请人申请注册该商标后,具有攀附在先驰名商标商誉的行为;
(9)系争商标申请人注册系争商标后具有以牟取不当利益为目的,利用驰名商标的声誉和影响力进行误导宣传,胁迫驰名商标所有人与其进行贸易合作,向驰名商标所有人或者他人索要高额转让费、许可使用费或者侵权赔偿金等行为;
(10)诉争商标申请人大量注册他人具有较强显著性和知名度的商标;
(11)其他可以认定为恶意的情形。

《商标法实施条例》第58条(第356页)

9. 无效宣告被申请人答辩与证据交换

经过形式审查后,国家知识产权局对符合受理条件的无效宣告申请发出受理通知书,并将无效宣告申请书副本送达被申请人,要求被申请人在收到无效宣告答辩通知书以及无效宣告申请书副本之日起30日内,向国家知识产权局提交书面答辩理由和相应证据材料。

无效宣告答辩所需材料包括(按顺序摆放装订):

(1)无效宣告答辩书;
(2)答辩材料目录;
(3)商标代理委托书(如委托商标代理机构办理商标无效答辩);
(4)争议初步审定公告页和注册公告页复印件;
(5)证据目录及证据材料;
(6)国家知识产权局无效宣告通知书原件及国家知识产权局寄送无效宣告通知书的信封。

上述文件均应当提交一式两份。

答辩人需要在提出无效宣告答辩后补充有关证据材料的,应当在答辩书中声明,并自提交答辩书之日起3个月内提交;期满未提交的,视为放弃补充有关证据材料。但是,在期满后生成或者答辩人有其他正当理由未能在期满前提交的证据,在期满后提交的,国家知识产权局将证据交申请人并质证后可以采信。

答辩人未按期进行答辩或者不提出意见的,被视为放弃答辩,不影响国家知识产权局对无效宣告案件的审理和裁决。

无效宣告过程中存在证据交换程序：国家知识产权局将答辩人提交的答辩理由和证据材料送达无效宣告申请人，要求无效宣告申请人在收到证据交换通知书以及答辩书副本之日起30天内，向国家知识产权局一次性提交书面质证意见和相应证据材料。无效宣告申请人不提交质证意见和证据的，不影响国家知识产权局对案件的审理和裁决。

10. 无效宣告审限

对于依据不同理由提起的无效宣告申请，国家知识产权局有不同的审理期限，具体如下：

10.1　对违反禁止性规定注册商标的无效宣告审限

《商标法》第44条第3款（第342页）

9个月（特殊情况+3个月）。对于违反《商标法》第10条、第11条、第12条禁止性规定取得注册的商标，或者是以欺骗手段或者其他不正当手段取得注册的，任何单位或者个人在任何时候均可以提出无效宣告申请。

国家知识产权局收到申请后，应当书面通知有关当事人，并限期提出答辩。国家知识产权局应当自收到申请之日起9个月内作出维持注册商标或者宣告注册商标无效的裁定，并书面通知当事人。有特殊情况需要延长的，经国务院市场监督管理部门批准，可以延长3个月。当事人对国家知识产权局的裁定不服的，可以自收到通知之日起30日内向人民法院起诉。人民法院应当通知商标裁定程序的对方当事人作为第三人参加诉讼。

10.2　对侵犯在先权利注册商标的无效宣告审限

《商标法》第45条第2款（第342页）

12个月（特殊情况+6个月）。对于违反《商标法》第13条第2款和第3款、第15条、第16条第1款、第30条、第31条、第32条规定的，自商标注册之日起5年内，在先权利人或者利害关系人可以提出无效宣告申请。对恶意注册的商标，驰名商标所有人不受5年的时间限制。

国家知识产权局经过审理核实无效宣告双方当事人提交的材料后，应当自收到申请之日起12个月内，作出维持注册商标或者宣告注册商标无效的裁定，并书面通知当事人。有特殊情况需要延长的，经国务院市场监督管理部门批准，可以延长6个月。

当事人对国家知识产权局的裁定不服的，均可以自收到通知之日起30日内向人民法院起诉。人民法院应当通知商标裁定程序的对方当事人作为第三人参加诉讼。

国家知识产权局在依照前款规定对无效宣告请求进行审查的过程中，所涉及的在先权利的确定必须以人民法院正在审理或者行政机关正在处理的另一案件的结果为依据的,可以中止审查。中止原因消除后,应当恢复审查程序。

11.国家知识产权局依职权的无效宣告

《商标法》第44条第1款(第341页)

11.1 国家知识产权局依职权的无效宣告依据

除申请人主动向国家知识产权局申请无效宣告外,国家知识产权局对于违反《商标法》“绝对禁注规定”(包括第10条、第11条、第12条),或者是以欺骗手段或者其他不正当手段取得注册的注册商标,可依职权宣告注册商标无效。

《北京市高级人民法院商标授权确权行政案件审理指南》“‘欺骗手段’的认定”(第614页)

11.1.1 欺骗手段

同时具备下列情形的,可以认定为“以欺骗手段取得注册”:

(1)诉争商标申请人存在使商标行政机关因受到欺骗而陷入错误认知的主观意愿;

(2)诉争商标申请人存在以弄虚作假的手段从商标行政机关取得商标注册的行为;

(3)商标行政机关陷入错误认识而作出的行政行为系基于诉争商标申请人的行为所产生,二者之间具有直接的因果关系。

《北京市高级人民法院商标授权确权行政案件审理指南》“‘其他不正当手段’的认定”(第614页)

11.1.2 其他不正当手段

“其他不正当手段”是指以欺骗手段以外的其他方式扰乱商标注册秩序、损害公共利益、不正当占用公共资源或者谋取不正当利益,以使诉争商标获准注册的行为,包括诉争商标申请人采取大批量、规模性抢注他人具有一定知名度的商标等手段的行为。

构成要件:

(1)适用主体是该商标的申请注册人,但有证据证明诉争商标现注册人与申请注册人之间具有特定关系,或对于申请注册诉争商标的行为具有意思联络的除外;

(2)适用对象既包括已经注册的商标,也包括申请注册的商标;

(3)申请注册行为扰乱商标注册秩序、损害社会公共利益,或者属于不正当占用公共资源、以其他方式牟取不正当利益的;

(4)申请注册行为未仅损害特定民事权益。

适用情形:

(1)诉争商标申请人申请注册多件商标,且与他人具有较强显著性的商标或者较高知名度的商标构成相同或者近似,既包括对不同商标权利人的商标在相同或类似商品、服务上申请注册的,也包括针对同一商标权利人的商标在不相同或不类似商品或者服务上申请注册的；

(2)诉争商标申请人申请注册多件商标，且与他人企业名称、社会组织名称、有一定影响商品的名称、包装、装潢等商业标识构成相同或者近似标志的；

(3)诉争商标申请人具有兜售商标，或者高价转让未果即向在先商标使用人提起侵权诉讼等行为的。

但是，诉争商标申请人具有上述情形，但诉争商标申请注册的时间较早，且在案证据能够证明诉争商标申请人对该商标具有真实使用意图并实际投入商业使用的，可以根据具体情况，认定诉争商标不构成“以其他不正当手段取得注册”的情形。

审理商标不予注册复审、商标权无效宣告请求等行政案件时，根据在案证据能够适用商标法其他条款对诉争商标不予注册或宣告无效的，不再适用《商标法》第44条第1款。

11.2　无效宣告复审

《商标法》第44条第2款（第341页）

对于被国家知识产权局依职权根据上述依据宣告无效的商标注册人，若不服国家知识产权局无效宣告决定，可以自收到通知之日起15日内向国家知识产权局申请复审。国家知识产权局应当自收到申请之日起9个月内作出决定，并书面通知当事人。有特殊情况需要延长的，经国务院市场监督管理部门批准，可以延长3个月。

当事人对国家知识产权局的决定不服的，可以自收到通知之日起30日内向人民法院起诉。

12. 依职权和依申请的无效宣告区别

表8

类型	国家知识产权局依职权宣告无效	申请人向国家知识产权局申请无效宣告	
依据	违反《商标法》第4条、第10条、第11条、第12条禁止性规定的，或者是以欺骗手段或者其他不正当手段取得注册的	违反《商标法》第4条、第10条、第11条、第12条禁止性规定的，或者是以欺骗手段或者其他不正当手段取得注册的	违反《商标法》第13条第2款和第3款、第15条、第16条第1款、第30条、第31条、第32条规定的
启动模式	国家知识产权局依职权	任何人可以向国家知识产权局申请无效宣告	在先权利人和利害关系人，向国家知识产权局申请无效宣告

续表

类型	国家知识产权局 依职权宣告无效	申请人向国家知识产权局 申请无效宣告	
启动期限	—	—	商标注册日5年内;对恶意注册的,驰名商标所有人不受5年的时间限制
参与方	注册人、国家知识产权局	申请人、注册人、国家知识产权局	申请人、注册人、国家知识产权局
审理期限	—	9个月(特殊情况下+3个月)	12个月(特殊情况下+6个月)
复审程序	当事人对国家知识产权局的无效宣告决定不服的,可以自收到通知之日起15日内向国家知识产权局申请复审,复审审理期限:9个月(特殊情况下+3个月)	—	
诉讼程序	当事人对国家知识产权局的决定不服的,可以自收到通知之日起30日内向人民法院起诉		

《商标法》第47条(第342页)

13. 无效宣告不具追溯力

被依法宣告无效的注册商标,其注册商标专用权视为自始即不存在。宣告注册商标无效的决定或者裁定,对以下文件不具有追溯力:

(1)宣告无效前人民法院作出并已执行的商标侵权案件的判决、裁定、调解书;

(2)市场监督管理部门作出并已执行的商标侵权案件的处理决定;

(3)已经履行的商标转让合同;

(4)已经履行的商标使用许可合同不具有追溯力。

但是,应同时注意两点:

(1)若因商标注册人的恶意给他人造成的损失,仍应当给予赔偿;

(2)若不返还商标侵权赔偿金、商标转让费、商标使用费,明显违反公平原则的,应当全部或者部分返还。

14. 被依职权无效宣告商标再申请的"一年过渡期"

根据《商标法》第50条的规定,注册商标被宣告无效的(这里是指被依职权宣告无效的情形，而不包括依申请被宣告无效的），自宣告无效之日起一年内，国家知识产权局对与该商标相同或者近似的商标注册申请，不予核准。

本条的立法目的是注册商标被宣告无效的，如果不设置一定时间的隔离期限就核准新的相同或近似商标注册，有可能出现原注册人被宣告无效的商品或服务还未退出市场，新商标注册人的商品或服务却已投入市场，市场上出现两家企业生产的带有相同或者近似商标的商品，造成消费者混淆。

因此，国家知识产权局在做出审查决定时，在先相同或近似的注册商标被宣告无效，从宣告无效复审期过后起未满一年，应适用《商标法》第 50 条，予以引证。

原注册人重新提出该商标注册申请的，不适用《商标法》第 50 条的规定。

15. 评审中的“一事不再理”

最高人民法院《关于审理商标授权确权行政案件若干问题的规定》第 29 条
（第 589 页）
《北京市高级人民法院商标授权确权行政案件审理指南》“‘一事不再理’的认定”
（第 597 页）

根据《商标法实施条例》第 62 条的规定，国家知识产权局对商标评审申请已经作出裁定或者决定的，任何人不得以相同的事实和理由再次提出评审申请。即评审案件中的“一事不再理”原则。

下列情形属于以“相同的事实”再次提出申请：

（1）当事人依据在原行政程序中能够获得但无正当理由未予提交的图书馆查询资料等证据，再次提出申请的；

（2）当事人主张侵害在先著作权，在原行政程序中提交了相关作品，仅依据新取得的著作权登记证书，再次提出申请的。

但是，有如下例外情形：

（1）经不予注册复审程序予以核准注册后向国家知识产权局提起宣告注册商标无效的。

（2）当事人依据在原行政行为之后新发现的证据，或者在原行政程序中因客观原因无法取得或在规定的期限内不能提供的证据，或者新的法律依据提出的评审申请的。

（3）在商标驳回复审程序中，商标评审委员会以申请商标与引证商标不构成使用在同一种或者类似商品上的相同或者近似商标为由准予申请商标初步审定公告后，引证商标所有人或者利害关系人依据该引证商标提出异议，国家知识产权局予以支持，被异议商标申请人申请不予注册复审的；或者引证商标所有人或者利害关系人在申请商标获准注册后依据该引证商标申请宣告其无效的。

上述条文背后的立法目的是，因为在先的驳回及驳回复审程序中引证商标所有人并未参与，在被驳回商标予以初步审定公告后，后续可能的不予注册复审或者无效宣告程序中，引证商标权人可以提交证据证明引证商标的使用情况及知名度、诉争商标申请人的恶意抢注等证据，从而影响审查员对于两商标是否近似从而导致混淆误认的认定,因此不属于“相同的事实和理由”,可以再次提出评审申请。

下列情形不属于以“相同的理由”再次提出申请:

(1)原行政程序中仅对当事人主张的部分理由进行了审理,该当事人对未经审理的其他理由,再次提出申请的;

(2)当事人依据在原行政程序中未涉及的引证商标,再次提出申请的;

(3)当事人在原行政程序中,依据《商标法》第13条提出申请,商标评审部门主动转换适用《商标法》第30条,且未予支持,当事人再次依据《商标法》第13条提出申请的;

(4)在商标异议复审程序中,当事人依据2001年《商标法》第10条第1款第7项提出申请,商标评审部门主动转换适用2001年《商标法》第10条第1款第8项并予以支持,经行政诉讼程序认为该申请不能成立,诉争商标被核准注册,当事人再次依据2013年《商标法》第10条第1款第8项提出无效宣告请求的。

第13节　撤销连续三年不使用注册商标申请

撤销连续三年不使用注册商标申请书

申请人名称：

申请人地址：

邮政编码：

联系人：

电话：

代理机构名称：

商标注册人：

商标注册号：

商标：

类别：

撤销商品/服务项目：

撤销理由：

申请人章戳（签字）：　　　　代理机构章戳：

代理人签字：

注：请 按 说 明 填 写

《商标法》
第49条第2款
(第343页)

1. 撤销连续三年不使用注册商标申请的概念

《商标法》关于"撤销连续三年不使用注册商标"的制度,其立法目的是清除长期未使用的闲置商标,防止商标抢注,鼓励真正善意使用人积极使用商标,使商标体现其本身的市场经济价值。

根据规定,对于没有正当理由连续三年不使用的注册商标,任何单位或者个人可以向国家知识产权局申请撤销该注册商标。

2. 撤销商品/服务项目

对连续三年停止使用的注册商标可以提出的撤销分为:

(1)全部撤销。如果撤销申请是针对被申请商标的全部核定使用商品提出,商标注册人就被申请商标在部分核定使用商品上的使用进行举证,仅可维持被申请商标在该部分商品和类似商品上的注册;其他非类似商品上的注册不能维持。商标注册人在核定使用商品之外的类似商品上的使用进行举证,不能视为对其注册商标的使用,不能维持该商标注册。

(2)部分撤销。如果撤销申请是针对被申请商标的部分核定使用商品提出,则商标注册人必须针对被申请的商品及其类似商品进行举证,无法举证的将导致被申请商品予以撤销。

注意:如果商标注册人或者被许可使用人提供使用证据证明其在被撤销的一种商品上使用注册商标的,在与该商品相类似的被撤销商品上的注册可予以维持。商标注册人或者被许可使用人提供使用证据证明其在核定使用商品之外的类似商品上使用其注册商标,不能视为对其注册商标的使用,不能维持该商标的注册。

3. 撤销理由

一般情况下,撤销理由相对简单,只需要说明未发现被撤销商标自注册之日起,连续三年内未进行使用。

《商标审理标准》
"连续三年不使用注册商标情形的判定"
(第449页)

4. 连续三年未使用的起算时间点

连续三年停止使用注册商标的时间起算,应当自申请人向国家知识产权局申请撤销该注册商标之日起,向前推算三年。

但对于以下两种情形,在使用起算点的计算方式上要特别注意:

4.1 曾经经过异议程序的商标

经过异议裁定最终准予注册的商标,仍以其初审公告期届满的次日作为注册日。但在对此类商标提出连续三年未使用撤销申请时,则不能以其注册日作为起算日。按照国家知识产权局目前的实际做法,应以对该商标生效裁定或判决日作为起算点。需要注意的是申请撤销 2014 年 5 月 1 日前经异议裁定核准注册的商标,应当自该商标异议裁定公告之日起满三年后向国家知识产权局提出申请。对 2014 年 5 月 1 日之后经异议核准注册的商标以连续三年不使用为由提出撤销申请的,三年期限起点为该商标注册公告之日。

4.2　国际注册商标

申请撤销马德里国际注册商标,应当自该商标国际注册申请的驳回期限届满之日起满三年后向国家知识产权局提出申请;驳回期限届满时仍处在驳回复审或者异议程序的,则自行政决定生效之日起满三年后向国家知识产权局提出申请。

国际注册商标的注册日期为国际局收到国际注册申请的日期。根据《马德里协定》和《马德里议定书》的规定,国际局在收到商标国际注册申请后,应将申请转通知各指定国进行审查,如果在 12 个月内(依据《马德里协定》)或 18 个月内(依据《马德里议定书》)没有作出拒绝保护声明,则视为该商标在该指定国准予保护。

根据国家知识产权局的实践做法,对国际注册商标提出连续三年未使用撤销申请时,不能以其国际注册日作为起算点,而是以该商标的国际注册申请被通知给中国国家知识产权局后的 12 个月(依据《马德里协定》)或 18 个月(依据《马德里议定书》)届满之日作为起算点。但由于国家知识产权局没有对收到国际局转交国际注册申请的日期予以明确记录,因此在实践中需要直接向国家知识产权局国际注册处核实该转交日期。

5. 提起撤销连续三年未使用注册商标申请前的调查

按照目前的《商标法》规定以及国家知识产权局的工作实践,对申请人没有提交调查证据的强制性规定。但是在撤销连续三年未使用注册商标申请书中,需要对事前的调查情况加以简要陈述。

一般而言,调查内容主要包括:

(1)系争商标所有人(若为公司主体)是否注销或吊销;

(2)系争商标是否在中国进行使用;

(3)系争商标的实际使用形式与注册是否一致;

(4)使用系争商标的商品是否与注册核定使用商品一致,是否使用在全部核定使用商品上。

申请人一般可以通过以下途径进行调查:(1)互联网搜索;(2)对被申请人当地实际调查;(3)工商查档。

6. 撤销连续三年不使用注册商标申请所需提交文件

撤销连续三年不使用注册商标申请所需材料包括(按顺序摆放装订):

(1)撤销连续三年不使用注册商标申请书;
(2)撤销理由说明;
(3)商标代理委托书(如委托商标代理机构办理,需签章的委托书);
(4)申请人的主体资格证明文件。
上述文件均应当提交一份即可。

《商标法实施条例》第66条(第358页)

7. 商标注册人答辩

商标注册人在收到撤销连续三年不使用申请答辩通知之日起两个月内提交该商标在撤销申请提出前使用的证据材料(包括商标注册人使用注册商标的证据材料和商标注册人许可他人使用注册商标的证据材料)或者说明不使用的正当理由;期满未提供使用的证据材料或者证据材料无效并没有正当理由的,由国家知识产权局撤销其注册商标。

7.1 使用证据

《商标法》第48条(第342页)

商标的使用,是指商标在商业活动中的使用。包括将商标用于商品、商品包装或者容器以及商品交易文书上,或者将商标用于广告宣传、展览以及其他商业活动中。

最高人民法院《关于审理商标授权确权行政案件若干问题的规定》第26条(第589页)

商标权人自行使用、他人经许可使用以及其他不违背商标权人意志的使用;此外,实际使用的商标标志与核准注册的商标标志有细微差别,但未改变其显著特征的,可以视为注册商标的使用。

《商标审理标准》"商标使用的判定"(第449页)

7.1.1 商标使用在指定商品上的具体表现形式

(1)采取直接贴附、刻印、烙印或者编织等方式将商标附着在商品、商品包装、容器、标签等上,或者使用在商品附加标牌、产品说明书、介绍手册、价目表等上;
(2)商标使用在与商品销售有联系的交易文书上,包括使用在商品销售合同、发票、票据、收据、商品进出口检验检疫证明、报关单据等上;
(3)商标使用在广播、电视等媒体上,或者在公开发行的出版物中发布,以及以广告牌、邮寄广告或者其他广告方式为商标或者使用商标的商品进行的广告宣传;
(4)商标在展览会、博览会上使用,包括在展览会、博览会上提供的使用该商标的印刷品以及其他资料;
(5)其他符合法律规定的商标使用形式。

7.1.2 商标使用在指定服务上的具体表现形式

(1)商标直接使用于服务场所,包括使用于服务的介绍手册、服务场所招牌、店堂装饰、工作人员服饰、招贴、菜单、价目表、奖券、办公文具、信笺以及其他与指定服务相关的用品上；
(2)商标使用于和服务有联系的文件资料上，如发票、汇款单据、提供服务协议、维修维护证明等；
(3)商标使用在广播、电视等媒体上，或者在公开发行的出版物中发布，以及以广告牌、邮寄广告或者其他广告方式为商标或者使用商标的服务进行的广告宣传；
(4)商标在展览会、博览会上使用，包括在展览会、博览会上提供的使用该商标的印刷品及其他资料；
(5)其他符合法律规定的商标使用形式。

注意：商标注册信息的公布或者商标注册人关于对其注册商标享有专用权的声明，不能被视为商标法意义上的商标使用。

7.1.3 商标使用证据材料的要求

(1)能够显示出使用的系争商标标识；
(2)能够显示出系争商标使用在指定使用的商品/服务上；
(3)能够显示出系争商标的使用人，既包括商标注册人自己，也包括商标注册人许可的他人。如许可他人使用的，应当能够证明许可使用关系的存在；
(4)能够显示出系争商标的使用日期，且应当在自撤销申请之日起向前推算三年内；
(5)能够证明系争商标在《商标法》效力所及地域范围内的使用。

7.2 非使用证据

《商标审理标准》七、5.3.5（第450页）最高人民法院《关于审理商标授权确权行政案件若干问题的规定》第26条（第589页）

不视为商标法意义上的商标使用，包括如下情形：
(1)仅提交商品销售合同或提供服务的协议、合同；
(2)仅提交书面证言；
(3)仅提交难以识别是否经过修改的物证、视听资料、网站信息等；
(4)仅提交实物与复制品；
(5)仅是商标注册信息的公布或者商标注册人关于对其注册商标享有专用权的声明；
(6)未在公开的商业领域使用；
(7)仅作为赠品使用；
(8)仅有转让或许可行为而没有实际使用；
(9)仅以维持商标注册为目的的象征性使用；
(10)改变了注册商标的主要部分和显著特征的；

(11)在核定使用商品之外的类似商品上使用的。

《商标法实施条例》第67条(第358页)
最高人民法院《关于审理商标授权确权行政案件若干问题的规定》第26条第3款(第589页)

7.3 正当理由

未能使用的正当理由包括:

(1)不可抗力;

(2)政府政策性限制;

(3)破产清算;

(4)其他不可归责于商标注册人的正当事由。

商标权人有真实使用商标的意图,并且有实际使用的必要准备,但因其他客观原因尚未实际使用注册商标的,人民法院可以认定其有正当理由。

8. 审理期限

《商标法》第49条(第343页)

9个月(特殊情况+3个月)。国家知识产权局应当自收到撤销连续三年不使用申请之日起9个月内做出决定。有特殊情况需要延长的,经国务院市场监督管理部门批准,可以延长3个月。

9. 撤销注册商标复审申请

《商标法》第54条(第343页)

对国家知识产权局撤销或者不予撤销注册商标的决定,当事人不服的,可以自收到通知之日起15日内向商评委申请复审。国家知识产权局应当自收到申请之日起9个月内做出决定,并书面通知当事人。有特殊情况需要延长的,经国务院市场监督管理部门批准,可以延长3个月。当事人对国家知识产权局的决定不服的,可以自收到通知之日起30日内向人民法院起诉。

《商标审查标准》第十部分“关于商标法第五十条的适用规定”(第429页)
《商标法》第50条(第343页)

注意:在先相同或近似的注册商标因连续三年不使用被最终撤销的,不适用《商标法》第50条规定的“自商标被撤销一年内,国家知识产权局对与该商标相同或者近似的商标注册申请不予核准”的规定,即因连续三年不使用被最终撤销的商标,对于他人后期任何时间新提出的相同或近似商标申请均不构成阻碍。

商 标 运 用

第14节　商标使用许可备案

商标使用许可备案表

许可人名称(中文)：

(英文)：

许可人地址(中文)：

(英文)：

被许可人名称（中文)：

(英文)：

被许可人地址（中文)：

(英文)：

邮政编码：

联系人：

电话：

代理机构名称：

商标注册号：

是否共有商标：　□ 是　　□ 否

再许可：　□ 是

许可人原备案号：

许可期限：

许可使用的商品/服务项目（分类填写)：

许可人章戳（签字)：　　被许可人章戳（签字)：　　代理机构章戳：

代理人签字：

注：请 按 说 明 填 写

1. 商标使用许可

商标使用许可,是指商标权人或其授权的人将注册商标许可他人使用,被许可使用人支付使用费的行为。

最高人民法院《关于审理商标民事纠纷案件适用法律若干问题的解释》第3条、第4条
(第623页)

根据注册商标使用许可合同中被许可人使用权的排他性不同,可将商标使用许可分为如下三种:

1.1 独占使用许可

独占使用许可,是指商标注册人在约定的期间、地域和以约定的方式,将该注册商标仅许可一个被许可人使用,商标注册人依约定不得使用该注册商标。

独占使用被许可人的商标使用权具有与商标注册人的商标专用权同等的法律地位。因此,在发生注册商标专用权被侵害时,独占使用被许可人可以以自己的名义,向市场监督管理部门投诉或者向人民法院提起诉讼。

1.2 排他使用许可

排他使用许可,是指商标注册人在约定的期间、地域和以约定的方式,将该注册商标仅许可一个被许可人使用,商标注册人依约定可以使用该注册商标,但不得另行许可他人使用该注册商标。排他使用许可合同的被许可人可以和商标注册人共同起诉,也可以在商标注册人不起诉的情况下,自行提起诉讼。

1.3 普通使用许可

普通使用许可,是指商标注册人在约定的期间、地域和以约定的方式,许可他人使用其注册商标,并可自行使用该注册商标和许可他人使用其注册商标。普通使用许可合同的被许可人经商标注册人明确授权,可以提起诉讼。

2. 商标许可人及其权利和义务

商标许可人,指注册商标所有人,享有下列权利:

(1)依合同的约定收取商标许可费;

(2)监督被许可人按照合同约定使用被许可商标;

(3)在被许可人严重违反合同的情况下收回商标使用权并追究其相应的法律责任。

此外,商标许可人应当承担下列义务:

(1)适时提供真实合法的被许可商标;

(2)保证被许可人不受任何商标侵权控告;

(3)保护商标专用权;

(4)对于独占许可的,许可人自己应当停止使用并且不再许可他人使用;
(5)对于排他许可的,许可人不得将被许可商标再许可给他人使用。

3.商标被许可人及其权利和义务

商标被许可人,是指被许可使用注册商标的使用者。商标被许可人享有下列权利:

(1)有权在合同约定的时间、地域范围内使用约定的注册商标;
(2)对于独占许可的,监督许可人以及其他人不再使用被许可商标;
(3)对于排他许可的,监督许可人不再将被许可商标许可他人使用;
(4)被许可人的起诉权。

根据《商标法》第60条规定,因侵犯注册商标专用权行为引起纠纷的,商标注册人或者利害关系人有权利向人民法院起诉,也可以请求市场监督管理部门处理。这里的利害关系人,包括注册商标使用许可合同的被许可人、注册商标财产权利的合法继承人等。在发生注册商标专用权被侵害时,被许可人根据许可类型不同,享有如下不同起诉权:

最高人民法院《关于审理商标民事纠纷案件适用法律若干问题的解释》第4条(第623页)

(1)独占使用许可合同的被许可人可以向人民法院提起诉讼;
(2)排他使用许可合同的被许可人可以和商标注册人共同起诉,也可以在商标注册人不起诉的情况下,自行提起诉讼;
(3)普通使用许可合同的被许可人经商标注册人明确授权,可以提起诉讼。

商标被许可人应当承担的义务:

(1)缴纳商标许可使用费;
(2)不超越合同约定的范围和限制使用被许可商标;
(3)发现商标的侵权行为,被许可人应当及时通知并协助许可人查处商标侵权;
(4)根据《商标法》第26条第1款的规定,被许可人有保证其使用该注册商标的商品质量的义务;
(5)必须在使用该注册商标的商品上标明被许可人的名称和商品产地。

4.商标使用许可备案

《商标法》第43条(第341页)
《商标法实施条例》第69条(第358页)
最高人民法院《关于审理商标民事纠纷案件适用法律若干问题的解释》第19条(第625页)

根据《商标法》规定,许可他人使用其注册商标的,许可人应当在许可合同有效期内向国家知识产权局备案并报送备案材料。备案材料应当说明注册商标使用许可人、被许可人、许可期限、许可使用的商品或者服务范围等事项。

在2014年新《商标法》实施以前,"商标使用许可备案"被称为"商标使用许可合同备案",目前删除了"合同"二字,即现在提交商标使用许可备案申请,不再需要提交"商标使用许可合同"。

商标许可使用备案的目的,是通过公示商标许可的信息,包括许可范围及被许可人信息,从而赋予被许可人对抗第三人的效力,同时也有助于被许可人避免因商标注册人随意处分注册商标或重复许可他人使用而带来的损失。

虽然不备案不影响商标使用许可合同本身效力,但若未备案,则不得对抗善意第三人。善意第三人包括:商标受让人、商标继受人、商标质权人、其他被许可人。

(1)商标受让人。例如,就A公司注册商标,B和A签订商标使用合同后,但未向国家知识产权局办理备案手续,之后C与A签订转让商标的协议,向国家知识产权局提交了商标转让申请并完成转让。这种情况下,C获得了商标的专用权,B不能以其在先的商标许可对抗C。

(2)商标移转继受人。例如,就A公司注册商标,B和A签订商标使用合同后,但未向国家知识产权局办理备案手续,之后C与A通过拍卖方式并到国家知识产权局办理移转手续。这种情况下,C获得了商标的专用权,B不能以其在先的商标许可对抗C。

(3)商标质权人。例如,就A公司注册商标,B和A签订商标使用合同后,但未向国家知识产权局办理备案手续,之后C到国家知识产权局办理了商标质押登记手续。这种情况下,C获得了商标的质权,B不能以其在先的商标许可对抗C。

5. 被许可商标注册号

这里被许可的商标必须是注册商标,《商标法》中没有就未注册商标是否可以通过签订使用许可合同,许可他人使用作出规定。此外,一份申请书只能填写一个商标注册号,即"一件注册商标一申请"原则。一份备案申请只是一个注册商标的使用许可备案,不能包含多个注册商标。这一点与转让移转申请注册商标申请"一件商标一份转让申请"的规定相同,但与商标专用权质权登记申请可以为多个的注册商标一并质押的规定不同。

此外,一份备案表许可人只能许可一个被许可人使用注册商标。

6. 共有商标许可

被许可商标属于共有商标的,应当在"是否共有商标"选择"是";非共有商标选择"否"。共有商标报送商标使用许可备案,需由代表人报送,许可人名称/地址填写代表人的名称/地址,其他共有人名称/地址依次填写在备案表附页上(可再加附页)。非共有商标的,不需要提交附页。

7. 再许可及许可人原备案号

再许可是指商标注册人通过被许可人许可第三方使用其注册商标。注册商标使用再许可的,应当在“再许可”选择“是”,填写许可人原备案号并报送注册人同意注册商标使用再许可授权书。

8. 许可期限

许可期限不得超过注册商标的有效期限。

9. 许可使用的商品/服务项目(分类填写)

许可使用的商品/服务项目名称应与核定使用的同一种商品/服务项目名称相同,按类别号分段落填写(可再加附页)。

10. 商标使用许可备案所需材料

商标使用许可备案需要提交如下材料:

(1)商标使用许可备案表。许可人与被许可人签章,其中许可人章戳应与注册申请文件使用的章戳或签字保持一致;许可人为中国企业的,必须加盖公章。

(2)许可人或被许可人身份证明文件。为个人的,应当附送其个人身份证明(如身份证、护照等)影印件;为企业的,应当提交其营业执照影印件或其他可以证明其依法存续的主体资格证明文件。

(3)代理委托书。委托代理机构提交备案申请的,应当提交由许可人签署的代理委托书原件。许可人为中国企业的,必须加盖公章。委托书不得涂改,如有涂改,必须由许可人在修改处签字(中方为企业的需盖公章)。

11. 商标使用许可合同

《商标使用许可合同备案办法》第6条(第501页)

商标注册人许可他人使用其注册商标,必须签订商标使用许可合同。订立商标使用许可合同,应当遵循自愿和诚实信用的原则。虽然根据新《商标法》,提交商标使用许可备案申请不再需要提交“商标使用许可合同”,但许可备案之前双方签订“商标使用许可合同”是必不可少的环节。许可合同一般应包括如下条款内容:

(1)许可人和被许可人的名称、地址;其中,许可人的名义和地址应当与国家知识产权局记载的被许可商标注册人名义和地址相符。

(2)授权范围:

①包括商标使用许可的性质(独占、排他或者普通使用许可);

②许可使用的商标信息,包括名称、注册号、类别、注册有效期、许可使用商品;

③许可使用的商品或服务范围,不得超出被许可商标注册核定使用的商品

或服务范围,而且项目应当与注册核定商品或服务名称相同;

④许可使用的地域范围和许可期间等。许可期间应在被许可商标有效期内。

(3)为保证商品质量而约定的有关措施,如技术、设备、服务等。

(4)许可人保证被许可商标持续有效的有关条款,如许可人应当按期续展,不得在合同存续期间注销被许可商标等。

(5)是否授权再许可。

(6)合同终止或解除条件。

(7)商标使用费(许可费)数额及支付方法。

(8)违约责任。

(9)法律适用及争议的解决方式。

(10)合同生效日期(注意:合同的生效不以备案为必要条件)。

(11)合同签约日期。

(12)许可人、被许可人签字盖章。

(13)合同应约定的其他条款。

商标使用许可合同(示范文本)

合同编号:

签订地点:

商标使用许可人(甲方)____________

商标使用被许可人(乙方)__________

根据《中华人民共和国商标法》第二十六条和《商标法实施条例》第三十五条规定,甲、乙双方遵循自愿和诚实信用的原则,经协商一致,签订本商标使用许可合同。

一、甲方将已注册的使用在__________类__________商品上的第__________号__________商标,许可乙方使用在__________类__________商品上。

商标标识:

二、许可使用的期限自________年____月____日起至________年____月____日止。合同期满,如需延长使用时间,由甲、乙双方另行续订商标使用许可合同。

三、甲方有权监督乙方使用注册商标的商品质量,乙方应当保证使用该注册商标的商品质量。具体措施为:____

____

____。

四、乙方必须在使用该注册商标的商品上标明自己的企业名称和商品产地。

五、乙方不得任意改变甲方注册商标的文字、图形或者其组合,并不得超越许可的商品范围使用甲方的注册商标。

六、未经甲方授权，乙方不得以任何形式和理由将甲方注册商标许可第三方使用。

七、注册商标标识的提供方式：

八、许可使用费及支付方式：

九、本合同提前终止时，甲、乙双方应当分别自终止之日起一个月内书面通知国家知识产权局及其各自所在地县级市场监督管理机关。

十、违约责任：

十一、纠纷解决方式：

十二、其他事宜：

本合同一式　份，自签订之日起三个月内，由甲、乙双方分别将合同副本交送所在地县级市场监督管理机关存查，并由甲方报送国家知识产权局备案。

商标使用许可人（甲方）	商标使用被许可人（乙方）
（签章）	（签章）
法定代表人	法定代表人
地址	地址
邮编	邮编
年　月　日	年　月　日

第15节 转让/移转申请/注册商标申请

转让/移转申请/注册商标申请书

转让人名称(中文)：
(英文)：
转让人地址(中文)：
(英文)：
受让人名称(中文)：
(英文)：
受让人地址(中文)：
(英文)：
邮政编码：
联系人：
电话：

外国受让人的国内接收人：
国内接收人地址：
邮政编码：

代理机构名称：
商标申请号/注册号：
是否共有商标：　□ 是　□ 否

转让人章戳（签字）：　受让人章戳（签字）：　代理机构章戳：

代理人签字：

注：请 按 说 明 填 写

1. 商标转让和移转

商标权利的取得有两种途径:(1)原始取得,即通过自己申请商标,获得核准注册后从而获得商标权;(2)继受取得,即通过转让或继承等方式获得他人已经申请注册的商标权,此类取得,又分为商标转让和商标移转两种方式。

转让商标,只有履行相关法律手续,经国家知识产权局核准转让公告,转让行为才能生效。

1.1　商标转让(合同转让)

《商标法》第42条(第341页)

商标转让,是最常见的一种转让形式,指商标所有人根据自己的意志,按一定的条件通过签订转让合同的方式,将自己享有的注册商标或商标申请转让给他人。商标的合同转让是转、受让双方的共同意思表示,是一种合同行为,因此,商标转让也可称为合同转让。

《商标法实施条例》第31条(第352页)

通过合同转让的方式转让注册商标的,不能认为签订商标转让合同时即商标权就发生了转移。而是应当在签订商标转让合同后,履行法律规定的手续,向国家知识产权局提交转让申请书,必须经过国家知识产权局核准公告后,转让行为才能生效。

注意:注册商标从甲方转给乙方,不属于变更申请,而是需要办理转让申请。变更申请是指,变更注册人自身的名义、地址或者其他注册事项。

1.2　商标移转

《商标法实施条例》第32条(第353页)

注册商标专用权因转让以外的继承等其他事由发生移转的,接受该注册商标专用权的当事人应当凭有关证明文件或者法律文书到国家知识产权局办理注册商标专用权移转手续。即因商标转让以外的继承等其他事由发生的商标权利主体的更替成为商标移转。

商标移转,是以继承、遗产分配和承继等形式取得商标权的一种方式,是指注册商标所有人死亡或终止后,由承继其权利义务的自然人、法人或者其他组织继受其注册商标专用权。主要包括下列情形:

(1)原商标注册人或申请人死亡后,其继承人继承商标权;

(2)注册人或申请人因分立、合并或改制等原因消亡后,分立、合并或改制后的企业继承原企业商标的;

(3)企业破产后由清算小组对其商标进行处置的;

(4)依据生效的法律文书对注册商标强制执行转让过户的;

(5)其他因转让以外的事由发生注册商标专用权人移转的。

2. 转让人和受让人名称和地址

转让人名称和地址要与注册申请时的完全一致。注册商标或申请中的商标转让,应当确保转让人的名义和地址与国家知识产权局档案记录的注册人或申请人名义和地址一致,所加盖的章戳或签字应当与商标原注册申请书中使用的印章或签字相符。

若国家知识产权局对上述证件的真实性、有效性产生怀疑的,可以要求提供有关证明文件或经过公证的复印件,对于在国外形成的文件可以要求提供经公证、认证的原件,对于在港、澳、台地区形成的文件可以要求履行相关证明手续。

受让人名称和地址,应与提交的身份证明文件(身份证或营业执照副本)上的名称和地址一致。

3. 转让商标

3.1 可转让商标类型

根据《商标法》规定,可转让的商标包括:注册商标和注册申请中的商标。转让商标的状态应符合如下条件:

(1)注册商标应在注册有效期内。对于处在续展宽展期期间且尚未提交续展申请的商标不能办理转让。因为宽展期是一个权利恢复的期限,在此期间,商标的效力待定,没有处置权。

(2)注册商标未被注销、撤销。

(3)注册商标未被人民法院冻结。

(4)注册商标未在国家知识产权局办理过质权登记。

(5)对于申请中的商标,需要确认该申请的申请流程是否已经结束,以下情形不能转让:①全部驳回的决定已经生效;②裁定不予注册的异议裁定已经生效。

3.2 “一并转让”原则

《商标法》第42条第2款(第341页)《商标法实施条例》第31条(第352页)

转让注册商标的,商标注册人对其在同一种商品上注册的近似的商标,或者在类似商品上注册的相同或者近似的商标,应当一并转让。转让注册商标申请不能产生误认、混淆或者其他不良影响。

未一并转让的,由国家知识产权局通知其限期改正;期满未改正的,视为放弃转让该注册商标的申请,国家知识产权局应当书面通知申请人。

注意:一并转让的商标应符合如下条件:

(1)与申请转让的商标属于同一申请人或者注册人;

(2)未同时办理转让申请;

(3)虽同时办理了转让申请,但与审查的转让商标不是同一个受让人;

(4)与申请转让的商标相同或者近似;

(5)与申请转让的商标的核定使用商品或服务相同或者类似。

对于尚未进行实质审查的注册申请,不要求一并转让。对于申请中的商标转让的,如果尚未进入实质审查阶段,不需要将相同或者近似商标一并转让;如果已经进入实质审查阶段,应将相同或近似商标一并转让。

每一件商标(每一注册号)的转让应提交申请书1份,并加盖转让人、受让人印章或签字,由转让人和受让人共同办理有关手续。

4. 商标转让/移转申请文件

4.1　商标转让申请文件

商标转让申请需提供下列文件:

(1)《转让/移转申请/注册商标申请书》。提交转让申请书需要注意下列问题:

①转让商标的,转让人和受让人应共同向国家知识产权局提出申请;

②转让人与受让人应共同签署转让申请书;

③如果转让人和受让人同为外国企业或个人的,可以在英文转让申请书上盖章或签字,但同时应附送中文转让申请书。

(2)如委托代理机构提交申请的,还应提供由转让人及受让人签署的代理委托书。

(3)转、受让双方主体资格的加盖公章的有效证明证件复印件。

(4)转让人、受让人为外国人或外国企业的,应当在申请书中指定国内接收人负责接收国家知识产权局的法律文件。

(5)申请文件为外文的,还应提供经申请人或代理组织签章确认的中文译本。

办理转让商标申请,受让人为自然人的,应注意下列事项:

(1)个体工商户可以以其《个体工商户营业执照》登记的字号作为受让人名义提出商标转让申请,也可以以执照上登记的负责人名义提出商标转让申请。以负责人名义提出申请时应提交以下材料的复印件:①负责人的身份证;②营业执照。

(2)个人合伙可以以其《营业执照》登记的字号或有关主管机关登记文件登记的字号作为受让人名义提出商标转让申请,也可以以全体合伙人的名义共同提出商标转让申请。以全体合伙人的名义共同提出申请时应提交以下材料的复印件:①合伙人的身份证;②营业执照;③合伙协议。

(3)农村承包经营户可以以其承包合同签约人的名义提出商标转让申请,申请时应提交以下材料的复印件:①签约人身份证;②承包合同。

(4)其他依法获准从事经营活动的自然人,可以以其在有关行政主管机关颁发的登记文件中登载的经营者名义提出商标转让申请,申请时应提交以下材料的复印件:①经营者的身份证;②有关行政主管机关颁发的登记文件。

(5)办理转让商标申请,受让人为自然人的,商标转让申请的商品和服务范围,应以受让人在营业执照或有关登记文件核准的经营范围为限,或者以其自营的农副产品为限。

(6)2013年起,开展商事登记制度改革试点工作的部分省市地区开始试行新版个体工商户营业执照。新版个体工商户营业执照不再记载经营范围信息,而是设置了“重要提示”栏,其中写明商事主体的经营范围由申请书确定,具体信息可登录登记机关指定信息平台查询。含有上述新版个体工商户营业执照复印件的商标转让申请文件,如在商标注册大厅自行办理的,应同时提交经受让人签字或盖章确认真实有效的、从登记机关指定网站下载打印的关于经营范围的证明材料;如通过商标代理组织委托代理,应同时提交经商标代理组织盖章确认真实有效的、从登记机关指定网站下载打印的关于经营范围的证明材料。

4.2 商标移转申请文件

4.2.1 转让人已死亡或终止

如果转让人已死亡或终止,无法在转让申请书上盖章或签字,则受让人应分不同情况提供其有权接受该商标的证明文件或者法律文书:

(1)注册人为自然人的,其死亡后,受让人办理移转手续时应提供其有权继承该商标的法律文书。

(2)注册人的法人资格因破产、解散、企业注销等原因终止后,在清算过程中需办理移转手续时,由相应的清算组织在转让人章戳处盖章。

(3)注册人因合并、兼并或者改制而发生商标移转的,应提交合并、兼并或者改制文件和登记部门出具的证明。合并、兼并或者改制文件应证明商标权由受让人继受,登记部门应证明原注册人与受让人的关系、原注册人已经不存在的现实状态。

(4)法院判决而发生商标移转的,应提交法院出具的法律文书,法律文书上的被执行人名称和接受该注册商标专用权的企业名称应当与申请书中的转让人名称和受让人名称相符。

上述证明文件或法律文书应为原件或加盖出具文件机关印章的复印件或经公证的复印件,外国人或外国企业提供的证明文件或法律文书应附中文译本,并由翻译单位盖章。

4.2.2　企业注销后相关权利人对商标的转让

在现实的商业活动中商标注册人已经破产或注销但其商标并未及时进行处置的现象较为普遍。在企业注销时清算组织未主动将其商标进行转让;而企业注销后,股东或相关的权利人再想对该商标进行转让时就难以找到相关法律的支持。因为根据法律的规定,企业注销后主体资格即不存在,不能再以企业的名义进行任何的法律行为。对于此种情况,不同性质的企业对其商标的处理方式不同:

(1)国有或集体企业的商标,企业清算时未对该商标作出处置的,在其后的转让中,转让人需为乡镇企业的主管单位、乡镇政府的企业资产总公司,国有企业的主管单位国有资产局,但要出具相关的权属证明。

(2)私营企业的商标,企业注销前,未对商标进行处置的,又无法定承继人的,视为放弃该商标,在企业注销后,不能再将该商标进行转让,不具备主体资格的转让合同不成立。

(3)个体工商户或个人独资企业的商标,在其企业注销后,其负责人在提供相关身份证明及在市场监督管理部门开具的出资证明之后,可以办理转让。

4.2.3　商标注册人营业执照吊销后对商标的转让

企业法人在营业执照被吊销后,企业法人资格要在清算完毕后才正式消失。根据《民法通则》第 40 条、第 47 条规定以及《公司法》第 192 条规定,在企业法人营业执照被吊销后,按法定程序要成立清算组。企业可以以自己的名义从事一些除经营以外的活动,债权人可以以该企业法人和清算主体为被告向法院起诉。公司因违法被强制解散时,由有关主管机关组织股东、有关机关及有关专业人员成立清算组,进行清算。在清算过程中需办理商标转让手续时,由相应的清算组织在转让人章戳处盖章。

4.3　共有商标转让文件注意事项

如果申请转让的商标是共有商标,应注意下列事项:

(1)商标由一个人所有转让为多个人共有的,在填写转让申请书时,受让人名称和地址的栏目应当填写代表人的名称和地址,受让人章戳处加盖代表人印章,其他共有人的名称应填写在附页的转让后其他共有人名义列表中,并加盖印章,其他共有人的地址不需填写。

(2)商标由多个人共有转让为一个人所有的,在填写转让申请书时,转让人名称和地址的栏目应填写原代表人的名称和地址,转让人章戳处加盖原代表人印章;受让人名称和地址填写在相应的栏目中,并加盖印章。原其他共有人的名称应填写在附页的转让前其他共有人名义列表中,并加盖印章,原其他共有人的地址不需填写。

(3)因共有商标的共有人发生改变(包括共有人的增加或减少)而申请转让的,在填写申请书时,应将原代表人的名称和地址填写在申请书的转让人名称和地址的栏目中,转让人章戳处加盖原代表人印章,原其他共有人的名称填写在附页的转让前其他共有人名义列表中,并加盖印章;申请书的受让人名称和地址栏目应填写转让后的代表人名称和地址,受让人章戳处加盖转让后的代表人印章,转让后的其他共有人名称应填写在附页的转让后其他共有人名义列表中,并加盖印章。附页列表中不需填写其他共有人的地址。

4.4 集体商标、证明商标转让文件注意事项

如果申请转让的商标是集体商标、证明商标,除申请书外,还应提交以下书件:

(1)集体商标转让需提交商标转让合同、集体成员名单、受让主体资格证明文件复印件和商标使用管理规则。

(2)证明商标转让需提交商标转让合同、受让主体资格证明文件复印件、受让人检测能力证明和商标使用管理规则。

(3)地理标志集体商标/证明商标转让需提交商标转让合同、受让资格证明文件复印件、地方政府或主管部门同意该地理标志转让的批复、受让人监督检测能力的证明和商标使用管理规则。

5. 商标转让的审查

5.1 商标转让的受理

转让申请提交后,对符合受理条件的转让申请,国家知识产权局给申请人发出《受理通知书》(直接办理的,将按照申请书上填写的地址,以邮寄方式发给申请人;经代理的,发送给代理组织)。不符合受理条件的,不予受理,并向申请人发出《不予受理通知书》(直接办理的,将按照申请书上填写的地址,以邮寄方式发给申请人;经代理的,发送给代理组织)。

如果转让申请需要补正的,国家知识产权局给申请人发出补正通知(直接办理的,将按照申请书上填写的地址,以邮寄方式发给申请人;经代理的,发送给代理组织),要求申请人限期补正。申请人未在规定期限内按要求补正的,国家知识产权局有权对转让申请视为放弃或不予核准。

5.2 商标转让的审查

转让申请受理后,国家知识产权局将对转让申请是否符合法定条件进行审查,

审查内容主要包括：

(1)双方民事主体资格；

(2)商标权利的有效性；

(3)相同或近似商标是否一并转让；

(4)对转让可能产生误认,混淆或其他不良影响的审查。

经实质审查,转让申请符合规定的,国家知识产权局予以核准。

(1)对于注册商标的转让,国家知识产权局会核发转让核准证明,该证明应当与原注册证一并使用。

(2)对于申请中商标的转让,国家知识产权局会核发转让核准通知,当商标通过初步审查后,会直接以受让人名义进行公告并颁发注册证明。

(3)对注册商标和已公告商标的转让会另行予以公告,受让人自公告之日起享有商标专用权。受让人在取得商标专用权之后才能提出再次转让申请。转让商标申请权的,受让人在取得核准转让通知书之后才能提出再次转让申请或办理补发注册证手续。

5.3 转让证明的效力

转让申请核准后,直接办理的,国家知识产权局将按照申请书上填写的地址,以邮寄方式发给受让人转让证明,经代理的,发送给代理组织。对于注册商标,将该商标的转让事宜刊登公告。证明上的落款日期为公告之日,受让人自该日起享有商标专用权。

转让申请书中的受让人为多个人共有的,国家知识产权局的有关通知或证明仅发给代表人。其他共有人需要证明的,应申请补发。

6. 补救措施

(1)商标权利人发现其商标未经同意被他人申请转让并向国家知识产权局提出书面反映的,或者国家知识产权局对转让的真实性产生怀疑的,国家知识产权局可以向受让人发出补正通知书,要求其书面说明有关情况,必要时可以要求提供经公证的转让协议或经公证的转让人同意转让的声明,或者其他证明文件。

(2)商标权利人或者利害关系人对商标转让存在异议,要求国家知识产权局中止审查的,应当提出书面申请,并提供有关司法机关的立案证明或其他证明文件。国家知识产权局依据该申请可以中止对转让商标申请的审查程序。

(3)商标权利人发现其商标未经同意已经被他人转让的,可以向人民法院提起民事诉讼。国家知识产权局依据人民法院的裁判对该商标转让作出决定。

7. 商标转让合同

7.1 转让合同条款

基于合同的商标转让申请,国家知识产权局并不要求必须出具转让合同。但出于维护受让人权益的考虑,有必要签署商标转让合同。转让合同应当包括以下主要条款:

(1)转让人和受让人的名称、住所、法定代表人。

(2)被转让注册商标的基本情况,包括:

①商标图样;

②名称;

③申请或注册日期;

④商标效力;

⑤是否进行过许可或存在质权。

(3)转让费用及支付方式。

(4)合同生效方式和生效时间。

(5)违约责任。

(6)法律适用及争议的解决方式。

(7)合同签约日期。

(8)转让人、受让人签字盖章。

7.2 订立商标转让合同的注意事项

订立商标转让合同时应当注意以下事项:

(1)转让人必须是被转让商标的真正权利人,仅凭载有转让人名称的被转让商标注册证或受理通知书并不足以证明转让人对被转让商标的所有权,需要重新就被转让商标进行查询。

(2)受让人要注意需转让的商标是否存在被许可、质权等权利瑕疵。

(3)转让人是否将注册在相同或类似商品上的相同或近似商标一并转让,但是,对于尚未进行实质审查的注册申请,可以不用一并转让。

(4)在签署商标转让合同的同时签署商标转让申请书;如果不能同时签署,则应在商标转让合同中增加转让人相应的义务条款。

(5)如受让人急于使用被转让商标,可在转让合同中同时加入商标许可条款,即在国家知识产权局核准被转让商标的转让申请前,转让人许可受让人使用被转让商标。

(6)在一份商标转让合同中可以同时转让多个商标,建议采用附表形式列明被转让商标的名称、类别、申请号或者注册号。

(7)转让合同的双方有中国企业的,合同必须加盖该中国企业公章后方能生效。

7.3　特殊商标转让时对受让人资格的要求

集体商标、证明商标等特殊商标转让时对受让人资格有特殊要求。根据《商标法实施条例》第25条第3款的规定,对可能产生误认、混淆或其他不良影响的转让注册商标申请,国家知识产权局不予核准。基于这一规定,在进行特殊商标转让时需要注意对受让人相关资格的要求:

(1)在转让集体商标时,受让人应具备相应的主体资格,即同集体商标申请时的申请人一样,应是由平等、独立的商品经营者或者服务的提供者组成的组织,非某个单一的企业或者个体经营者;

(2)在转让证明商标时,受让人应当符合法律法规规定的检测和监督能力,符合证明商标的主体资格;

(3)在转让含有地理标志或地名的商标时,如受让人为该地区以外的企业,应确保不会产生误认、混淆。

第16节 商标专用权质权登记申请

商标专用权质权登记申请书

质权人名称(中文):
(英文):
质权人地址:
法定代表人:
电话(含地区号):
邮政编码:
代理机构名称:

出质人名称(中文):
(英文):
出质人地址:
法定代表人:
电话(含地区号):
邮政编码:
代理机构名称:
出质商标注册号:
担保债权数额:
质权登记期限: 自 至

质权人章戳(签字): 出质人章戳(签字):

代理机构章戳: 代理机构章戳:

代理人签字: 代理人签字:

注: 请 按 说 明 填 写

1. 商标专用权质权

《商标法实施条例》第70条（第358页）

商标专用权质权，是指商标注册人以债务人或者担保人身份将自己所拥有的、依法可以转让的商标专用权作为债权的担保，当债务人不履行债务时，债权人有权依照法律规定，以该商标专用权折价或以拍卖、变卖该商标专用权的价款优先受偿。

以注册商标专用权出质的，出质人与质权人应当签订书面质权合同，并共同向国家知识产权局提出质权登记申请，由国家知识产权局公告。

根据《担保法》第79条的规定，以依法可以转让的商标专用权出质的，出质人与质权人应当订立书面合同，并向其管理部门即国家市场监督管理总局办理出质登记。

根据《物权法》第227条的规定，以注册商标专用权出质的，其质权自有关主管部门办理出质登记时设立，即注册商标质权自国家知识产权局办理出质登记时设立。

2. 质权人与出质人

2.1　质权人

质权人即债权人。一旦债权得不到偿还，可以通过行使质权实现优先受偿。

2.2　出质人

出质人即债务人或者担保人、商标专用权人。商标专用权质押登记意味着将自己的商标专用权与担保的债务捆绑在一起，一旦债务人不能按期偿还债务，可能被迫变卖商标专用权以清偿债务，从而丧失商标专用权。

商标专用权质权登记由质权人和出质人共同提出申请。填写时注意以下事项：

(1) 质权人/出质人名称、质权人/出质人章戳（签字）处加盖的章戳（签字）应当与所附身份证明文件中的名称一致。

(2) 质权人/出质人为自然人的，应当同时在姓名后面填写证明文件号码。

(3) 质权人/出质人地址应冠以省、市、县等行政区划名称。

(4) 质权人/出质人应当按照身份证明文件中的地址填写，证明文件中的地址未冠有省、市、县等行政区划的，质权人/出质人应当增加相应行政区划名称。质权人/出质人为自然人的，可以填写通信地址。

(5) 多个质权人的，在附页其他共同质权人处依次填写。

(6) 有商标办理质权登记，出质人名称/地址填写代表人的名称/地址。其他共同出质人名称/地址依次填写在申请书附页上（可再加附页）。

《注册商标专用权质权登记程序规定》第3条（第506页）

3. 出质商标注册号

出质商标应为已注册商标,可以为多个的,商标注册号可另加附页填写。注意,这一点与转让移转申请注册商标申请和商标使用许可备案申请只能“一个注册号对应一份申请表”的规定不同。

注意:注册商标申请质押登记的。商标注册人对其在同一种或者类似商品上注册的相同或者近似的商标,应当一并进行质押。以保证质押商标的可流转性。

按照《担保法》和《物权法》的规定,出质的商标专用权应当是依法可以转让的,因此具有可流转性是注册商标专用权出质的前提。我国目前对注册商标的转让采取的是核准制,按照《商标法实施条例》第25条第2款的规定,转让注册商标的,商标注册人对其在同一种或者类似商品上注册的相同或者近似商标应当一并转让,因此在办理注册商标专用权质押登记申请时,也应遵循相同或者近似的商标一并质押的原则,以保证被质押的注册商标可以依法转让,从而保障质权人在债务人不履行债务时可以将注册商标这一无形资产变现获得优先受偿。

在实践中,同一注册人在与申请质押的商标相同或类似商品(服务)上还可能申请了多个相同或近似商标,并且在办理质押登记时上述商标可能尚未获准注册。对此,质权人应与出质人约定,在这些商标申请获准注册后,应及时补办质押登记,以保证被质押商标的可流转性,保障质权的实现。

4. 担保债权数额

依据质押合同所定数额。

5. 质权登记期限

依据质押合同所定期限,不得超过质押商标的注册期限。出质的注册商标为多件时,质权登记期限最好不要超过提交质权登记申请时专用权最先到期的商标的专用权期限。若质权人同意质权登记期限长于部分注册商标的专用期限,需要向国家知识产权局提交其书面同意文件。

6. 登记前核查事项

6.1 出质的注册商标的背景核查

出质人和质权人在办理质权合同登记申请前,双方应做好准备工作,尤其质权人更应认真仔细地调查清楚出质人的偿债能力、出质商标的权利状况等内容。具体而言,对出质商标的权利状况和价值的调查评估主要包括以下内容:

(1)出质商标是否是有效的注册商标;只有有效的注册商标才拥有商标专用

权。因此,质权人应该了解清楚用于出质的商标是否存在已经被撤销、被注销或者专用期满未依法续展而丧失了商标专用权等情形。

(2)出质人是否是出质商标的合法注册权利人。

(3)在先是否办理过质权登记或被人民法院采取了财产保全或执行措施。

(4)出质商标在质押前是否有许可他人使用的情况。

(5)是否存在可能导致商标权利丧失的确权案件或诉讼或权属诉讼。可能导致商标专用权丧失的案件主要有:

①注册商标无效宣告裁定申请;

②撤销连续三年停止使用注册商标申请;

③国家知识产权局依法行使职权主动撤销注册商标;

④因注册人消亡而注销其注册商标的申请;

⑤商标权属纠纷诉讼,该类案件的结果可能导致原注册人不再拥有商标所有权。

6.2　质权合同及其主合同核查

在办理质权登记前,对质权合同及其主合同进行审查也是必要的准备工作。债权人与债务人和/或出质人签订质权合同及其从属的主合同,合同内容应当完整,并符合法律规定。质权合同可以是单独订立的书面合同,也可以是主合同中的注册商标专用权质押条款。

注册商标专用权质权合同一般包括以下内容:

《注册商标专用权质权登记程序规定》第5条(第506页)

(1)出质人、质权人的姓名(名称)及住址;

(2)被担保的债权种类、数额;

(3)债务人履行债务的期限;

(4)出质注册商标的清单(列明注册商标的注册号、类别及专用期);

(5)担保的范围;

(6)当事人约定的其他事项。

注意:《物权法》第211条特别规定,质权人在债务履行期届满前,不得与出质人约定债务人不履行到期债务时质押财产归债权人所有。即不能在合同中约定,用于出质的注册商标专用权不能因债务人未履行债务而自动转为由质权人拥有。

此外,主合同和注册商标专用权质权合同必须有法定代表人签字,非法定代表人签字的,需要附送该人员签署合同的特别授权文件。

7. 商标质权登记所需文件

《注册商标专用权质权登记程序规定》第4条(第506页)

申请商标专用权质权登记时,应当向国家知识产权局提交下列文件:

(1)商标专用权质权登记申请书,加盖出质人和质权人双方的印章,或有出质人、质权人的签字,委托代理人的,还应加盖代理人的章戳。

(2)出质人、质权人的主体资格证明(企业营业执照副本复印件)或者自然人身份证明复印件。

(3)主合同和注册商标专用权质权合同原件或经公证的复印件。

(4)直接办理的,应当提交授权委托书以及被委托人的身份证明;委托商标代理机构办理的,应当提交商标代理委托书。

(5)出质注册商标的注册证复印件。

(6)出质商标专用权的价值评估报告,如果质权人和出质人双方已就出质商标专用权的价值达成一致意见并提交了相关书面认可文件,申请人可不再提交。

(7)委托代理组织办理的,应当提交被代理人(申请人共同)的委托书。

上述文件为外文的,应当同时提交其中文译文。中文译文应当由翻译单位和翻译人员签字、盖章确认。

《注册商标专用权质权登记程序规定》第6条(第507页)

8. 商标质权登记的决定

申请登记书件齐备、符合规定的,国家知识产权局予以受理。受理日期即为登记日期。国家知识产权局自登记之日起5个工作日内向双方当事人发放《商标专用权质权登记证》。

《商标专用权质权登记证》载明:出质人和质权人的名称(姓名)、出质商标注册号、被担保的债权数额、质权登记期限、质权登记日期。

9. 商标质权登记后对出质人的权利限制

9.1 对转让和许可他人使用被质押商标的限制

根据《物权法》第227条的规定:“知识产权中的财产权出质后,出质人不得转让或者许可他人使用,但经出质人与质权人协商同意的除外。出质人转让或者许可他人使用出质的知识产权中的财产权所得的价款,应当向质权人提前清偿债务或者提存。”未经质权人同意而转让或许可他人使用已出质的商标专用权的,其转让或许可行为应认定为无效,因此给质权人或第三人造成的损失,由出质人承担赔偿责任。

9.2 对被质押商标的权利维护

注册商标专用权商标出质后,其权利状况和价值变化直接影响到质权人的利益,因此出质人负有妥善管理其商标的义务。具体而言,出质人应及时办理被质押商标的续展注册申请,未经质权人同意不得注销被质押商标。如果被质押商标在质押期间涉及确权案件等情况,出质人应采取积极措施应对,以保证被质押商标的专用权不受损害。

9.3　商标专用权质押登记的变更、延期和注销

在商标专用权质押期间,质押登记事项发生变更的,质权人和出质人应及时到国家知识产权局办理质押登记变更申请。《担保法》第74条规定:“质权与其担保的债权同时存在,债权消灭的,质权也消灭。”鉴于此,在双方约定的质押期限届满时,如果债权尚未得到清偿,质权人和出质人应及时到国家知识产权局办理质押登记延期申请。如果被担保的债务已经履行完毕,出质人应及时督促质权人共同到国家知识产权局办理质押登记注销手续。

9.3.1　变更

《注册商标专用权质权登记程序规定》第10条(第507页)

申请质权人或出质人的名称(姓名)更改,以及质权合同担保的主债权数额变更的,提交如下文件:

(1)申请人签字或者盖章的《商标专用权质权登记事项变更申请书》;

(2)出质人、质权人的主体资格证明或者自然人身份证明复印件;

(3)有关登记事项变更的协议或相关证明文件;

(4)原《商标专用权质权登记证》;

(5)授权委托书、被委托人的身份证明或者商标代理委托书;

(6)其他有关文件。

出质人名称(姓名)发生变更的,还应按照《商标法实施条例》的规定在国家知识产权局办理变更注册人名义申请。

办理质权登记事项变更申请后,由国家知识产权局在原《商标专用权质权登记证》上加注发还,或者重新核发《商标专用权质权登记证》。

9.3.2　延期

《注册商标专用权质权登记程序规定》第11条(第508页)

因被担保的主合同履行期限延长、主债权未能按期实现等原因需要延长质权登记期限的,质权人和出质人双方应当在质权登记期限到期前,持以下文件申请办理延期登记:

(1)申请人签字或者盖章的《商标专用权质权登记期限延期申请书》;

(2)出质人、质权人的主体资格证明或者自然人身份证明复印件;

(3)当事人双方签署的延期协议;

(4)原《商标专用权质权登记证》;

(5)授权委托书、被委托人的身份证明或者商标代理委托书;

(6)其他有关文件。

办理质权登记期限延期申请后,由国家知识产权局在原《商标专用权质权登记证》上加注发还,或者重新核发《商标专用权质权登记证》。

《注册商标专用权质权登记程序规定》第13条(第508页)

9.3.3 注销

商标专用权质权登记需要注销的,质权人和出质人双方可以持下列文件办理注销申请:

(1)申请人签字或者盖章的《商标专用权质权登记注销申请书》;

(2)出质人、质权人的主体资格证明或者自然人身份证明复印件;

(3)当事人双方签署的解除质权登记协议或合同履行完毕凭证;

(4)原《商标专用权质权登记证》;

(5)授权委托书、被委托人的身份证明或者商标代理委托书;

(6)其他有关文件。

质权登记期限届满后,该质权登记自动失效。

驰 名 商 标

第17节　驰名商标认定保护

1. 驰名商标的概念

驰名商标,是指在中国为相关公众广为知晓并享有极高声誉的商标。驰名商标的认定,应当是有权处理的行政及司法机关,根据当事人认为其被相关公众所熟知的商标的权利受到侵害时,继而申请对其商标予以驰名商标保护的请求,作为处理涉及商标案件需要认定的事实进行的认定。

《驰名商标认定和保护规定》第2条
（第486页）
最高人民法院《关于审理涉及驰名商标保护的民事纠纷案件应用法律若干问题的解释》第1条
（第498页）

2. 驰名商标保护主要法律依据

《商标法》(自2019年11月1日起施行);

《商标法实施条例》(自2014年5月1日起施行);

《商标审查及审理标准》(自2016年12月起施行);

《国家工商行政管理总局驰名商标认定与保护规定》(自2014年8月3日起施行);

最高人民法院《关于审理涉及驰名商标保护的民事纠纷案件应用法律若干问题的解释》(自2009年5月1日起实施);

最高人民法院《关于审理商标授权确权行政案件若干问题的规定》(自2017年3月1日起施行);

最高人民法院《关于审理商标民事纠纷案件适用法律若干问题的解释》(自2002年10月16日起施行)。

3. 可被认定驰名的商标及保护模式

《商标法》
第13条
（第336页）

可被认定驰名的商标包括:(1)未注册商标;(2)已注册商标。保护模式不同:

3.1　未注册商标的本领域保护

就相同或者类似商品申请注册的商标是复制、摹仿或者翻译他人未在中国注册的驰名商标,容易导致混淆的。

“复制”,是指诉争商标标志与他人驰名商标标志相同或者视觉上基本无差异。

“摹仿”,是指在诉争商标标志中使用他人驰名商标的显著部分或者显著特征等。

《北京市高级人民法院商标授权确权行政案件审理指南》“复制、摹仿和翻译的认定”
（第605页）

"翻译",是指在诉争商标标志中将他人驰名商标以不同的语言文字予以表达,且该语言文字已与他人驰名商标建立对应关系,并为相关公众广为知晓或者习惯使用的。

《商标审理标准》"混淆、误导可能性的判定"

(第435页)

这里的"混淆"包括以下情形:

(1)消费者对商品/服务的来源产生误认,认为标识系争商标的商品/服务系由驰名商标所有人生产或者提供;

(2)使消费者联想到标识系争商标的商品的生产者或者服务的提供者与驰名商标所有人存在某种联系,如投资关系、许可关系或者合作关系。

3.2 已注册商标的跨领域保护

就不相同或者不相类似商品申请注册的商标是复制、摹仿或者翻译他人已经在中国注册的驰名商标,误导公众,致使该驰名商标注册人的利益可能受到损害的。

《商标审理标准》"混淆、误导可能性的判定"

(第435页)

最高人民法院《关于审理涉及驰名商标保护的民事纠纷案件应用法律若干问题的解释》第9条

(第499页)

这里的"误导"包括以下情形:

(1)足以使相关公众认为系争商标与他人驰名商标具有相当程度的联系,而减弱驰名商标的显著性;

(2)系争商标的注册使用可能贬损驰名商标的市场声誉;

(3)系争商标的注册使用可能不正当利用驰名商标的市场声誉的。

上述混淆、误导的判定不以实际发生混淆、误导为要件,只需判定有无混淆、误导的可能性即可。混淆、误导可能性的判定,应当综合考虑下列各项因素:

(1)系争商标与他人驰名商标的近似程度;

(2)他人驰名商标的独创性;

(3)他人驰名商标的知名程度;

(4)系争商标与他人驰名商标各自使用的商品/服务的关联程度;

(5)其他可能导致混淆、误导的因素。

4. 驰名商标认定的原则

4.1 个案认定

首先,当事人必须在具体的商标案件中,认为系争商标构成对其已为相关公众所熟知商标的复制、摹仿、翻译并且容易导致混淆或者误导公众,致使该驰名商标持有人的利益可能受到损害时才可以提起驰名商标认定;其次,在需要认定驰名商标的案件中,驰名商标的认定结果只对本案有效。曾被认定为驰名商标的,在本案中可以作为驰名商标保护记录予以考虑。

4.2 被动保护——依申请认定

国家知识产权局可以在具体的商标案件中应当事人的请求就其商标是否驰名进行认定,并在事实认定的基础上作出决定或裁决。当事人未主张驰名商标保护的,国家知识产权局不予主动认定。

4.3 按需认定

如果系争商标与他人商标区别较大,或者系争商标指定使用的商品/服务与他人商标指定使用的商品/服务相差较大,系争商标的申请注册不会导致混淆,或者误导公众,致使该驰名商标注册人的利益可能受到损害的,国家知识产权局无须对他人商标是否驰名进行认定。

5. 驰名商标认定保护的途径及认定机构

驰名商标认定保护申请均需要通过具体案件向有关机构提起,而不能在无任何案件依托的情况下直接仅提交驰名商标认定保护申请。驰名商标认定保护的机构包括:(1)国家知识产权局;(2)法院。具体途径如下:

5.1 国家知识产权局

申请人可通过商标异议、评审或行政查处案件向国家知识产权局提交驰名商标认定保护保护申请:

(1)通过商标异议案件,提交驰名商标认定保护申请。在商标异议程序中,当事人认为他人经初步审定并公告的商标违反《商标法》第13条规定的,可在向国家知识产权局提出异议的同时,申请认定驰名商标,提交证明其为驰名商标的有关材料。

《驰名商标认定保护和保护规定》第5条(第486页)

(2)通过商标评审案件,提交驰名商标认定保护申请。在商标不予注册复审案件和请求无效宣告案件中,当事人认为他人已注册商标违反《商标法》第13条规定的,在向国家知识产权局提出撤销该注册商标请求时,申请认定驰名商标,提交证明其为驰名商标的有关材料。

《驰名商标认定保护和保护规定》第6条(第486页)

(3)通过行政查处案件,提交驰名商标认定保护申请。涉及驰名商标保护的商标违法案件由市(地、州)级以上市场监督管理部门管辖。当事人请求市场监督管理部门查处商标违法行为,并依照《商标法》第13条规定请求驰名商标保护的,可以向违法行为发生地的市(地、州)级以上市场监督管理部门进行投诉,并提出驰名商标保护的书面请求,提交证明其商标构成驰名商标的证据材料。

《驰名商标认定保护和保护规定》第7条(第486页)

5.2 法院

申请人可在如下商标行政诉讼及民事诉讼中提交驰名商标认定保护申请:

(1)行政诉讼。在商标不予注册复审及无效宣告案件中,当事人认为他人已注册商标违反《商标法》第13条规定的,在向北京知识产权法院提出行政诉讼,请求撤销对方商标时,申请认定驰名商标保护,提交证明其为驰名商标的有关材料。

(2)民事诉讼。在商标侵权案件中,涉及当事人注册的驰名商标跨类保护、请求停止侵害未注册驰名商标以及不正当竞争民事纠纷等案件中,当事人可以请求法院认定驰名商标保护,制止他人商标侵权及不正当竞争。

6. 驰名商标认定的考虑因素

驰名商标认定的考虑因素包括两个阶段:(1)是否该商标已具有较高知名度并达到驰名的事实状态;(2)是否给予该商标驰名商标保护。

《商标法》第14条(第337页)
最高人民法院《关于审理涉及驰名商标保护的民事纠纷案件应用法律若干问题的解释》第5条(第499页)

6.1 认定达到驰名状态事实的考虑因素

驰名商标应当根据当事人的请求,作为处理涉及商标案件需要认定的事实进行认定。认定驰名商标应当考虑下列事实因素:

(1)相关公众对该商标的知晓程度;

(2)该商标享有的市场声誉;

(3)该商标使用的持续时间;

(4)使用该商标的商品的市场份额、销售区域、利税等;

(5)该商标的任何宣传工作的方式、持续时间、程度、资金投入和地域范围;

(6)该商标作为驰名商标受保护的记录;

(7)该商标驰名的其他因素。

最高人民法院《关于审理商标授权确权行政案件若干问题的规定》第12条(第586页)

6.2 认定给予驰名商标保护的考虑因素——未注册驰名商标

由于认定未注册驰名商标是对其本领域保护,而认定注册驰名商标是对其跨领域的保护,因此两者认定的考虑因素有所区别。

当事人依据《商标法》第13条第2款主张诉争商标构成对其未注册的驰名商标的复制、摹仿或者翻译而不应予以注册或者应予无效的,人民法院应当综合考量如下因素以及因素之间的相互影响,认定是否容易导致混淆:

(1)商标标志的近似程度;

(2)商品的类似程度;

(3)请求保护商标的显著性和知名程度;

(4)相关公众的注意程度;

(5)其他相关因素。

注意:商标申请人的主观意图以及实际混淆的证据可以作为判断混淆可能性的参考因素。

6.3 认定给予驰名商标保护的考虑因素——注册驰名商标

最高人民法院《关于审理商标授权确权行政案件若干问题的规定》第13条(第586页)

当事人依据《商标法》第13条第3款主张诉争商标构成对其已注册的驰名商标的复制、摹仿或者翻译而不应予以注册或者应予无效的,人民法院应当综合考虑如下因素,以认定诉争商标的使用是否足以使相关公众认为其与驰名商标具有相当程度的联系,从而误导公众,致使驰名商标注册人的利益可能受到损害:

(1)引证商标的显著性和知名程度;

(2)商标标志是否足够近似;

(3)指定使用的商品情况,即引证商标指定商品与争议商标指定商品之间的关联程度;

(4)相关公众的重合程度及注意程度,即引证商标在使用争议商标商品的相关公众中的知晓程度;

(5)与引证商标近似的标志被其他市场主体合法使用的情况或者其他相关因素。

以上可以看出,相对认定未注册驰名商标而言,认定注册驰名商标的考虑因素更为多面复杂,除商标是否足够近似外,主要包括:

6.3.1 显著性

最高人民法院《关于审理涉及驰名商标保护的民事纠纷案件应用法律若干问题的解释》第10条(第499页)

驰名商标的显著性和其保护范围成正比,即驰名商标的显著性越强,保护范围越大。驰名商标若是独创臆造的,且经过大量使用已经在市场形成了和其所有人唯一对应的固有关系,其保护范围则强于显著性较低或经过使用具有显著性的驰名商标。比如,"可口可乐""耐克"等驰名商标,具有一定显著性,为一般大众广为知晓,其跨类保护范围就相对较广。相反,显著性较低的,如"泰山""长城"在多个领域由多家不同企业拥有的驰名商标,这类非唯一固有对应关系的驰名商标其保护范围就必然受到限制,既要充分考虑其在使用争议商标商品的相关公众的知晓程度,又要考虑两商标商品之间的关联程度。因此,仅能各自保护其知名程度覆盖的关联领域和商品。

此外,最高人民法院《关于审理商标授权确权行政案件若干问题的规定》第13条第5项规定的"与引证商标近似的标志被其他市场主体合法使用的情况"也是与引证商标的显著性有关,即如果引证商标本身固有显著性较弱或者不具有固有显著性,那么其他市场主体有可能合法使用与引证商标近似的标志,且并不会导致市场的混淆和误认,从而不会导致损害引证商标权利人利益。在这种情况下,就需慎重考虑给予引证商标在不相同或者不相类似商品上予以排他性驰名商标保护的必要性。

《商标法》第14条(第337页)
最高人民法院《关于审理涉及驰名商标保护的民事纠纷案件应用法律若干问题的解释》第10条(第499页)

6.3.2 知名度

对较高知名度驰名商标的模仿,将使得公众产生混淆误认的可能性大大增加,因此该驰名商标可能会在更多类别上获得跨类保护。如果知名度仅仅限于本行业,则产生误导的可能性就小,所以该驰名商标所能享受到的跨类保护也就只限定在有限的商品或服务之上。

对于认定知名度的考虑因素可参考上述6.1部分。

6.3.3 商品关联性

商品关联性,是指驰名商标指定使用商品与诉争商标指定使用商品在功能、用途、生产部门、消费渠道及消费群体等方面上的关联性,这种关联性越强,相关公众被误导的可能性越高。

6.3.4 “相关公众”的重合程度及注意程度

《驰名商标认定和保护规定》第2条规定:“驰名商标是在中国为相关公众所熟知的商标。相关公众包括与使用商标所标示的某类商品或者服务有关的消费者,生产前述商品或者提供服务的其他经营者以及经销渠道中所涉及的销售者和相关人员等。”由于驰名认定考量因素主要包括使用、销售和广告宣传情况,因此,“相关公众”可以扩大理解为:包括生产、销售、购买、使用或认知该商标所标识的商品或服务的经营参与者或消费者,同时还应包括该商标宣传及广告的受众。

驰名商标认定中涉及两类“相关公众”:(1)驰名商标所指定商品服务的相关公众;(2)争议商标所指定商品服务的相关公众。

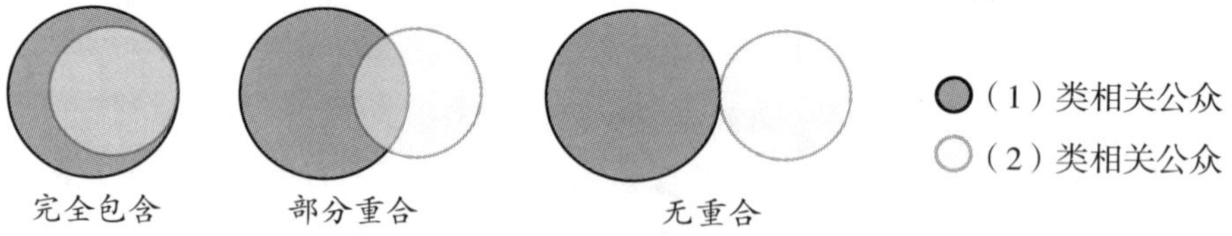

图11

驰名商标认定,要考虑上述两类“相关公众”的重合程度(见图11),其立法本意即重合程度越高,就导致“相关公众基于在见到争议商标之前对具有较高知名度的驰名商标的认知,误认为争议商标与驰名商标具有相当程度的联系”这种影响的范围和可能性就越大,从而导致“驰名商标注册人的利益可能受到损害”的概率就越大。

如若驰名商标显著性较高且相关公众达到一般公众程度,其保护范围应做扩大化适用,这种情况下,即使驰名商标商品与争议商标商品本身之间的关联程度较低,也不能单独以此为由认为争议商标不会误导公众继而致使该驰名商标注册人的利益可能受到损害。原因是,若驰名商标显著性较强且已经为一般公众所熟知,争议商标的相关公众因属于其一般公众的一部分,理应熟悉驰名商标。在这种情况下,即使两商标指定商品或服务不类似或关联性不强,消费者看到复制模仿驰名商标的争议商标时,基于对驰名商标的熟悉,仍然会联想到该驰名商标,产生误导和弱化驰名商标显著性继而损害驰名商标所有人权益的可能。

6.3.5　恶意因素(争议商标注册5年以上)

根据《商标法》第45条的规定,复制、摹仿或者翻译他人驰名商标申请注册的,自该商标注册之日起5年内,驰名商标所有人或者利害关系人可请求国家知识产权局宣告该系争商标无效,但对属于恶意注册的,驰名商标所有人请求宣告系争商标无效不受5年的时间限制。

判定系争商标申请人是否具有恶意可考虑下列因素:

《商标审理标准》"恶意注册的判定"(第436页)
《北京高院商标授权确权行政案件审理指南》"恶意注册的认定"(第616页)

(1)系争商标与在先驰名商标近似程度较高;
(2)在先驰名商标具有较强显著性、独创性和知名度;
(3)系争商标指定使用商品与在先驰名商标的商品关联程度较高;
(4)系争商标申请人与在先驰名商标所有人曾有贸易往来或者合作关系;
(5)系争商标申请人与在先驰名商标所有人营业地址临近,或者共处相同地域或者双方的商品/服务有相同的销售渠道和地域范围;
(6)系争商标申请人与在先驰名商标所有人曾发生其他纠纷,足以知晓该驰名商标;
(7)系争商标申请人与在先驰名商标所有人曾有内部人员往来关系;
(8)系争商标申请人申请注册该商标后,具有攀附在先驰名商标商誉的行为;
(9)系争商标申请人注册系争商标后具有以牟取不当利益为目的,利用驰名商标的声誉和影响力进行误导宣传,胁迫驰名商标所有人与其进行贸易合作,向驰名商标所有人或者他人索要高额转让费、许可使用费或者侵权赔偿金等行为;
(10)系争商标申请人大量注册他人具有较强显著性和知名度的商标;
(11)其他可以认定为恶意的情形。

《驰名商标认定和保护规定》第9条
（第486页）
《商标审理标准》“驰名商标的判定”
（第433页）

7. 驰名商标证明证据

以下六组证据，可以作为证明商标驰名的证据材料：

7.1 第1组：证明商标注册及使用情况的证据

(1)该商标的最早使用时间和持续使用情况的相关材料；用以证明该商标持续使用的时间和情况的证据材料，按照商业惯例，应当能够显示所使用的商标标识、商品/服务、使用日期和使用人。证明该商标使用持续时间的材料，如该商标使用、注册的历史和范围的材料。该商标为未注册商标的，应当提供证明其使用持续时间不少于5年的材料。该商标为注册商标的，应当提供证明其注册时间不少于3年或者持续使用时间不少于5年的材料。

(2)该商标在中国及其他国家、地区的注册证明。

7.2 第2组：证明商标商品或服务产品(至少近3年)生产销售情况的证据

(1)该商标所使用的商品/服务的销售合同、发票、提货单、银行进账单、进出口凭据等；

(2)该商标所使用的商品/服务的销售区域范围[在多省(自治区、直辖市)销售/经营]、销售网点分布及销售渠道、方式的相关材料；

(3)具有资质的会计师事务所出具的申请人经济指标(产量、产值、销售收入、利润、纳税等)的审计报告或税务机关开具的纳税证明的原件或经公证的复印件、具有公信力的权威机构公布的涉及该商标所使用的商品/服务的销售额、利税额、产值的统计及市场占有率等；

(4)证明申请人经济指标的企业年度报告或者上市公司的上市年报原件或经公证的复印件；

(5)国家行业主管部门的证明、国家行业主管部门官方公开数据、在民政部登记的全国性行业协会公开或半公开的数据及出具的证明、权威评价机构的评价等能够证明行业排名或市场占有率的材料。

7.3 第3组：证明商标商品或服务产品(至少近3年)广告宣传及媒体报道等情况的证据

(1)涉及该商标的广播、电影、电视、报纸、期刊、网络、户外等媒体广告、媒体评论及其他宣传活动材料，包括用以证明该商标宣传的广告费用、形式载体、持续时间、覆盖范围等情况的广告合同、发票、广告载体、广告展现形式和图片等证据；

(2)该商标所使用的商品/服务参加的展览会、博览会的相关材料；

(3)具有资质的会计师事务所出具的、具有公信力的权威机构公布的涉及该商标所使用的商品/服务的广告额统计等。

7.4　第 4 组:证明该商标获奖情况及排名的证据

(1)该商标商品及服务所获荣誉证书、奖杯;
(2)证明该商标知名度和认知度的排名统计等。

7.5　第 5 组:证明该商标有受保护记录的证据

(1)该商标被认定为驰名商标并给予保护的相关法律文件,以及该商标被侵权或者假冒的情况;
(2)证明该商标曾在中国或者其他国家和地区作为驰名商标受保护的材料。

注意:在审理案件时,涉及已被商标行政主管机关或者司法机关认定的驰名商标的,如果对方当事人对商标驰名的事实不持异议的,可以予以认可。

7.6　第 6 组:证明商标商标驰名的其他证明文件

(1)使用该商标的商品或服务获得国家发明专利的情况以及申请人自主创新的其他情况;
(2)使用该商标的商品或服务的技术作为国家标准、行业标准;
(3)其他可以证明该商标知名度的材料。

注意:

(1)上面所称"3 年""5 年",是指被提出异议的商标注册申请日期、被提出无效宣告请求的商标注册申请日期之前的 3 年、5 年,以及在查处商标违法案件中提出驰名商标保护请求日期之前的 3 年、5 年。
(2)对请求认定该商标为驰名商标的,不能满足上述全部条件,但申请人已提交的在案证据能够证明该商标在市场上确实享有较高声誉,足以认定为驰名商标的,也可以认定。
(3)当事人提交的域外证据材料,应当能够据以证明该商标为中国相关公众所知晓。
(4)驰名商标的认定,不以该商标在中国注册、申请注册或者该商标所使用的商品/服务在中国实际生产、销售或者提供为前提,该商标所使用的商品/服务的宣传活动,亦为该商标的使用,与之有关的材料可以作为判断该商标是否驰名的证据。
(5)上述驰名证据,可以应用与认定驰名商标的所有程序中,包括商标局异议案件,国家知识产权局不予注册复审及无效宣告案,以及商标管理案件。

8. 国家知识产权局在异议案件中认定驰名商标保护的程序

8.1 在异议案件中申请认定驰名商标保护的条件

当事人向国家知识产权局提出商标异议申请,并依照《商标法》第13条规定请求驰名商标保护的,可以向国家知识产权局提出驰名商标保护的书面请求并提交其商标构成驰名商标的证据材料。

关于待认定驰名的商标申请日/注册日与被异议商标申请日之间的期间,可分为如下三种情形:

(1)待认定驰名的注册商标注册日在被异议申请之前满3年。例如,待异议的商标其申请日为2012年1月1日,那么待认定驰名的注册商标注册日应为2009年1月1日或更早。

(2)待认定驰名的注册商标最早使用日在被异议申请之前满5年。例如,待异议的商标其申请日为2012年1月1日,按照上述(1)标准,选择待认定驰名的注册商标注册日应为2009年1月1日或更早。但如果待认定驰名的注册商标注册日晚于2009年1月1日,若能提供早于待异议的商标其申请日5年(2007年1月1日)前的持续使用证据,也可以依此注册商标提起。

(3)待认定驰名的未注册商标最早使用日在被异议申请之前满5年。

8.2 准备并提交异议申请材料及证明驰名的证据材料

确定待认定驰名的商标和被异议商标,即可启动异议申请,同时在异议申请书中提出驰名商标认定申请,并提交上述证明驰名的材料。

9. 在不予注册复审或无效宣告案中认定驰名的程序

9.1 在不予注册复审或无效宣告案中申请认定驰名商标的条件

待被无效宣告的商标,其申请日需符合如下条件:

(1)在待认定驰名的注册商标注册日之后满3年。举例,待认定驰名的注册商标"AAA"注册日为2009年1月1日;待被无效宣告的商标其申请日需在2012年1月1日之后。

(2)在待认定驰名的注册商标最早使用日之后满5年。举例,待认定驰名的注册商标"AAA"注册日为2009年1月1日,申请日在2006年10月10日,按照(1)标准,待被无效宣告的商标其申请日需在2012年1月1日之后。但根据此标准,即待被无效宣告的商标其申请日,在待认定驰名的注册商标申请日之后满5年,即可以在2011年10月10日之后。

(3)在待认定驰名的未注册商标最早使用日之后满5年。

9.2 准备并提交不予注册复审或无效宣告申请材料及证明驰名的证据材料

确定待认定驰名的商标和争议商标,即可启动不予注册复审或无效宣告申请,同时提出驰名商标认定申请,并提交上述证明驰名的材料。

9.3 在相同或类似商品或服务上主张已注册驰名商标的法律适用及保护

《北京市高级人民法院商标授权确权行政案件审理指南》"驰名商标的法条转换"（第605页）

在商标评审案件中,当事人依据《商标法》第13条第3款规定,主张在相同或者类似商品上构成驰名商标,在符合下列所有条件的情况下,评审机构可以适用《商标法》第30条或者第31条作出被诉裁决且支持当事人申请:

(1)当事人依据《商标法》第13条第3款的规定对相同或者类似商品上申请注册的诉争商标申请不予核准注册或者宣告其无效的;

(2)当事人没有明确主张诉争商标的申请注册违反《商标法》第30条或者第31条的;

(3)当事人申请诉争商标不予核准注册或者宣告无效的实质理由是相关公众容易对诉争商标与引证商标所标示的商品来源产生混淆的;

(4)当事人提出宣告诉争商标无效的申请没有超出《商标法》第45条第1款规定的5年期限的。

《北京市高级人民法院商标授权确权行政案件审理指南》"已注册驰名商标在同类商品的保护"（第605页）

此外,诉争商标自注册之日起超过5年的,驰名商标所有人也可以依据《商标法》第13条第3款的规定请求对在相同或者类似商品上的诉争商标宣告无效。

10. 驰名商标的司法认定

10.1 驰名商标认定的管辖法院

最高人民法院《关于涉及驰名商标认定的民事纠纷案件管辖问题的通知》（第500页）

涉及对驰名商标保护的民事案件,由省、自治区人民政府所在地市、计划单列市、直辖市辖区中级人民法院及最高人民法院指定的其他中级人民法院管辖。

北京知识产权法院和上海知识产权法院管辖所在市辖区内涉及驰名商标认定的第一审民事案件;广州知识产权法院管辖广东省内的涉及驰名商标认定的第一审民事案件。

10.2 驰名商标司法认定案件类型

最高人民法院《关于审理涉及驰名商标保护的民事纠纷案件应用法律若干问题的解释》第2条、第6条（第498页、第499页）

在下列民事纠纷案件中,当事人以认定驰名商标作为构成侵犯商标权或者不正当竞争行为的事实根据的,人民法院可以根据案件的具体情况,对所涉商标是否驰名作出认定:

(1)以违反《商标法》第13条的规定为由提起的侵犯商标权民事纠纷案件,即

针对以下两种情形:

①在相同类似商品上复制、摹仿、翻译原告未注册驰名商标,容易导致混淆的;

②在不相同或不类似商品上复制、摹仿、翻译原告已注册驰名商标,误导公众,致使原告的利益可能受到损害的。

(2)以企业名称与其驰名商标相同或者近似为由,提起的侵犯商标权或者不正当竞争诉讼。

(3)原告以被告使用的商标侵犯其注册商标专用权为由提起诉讼,被告以原告的注册商标复制、摹仿或者翻译其在先未注册驰名商标为由提出抗辩或提起反诉的。

最高人民法院《关于审理涉及驰名商标保护的民事纠纷案件应用法律若干问题的解释》第3条(第498页)

但在下列民事纠纷案件中,人民法院对于所涉商标是否驰名不予审查:

(1)被诉侵犯商标权或者不正当竞争行为的成立不以商标驰名为事实根据的民事纠纷案件,包括域名侵犯商标权纠纷案件;

(2)被诉侵犯商标权或者不正当竞争行为因不符合其他法律要件而不成立的民事纠纷案件。

10.3 驰名商标司法认定的审查因素

最高人民法院《关于审理涉及驰名商标保护的民事纠纷案件应用法律若干问题的解释》第4条确定了人民法院认定驰名商标时的考量因素,应当综合考虑《商标法》第14条规定的因素,但根据案件具体情况无须考虑该条规定的全部因素即足以认定商标驰名的情形除外。

最高人民法院《关于审理涉及驰名商标保护的民事纠纷案件应用法律若干问题的解释》第5条(第499页)

当事人可以提供下列证据证明商标驰名:

(1)使用该商标的商品的市场份额、销售区域、利间及纳税等;

(2)该商标的持续使用时间;

(3)该商标的宣传或者促销活动的方式、持续时间、程度、资金投入和地域范围;

(4)该商标曾被作为驰名商标受保护的记录;

(5)该商标享有的市场声誉;

(6)证明该商标已属驰名的其他事实。

前款所涉及的商标使用的时间、范围、方式等,包括其核准注册前持续使用的情形。

最高人民法院《关于审理涉及驰名商标保护的民事纠纷案件应用法律若干问题的解释》第10条(第499页)

对于商标使用时间长短、行业排名、市场调查报告、市场价值评估报告、是否曾被认定为著名商标等证据,人民法院应当结合认定商标驰名的其他证据,客观、全面地进行审查。

此外,人民法院应当根据案件具体情况,综合考虑以下因素后作出裁判:

(1)该驰名商标的显著程度;

（2）该驰名商标在使用被诉商标或者企业名称的商品的相关公众中的知晓程度；
（3）使用驰名商标的商品与使用被诉商标或者企业名称的商品之间的关联程度；
（4）其他相关因素。

10.4　驰名商标对抗侵权的注册商标

最高人民法院《关于审理涉及驰名商标保护的民事纠纷案件应用法律若干问题的解释》第11条（第500页）

原告以被告注册的商标违反《商标法》第13条的规定，复制、摹仿、翻译其在先的未注册或者已注册的驰名商标，构成侵犯商标权为由提起诉讼的，人民法院可以依法判决禁止使用该商标。但被控侵权的注册商标有下列情形的除外：
（1）已经超过《商标法》第45条规定的请求撤销期限的；
（2）被告提出注册申请时，原告的商标尚不驰名的。

10.5　驰名商标认定不入判决主文和调解书

最高人民法院《关于审理涉及驰名商标保护的民事纠纷案件应用法律若干问题的解释》第13条（第500页）

根据规定，商标驰名认定仅作为案件事实和判决理由，不入判决主文和调解书。

11. 驰名商标的商业禁用

《商标法》第14条第5款（第337页）

生产、经营者不得将“驰名商标”字样用于商品、商品包装或者容器上，或者用于广告宣传、展览以及其他商业活动中。

根据2016年9月9日《国家工商总局商标局关于企业在自建网站上使用驰名商标字样等有关问题的批复》的规定，企业的商标获得驰名商标认定并给予扩大保护是企业全面加强商标创造、运用、管理、保护工作的成果。该认定保护记录是一种客观事实，企业在网站上或其他经营活动中对自己商标获得驰名商标扩大保护的记录做事实性陈述，没有突出使用“驰名商标”字样行为的，不属于《商标法》第14条第5款所述的违法行为。

但是，如企业在网站上或其他经营活动中，有意淡化驰名商标认定与保护的法律性质，将“驰名商标”字样视为荣誉称号并突出使用，用以宣传企业或推销企业经营的商品或服务，则不属于合理使用的范畴，构成《商标法》第14条第5款所规定的违法行为。

12. 驰名商标认定的作用

驰名商标是中国商标领域的最高荣誉。商标被认定为驰名商标，意味着企业的服务、产品质量、企业的信誉和形象都获得了消费者的广泛认可,同时商标被认定为驰名商标本身,也会让广大的消费者更进一步提高对企业的认同度,增加企业的知名度,扩大企业的品牌效应。

12.1 无形资产大幅度增值

获得驰名商标认定,可以进一步提升企业的品牌形象,使企业的无形资产大大增值。实践中,在品牌市值评估中,“是否被官方认定为驰名商标”是评估机构评估品牌市值的关键考量因素之一。此外,驰名商标作为有着巨大潜在价值的无形资产,能在出资或申请贷款时获得对方更多的信任。以驰名商标使用权作为抵押向银行贷款成功的例子也日益增多。

12.2 驰名商标可受到扩大的法律保护

12.2.1 保护范围扩大

即不仅在该商标核准注册的范围内保护获得商标专用权的保护,还可禁止他人在其他有一定关联性的领域擅自使用该商标。这样就能有效防止他人“搭便车”,防止将企业的品牌淡化,同时为企业在时机成熟时采取多元化发展、在多个生产和服务领域广泛使用核心品牌打下坚实的基础。

12.2.2 保护力度加大

在对抗商标恶意抢注、对抗不相同、不类似商品服务商标的影响和在近似商标的认定等方面都将得到更大力度的保护。

《商标法》第13条第2款明确了对已注册的驰名商标的保护方式:“就不相同或者不相类似商品申请注册的商标是复制、摹仿或者翻译他人在中国注册的驰名商标,误导公众,致使该驰名商标注册人的利益可能受到损害的,不予注册并禁止使用。”

认定驰名商标,可提高商标申请的通过率以及商标驳回复审、异议案件、无效宣告等案件的胜诉率。此外,对于恶意注册的同驰名商标相同或近似的商标,权利人可以在任何时间提起无效宣告,不受“非驰名商标所有人提起无效宣告案,需要五年内提起”的限制。

12.2.3 保护领域增加

不仅在商标领域进行保护,在企业名称、互联网域名等其他领域,中国驰名商标仍可得到更多的保护,如制止他人将认定的驰名商标作为商号和域名恶意申请和使用。同时,这就会更加突出该商标的显著性,使商标的无形资产大大增值。

(1)驰名商标对抗企业名称。根据《商标法》第58条的规定,将他人注册商标、未注册的驰名商标作为企业名称中的字号使用,误导公众,构成不正当竞争行为的,依照《中华人民共和国反不正当竞争法》处理。

《商标法》第58条(第344页)

根据最高人民法院《关于审理涉及驰名商标保护的民事纠纷案件应用法律若干问题的解释》第2条第2项规定,当事人以商标驰名作为事实根据,可以以企业名称与其驰名商标相同或者近似为由,提起的侵犯商标权或者不正当竞争诉讼。即,若以后发现有企业将驰名商标恶意注册成商号使用的情况,可以基于驰名商标提起商标侵权或不正当竞争诉讼。

最高人民法院《关于审理涉及驰名商标保护的民事纠纷案件应用法律若干问题的解释》第2条(第498页)

(2)驰名商标对抗域名。根据最高人民法院《关于审理涉及计算机网络域名民事纠纷案件适用法律若干问题的解释》第5条第1项规定,被告为商业目的将他人驰名商标注册为域名的,人民法院应当认定其具有恶意。

最高人民法院《关于审理涉及计算机网络域名民事纠纷案件适用法律若干问题的解释》第5条第1项(第724页)

12.3　提升行政查处力度

企业生产的产品如果是在行业有较高知名度、销售量好的品牌,被一些不法分子通过"搭便车"、仿冒等手段抢占市场份额,将严重侵犯了企业的合法权益及产品用户的合法利益。各地市场监督管理部门的地方保护主义及对普通商标保护范围狭小、薄弱使仿冒、假冒情况屡禁不绝,甚至日益猖獗。驰名商标是国家市场监督总局或人民法院给予普通商标跨类别的特殊保护,为各地市场监督管理部门跨类别打击侵犯商标权的行为提供了法律依据和政策支持。如果商标为中国驰名商标将为企业更加有效的开展维权并得到更好的效果提供保障,同时大大节约维权成本。

12.4　为海外商标申请及品牌保护打下基础

驰名商标认定可以为全球领域的商标确权和保护提供有力官方文件支持。中国驰名商标受《保护工业产权巴黎公约》以及WTO规则中《与贸易有关的知识产权协议》的特殊保护。如果中国驰名商标在以上公约成员境内被抢注或者未经许可使用,该驰名商标所有人可援引以上公约请求当地政府或司法机关予以制止。这种特殊保护,必然能使企业更好地运用驰名商标制度发展国际市场和壮大民族品牌。

第三章　商标维权实务

第1节　商标侵权行政查处投诉

1. 商标权行政保护法律依据

《商标法》(自2019年11月1日起实施);
《商标法实施条例》(自2014年5月1日起实施);
《行政处罚法》(自2017年9月1日起实施);
《市场监督管理行政处罚程序暂行规定》(自2019年4月1日起实施);
《市场监督管理行政处罚听证暂行办法》(自2019年4月1日起实施);
《关于行政执法机关移送涉嫌犯罪案件的规定》(自2001年7月9日起实施);
《关于办理侵犯知识产权刑事案件具体应用法律若干问题的解释》(自2004年12月22日起实施)。

2. 商标权行政保护机构

市场监督管理部门按级别可分为四级:
(1)国家市场监督管理总局;
(2)省、直辖市、自治区级市场监督管理局;
(3)市级(地级市)市场监督管理局;
(4)县级(包括县级市)市场监督管理局。

县级、设区的市级市场监督管理部门依职权管辖本辖区内发生的行政处罚案件。国家市场监督管理总局和省级市场监督管理局一般不直接查处具体案件,而是对下级查处工作进行指导、监督和协调。即对于商标侵权行政投诉,投诉人可以向有管辖权的县级、设区的市级市场监督管理部门申请。

对于一些重大疑难复杂的商标违法案件,下级市场监督管理部门可以报请上一级市场监督部门管辖;对此类案件,省级市场监督管理局也可以直接进行查处。

3. 商标侵权行政投诉流程

3.1　确认商标侵权行为类型

侵犯注册商标专用权的行为包括以下类型：

《商标法》第57条（第343页）

(1)未经商标注册人的许可，在同一种商品上使用与其注册商标相同的商标的；

(2)未经商标注册人的许可，在同一种商品上使用与其注册商标近似的商标，或者在类似商品上使用与其注册商标相同或者近似的商标，容易导致混淆的；

(3)销售侵犯注册商标专用权的商品的；

(4)伪造、擅自制造他人注册商标标识或者销售伪造、擅自制造的注册商标标识的；

(5)未经商标注册人同意，更换其注册商标并将该更换商标的商品又投入市场的；

(6)故意为侵犯他人商标专用权行为提供便利条件，帮助他人实施侵犯商标专用权行为的；

(7)给他人的注册商标专用权造成其他损害的。

3.2　投诉主体

《商标法》第60条（第344页）《商标法实施条例》第77条（第359页）

对侵犯注册商标专用权的行为，任何人可以向市场监督管理部门投诉或者举报。实践中主要包括：

(1)商标注册权利人；

(2)利害关系人，主要是指商标权被许可使用人和商标权利继承人。

《商标法》第18条（第337页）

商标注册人和利害关系人在投诉时提交的相关投诉材料也有所不同。另外，外国人或者外国企业在中国办理商标侵权行政投诉事宜的，应当委托国家认可的具有商标代理资格的组织机构代理。

3.3　投诉前的准备工作

3.3.1　侵权调查

在商标专用权的保护方面，目前在很大程度上还是商标权利人或利害关系人发现侵权行为后向市场监督管理部门投诉请求查处。因此，作为商标权利人的企业应主动调查收集侵权证据，主动投诉。

在投诉前，为保证行政查处的有效性，投诉人有一项很重要的工作就是落实侵权商品的生产窝点和销售侵权商品企业的仓库,以便于之后的行政查处工作。

投诉人在事先的侵权调查中需要注意的是调查获取证据的合法性问题。根据最高人民法院《关于行政诉讼证据若干问题的规定》第57条、第58条所确立的定案证据的排除规则,下列证据不能作为定案依据:

(1)严重违反法定程序收集的证据材料;

(2)以偷拍、偷录、窃听等手段获取侵害他人合法权益的证据材料;

(3)以利诱、欺诈、胁迫、暴力等不正当手段获取的证据材料;

(4)以违反法律禁止性规定或侵犯他人合法权益的方法取得的证据。

在行政投诉前和商标专用权行政保护执法中,非正常情况下的秘密取证是必要的,只要没有侵害他人的合法权益,就不属于应排除的非法证据。例如,隐蔽录制某制假窝点生产过程的视听资料,并没有给他人合法权益造成损害。如无其他情况,从实践情况看,法院或是市场监督管理机关一般会对此类证据予以采信。

实践中,投诉人可以自己亲自访问调查,也可以根据实际情况指派专门调查人员完成。

3.3.2 保全证据

对于可能灭失的信息或材料,如网站及带有侵权商标的样品,可以选择公证。以备后期提起民事诉讼之用。

3.3.3 准备投诉材料

(1)投诉人主体资格证明文件

投诉人是单位的,应当提交投诉人的营业执照副本复印件(国内单位)或者公司注册证明文件复印件(外国单位);投诉人是自然人的,应当提交身份证复印件(国内个人)或者护照复印件(外国个人)。

(2)投诉委托书

《市场监督管理行政处罚程序暂行规定》第24条(第549页)

如通过代理人投诉,除了提供投诉人和代理人的主体资格证据文件外,还应提供授权委托书。委托书要明确与商标侵权行政投诉有关的授权权限。如果涉及证明文件在国外或我国港澳台地区形成的,应该按照《市场监督管理行政处罚程序暂行规定》第24条的规定,要求提供文件经公证、使领馆认证或具有按照有关规定办理的证明手续。

(3)商标注册证明文件

证明文件可以是商标注册证或者国家知识产权局签发的注册商标证明。如果提供的是复印件,应有持有人盖章。对上述文件,可以通过中国商标网查询核实。因中国商标网显示的商标信息仅供参考,没有法律效力,如出现商标网登记信息与商标注册证明文件显示信息不符,应以商标注册证明文件为准。在实践操作中,若出现上述不符的情形,商标权利人可以出具商标注册证明文件原件以证明权利状况。

①商标注册人应当提交商标注册证复印件;

②利害关系人应当提交商标使用许可合同、在国家知识产权局备案的材料及商标注册证复印件;

③排他使用许可合同的被许可人单独提出申请的,应当提交商标注册人放弃申请的证据材料;

④注册商标财产权利的继承人应当提交已经继承或者正在继承的证据材料;

⑤对于通过马德里国际注册申请在中国获得商标权保护的,还需要出具国家知识产权局发放的商标注册证明的复印件,而申请该注册证明则一般需要 2 个多月时间。

营业执照与商标注册证上的企业名称和注册人名称及地址应一致。实践中,许多企业因合并而变更企业名称后没有及时向国家知识产权局申请变更,从而导致投诉企业的营业执照上的企业名称与商标注册证上的注册人名称不符。这将直接影响企业的投诉,因为他们属于相互独立的企业。

(4)投诉书

投诉书要载明:

①投诉人、代理人和被投诉人名称、地址、联系方式等基本情况;

②投诉人需要保护的注册商标对象、被投诉人的侵权事实和证据;

③确认当事人商标侵权行为的说明;

④投诉请求,即请求查处侵权商品,制止侵权方的侵权行为并依法给予行政处罚。

(5)侵权证据

投诉书要附上初步收集的侵权证据供市场监督管理部门参考,主要包括:

①涉嫌侵权的商品实物或照片;

②储藏地点的现场照片;

③运输过程的照片或者录像;

④侵权行为的公证文书等。

3.3.4　向有管辖权的市场监督管理局提交投诉

根据《行政处罚法》第 20 条的规定,商标侵权行为由违法行为发生地的县级以上市场监督管理机关管辖。违法行为发生地包括:

(1)违法行为着手地;

(2)经过地;

(3)实施地;

(4)危害结果发生地。

其中,第(3)类“实施地”是行为发生地的核心。商标侵权行为从预备着手到实际实施发生,涉及商品生产、商标印制、商品包装、商品流通等环节。因此,实施地具体可包括:侵权物品生产地(生产工厂所在地)、运输地(货运地)、仓储地(仓库所在地)、销售地(店铺所在地)。

《市场监督管理行政处罚程序暂行规定》第9条(第547页)

一般情况下,投诉人可基于侵权调查结果,向发现侵权实施地,如侵权商品工厂所在地、仓库所在地、店铺所在地的县级或市级市场监督管理局进行投诉。

电子商务平台经营者和通过自建网站、其他网络服务销售商品或者提供服务的电子商务经营者的违法行为由其住所地县级以上市场监督管理部门管辖。

平台内经营者的违法行为由其实际经营地县级以上市场监督管理部门管辖。电子商务平台经营者住所地县级以上市场监督管理部门先行发现违法线索或者收到投诉、举报的,也可以进行管辖。

在正式投诉前,建议电话联系当地市场监督管理局进行管辖确认,并核实确定处理投诉的具体部门。

4. 商标侵权行政查处流程

《市场监督管理行政处罚程序暂行规定》第17条(第548页)

4.1 立案

市场监督管理部门对依据监督检查职权或者通过投诉、举报、其他部门移送、上级交办等途径发现的违法行为线索,应当自发现线索或者收到材料之日起15个工作日内予以核查,由市场监督管理部门负责人决定是否立案;特殊情况下,经市场监督管理部门负责人批准,可以延长15个工作日。法律、法规、规章另有规定的除外。

检测、检验、检疫、鉴定等所需时间,不计入前款规定期限。

立案应当填写立案审批表,由办案机构负责人指定2名以上办案人员负责调查处理。

如果有管辖权的市场监督管理部门确认侵犯注册商标专用权行为的事实存在,需要经过调查取证并给予行政处罚的,除适用简易程序当场即时处罚的以外,应当首先立案。

不予立案的理由包括:

(1)商标权利不确定,包括投诉人对被投诉人的注册商标提出无效宣告,同时又请求市场监督管理机关查处商标侵权行为的,属于商标权利不确定;

(2)没有明确的投诉对象;

(3)主要证据不具备;

(4)代理权限不明确；

(5)已就有关事实向人民法院起诉；

(6)违反一案一投的原则；

(7)侵权事实不成立。

4.2　调查及查处

案件立案后，办案人员应全面、客观并及时地进行调查，收集、调取证据，必要时，可以到侵权现场进行检查。市场监督管理机关进行调查时，有权采取下列调查措施：

(1)询问有关当事人，调查与侵犯他人注册商标专用权有关的情况。

若商标侵权查处案件涉及异议、争议等程序时，市场监督管理部门可分如下两种情形处理：

①继续查处

被投诉人使用的商标已经向国家知识产权局提出注册申请但尚未获准注册(包括处于异议期)的，市场监督管理机关如认为该商标与投诉人注册商标近似，构成侵权的，有权立案查处。

②中止查处

a. 在查处商标侵权案件过程中，对商标权属存在争议，包括涉案注册商标权属正在国家知识产权局审理或者人民法院诉讼中，案件结果可能影响案件定性的，或者权利人同时向人民法院提起商标侵权诉讼的，市场监督管理部门可以中止案件的查处。中止原因消除后，应当恢复或者终结案件查处程序。

《商标法》第62条(第345页)
《商标法实施条例》第81条(第359页)

b. 被投诉人在被查处过程中以注册不当为由向商评委请求裁定撤销投诉人注册商标的，市场监督管理机关可以中止处理，但被投诉人应当提供相应的经济担保。

(2)查阅、复制当事人与侵权活动有关的合同、发票、账簿以及其他有关资料。

(3)对当事人涉嫌从事侵犯他人注册商标专用权活动的场所实施现场检查。

(4)检查与侵权活动有关的物品；对有证据证明是侵犯他人注册商标专用权的物品，可以查封或者扣押。

在查处商标侵权案件过程中，对商标权属存在争议或者权利人同时向人民法院提起商标侵权诉讼的，市场监督管理部门可以中止案件的查处。中止原因消除后，应当恢复或者终结案件查处程序。

《商标法》第62条(第345页)

市场监督管理部门可以依据法律、法规的规定采取查封、扣押等行政强制措施。采取或者解除行政强制措施，应当经市场监督管理部门负责人批准。

情况紧急，需要当场采取行政强制措施的，执法人员应当在24小时内向市场监督管理部门负责人报告,并补办批准手续。市场监督管理部门负责人认为不应当采取行政强制措施的,应当立即解除。

《市场监督管理行政处罚程序暂行规定》第33条(第550页)

查封、扣押的期限不得超过30日;情况复杂的,经市场监督管理部门负责人批准,可以延长,但是延长期限不得超过30日。法律、行政法规另有规定的除外。延长查封、扣押的决定应当及时书面告知当事人,并说明理由。

《市场监督管理行政处罚程序暂行规定》第35条(第551页)

对物品需要进行检测、检验、检疫、鉴定的,查封、扣押的期间不包括检测、检验、检疫、鉴定的期间。检测、检验、检疫、鉴定的期间应当明确,并书面告知当事人。

市场监督管理机关在扣留(封存)侵权证据时,会发出《扣留(封存)财务通知书》或《实施行政强制措施通知书》以及对应的所扣物品的《财物清单》。上述《扣留(封存)财务通知书》或《实施行政强制措施通知书》一般会指出,如果对扣留(封存)措施不服,通知接收人可以在收到该通知之日起60日内向采取该措施的执法机关的上级市场监督管理机关申请行政复议,也可以在3个月内向人民法院起诉。

《市场监督管理行政处罚程序暂行规定》第19条、第20条、第21条(第548页、第549页)

案件调查过程中,市场监督人员应遵守下列程序问题:

(1)办案人员不得少于2人;

(2)办案机关对案件进行调查,应当收集书证、物证、视听资料、电子数据、证人证言、当事人陈述、鉴定结论、勘验笔录和现场笔录等证据;

(3)询问当事人及证明人应当个别进行;

(4)询问应当制作笔录;

(5)询问笔录应当交被询问人核对,由被询问人逐页在笔录上签名或者盖章,办案人员亦应在笔录上签名;被询问人拒绝签名或者盖章的,应当在笔录上注明。

《市场监督管理行政处罚程序暂行规定》第47条(第553页)

4.3 案件审核

案件审核是市场监督管理机关内部实施监督的一种制度,由设在其内部的法制机构或其他机构承担,主要审核下列内容:

(1)是否具有管辖权;

(2)当事人的基本情况是否清楚;

(3)案件事实是否清楚、证据是否充分;

(4)定性是否准确;

(5)适用依据是否准确;

(7)程序是否合法;

(8)处理是否适当。

4.4　告知及听证

4.4.1　告知当事人要求听证的权利

《市场监督管理行政处罚听证暂行办法》第6条、第7条（第559页）

行政处罚建议被批准后，市场监督管理部门应当书面告知当事人拟作出行政处罚决定的事实、理由及依据，并告知当事人依法享有陈述权、申辩权。

拟作出的行政处罚属于听证范围的，还应当告知当事人有要求举行听证的权利。向当事人告知听证权利时，应当书面告知当事人拟作出行政处罚的事实、理由和依据。当事人要求听证的，可以在告知书送达回证上签署意见，也可以自收到告知书之日起3个工作日内提出。当事人以口头形式提出的，办案人员应当将情况记入笔录，并由当事人在笔录上签名或者盖章。当事人自告知书送达之日起3个工作日内，未行使陈述、申辩权，未要求举行听证的，视为放弃此权利。

4.4.2　当事人可要求听证的案件范围

《市场监督管理行政处罚程序暂行规定》第51条（第553页）《市场监督管理行政处罚听证暂行办法》第5条第1款（第559页）

听证程序是一般程序中的特殊程序，并非每个案件的必须程序，在市场监督管理部门作出下列行政处罚决定之前，应当告知当事人有要求举行听证的权利：

（1）责令停产停业；

（2）吊销许可证或者执照；

（3）对自然人处以1万元以上、对法人或者其他组织处以10万元以上罚款；

（4）对自然人、法人或者其他组织作出没收违法所得和非法财物价值达到第3项所列数额的行政处罚。

4.4.3　听证程序的有关期限

《市场监督管理行政处罚听证暂行办法》第18条、第19条、第20条（第560页、第561页）

市场监督管理部门应当自收到当事人要求举行听证的申请之日起3个工作日内，确定听证主持人。办案人员应当自确定听证主持人之日起3个工作日内，将案件材料移交听证主持人，由听证主持人审阅案件材料，准备听证提纲。

听证主持人应当自接到办案人员移交的案件材料之日起5个工作日内确定听证的时间、地点，并应当于举行听证7日前将听证通知书送达当事人。听证通知书中应当载明听证时间、听证地点及听证主持人、听证员、记录员、翻译人员的姓名，并告知当事人有申请回避的权利。

第三人参加听证的，听证主持人应当在举行听证前将听证的时间、地点通知第三人。

《市场监督管理行政处罚听证暂行办法》第29条（第562页）

听证结束后，听证主持人应当在5个工作日内撰写听证报告，由听证主持人、听证员签名，连同听证笔录送办案机构，由其连同其他案件材料一并上报市场监督管理部门负责人。

4.5 行政处理决定

《市场监督管理行政处罚程序暂行规定》第54条(第554页)

市场监督管理部门负责人经对案件调查终结报告、审核意见、当事人陈述和申辩意见或者听证报告等进行审查,根据不同情况,分别作出以下决定:

4.5.1 行政处罚决定

《商标法》第60条第2款(第344页)

市场监督管理部门经过调查,认为所投诉的行为构成侵犯商标专用权行为的,可以作出相应的处理措施:

(1)责令立即停止侵权行为。

(2)没收、销毁侵权商品和主要用于制造侵权商品、伪造注册商标标识的工具。

(3)处以罚款。对于违法经营额5万元以上的,可以处违法经营额5倍以下的罚款,没有违法经营额或者违法经营额不足5万元的,可以处25万元以下的罚款。对5年内实施两次以上商标侵权行为或者有其他严重情节的,应当从重处罚。

《商标法实施条例》第78条(第359页)

对于上述违法经营额的计算,市场监督管理部门通常参考下列因素:

(1)侵权商品的销售价格;

(2)未销售侵权商品的标价;

(3)已查清侵权商品实际销售的平均价格;

(4)被侵权商品的市场中间价格;

(5)侵权人因侵权所产生的营业收入;

(6)其他能够合理计算侵权商品价值的因素。

《商标法实施条例》第79条、第80条(第359页)

销售不知道是侵犯注册商标专用权的商品,能证明该商品是自己合法取得并说明提供者的,由市场监督管理部门责令停止销售,并将案件情况通报侵权商品提供者所在地市场监督管理部门。“能证明该商品是自己合法取得”的情形包括:

(1)有供货单位合法签章的供货清单和货款收据且经查证属实或者供货单位认可的;

(2)有供销双方签订的进货合同且经查证已真实履行的;

(3)有合法进货发票且发票记载事项与涉案商品对应的;

(4)其他能够证明合法取得涉案商品的情形。

《市场监督管理行政处罚程序暂行规定》第55条、第56条(第554页)

对下列情节复杂或者重大违法行为给予较重行政处罚的案件,应当由市场监督管理部门负责人集体讨论决定:

(1)拟罚款、没收违法所得和非法财物价值数额较大的案件;

(2)拟责令停产停业、吊销许可证或者执照的案件;

(3)涉及重大安全问题或者有重大社会影响的案件;

(4)调查处理意见与审核意见存在重大分歧的案件;

(5)市场监督管理部门负责人认为应当提交集体讨论的其他案件。

市场监督管理部门作出行政处罚决定,应当制作行政处罚决定书,并加盖本部门印章。行政处罚决定书的内容包括:

(1)当事人的姓名或者名称、地址等基本情况;

(2)违反法律、法规或者规章的事实和证据;

(3)当事人陈述、申辩的采纳情况及理由;

(4)行政处罚的内容和依据;

(5)行政处罚的履行方式、期限;

(6)不服行政处罚决定,申请行政复议或者提起行政诉讼的途径和期限;

(7)作出行政处罚决定的市场监督管理部门的名称和作出决定的日期。

市场监督管理部门作出的行政处罚决定的相关信息应当按照有关规定向社会公示。

4.5.2　不予行政处罚

《市场监督管理行政处罚程序暂行规定》第54条(第554页)

确有违法行为,但有依法不予行政处罚情形的,不予行政处罚。

4.5.3　不得给予行政处罚

违法事实不能成立的,不得给予行政处罚。

4.5.4　移送其他行政管理部门处理

不属于市场监督管理部门管辖的,移送其他行政管理部门处理。

4.5.5　移送司法机关

《市场监督管理行政处罚程序暂行规定》第54条(第554页)《行政执法机关移送涉嫌犯罪案件的规定》第3条(第569页)

发现商标侵权案件涉嫌犯罪的,市场监督管理部门应当依相关规定及时移送司法机关。

行政执法机关在依法查处违法行为过程中,发现违法事实涉及的金额、违法事实的情节、违法事实造成的后果等,根据《刑法》关于破坏社会主义市场经济秩序罪、妨害社会管理秩序罪等罪的规定和最高人民法院、最高人民检察院关于破坏社会主义市场经济秩序罪、妨害社会管理秩序罪等罪的司法解释以及最高人民检察院、公安部关于经济犯罪案件的追诉标准等规定,涉嫌构成犯罪,依法需要追究刑事责任的,必须依照规定向公安机关移送。

4.6　处罚决定的执行

《市场监督管理行政处罚程序暂行规定》第64条、第65条(第555页、第556页)

市场监督管理部门对当事人作出罚款、没收违法所得行政处罚的,当事人应当自收到行政处罚决定书之日起15日内,通过指定银行缴纳罚没款。有下列情形之

一的,可以由办案人员当场收缴罚款:

(1)当场处以20元以下罚款的;

(2)当场对自然人处以50元以下、对法人或者其他组织处以1000元以下罚款,不当场收缴事后难以执行的;

(3)在边远、水上、交通不便地区,当事人向指定银行缴纳罚款确有困难,经当事人提出的。

办案人员当场收缴罚款的,必须向当事人出具省、自治区、直辖市财政部门统一制发的罚款收据。

办案人员当场收缴的罚款,应当自收缴罚款之日起2日内交至所在市场监督管理部门。在水上当场收缴的罚款,应当自抵岸之日起2日内交至所在市场监督管理部门。市场监督管理部门应当在2日内将罚款缴付指定银行。

《市场监督管理行政处罚程序暂行规定》第66条(第556页)

当事人确有经济困难,需要延期或者分期缴纳罚款的,应当提出书面申请。经市场监督管理部门负责人批准,同意当事人延期或者分期缴纳罚款的,市场监督管理部门应当书面告知当事人延期或者分期的期限。

当事人逾期不履行行政处罚决定的,作出行政处罚决定的市场监督管理机关可以采取下列措施:

(1)当事人逾期不缴纳罚款的,每日按罚款数额的3%加处罚款,加处罚款的数额不得超出应缴罚款的数额;

《市场监督管理行政处罚程序暂行规定》第67条、第68条、第69条(第556页)

(2)当事人在法定期限内不申请行政复议或者提起行政诉讼,又不履行行政处罚决定,且在收到催告书10日后仍不履行行政处罚决定的,市场监督管理部门可以在期限届满之日起3个月内依法申请人民法院强制执行。

市场监督管理部门应当建立健全罚没物资的管理、处理制度。具体办法由省级市场监督管理部门依照国家有关规定制定。

《商标法》第60条第3款(第344页)

5. 赔偿数额的行政调解

对侵犯商标专用权的赔偿数额的争议,当事人可以选择的解决途径包括:

(1)请求进行处理的市场监督管理部门调解,经调解后,当事人未达成协议或者调解书生效后不履行的,可以向人民法院起诉;

(2)直接向人民法院提起商标侵权诉讼进行索赔。

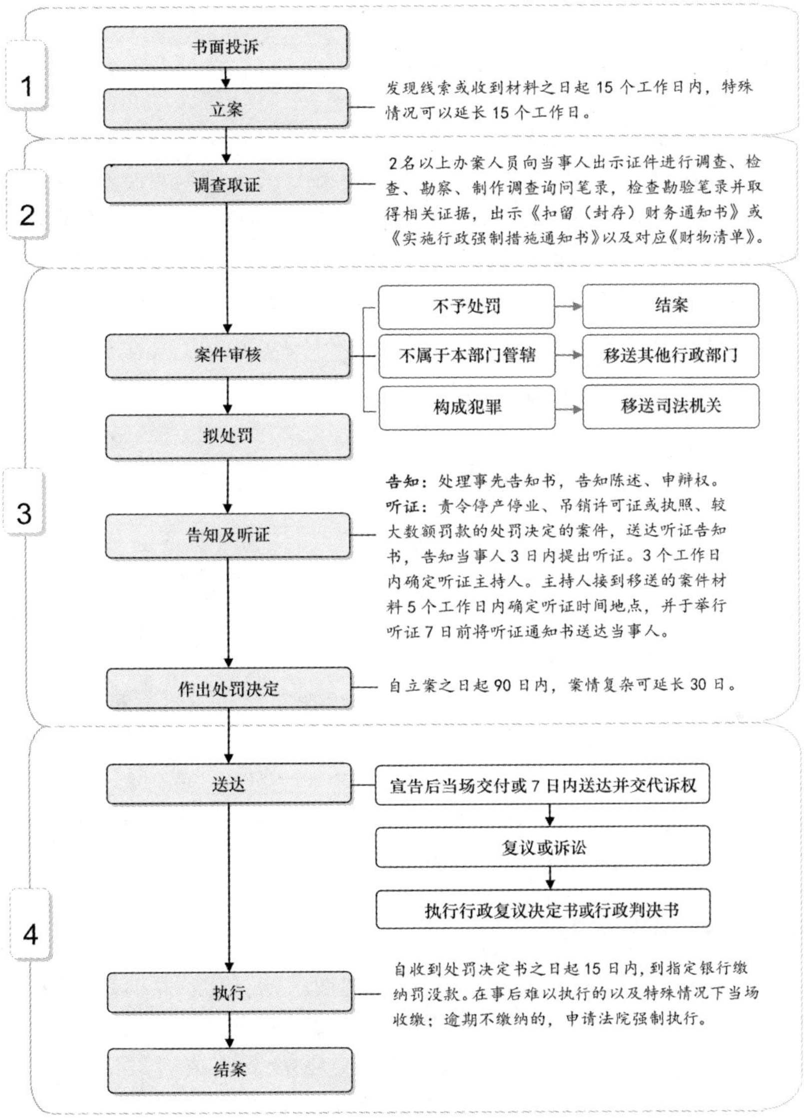
1
书面投诉
立案
发现线索或收到材料之日起 15 个工作日内，特殊情况可以延长 15 个工作日。
2
调查取证
2名以上办案人员向当事人出示证件进行调查、检查、勘察、制作调查询问笔录，检查勘验笔录并取得相关证据，出示《扣留（封存）财务通知书》或《实施行政强制措施通知书》以及对应《财物清单》。
3
案件审核
不予处罚
结案
不属于本部门管辖
移送其他行政部门
构成犯罪
移送司法机关
拟处罚
告知及听证
告知：处理事先告知书，告知陈述、申辩权。
听证：责令停产停业、吊销许可证或执照、较大数额罚款的处罚决定的案件，送达听证告知书，告知当事人 3 日内提出听证。3 个工作日内确定听证主持人。主持人接到移送的案件材料 5 个工作日内确定听证时间地点，并于举行听证 7 日前将听证通知书送达当事人。
作出处罚决定
自立案之日起 90 日内，案情复杂可延长 30 日。
4
送达
宣告后当场交付或 7 日内送达并交代诉权
复议或诉讼
执行行政复议决定书或行政判决书
执行
自收到处罚决定书之日起 15 日内，到指定银行缴纳罚没款。在事后难以执行的以及特殊情况下当场收缴；逾期不缴纳的，申请法院强制执行。
结案

图 12

《展会知识产权保护办法》（第530页）

第2节 商标侵权展会投诉

1. 展会商标权保护的主要法律依据

《展会知识产权保护办法》(自2006年3月1日起施行)；

《北京市展会知识产权保护办法》(自2008年3月1日起施行)；

《中国国际进口博览会关于参展项目涉嫌侵犯知识产权的投诉及处理办法》(自2018年7月28日起施行)；

《广州市展会知识产权保护办法》(自2012年6月16日起施行)；

《广交会涉嫌侵犯知识产权的投诉及处理办法》(自2007年8月5日起施行)。

2. 展会商标侵权投诉机构

2.1 展会主办方知识产权投诉机构

展会时间在3天以上(含3天),展会管理部门认为有必要的,展会主办方应在展会期间设立知识产权投诉机构,由展会主办方、展会管理部门、专利、商标、版权等知识产权行政管理部门的人员组成。实践中,基本以地方知识产权局牵头负责工作,但其暂不负责实际商标、版权投诉处理。

设立投诉机构的,展会举办地知识产权行政管理部门应当派员进驻,并依法对侵权案件进行处理。未设立投诉机构的,展会举办地知识产权行政管理部门应当加强对展会知识产权保护的指导、监督和有关案件的处理,展会主办方应当将展会举办地的相关知识产权行政管理部门在展会的知识产权纠纷处理程序的联系人、联系方式等在展会场馆的显著位置予以公示。

2.2 地方市场监督管理部门

地方市场监督管理部门受理投诉或者处理请求的,应当通知展会主办方,并及时通知被投诉人或者被请求人。在处理侵犯知识产权的投诉或者请求程序中,地方市场监督管理部门可以根据展会的展期指定被投诉人或者被请求人的答辩期限。被投诉人或者被请求人提交答辩书后,除非有必要作进一步调查,地方市场监督管理部门应当及时作出决定并送交双方当事人。被投诉人或者被请求人逾期未提交答辩书的,不影响地方市场监督管理部门作出决定。

展会结束后,地方市场监督管理部门应当及时将有关处理结果通告展会主办方。展会主办方应当做好展会知识产权保护的统计分析工作,并将有关情况及时报展会管理部门。

就地方市场监督管理部门而言,在展会期间,展会投诉机构需要其协助的,应当积极配合,参与展会知识产权保护工作。地方市场监督管理部门在展会期间的工作包括:

(1)接受展会投诉机构移交的关于涉嫌侵犯商标权的投诉,依照商标法律法规的有关规定进行处理;

(2)受理符合《商标法》第57条规定的侵犯商标专用权的投诉;

(3)依职权查处商标违法案件。

有下列情形之一的,地方市场监督管理部门对侵犯商标专用权的投诉或者处理请求不予受理:

(1)投诉人或者请求人已经向人民法院提起商标侵权诉讼的;

(2)商标权已经无效或者被撤销的。

3. 展会前的商标维权准备

3.1　收集展会参展企业信息

权利人可通过展会官方网站或电话咨询,索取参展企业信息,包括参展商展位图、企业名称、预参展商品或服务、展位号,筛选可能涉嫌商标侵权的参展商,重点关注。

3.2　确认展会具体知识产权投诉机构设置及投诉流程

为便于在现场快速提交投诉,建议在会前电话咨询展会主办方是否设置知识产权投诉机构。

(1)若设置知识产权投诉机构,确认投诉机构联系电话和展会所在位置。

(2)若未设置知识产权投诉机构,确认接收投诉的部门及其电话和展会所在位置。

根据广州和北京的知识产权保护办法规定,举办时间在3日以上,且具有下列情形之一的展会,市场监督管理部门应当进驻,接受商标权利人或者利害关系人提出的行政处理请求,对符合立案标准的予以处理:

(1)政府以及政府部门主办的展会;

(2)在国际或者国内具有重大影响的展会;

(3)可能发生知识产权侵权纠纷较多的展会;

(4)展出面积2万平方米以上的展会。

3.3　确认展会所在地有管辖权的市场监督管理部门

确定展会所在地有管辖权的市场监督管理部门及其联系方式,以便后续进行正式的行政查处投诉。

3.4 投诉材料的预备

权利人在展会时可预先准备如下投诉所需材料,以备在展会期间快速使用,避免当场发现侵权,缺因材料不齐无法提出投诉:

(1)商标权利人身份证明。

(2)商标注册证明文件,并由投诉人签章确认。

(3)委托代理人投诉的,应提交授权委托书。涉外事宜委托书,需要提供公证认证件。

(4)投诉书。若尚未确定侵权人信息,则可预先起草好格式投诉书,将"侵权人名称""侵权人展位号""侵权事实"等信息空出,打印多份,已备在现场发现侵权人后,第一时间补充上述信息,完成投诉书。

上述材料的具体要求可参见本章第1节"商标侵权行政查处投诉"3.3.3"准备投诉材料",第166页。

4. 展会商标侵权投诉流程

4.1 展会中的侵权调查及侵权证据保全

在展会进行中,权利人可以有针对性地对可能涉嫌侵权的参展商进行现场调查,若发现有侵权线索,可以对于可能灭失的信息或材料进行公证,如展台及带有侵权商标的宣传册和样品等,以备之后提起行政查处及民事诉讼之用。

4.2 准备投诉材料并进行投诉

如上所述,权利人向投诉机构投诉的,应当提交以下材料:

(1)商标注册证明文件,并由投诉人签章确认;商标权利人身份证明。

(2)涉嫌侵权当事人的基本信息。

(3)涉嫌侵权的理由和证据。

(4)委托代理人投诉的,应提交授权委托书。

4.3 投诉处理

展会知识产权投诉机构在收到符合《展会知识产权保护办法》第8条规定的投诉材料后,应于24小时内将其移交至有关知识产权行政管理部门。有关展会知识产权投诉机构对投诉的处理程序。

(1)主办方或者投诉机构接到投诉后应当及时指派工作人员进行调查处理。

(2)经过调查初步核实情况,告知被投诉人参展项目涉嫌侵权,要求举证并答辩。在处理侵犯知识产权的投诉或者请求程序中，地方知识产权行政管理部门可以根据展会的展期指定被投诉人或者被请求人的答辩期限。

(3)被投诉人在被告知其参展项目涉嫌侵权后，应当及时出示权利证书或者其他证据，证明其拥有对被投诉内容的合法权属，作不侵权的举证，并协助主办方或者主办方设立的投诉机构工作人员对涉嫌侵权物品进行查验。

(4)被投诉人不能作出有效举证的，应当按照与主办方的合同约定将涉嫌侵权的物品自行撤展；被投诉人不自行撤展的，主办方或者主办方设立的投诉机构可以作出撤展的决定。

被投诉人或者被请求人提交答辩书后，除非有必要作进一步调查，地方知识产权行政管理部门应当及时作出决定并送交双方当事人。

被投诉人或者被请求人逾期未提交答辩书的，不影响地方知识产权行政管理部门作出决定。

展会期间发生知识产权纠纷的，主办方或者主办方设立的投诉机构应当按照事先的约定，在当事人各方自愿的基础上进行调解。经调解达成一致的，有关各方应当执行；不能达成一致的，知识产权权利人或者利害关系人可以向知识产权行政管理部门投诉，也可以直接向人民法院起诉。

地方市场监督管理部门对下列情形中侵犯商标专用权的投诉或者处理请求不予受理：

(1)投诉人或者请求人已经向人民法院提起商标侵权诉讼的；

(2)商标权已经无效或者被撤销的。

国外商标权利人应通过中国的商标代理组织进行投诉，投诉时应当提交授权委托书的公证认证件，并注明是否给予受托人以鉴定商品及商标标识真伪的权利。

5. 展会结束后的跟进措施

展会的时间短暂一般只有几天，侵权案件一般不能在几天之内就全部解决完毕。而且侵权案件包括赔偿、对侵权产品的处理等并不能在展会期间得到的解决。那么展会完毕后还要继续进行维权，继续对侵权企业进行起诉要求赔偿。相对于我国的知识产权权利人，国外的公司更注重侵权跟踪和展会后采取相应的法律行为。展会结束后的跟进措施有以下几方面：

(1)继续跟进未完结的侵权案件；

(2)要求展会主办单位就展会侵权事实等情况出具证明材料，作为以后维权依据；

(3)就侵权事实向法院提起诉讼并要求赔偿；

(4)涉及申请“展会优先权”的，要求展会主办单位出具相关证明材料。

第3节 商标海关备案及海关查扣

1. 商标权海关保护概述

1.1 海关保护的商标权——注册商标专用权

商标权的海关保护,指海关依法禁止侵犯商标权的货物进出口的措施。这里的商标权应当是与进出口货物有关并受中华人民共和国法律、行政法规保护的注册商标专用权。此外,根据《奥林匹克标志保护条例》和《世界博览会标志保护条例》的规定,我国海关也应当对奥林匹克标志和世界博览会标志实施保护。

1.2 海关保护商标权的法律依据

《知识产权海关保护条例》(自2010年4月1日起施行);

《知识产权海关保护条例实施办法》(自2009年7月1日起施行);

《海关行政处罚实施条例》(自2004年11月1日起施行);

最高人民法院《关于海关行政处罚案件诉讼管辖问题的解释》(自2002年2月7日起施行)。

2. 商标权海关保护的两种模式

中国海关对知识产权的保护可以划分为"依申请保护"和"依职权保护"两种模式:

《知识产权海关保护条例》第12条(第518页)

2.1 依申请保护

依申请保护,是指商标权利人发现侵权嫌疑货物即将进出口时,向海关提出采取保护措施的申请,由海关对侵权嫌疑货物实施扣留的措施。由于海关对依申请扣留的侵权嫌疑货物不进行调查,商标权利人需要就有关侵权纠纷向人民法院起诉,所以依申请保护也被称作海关对知识产权的"被动保护"模式。

《知识产权海关保护条例》第16条(第519页)

2.2 依职权保护

依职权保护,是指海关在监管过程中发现进出口货物有侵犯在海关总署备案的知识产权的嫌疑时,主动中止货物的通关程序并通知有关商标权利人,并根据商标权利人的申请对侵权嫌疑货物实施扣留的措施。由于海关依职权扣留侵权嫌疑货物属于主动采取制止侵权货物进出口,而且海关还有权对货物的侵权状况进行调查和对有关当事人进行处罚,所以依职权保护也被称作海关对知识产权的"主动保护”模式。

商标权利人向海关申请采取依职权保护措施前,应当按照《知识产权海关保护条例》第 7 条的规定,将其知识产权及其他有关情况向海关总署进行备案。

受理知识产权备案申请的部门是:海关总署政策法规司知识产权保护处。

3.商标权海关备案及其作用

如上所述,商标权利人向海关申请采取依职权保护措施前,应当将其注册商标及其他有关情况向海关总署进行备案。商标权的海关备案主要是更为有效地打击进出口的假冒商品及企业,包括但不限于以下作用:

3.1　备案是海关依职权采取保护措施的前提

实践中,大多数进出口的商标侵权货物,都是海关基于备案商标信息在例行检查中主动查获。根据《知识产权海关保护条例》的规定,商标权利人若事先没有将其注册商标向海关总署备案,海关即便发现侵权货物即将进出境,也无法自己启动主动保护措施;既不能主动扣留侵权货物,也无权对其进行调查处理。

3.2　保证真品迅速通关

备案时,建议同时录入授权生产或进出口的厂商信息,以便海关核实快速放行。否则,可能面临被海关查扣而耽误正常真品的进出口。

3.3　备案有助于海关发现和鉴别侵权货物

海关能否发现侵权货物,主要依赖于海关对有关货物的查验和鉴别。商标权利人备案时,除必须提供商标注册证明材料外,还建议提供带有商标的真品图片、授权制造商信息及侵权嫌疑货物及厂商信息。这些信息,更有助于海关在日常货物监管过程中发现和鉴别侵权嫌疑货物,并主动予以扣留。此外,商标权利人可定期在侵权货物经常进出口的口岸海关对一线关员进行培训,提高其对假冒产品的识别能力。

3.4　备案比不备案缴纳担保金低

商标权利人的经济负担较轻。根据海关总署有关《知识产权海关保护条例》的实施办法规定,在海关依职权保护模式下,商标权利人向海关提供的担保规定:货物价值不足人民币 2 万元的,提供相当于货物价值的担保;货物价值为人民币 2 万元至 20 万元的,提供相当于货物价值 50% 的担保,但担保金额不得少于人民币 2 万元;货物价值超过人民币 20 万元的,提供人民币 10 万元的担保。最高不超过人民币 10 万元,同时还可以向海关总署申请总担保。如果商标权利人事先未进行知识产权备案,则不能享受上述待遇,必须提供与其要求扣留的货物等值的担保。

而注册商标事先未在海关备案而要求海关查扣某批货物的,申请人需提供相当于货物价值的担保。

可见,知识产权备案后提供担保的最高限额为10万元,而未备案的,则需提供的担保无此限制,现实中往往高达几十万元,甚至几百万元、上千万元。这都是企业很难承受的数额。

3.5 备案可威慑潜在的侵权货物进出口企业

商标海关备案后,海关可对进出口商标侵权货物予以没收,并给予进出口企业行政处罚。因此,如果这些进出口商标侵权货物的企业,如果知晓权利人已经进行了商标海关备案,则会考虑其中的法律风险,从而不敢肆无忌惮地进出口商标侵权货物。

4. 商标权海关备案

4.1 注册商标备案申请主体

注册商标权利人可以向海关申请知识产权备案。商标被许可人不能以自己的名义申请知识产权备案,但是可以接受商标注册权利人的委托,以其代理人的身份并以权利人的名义提出申请。非中国大陆的商标权利人必须委托境内的自然人、法人或者其他组织(如境外权利人在境内设立的办事机构)向海关总署申请办理。

4.2 注册为系统用户

商标权海关保护备案申请应通过海关总署"知识产权海关保护系统"提交(网址:www.haiguanbeian.com),该系统为于2014年3月1日正式启用(见图13)。

图13

备案申请人在提交备案申请前，首先要注册为系统用户，系统用户应当以商标权利人的名义进行注册，填写用户信息并提交海关总署审核，审核通过后获取用户授权。成功后系统会以电子邮件通知申请人。

4.3　录入并提交备案申请文件及信息

注册用户登录保护系统后，应按照相关提示在申请新备案窗口内填写申请备案的知识产权和其他相关信息，同时上传有关附件，附件大小不能超过系统限制，文件的格式为 PDF 格式，图片格式须为 JPG 或者 BMP，有关附件及图片应当清晰完整。有关备案申请信息填写完整后，点击提交即可以成功向海关总署递交申请（见图 14）。

4.3.1　提交的材料及信息

（1）权利人及商标信息填写

（2）上传证明文件

①身份证明文件。权利人身份证明、权利人身份证明（中文译本）、授权委托书、代理人身份证明文件。

②商标权证明文件：

a. 商标注册证或者商标注册证明；

b. 商标转让证明；

c. 商标变更证明；

d. 商标续展证明。

注意：a、b、c 项应当扫描成一个 PDF 文件，d 项单独扫描成一个 PDF 文件。

③商标标识图案（必须仅为商标 Logo，不能为整张商标证）。

海关备案采取“一项权利，一份申请”的原则。根据海关《关于〈中华人民共和国知识产权海关保护条例〉的实施办法》第 6 条的规定，商标权利人应当就其申请备案的每一件注册商标单独提交一份申请书。

4.3.2　可选择提交的文件及信息

（1）“重点监控商品”的录入

为帮助海关在进出口监管中更好地识别假冒侵权货物，2014 年新系统新增“重点监控商品”栏目，权利人可以将希望海关重点保护的商品信息图片添加到系统。

（2）“合法使用人信息”的录入

合法使用人，主要是指商标被许可使用人及其他经合法授权使用备案商标的主体。

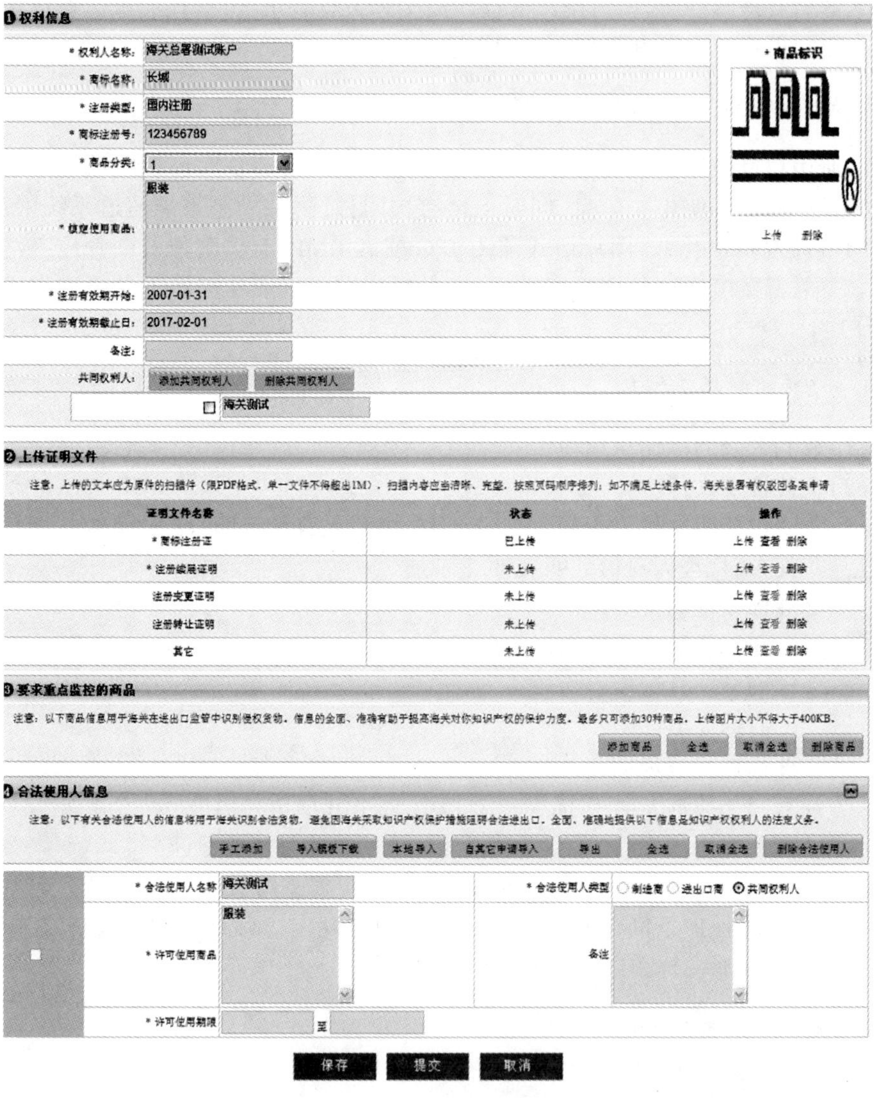

图14　商标权备案申请(国内注册)

4.4　获得审核结果

《知识产权海关保护条例》第8条（第518页）

申请人提交申请后，可随时登录系统查询，海关总署审核其申请的情况。海关总署将自收到申请人提交的电子申请之日起30个工作日内作出核准或者驳回申请的决定。海关总署核准或者驳回备案申请，将通过电子邮件通知申请人。

自2015年11月1日(含本日)起向海关总署申请知识产权保护备案的,海关总署暂停收取备案费。

4.5　备案有效期限

知识产权海关备案自海关总署核准备案之日起生效,有效期为10年。自备案生效之日起知识产权的有效期不足10年的,备案的有效期以知识产权的有效期为准。《知识产权海关保护条例》实施前(2004年3月1日起施行)经海关总署核准的备案或者核准续展的备案的有效期仍按原有效期计算。

就商标权而言,根据《商标法》第37条规定,注册商标的有效期为10年,自核准注册之日起计算。在商标权10年有效期满后,商标权人可以向国家知识产权局申请续展,国家知识产权局核准后商标权人继续享有商标专用权,商标权人可以无限次地申请续展,每次续展之后的商标权的保护期仍然为10年。

5. 备案续展

《知识产权海关保护条例实施办法》第8条第2款、第10条(第523页)

在知识产权海关保护备案有效期届满前6个月内,商标权利人可以通过"知识产权海关保护系统"向海关总署提交续展证明文件(商标注册续展证明)。海关总署应当自收到全部续展申请文件之日起10个工作日内作出是否准予续展的决定:

(1)海关总署准予续展备案的,将书面通知商标权利人;

(2)不予续展的,应当说明理由。

续展备案的有效期自上一届备案有效期届满次日起算,有效期为10年。知识产权的有效期自上一届备案有效期满次日起不足10年的,续展备案的有效期以知识产权的有效期为准。

注意事项:

(1)商标海关备案续展没有宽展期,这一点与商标权不同,考虑到国家知识产权局核准续展所需时间的不确定性,建议商标权人尽早对其商标注册进行续展。现行《商标法》第40条规定,商标注册人应当在期满前12个月内按照规定办理续展手续,即可以提前1年内申请商标续展。

(2)国际注册在商标到期后需由国际局通知中国国家知识产权局进行续展,实践中国际局通知被中国国家知识产权局核准并记录大约需要10个月或者更长时间,而国际注册的续展即便核准后也不下发证明,而需要权利人自行重新向中国国家知识产权局申请商标注册证明。因此,国际注册商标一旦备案,事实上不存在续展备案的可能性,即需要重新申请备案。

6. 备案权利人及代理人变更

若备案注册商标权利人名称发生变更,如"北京AA有限公司"经市场监督管理局核准变更为“北京AA股份有限公司”,可登录“知识产权海关保护备案申请系统”,点击权利人及代理人情况变更,选择变更权利人注册信息,在申请表单的“用户名称/姓名”处录入“北京AA股份有限公司”,并上传证明文件。证明文件的内容必须包括以下材料:

(1)公司名称变更官方登记机构出具的证明;

(2)新公司登记资料;

(3)已备案知识产权变更材料证明。

上述材料请制成同一个PDF文件。材料上传完毕后,点击提交即可成功提交,待海关总署审核通过后,有关信息将会变更成功。

《知识产权海关保护条例实施办法》第12条(第523页)

7. 备案注销

若因为商标权利人转让或者要求海关不再对其知识产权实施保护,权利人可以向海关总署申请注销,申请注销海关备案的,申请人应当登录“知识产权海关保护系统”申请注销,并上传注销申请书、填写注销原因。

知识产权在备案有效期届满前不再受法律、行政法规保护或者备案的知识产权发生转让的,原商标权利人应当自备案的知识产权不再受法律、行政法规保护或者转让生效之日起30个工作日内向海关总署提出注销知识产权海关保护备案的申请并随附有关文件。商标权利人在备案有效期内放弃备案的,可以向海关总署申请注销备案。

未依据《关于〈中华人民共和国知识产权海关保护条例〉的实施办法》第11条和第12条第1款规定向海关总署申请注销备案,给他人合法进出口造成严重影响的,海关总署可以主动或者根据有关利害关系人的申请注销有关知识产权的备案。

8. 商标备案后的海关依职权扣留

《知识产权海关保护条例实施办法》第21条(第525页)

8.1 海关发现涉嫌商标侵权货物扣留货物

海关对进出口货物实施监管,发现进出口货物涉及在海关总署备案的注册商标且进出口商或者制造商使用有关商标的情况未在海关总署备案的,可以要求收发货人在规定期限内申报货物的商标状况和提交相关证明文件。

收发货人未按照前款规定申报货物商标状况、提交相关证明文件或者海关有理由认为货物涉嫌侵犯在海关总署备案的注册商标的,海关应当中止放行货物。

8.2　海关通知备案商标权利人

海关中止放行货物时，应同时书面通知在海关总署备案商标的商标权利人。

8.3　权利人答复

《知识产权海关保护条例实施办法》第22条（第525页）

商标权利人在接到海关书面通知送达之日起3个工作日内，对海关通知的信息进行鉴定，并按照下列规定予以回复：

(1)认为有关货物侵犯其在海关总署备案的商标权并要求海关予以扣留的，向海关提出扣留侵权嫌疑货物的书面申请并按照规定提供担保；

(2)认为有关货物未侵犯其在海关总署备案的商标权或者不要求海关扣留侵权嫌疑货物的，向海关书面说明理由。

经海关同意，商标权利人可以查看有关货物。

8.4　缴纳担保金

《知识产权海关保护条例实施办法》第23条、第24条（第525页、第526页）

向海关提出扣留侵权嫌疑货物的书面申请的，应当同时（接到海关书面通知送达之日起3个工作日内）按照以下规定向海关缴纳担保金：

(1)货物价值不足人民币2万元的，提供相当于货物价值的担保；

(2)货物价值为人民币2万元至20万元的，提供相当于货物价值50%的担保，但担保金额不得少于人民币2万元；

(3)货物价值超过人民币20万元的，提供人民币10万元的担保。

为便利包括商标权人在内的商标权利人向海关申请采取知识产权保护措施，海关设立了知识产权海关保护的总担保制度。权利人应当提交书面的总担保申请书，并附相关文件，一般包括：

(1)已获准在中国大陆境内开展金融业务的银行或者非银行金融机构出具的表明承担连带责任的总担保保函；总担保保函的有效期应为担保人签发之日起至第二年6月30日。

(2)权利人上一年度向海关申请扣留侵权嫌疑货物的仓储处置费清单。如上一年度仓储处置费等费用不超过20万元的，总担保的担保金额为人民币20万元。如超过的，则按照实际的情况相应确定20万元以上的适当金额。

自海关总署核准总担保之日起至当年12月31日止，权利人请求海关扣留侵权嫌疑物品的，无须再向海关提供担保，但仍应支付相关的仓储处置费。

8.5　海关扣留或放行

《知识产权海关保护条例实施办法》第25条（第526页）

(1)扣留。商标权利人认为有关货物侵犯其在海关总署备案的商标权并要求海关予以扣留的，向海关提出扣留侵权嫌疑货物的书面申请并按照规定提供担保,海关应当扣留侵权嫌疑货物并书面通知商标权利人。

(2)放行。商标权利人未提出申请或者未提供担保的,海关应当放行货物。

8.6 海关扣留后的处理决定

海关扣留嫌疑货物的,应当自扣留之日起30个工作日内,对被扣留的侵权嫌疑货物是否侵犯知识产权进行调查、认定:

《知识产权海关保护条例实施办法》第28条、第29条(第526页、第527页)

(1)不能认定侵权。不能认定侵权的,应当立即书面通知商标权利人和收发货人,商标权利人可以根据《知识产权海关保护条例》第23条的规定向人民法院申请采取责令停止侵权行为或者财产保全的措施。海关自扣留侵权嫌疑货物之日起50个工作日内收到人民法院协助扣押有关货物书面通知的,应当予以协助;未收到人民法院协助扣押通知或者商标权利人要求海关放行有关货物的,海关应当放行货物。

《知识产权海关保护条例实施办法》第30条(第527页)

(2)认定侵权。海关作出侵权认定及没收侵权货物决定的,应当将下列已知的情况书面通知商标权利人:

①侵权货物的名称和数量;

②收发货人名称;

③侵权货物申报进出口日期、海关扣留日期和处罚决定生效日期;

④侵权货物的启运地和指运地;

⑤海关可以提供的其他与侵权货物有关的情况。

《知识产权海关保护条例实施办法》第33条(第527页)

8.7 海关处置侵权货物

海关没收的侵权货物,海关会依照下列规定处置:

(1)有关货物可以直接用于社会公益事业或者商标权利人有收购意愿的,将货物转交给有关公益机构用于社会公益事业或者有偿转让给商标权利人。

(2)有关货物不能按照上述第(1)项的规定处置且侵权特征能够消除的,在消除侵权特征后依法拍卖。拍卖货物所得款项上交国库;海关拍卖侵权货物,应当事先征求有关商标权利人的意见。

(3)有关货物不能按照第(1)项、第(2)项规定处置的,应当予以销毁。海关销毁侵权货物,商标权利人应当提供必要的协助。有关公益机构将海关没收的侵权货物用于社会公益事业以及商标权利人接受海关委托销毁侵权货物的,海关应当进行必要的监督。

对于侵犯商标权的侵权货物,同样适用上述规定。

8.8 费用退回

《知识产权海关保护条例实施办法》第 34 条（第 528 页）

海关协助人民法院扣押侵权嫌疑货物或者放行被扣留货物的,商标权利人应当支付货物在海关扣留期间的仓储、保管和处置等费用。

商标权利人在寻求海关保护之前,必须对采取该措施可能会产生的花费做好预算。实践中,可能产生的花费主要包括:

(1)海关销毁侵权货物所需要的必要费用。

(2)海关协助执行人民法院扣押侵权嫌疑货物或者放行被扣留货物所需要的有关费用。例如,商标权利人应当支付货物在海关扣留期间的仓储、保管和处置等费用。

(3)海关没收侵权货物情况下的有关费用等。例如,商标权利人应当按照货物在海关扣留后的实际存储时间支付仓储、保管和处置等费用。但海关自没收侵权货物的决定送达收发货人之日起 3 个月内不能完成货物处置,且非因收发货人申请行政复议、提起行政诉讼或者货物处置方面的其他特殊原因导致的,商标权利人不需支付 3 个月后的有关费用。

海关按照《知识产权海关保护条例实施办法》第 33 条第 1 款第 2 项的规定拍卖侵权货物的,拍卖费用的支出按照有关规定办理。

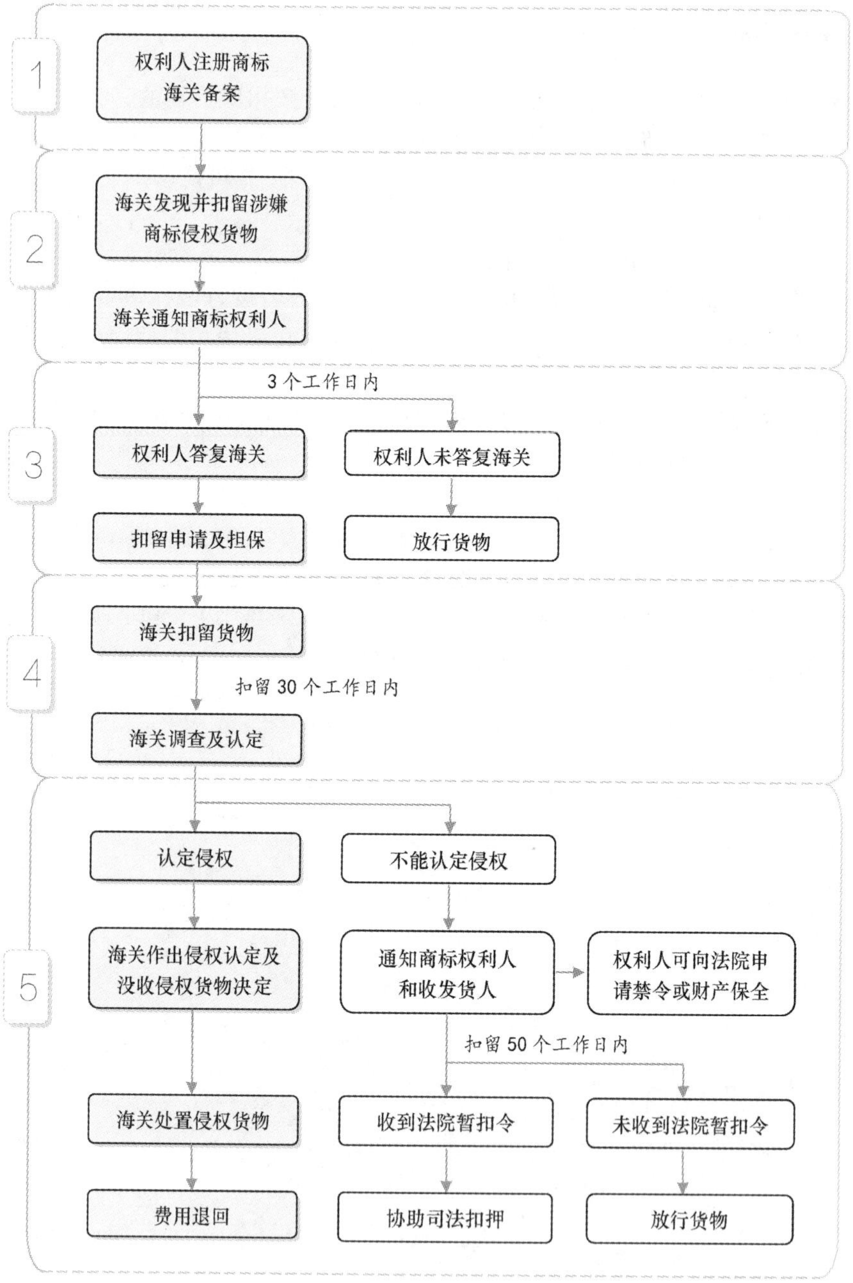
1
权利人注册商标
海关备案
2
海关发现并扣留涉嫌
商标侵权货物
海关通知商标权利人
3个工作日内
3
权利人答复海关
权利人未答复海关
扣留申请及担保
放行货物
4
海关扣留货物
扣留30个工作日内
海关调查及认定
5
认定侵权
不能认定侵权
海关作出侵权认定及
没收侵权货物决定
通知商标权利人
和收发货人
权利人可向法院申
请禁令或财产保全
扣留50个工作日内
海关处置侵权货物
收到法院暂扣令
未收到法院暂扣令
费用退回
协助司法扣押
放行货物

图15

9. 商标未备案的海关依申请扣留

商标未在海关总署备案的，若发现侵权嫌疑货物即将进出口的，商标权利人可以主动提交申请要求海关予以扣留。

9.1 发现侵权嫌疑货物

如果商标权利人发现侵权嫌疑货物即将进出口，可以通过初步调查，获取尽量详细的侵权嫌疑货物的相关信息，以备之后向海关递交准确的扣留申请书，包括但不限于如下：

(1)侵权货物的名称和数量；

(2)收发货人名称；

(3)侵权货物申报进出口日期、申报单号；

(4)侵权货物的启运地和指运地。

9.2 提交扣留申请书

《知识产权海关保护条例》第13条（第518页）

《知识产权海关保护条例实施办法》第14条第1款（第524页）

商标权利人请求海关扣留侵权嫌疑货物的，应当提交申请书及相关证明文件，并提供足以证明侵权事实明显存在的证据。申请书应当包括下列主要内容：

(1)商标权利人的名称或者姓名、注册地或者国籍等。

(2)商标权利人身份证明。个人的需要提交身份证件的复印件；公司实体则提交工商营业执照的复印件或者其他注册登记文件的复印件。

(3)商标的名称、内容及其相关信息。

(4)商标注册证的复印件。申请人经核准变更商标注册事项、续展商标注册、转让注册商标或者申请国际注册商标备案的，还应当提交国务院市场监督管理部门商标局出具的有关商标注册的证明。

(5)侵权嫌疑货物收货人和发货人的名称。

(6)侵权嫌疑货物名称、规格等。

(7)侵权嫌疑货物可能进出境的口岸、时间、运输工具等。

9.3 提交侵权证据

《知识产权海关保护条例实施办法》第14条（第524页）

商标权利人请求海关扣留侵权嫌疑货物，还应当向海关提交足以证明侵权事实明显存在的证据。商标权利人提交的证据，应当能够证明以下事实：

(1)请求海关扣留的货物即将进出口；

(2)在货物上未经许可使用了侵犯其商标专用权的商标标识。

9.4 提供担保

《知识产权海关保护条例实施办法》第15条（第524页）

商标权利人请求海关扣留侵权嫌疑货物，应当在海关规定的期限内向海关提供相当于货物价值的担保。此担保用于赔偿可能因申请不当给收货人、发货人造成的损失,以及支付货物由海关扣留后的仓储、保管和处置等费用;知识产权权利人直接向仓储商支付仓储、保管费用的,从担保中扣除。

《知识产权海关保护条例实施办法》第17条(第524页)

9.5 海关扣留

海关扣留侵权嫌疑货物的,应当将货物的名称、数量、价值、收发货人名称、申报进出口日期、海关扣留日期等情况书面通知商标权利人。

经海关同意,商标权利人可以查看海关扣留的货物。

《知识产权海关保护条例实施办法》第18条(第524页)

9.6 商标权利人提起诉讼

海关根据申请人扣留侵权嫌疑货物,仅为暂时扣留,之后并无侵权认定和没收的程序。根据规定,海关自扣留侵权嫌疑货物之日起20个工作日内,收到人民法院协助扣押有关货物书面通知的,应当予以协助;未收到人民法院协助扣押通知或者商标权利人要求海关放行有关货物的,海关应当放行货物。

即商标权利人若收集到确凿证据,决定申请海关扣留侵权嫌疑货物,应尽早向法院提起诉讼,请求法院在上述期限内向海关发出协助扣押有关货物的书面通知。

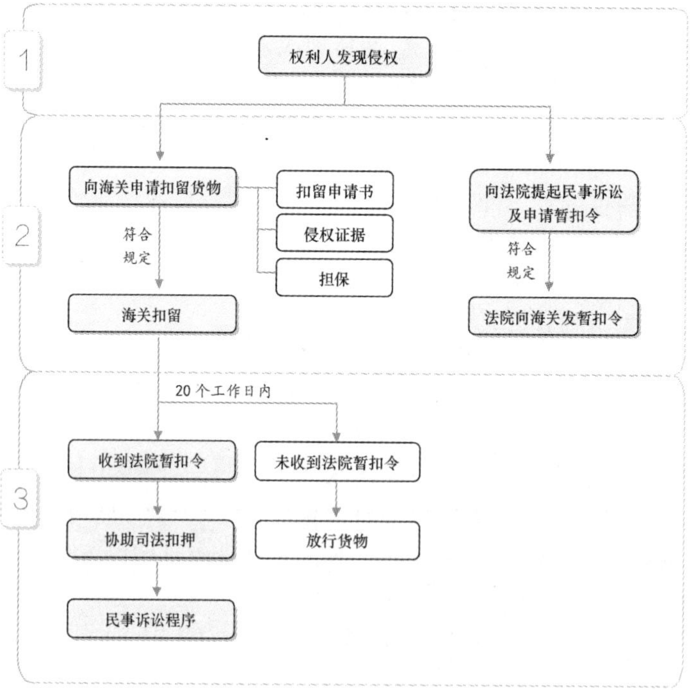

图16

第4节　商标域名注册及争议解决

1. 商标域名保护的法律解决途径

商标权利人认为域名侵犯了自身商标权益,可选择两种途径:一是通过域名争议解决机制进行域名投诉;二是向法院提起域名侵权诉讼。

2. 域名争议解决机制的法律依据

2.1　通过域名争议解决机制处理".com"等通用顶级域名争议的相关规定

(1)《统一域名争议解决政策》(Uniform Domain Name Dispute Resolution Policy,UDRP),1999年10月24日由Internet Corporation for Assigned Names and Numbers(ICANN)批准实施;

(2)《统一域名争议解决政策之规则》(Archived Rules for Uniform Domain Name Dispute Resolution Policy),1999年10月24日由Internet Corporation for Assigned Names and Numbers(ICANN)批准实施;

(3)《亚洲域名争议解决中心补充规则》,亚洲域名争议解决中心制定,2002年2月28日生效。

2.2　通过域名争议解决机制处理".CN"及中文域名争议的相关规定

(1)《中国互联网络域名管理办法(2004)》(自2004年12月20日起施行);

(2)《中国互联网络信息中心域名注册实施细则》(自2012年5月29日起施行);

(3)中国互联网络信息中心(CNNIC)制定的《中国互联网络信息中心国家顶级域名争议解决办法》和《中国互联网络信息中心国家顶级域名争议解决办法程序规则》(自2014年11月21日起施行);

(4)《中国国际经济贸易仲裁委员会关于〈中国互联网络信息中心国家顶级域名争议解决办法〉补充规则》(以下简称《补充规则》)(自2014年11月21日起施行)。

2.3　域名争议诉讼的法律依据

通过诉讼程序解决域名争议的相关规定包括:

(1)《商标法》(自2019年11月1日起施行);

(2)《反不正当竞争法》(自2019年4月23日起施行);

(3)最高人民法院《关于审理涉及计算机网络域名民事纠纷案件适用法律若干问题的解释》(自2001年7月24日起施行);

(4)最高人民法院《关于审理商标民事纠纷案件适用法律若干问题的解释》(自2002年10月16日起施行)。

3. 域名定义及基本分类

3.1 域名定义

域名,对于企业而言,是其在互联网上展现自身品牌形象及商品或服务的一个网络地址。换句话说,域名已经成为企业通过网络进行品牌展示、营销、宣传的平台。在互联网及电子商务时代,企业一般都会将自己的商号或商标注册为域名,例如,苹果公司的官方网址是 www. apple. com,其对应域名就是 apple. com。甚至,有的企业采用较为简短和识别性高的字母域名,如亚马逊的 z. cn,京东的 jd. com,小米的 mi. com,其目的都是更为直观地向消费者宣传自身品牌,方便消费者识别、记忆和登录。

目前,并未存在同商标权和著作权等同的独立的"域名权",对于域名的知识产权保护主要体现为对商号或商标等商业标识在互联网上的延伸保护。但是,域名具有民事利益属性,可以被视为一种为民法和不正当竞争法所保护的法律利益。

域名,具有唯一性的特点,这一点与商标不同,例如,同一个商标标识"AAA",可以被不同申请人注册于不同类别,但是,域名 www. AAA. com 只有一个。因此,在互联网时代,域名的意义某种程度上比商标更为重要。因此,企业应及时或提前注册与自己标识或商标对应的域名,以更好地保护和宣传自身品牌。

3.2 域名基本分类

域名分为国际通用顶级域名(如. com,. net 等)和国家和地区顶级域名(如. cn,. us)。国际通用顶级域名的管理机构为互联网络名称及数码分配公司(Internet Corporation for Assigned Names and Numbers, ICANN),其网站为 www. icann. org。国家和地区顶级域名由本国相关机构负责管理,. cn 域名由中国互联网络信息中心(China Internet Network Information Center, CNNIC)是". CN"和中文域名的注册管理机构。

3.2.1 国际通用顶级域名(generic top – level domains, gTLDs)

如互联网用户熟悉的". com"". org"". net"之类的互联网域名后缀。截至2011年6月,全球通用顶级域名只有22个,它们是互联网域名系统结构的组成部分。

通用(generic)

(1).com　供商业机构使用,但无限制
(2).info　供资讯性网站使用,但无限制
(3).net　原供网络服务供应商使用,现无限制
(4).org　原供不属于其他通用顶级域类别的组织使用,现无限制
通用限制(generic - restricted)
(5).biz　供商业使用
(6).name　供家庭及个人使用
(7).pro　供部分专业使用
赞助(sponsored)
(8).aero　供航空运输业使用
(9).cat　供加泰罗尼亚语/文化使用
(10).coop　供联合会(cooperatives)使用
(11).edu　供教育机构使用
(12).gov　供美国政府及其属下机构使用
(13).int　供由条约而成立的国际性机构使用
(14).jobs　供求职相关网站使用
(15).club　供行业、公司、团体组织、品牌客户会员忠诚计划俱乐部使用
(16).mil　供美国军事机构使用
(17).mobi　供手提电话等装置网站使用
(18).museum　供博物馆使用
(19).travel　供旅行社、航空公司、酒店及旅游协会等机构使用
(20).asia　供亚洲社群使用
(21).tel　供连接电话网络与互联网的服务使用
(22).catholic　供天主教机构如教区、教会经营的学校机关或医疗机关使用,由罗马教廷组织罗马教义社会交流委员会管理和决定注册资格。

2011年6月20日,ICANN于第41次新加坡会议上正式通过新顶级域名(New gTLD)批案,新通用顶级域名(New gTLD)《申请人指导手册》最终版在会上正式获得批准通过。即在上述22个的gTLD以外增加新的通用顶级域名申请,人们所熟悉的品牌名称、行业和各领域标识性词汇(包括英文和中文)都将有可能成为新的域名后缀。如.bmw,.pizza,.email等。

ICANN修改互联网通用顶级域名的申请规则,将之前严格限制的新通用顶级域名的规则改为凡符合新申请条件的公司、注册机构、组织都可以提交申请,并成为该新通用顶级域名注册局。对企业来说,新通用顶级域名的开放,意味着品牌企业的角色将从被动地注册与保护域名(消费者),跨越至主动地在互联网上建立自己的顶级域名(营运者)。特别是对于一家跨区域经营、拥有丰富产品线、多品牌运

作的品牌企业而言,把品牌注册成为通用顶级域名,对于企业的网络营销布局、企业品牌保护、开辟新的产品推广模式都有着极其重要的战略意义。

自2012年1月首轮新通用顶级域名申请项目启动至2012年5月申请窗口关闭,共有来自全球58个国家、1154个机构的1930个新通用顶级域名申请。其中共有58家中国企业和机构申请了94个,来自中国大陆的申请有41个,中国香港特别行政区的申请有41个,中国台湾地区的申请有4个,在开曼群岛注册但运营实体在中国的机构的申请数量为8个。

截至2017年2月15日,ICANN已审批通过1216个新的通用顶级域名。其中包括“. dub,. xyz,. lawyer 等”。

中国大陆机构申请的新通用顶级域名后缀字符串如表9所示:

表9

字符串	申请机构名称
AIGO	爱国者数码科技有限公司
ANQUAN	奇虎360
BAIDU	百度
CITIC	中国中信集团有限公司
CYOU	北京畅游天下网络技术有限公司
GAME	北京畅游天下网络技术有限公司
ICBC	中国工商银行股份有限公司
LIFE	厦门三五互联科技股份有限公司
REDSTONE	红珏高级时装有限公司
REN	北京千橡网景科技发展有限公司
SHOP	北京京东叁佰陆拾度电子商务有限公司
SHOUJI	奇虎360
SINA	新浪
SOHU	搜狐
TOP	江苏邦宁科技有限公司
UNICOM	中国联通
WEIBO	腾讯
WEIBO	新浪

续表

字符串	申请机构名称
XIHUAN	奇虎 360
XIN	Elegant Leader Limited
YUN	奇虎 360
大众汽车	大众汽车(中国)投资有限公司
佛山	广州誉威信息科技有限公司
工行	中国工商银行股份有限公司
公司	中国互联网络信息中心
公益	政务和公益机构域名注册管理中心
广东	新华通讯社广东分社
广东	广州誉威信息科技有限公司
广州	广州誉威信息科技有限公司
联通	中国联通
深圳	广州誉威信息科技有限公司
时尚	RISE VICTORY LIMITED
手机	华瑞网研
网络	中国互联网络信息中心
网站	RISE VICTORY LIMITED
微博	新浪
微博	腾讯
新闻	新华通讯社广东分社
信息	北京泰尔英福网络科技有限责任公司
政务	政务和公益机构域名注册管理中心
中信	中国中信集团有限公司

3.2.2　国家和地区顶级域名(country code top – level domains,nTLDs)

目前 200 多个国家都按照 ISO3166 国家代码分配了顶级域名,例如,中国是.cn,美国是.us 等。

在中国国家顶级域名“. CN”之下,还设有“类别域名”和“行政区域名”两类英文二级域名。“类别域名”7个,分别为:

(1)COM. cn　适用于工、商、金融等企业;

(2)NET. cn　适用于提供互联网络服务的机构;

(3)ORG. cn　适用于非营利性的组织,如abc. org. cn;

(4)AC. cn　适用于科研机构;

(5)EDU. cn　适用于中国的教育机构;

(6)GOV. cn　适用于中国的政府机构;

(7)MIL. cn　适用于中国的国防机构。

“行政区域名”有34个,适用于我国的各省、自治区、直辖市、特别行政区的组织。如aaa. bj. cn。

目前比较常用的cn域名为. cn和 . com. cn。

4. 域名注册服务机构

4.1　国际通用顶级域名的中国注册服务机构

国内申请人可以选择ICANN授权的任何一家国际通用顶级域名注册商提交申请(截至2014年,全球共1150家)。目前,ICANN授权的国际通用顶级域名的中国注册商共63家。

4.2　CN顶级域名的中国注册服务机构

截至2014年12月31日,中国内地经批准从事CN域名注册服务的机构有58家。另外,除直接面向用户提供域名注册服务外,部分域名注册服务机构也通过发展下游代理商开展业务。

5. 域名注册

5.1　域名选择与注册时机

对于中国企业而言,其注册什么样的域名,应和其品牌策略及商标申请策略直接对应。因此,要注意如下事项:

(1)将企业自身核心品牌及子品牌或产品品牌作为注册域名的主体。

(2)首先考虑选择通用顶级域名后缀,如“. com”。

(3)同时考虑选择中国国家顶级域名后缀,如“. cn”和“. com. cn”域名。

(4)若企业商品或服务延伸到海外市场,要考虑注册当地国家的域名后缀。

(5)鉴于域名的唯一性特征,建议域名查询和注册应与商标查询和申请同步进行，以提前保护商标对应的域名，防止他人恶意抢注和使用，避免域名争议纠纷。

(6)在未申请商标的情况下，注册并使用独创域名，可能面临被抢注商标的风险。建议申请域名时，同时注册对应商标。

5.2　国际通用顶级域名注册程序

5.2.1　域名查询

如商标申请流程类似，域名注册前要查询其是否可以注册。ICANN 官方的通用顶级域名查询网址：http://whois. icann. org/(内有中文版页面)。也可通过授权的注册机构进行查询是否可以注册。

5.2.2　域名注册

若查询到域名可以注册，则可通过授权注册商网站注册账户后，注册域名。

5.3　中国 CN 域名注册程序

5.3.1　域名查询

CNNIC 官方的中国 CN 顶级域名查询网址：www. cnnic. cn。国内较大的域名注册商万网查询网址：www. net. cn。

5.3.2　域名注册

提供域名注册基本信息：

(1)申请主体

根据 CNNIC 于 2012 年 5 月 29 日起施行的《中国互联网络信息中心域名注册实施细则》第 14 条的规定，除本细则另有规定外，任何自然人或者能独立承担民事责任的组织均可在本细则规定的顶级域名下申请注册域名。即一般情况下，CN 域名申请主体分为两类：自然人；能独立承担民事责任的组织。

(2)申请流程

①选定注册服务商并注册账号；

②选定域名及注册年限；

③提交申请并上传身份证明材料。

5.4　域名注册证书

域名注册证可以在注册商网站查询。实践中，有些域名注册服务机构不发放域名注册证书,而仅以电子邮件形式进行通知。实际上,注册人只需要再进行WHOIS查询,就能确认注册是否成功。

6. 域名续展及赎回期

注册人需要每年向注册服务机构交纳域名运行管理费用。根据《中国互联网络信息中心域名注册实施细则》的规定,每年域名续费截止日同申请日。根据CNNIC有关规定,对于续费截止日未完成续费的域名,将暂停服务。域名到期后将自动续费1年,费用从注册服务机构预付款账户中扣除。在自动续费后的45日内为自动续费确认期,若注册服务机构删除该域名,CNNIC将已扣除的续费费用返还到注册服务机构的预付款账户中;若在此期间未删除该域名,等效于注册商已经确认自动续费。

自动续费确认期内,WHOIS系统查看到的域名信息,与域名正常续费1年相同。显示的过期时间为续费1年后的日期。如在自动续费确认期内发生续费、转移操作,则域名将脱离自动续费确认期,等效于注册商已经确认自动续费;若注册服务机构删除该域名,自该域名被删除之日起,进入高价赎回期。

域名到期后若注册服务机构预付款的账户余额不足,域名到期后将不自动续费,直接进入高价赎回期。高价赎回期为15日,高价赎回期内,原域名持有者可通过注册服务机构赎回该域名。完成赎回操作,CNNIC将从注册服务机构预付款账户中扣除赎回款。该域名被高价赎回后,有效期将在原域名到期日的基础上增加1年。若高价赎回期内该域名没有被赎回,高价赎回期结束后系统将删除该域名。

7. 域名转让

申请转让域名的,应当向域名注册服务机构提交合法有效的域名转让申请表、转让双方的身份证明材料。

域名注册服务机构收到前款资料后3个工作日内进行审核,审核合格后应予以变更持有者。

8. 域名注销

申请注销域名的,申请者应当向域名注册服务机构提交合法有效的域名注销申请表和身份证明材料。

域名注册服务机构收到前款资料后3个工作日内进行审核,审核合格后应予以注销。

9. 变更域名注册商

域名持有者在下列情况下不得申请变更域名注册服务机构:

(1)该域名注册后不满60日;

(2)距该域名到期日不满15日;

(3)该域名处于拖欠注册费用状态中;

(4)该域名持有者的主体身份不清楚或者存在争议;

(5)该域名处于在司法机构、仲裁机构或域名争议解决机构处理期间。

变更前的域名注册服务机构(以下简称转出方)在收到域名持有者提交的有效变更申请材料后,应当在3个工作日内向域名注册信息中的域名注册者联系人电子邮箱发送正确的转移密码,且不得对转移申请向域名持有者收取费用。

如果转出方在收到域名持有者提交的有效变更申请材料后,超过3个工作日未能提供转移密码或提供不正确的转移密码的,中国互联网络信息中心可以直接变更注册服务机构。

10. 域名备案登记

备案机构:工业和信息化部域名备案系统网站:www. miibeian. gov. cn。

备案流程:由接入商负责域名备案。

11. 域名争议解决机制

对于他人抢注的商标对应域名,权利人在警告或协商不能解决纠纷的情况下,可以选择采用快速的域名争议解决机制。域名争议解决机制广泛被采纳,已经成为世界上解决域名纠纷的通用规则。域名争议解决机制是适用于互联网域名争议纠纷的一种新的替代性争议解决方式。

争议解决机制的效力来源于域名注册人与域名注册服务机构签订的域名注册协议,以及域名注册服务机构与域名注册管理机构签订的认证协议。按照域名注册协议的规定,域名申请人应该遵守域名注册管理机构制定的域名争议解决规则;按照认证协议的规定,域名注册服务机构应当执行域名争议解决机构生效的裁决。作为一种强制的合同义务,在域名争议解决机构的裁决生效后,裁决便会得到及时的执行。

对于中国实体或个人而言,域名争议可分为三类:

(1)国际通用顶级域名争议。如“. com”“. net”“. org”等域名争议。

(2)中国CN及中文顶级域名争议。如“. cn”“. com. cn”“. 中国”中文域名等争议。

(3)其他国别顶级域名争议。如“. so”“. co”等域名争议。

11.1 国际通用顶级域名争议解决机制

11.1.1 国际通用顶级域名争议解决的法律依据

(1)《统一域名争议解决政策》(Uniform Domain Name Dispute Resolution Policy,UDRP),1999年10月24日由Internet Corporation for Assigned Names and Numbers(ICANN)批准实施;

(2)《统一域名争议解决政策之规则》(Archived Rules for Uniform Domain Name Dispute Resolution Policy),1999年10月24日由Internet Corporation for Assigned Names and Numbers(ICANN)批准实施。

11.1.2 国际通用顶级域名争议解决机构

国际通用顶级域名,可以根据《统一域名争议解决政策》,选择向ICANN认证的域名争议解决机构提起投诉。目前,得到ICANN认证的域名争议解决机构如下:

(1)世界知识产权组织(World Intellectual Property Organization,WIPO),授权于1999年12月1日;

(2)亚洲域名争议解决中心(Asian Domain Name Dispute Resolution Centre,ADNDRC),授权于2002年2月28日;

(3)国家仲裁论坛(National Arbitration Forum,NAF),授权于1999年12月23日;

(4)捷克仲裁法院(Czech Arbitration Court,CAC),授权于2008年1月23日。

其中,亚洲域名争议解决中心为亚洲第一家国际通用顶级域名争议解决服务提供者。该中心提供争议解决服务的国际通用顶级域名,包括原有的3个顶级域名即“.com”“.net”“.org”,以及随后经ICANN批准的顶级域名即“.biz”“.name”“.info”“.pro”“.coop”“.aero”“.museum”“.job”“.travel”。亚洲域名争议解决中心包括中国北京、中国香港、首尔和吉隆坡四个办公室,其中北京办公室由中国国际经济贸易仲裁委员会进行运作和管理。

对于中国实体或个人而言,一般可选择向WIPO或ADNDRC提起投诉。

11.1.3 投诉主张及证明事项

《统一域名争议解决政策》第4a条(第689页)

在国际通用顶级域名争议行政程序中,投诉人应当证明下列全部事项,才能赢得域名争议:

(1)所涉通用顶级域名与投诉人享有权利的商品商标或服务商标相同或者混淆性相似;

(2)所涉通用顶级域名的注册人(个人或企业)对争议域名并不享有任何权利或合法利益;

(3)所涉通用顶级域名的注册和使用具有恶意。

上述第(3)个条件,“注册和使用具有恶意”尤为关键,构成恶意的标准包括但不限于如下情形:

《统一域名争议解决政策》第4b条（第689页）

(1)所涉通用顶级域名的注册人(个人或企业)注册或获得该域名的主要目的是向拥有相关商品商标或服务商标的投诉人或其竞争对手出售、出租或转让该域名,以获取直接与该域名注册相关费用以外的额外收益;

(2)所涉通用顶级域名注册人的注册行为本身即表明,其注册该域名的目的是阻止商品商标和服务商标的所有人以相应的域名反映其商标;

(3)所涉通用顶级域名注册人注册域名的主要目的是破坏竞争对手的正常业务;

(4)以使用所涉通用顶级域名的手段,为了商业利益,域名注册人通过制造其网站/网址或者网站/网址上所出售的商品或提供的服务与投诉人商标之间在来源上、赞助上以及附属者或保证者等方面的混淆,故意引诱网络用户访问注册人的网站或其他连机地址。

11.1.4　投诉及审理程序

国际通用顶级域名争议的提起及审理程序具体步骤如下[以向WIPO投诉为例(见图17)]:

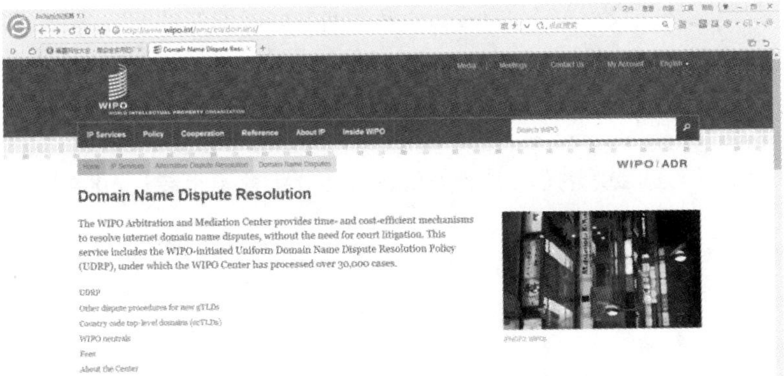

http://www.wipo.int/amc/en/domains/

图17

(1)确定投诉申请人。

一般情况下,投诉申请人是商标权利人,若争议商标涉及两个主体的商标,则两商标权利人可以作为共同投诉人,提起共同投诉。

《统一域名争议解决政策之规则》第11条(第704页)

(2)确定投诉语言。

除非当事人另有约定,或注册协议另有规定,或案件专家组根据行政程序的具体情况另有决定,行政程序使用的语言应是注册协议使用的语言。另外,案件专家组可以要求,对所递交的任何以非争议解决程序语言写成的文件,附带全文或部分章节的非争议解决程序语言翻译文本。

如果投诉人以非注册协议语言进行投诉,投诉人必须至少提供以下所需材料中的一份:

①投诉人和被投诉人之间已就行政程序应使用投诉语言所达成协议的充分证据。

②翻译成英文的投诉书。

③提交要求以投诉语言作为行政程序语言的请求。该请求应该包括新的理由和证据(未能在投诉书中提供的),以证明行政程序应该以投诉语言进行。

该请求可基于当事双方之间在提起投诉前进行联系时所用的语言、当事双方的身份、当事双方的国籍和住所和其他任何证据可证明被投诉人熟悉投诉人所要求的语言等因素提出。如果投诉人已在投诉书中写明该请求,投诉人须确认其无任何新的材料提交。

但请注意,如果投诉人决定选择第3种办法,不排除WIPO仲裁与调解中心或行政专家组自行或根据被投诉人可能作出的回应,要求以注册协议的语言进行行政程序,并要求将程序中凡未使用该语言的文件均译成英文的可能性。

(3)投诉人向WIPO提交投诉。

投诉均采用电子提交,提交方式可以分为如下两种:

①下载填写格式投诉书文本(word)及附件,发电子邮件至domain. disputes@wipo. int。

②通过WIPO在线投诉系统eUDRP在线完成投诉书,在线提交。

投诉链接:http://www. wipo. int/amc/en/domains/complainant/。

注意投诉的形式要求:投诉书事实和理由部分字数不得超过5000字;附件大小不得超过50M。

(4)缴纳费用(见表10)。

表10

争议域名数量/个	专家费用/元		中心管理费/元	全部费用/元	
	一人专家	三人专家		一人专家	三人专家
1~2	500	首席专家:1000 合作专家:500/人	500	1000	2500
3~5	600	首席专家:1200 合作专家:600/人	600	1200	3000

续表

争议域名数量/个	专家费用/元		中心管理费/元	全部费用/元	
	一人专家	三人专家		一人专家	三人专家
6～9	800	首席专家:1400 合作专家:700/人	800	1600	3600
10 以上	1500	首席专家:2500 合作专家:1500/人	1500	3000	7000

(5)WIPO 向投诉人发送受理通知及案号。

(6)WIPO 向所涉通用顶级域名注册/持有人发出投诉通知,并转去投诉书副本。

(7)域名注册人提交答辩书。

(8)确定行政专家组。

(9)专家组裁决。如无特殊情形,专家组应于指定专家组之日起 14 个日历日内就所涉通用顶级域名争议作出裁决,并将裁决书提交 WIPO。

《统一域名争议解决政策之规则》第 15b 条（第 704 页）

(10)裁决的公布。

在收到专家组作出的裁决书后,域名争议解决中心相关秘书处应于 3 个日历日内,将裁决书发送所涉通用顶级域名争议的各方当事人和该通用顶级域名的注册商。

(11)裁决的抗辩与执行。

《统一域名争议解决政策》第 4k 条（第 691 页）

根据《统一域名争议解决政策》启动的行政程序并不排除投诉人或域名持有人在行政程序开始前或结束后向有管辖权的法院起诉的权利。

另外,如果专家组裁定将某一域名注销或转移,该域名的注册商在得到裁决通知后,应等待 10 个工作日。如果该域名注册商在 10 个工作日内,没有收到域名持有人(被投诉人)提交的证明其已经在相应司法管辖区内针对投诉人提起司法诉讼的正式文件(如起诉状副本),则域名注册机构将执行裁决。

如果该域名注册商在上述 10 个工作日内收到了上述正式文件,域名注册商将不执行专家组取消或转移域名的裁决,在收到下述文件之一前,也不采取任何进一步的行动:

①证明双方已达成和解的充分证据;

②被投诉人(域名持有人)的诉讼已被驳回或撤销的充分证据;

③法院驳回域名持有人(被投诉人)的诉讼请求或法院判决域名持有人(被投诉人)没有权利继续使用域名的裁定书的副本。

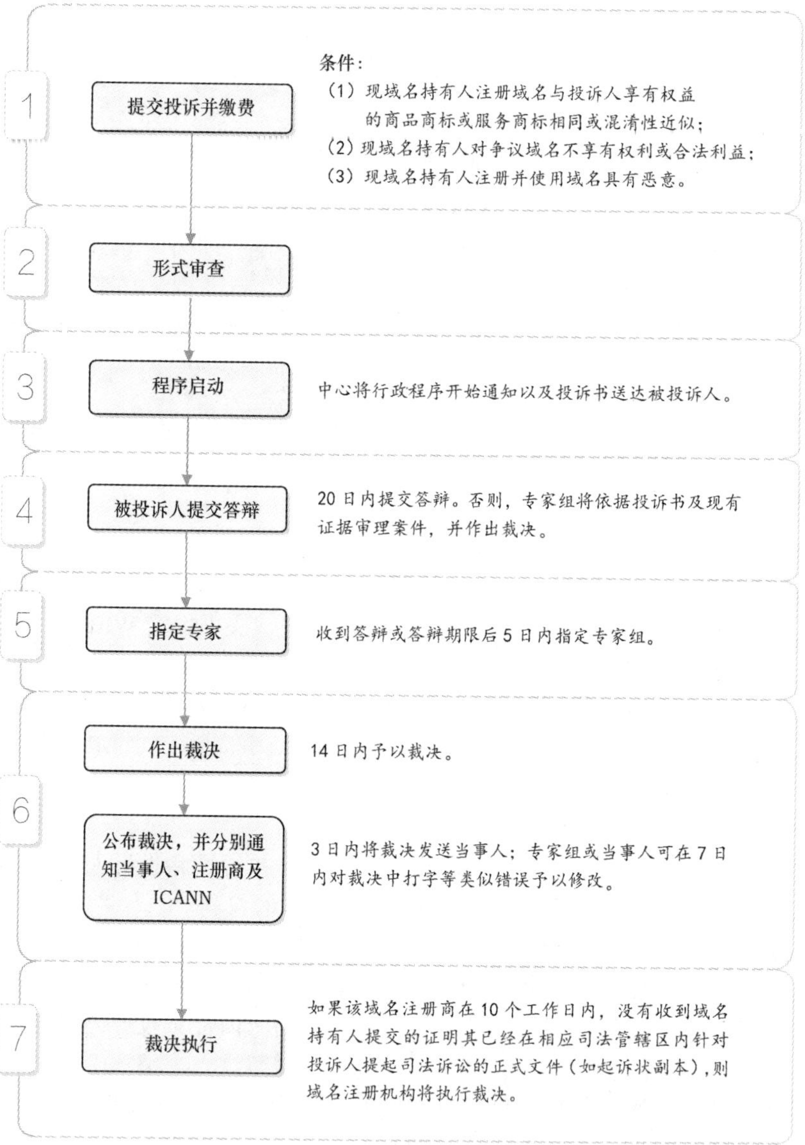

图 18

从投诉书提交给域名争议解决中心之日起,至当事人各方及相关注册机构收到专家组作出的裁决之日止,行政程序所需时间一般为60日左右。

11.2　中国 CN 及中文域名争议解决机制

11.2.1　中国 CN 及中文域名争议解决的法律依据

中国的“. CN”域名和中文域名争议解决机制与国际通用顶级域名争议解决机制相似，适用的规则有：

(1) 中国互联网络信息中心(CNNIC)制定的《中国互联网络信息中心国家顶级域名争议解决办法》和《中国互联网络信息中心国家顶级域名争议解决办法程序规则》；

(2) 中国国际经济贸易仲裁委员会(China International Economic and Trade Arbitration Commission, CIETAC)和香港国际仲裁中心(Hong Kong International Arbitration Center, HKIAC)制定的补充规则。

11.2.2　域名争议解决机构

“. cn”域名争议的解决机构包括：

(1) 中国国际经济贸易仲裁委员会域名争议解决中心：http://dndrc. cietac. org；

(2) 香港国际仲裁中心：www. hkiac. org。

11.2.3　投诉主张及证明事项

投诉若想得到支持，应当符合下列条件：

《中国互联网络信息中心国家顶级域名争议解决办法》第 8 条（第 668 页）

(1) 被投诉的域名与投诉人享有民事权益的名称或者标志相同，或者具有足以导致混淆的近似性；

(2) 被投诉的域名持有人对域名或者其主要部分不享有合法权益；

(3) 被投诉的域名持有人对域名的注册或者使用具有恶意。

关于第(1)项中的“民事权益”，实践中常见在先民事权利包括：注册商标和驰名商标；商号权；知名商品的名称权。

关于第(3)项中的“恶意”，被投诉的域名持有人具有下列情形之一的，其行为构成恶意注册或者使用域名：

《中国互联网络信息中心国家顶级域名争议解决办法》第 9 条（第 668 页）

①注册或受让域名的目的是向作为民事权益所有人的投诉人或其竞争对手出售、出租或者以其他方式转让该域名，以获取不正当利益；

②多次将他人享有合法权益的名称或者标志注册为自己的域名，以阻止他人以域名的形式在互联网上使用其享有合法权益的名称或者标志；

③注册或者受让域名是为了损害投诉人的声誉，破坏投诉人正常的业务活动，或者混淆与投诉人之间的区别，误导公众；

④其他恶意的情形。

并且,《关于审理涉及计算机网络域名民事纠纷案件适用法律若干问题的解释》第5条所列恶意情形也可以在争议程序中引用。

实践中,很多被投诉人所留注册信息不真实且没有使用该域名,根据《中国互联网络域名管理办法》第28条的规定,域名注册申请者应当提交真实、准确、完整的域名注册信息。在此情形下,对于投诉人而言,可以主张被投诉人注册域名之后并不使用也未准备使用,且通过提供虚假信息的手段有意阻止权利人注册该域名。实践中,也有仲裁员认为这种情形属于《关于审理涉及计算机网络域名民事纠纷案件适用法律若干问题的解释》第5条第4款的关于恶意的规定。

11.2.4 投诉及审理程序

(1)确定投诉申请人。

一般情况下,投诉申请人是商标权利人,若争议商标涉及两个主体的商标,则两商标权利人可以作为共同投诉人,提起共同投诉。

(2)投诉书的提交。

《中国互联网络信息中心国家顶级域名争议解决办法》第2条(第668页)

CN域名争议必须在域名注册两年内提出,否则域名争议解决机构不予受理。

投诉人应当向贸仲委域名争议解决中心秘书处提交投诉书。

投诉人向域名争议解决中心提交的投诉书应当采用电子文件形式提交(无法按规定提交电子文本投诉书以及没有电子文件格式的附件除外),并应当使用域名争议解决中心制作并提供的格式文件。具体而言包括两种方式:

①登录中心在线案件管理系统(http://dndrc.cietac.org/login/login.jsp)并利用该系统向中心提交电子文本投诉书。投诉人应填写格式投诉书,在线提交投诉。投诉人可以通过该系统全程在线参与案件程序,查阅最终裁决。

②从WORD文档下载并自行完成格式投诉书作为电子邮件附件提交至中心电子信箱domain@CIETAC.org。

实践中,即使选择了第一种方式在线提交投诉,也建议同时将投诉书作为电子邮件附件提交至争议中心。

注意投诉的形式要求:投诉书事实和理由部分字数不得超过3000字;附件大小不得超过50M。

(3)缴纳费用。

根据《补充规则》第15条,具体收费情况如表11所示:

表 11

专家组构成	争议域名数量/个	收费总额/元	管理费/元	专家费/元	
一人专家组	1	8000	4000	4000	
	2～5	12,000	6000	6000	
	6～10	16,000	8000	8000	
	10 以上	由争议解决机构决定	由争议解决机构决定	由争议解决机构决定	
三人专家组	1	14,000	6000	8000	首席:4000 其他:2000/人
	2～5	20,000	8000	12,000	首席:6000 其他:3000/人
	6～10	24,000	9000	15,000	首席:7000 其他:4000/人
	10 以上	由争议解决机构决定	由争议解决机构决定	由争议解决机构决定	

(4)受理通知。

贸仲委域名争议解决中心秘书处向所涉“.CN”域名和中文域名注册/持有人发出投诉通知,并转去投诉书副本。

(5)域名注册人提交答辩书。

(6)确定行政专家组。

(7)专家组作出裁决。

(8)裁决的公布。

(9)裁决的抗辩与执行。

如果专家组裁定将某一域名注销或转移,该域名的注册服务机构应当在裁决公布之日起满 10 日后执行该裁决。但是被投诉人自裁决公布之日起 10 日内提供有效证据证明有管辖权的司法机关或者仲裁机构已经受理相关争议的,争议解决机构的裁决暂停执行。

对于暂停执行的争议解决机构的裁决,域名注册服务机构视情况作如下处理:

(1)有证据表明,争议双方已经达成和解的,执行和解协议;

(2)有证据表明,有关起诉或者仲裁申请已经被驳回或者撤回的,执行争议解决机构的裁决;

(3)有关司法机关或者仲裁机构作出裁判,且已发生法律效力的,执行该裁判。

11.2.5 提起司法程序或仲裁程序

《中国互联网络信息中心国家顶级域名争议解决办法》第15条(第669页)

根据《中国互联网络信息中心国家顶级域名争议解决办法》第15条的规定,在依据本办法提出投诉之前,争议解决程序进行中,或者专家组作出裁决后,投诉人或者被投诉人均可以就同一争议向中国互联网络信息中心所在地的中国法院提起诉讼,或者基于协议提请中国仲裁机构仲裁。

《中国互联网络信息中心国家顶级域名争议办法程序规则》第41条(第678页)

根据《中国互联网络信息中心国家顶级域名争议解决办法程序规则》第41条的规定,当事人一方如果在程序进行期间就争议域名提起了任何司法程序或仲裁程序,应当立即通知专家组和域名争议解决机构。如果在程序正式开始之前或进行的过程中,当事人一方就被争议域名提起了司法程序或仲裁程序,域名争议解决机构或专家组有权决定中止或终止程序,或继续程序,直至作出裁决(具体程序见图19)。

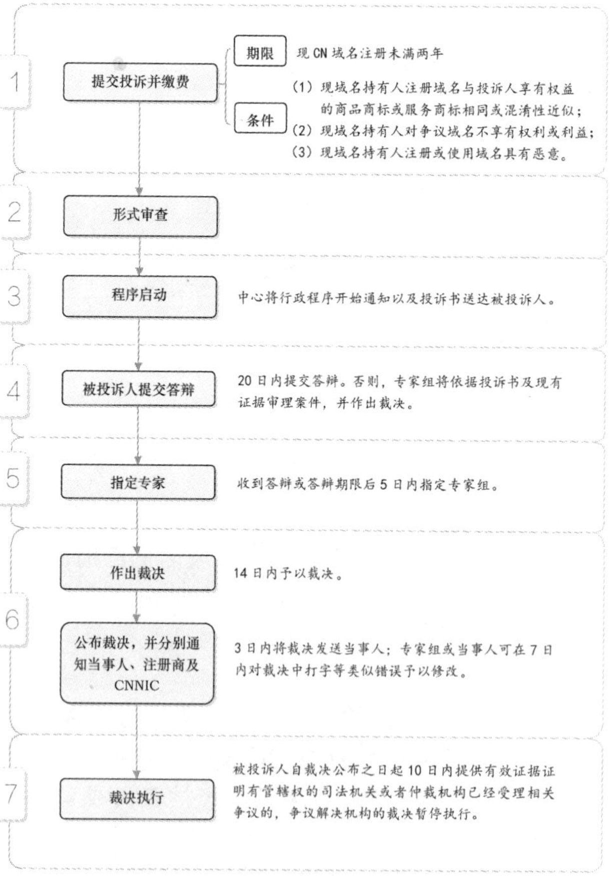

图19

11.3　其他国别顶级域名争议 ccTLDs

一般情况下国别域名的争议投诉,需要向当地国域名争议解决机构提出。但是,某些国别域名可向 WIPO 提起投诉,包括如下:

.AC(Ascension Island)
.AE and امارات. (United Arab Emirates)
.AG (Antigua and Barbuda)
.AM (Armenia)
.AO (Angola)
.AS (American Samoa)
.AU (Australia)
.BM (Bermuda)
.BO (Bolivia (Plurinational State of))
.BR (Brazil)
.BS (Bahamas)
.BZ (Belize)
.CC (Cocos Islands)
.CD (Democratic Republic of the Congo)
.CH (Switzerland)
.CO (Colombia)
.CR (Costa Rica)
.CY (Cyprus)
.DJ (Djibouti)
.DO (Dominican Republic)
.EC (Ecuador)
.ES (Spain)
.FJ (Fiji)
.FM (Micronesia (Federated States of))
.FR (France)
.GD (Grenada)
.GT (Guatemala)
.HN (Honduras)
.IE (Ireland)
.IO (British Indian Ocean Territory)
.IR (Islamic Republic of Iran)
.KI (Kiribati)
.KY (Cayman Islands)
.LA (Lao People's Democratic Republic)
.LC (Saint Lucia)
.LI (Liechtenstein)
.MA (Morocco)
.MD (Republic of Moldova)
.ME (Montenegro)
.ML (Mali)
.MP (Commonwealth of the Northern Mariana Islands)
.MW (Malawi)
.MX (Mexico)
.NL (Netherlands)
.NR (Nauru)
.NU (Niue)
.PA (Panama)
.PE (Peru)
.PH (Philippines)
.PK (Pakistan)
.PL (Poland)
.PN (Pitcairn Islands)
.PR (Puerto Rico)
.PW (Palau)
.QA and قطر. (Qatar)
.RE (Reunion Island)
.RO (Romania)
.SC (Seychelles)
.SH (St. Helena)
.SL (Sierra Leone)
.SO (Somalia)
.TJ (Tajikistan)
.TK (Tokelau)
.TM (Turkmenistan)

. TT (Trinidad and Tobago)
. TV (Tuvalu)
. TZ (United Republic of Tanzania)
. UG (Uganda)
. VE (Venezuela (Bolivarian Republic of))
. VG (Virgin Islands (British))
. WS (Samoa)

12. 域名争议裁决后的权属争议诉讼

域名争议解决机制并非终局裁决,对裁决不服,可以向有管辖权的法院提起诉讼。

12.1 WIPO 域名裁决后的诉讼程序

《统一域名争议解决政策》第4k条(第691页)

根据《统一域名争议解决政策》规定,在域名注册商收到仲裁争议解决机构的有关转移域名裁决10日内,如果其收到域名持有人向交互管辖法域提起的正式司法诉讼文书,其便会中止裁决的执行。即域名持有人若对裁决不服,可以向交互管辖法域提起的诉讼。

交互管辖法域指:(1)注册商主营业机构所在地的法院管辖或;(2)投诉提交争议解决机构之时注册商Whois数据库中域名注册信息所显示的域名持有人的地址所在地的法院管辖。

12.2 CN 中文域名争议裁决后的诉讼程序

中国域名争议解决中心作出裁决后,投诉人或者被投诉人均可以就同一争议向中国互联网络信息中心所在地的中国法院(北京第一中级人民法院)提起诉讼,或者基于协议提请中国仲裁机构仲裁。

13. 域名侵权诉讼

13.1 域名侵权要件

最高人民法院《关于审理涉及计算机网络域名民事纠纷案件适用法律若干问题的解释》第4条(第724页)

符合下列要件的,行为人注册、使用域名的行为将被认定为侵权与不正当竞争行为:

(1)原告请求保护的民事权益合法有效;

(2)被告域名或其主要部分构成对原告驰名商标的复制、模仿、翻译或音译,或者与原告的注册商标、域名等相同或近似,足以造成相关公众的误认;

(3)被告对该域名或其主要部分不享有权益,也无注册、使用该域名的正当理由;

(4)被告对该域名的注册、使用具有恶意。

被告的行为被证明具有下列情形之一的，人民法院应当认定其具有恶意：
(1)为商业目的将他人驰名商标注册为域名的；
(2)为商业目的注册、使用与原告的注册商标、域名等相同或近似的域名，故意造成与原告提供的产品、服务或者原告网站的混淆，误导网络用户访问其网站或其他在线站点的；
(3)曾要约高价出售、出租或者以其他方式转让该域名获取不正当利益的；
(4)注册域名后自己并不使用也未准备使用，而有意阻止权利人注册该域名的；
(5)具有其他恶意情形的。
具备下列情形的，人民法院可以不认定被告具有恶意：
(1)被告举证证明在纠纷发生前其所持有的域名已经获得一定的知名度，且能与原告的注册商标、域名等相区别；
(2)具有其他情形足以证明其不具有恶意的。

最高人民法院《关于审理涉及计算机网络域名民事纠纷案件适用法律若干问题的解释》第5条
（第724页）

13.2　域名侵权诉讼管辖法院

当事人因域名注册、使用与已经注册的商标、企业和其他组织名称等发生冲突而向人民法院起诉的民事纠纷，经审查符合《民事诉讼法》第119条规定的，人民法院应当予以受理。

北京市高级人民法院《关于审理因域名注册、使用而引起的知识产权民事纠纷案件的若干指导意见》第1条
（第725页）

域名纠纷诉讼由中级人民法院管辖。域名纠纷诉讼主要由下列法院管辖：
(1)侵权行为地法院，值得注意的是，由于网络案件的特殊性，原告发现该域名的计算机终端等设备所在地可以视为侵权行为地；
(2)被告所在地的法院。

最高人民法院《关于审理涉及计算机网络域名民事纠纷案件适用法律若干问题的解释》第2条
（第724页）

对于涉外域名纠纷，根据最高人民法院《关于审理涉及计算机网络域名民事纠纷案件适用法律若干问题的解释》第2条的规定，可以依据《民事诉讼法》第四编及2002年3月1日施行的最高人民法院《关于涉外民商事案件诉讼管辖若干问题的规定》来确定管辖。即对涉及国际顶级域名的相关争议的合同或侵权纠纷案件，可以由下列法院管辖：
(1)代表机构住所地法院；
(2)合同签订地法院；
(3)合同履行地法院；
(4)可供扣押财产所在地法院；
(5)对于被告不提出异议并且应诉答辩的，也可视为该法院有管辖权。

最高人民法院《关于审理涉及驰名商标保护的民事纠纷案件应用法律若干问题的解释》第3条（第498页）

注意:在域名商标侵权及不正当竞争诉讼案件中,人民法院对于所涉商标是否驰名不予审查。

根据最高人民法院《关于审理涉及驰名商标保护的民事纠纷案件应用法律若干问题的解释》第3条,原告以被告注册、使用的域名与其注册商标相同或者近似,并通过该域名进行相关商品交易的电子商务,足以造成相关公众误认为由,提起的侵权诉讼,属于"被诉侵犯商标权或者不正当竞争行为的成立不以商标驰名的事实根据的"案件类型。因此,对所涉商标是否驰名不予审查。

最高人民法院《关于审理涉及计算机网络域名民事纠纷案件适用法律若干问题的解释》第7条（第725页）

13.3　域名侵权纠纷的法律适用

人民法院在审理域名纠纷案件中,应当认定被告注册、使用域名等行为构成侵权的,应当适用相应的法律规定;应当认定构成不正当竞争的,可以适用《民法通则》第4条、《反不正当竞争法》第2条第1款的规定。

最高人民法院《关于审理涉及计算机网络域名民事纠纷案件适用法律若干问题的解释》第8条（第725页）

13.4　域名侵权的民事责任

人民法院作出侵权或不正当竞争认定后,被告需承担下列民事责任:

(1)停止侵权、注销域名,或者依原告的请求判令由原告注册使用该域名;

(2)被告的行为给权利人造成实际损害的,还可以判令被告赔偿损失。

第5节　电商平台投诉

1. 前言

1.1　电商平台知识产权纠纷

完善的电商平台内部知识产权纠纷，分别比照知识产权类型，基本分为商标纠纷、专利纠纷和著作权纠纷。而从投诉和应答方面区分，又分为权利人投诉和被投诉人申诉两个步骤。因章节有限，本节仅选取电商平台的商标投诉流程。其他类型投诉及申诉流程，可以通过登录下文所列链接的内容检索相关内容。

本节选取国内最具有代表性的电商平台淘宝网（TAOBAO. COM）和京东网（JD. COM）的投诉流程作为参考。

1.2　商标权侵权定义

对商标侵权行为的法律定义，各大电商平台内部基本沿用的是《商标法》《侵权责任法》《商标法实施条例》，以及最高人民法院《关于审理商标民事纠纷案件适用法律若干问题的解释》中的规定。在电子商务平台，尤其B2C平台当中的内部，平台自营或者针对第三方他营搜索商品名称标题等信息、店铺名、域名中使用他人的商标，或者突出使用与他人商标中的文字相同或者类似的文字，容易误导公众，也属于广义范围的商标侵权行为。

2. 淘宝知识产权保护平台投诉流程

2.1　投诉步骤

（1）登录知识产权保护平台 ipp. alibabagroup. com，根据需要注册账号；

（2）进行权利人身份证明和知识产权证明备案，提供个人身份证、企业或其他组织存续证明文件证明主体资格、提供商标注册证、专利证或者著作权证明用以证明自身权利基础；

（3）收到“欢迎您成功注册阿里巴巴知识产权保护平台”的邮件后可直接登录平台；

（4）在“我的知识产权”模块中“提交知识产权”模块，填入相关知识产权信息，并阅读承诺函请在同意签署承诺函勾选；

（5）知识产权验证通过之后，在“侵权投诉”模块中点击“发起投诉”；

（6）填写投诉资料，提交投诉；

(7)查询处理结果,处理反通知。

2.2　投诉受理条件

(1)投诉方身份证明与联系方式:

①投诉方为个人,请提供身份证或护照;

②投诉方为企业,请提供经年检的营业执照。

(2)权利证明:

①投诉方为知识产权人本人,请提供商标注册证等;

②投诉方非知识产权人本人,请提供商标注册证以及知识产权人授权投诉方进行。

(3)投诉的证明文件(须有知识产权人签字/盖章)。

(4)承诺函及判断侵权成立的初步证明。

(5)涉嫌侵权产品链接。

2.3　投诉处理流程及时间

一般情况下,权利人在知识产权保护平台上发起的知识产权侵权投诉于4个工作日内进入处理流程,对于合格的投诉,阿里巴巴将会在投诉进入处理流程后3~10个工作日内进行处理完毕,具体处理时间将会依投诉复杂程度、投诉形式的不同而不同。

阿里平台内部处理流程见图20:

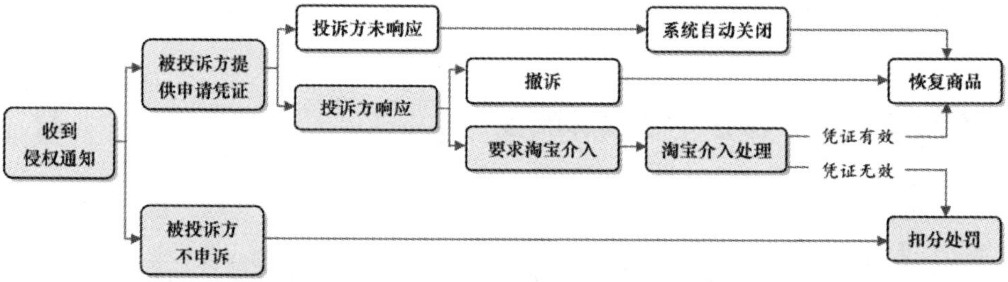

图20　阿里平台内部处理流程

注:1. 被投诉方需要在3个工作日内完成申诉,超时将默认会员放弃申诉机会。扣分后被投诉方拥有第二次申诉机会,若二次申诉提供后权利人未在规定时间内及时响应,默认小二介入处理。

2. 投诉方响应时长同样为3个工作日,小二对于凭证处理时间为3~5个工作日。

2.4　商标侵权行为的认定及处罚

参见《淘宝网出售假冒商品认定和处罚规则与实施细则》(https://rule.taobao.com/detail-506.htm?spm=a2177.7231193.0.0.s3Bkiw&tag=self&cId=91)。

2.4.1 出售假冒商品认定

出售假冒注册商标商品是指未经注册商标权人许可,在相同商品上使用相同商标的商品。但以下情形不按照本规则处理:

(1)根据卖家商品的全部信息,不会误认为属于权利人或者其授权人生产的商品;

(2)进口商品来源国的权利人与持有相同商标的中国权利人不同的;

(3)商品使用的商标先于注册商标在中国使用的。

2.4.2 处理规则

表 12

<table>
<tr><th>规则</th><th>处理措施</th><th>违规纠正</th><th>违规计分</th></tr>
<tr><td>卖家出售假冒、盗版商品且情节特别严重的,每次扣48分</td><td>查封账户、限制发货</td><td rowspan="4">删除会员所发布过的假冒、盗版商品或信息</td><td rowspan="4">卖家因出售假冒产品的严重违规行为扣分将单独累计,不与其他严重违规行为合并计分。因出售假冒商品扣分累计达到24分及以上的,该年不进行清零,以24分计入次年;次年新增严重违规扣分未达24分的,于该年12月31日24时清零。累计扣分达到48分及以上的,查封账户</td></tr>
<tr><td>卖家出售假冒、盗版商品且情节严重的,每次扣24分</td><td>删除店铺、下架所有商品、限制创建店铺21天、限制发布商品21天、店铺屏蔽21天、限制发送站内信、限制社区功能21天</td></tr>
<tr><td rowspan="2">卖家出售假冒、盗版商品,通过信息层面判断的,每件扣2分(3天内不超过12分);实际出售的,每次扣12分。具备特殊情形的,只删除不扣分</td><td>实际出售的:限制发布商品14天、店铺屏蔽14天、限制创建店铺14天、限制发送站内信、限制社区功能14天</td></tr>
<tr><td>通过信息层面判断的:每累计扣分达12分,给予限制发布商品、店铺屏蔽7天、限制创建店铺7天、限制发送站内信、限制社区功能7天的处理</td></tr>
</table>

续表

规则	处理措施	违规纠正	违规计分
为出售假冒、盗版商品提供便利条件的,每次扣2分。情节严重的,每次扣12分	每累计扣分达12分,限制发布商品、店铺屏蔽7天、限制创建店铺7天、限制发送站内信、限制社区功能7天的处罚		
涉嫌违反上述情形的卖家	视情节严重程度给予店铺监管、商品发布资质管控		
涉嫌违反上述情形的商品	给予两个工作日的单个商品监管进行系统排查		

同时,淘宝将视情节严重程度采取查封账户、关闭店铺、店铺监管、限制发货、限制发布商品、限制网站登录、限制使用阿里旺旺、限制发送站内信、延长交易超时、店铺屏蔽及全店商品搜索降权、全店或单个商品监管、商品发布资质管控、限制发布特定属性商品、限制商品发布数量等处理措施。

为进一步保障买家权利,淘宝有权对出售假冒商品的卖家采取支付宝账户强制措施,包括但不限于取消收款功能、取消提现功能、禁止余额支付、交易账期延长等。

2.4.3 卖家出售假冒、盗版商品行为

(1)通过信息层面判断卖家大量或全店出售假冒、盗版商品;

(2)出售的假冒、盗版商品给消费者造成人身损害或财产损害;

(3)卖家所出售的商品依照《淘宝网商品品质抽检规则》规定,经品牌及版权抽检鉴定为假冒、盗版商品的;

(4)卖家刻意隐藏或遮挡商品相关信息,或以其他方式恶意规避平台监管出售假冒、盗版商品的,包括但不限于通过刻意遮挡商标、涂抹商标标识等方式出售假冒、盗版商品。

2.4.4 卖家出售假冒、盗版商品且情节特别严重行为

(1)经司法、行政机关认定卖家销售假冒、盗版商品,手段恶劣或数额巨大或造

成严重后果的，或者被追究或可能追究刑事责任的。

例如：李某开设网店，销售假冒品牌A、品牌B、品牌C等国际著名品牌的商品，非法牟利数百万元，被法院一审判处有期徒刑5年，并处罚金人民币500万元。

(2)卖家通过不正当方式出售假冒、盗版商品，且影响恶劣的。

例如：卖家反复使用他人账户多次出售假冒、盗版商品且造成恶劣影响。

(3)卖家存在出售假冒、盗版商品的次数累计达3次的（特殊情形不计次，卖家在3天内出现的违反第3项通过信息层面判断的违规行为视为1次）。淘宝网针对出售假冒、盗版商品实行“三振出局”制，即卖家每次出售假冒、盗版商品的行为记为一次，若同一卖家出售假冒、盗版商品的次数累计达3次的，则将被永久查封账户。

例如：淘宝网知识产权保护平台用户A于3月4日对卖家B进行投诉且投诉成立，视为出售假冒商品一次；3月8日淘宝网平台通过信息层面判断卖家出售假冒、盗版商品，则该卖家B出售假冒商品两次；4月11日卖家B第三次收到淘宝网知识产权保护平台用户C的投诉，投诉成立。此时，卖家B出售假冒、盗版商品累计达到3次，因此此次该卖家将被扣48分。

2.4.5 为出售假冒、盗版商品提供便利条件的行为

通过阿里妈妈营销推广平台（钻石展位、淘宝直通车等），推广假冒、盗版商品或信息，且规避推广平台的管理措施，为出售假冒、盗版商品卖家提供便利条件。

例如：卖家A在通过钻石展位推广信息审核后，擅自修改推广信息内容，将推广结果指向卖家B的商品，且经淘宝核实该商品为假冒商品，则卖家A视为为出售假冒、盗版商品提供便利条件。

2.4.6 出售假冒商品的行为，淘宝网如何进行排查和判定

(1)人工排查及判定。卖家应当按照诚实信用的原则经营网络店铺，淘宝网在收到来自消费者、权利人、行政管理部门等各方的投诉、举报或获取可信的线索、证据的情况下，会安排人员对卖家店铺中涉嫌假冒、盗版的商品进行排查。如卖家被认定存在出售假冒、盗版商品行为的，除卖家按照以下第5点中的要求申诉成功外，淘宝网可以依据判定结论对卖家进行处罚。淘宝网将通知有关卖家提供相应证据，卖家有权按照以下第5点中的要求进行申诉。淘宝网对假冒、盗版商品采取人工介入判断的，以普通人的眼光，综合消费者、权利人、行政管理部门等提交的投诉材料与卖家反通知的材料进行综合评判。

(2)系统排查及判定。因淘宝网的卖家数量和商品数量特别巨大,仅通过人工排查无法及时有效地对售假行为进行打击。基于平台大数据技术,淘宝网研发了“假货模型”系统,该系统可从账号、商品、交易、物流等多个维度对涉嫌售假的商品和账号等进行排查。对于“假货模型”系统排查出的涉嫌出售假冒、盗版商品的数据,淘宝网会进行进一步核实和判定。其中,系统会在概率理论基础上依据预先设定的逻辑作出是否属于出售假冒、盗版商品的判定。对于判定为出售假冒、盗版商品的行为,除卖家按照以下第5点中的要求申诉成功外,淘宝网可以依据判定结论对卖家进行处罚。淘宝网将通知有关卖家提供相应证据,卖家有权按照以下第5点中的要求进行申诉。

(3)判定信息披露。如卖家的某个商品被人工或系统排查并判定构成出售假冒、盗版商品的,淘宝网可以视所涉商业秘密的等级决定是否披露判定的依据。但是,在系统排查并判定卖家构成出售假冒、盗版商品的情况下,鉴于“假货模型”系统及其算法均为淘宝的核心商业秘密,淘宝网仅需将卖家构成出售假冒、盗版商品的结论通知卖家而无须披露判定的依据。但无论通过人工或者系统进行识别,卖家均有提交材料和发表意见的申诉机会。

(4)出售假冒商品的处理。淘宝网将根据《淘宝网出售假冒商品认定和处罚规则与实施细则》和其他相关规则的规定对第1点和第2点排查和判断的卖家出售假冒、盗版商品的行为进行处理,淘宝网将在通知卖家构成出售假冒、盗版商品的同时将处理结果一并告知卖家。

(5)卖家的申诉。如卖家认为淘宝网对其出售假冒、盗版商品的判定有误,卖家可在淘宝网指定的期限内向淘宝网进行申诉。申诉成立的条件:提供合理凭证如授权证明资料、合法进货凭证、商场购物小票等证明卖家所出售的商品为正品。

3. 京东网投诉流程

3.1　投诉资格

(1)知识产权所有人(注册商标专用权人、专利权人、著作权人)及其利害关系人(知识产权使用合同的被许可人)具有投诉人资格。

(2)独占使用许可合同被许可人可以独立投诉;排他使用许可合同的被许可人可以和知识产权所有人共同投诉,也可以在知识产权所有人不投诉的情况下,自行投诉;普通使用许可合同的被许可人经知识产权所有人明确授权,可以进行投诉。

(3)权利人可以自行投诉,也可以委托代理人投诉。

3.2　投诉步骤

3.2.1　注册账户

(1)点击进入京东维权平台:https://ipr.jd.com/edition;

(2)登录京东账户,若无账户应先注册。

3.2.2　基本信息填写及提交投诉

按照维权系统的要求填写以下信息并提供以下文件(http://ipr.jd.com/):

(1)按要求填写权利人具体的联络信息。

(2)填写被投诉的侵权类型:商标侵权,并上传商标证书。

(3)明确填写涉嫌侵权商品的具体商品链接;有多个涉嫌侵权链接的,请逐一填写每个链接。

(4)明确指出涉嫌侵权商品侵犯上述商标权的具体内容和理由,并写明诉求。

(5)上传与涉嫌侵权商品有关的生效司法判决、行政裁定等证明文件(若有)。

(6)委托代理人投诉的,代理人需出具权利人的授权委托书,授权委托书应包含授权知识产权维权投诉等相关内容、权利人的签字并加盖其法人公章或其自然人签字。

(7)投诉人对投诉资料及通知的真实性、合法性、准确性负责的承诺书。

投诉人必须按照上述顺序提交所有文件,不得遗漏或缺失,每一份文件中记载的事项必须清晰完整,并在每一份文件上签署投诉人亲笔签名(对自然人)或加盖投诉人公章(对法人或其他组织)。

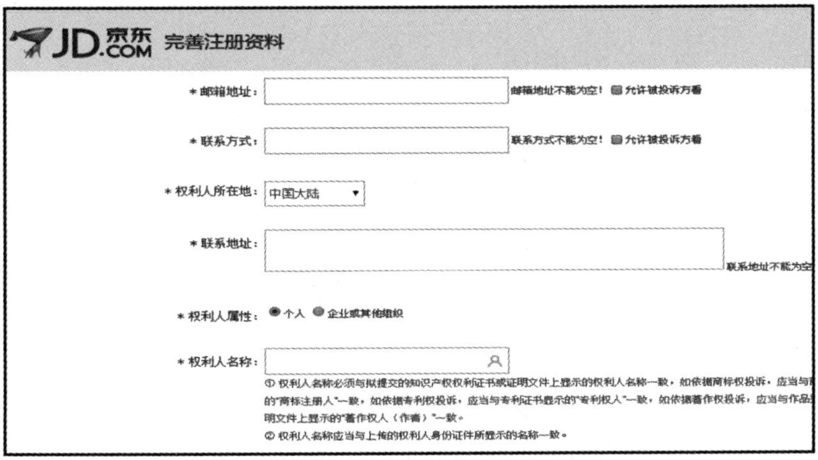

图 21

3.2.3 投诉受理

平台方接收到投诉后,在3个工作日内进行审核,对于符合要求的投诉予以受理,对于提供材料不全或其他不符合要求的情况,不予受理,直至投诉人补充完整资料后才正式受理。

3.2.4 投诉审查

平台方将自正式受理投诉之日起10个工作日内完成审查,并将视情况决定是否通知被投诉人提交不构成侵权的申诉材料,如果通知被投诉人申诉的,将给予其2个工作日的申诉期,期满未提交申诉材料,不影响平台方的审查。

3.2.5 处理结果

(1)经审查确实存在侵权行为的,平台方将对被投诉商品采取下架处理,或对被投诉的内容采取删除、屏蔽、断开链接等必要措施;经审查认为侵权不成立的或者根据相关材料平台方无法判断是否存在侵权行为的,则在审查结束后的2个工作日内将审查结果反馈投诉人。

(2)如果投诉人对处理结果持有异议,需要提交新的证据材料重新提出投诉;如果投诉人仅重新提出投诉,但未提供新的证据材料,将维持处理结果不变。

3.2.6　投诉处理流程

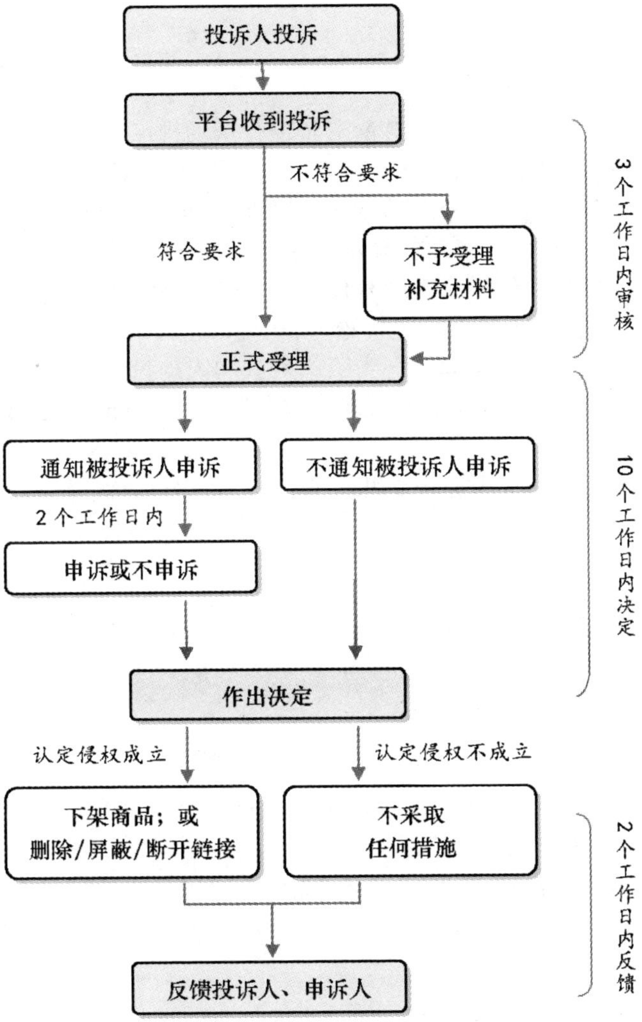

图22　京东平台投诉流程

第6节 新媒体关键词投诉

1. 前言

新媒体平台作为商业用户针对消费者进行市场推广的重要组成部分,在市场营销及商业宣传中,日渐起到了重要的作用。尤其是私营"微商"以及新媒体平台嵌入了在线支付功能,社交平台不单独是媒体推广的渠道,同时也成了商家直接向消费者提供商品/服务信息或直接购买产品/服务的平台。

如果权利人在新媒体平台发现其他第三方的行为侵犯其合法权益,除了采取行政投诉举报或者向司法机关启动诉讼外,还可以进行平台内部投诉,可以将相关纠纷尽快解决。而各主要媒体平台为了应对权利人的投诉主张,分别有独立的内部投诉维权办法及机制,因篇幅有限,本书仅列举目前常见的新浪微博投诉流程及腾讯微信投诉流程。

各媒体平台内部投诉中会涉及组织或个人的姓名/名称、商号、名誉、荣誉、著作权、商标权、专利权等权利纠纷,其中商标权,尤其是文字商标冲突纠纷是新媒体投诉中最为常见的纠纷类型。

2. 新浪微博投诉

2.1 纸件投诉

(1)投诉表格。

权利人点击进入链接:http://download.sina.com.cn/2014/doc/weibo.doc,下载《微博投诉通知函件》表格填写投诉内容(所有选项均为必填)。

现行表格范例如表13所示:

表 13　微博投诉通知函件

投诉人	姓名/名称		证件类型及号码	
	法定代表人		联系人	
	联系电话		E－mail	
	微博昵称 *		微博地址	
	联系地址			
代理人	姓名/名称		证件类型及号码	
	法定代表人		联系人	
	联系电话		E－mail	
	微博昵称 *		微博地址	
	联系地址			
投诉类别	□泄露隐私　□人身攻击　□冒充他人　□其他			
投诉理由				
投诉内容链接				
处理要求				
证明材料清单				

保证声明

投诉人及其代理人诚意作出如下声明：

本人（本单位）提供的所有资料及其所载内容均真实、合法，有效，并愿意承担可能出现的一切后果。

签名（或盖章）：

年　　月　　日

续表

填写说明及注意事项
请认真阅读填写说明后,进行表格填写和资料准备。 一、所有栏目为必填栏。 二、投诉人委托代理人代为投诉的,须同时提供投诉人签署的《授权委托书》。权利人和代理人可以为自然人、法人和其他组织。 三、证件号码:包括自然人的身份证、护照,法人的工商营业执照,其他组织相应的执照等。填写有效证件号码需同时注明证件类型,并将证件的复印件作为本通知的附件一并提供。 四、投诉理由:指投诉人要求删除相关信息的理由。 五、投诉内容链接:指涉嫌侵权的微博地址链接。 六、处理要求:指投诉人要求微博对投诉内容采取的处理措施。 七、证明材料清单: 需投诉人列明其提供的能够证明投诉属实的相关资料,并同时以附件形式提供相关资料。 证明资料一般应提供原件的彩色扫描件,只能提供复印件扫描件的,需投诉人在复印件上面签章(自然人应签名署日期,非自然人应盖公章并注明日期)。 若材料涉外的,应按照法律的规定进行公证转递,并同时提供相应的公证转递材料。 八、保证声明:完成表格填写和资料准备后,请确认并签字(加盖公章)。

(2)投诉人提供身份证或单位机构的主体资格证明资料的复印件。

(3)联系地址:

北京市海淀区西北旺东路10号院西区8号楼新浪总部大厦,收件人:微博投诉,邮政编码100193。

同时,为快速查投诉材料,需在传真件或函件上注明“个人/单位机构名称”。

2.2 客户端(APP)举报

可根据以下几种方法举报该用户及微博内容:

(1)举报单条微博:

方法一:点开微博正文页面,点击右上角“· · ·”即可出现“举报”按钮(见图23)。

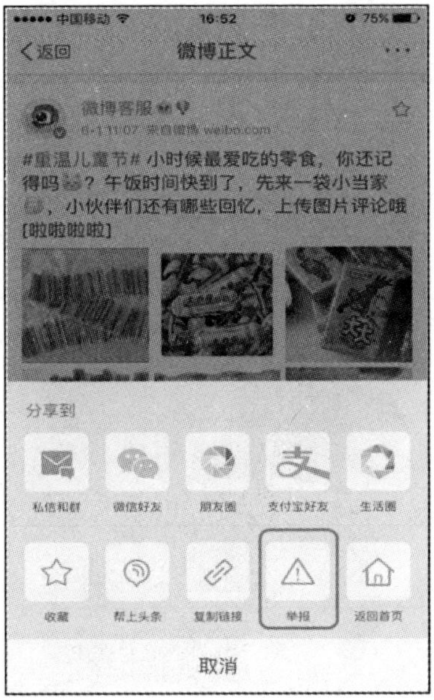

图 23

方法二：直接点击微博右上角下拉箭头，出现“举报”按钮（见图 24）。

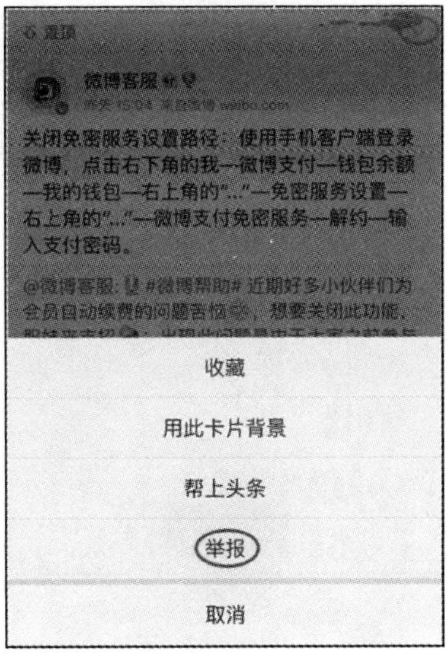

图 24

（2）举报评论内容：直接点击需要举报的评论，即可出现“举报”按钮。

（3）举报用户：进入要举报的用户主页，点击右上角“・・・”，即可出现“举报”按钮（见图 25）。

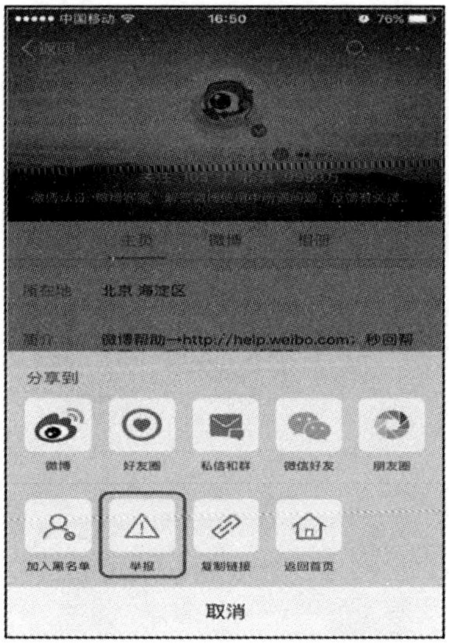

图25

(4)举报私信内容:按压屏幕,出现上浮菜单,选择“举报”即可(见图26)。

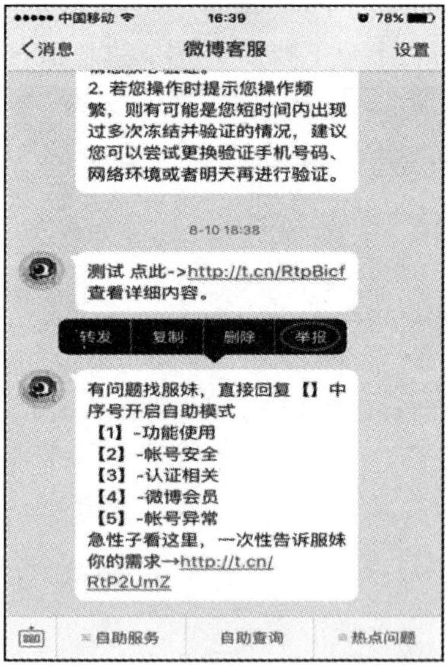

图26

2.3　电脑网页举报

(1)举报单条微博:在单条微博右侧选择“举报”按钮(见图27)。

图 27

(2)举报微博评论:当鼠标放在单条评论上会出现“举报”按钮,直接点击即可完成举报(见图 28)。

图 28

(3)举报微博用户:将鼠标光标移至昵称或个人主页,找到“更多”按钮并选择“举报他/她”(见图 29)。

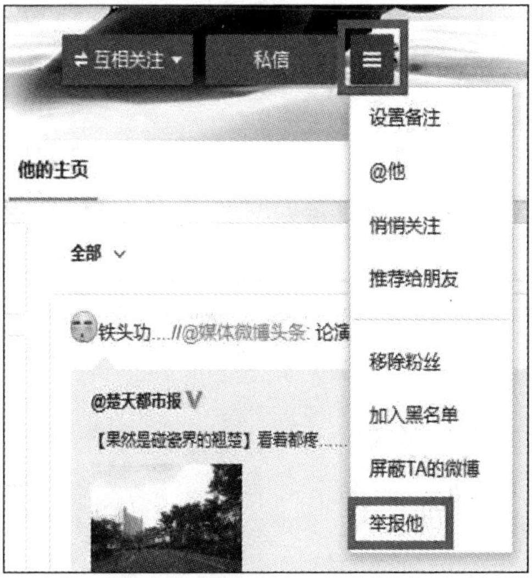

图 29

(4)举报私信:导航找到“消息(信封)—查看私信”或者首页左侧栏点击“私信”进入页面,点击进入与某个用户的私信聊天,进入后可点击右侧箭头出现“举报”按钮来举报这条私信(见图 30)。

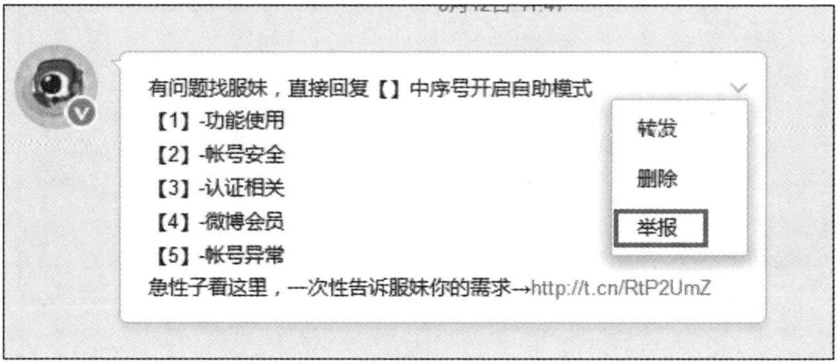

图30

2.4 举报用户发起的活动

(1)举报“蓝V”用户发起的活动。

可以在活动页面点击“举报这个活动”直接进行举报,如有问题请您以私信的形式联系@企业微博助理。

(2)举报普通用户发起的活动。

如果认为该用户所提供的信息为不实信息,可以在微博页面中针对此用户的具体违规行为进行举报,违规行为界定及处置可查看《微博社区管理规定》。

3. 腾讯微信投诉维权办法

3.1 微信公众号侵权行为之已有微信公众号(优先处理)的投诉流程(见图31)

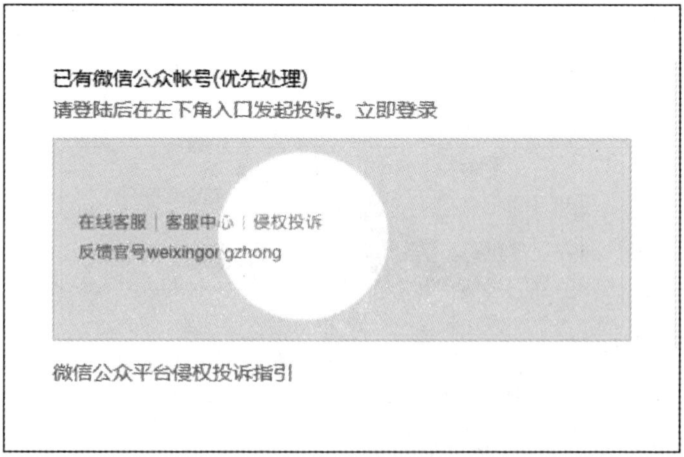

图31

3.1.1　通知腾讯

若权利人认为第三方在微信公众平台提供的服务侵犯其合法权益，请按以下要求提交相关材料进行投诉，通知腾讯。

权利人应向腾讯提出书面通知书（书面通知书的内容请参考附录：《微信公众平台侵权投诉通知书模板》），通知书的内容应包括但不限于下列内容。

（1）权利人主体信息和相关材料

①权利人的姓名（名称）、联系方式、地址及营业执照（单位）、身份证（个人）、相关授权证明等证明权利人主体资格的材料；

②权利人如委托他人代理投诉的，还需提供授权委托书，以及代理人姓名（名称）、联系方式、地址及营业执照（单位）、身份证（个人）、相关代理人职务身份证明（公司授权书、介绍信等证明代理人职务身份及公司授权代理人代表公司办理相关投诉事务）等证明代理人主体资格的材料。

（2）权利人要求

权利人投诉侵权的微信公众账号信息，以及相关投诉事项说明。

（3）构成侵权的初步证明材料

该初步证明材料应包括：

①权利人拥有权利的权属证明材料：商标权证书；

②被投诉方提供的服务构成侵权的证明材料：包括但不限于被投诉方提供的服务构成商标侵权的有效证明材料等。

（4）权利人保证

权利人应在通知书中明确保证：权利人在通知书中的陈述和提供的相关材料皆是真实、有效和合法的，并保证承担和赔偿腾讯因根据权利人的通知书对相关账号的处理而给腾讯公司造成的任何损失，包括但不限于腾讯因向被投诉方或用户赔偿而产生的等损失及腾讯名誉、商誉损害等。

通知书及相关证明材料准备时需注意的事项以及投寄地址详见下文注意事项中的说明。

3.1.2　腾讯反馈

腾讯作为中立的平台服务者，收到权利人符合《微信公众平台侵权投诉指引》要求的通知书后，腾讯会尽快按照相关法律法规的规定进行处理，并在符合法律规定要求的情形下将权利人的通知书转送给被投诉方。

若被投诉方不认可权利人的投诉，腾讯会将被投诉方提供的相关材料转送给权利人，若权利人对于被投诉方的意见及其提供的相关材料有异议的，腾讯建议权利人另行通过行政投诉、诉讼等方式直接和被投诉方解决相关问题。如果权利人有新的并可充分推翻被投诉方意见的证明材料的,也可向腾讯提供。

3.1.3　注意事项

(1)本指引中的权利人,是指拥有商标权的原始所有人,代理人是指经原始所有人合法授权的受托人,包括自然人、法人或其他组织等;

(2)本指引中的第三方,是指在微信公众平台提供各类服务的微信公众账号运营方;

(3)为了确保权利人提供相关材料的真实性和有效性,权利人的书面通知书及相关证明材料,一般应提供原件,不能提供原件的,应提供复印件(在复印件上应有权利人的签章)。

3.1.4　通知腾讯的两种方式

(1)通过在线"申请侵权投诉"流程填写投诉单并将相关的纸质版本材料扫描后进行上传;

(2)通过邮寄的方式将前述书面通知书及其他相关证明材料的纸质版本邮寄至腾讯指定的以下地点。

地址:中国广东省深圳市南山区科技园科技中一路腾讯大厦　法务部

邮编:518057

3.1.5　其他文件

若权利人涉外的,应当以授权委托方式,委托境内自然人或组织机构代为进行投诉,除相关授权文件外,还应提交如下材料之一,以确保真实、合法:

(1)中华人民共和国境内执业律师对前述授权委托过程进行律师见证的材料;

(2)对于境外不同国家或地区的权利人,按照以下方式提交:

①中华人民共和国(包括香港特别行政区、澳门特别行政区、台湾地区)以外的国家和地区:该权利人所在国公证机关证明前述授权委托合法性、真实性的公证材料和该公证材料经中华人民共和国驻该国使领馆认证的材料;

②中华人民共和国香港特别行政区:证明前述授权委托合法性、真实性的,经中国法律服务(香港)有限公司加章转递的中国委托公证人出具的委托公证材料;

③中华人民共和国澳门特别行政区:证明前述授权委托合法性、真实性的,经澳门政府公证部门或中国司法部委托的公证人公证,并经中国法律服务(澳门)公司加盖核验章的委托公证材料;

④中华人民共和国台湾地区:证明上述授权委托合法性、真实性的,经海峡

交流基金会复查确认的台湾公证机关出具的公证材料。

(3)任何涉外的材料,均需提交中华人民共和国驻该国使领馆对该材料的中文翻译文本进行认证的材料。

3.1.6　本指引中权利人的书面通知书,均应包括通知书本身及相关的主体资格材料、权属证明、侵权证明等材料。

3.1.7　若权利人已经因为被投诉人提供的服务向相关政府部门或法院提起行政投诉或诉讼的,请在提交通知书时,将相关受理证明及提交政府部门或法院的证据材料一同提交给腾讯,这将有利于权利人的投诉的处理。

3.1.8　按照相关法规、本指引的规定,若被投诉的服务应当在微信公众平台作终止运营处理的,腾讯终止相关服务的流程需要遵守相关法规规定的时限要求,比如,根据目前相关法规的规定,对于网络游戏的终止运营,需要提前60日予以公告后方可终止运营。

3.2　微信公众号侵权行为之无微信公众号的投诉流程

进入如下链接,扫描右侧二维码后发起投诉:

https://mp.weixin.qq.com/acct/infringementlogin? action=getkey&lang=zh_CN。

如图32所示:

图32

3.3　个人微信号侵权行为

若认为微信个人用户在微信发布的相关内容,侵犯了你(包括个人和公司)的合法商标权益,可以通过微信手机客户端进行侵权投诉。

3.3.1　微信个人用户侵权投诉详细指引

如果投诉人属于下列情形,请区分如下情形采用合适的途径处理:

(1)针对微信公众账号相关信息或公众平台用户行为进行侵权投诉,请点击:微信公众平台侵权投诉指引,见如下链接:https://mp.weixin.qq.com/cgi-bin/readtemplate? t=home/infringement_tmpl&lang=zh_CN;

(2)针对微信个人/公众账号销售假冒伪劣产品的行为,请通过微信安全中心—品牌维权途径进行投诉;

(3)针对微信个人用户广告骚扰、恶意营销、欺诈骗钱、诱导分享、传播色情信息/政治敏感信息,或传播谣言(传播者无法确定或侵害对象不确定)的行为,请在微信软件中点击“投诉”,并选择具体原因。

3.3.2 个人投诉流程

(1)通知腾讯

若权利人认为微信个人用户在微信的行为侵犯其合法权益,请按以下要求提交相关材料进行投诉,通知腾讯。

权利人应向腾讯提出书面通知书,通知书的内容应包括但不限于下列内容。

(2)权利人主体信息和相关材料

权利人的姓名(名称)、联系方式、地址及营业执照(单位)、身份证(个人)、相关授权证明等证明权利人主体资格的材料;

权利人如委托他人代理投诉的,还需提供授权委托书,以及代理人姓名(名称)、联系方式、地址及营业执照(单位)、身份证(个人)、相关代理人职务身份证明(公司授权书、介绍信等证明代理人职务身份及公司授权代理人代表公司办理相关投诉事务)等证明代理人主体资格的材料。

(3)权利人要求

权利人投诉侵权的微信账号信息,以及相关投诉事项说明。

(4)构成侵权的初步证明材料

该初步证明材料应包括:

①权利人拥有权利的权属证明材料:包括但不限于相关有权机构颁发的版权证书、商标权证书、专利权证书、作品首次公开发表或发行日期证明材料、创作手稿、经权威机构签发的作品创作时间戳、作品备案证书等能证明权利人拥有相关权利的有效权属证明;

②被投诉方提供的服务构成侵权的证明材料:包括但不限于被投诉方的行为构成对权利人姓名权、商号权/企业名称权、隐私权、名誉权/商誉权、版权/著作权、商标权、专利权等权利侵权的有效证明材料等。

(5)权利人保证

权利人应在通知书中明确保证:权利人人在本投诉中的陈述和提供的相关材料皆真实、有效且合法,并保证承担因本投诉带来的一切法律后果,包括但不限于承担腾讯因根据声明人的投诉对相关账号的处理而给腾讯造成的任何损失。

(6)腾讯反馈

腾讯作为中立的平台服务者,收到权利人符合《微信公众号平台侵权投诉指引》要求的通知书后,腾讯会尽快按照相关法律法规的规定进行处理,并在符合法律规定要求的情形下将权利人的通知书转送给被投诉方。

若被投诉方不认可权利人的投诉，腾讯会将被投诉方提供的相关材料转送给权利人，若权利人对于被投诉方的意见及其提供的相关材料有异议的，腾讯建议权利人另行通过行政投诉、诉讼等方式直接和被投诉方解决相关问题。如果权利人有新的并可充分推翻被投诉方意见的证明材料的，也可向腾讯提供。

(7)注意事项

①为了确保权利人提供相关材料的真实性和有效性，权利人的书面通知书及相关证明材料，一般应提供原件，不能提供原件的，应提供复印件（在复印件上应有权利人的签章），若材料涉外的，应按照法律的规定进行公证转递，并同时提供相应的公证转递材料。

②本指引中权利人的通知书，均应包括通知书本身及相关的主体资格材料、权属证明、侵权证明等材料。

③若权利人已经因为被投诉人提供的服务向相关政府部门或法院提起行政投诉或诉讼的，在提交通知书时，将相关受理证明及提交政府部门或法院的证据材料一同提交给腾讯，这将有利于权利人的投诉的处理。

④按照相关法规、本指引的规定，若被投诉的用户应当在微信作注销账号处理的，腾讯终止相关服务的流程需要遵守相关法规规定的时限要求。

⑤有以下两种通知腾讯的方式：

a. 通过微信手机客户端提交微信个人用户侵权投诉通知；

b. 通过邮寄的方式将前述书面通知书及其他相关证明材料的纸质版本邮寄至腾讯指定的以下地点。

地址：中国广东省深圳市南山区科技园科技中一路腾讯大厦　法务部

邮编：518057

表14　微信个人用户侵权投诉通知书范例

<table>
<tr><td colspan="5">提示:请你详细阅读《微信个人用户侵权投诉指引》后填写通知书,并注意本通知书的填写说明,不符合要求的投诉将难以被处理。
加“＊”为必填项。</td></tr>
<tr><td rowspan="5">权利人</td><td>姓名/名称＊</td><td></td><td>身份证件类型及编号＊
(须在邮件附件中提交电子版)</td><td></td></tr>
<tr><td>法定代表人/负责人(单位必填)＊</td><td colspan="3"></td></tr>
<tr><td>通信地址＊</td><td></td><td>邮编＊</td><td></td></tr>
<tr><td>联系人(单位必填)＊</td><td></td><td>电话＊</td><td></td></tr>
<tr><td>E－mail＊</td><td></td><td>传真</td><td></td></tr>
<tr><td rowspan="5">代理人</td><td>姓名/名称＊</td><td></td><td>有效证件＊
(复印件附后)</td><td></td></tr>
<tr><td>法定代表人/负责人(单位)＊</td><td colspan="3"></td></tr>
<tr><td>通信地址＊</td><td></td><td>邮编＊</td><td></td></tr>
<tr><td>联系人＊</td><td></td><td>电话＊</td><td></td></tr>
<tr><td>E－mail＊</td><td></td><td>传真</td><td></td></tr>
<tr><td rowspan="4">投诉账号</td><td>账号名称＊</td><td colspan="3"></td></tr>
<tr><td colspan="2">微信号/ID＊
(若无法看到对方微信号,请在通讯录中将其备注为“被投诉微信号”)</td><td colspan="2"></td></tr>
<tr><td>联系人</td><td></td><td>电话</td><td></td></tr>
<tr><td>E－mail</td><td></td><td>传真</td><td></td></tr>
<tr><td colspan="2">投诉内容＊</td><td colspan="3"></td></tr>
<tr><td colspan="2">投诉账号详细资料截图＊</td><td colspan="3"></td></tr>
<tr><td colspan="2">朋友圈发布时间＊
(投诉朋友圈侵权必填,需完整填写年、月、日、时、分,否则无法准确定位)</td><td colspan="3"></td></tr>
</table>

续表

<table>
<tr><td rowspan="5">证明材料＊
（图片、PDF文档等请在邮件附件中提交，身份证等证件必须上传）</td><td>序号</td><td>名称</td><td>证明内容</td></tr>
<tr><td>1</td><td></td><td></td></tr>
<tr><td>2</td><td></td><td></td></tr>
<tr><td>3</td><td></td><td></td></tr>
<tr><td></td><td></td><td></td></tr>
<tr><td colspan="4">投诉要求＊</td></tr>
<tr><td>保证声明＊</td><td colspan="3">权利人及其代理人（统称为：声明人）诚意作如下保证声明：声明人在通知书中的陈述和提供的相关材料皆是真实、有效和合法的，并保证承担和赔偿腾讯因根据声明人的通知书对相关账号的处理而给腾讯造成的任何损失，包括但不限于腾讯因向被投诉方或用户赔偿而产生的损失及腾讯名誉、商誉损害等</td></tr>
<tr><td>权利人（或其代理人）
签名（盖章）＊</td><td colspan="3">年　　月　　日</td></tr>
<tr><td>备注</td><td colspan="3"></td></tr>
<tr><td colspan="4">填写说明：
一、通知中带“＊”的栏目为必填事项。
二、“权利人或代理人”，包含自然人、法人和其他组织。权利人，是指拥有姓名权、商号权/企业名称权、隐私权、名誉权/商誉权、版权/著作权、商标权、专利权等合法权益的原始所有人；代理人，是指经权利人合法授权的人。权利人委托代理人发出通知的，代理人必须提供权利人的委托书。代理人发出的每个不同的通知均需获得权利人的分别明确授权。
三、“有效证件”，包括自然人的身份证、护照，法人的工商营业执照、登记证明或其他证明主体资格的合法、有效材料。填写有效证件号码需同时注明证件类型，并将证件的复印件作为本通知的附件一并提供。
四、“投诉账号”，是指权利人认为未经合法授权，侵犯权利人的合法权益，且对象明确的微信个人用户账号。
五、“投诉内容”，是指权利人认为侵犯其合法权益的服务内容。
六、“投诉账号详细资料截图”，是指权利人提出的投诉账号详细资料页截图。
七、“证明材料”，包括权利人拥有权利的权属证明材料（包括但不限于相关有权机构颁发的版权、商标权及专利权等登记证明及其他能证明权利人拥有相关权利的有效权属证明等）和被投诉方提供的服务构成侵权的证明（包括但不限于被投诉方提供的服务构成对权利人的版权、商标权或专利权等侵权的有效证明材料等）。填写证明材料应以附件的形式提供证明性文件的原件或复印件。
八、“通知要求”，是指发出本通知的一方向接受通知一方提出的需要履行的具体事项。包括要求对被投诉方提供的服务采取何种措施的要求，如保留或删除相关内容、封禁相关账号等。
九、“权利人或代理人签名（签章）”，是指权利人合法、有效的签章（自然人应签名，法人应加盖相应公章或其他合法、有效签章）。
十、权利人或代理人应该提供的材料一般应提供原件，不能提供原件的，应提供复印件，并在相应复印件上有权利人合法、有效的签章（自然人应签名，法人应加盖相应公章或其他合法、有效签章），若材料涉外的，应按照法律的规定进行公证转递，并同时提供相应的公证转递材料。</td></tr>
</table>

3.3.3 投诉方法

(1)若你的侵权投诉针对的场景为微信账号昵称、头像或个性签名等个人资料的:打开微信客户端,进入投诉对象“详细资料”页→轻触右上角“...”→选择“投诉”→选择“存在侵权行为”(见图33)。

图 33

(2)若你的侵权投诉针对的场景为朋友圈的:打开微信客户端,进入朋友圈→长按被投诉人头像→选择“投诉”→选择“存在侵权行为”(见图34)。

图 34

(3)处理结果反馈

用户的侵权投诉通知送达微信团队并经核实后：

①对被投诉的内容，将会依据《腾讯微信软件许可及服务协议》《微信个人帐号使用规范》和相关法律法规进行相应处理；

②对处理结果，将通过“微信团队”公众号对投诉人进行反馈；同时，通过“微信团队”公众号或微信客户端的系统提示告知被投诉人。

(4)申诉

如果被投诉人对侵权投诉的处理结果有异议，可按照《微信个人用户侵权投诉反通知指引》，提供相关材料，进行侵权申诉。

3.3.4　微信个人用户侵权投诉反通知指引

若第三方个人用户在微信发布的相关内容被权利人因侵犯版权/著作权、商标权或专利权等知识产权理由投诉，被投诉方可按照本指引要求向腾讯提供相关材料，以保护各方的合法权益。

(1)被投诉方向腾讯提交书面反通知书

被投诉方在收到腾讯的处理通知或腾讯在法律规定要求的情形下转送的通知书后，如有异议可按照以下的指引要求在5个工作日内向腾讯提交书面反通知书(书面反通知书请下载附录：《微信个人用户侵权投诉反通知书》)，反通知书的内容应包括但不限于以下内容：

①被投诉方主体信息和相关材料

被投诉方的姓名(名称)、联系方式、地址及营业执照(单位)、身份证(个人)、相关授权证明等证明被投诉方主体资格的材料；

被投诉方如委托他人代理投诉的，还需提供授权委托书，以及代理人姓名(名称)、联系方式、地址及营业执照(单位)、身份证(个人)、相关代理人职务身份证明(公司授权书、介绍信等证明投诉人职务身份及公司授权投诉人代表公司办理相关投诉事务)等证明代理人主体资格的材料。

②被投诉方对投诉的观点

a. 认可侵权；

b. 不认可侵权。

③不构成侵权的初步证明材料

被投诉方不认可侵权的，应提供不侵权的初步证明材料，该初步证明材料应包括：

a. 被投诉方拥有权利的权属证明材料：包括但不限于相关有权机构颁发的版权证书、商标权证书、专利权证书、作品首次公开发表或发行日期证明材料、创作手稿、经权威机构签发的作品创作时间戳、作品备案证书等能证明被投诉

方拥有相关权利的有效权属证明;

b. 被投诉方提供的服务不构成侵权的证明材料:包括但不限于被投诉方在微信的注册信息、相关发布内容或使用行为不构成对权利人版权、商标权、专利权、隐私权、名誉权、商誉权或者公平竞争权等权利侵权的有效证明材料等。

④被投诉方保证

被投诉方应在反通知书中明确保证:

被投诉方在反通知书中的陈述和提供的相关材料皆是真实、有效和合法的,并保证承担和赔偿腾讯因根据被投诉方的反通知书对相关账号的处理而给腾讯造成的损失,包括但不限于腾讯因向权利人或用户赔偿而产生的损失等及腾讯名誉、商誉损害等。

反通知书及相关证明材料准备时需注意的事项以及投寄地址详见下文注意事项中的说明。

(2)腾讯反馈

腾讯作为中立的平台服务者,收到被投诉方符合本指引要求的反通知书后,若被投诉方不认可权利人的投诉,腾讯会在符合法律规定的情形下将被投诉方提供的相关材料转送给权利人。腾讯会尽快按照相关法律法规的规定进行处理。

(3)注意事项

①被投诉方,是指被权利人投诉主张涉嫌侵犯其合法权益的微信个人用户,代理人是指经被投诉方合法授权的受托人,包括自然人、法人或其他组织等。

②第三方,是指在微信客户端注册并使用微信服务的微信个人用户。

③为了确保被投诉方提供相关材料的真实性和有效性,被投诉方的书面反通知书及相关证明材料,一般应提供原件,不能提供原件的,应提供复印件(在复印件上应有被投诉方的签章),若材料涉外的,应按照法律的规定进行公证转递,并同时提供相应的公证转递材料。

两种通知腾讯的方式:

a. 将前述全部的纸质版本材料扫描后通过电子邮件发送至腾讯指定电子邮箱:notice - wxps@ tencent. com,邮件标题请采用如下格式:【个人侵权投诉反通知】“被投诉人” + “事项”。

b. 通过邮寄的方式将前述书面反通知书及其他相关证明材料的纸质版本邮寄至腾讯指定的以下地点。

地址:中国广东省深圳市南山区科技园科技中一路腾讯大厦　法务部

邮编:518057

被投诉方的书面反通知书,均应包括反通知书本身及相关的主体资格材料、权属证明、不构成侵权证明等材料。

3.4　品牌维权

如发现微信个人账号存在发布仿冒品信息的行为，损害了微信用户或商标权利人（品牌方）的利益，微信用户可通过微信手机客户端发起投诉，并向已接入微信品牌维权平台的品牌方提交线索，品牌方对线索进行鉴定并通知微信，微信对相关账号进行处理。

3.4.1　售假投诉处理流程

（1）用户向品牌方提交仿冒品举报线索；

（2）品牌方对线索进行鉴定，并通知微信；

（3）微信处理相关账号。

注意事项：仿冒品投诉鉴定需要用户提供与被投诉账号的微信聊天截图等证据材料。

3.4.2　微信品牌维权平台接入

如需接入微信品牌维权平台，品牌方可按照《接入指引》提供相关材料申请接入。

3.4.3　投诉方法

（1）若你的侵权投诉针对的场景为微信账号昵称、头像或个性签名等个人资料的：打开微信客户端，进入投诉对象“详细资料”页→轻触右上角“...”→选择“投诉”→选择“发布仿冒品信息”（见图35）。

图35

(2)若你的侵权投诉针对的场景为朋友圈的:打开微信客户端,进入朋友圈→长按被投诉人头像→选择“投诉”→选择“发布仿冒品信息”(见图36)。

图36

3.4.4 处理结果反馈

品牌方的侵权投诉通知送达微信团队并经核实后:

(1)对被投诉的内容,将会依据《腾讯微信软件许可及服务协议》《微信个人帐号使用规范》和相关法律法规进行相应处理;

(2)对处理结果,将通过“微信团队”公众号对投诉人进行反馈;同时,也会通过“微信团队”公众号或微信客户端的系统提示告知被投诉人。

3.4.5 申诉

如果被投诉人对品牌维权投诉的处理结果有异议,可按照《申诉指引》,提供相关材料,进行申诉。

第四章　商标诉讼实务

第1节　商标授权确权行政诉讼

1. 商标授权确权行政诉讼类型

商标授权确权行政诉讼的类型主要包括如下三种：

1.1　不服国家知识产权局关于商标驳回复审决定的行政诉讼

《商标法》第34条（第340页）

商标注册申请人对国家知识产权局关于驳回复审的决定不服的，可以自收到决定之日起30日内向人民法院起诉。

1.2　不服国家知识产权局关于不予注册复审决定的行政诉讼

《商标法》第35条（第340页）

被异议人对国家知识产权局关于不予注册复审的决定不服的，可以自收到决定之日起30日内向人民法院起诉。注意，这里只有被异议人有权提起行政诉讼，异议人作为第三人参加诉讼。

1.3　不服国家知识产权局关于无效宣告裁定的行政诉讼

《商标法》第45条（第342页）

当事人双方任何一方对国家知识产权局关于无效宣告的裁定不服的，可以自收到裁定之日起30日内向人民法院起诉。人民法院应当通知商标裁定程序的对方当事人作为第三人参加诉讼。

2. 管辖法院

最高人民法院《关于北京、上海、广州知识产权法院案件管辖的规定》第5条第3项、第7条（第575页）

商标授权确权行政诉讼的一审法院为北京知识产权法院，二审法院为北京市高级人民法院。

3. 当事人及第三人

商标行政确权诉讼中的原告，是指商标行政机关具体行政行为的相对人。原告有可能是自然人、法人和其他非法人组织。原告可能是涉案商标的原权利人，也有可能是涉案商标的受让人。商标行政确权诉讼中的被告为国家知识产权局。

(1)在不服国家知识产权局关于商标驳回复审决定的行政诉讼中,只有原告(商标申请人)和被告(国家知识产权局)。

(2)在不服国家知识产权局关于不予注册复审决定或无效宣告裁定的行政诉讼中,除了原告和国家知识产权局,还有第三人:

①不服国家知识产权局关于不予注册复审决定的行政诉讼的原告为被异议人,被告为国家知识产权局,第三人为原异议人。

②不服国家知识产权局关于无效宣告裁定的行政诉讼的原告为一方当事人,被告为国家知识产权局,第三人为对方当事人。

4. 起诉文件的准备

提起商标行政确权诉讼,需要准备下列起诉文件:

(1)起诉状;

(2)原告营业执照复印件,加盖公章;

(3)原告组织结构代码证复印件,加盖公章;

(4)原告法定代表人身份证明原件;

(5)授权委托书原件(若委托律师事务所提起诉讼的);

(6)国家知识产权局决定或裁定及信封原件。

涉外诉讼的,原告应提供上述身份证明文件及委托书的公证认证件,由于提起行政诉讼的期限只有30天,原告很难在此期限内完成上述文件的公证认证手续。因此在实践中,法院允许原告在起诉时先行提交上述文件的复印件,经公证认证的文件可以在随后3个月内补交。

5. 起诉理由

原告起诉的理由与一般行政诉讼的起诉理由基本相同,具体如下:

(1)被告作出具体行政行为证据不足;

(2)被告作出具体行政行为适用法律、法规错误的;

(3)被告作出具体行政行为违反法定程序的。

6. 新证据

根据最高人民法院《关于行政诉讼证据若干问题的规定》第59条的规定,被告在行政程序中依照法定程序要求原告提供证据,原告依法应当提供而拒不提供,在诉讼程序中提供的证据,人民法院一般不予采纳。

在商标授权、确权行政诉讼案件的审理实践中,法院一般对当事人提交的“绝对事由”新证据可以采取接受的态度;在“相对事由”相关新证据中,则根据商标申请注册的不同阶段的立法本意和具体情形进行划分,来确定新证据接受的基本规则。

7. 审理方式

商标行政确权诉讼，适用一般行政诉讼的审理方式，根据《行政诉讼法》第45条、第46条的相关规定，商标行政诉讼的审理主要遵循下列原则：

(1)合议庭审理。在商标行政诉讼中，由于以国家知识产权局为被告，并涉及当事人重大民事权益，人民法院会组成合议庭审理案件。合议庭由审判员组成，或者由审判员、陪审员组成。合议庭的成员，应当是3人以上的单数。

(2)公开审理为原则，不公开审理为例外。商标行政诉讼一般应公开审理，但当事人提出审理事项涉及当事人商业秘密的，合议庭经过合议可以进行不公开审理。

(3)不调解原则。人民法院审理商标行政案件，不适用调解。

8. 北京知识产权法院网上立案及速审机制

8.1　网上立案

2015年12月15日，北京知识产权法院网上立案平台正式开通运行(www.bjcourt.gov.cn)(见图37)，网上直接立案采取“线上登记+线下邮寄”的方式，无须再到法院提交材料。

图 37

8.1.1　特点和功能

(1)实现网上提交起诉材料，网上审核。北京律协的律师需通过首页“北京律协”通道进行注册。申请完成后，法院会在规定时间内通过网上立案系统审核当事人提交的材料。案件纸质材料当事人可以在规定期限内直接邮寄或递交至北京知识产权法院诉讼服务窗口即可。

(2)实现系统自动告知，自动提示。法院审核的结果，会通过手机短信的方式告知当事人。审核通过的,短信通知会提示当事人缴费和在一定期限内向法院递交案件纸质材料;若未通过,也会短信告知结果。

(3)实现网上缴纳诉讼费用。网上立案申请审核通过后,当事人可进入自己的注册账户,直接通过工商银行网上银行缴纳诉讼费,且无须前往法院换区诉讼费发票,开庭时一并领取即可。

8.1.2 立案申请人资格

暂时仅向北京律协的律师开放。

8.1.3 可接收案件类型

(1)一审民商事案件(特别程序案件以及诉讼保全案件除外);

(2)一审知识产权案件(包括知识产权民事案件和知识产权行政案件,但诉讼保全案件除外);

(3)部分执行案件,即执行依据为民事类生效裁判文书、仲裁裁决书、仲裁调解书、公证债券文书等执行实施类案件。

注意:截至2017年4月1日,北京知识产权法院仅开通了知识产权行政案件的网上直接立案。

《北京市高级人民法院商标授权确权行政案件审理指南》"提起诉讼的处理"(第598页)

商标评审部门按照生效裁判重新作出被诉裁决,当事人据此提起行政诉讼的,裁定不予受理;已经受理的,裁定驳回起诉。但商标评审部门作出被诉裁决依据的事由不复存在的除外。

8.2 速审机制

2016年2月25日,北京知识产权法院探索在立案庭设立速审组,对商标行政案件(主要是驳回复审案件)实行集中审理。速审机制采取了"1+2+4"的设置模式:

(1)"1":在立案大厅单独设置一个速审服务窗口,主要用于集中提供速审咨询、原告方送达、开庭排期等服务;

(2)"2":速审准备室和材料交换室两个工作室,主要用于向被告方集中送达、与被告方进行诉讼材料交换等工作;

(3)"4":速审组4个法官团队快速办理案件。

商标驳回复审行政案件当事人在立案后,立案法官会将其案件统一转送至速审服务窗口。速审服务窗口工作人员会立即开具开庭传票,将开庭时间和开庭地点告知当事人。国家知识产权局作为被告,每周两次到北京知识产权法院材料交换室,签收和交换诉讼材料。一般而言,当事人从立案到首次开庭,仅需要20天左右。

9. 审理期限

根据《行政诉讼法》第 81 条的规定，对于行政诉讼案件，人民法院应当在立案之日起 6 个月内作出第一审判决。有特殊情况需要延长的，由高级人民法院批准，高级人民法院审理第一审案件需要延长的，由最高人民法院批准。

根据《行政诉讼法》第 83 条的规定，适用简易程序审理的行政案件，由审判员一人独任审理，并应当在立案之日起 45 日内审结。

10. 商标行政确权诉讼判决

10.1　判决维持

人民法院经过审理，认为国家知识产权局做出的具体行政行为证据确凿，适用法律、法规正确，符合法定程序的，判决维持。

10.2　判决撤销或者部分撤销

人民法院经过审理，认为国家知识产权局做出的具体行政行为有下列情形之一的，判决撤销或者部分撤销，并可以判决被告重新作出具体行政行为：

(1) 主要证据不足的；

(2) 适用法律、法规错误的；

(3) 违反法定程序的；

(4) 超越职权的；

(5) 滥用职权的。

10.3　判决重新作出行政行为

做出上述撤销或者部分撤销判决的，还可以判决被告重新作出具体行政行为。

10.4　行政诉讼中的情势变更

《商标评审规则》第 36 条（第 459 页）

行政诉讼中的情势变更，是指在一审行政诉讼程序中，若因商标评审决定、裁定所引证的商标已经丧失在先权利导致决定、裁定事实认定、法律适用发生变化的，在原告撤诉的情况下，国家知识产权局可以撤回原决定或者裁定，并依据新的事实，重新做出商标评审决定或者裁定。

11. 二审程序

商标行政诉讼发展到二审阶段，与一审没有实质区别。二审法院也会全面审查一审法院的审理活动，在收到上诉状之日起 3 个月内作出终审判决。有特殊情况需要延长的,由高级人民法院批准,高级人民法院审理上诉案件需要延长的,由最高人民法院批准。

在一审中没有提交的证据,如果在二审中提交,只有在对方当事人认可的情况下,才能被法院用作证据。如果对方当事人不认可,则不能被法院认定为证据,当然也不能被采纳。

第2节　商标侵权民事诉讼

最高人民法院《关于审理注册商标、企业名称与在先权利冲突的民事纠纷案件若干问题的规定》（第639页）
《民事案件案由规定》（第620页）

根据法律性质的不同，与商标有关民事诉讼一般可分为如下类型：

（1）侵害商标权纠纷。是指侵犯注册商标专用权的行为提起的诉讼。

（2）确认不侵害商标权纠纷。是指商标使用人收到商标权人或利害关系人以警告信或律师函等方式发出的商标侵权警告时，在认为自身商标使用行为不构成商标侵权的情况下，请求法院确认其行为不构成商标侵权的诉讼。

（3）商标合同纠纷。指因商标相关合同产生的纠纷诉讼，合同类型包括商标权转让合同，商标许可使用合同，商标质押合同，商标代理合同等。

（4）商标权权属纠纷。因商标所有权纠纷产生的诉讼。

（5）注册商标侵犯他人在先权利的侵权纠纷。即对于他人注册商标侵犯著作权、外观设计专利权、企业名称权等在先权利而提起的诉讼。

（6）不正当竞争纠纷。是指将他人注册商标、未注册的驰名商标作为企业名称中的字号使用，误导公众的。

在商标纠纷领域，第（1）类的侵害商标权纠纷（也称商标侵权纠纷）诉讼是最为常见的诉讼类型，以下主要介绍此类型诉讼的相关内容。

1. 商标侵权民事诉讼及适用法律依据

商标侵权民事诉讼，是指商标侵权为由向法院提起民事诉讼，要求法院判令侵权行为人停止商标侵权行为，赔偿损失等。相关法律依据包括：

《商标法》（自2019年11月1日起施行）；

《反不正当竞争法》（自2019年4月23日起施行）；

最高人民法院《关于审理商标民事纠纷案件适用法律若干问题的解释》（自2002年10月16日起施行）；

最高人民法院《关于审理商标案件有关管辖和法律适用范围问题的解释》（自2002年1月2日起施行）；

最高人民法院《关于商标法修改决定施行后商标案件有关管辖和法律适用问题的解释》（自2014年5月1日起施行）；

最高人民法院《关于诉前停止侵犯注册商标专用权的行为和保全证据适用法律若干问题的解释》（自2002年1月22日起施行）；

最高人民法院《关于审理注册商标、企业名称与在先权利冲突的民事纠纷案件若干问题的规定》（自2008年3月1日起施行）；

最高人民法院《关于人民法院对注册商标权进行财产保全的解释》（自2001年

1月21日起施行)；

最高人民法院《关于审理不正当竞争民事案件应用法律若干问题的解释》(自2007年2月1日起施行)；

最高人民法院《关于调整地方各级人民法院管辖第一审知识产权民事案件标准的通知》(自2010年2月1日起施行)；

最高人民法院《关于印发基层人民法院管辖第一审知识产权民事案件标准的通知》(自2010年2月1日起施行)；

全国人民代表大会常务委员会《关于在北京、上海、广州设立知识产权法院的决定》(自2014年8月31日起施行)；

最高人民法院《关于北京、上海、广州知识产权法院案件管辖的规定(2014)》(自2014年11月3日起施行)；

最高人民法院《关于当前经济形势下知识产权审判服务大局若干问题的意见》(自2009年4月2日起施行)。

2. 商标侵权诉讼流程(见图38)

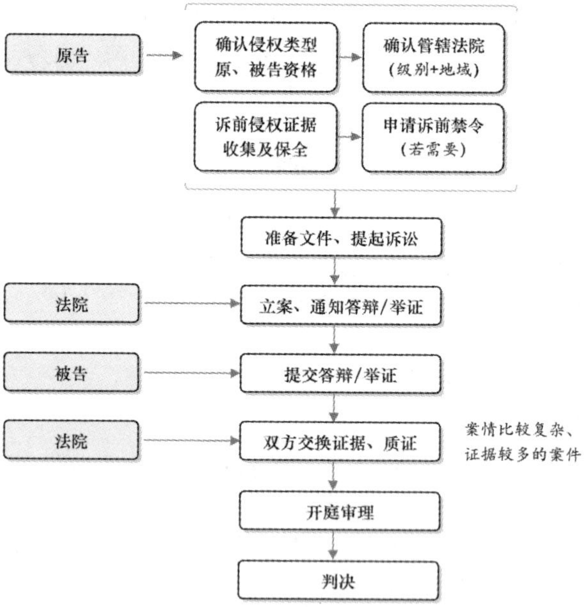

图38 诉讼流程

3. 确认侵权行为类型

《商标法》
第57条
(第343页)

侵犯注册商标专用权的行为包括以下类型：

(1)未经商标注册人的许可，在同一种商品上使用与其注册商标相同的商标的。

(2)未经商标注册人的许可,在同一种商品上使用与其注册商标近似的商标,或者在类似商品上使用与其注册商标相同或者近似的商标,容易导致混淆的;在同一种商品或者类似商品上将与他人注册商标相同或者近似的标志作为商品名称或者商品装潢使用,误导公众的,属于《商标法》第57条第2项规定的侵犯注册商标专用权的行为。

《商标法实施条例》第76条(第359页)

(3)销售侵犯注册商标专用权的商品的。

(4)伪造、擅自制造他人注册商标标识或者销售伪造、擅自制造的注册商标标识的。

(5)未经商标注册人同意,更换其注册商标并将该更换商标的商品又投入市场的。

(6)故意为侵犯他人商标专用权行为提供便利条件,帮助他人实施侵犯商标专用权行为的;这里的便利条件包括:为侵犯他人商标专用权提供仓储、运输、邮寄、印制、隐匿、经营场所、网络商品交易平台等。

《商标法实施条例》第75条(第359页)

(7)给他人的注册商标专用权造成其他损害的,包括如下行为:

①将与他人注册商标相同或者相近似的文字作为企业的字号在相同或者类似商品上突出使用,容易使相关公众产生误认的;

②复制、摹仿、翻译他人注册的驰名商标或其主要部分在不相同或者不相类似商品上作为商标使用,误导公众,致使该驰名商标注册人的利益可能受到损害的;

③将与他人注册商标相同或者相近似的文字注册为域名,并且通过该域名进行相关商品交易的电子商务,容易使相关公众产生误认的。

最高人民法院《关于审理商标民事纠纷案件适用法律若干问题的解释》第1条(第623页)

4. 商标侵权诉讼原告

商标侵权诉讼的原告主要是商标注册人或者利害关系人。

4.1 商标注册权人

(1)商标注册人,对于共有商标,其代表人和共有人应作为共同原告提起诉讼;

(2)商标受让人,在转让注册商标公告之日起其可作为原告起诉;

(3)商标继承人。

4.2 利害关系人

最高人民法院《关于审理商标民事纠纷案件适用法律若干问题的解释》第3条、第4条(第623页)

(1)独占使用许可人。独占使用的被许可人可以单独对使用许可期限和地域内的商标侵权行为提起诉讼,无须商标注册人同意。

(2)排他使用许可人。排他使用许可合同的被许可人可以和商标注册人共同起诉,也可以在商标注册人不起诉的情况下,自行提起诉讼。

(3)普通使用许可人。普通使用许可合同的被许可人经商标注册人书面明确授权,也可以就许可使用期限和地域内的商标侵权行为作为原告提起诉讼。

5. 确认被告

原告提起民事诉讼必须有明确的被告。如果被告不明确,法院将不予受理。实践中,因涉及商标侵权的行为方不止一个,商标侵权案件的被告可能为多个。例如,侵权产品的生产厂家,侵权产品的销售商等。诉讼实践中通常列为共同被告,要求被告承担连带责任。另外,实践中可能涉及共同被告的情况还有联合出品方、监制方、母公司和子公司等。

6. 确认管辖法院

最高人民法院《关于审理商标案件有关管辖和法律适用范围问题的解释》第2条第3款、第4款
(第576页)
最高人民法院《关于调整地方各级人民法院管辖第一审知识产权民事案件标准的通知》
(第649页)
最高人民法院《关于印发基层人民法院管辖第一审知识产权民事案件标准的通知》
(第650页)

6.1 管辖级别

6.1.1 一般商标民事纠纷案件

商标民事纠纷一审案件,由中级以上人民法院及最高人民法院指定的基层人民法院管辖,实践中按照案件标的额确定管辖法院。

中级人民法院管辖第一审民事案件的诉讼标的额上限原则上为50亿元(人民币);高级人民法院管辖诉讼标的额50亿元(人民币)以上(含本数)或者其他在本辖区有重大影响的第一审民事案件。

6.1.2 涉及驰名商标保护案件

涉及对驰名商标保护的民事案件,由省、自治区人民政府所在地市、计划单列市、直辖市辖区中级人民法院及最高人民法院指定的其他中级人民法院管辖。

北京知识产权法院和上海知识产权法院管辖所在市辖区内涉及驰名商标认定的第一审民事案件;广州知识产权法院管辖广东省内的涉及驰名商标认定的第一审民事案件。

最高人民法院《关于审理商标民事纠纷案件适用法律若干问题的解释》第6条、第7条
(第624页)

6.2 管辖地域

商标民事纠纷诉讼的管辖地域,包括:

(1)被告住所地法院。

(2)侵权行为实施地法院;包括:①侵权商品生产地;②侵权商品销售地;③侵权商品展览、展销地;④侵权商品广告发布地。对涉及不同侵权行为实施地的多个被告提起的共同诉讼,原告可以选择其中一个被告的侵权行为实

施地人民法院管辖;仅对其中某一被告提起的诉讼,该被告侵权行为实施地的人民法院有管辖权。

(3)侵权商品的储藏地,指大量或者经常性储存、隐匿侵权商品所在地。

(4)查封扣押地,指海关、市场监督管理机关等行政机关依法查封、扣押侵权商品所在地。

7. 诉前证据准备

在提起诉讼前,需要准备好相关证据。包括:

(1)权属证据,即证明商标权利有效的证据。

(2)侵权证据,表明商标权被侵害的证据。

(3)有关损害赔偿的证据。根据一般民事诉讼证据形式的规定,商标侵权诉讼的证据同样可以分为书证、物证、视听资料、证人证言等七种证据,并且就域外证据而言,也需要遵循有关域外证据的认证、公证规则。

7.1　权属证据

权属证据,主要证明原告是商标的合法权利人或其利害关系人,具备起诉资格。主要包括:(1)商标注册证、核准转让证明及续展核准证明等。如果是国际注册,则需提供商标注册证明。(2)驰名商标认定行政裁定或法院判决书。(3)其他证明商标知名度及荣誉的证据。

7.2　侵权证据

侵权证据,主要证明被告实施了或正在实施被控使用原告注册商标的恶意侵权行为。

(1)侵权人身份证明文件,包括企业营业执照、工商登记档案、人数、经营范围等资料;

(2)侵权商品宣传材料,包括网站介绍、展览、展销及广告宣传手册等;

(3)侵权商品样品或照片;

(4)侵权商品销售合同、销售发票;

(5)市场监督管理部门立案材料、财务查扣清单及行政处罚决定书等处罚材料;

(6)其他证明商标使用侵权行为的证据。

7.3　支持损害赔偿请求的证据

有关损害赔偿的证据,主要是为主张的赔偿数额提供证据支持,包括如下类型证据:

(1)原告损失证据,即原告因侵权行为所受损失的证据,包括:权利人因侵权所造成商品销售减少量的证据;注册商标合法商品或服务单位利润的证据;制止侵权合理费用的证据。这里合理费用包括:①为制止侵权的调查费;②证据保全费;③律师费、差旅费等。

(2)被告获利证据,被告因侵权行为获利的证据主要包括:侵权人的账簿、资料、财务审计报告;侵权人侵权期间销售额的证据;侵权人单位产品利润的证据。

(3)商标许可使用费的相关证据,即被告与他人的商标许可使用合同或其他能证明许可使用费用的证据。

8. 诉前侵权证据的公证保全

实践中,在正式启动诉讼前,建议对有关证据申请公证机关进行证据保全,经过公证证明的法律行为、法律事实和文书,法院则确认其效力。但是,有相反证据足以推翻公证证明的除外。根据保全的证据对象不同,公证保全主要包括如下类型:

8.1 侵权方经营办公场所及侵权信息公证

如果在调查中发现,侵权方有实际经营办公场所,可以申请公证处进行现场公证,主要是公证相关侵权信息及材料,包括办公场所门牌以及侵权信息的录音、录像、宣传资料、名片等,出具公证书。

8.2 侵权物品的购买公证

如果在调查中发现,侵权方在销售场所、展会、网站上销售侵权物品,可以申请公证处进行现场公证,主要是公证购买侵权物品的整个购买记录(包括发票、侵权方信息、现场情况、侵权物品信息)及其他有关侵权线索,查封买到的侵权货物,出具公证书。

8.3 侵权网站的公证

实践中,很多侵权方恶意注册包含商标权利人商标的域名,并建立网站,展示或销售侵权商品,或者在其他网络平台展示侵权物品和信息,误导消费者以牟取非法利益。对于此类网站或网页,可申请公证处进行证据保全,公证员将按照操作流程浏览侵权人的网站,并对浏览步骤进行记录,打印浏览页面,出具公证书。

《商标法》第66条(第346页)

9. 诉前侵权证据的法院保全

9.1 诉前申请法院保全证据的适用情形

为制止侵权行为,在以下情况下,商标注册人或者利害关系人可以在依法起诉前向人民法院申请保全证据:(1)证据可能灭失;或者(2)以后难以取得。

9.2　诉前证据保全的申请人

诉前证据保全的申请人包括：

(1)商标注册人。

(2)利害关系人：①商标使用许可合同的被许可人，其中，独占使用许可合同的被许可人可以单独向人民法院提出申请；排他使用许可合同的被许可人在商标注册人不申请的情况下，可以提出申请。②注册商标财产权利的合法继承人。

最高人民法院《关于诉前停止侵犯注册商标专用权行为和保全证据适用法律问题的解释》第1条（第633页）

9.3　诉前证据保全申请的管辖法院

诉前保全证据的申请，应当向侵权行为地（包括：①侵权商品生产地；②侵权商品销售地；③侵权商品展览、展销地；④侵权商品广告发布地），或者被申请人住所地有管辖权的人民法院提出。

最高人民法院《关于诉前停止侵犯注册商标专用权行为和保全证据适用法律问题的解释》第2条（第633页）

9.4　诉前证据保全的申请文件

提出诉前保全证据的申请，应当递交书面申请状。申请状应当载明如下内容：

(1)当事人及其基本情况；

(2)申请保全证据的具体内容、范围、所在地点；

(3)请求保全的证据能够证明的对象；

(4)申请的理由，包括证据可能灭失或者以后难以取得，且当事人及其诉讼代理人因客观原因不能自行收集的具体说明。

最高人民法院《关于诉前停止侵犯注册商标专用权行为和保全证据适用法律问题的解释》第3条（第633页）

9.5　诉前证据保全的担保

对于申请人的诉前证据保全申请，如果可能涉及被申请人财产损失的，人民法院可以责令申请人提供担保，申请人不提供担保的，驳回申请。

最高人民法院《关于诉前停止侵犯注册商标专用权行为和保全证据适用法律问题的解释》第6条（第634页）

9.6　诉前证据保全裁定

人民法院接到商标注册人或者利害关系人的诉前证据保全申请后，必须在48小时内进行审查，并以裁定的方式作出。人民法院一旦作出裁定进行保全，立即开始执行。

最高人民法院《关于诉前停止侵犯注册商标专用权行为和保全证据适用法律问题的解释》第9条（第634页）

9.7　诉前证据保全措施的解除

申请人在人民法院采取保全措施后30日内不起诉的，人民法院应当解除保全措施。申请人不起诉或者申请错误造成被申请人损失的，被申请人可以向有管辖权的人民法院起诉请求申请人赔偿，也可以在商标注册人或者利害关系人提起的

最高人民法院《关于诉前停止侵犯注册商标专用权行为和保全证据适用法律问题的解释》第13条（第635页）

侵犯注册商标专用权的诉讼中提出损害赔偿请求,人民法院可以一并处理。

注意:关于证据保全相关的司法解释动向可参见最高人民法院《关于审查知识产权与竞争纠纷行为保全案件适用法律若干问题的解释(征求意见稿)》(2015年2月)。

10. 诉中申请人民法院调取证据

根据《民事诉讼法》第64条,当事人及其诉讼代理人因客观原因不能自行收集的证据,或者人民法院认为审理案件需要的证据,人民法院应当调查收集。

当事人可以在案件受理后的举证期限内,申请人民法院调取证据,例如,调取市场监督管理部门查处案件中的查封扣押产品、调取被告的财务账册等。在当事人提出证据调查申请后,法院是否启动调查取证的机制取决于法院的审查判断,只有在当事人提出的该项申请符合法院取证范围之时,法院才有义务调查取证,否则法院应当驳回该项申请。

法院在调查收集证据的过程中,通常采取的措施包括:

(1)对被控侵权产品进行拍照;

(2)对财务账册等进行复制。

11. 诉前财产保全

《商标法》第65条(第346页)

11.1 诉前财产保全的条件

商标注册人或者利害关系人有证据证明他人正在实施或者即将实施侵犯其注册商标专用权的行为,如不及时制止将会使其合法权益受到难以弥补的损害的,可以依法在起诉前向人民法院申请采取责令停止有关行为和财产保全的措施。

11.2 诉前财产保全的管辖

诉前财产保全的申请应当向被保全财产所在地的人民法院提出。被保全财产所在地的人民法院,与对此案有管辖权的法院可能是同一个法院,也可能不是同一个法院。在采取诉前财产保全措施后,商标注册人或者利害关系人既可以向有管辖权的人民法院起诉,也可以向实施诉前财产保全的人民法院起诉。

11.3 诉前财产保全的担保

根据《民事诉讼法》第101条规定,申请人提起诉前财产保全的申请,必须提供与被保全财产相应的担保。申请人不提供担保的,人民法院应当裁定驳回申请。

11.4 诉前财产保全的措施

根据《民事诉讼法》第 103 条规定,财产保全的方式包括:查封、扣押、冻结或者法律规定的其他方法。

(1)查封,是指人民法院将需要保全的财物清点后,加贴封条、就地封存,以防止任何单位和个人处分的一种财产保全措施。

(2)扣押,是指人民法院将需要保全的财物移置到一定的场所予以扣留,防止任何单位和个人处分的一种财产保全措施。

人民法院在财产保全中采取查封、扣押财产措施时,应当妥善保管被查封、扣押的财产。当事人可以负责保管被扣押物,但是不得使用。

(3)冻结,是指人民法院依法通知有关金融单位,不准被申请人提取或者转移其存款的一种财产保全措施。人民法院依法冻结的款项,任何单位和个人都不准动用。财产已经被查封、冻结的,不得重复查封、冻结。

11.5 对注册商标进行财产保全

最高人民法院《关于人民法院对注册商标权进行财产保全的解释》
(第 640 页)

11.5.1 财产保全的内容

注册商标专用权属于无形财产,因此对其采取保全措施的内容要相对复杂于有形财产的保全。注册商标权财产保全的内容主要包括:商标转让、变更、注销、质押等事项。即限制权利人不能行使商标转让、变更、注销、质押等权利,但商标权人仍然可以在核准的范围内使用。

11.5.2 保全的方式

法院根据《民事诉讼法》的有关规定采取财产保全措施时,需要对商标权进行保全,应当向国家知识产权局发出协助执行通知书,载明要求国家知识产权局协助保全的商标名称、注册人、注册证号码、保全期限以及协助执行保全的内容,即禁止转让、变更、注销商标、质押等事项。

11.5.3 保全期限

对注册商标的保全期限一次不得超过 6 个月,自国家知识产权局收到协助执行通知之日起计算。如果仍然需要对该商标继续采取保全措施的,法院应当在保全期限届满前向国家知识产权局重新发出协助执行通知书,要求继续保全。否则,视为自动解除对该商标的财产保全。

11.5.4 不得重复保全

人民法院对已经进行保全的注册商标权,不得重复进行保全。法院在向国家知识产权局发出协助执行通知中应明确具体地提出要求保全的商标相关信息,以便于判断不同法院对同一注册商标进行保全是否属于重复查封。

11.6 诉前财产保全措施的解除

诉前财产保全措施被解除的情形包括如下:

(1)根据《民事诉讼法》第101条规定,申请人在法院采取诉前财产保全措施后30日内不起诉的,人民法院应当解除保全。

(2)根据《民事诉讼法》第104条规定,被申请人提供了担保,人民法院应当解除保全。

《商标法》第65条(第346页)
最高人民法院《关于诉前停止侵犯注册商标专用权行为和保全证据适用法律问题的解释》(第633页)

12. 申请法院诉前停止侵犯注册商标专用权行为("诉前禁令")

12.1 诉前禁令概述

诉前禁令,是指商标注册人或者利害关系人有证据证明他人正在实施或者即将实施侵犯其注册商标专用权的行为,如不及时制止,将会使其合法权益受到难以弥补的损害的,可以在起诉前向人民法院申请采取责令停止有关行为的措施。

12.2 诉前禁令申请的管辖法院

申请诉前责令停止侵犯注册商标专用权行为,应当向下列法院提出:

(1)侵权行为地法院;

(2)被申请人住所地的法院。

12.3 诉前禁令的申请人

诉前禁令的申请人包括:商标注册人、利害关系人(商标使用许可合同的被许可人,注册商标财产权利的合法继承人)。

12.4 诉前禁令的申请材料

诉前禁令的申请材料包括:书面申请状、相关证据。

12.4.1 书面申请状

申请状应当载明:

(1)当事人及其基本情况;

(2)申请的具体内容、范围;

(3)申请的理由,包括有关行为如不及时制止,将会使商标注册人或者利害关系人的合法权益受到难以弥补的损害的具体说明。

12.4.2 相关证据

(1)权属证据。商标注册人应当提交商标注册证,利害关系人应当提交商标使用许可合同、在国家知识产权局备案的材料及商标注册证复印件;排他使用许可合同的被许可人单独提出申请的,应当提交商标注册人放弃申请的证据材料;注册商标财产权利的继承人应当提交已经继承或者正在继承的证据材料。

(2)侵权证据。证明被申请人正在实施或者即将实施侵犯注册商标专用权的行为的证据,包括被控侵权商品。

12.5 诉前禁令申请的担保

诉前禁令的担保需要注意下列事项:

(1)申请人申请诉前禁令时应当提供担保。

(2)申请人提供保证、抵押等形式的担保合理、有效的,人民法院应当准许。

(3)申请人不提供担保的,驳回申请。

(4)人民法院确定担保的范围时,应当考虑下列因素:

①责令停止有关行为所涉及的商品销售收益;

②合理的仓储、保管等费用;

③停止有关行为可能造成的合理损失等。

(5)在执行停止有关行为裁定过程中,被申请人可能因采取该项措施造成更大损失的,人民法院可以责令申请人追加相应的担保。申请人不追加担保的,可以解除有关停止措施。

(6)停止侵犯注册商标专用权行为裁定所采取的措施,不因被申请人提供担保而解除,但申请人同意的除外。

12.6 诉前禁令申请的审查与裁定

人民法院接受商标注册人或者利害关系人提出责令停止侵犯注册商标专用权行为的申请后,经审查符合相关证据要求的,应当在48小时内作出书面裁定;裁定责令被申请人停止侵犯注册商标专用权行为的,应当立即开始执行。停止侵犯注册商标专用权行为裁定的效力,一般应维持到终审法律文书生效时止。人民法院也可以根据案情,确定停止有关行为的具体期限;期限届满时,根据当事人的请求及追加担保的情况,可以作出继续停止有关行为的裁定。

12.7 对诉前禁令裁定的复议

当事人对诉前责令停止侵犯注册商标专用权行为裁定不服的,可以在收到裁定之日起10日内申请复议一次。复议期间不停止裁定的执行。

人民法院从以下方面对当事人提出的复议申请进行审查:
(1)被申请人正在实施或者即将实施的行为是否侵犯注册商标专用权;
(2)不采取有关措施,是否会给申请人合法权益造成难以弥补的损害;
(3)申请人提供担保的情况;
(4)责令被申请人停止有关行为是否损害社会公共利益。

13. 起诉文件的准备

13.1 主体资格证明文件

(1)个人:如身份证、护照等;
(2)法人及其他组织:如营业执照、组织机构代码证等主体。

13.2 授权委托书

授权委托书需要注意下列事项:
(1)授权委托书应由公司法定代表人(或者公司主要负责人)签署;
(2)在授权委托书上签字的法定代表人(或者主要负责人)应当在商业登记资料中体现,如该人属于该公司的股东、董事等。

13.3 法定代表人身份证明书

对于法人而言,还需要出示法定代表人身份证明书和法定代表人身份证明文件。

13.4 起诉状

起诉状应明确诉讼请求和事实理由,其中诉讼请求可以包括:
(1)停止侵权;
(2)赔偿损失;
(3)消除影响,在媒体上刊登声明,消除影响;
(4)承担诉讼费用;
(5)承担保全申请费。

14. 诉讼时效

根据最高人民法院《关于适用〈中华人民共和国民法总则〉诉讼时效制度若干问题的解释》第2条的规定,侵犯注册商标专用权的诉讼时效规定具体如下:
(1)侵犯注册商标专用权的诉讼时效为3年,自商标注册人或者利害权利人知道或者应当知道侵权行为之日起计算;
(2)商标注册人或者利害关系人超过3年起诉的,如果侵权行为在起诉时仍在持续,在该注册商标专用权有效期限内,人民法院应当判决被告停止侵权行为,侵权损害赔偿数额应当自权利人向人民法院起诉之日起向前推算3年计算。

15. 起诉及法院立案

根据《民事诉讼法》第 119 条规定,起诉必须符合下列条件:(1)原告是与本案有直接利害关系的公民、法人和其他组织;(2)有明确的被告;(3)有具体的诉讼请求和事实、理由;(4)属于人民法院受理民事诉讼的范围和受诉人民法院管辖。

根据《民事诉讼法》第 123 条规定,符合上述起诉条件的,应当在 7 日内立案,并通知当事人;不符合起诉条件的,应当在 7 日内作出裁定书,不予受理;原告对裁定不服的,可以提起上诉。

对于《商标法》第 57 条规定的侵犯注册商标专用权的行为提起的诉讼,为典型的商标侵权诉讼。此外,对于注册商标侵犯他人在先权利的,在先权利人也可提起侵权诉讼,法院应当受理。根据规定,原告以他人注册商标使用的文字、图形等侵犯其著作权、外观设计专利权、企业名称权等在先权利为由提起诉讼,符合《民事诉讼法》第 108 条(新《民事诉讼法》第 119 条)规定的,人民法院应当受理。

最高人民法院《关于审理注册商标、企业名称与在先权利冲突的民事纠纷案件若干问题的规定》第 1 条
(第 639 页)

原告以他人使用在核定商品上的注册商标与其在先的注册商标相同或者近似为由提起诉讼的,人民法院应当根据《民事诉讼法》第 111 条第 3 项(新《民事诉讼法》第 124 条第 1 项)的规定,告知原告向有关行政主管机关申请解决。但原告以他人超出核定商品的范围或者以改变显著特征、拆分、组合等方式使用的注册商标,与其注册商标相同或者近似为由提起诉讼的,人民法院应当受理。

16. 被告抗辩

商标侵权诉讼的抗辩理由可以分为:

16.1　程序性抗辩理由

(1)诉讼主体资格抗辩,是指商标侵权诉讼中的被告,就原告是否具备诉讼的主体资格提出抗辩理由。
(2)诉讼管辖抗辩,是指商标侵权诉讼中的被告,对案件受理的级别管辖、地域管辖提出抗辩理由。
(3)诉讼时效抗辩,是指商标侵权诉讼中的被告,就该诉讼案件是否超过诉讼时效,提出抗辩理由。

16.2　实体性抗辩理由

(1)合法来源抗辩:销售不知道是侵犯注册商标专用权的商品,能证明该商品是自己合法取得并说明提供者的,不承担赔偿责任。
下列情形属于《商标法》第 60 条规定的能证明该商品是自己合法取得的情形:①有供货单位合法签章的供货清单和货款收据且经查证属实或者供货

《商标法》第 64 条第 2 款
(第 345 页)
《商标法实施条例》第 79 条
(第 359 页)

单位认可的;②有供销双方签订的进货合同且经查证已真实履行的;③有合法进货发票且发票记载事项与涉案商品对应的;④其他能够证明合法取得涉案商品的情形。

《商标法》第64条第1款(第345页)

(2)3年不使用抗辩:注册商标专用权人请求赔偿,被控侵权人以注册商标专用权人未使用注册商标提出抗辩的,人民法院可以要求注册商标专用权人提供此前3年内实际使用该注册商标的证据。注册商标专用权人不能证明此前3年内实际使用过该注册商标,也不能证明因侵权行为受到其他损失的,被控侵权人不承担赔偿责任。

《商标法》第59条第1款、第2款(第344页)

(3)请求权不成立"抗辩":①注册商标中含有的本商品的通用名称、图形、型号,或者直接表示商品的质量、主要原料、功能、用途、重量、数量及其他特点,或者含有的地名,注册商标专用权人无权禁止他人正当使用。②三维标志注册商标中含有的商品自身的性质产生的形状、为获得技术效果而需有的商品形状或者使商品具有实质性价值的形状,注册商标专用权人无权禁止他人正当使用。

抗辩权以请求权成立为前提,请求权不成立的,不发生抗辩权。

(4)商标权无效抗辩:被告有权对原告的商标权提出无效抗辩,同时,被告可就原告的注册商标提出无效申请。如果无效申请成功,原告商标注册被撤销,则侵权行为不成立。

(5)未侵权抗辩,商标侵权诉讼中的被告,可就其商标使用的合理性进行申辩,对不构成侵犯他人注册商标专用权进行抗辩。

《商标法》第59条第3款(第344页)

(6)在先权利抗辩,商标注册人申请商标注册前,他人已经在同一种商品或者类似商品上先于商标注册人使用与注册商标相同或者近似并有一定影响的商标的,注册商标专用权人无权禁止该使用人在原使用范围内继续使用该商标,但可以要求其附加适当区别标识。

17. 商标侵权的民事责任

17.1 商标侵权的民事责任类型

依据《民法通则》第134条以及《商标法》的相关规定,侵犯注册商标专用权的被告承担的民事法律责任一般包括:

(1)停止侵害;

(2)排除妨碍;

(3)消除危险;

(4)赔偿损失;

(5)消除影响;

(6)对于假冒注册商标的特别规定:法院应权利人请求,对属于假冒注册商标的商品,除特殊情况外,责令销毁;对主要用于制造假冒注册商标的商品的材料、工具,责令销毁;或者在特殊情况下,责令禁止前述材料、工具进入商业渠道。

《商标法》第63条(第345页)

其中,停止侵权和赔偿损失是被告承担商标侵权行为的主要责任承担类型。

17.2　侵权赔偿数额的确定依据

《商标法》第63条(第345页)

侵犯商标权的赔偿数额,应按照如下层次确定:

(1)按照权利人因被侵权所受到的实际损失确定。

(2)实际损失难以确定的,可以按照侵权人因侵权所获得的利益确定。

(3)权利人的损失或者侵权人获得的利益难以确定的,参照该商标许可使用费的倍数合理确定;对恶意侵犯商标专用权,情节严重的,可以在按照上述方法确定数额的1倍以上5倍以下确定赔偿数额。

(4)权利人因被侵权所受到的实际损失、侵权人因侵权所获得的利益、注册商标许可使用费难以确定的,由人民法院根据侵权行为的情节判决给予500万元以下的赔偿。

17.3　侵权赔偿数额的认定原则

一般而言,以下内容可能都会成为法院在确定赔偿数额时综合考虑的因素:

(1)侵权行为的性质、期间、后果;

(2)商标的声誉;

(3)商标使用许可费的数额;

(4)商标使用许可的种类、时间、范围;

(5)制止侵权行为的合理开支等;

(6)根据当事人的诉讼请求和案件具体情况,还可以将符合国家有关部门规定的律师费用计算在赔偿范围内。

17.4　侵权赔偿数额的举证责任

《商标法》第63条(第345页)

人民法院为确定赔偿数额,在权利人已经尽力举证,而与侵权行为相关的账簿、资料主要由侵权人掌握的情况下,可以责令侵权人提供与侵权行为相关的账簿、资料;侵权人不提供或者提供虚假的账簿、资料的,人民法院可以参考权利人的主张和提供的证据判定赔偿数额。

最高人民法院《关于审理商标民事纠纷案件适用法律若干问题的解释》第14条、第15条(第625页)

17.5　侵权赔偿数额的计算

计算侵犯商标专用权的赔偿数额,主要通过以下途径:

(1)根据侵权人在侵权期间因侵权所获得的利益计算,具体而言:

①可以根据侵权商品销售量与该商品单位利润乘积计算;

②该商品单位利润无法查明的,按照注册商标商品的单位利润计算。

(2)根据被侵权人在被侵权期间因被侵权所受到的损失计算,包括被侵权人为制止侵权行为所支付的合理开支。具体而言:

①可以根据权利人因侵权所造成商品销售减少量或者侵权商品销售量与该注册商标商品的单位利润乘积计算;

②就被侵权人为制止侵权行为所支付的合理开支而言,包括权利人或者委托代理人对侵权行为进行调查、取证的合理费用。

(3)如果侵权人因侵权所得利益,或者被侵权人因被侵权所受损失难以确定的,由人民法院根据侵权行为的情节判决给予500万元以下的赔偿,当事人在该数额范围内达成协议的,应当准许。

(4)销售不知道是侵犯注册商标专用权的商品,能证明该商品是自己合法取得的并说明提供者的,不承担赔偿责任。

第3节　商标侵权刑事诉讼

1. 商标侵权刑事诉讼制度

1.1　商标权刑事保护制度概述

刑事诉讼,又分为公诉和自诉两种类型。因此,商标权的刑事保护也包括以下途径:

(1)向公安机关报案,待公安机关侦查并掌握足够证据后移交检察机关,由检察机关向法院提起公诉;

(2)采取行政措施后,在决定予以行政处罚前,相关行政机关认为侵权行为已经触犯刑法,而将案件移交公安机关,待公安机关侦查并掌握足够证据后移交检察机关,由检察机关向法院提起公诉;

(3)由商标注册人自行收集足够的侵权证据,然后直接向法院提起刑事自诉。

对商标侵权行为提起刑事诉讼并使侵权人受到刑事处罚,是制止商标侵权行为最严厉的方法。对于侵权人个人或单位的直接责任人,最高可处以拘役至有期徒刑7年的刑罚,可并处罚金。正因为刑罚处罚对侵权行为人最为严厉,因此对提起刑事诉讼的要求也最为严格。

1.2　商标犯罪概述

商标犯罪,是指危害社会的,违反刑法并依法应当受到刑罚处罚的侵犯注册商标专用权的行为。

根据《刑法》第213条、第214条、第215条的规定,《刑法》的"侵犯知识产权罪"中明确列举了三种商标犯罪:

(1)假冒注册商标罪:未经注册商标所有人许可,在同一种商品上使用与其注册商标相同的商标,情节严重的;

(2)销售假冒注册商标的商品罪:销售明知是假冒注册商标的商品,销售金额数额较大的;

(3)非法制造、销售非法制造的注册商标标识罪:伪造、擅自制造他人注册商标标识或者销售伪造、擅自制造的注册商标标识,情节严重的。

1.3　商标犯罪的主体

商标犯罪的主体包括自然人和单位。其中:

(1)自然人是指年满16周岁,具有刑事责任能力的个人。包括领取工商执照

的个体工商户、个人合伙,也包括其他未领取工商执照的个人;

(2)单位是指公司、企业、事业单位、机关、团体(《刑法》第30条)。

1.4 商标犯罪的主观方面

商标犯罪的主观方面均由故意构成。大多数情况下,该故意是指直接故意。但在共同犯罪的情况下,间接故意也构成犯罪。过失的主观状态一般不构成本罪。

2. 假冒注册商标罪

假冒注册商标罪,是指违反国家商标管理法规,未经注册商标所有人许可,在同一种商品上使用与其注册商标相同的商标,情节严重的行为。

2.1 构成要件

假冒注册商标罪的构成要件包括:

(1)行为人在使用他人注册商标时,未经注册商标所有人的许可。

最高人民法院、最高人民检察院《关于办理侵犯知识产权刑事案件具体应用法律若干问题的解释》第8条(第659页)

(2)行为人实施了在同一种商品上使用与他人注册商标相同的商标的行为。这里必须同时具备"商标相同"和"商品相同"两个条件。这里的"相同的商标",是指与被假冒的注册商标完全相同,或者与被假冒的注册商标在视觉上基本无差别、足以对公众产生误导的商标。"使用",是指将注册商标或者假冒的注册商标用于商品、商品包装或者容器以及产品说明书、商品交易文书,或者将注册商标或者假冒的注册商标用于广告宣传、展览以及其他商业活动等行为。

(3)上述行为情节严重。

最高人民法院、最高人民检察院《关于办理侵犯知识产权刑事案件具体应用法律若干问题的解释》第1条(第657页)

2.2 刑罚

未经注册商标所有人许可,在同一种商品上使用与其注册商标相同的商标,情节严重的,处3年以下有期徒刑或者拘役,并处或者单处罚金;情节特别严重的,处3年以上7年以下有期徒刑,并处罚金。

"情节严重"包括如下情形:

(1)非法经营数额在5万元以上或者违法所得数额在3万元以上的;

(2)假冒两种以上注册商标,非法经营数额在3万元以上或者违法所得数额在2万元以上的;

(3)其他情节严重的情形。

"情节特别严重"包括如下情形:

(1)非法经营数额在25万元以上或者违法所得数额在15万元以上的;

(2)假冒两种以上注册商标,非法经营数额在15万元以上或者违法所得数额在 10 万元以上的；

（3）其他情节特别严重的情形。

3. 销售假冒注册商标的商品罪

销售假冒注册商标的商品罪，是指违反商标管理法规，销售明知是假冒注册商标的商品，销售金额数额较大的行为。

3.1　构成要件

销售假冒注册商标的商品罪的构成要件包括：

（1）销售明知是假冒注册商标的商品。这里的“销售”是指以采购、推销、出售或兜售等方法将商品出卖给他人的行为，包括下列多种形式：批发、零售、请人代销、委托销售等。这里假冒注册商标的商品即必须是未经注册商标所有人许可，在同一种商品上使用与其注册商标相同的商标的商品。

（2）销售金额数额较大。这里的“销售金额”是指销售假冒注册商标的商品后所得和应得的全部违法收入。销售金额在 5 万元以上的，属于“数额较大”，销售金额在 25 万元以上的，属于“数额巨大”。

具有下列情形之一的，应当认定为销售假冒注册商标的商品罪的“明知”：

（1）知道自己销售的商品上的注册商标被涂改、调换或者覆盖的；

（2）因销售假冒注册商标的商品受到过行政处罚或者承担过民事责任、又销售同一种假冒注册商标的商品的；

（3）伪造、涂改商标注册人授权文件或者知道该文件被伪造、涂改的；

（4）其他知道或者应当知道是假冒注册商标的商品的情形。

最高人民法院、最高人民检察院《关于办理侵犯知识产权刑事案件具体应用法律若干问题的解释》第 9 条 （第 659 页）

3.2　从重处罚的情形

如果行为人在自己的商品上假冒他人注册商标之后又加以出售，构成犯罪的，则分别触犯了假冒注册商标罪和销售假冒注册商标的商品罪这两个罪名，两者之间具有吸收关系，应择一重罪从重处罚。但从二者的法定刑来看，两者处罚相同，难以说出谁轻谁重。考虑到销售假冒他人注册商标商品的行为，是其假冒商标行为的后续及延伸，因此，对假冒商标后又加以出售的，实践中多以假冒注册商标罪定罪，处罚从重，不数罪并罚。

3.3　共犯的情形

如果与假冒注册商标的犯罪分子事先通谋，事后对假冒商标的商品代为销售的，也应以假冒注册商标罪论处，构成假冒注册商标罪的共犯。

最高人民法院、最高人民检察院《关于办理侵犯知识产权刑事案件具体应用法律若干问题的解释》第2条
(第657页)

3.4 销售假冒注册商标的商品罪的刑罚

销售明知是假冒注册商标的商品,销售金额数额较大的,处3年以下有期徒刑或者拘役,并处或者单处罚金;销售金额数额巨大的,处3年以上7年以下有期徒刑,并处罚金。

4. 非法制造、销售非法制造的注册商标标识罪

非法制造、销售非法制造的注册商标标识罪,是指违反商标管理法规,伪造、擅自制造他人注册商标标识或者销售伪造、擅自制造的商标标识,情节严重的行为。

4.1 构成要件

非法制造、销售非法制造的注册商标标识罪的构成要件包括:

4.1.1 伪造、擅自制造他人注册商标标识或者销售伪造、擅自制造的商标标识

(1)所谓伪造,主要包括下列情形:

①无权制作他人注册商标,即未经县级以上市场监督管理机关批准而获得指定印制商标单位的资格的单位或个人,未经注册商标所有人的合法许可、委托或授权,私自仿照他人注册商标标识的式样、文字、图形及组合、形态、色彩、质地、特征及制作技术等制作与他人注册商标标识相同的商标标识;

②非商标所有权人,委托他人包括有权印制商标的单位或个人为自己非法制造他人注册商标标识的行为。

(2)所谓擅自制造,包括下列情形:

①依法经过批准有权印制商标的单位及个人,未经商标所有权人委托,制造与其注册商标标识相同的商标标识;

②虽受注册商标所有人的委托授权,但违反委托合同的规定,任意超量印制商标标识的行为;

③伪造、擅自制造他人商标标识,包括印刷、印染、制版、刻字、晒蚀、印铁、铸模、冲压、烫版、贴花等各种工艺活动。

(3)所谓销售,是指出售、兜售或者转手倒卖伪造的或者擅自制造的他人注册商标标识的行为,其中包括擅自出售带有他人注册商标的废次标识之行为。

对于销售行为,只有销售属于伪造或擅自制造的注册商标标识的,才可能构成本罪。如果销售的不是伪造的或擅自制造的,如销售自己的商标标识或者他人真实的注册商标标识,就不构成本罪。

(4)这里的“商标标识”,是指附有商标图样、商标注册标记、“注册商标”字样、注册商标标志、核准注册的名称等的物质载体,如商标纸、商标片、商标织带等。它是表明注册商标的商品显著特征的识别标志,包括:

①在商品上或者商品包装、说明书以及其他附着物上所标明的“注册商标”字样或者注册商标标识以及注册标记;

②在商品或者包装物上印制的注册商标图形,即注册商标的文字、字母、图形及其组合图样;

③经国家知识产权局核准注册或能起到商标作用的商品特定名称及外观装潢部分。

4.1.2　情节严重

违反商标管理法规,伪造、擅自制造他人注册商标标识或者销售伪造、擅自制造的商标标识,必须达到情节严重的,才能构成本罪。

非法制造、销售非法制造的注册商标标识罪中的“情节严重”,包括下列情形:

(1)伪造、擅自制造或者销售伪造、擅自制造的注册商标标识数量在2万件以上,或者非法经营数额在5万元以上,或者违法所得数额在3万元以上的;

(2)伪造、擅自制造或者销售伪造、擅自制造两种以上注册商标标识数量在1万件以上,或者非法经营数额在3万元以上,或者违法所得数额在2万元以上的;

(3)其他情节严重的情形。

最高人民法院、最高人民检察院《关于办理侵犯知识产权刑事案件具体应用法律若干问题的解释》第3条
(第657页)

非法制造、销售非法制造的注册商标标识罪中的“情节特别严重”包括下列情形:

(1)伪造、擅自制造或者销售伪造、擅自制造的注册商标标识数量在10万件以上,或者非法经营数额在25万元以上,或者违法所得数额在15万元以上的;

(2)伪造、擅自制造或者销售伪造、擅自制造两种以上注册商标标识数量在5万件以上,或者非法经营数额在15万元以上,或者违法所得数额在10万元以上的;

(3)其他情节特别严重的情形。

4.2　非法制造、销售非法制造的注册商标标识罪的刑罚

伪造、擅自制造他人注册商标标识或者销售伪造、擅自制造的注册商标标识,情节严重的,处3年以下有期徒刑、拘役或者管制,并处或者是单处罚金;情节特别严重的,处3年以上7年以下有期徒刑,并处罚金。

5. 对单位犯罪的处罚

单位犯以上三种罪的,对单位判处罚金,并对其直接负责的主管人员和其他直

接责任人员,依照相应规定处罚。另外,最高人民法院、最高人民检察院《关于办理侵犯知识产权刑事案件具体应用法律若干问题的解释(二)》统一了侵犯知识产权单位犯罪与个人犯罪的定罪量刑标准。对于单位实施侵犯知识产权犯罪行为,按照该司法解释规定的相应个人犯罪的定罪量刑标准处罚。

6. 罚金刑的适用

根据最高人民法院、最高人民检察院《关于办理侵犯知识产权刑事案件具体应用法律若干问题的解释(二)》规定,人民法院对侵犯知识产权犯罪,在依法适用主刑的同时,将加大罚金刑的适用力度。

对于侵犯知识产权犯罪的,人民法院一般综合考虑犯罪的违法所得、非法经营数额、给权利人造成的损失、社会危害性等情节,依法判处罚金。

具体而言,罚金数额一般在违法所得的1倍以上5倍以下,或者按照非法经营数额的50%以上1倍以下确定。

7. 商标犯罪的控告

7.1 商标犯罪的控告途径

商标权利人控告商标犯罪的,具体可以通过下列途径:

(1)向公安机关报案。公安立案侦查后提请检察院提起公诉,进而交付法院审判。即通过刑事公诉的形式进行商标权的保护。

(2)直接向法院提起刑事自诉,从而获得商标权的刑事保护。

7.2 向公安机关报案

侵犯知识产权犯罪均应由公安机关负责立案侦查。除了被侵权人可以向公安机关报案或者控告之外,任何单位和个人如发现有侵犯商标权的犯罪事实或嫌疑人,都有权向公安机关报案或举报。报案、控告、举报可以书面,也可以口头提出。

公安机关对于报案材料,经过审查认为有犯罪事实需要追究刑事责任的时候,会立案、侦查,并最终提请检察院提起公诉,从而启动刑事公诉程序。

向公安机关报案应提交的材料:

(1)资格证明材料。

①公民个人报案的,须持本人有效身份证件;

②代表单位报案的,应出示单位介绍信、授权报案委托书及营业执照复印件等资料;

③律师代理报案的,除按照上述规定备齐相关证件材料外,还须出示所在律师事务所的介绍信、本人的律师执业资格证书复印件以及授权报案委

托书。

(2)书面报案材料。书面报案材料中应当写明：

①报案人的基本情况；

②准确的通信地址和联系方式；

③被举报、控告对象的基本情况；

④所举报、控告事实发生的时间、地点、损失情况、事情经过。

(3)证据材料。有关证据材料包括：

①能够证明所举报、控告事实确实发生；

②该事实导致或引发的后果；

③该事实是举报、控告对象所为的书证、物证、人证及其他证据材料。

(4)签章及署名方面的要求。

①公民个人报案的，书面报案材料末尾处须由报案人亲笔署名；

②单位报案的，书面报案材料末尾处应加盖单位公章，法定代表人或主要负责人应亲笔署名，以示对报案事项负责；

③报案时，所提供复印件的显眼位置须注明“与原件相同”字样，并由提供人签字或盖章予以确认。

7.3　直接向人民法院提起刑事自诉

我国《刑事诉讼法》及有关司法解释对侵犯知识产权犯罪的行为，除规定了公诉程序外，还规定了自诉程序。但是，实践中商标类刑事诉讼主要还是以公诉为主，刑事自诉的案例较少。

当事人可以在下列情形直接向法院提起刑事自诉：

(1)对于未严重危害社会和国家利益的侵犯知识产权犯罪。

对于未严重危害社会和国家利益的侵犯知识产权犯罪，被侵权人可以直接向人民法院起诉。由此，可以直接向人民法院提起自诉的侵犯商标权的案件应当是未严重危害社会秩序和国家利益、可能判处3年以下有期徒刑、不需要经过专门侦查的案件。

(2)对检察院不起诉的案件。

对于当事人曾向公安、检察机关报案，检察院作出不起诉决定的案件，当事人也可以向法院起诉，法院受理案件后，检察院应当将有关材料移送法院。

8. 控告商标犯罪的注意事项

权利人控告商标犯罪的，需要注意下列问题：

8.1　重复举报、报案的情况

若举报、报案的事实已由人民法院受理或报案人、举报人已到其他公安机关或行政执法部门报案,正在寻求其他途径解决处理,报案人、举报人应当据实讲清,如实提供法院的判决书、裁定书以及接受报案、举报的相关文书。

8.2 以其他非商标罪名进行控告的情形

涉嫌商标犯罪的案件也可能以其他非商标犯罪的罪名进行控告。由于犯罪嫌疑人实施犯罪往往不仅仅是单一的某种行为,为了达到犯罪目的,他们可能会实施一系列的行动,触犯其他罪名。

8.3 控告的同时提起民事侵权赔偿诉讼

控告犯罪的同时可提起民事侵权赔偿诉讼。无论犯罪嫌疑人最终以何种罪名被控告,商标权利人也可另行提起商标侵权民事诉讼请求犯罪嫌疑人承担赔偿责任。

第五章　商标国际申请注册

第1节　商标国际申请概述

1. 概述

商标国际注册在商标代理中是一个广义概念，狭义是指根据《商标国际注册马德里协定》（以下简称《马德里协定》）或《商标国际注册马德里协定有关议定书》（以下简称《马德里议定书》）的规定，在马德里联盟成员国间进行的商标注册。而通过巴黎公约向国外申请商标注册，直接或间接委托指定国家的商标代理人完成的商标注册，被称为巴黎公约注册或逐一国家注册。

自有统计以来，1990～2013 年中国公司提出的国际商标申请数，可以看出以中国主体作为原属国提出的国际商标申请总量增长高达 47 倍，从 730 件到 35,637 件。从数据来看，我国商标出口业务增长惊人，在前 15 个来源国中，中国（+36.3%）的增速最快，其次是俄罗斯（+23.9%）、韩国（+9.8%）和英国（+9.3%）。

一方面，由于申请人多不具备申请国家的商标法律知识及相应申请程序和准备文件；另一方面，由于大多数国家和我国一样，都规定非本国国民申请商标注册，须委托本国的商标代理人强制代理。因此，国内申请人乐于接受的是委托国内的具有涉外商标代理能力的代理机构办理相关事务。

商标国际注册除了综合考察商标代理从业人员的业务能力，同时也考察从业人员的外语能力、组织协调能力、应急反应能力以及代理机构后台的业务管控能力，即是对代理人及代理组织综合素质和水平的整体考察。

2. 涉外商标注册保护建议

作为国内商标代理人，不仅要懂得掌握上述所列明的技术操作问题，更要懂得为申请人（主要是国内企业）量身制定相关商标注册和保护方案。

从法律层面上讲，进行商标国际注册最主要的原因是商标权的地域性，即在 A 国的商标注册因管辖权及国家主权的原因，不会必然的在 B 国得到保护，因此必须在相应指定国家/地区进行商标注册。只有尽早在销售国家/地区进行商标注册，才能获得相应管辖权的商标专有权，并得到法律的保护。围绕商标进行的品牌宣传及市场营销才能获得保障,进而增强相关消费者的品牌认知。而从商业角度分析,商标作为区分制造者产品的标识,不仅是一种荣誉或识别标示,同时也是产品、服务、企业的“个性”标识。

3. 中国申请人遇到的问题

(1)国内申请人商标意识不强,无整体思路和布局;
(2)国际交往中,中国企业商标在海外被抢注;
(3)正常商业活动中,存在商标纠纷不及时处理;
(4)涉外商标事务成本较高,企业预算投入有限;
(5)商标申请及救济渠道有限。

4. 商标国际注册意义

(1)商标注册早于市场营销,尽快确立商标权,保证指定地区的商标专用权;
(2)有利于企业开拓国际市场,同时增强合作方的商业信赖;
(3)防范商标侵权风险,避免发生商业纠纷;
(4)通过商标专用权,约束控制当地经销商;
(5)基于注册商标,开展海外维权。

5. 制定商标注册方案考虑的基本因素

为国内客户指定商标申请注册方案时,代理人应当考虑如下基本因素:

5.1 国内商标状态

若进行马德里国际注册,至少确保商标已经获得“受理通知书”,而进行逐一国家注册则无此限制。

5.2 商标类型

除了传统的文字、图形商标,客户也有可能申请三维、颜色组合、声音等非传统商标,同时对于中文商标的国际商标申请,需要进行对应的英文翻译,并要求客户进行确认。

5.3 商标图样

无论文字商标还是图形商标,尽量要求客户提供 JPEG 电子格式的商标图例,或者通过图片处理软件进行处理,并交客户确定。

5.4 商标类别及项目

《类似商品和服务区分表》是基于尼斯分类所制定,因此实践中可以将客户国内商标申请进行对应的英文翻译。个别国家和地区对于商标指定项目有单独的描述要求，如日本、中国台湾地区、韩国、美国等，这些商标进行提交前，应依据已有的资料或和合作代理机构律师进行分别确认。

代理人应提示客户选择实际使用的商标指定项目，不宜盲目扩大类别及选定项目，防止因后期提交使用证据或者单独类别超项目增加预算的风险。

5.5 选定国家和地区

注意商标指定国家是否加入区域性组织，如欧盟商标（EUTM）体系、非洲知识产权组织（OAPI）体系，若无特殊要求，尽量选择区域性组织商标申请。

5.6 申请方式

请参见 7.2 “两种商标申请对比以及各自利弊”介绍。

5.7 商标查询

启动商标申请注册前，或者在拟定申请商标的过程中，代理人应积极建议客户进行商标查询，至少在申请国际商标时进行必要商标查询，尽早判定商标申请注册成功概率。

国内客户在进行情报收集和分析的意识相对较弱，同时考虑到进行商标查询也是一笔不小的成本，因此国内客户往往不进行商标查询直接进行商标申请，很可能因在先权利及显著性的问题导致商标注册不成功，因小失大。

5.8 成本控制

相比于国内商标申请，国际商标申请的费用往往比较高，一般国外官费相对比较低廉，但是国外代理机构的代理费一般比较高，因此涉外商标申请相比于国内的成本平均高出 2 ~ 3 倍，有的是 8 ~ 10 倍。而商标确权后期程序的费用往往更加高昂。

为了有效利用国内企业资金及预算，商标代理人应尽可能利用马德里国际注册和区域组织注册的便利，为客户节省申请注册及后续费用成本。

举例而言，若国内客户有国内基础注册，则尽可能采取“马德里国际注册 + 逐一国家注册”的形式开展商标国际注册。

6. 商标国际注册中的“优先权”

优先权原则是《保护工业产权巴黎公约》（以下简称《巴黎公约》）对工业产权国际保护确立的重要原则。该原则适用于国际注册，即注册申请人的基础申请在商标国际注册时享有优先权。

《巴黎公约》第4条第1款第1项规定,任何人或其权利继承人,已经在本联盟某一国家正式提出商标注册申请的,在6个月内,在其他国家就同一商标在相同商品上提出的申请享有优先权。这里的“任何人或其权利继承人”系指巴黎公约成员国国民或成员国某一国领土内有住所或有真实有效的工商营业所的非本联盟国家的国民(享受国民待遇的非联盟国家国民)。

在实践当中,商标代理人代理国内客户进行涉外商标申请中,主张优先权时,需注意如下问题:

6.1 确认商标申请日期及申请号

以目前国内商标申请为例,因国家知识产权局进行事先的形式审查,将在申请递交后的一段时间内才能下发官方《商标注册申请受理通知书》,因此,商标递交日并不一定是商标申请日,申请号也会在申请提交后的一段时间下发,需要代理人特别留意。举例而言,若某申请人的商标申请是在2018年10月提交,2018年11月才取得受理通知书,那么申请人在2018年10月前提交的商标申请才能主张优先权。

6.2 初次申请国家

国内客户进行涉外商标申请注册时候,不一定以国内商标申请为基础,也有可能以其他国家的商标申请为基础。

6.3 商标指定项目

因各国分类方法导致指定项目无法进行统一归类,需要进行进一步的确认。同时确保主张优先权的项目不能超出其他国家指定的范围。

6.4 官方文件

就逐一国家注册情况下,在中国或其他国家取得的“受理通知书”要进行对应的英文或指定国语言翻译。

6.5 主体资格

确保进行商标注册申请的申请人符合当地提交商标申请资格。

7. 国际注册途径区别

7.1　流程区别

马德里国际注册及巴黎公约注册（逐一国家注册）被业界称为商标“内到外”商标业务，又被业内人员称为“商标出口”业务。两个途径的对比流程如图 39 所示：

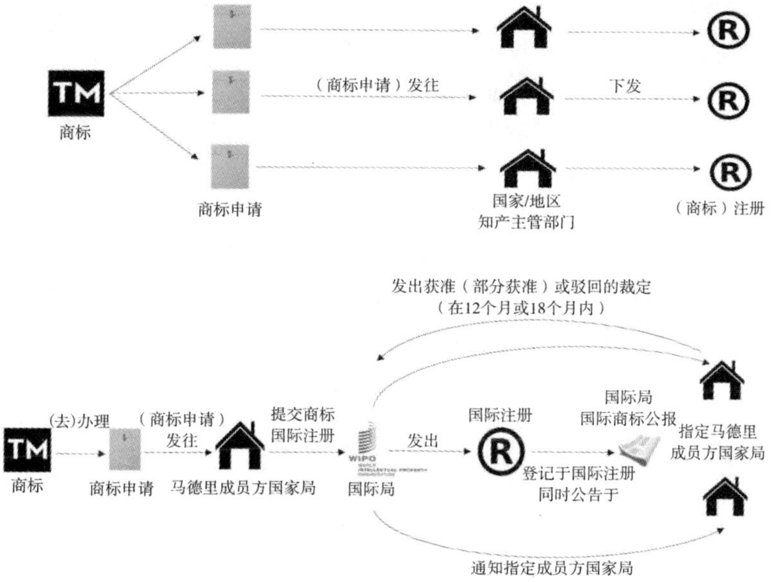

图 39

注：图片来自世界知识产权组织（World Intellectual Property Organization，WIPO）网站。

7.2　两种商标申请对比以及各自利弊

7.2.1　逐一直接注册特点

（1）商标申请独立于原属国注册，操作灵活；

（2）有专门的知识产权服务机构全程辅助，进程中可随时与国外代理律师进行咨询了解进展情况，出现后续问题能得到及时解决；

（3）成本较高，相关费用包括国外官费、国外代理费、通信费、公证认证费、国内代理机构服务费，尤其是国外代理费用相对高昂；

（4）程序繁复，代理组织须与不同的合作律师发函，并由其向各商标主管机关提出申请，缴纳不同的费用、使用不同语言、提交不同的申请书和资料信息，有时还需花费时间办理文件公证/认证手续等；

(5)后续维护申请的工作繁多,需要逐一与国外代理更新商标在各国的进展情况,对维护后台的要求非常高。

7.2.2 马德里国际注册的特点

(1)手续简便,仅需一份申请,即可进行全球多个国家商标注册;
(2)费用低廉:总费用一般均低于逐一国家注册费用,同时选定国家越多,所需费用越少;
(3)申请过程短,因议定书、协定书国家都有审理期限的最低要求,可以确保商标在一定时间(12个月或18个月)内获得注册;
(4)后续程序操作简便,后期指定、变更、续展等,操作更加简便,费用也更加低廉;
(5)检索状态随时了解:可根据商标国际注册号,通过世界知识产权组织国际局(World Intellectual Property Organization,WIPO,以下简称国际局)的官方网站进行信息检索,随时掌握商标在各指定国的最新进展同时获得官方文件,便于了解商标后续状态;
(6)马德里国际注册申请必须基于国内的商标申请或注册且受制于"中心打击原则";
(7)马德里国际注册除了美国、日本等个别国家外,大多数马德里成员国都不会下发单独的注册证,一旦遇到商标侵权,没有单一国家的注册证会对企业维权造成困难;
(8)全程无专业人士服务,出现后续问题,无法在第一时间内得到解决。

7.3 马德里国际注册在国内遇到的问题

(1)目前中国企业产品出口目标国,集中在亚非拉的地区。而亚非拉国家中,大多数不是马德里联盟的成员国,如老挝、柬埔寨、马来西亚、南非、安哥拉、刚果、巴西、阿根廷、委内瑞拉等国,国内客户无法利用马德里国际注册进入这些国家。
(2)由于马德里注册官费确定明晰,各个事务所仅能通过降低代理费提高市场竞争优势,而国内代理机构的递交费用相对比较低廉,同时国际合作所因无法直接接触到申请业务,对马德里国际注册的推进积极性不高。
(3)主体资格的影响。按照目前实际操作的规定,中国本土的申请人(包括在中国登记成立的企业和具有中国国籍的个人)可以通过中国国家知识产权局办理马德里注册,中国台湾地区的申请人可以办理,但是登记在港澳的企业和个人是无法通过中国国家知识产权局办理马德里注册。另外,中国实际控股的以VIE模式(Variable Interest Entities)的互联网企业在开曼、英属维尔京群岛等国办理登记，成立离岸公司，根据中国国家知识产权局的要求，只有登记在中国大陆的企业才能通过中国国家知识产权局办理马德里注册，这就将上述离岸公司拒之门外。

(4) 中国基础申请受理通知书下发迟缓，加之中国国家知识产权局对于马德里注册新申请形式审查的拖延，导致在马德里注册新申请中主张中国优先权的时限非常紧迫，个别情况下甚至无法主张优先权。

(5) 商标事务所和代理机构处理马德里注册，特别是后期遭遇驳回等官方审查意见的能力制约了马德里注册量的增长，除了北上广的代理机构有能力处理马德里注册申请特别是后期遭遇的审查意见，其他省市的代理机构在这方面能力尚显不足，特别是处理后期审查意见过程中因与境外合作的资源明显不足，导致处理能力较低。

7.4　两种注册途径的费用构成

逐一直接注册 = 境外费用（官费 + 境外机构服务费 + 杂费 + 税费）+ 文件公证/认证费 + 国内代理机构服务费

马德里国际注册 = 基础注册费 + 指定缔约方的规费（多寡视指定国家多少）+ 超类费（超出 3 个类别的）+ 国内代理机构服务费（本费用构成的前提是全部国家都顺利获得注册）

7.5　两种途径的选择

马德里国际注册方式在价格上有绝对的优势，但是，由于马德里国际注册存在遭受“中心打击”的风险，其效力将波及国际注册所有指定国家，即该商标的国际注册也会随之失去效力。

虽然国际注册在遭遇中心打击后可转化为指定国的国内注册（仅限于与议定书有关的国家），但会额外增加注册的成本，基本商标转换为国内注册费用远高于逐一国家注册费用。

从中心打击原则可以看出，若要通过马德里注册方式办理申请，最好选择已经在中国获得注册的商标作为提交的基础，这样可以大大降低因为基础商标被驳回、被异议而导致国际注册被撤销的风险。如果确实未拥有中国注册商标，可以考虑在商标查询和显著性分析的基础上，以驳回风险较低的中国商标申请作为基础进行马德里注册，从而控制风险，利用好马德里注册的价格优势。

从实践经验来说，对于国内有稳定的基础注册，或者经过查询后显示获准注册概率较高的商标来说，则尽可能采用马德里注册的方式；相反，对于国内没有基础注册，或者经过查询后显示获准注册的阻碍较多的商标来说，选择逐一注册无疑是最安全的。

第2节 马德里国际申请

1. 马德里体系及主管机关

马德里商标国际注册体系,建于1891年,根据《马德里协定》、《马德里议定书》和《商标国际注册马德里协定及该协定有关议定书的共同实施细则》(以下简称《共同实施细则》)的规定三套文件为马德里体系。

在马德里联盟成员国间,依托上述文件开展的国际注册为马德里商标国际注册。目前,该体系为位于瑞士日内瓦的国际局管理。国际局是指世界知识产权组织国际局,其工作内容之一是负责商标国际注册,其功能有如一个为各缔约方商标申请服务的中转站,类似于快递中心的"中转分发中心",国际局对原属国转交的商标国际注册申请进行形式审查,认为符合要求的,予以注册,并在国际注册簿上进行登记。国际局每周出版一本国际商标公告,公告注册、续展、后期指定、变更以及其他与国际注册有关的信息。此外,国际局还印制和颁发国际注册证,收缴和分配国际注册规费,主持召开体系内部的各种会议等事务。

在国际局的注册并不意味着商标已在被指定缔约方获得了商标保护,国际注册证的颁发也不能表明该商标已经在被指定缔约方获得了注册,而仅仅表示该商标申请了国际注册,但是商标能否在被指定的缔约方注册,还需要各缔约方通过各自的法律程序进行审查。

我国分别于1989年10月4日和1995年12月1日成为《马德里协定》和《马德里协定书》的成员国,因此我国企业可以通过商标国际注册,在协定或者议定书的成员国取得商标的法律保护。

"马德里联盟"是指由《马德里协定》和《马德里议定书》所适用的国家或政府间组织所组成的商标国际注册特别联盟。截至2019年6月17日,马德里联盟共有104个成员。具体缔约方明细如表15所示:

表15 马德里成员方

国　家	加入马德里协定时间	加入马德里议定书时间	国　家	加入马德里协定时间	加入马德里议定书时间
阿尔巴尼亚	1995.10.4	2003.7.30	利比里亚	1995.12.25	2009.12.11
阿尔及利亚	1972.7.5	2015.10.31	列支敦士登	1933.7.14	1998.3.17
安提瓜和巴布达		2000.3.17	立陶宛		1997.11.15
亚美尼亚	1991.12.25	2000.10.19	卢森堡	1924.9.1	1998.4.1
澳大利亚		2001.7.11	摩纳哥	1956.4.29	1996.9.27

续表

国　家	加入马德里协定时间	加入马德里议定书时间	国　家	加入马德里协定时间	加入马德里议定书时间
奥地利	1909.1.1	1999.4.13	蒙古	1985.4.21	2001.6.16
阿塞拜疆	1995.12.25	2007.4.15	摩洛哥	1917.7.30	1999.10.8
巴林		2005.12.5	马达加斯加		2008.4.28
白俄罗斯	1991.12.25	2002.1.18	莫桑比克	1998.10.7	1998.10.7
比利时	1892.7.15	1998.4.1	荷兰	1893.3.1	1998.4.1
不丹	2000.8.4	2000.8.4	挪威		1996.3.29
波斯尼亚—黑塞哥维那	1992.3.1	2009.1.27	波兰	1991.3.18	1997.3.4
博茨瓦纳		2006.12.5	黑山	2006.6.3	2006.6.3
保加利亚	1985.8.1	2001.10.2	葡萄牙	1893.10.31	1997.3.20
中国	1989.10.4	1995.12.1	韩国		2003.4.10
克罗地亚	1991.10.8	2004.1.23	摩尔多瓦	1991.12.25	1997.12.1
古巴	1989.12.6	1995.12.26	罗马尼亚	1920.10.6	1998.7.28
塞浦路斯	2003.11.4	2003.11.4	俄罗斯	1976.7.1	1997.6.10
捷克	1993.1.1	1996.9.25	圣马力诺	1960.9.25	2007.9.12
朝鲜	1980.6.10	1996.10.3	塞尔维亚	1992.4.27	1998.2.17
丹麦		1996.2.13	塞拉利昂	1997.6.17	1999.12.28
埃及	1952.7.1	2009.9.3	新加坡		2000.10.31
爱沙尼亚		1998.11.18	斯洛伐克	1993.1.1	1997.9.13
芬兰		1996.4.1	斯洛文尼亚	1991.6.25	1998.3.12
法国	1892.7.15	1997.11.7	西班牙	1892.7.15	1995.12.1
格鲁吉亚		1998.8.20	苏丹	1984.5.16	2010.2.16
德国	1922.12.1	1996.3.20	斯威士兰	1998.12.14	1998.12.14
希腊		2000.8.10	瑞典		1995.12.1
加纳		2008.9.16	叙利亚	2004.8.5	2004.8.5
匈牙利	1909.1.1	1997.10.3	瑞士	1892.7.15	1997.5.1

续表

国　家	加入马德里协定时间	加入马德里议定书时间	国　家	加入马德里协定时间	加入马德里议定书时间
冰岛		1997.4.15	塔吉克斯坦	1991.12.25	2011. 6.30
伊朗	2003.12.25	2003.12.25	马其顿	1991.9.8	2002.8.30
爱尔兰		2001.10.19	土耳其		1999.1.1
意大利	1894.10.15	2000.4.17	土库曼斯坦		1999.9.28
日本		2000.3.14	乌克兰	1991.12.25	2000.12.29
哈萨克斯坦	1991.12.25	2010 .12.8	英国		1995.12.1
肯尼亚	1998.6.26	1998.6.26	美国		2003.11.2
吉尔吉斯斯坦	1991.12.25	2004.6.17	乌兹别克斯坦		2006.12.27
拉脱维亚	1995.1.1	2000.1.5	越南	1949.3.8	2006.7.11
莱索托	1999.2.12	1999.2.12	赞比亚		2001.11.15
纳米比亚	2004.6.30	2004.6.30	阿曼		2007.10.16
欧盟		2004.10.1	圣多美和普林西比		2008.12.8
以色列		2010.9.1	菲律宾		2012.7.25
新西兰		2012.12.10	哥伦比亚		2012.8.29
墨西哥		2013.2.19	印度		2013.7.8
卢旺达		2013.8.17	突尼斯		2013.10.16
非洲知识产权组织		2015.3.5	津巴布韦		2015.3.11
柬埔寨		2015.6.5	冈比亚		2015.12.18
老挝		2016.3.7	文莱		2017.1.6
泰国		2017.11.7	印度尼西亚		2018.1.2
阿富汗		2018.6.26	马拉维		2018.12.25
萨摩亚		2019.3.4	加拿大		2019.6.17

2. 马德里体系文件

《商标法实施条例》
第 34 条
（第 353 页）

2.1 《马德里协定》

1891 年 4 月 14 日在西班牙的马德里签订，我国于 1989 年 10 月 4 日加入。商标所有人在一个缔约方原属国获得了基础注册，那么该所有人就可以通过原属局向世界知识产权国际局提出申请，请求其他缔约方对其商标予以保护。申请人需使用法语向国际局提交商标国际注册申请，商标国内审查期限为 12 个月。

2.2 《马德里议定书》

1989 年 6 月 27 日在马德里联盟大会签订，我国于 1995 年 12 月 1 日加入，对商标国际申请条件进行了放宽，允许缔约方以其原属国基础申请提出国际申请。商标国内审查期限为 18 个月。

2.3 《共同实施细则》

2009 年 9 月 1 日生效，规定了协定和议定书共同实施的具体办法。

3. 马德里协定和马德里议定的区别和联系

《商标法实施条例》第 36 条规定，符合本条例第 35 条规定的申请人，其商标已在商标局获得注册的，可以依据马德里协定申请办理该商标的国际注册。

符合本条例第 35 条规定的申请人，其商标已在商标局获得注册，或者已向商标局提出商标申请并被受理的，可以依据马德里议定书申请办理该商标的国际注册。

《马德里议定书》第 9 条第 6 款规定，对于某项国际申请或国际注册，当原属国既是参加本议定书，又是参加马德里协定的国家局时，本议定书的各种规定，对于同属本议定书和马德里协定的任何国家内不发生效力；大会可于本议定书生效 10 年后，但不早于多数马德里协定成员国称为本议定书成员之日起 5 年期满前，以3/4 多数，废止第 1 款或缩小第 1 款的效力，唯有同属该协定和本议定书的国家才有权参加表决。

两个平行的条约，各自相对独立，都有独立的成员，而且成员间相互重叠。具体见《马德里成员方表格》。

3.1 两个条约的区别

3.1.1 申请国际注册的条件

协定书国家依据基础注册，议定书国家可以依据基础注册也可以依据基础申请。

3.1.2 审限

协定书国家审查期限为12个月,议定书国家为审查期限可以是12个月,也可以是18个月。

3.1.3 缴费

依据《马德里议定书》,各缔约方主管局可以收取单独规费,该规费可以高出《马德里协定》规定的规费。

3.1.4 工作语言

依据《马德里议定书》,申请人可以选择法语、英语和西班牙语,而依据《马德里协定》,只可以选择法语。

3.1.5 中心打击

协定书国家在5年内,基础注册撤销导致国际注册撤销。超过5年,基础注册与国际注册相互独立。

如果是议定书国家,国际注册的所有人可以要求转为国家申请。

3.2 两个条约的联系

(1)《马德里议定书》第9条之6规定:既是议定书,又是协定书缔约方,在相互关系中只适用本议定书规则。

(2)既是议定书、又是协定书缔约方的18个月驳回期限、异议导致的驳回,可在18个月期限届满后通知以及单独规费,对其与另一个"双料"缔约方之间的关系不产生任何效力,既是议定书,又是协定书缔约方(比如中国),只有对纯议定书缔约方,驳回期限为18个月。

4. 申请人资格

《商标法实施条例》第35条(第353页)

申请人应在我国设有真实有效的工商营业场所;或在我国境内有住所;或拥有我国国籍。另外,我国台湾地区的法人或自然人均可通过国家知识产权局提出国际注册申请。而我国香港和澳门特别行政区的法人或自然人目前不能通过国家知识产权局提出国际注册申请。马德里联盟成员国的国民,若在我国有其合资或独资企业,可以通过国家知识产权局提出国际注册申请。

5. 原属国和原属局

《商标法实施条例》第37条、第38条(第353页)

根据《马德里协定》,原属国是指申请人设有真实有效工商营业场所的特别联盟国家;如果在特别联盟国家中没有真实有效工商营业场所,原属国为申请人住所所在的特别联盟国家;如果在特别联盟国家境内既没有工商营业场所也没有住所,但申请人具有特别联盟国家国籍,原属国为申请人国籍所在的国家。申请人必须按顺序选择。根据《马德里议定书》,申请人可以从申请人设有工商营业场所的缔约方、申请人住所所在缔约方或申请人国籍所在缔约方中任选其一作为其原属国。

原属局是指原属国负责商标注册的主管机关。我国原属局是国家知识产权局商标局。

《商标法实施条例》第37条,以中国为原属国申请商标国际注册的,应当通过国家知识产权局向国际局申请办理。

以中国为原属国的,与马德里协定有关的商标国际注册的后期指定、放弃、注销,应当通过国家知识产权局向国际局申请办理;与马德里协定有关的商标国际注册的转让、删减、变更、续展,可以通过国家知识产权局向国际局办理,也可以向国际局申请办理。

以中国为原属国的,与马德里议定书有关的商标国际注册的后期指定、转让、删减、放弃、注销、变更、续展,可以通过国家知识产权局向国际局申请办理,也可以直接向国际局申请办理。

在业务实践中,代理机构办理国际商标申请的业务占业务总额的80%以上,这些基本是通过国家知识产权局国际处办理,即首先将商标申请递交国际处,国际处确认相关文件形式无问题后,转交国际局,然后由国际局将申请指定下发各个国家局。

6. 基础申请及基础注册

《商标法实施条例》
第39条
(第354页)

基础申请是指向原属局提交的商标国内注册申请。根据《马德里议定书》,商标申请可以作为商标国际注册的基础。相对于《马德里协定》,《马德里议定书》更为便利,商标申请人不必等到商标注册成功,只要有基础申请就可以提交马德里商标国际注册申请。

基础注册是指在原属局获得的国内商标注册。根据《马德里协定》,只有已在原属局获得注册的商标才能作为商标国际注册的基础。

在我国,申请人在拿到商标局发出的商标注册申请受理通知书之后,就可以提交国际注册申请,指定受《马德里议定书》约束的缔约方。

7. 国际注册申请、国际注册日期

国际局在申请人向其原属国申请国际注册后的两个月内收到该申请,国际注册日期则是该申请提交到原属国的日期;如果在该期限内未收到申请,国际局则按其收到申请的日期进行登记。也就是说,如果商标局能在两个月内将申请提交到国际局,那么,申请人将商标国际注册申请提交到商标局的日期将是该商标的国际注册日期,否则将以国际局收到该申请的实际日期为国际注册日期。

8. 国际注册的指定

国际注册的指定,是指请求通过国际注册取得的保护延伸到其他的缔约方。国际注册的指定包括首次递交国际注册时指定,也包括商标国际注册后的指定申请,即"后期指定"。

9. 指定缔约方的保护和驳回

被指定缔约方的保护,是指被指定缔约方主管机关经实质审查,对符合本国法律规定的领土延伸申请的商标给予的保护,其效力等同于商标在该国获得注册。之所以称为"保护",是为了区别于国际局的注册。只有在商标获得保护后,商标所有人才可以在给予保护的被指定缔约方地域内行使商标专用权。

被指定缔约方依职权的驳回,是指被指定缔约方主管机关经实质审查,认为领土延伸申请违反了该被指定缔约方有关的法律规定,对该领土延伸申请的商标作出的不予保护的决定。该决定通常在法定的期限内以驳回的形式通知国际局。驳回包括全部驳回和部分驳回。全部驳回是对指定的全部商品或服务的驳回;部分驳回,则是对指定的部分商品或服务的驳回。申请人可根据驳回通知书的内容进行回复、提出复审或提起上诉。

国际注册申请的驳回期限因适用《马德里协定》或《马德里议定书》有所不同。对于适用《马德里协定》的国际注册申请,被指定缔约方行使驳回权利的期限为12个月;适用《马德里议定书》的国际注册申请,被指定缔约方行使驳回权利的期限可能为12个月,也可能为18个月。若被指定缔约方希望享有18个月的驳回期限,则需要向国际局提交正式的声明,声明12个月的驳回期限由18个月代替。如果在《马德里协定》和《马德里议定书》规定的12个月或者18个月内,被指定缔约方未能及时行使驳回权利,则不论国际注册申请是否违反了被指定缔约方的法律规定,都将自动在被指定缔约方获得保护。驳回期限的起始日为国际注册证上注明的通知日,而不是商标的国际注册日或其他日期。

10. 国际注册的有效期

(1)根据《马德里议定书》,在国际局注册的商标以10年为期进行续展,即商标国际注册的有效期为10年,自注册之日起算。

(2)《马德里协定》规定,根据协定获得注册的有效期为20年,但根据《共同实施细则》,无论被指定缔约方是适用议定书还是协定,续展均以10年为一期进行支付。

11. 中心打击及转变

11.1　中心打击概念

11.1.1　协定书国家规定

《马德里协定》第6条第2款规定，自国际注册的日期开始满5年时，这种注册即与在原属国原先注册的国家商标无关系，但是受下列规定的限制。

第3款规定，自国际注册的日期开始5年以内，如根据第1条而在原属国原先注册的国家商标已全部或部分不复享受法律保护时，那么，国际注册所得到的保护，无论其是否已经转让，也全部或部分不再产生权利。当5年期限届满前因引起诉讼而致停止法律保护时，本规定亦同样适用。

第4款规定，如自动撤销或依职权被撤销，原属国的注册当局应要求撤销在国际局的商标，国际局应予以撤销。当引起法律诉讼时，上述注册当局应依据职权或经原告请求，将诉讼已经开始的申诉文件或其他证明文件的抄件，以及法院的最终判决，寄送国际局，国际局应在国际注册簿上予以登记。

11.1.2　议定书国家规定

《马德里议定书》第6条第2款规定，自国际注册之日起5年期满后，国际注册即分别于基础申请或由之产生的注册，或者基础注册相独立。如有下列规定的除外。

第3款规定，国际注册之日起5年期限前，如果基础注册或由之产生的注册或者基础注册分别就全部或部分国际注册中所列的商品和服务被撤回、过期、被放弃、最终驳回、注销或被宣布无效，无论其是否已被转让，都不得再要求国际注册给予的保护。情形亦是如此，如果：

(1)一项对驳回基础申请的决定提起上诉；

(2)一项旨在撤回基础申请或注销、撤销有基础申请产生的注册或基础注册，或者宣布此类注册无效的诉讼；或

(3)一项对基础申请提出的异议于5年期限届满后，导致驳回、撤销或宣布无效的终局决定，或者分别要求撤回基础申请或由之产生的注册或者基础注册，条件是有关上诉、诉讼或异议于该期限届满前开始。这同样使用即在5年期满后被撤回的基础申请或被撤销的由基础申请产生的注册，条件是撤回或放弃时，所述申请或注册正处于第(1)点、第(2)点或第(3)点提及的程序中，并且该程序开始于所述期限届满前。

第4款规定，如实施细则所规定的，原属局将符合第3款的相应实施和决定通知国际局。国际局按照实施细则的规定通知一切有关方面，进行相应的公告。必要时，

原属局应向国际局申请适当地撤销国际注册,国际局则对该申请进行相应处理。

上述概念简言之就是,自国际注册之日起5年内,国际注册与其基础申请或者基础注册存在对应附属关系。在此期间,相应国际注册的基础注册被撤销或者基础申请最终被驳回,那么该国际注册在所有被指定的缔约方(议定书和协定书)将不再受到保护。

而在相关商标基础申请/注册出现上述情况的5年以后,则相应国际注册将不受影响。即使最后商标在原属国被撤销、无效、在申请阶段被驳回,则通过马德里国际注册体系在相应缔约方获得的保护最终仍有效力。

虽然在《马德里协定》和《马德里议定书》中都有"中心打击"的规定,马德里协定没有规定商标国际注册的注册人在"中心打击"之后的救济措施,而马德里议定书却允许注册人在"中心打击"之后将国际注册转换为被指定缔约方的国家或地区注册,并保留原有的国际注册日期和优先权日期。

《商标法实施条例》第49条(第355页)

11.2 转变条件

根据《马德里议定书》第9条之5和《共同实施细则》第22条的规定,将一项国际注册转为国家注册申请,是指自国际注册之日起5年内,由于基础申请或基础注册被全部或部分驳回、过期、放弃、注销或无效,原属局向国际局申请撤销该项国际注册所列的全部或部分商品和服务,原国际注册的申请人向其国际注册曾有效的某缔约方主管局提交同一商标的注册申请时,该申请应以其国际注册日或后期指定日为申请日期,并且如果该项国际注册曾享有优先权,此申请亦应享有同样的优先权,条件是:

(1)此申请于国际注册被撤销之日起3个月内提交;

(2)申请中所列商品和服务实际包括在国际注册的商品和服务中;

(3)申请符合所适用法律的一切规定,包括费用的规定。

12. 商标国际注册申请提交材料

2018年6月21日,国家知识产权局商标局启用了马德里商标国际注册网上申请,该系统覆盖了整个马德里国际注册新申请的全流程,包括网上提交申请、电子送达各种相关文书、网上提交补正回文、网上支付规费、实现与国际局电子通信。

马德里商标国际注册网上申请系统将纸件申请时所需要的中文申请书和外文MM2表格合二为一,申请系统在指定缔约方的选择框中提供了中英文对照的选项,针对纸件申请时补正概率较高的填写项提供了详细的解释和说明,设计了补正通道,增加了商品服务Excel导入功能,实现全程电子化。

(1)中文申请书和外文MM2表格;

(2)申请人名称地址中英文声明书,扫描件,PDF格式;

(3)申请人资格证明(盖章营业执照复印件)扫描件,PDF 格式;

(4)受理通知书或者商标注册证复印件,PDF 格式;

(5)委托代理的,委托书一份,扫描件,PDF 格式;

(6)商标图样商标图样应和基础商标图样保持一致,商标图样文件应为 JPG 格式,图样文件大小应小于 200KB 且图形像素介于"400×400"～"1500×1500";

(7)国际注册申请应与国家基础注册或基础申请内容一致,所报的商品和服务应与国内注册的商品和服务**相同或者不超过**国内申请或注册的商品和服务范围;

(8)申请人在申请国际注册时,如果与国内提出的商标注册申请相隔时间未超过 6 个月,那么申请人在提出国际注册申请时,可要求优先权,但应提供国内《受理通知书》复印件;

(9)指定美国,需要上传 MM18 表格彩色扫描件(PDF 格式)。

13. 国家知识产权局审查及递交

国家知识产权局国际处收到国际注册申请后进行形式审查,一般审查周期为 2 个月左右,若发现相关问题,要求申请人在 30 天内进行补正,形式审查内容主要包括材料、表格等基本信息。实践中若是通过网上系统提交,则通过系统下发相关补正通知,要求代理机构补充提交修正后的申请材料。

14. 费用计算及缴纳

《商标法实施条例》
第 41 条
(第 354 页)

商标申请人通过国家知识产权局向国际局申请上报国际注册及办理其他有关申请的,应当按照相关规定缴纳费用。申请人应当自收到商标局缴费通知单之日起 15 日内,向国家知识产权局缴纳费用。期满未缴纳的,国家知识产权局不受理其申请,书面通知申请人。

国家知识产权局收到手续齐备的申请书件,确认递交材料无误后,登记申请日期,编定申请号,按照当日牌价计算瑞士法郎和人民币的牌价,并发出缴费通知,申请人或代理人应在收到收费通知之日起 15 日内向国家知识产权局缴纳有关费用。国家知识产权局只有在收到如数的款项后,才会向国际局递交申请。实践中,代理组织确认款项后,国家知识产权局直接从开户行直接扣除对应费用。

具体费用:

(1)基础注册费:653 瑞士法郎(黑白图样)或 903 瑞士法郎(彩色图样);

(2)附加注册费:在有补充注册费的情况下,如商品/服务的类别超过 3 个,每增加 1 个类别,增加 100 瑞士法郎;

(3)补充注册费:每个指定缔约方收取 100 瑞士法郎,要求单独规费的缔约方除外;

(4)纯议定书缔约方单独规费如表16所示：

表16

国家	指定申请			续展		
	首一类	三个类以内	每增加一个类	首一类	三个类以内	每增加一个类
英国	227		63	252		63
丹麦		330	84		330	84
挪威		278(278)	78(78)		314(314)	121(121)
芬兰	243(324)		108(108)	243(324)		108 (108)
瑞典	260		102	260		102
冰岛	270(270)		58(58)	270(270)		58(58)
爱沙尼亚	151(203)		47(47)	188(235)		0
格鲁吉亚	314		115	314		115
日本	108(269)		82(269)	371		371
土库曼斯坦	151		76	380		0
希腊(请见注6)	115(577)		21*(105)	94(472)		21*(105)
新加坡	242		242	270		270
澳大利亚	263		263	300		300
爱尔兰	257		73	262		131
韩国	255		255	292		292
美国	388		388	291		291
欧盟	897(1531)	55(第二个类)(55)	164(164)	897(1531)	55(第二个类)(55)	164(164)
土耳其	73		14	72		0
巴林	1710(2105)		1710(2105)	1710(2105)		1710(2105)
乌兹别克斯坦	1028(1543)		103(154)	514(1028)		51(103)
加纳	379		379	370		370
阿曼	484(1211)		484(1211)	727(1453)		727(1453)

续表

国家	指定申请			续展		
	首一类	三个类以内	每增加一个类	首一类	三个类以内	每增加一个类
以色列	435		327	776		655
库拉索		336(667)	35(68)		336(667)	35(68)
波内赫、圣尤斯特歇斯和萨巴群岛		195(279)	20(20)		319(581)	56(56)
菲律宾	116		116	178		178
新西兰	102		102	239		239
墨西哥	167		167	161		161
哥伦比亚（请见注7）	297(395)		148(197)	162（宽展期：221）		79（宽展期：108）
叙利亚	473		473	473		473
印度	148		148	148		148
突尼斯	92		12	132		28
圣马丁		298(593)	31(61)		298(593)	31(61)
非洲知识产权组织（请见注8）		704	144	880（宽展期：加收229）		176
津巴布韦	97		58	78		78
冈比亚	97		97	243		0
老挝	141		101	141		101
安提瓜和巴布达	247		0	114		0
文莱	196		107	143		143
柬埔寨	139		139	139		139
泰国	418		418	522		522

续表

国家	指定申请			续展		
	首一类	三个类以内	每增加一个类	首一类	三个类以内	每增加一个类
印度尼西亚	144		144	180（宽展期：360）		180（宽展期：360）
赞比亚	125		100	416		332
萨摩亚	196		196	196		196

注：1. 圆括号中数字为集体、证明商标收费标准。

2. 单独收费的标准不是固定的，国际局将根据汇率的变化或者应单独收费国因国内收费标准变化的要求及时将各国新的单独收费标准通知各成员国（请登录 www.wipo.int 进行查询）。

3. 日本申请费用为第一个类108瑞士法郎，每增加一个类增加82瑞士法郎，注册成功后收取注册费用每个类269瑞士法郎。该收费标准自2016年12月14日起开始执行。

4. 表上没有列的国家均为3个类别以内100瑞士法郎。

5. 后续业务的收费标准：后期指定的基础注册费为300瑞郎，转让规费为177瑞郎（每个国际注册号），变更规费为150瑞郎（每件变更申请），删减规费为177瑞郎（每个国际注册号），续展基础注册费653瑞郎，宽展费326.5瑞郎。放弃申请、注销申请、代理人名称或地址变更申请、指定代理人申请均免费办理。

6. 关于希腊单独规费收取的具体说明：

关于马德里新申请和后期指定，希腊知识产权局对超过第10个类别后不再要求收取额外的费用。举例说明如下：

如指定希腊时申请1个类别，单独规费为115瑞士法郎；

如2个类别，单独规费为115+21=136瑞士法郎；

如10个类别，单独规费为115+21×9=304瑞士法郎；

如申请的类别超过10个，单独规费仍为304瑞士法郎。

此原则适用于集体商标。

关于马德里续展，希腊知识产权局对超过第10个类别后不再要求收取额外的费用。举例说明如下：

如续展涉及1个类别，单独规费为94瑞士法郎；

如2个类别，单独规费为94+21=132瑞士法郎；

如10个类别，单独规费为94+21×9=283瑞士法郎；

如涉及的类别超过10个，单独规费仍未283瑞士法郎。

此原则适用于集体商标。

7. 哥伦比亚：进入宽展期的商标，续展费每类为209瑞士法郎。

8. 非洲知识产权组织：进入宽展期的商标，续展费加收208瑞士法郎。

由于各缔约方的申请费用可能因汇率、国内官费的增减而发生变化，最简单计算国际申请费用的方式就是通过国际局官方在线计算器（International Registration of Marks – Fee Calculation）对费用进行计算，具体链接及截图如图40所示：

http://www. wipo. int/madrid/en/fees/calculator. jsp? Lang = E&ForDate（2）0141201&Origin = CN&Classes(1)&ServCd = EN。

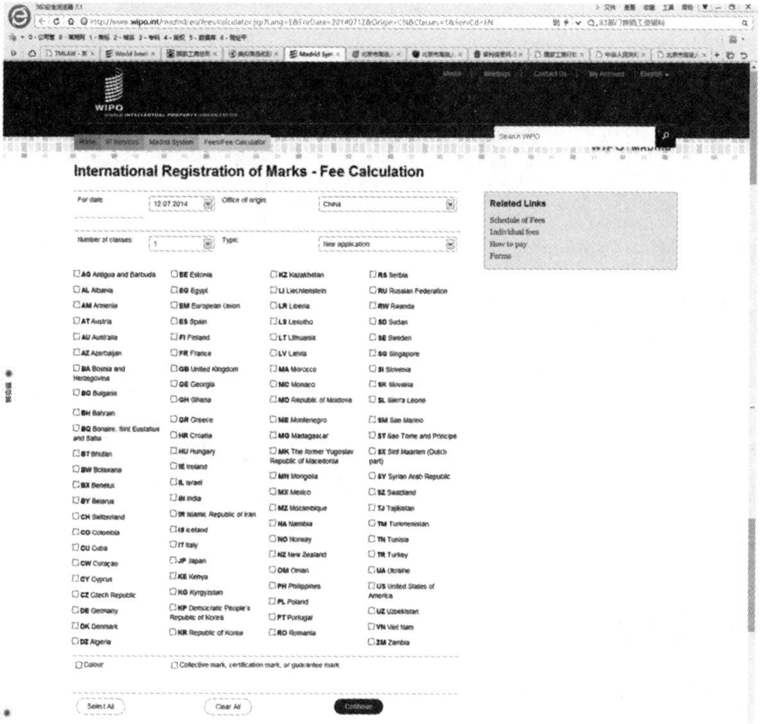

图 40

代理人仅需勾选选定原属国、缔约方、类别及估计申请时间，就可以得出当日预估马德里申请费用所需费用。

15. 国家知识产权局及国际局审查

《商标法实施条例》第 40 条（第 354 页）

国家知识产权局收到申请书及必要的附件、费用后，将有关的申请书件寄交设在瑞士日内瓦的世界知识产权组织国际局，由其办理商标注册。商标国际注册申请手续不齐备或者未按照规定填写申请书的，国家知识产权局不予受理，申请日不予保留。

申请手续基本齐备或者申请书基本符合规定，但需要补正的，申请人应当自收到补正通知书之日起 30 日内予以补正，逾期未补正的，国家知识产权局不予受理，书面通知申请人。

国际局对申请进行审查后，该商标即获得国际注册，颁发商标国际注册证，同时通知指定保护的国家限期（在协定的成员国为 1 年，在议定书的成员国为 18 个月）进行审查。这里需要指出的是，国际注册并不能产生专用权。也就是说，注册人的商标并不能直接在成员国受到保护。只有当注册人申请在某个成员国得到保护,且被请求国的商标主管机关在规定的期限内没有驳回其保护要求时,该国际注册商标才能在该国享有同本国注册商标相同的权利。

(1)国际局进行二次形式审查,一旦发现不规范项目,则向原属国发出《不规范通知书》;

(2)对相应费用进行审查并从各原属国商标局账户扣款;

(3)将相应商标国际注册登记国际注册簿;

(4)通过国家知识产权局向申请人颁发注册证;

(5)通知被指定缔约方。

16. 被指定缔约方审查

(1)各缔约方按照《马德里议定书》或《马德里协定》要求时限(12个月或18个月),依据各国商标法进行审理;

(2)若符合注册条件,则向国际局通报核准保护声明,并由国际局直接转交代理组织,该商标的保护效力等同于被指定缔约方的国内注册;

(3)依据审查发现符合授权规定的,则依据情况下发临时驳回或终局驳回,或者基于商标异议下发驳回通知。

17. 驳回的后续处理

(1)由国际局直接将相关驳回决定邮寄至代理机构,具体驳回理由在官方文件上列明,同时相关信息及驳回电子版可在国际局网站上检索到并下载。在驳回通知书上一般列明作出驳回的主管局、驳回理由、引用法条、应答的时限和其他救济措施(见图41)。

861 **Total provisional refusal of protection**
KP (Democratic People's Republic of Korea)

450 **Publication number and date**
2012/48 Gaz, 20.12.2012

580 **Date of notification**
28.11.2012
Date of receipt by the International Bureau
20.11.2012

图41

(2)依据各个国家的法律不同,应答方式不同。大多数国家和我国相同,需要强制委托当地代理机构进行应答,个别国家也可以进行直接应答,如日本、韩国的应答可以补充提交MM6表格。实践中的建议是寻找由代理组织寻找合适的当地合作代理机构进行应答。

相关马德里国际注册流程如图 42 所示：

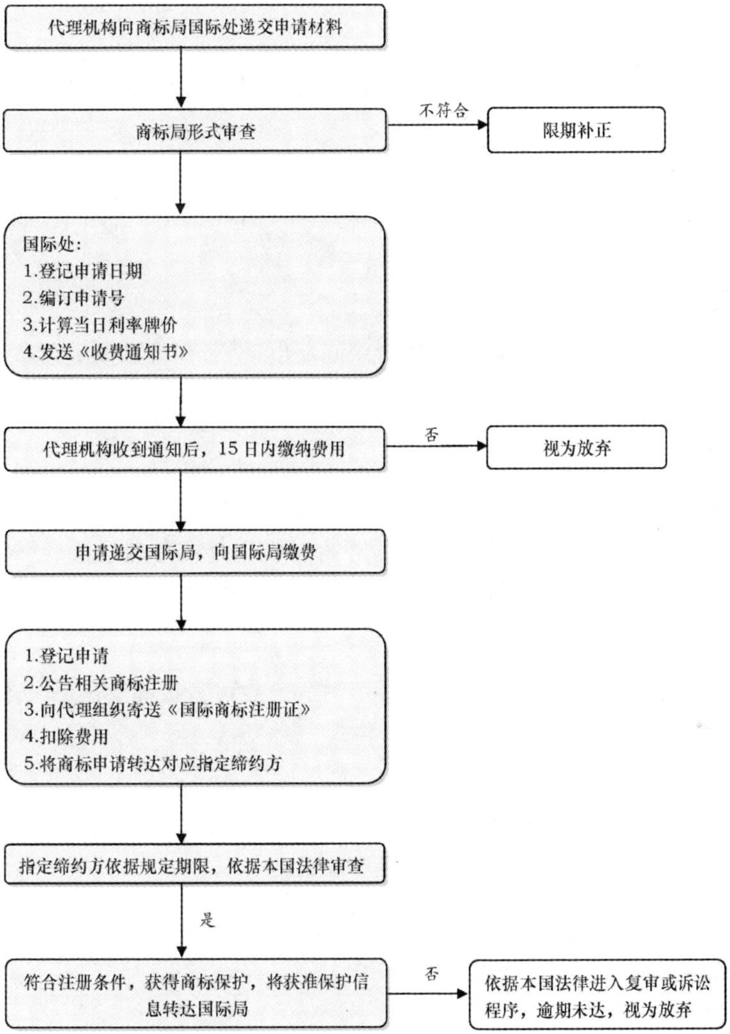

图 42

18. 国际续展

18.1　时限

国际商标有效期为 10 年，届满前 6 个月可以提交续展申请，同时在注册日到期后的 6 个月内为宽展期。在有效期届满前 6 个月，国际局将非正式地通知商标注册人有关续展事宜。

18.2 递交方式

申请人可通过国家知识产权局向国际局提交,也可直接递交国际局,还可网上续展(WIPO Marks E – renewal System)。

18.3 申请材料

在国内指定委托代理机构的,需要提供代理委托书、国际注册书式二、MM1 表格以及国际注册证复印件。

18.4 收费

国际局基本官费为 653 瑞郎,其他费用同新申请,若在宽展期进行提交,需增加 325 瑞郎的官费。

19. 国际转让

19.1 转让

受让人登记资格同受让人要求,都是缔约国成员方。办理转让后,转让以在国际注册簿登记日起算,但是各缔约国可以经审查进行驳回。

19.2 递交方式

申请人可通过国家知识产权局向国际局提交,也可直接递交国际局申请材料。

19.3 申请材料

在国内指定委托代理机构的,需要提供受让人代理委托书、国际注册书式二、MM5 表格、转让人、受让人资格证明文件、双方签署的中、英文申请书受让人使用英文名称的,必须提供使用该英文名称的证明文件。

19.4 收费

国际局基本官费为 653 瑞郎。

20. 国际变更

20.1 变更

变更包括注册人名称或地址变更或代理人名称或地址变更。

20.2 递交方式

申请人可通过国家知识产权局向国际局提交,也可直接递交国际局申请材料。

20.3 申请材料

马德里商标国际注册书式二,委托代理人的,应附送代理委托书,MM9 注册人名址变更或 MM10 代理人名址变更，国际注册证复印件（注册人名址变更），变更证明文件（注册人名址变更及英文翻译件）。

20.4　收费

变更规费：150 瑞郎（每件变更申请），代理人变更不收费。

21. 后期指定

21.1　法律依据

（1）《马德里协定》第 3 条之 3 规定了"领土延伸"规则。

①要求将通过国际注册所得到的保护延伸至一个利用第 3 条之 2 所规定的权利的国家时，必须在第 3 条第 1 款所谈到的申请中特别提明。

②在国际注册以后所提出的关于领土延伸的任何要求，必须用《共同实施细则》所规定的格式，通过原属国的注册当局提出，国际局应立即将这种要求注册，不延迟地通知有关注册当局，并在国际局所出的定期刊物上公布。这种领土延伸自在国际注册簿上已经登记的日期开始生效，在商标国际注册的有效期届满时停止效力。

（2）《马德里议定书》第 3 条第 3 款规定的"领土延伸"的规则：

①所有将通过国际注册取得的保护延伸至某一缔约方的请求，应当在国际申请中特别说明。

②领土延伸请求亦可于国际注册后提出。此项请求应以实施细则规定的书式提出。国际局应即刻将之登记，随即应将该登记通告某个或一切有关局。该登记应在国际局的定期公告上公告。此种领土延伸应于国际注册簿登记之日起生效；该领土延伸应于其相关国际注册期满时失效。

（3）《共同实施细则》第 24 条规定了国际注册后期指定事宜：

①缔约方可在国际注册后被予指定（后期指定），但条件是在作出该指定时，注册人依协定第 1 条第 2 款和第 2 条，或议定书第 2 条规定符合成为国际注册的注册人条件；

②如果注册人缔约方受协定约束，注册人可依协定指定受协定约束的任何缔约方；

③如果注册人缔约方受议定书约束，注册人可依议定书指定受议定书约束的任何缔约方，但条件是所述缔约方不是同时受议定书的约束。

21.2　递交方式

指定协定缔约方的，应当通过国家知识产权局向国际局提交申请；未指定协定缔约方的,也可以向国际局直接申请(仅外文申请书)。

21.3 申请材料

马德里商标国际注册书式二,委托代理人的,应附送代理委托书,MM4(指定美国一并提交MM18),国际注册证复印件。

21.4 收费

基本官费300瑞郎,补充官费一个缔约方为100瑞郎,增加国家累计增加。

22. 各类型书式说明

《商标法实施条例》第38条规定,通过国家知识产权局向国际局申请商标国际注册机构办理其他有关申请的,应当提交服务国际局和国家知识产权局要求的申请书和相关文件。

相关说明如表17所示:

表17

表格	内容
马德里商标国际注册代理委托书	供委托代理机构的申请人签署
MM2	指定的缔约方不包含纯协定缔约方
MM4	后期指定
MM5	转让申请
MM6	删减申请
MM7	放弃申请
MM8	注销申请
MM9	注册人名称地址变更
MM10	代理人名义或地址变更
MM11	续展申请
MM12	指定代理人
MM18	商标申请指定美国单独使用

具体下载链接见http://sbj.saic.gov.cn/gjzc/201711/t20171108_270209.html。

23. 其他有关问题

23.1 具体国家商标指定项目描述

韩国、美国、日本：商品指定项目问题，这些国家对尼斯分类表细化。如美国要求商品的申报必须符合其国内《可接受的商品和服务分类手册》（Acceptable Identification of Goods and Services Manual）的要求，并且要单独填写 MM18 表格。

23.2 商标描述

举例而言，如下国家有关于商标描述的特殊规定：

(1) 新加坡官方对含有中文字的商标要求提供经公证的中文字的解释。

(2) 美国要求说明商标有无含义，是否表示地理名称，在相关领域中是否有特殊含义。对中文商标要求进行逐个汉子及整体商标分别英语描述说明。

(3) 越南及亚美尼亚官方认为纯汉字商标不具有显著性，基本以绝对理由进行驳回。

23.3 不是权利证明的马德里注册证

马德里国际注册证仅是证明相关信息已经在国际注册簿上进行了登记注册，因此虽是注册证的形式，实际仅起到受理通知书的作用。

美国、韩国、日本三国在商标授权后会颁发本国注册证。该注册证与单一注册颁发的注册证无异，仅是该注册证中载明了是马德里国际注册指定该国的注册证。此外，其他成员国并不单独颁发注册证。

23.4 日本、加纳注册缴费

日本和加纳的单独规费分申请费和注册费两次收取：在新申请或后期指定中指定日本或加纳的，申请人先缴纳申请费；日本特许厅或加纳工业产权局审查核准后，通过国际局通知申请人缴纳注册费。收到通知后，一般由代理机构直接依据指定账户付款，并要求列明付款明细进行付款。

23.5 预防金融诈骗

一旦相关商标申请之后，委托人及代理组织的全部商标信息都将在国际局数据库公开，因此会有部分国际金融诈骗公司（主要集中在奥地利、澳大利亚、西班牙等国）向申请人或代理机构发送函件，要求向其支付相关公告/注册费用。具体范例如图 43 所示：

Warning: New Kind of Misleading Invoice

Geneva, December 19, 2014

It has recently come to the attention of the World Intellectual Property Organization (WIPO) that an entity named " World Intelligent Property Office" is sending letters to the holders of international registrations and their representatives, inviting to them to pay fees for registering/publishing their marks.

This entity uses a similar name, logo, address and contact details to those of WIPO, potentially misleading the public.

We advise users that this entity has no connection with WIPO. Its activities have no legal effect under the Madrid System.

All international trademark registrations and related records are published in the " WIPO Gazette of International Marks", the only official publication of the Madrid System. All fees under the Madrid System should be paid to WIPO directly in Swiss Francs or through the Office of Origin.

Guidance on identifying misleading invoices is available in the September 2014 edition of Madrid Highlights. The Madrid System website lists regularly updated samples of misleading invoices.

Please check with your representative or contact us, if you have any questions. If you wish to report receiving a misleading invoice document, please e-mail intreg.mail@wipo.int.

图43

一旦申请人或者代理机构遇到此情况,因相关缴费及通知基本是国内国家知识产权局和国际局对接,不存在向其他第三方缴费情况。如需核实,最好同国家知识产权局商标局国际处确认。

第3节　办理国内公证认证文件程序

1. 概述

由于各个国家对各类商标业务文件要求不同，在此无法一并而论。但是中国申请人进行涉外商标申请注册及后续程序中，如下几种业务需要进行程序性文件或实质文件的公证认证。

（1）商标申请注册：委托书、营业执照、商标使用声明书、中文文字含义的翻译和说明的公证或认证；

（2）商标续展申请：委托书、营业执照、国内商标注册证的公证认证；

（3）申请人/注册人名称地址变更：委托书、营业执照、国内名称地址工商变更证明的公证认证；

（4）转让申请：受让人签订的委托书、受让人和转让人签订的转让协议的公证认证文件；

（5）异议、撤销申请/答辩：委托书，证据材料的公证认证；

（6）行政、民事诉讼：委托书、证据材料、宣誓书的公证认证。

2. 各国家/地区公证认证文件特点

从国际法角度，对于办理民商事商业法律活动中，遵循的是“互惠原则”。

（1）一般欧美、日韩发达国家商标类确权事务基本不需要办理文件的公证认证，甚至也不需要委托书，仅需要提供申请人基本信息、商标图样以及商标指定商品/服务项目即可提交商标申请；

（2）东盟、南亚部分国家/地区需要委托书、声明书等程序性文件的公证；

（3）中东、南美及非洲国家对文件要求比较复杂，除了需要委托书、营业执照等公证认证，部分国家还需要申请人提供主体资格和国内商标注册证明的所有权证明文件的公证认证文件；

（4）个别加勒比未同中国建交国家，需要在墨西哥或美国委托第三方机构办理委托文件的公证认证。

3. 中国贸促会/中国国际商会商事证明业务

3.1　概述

不同于国外通行的公证处，我国是有专门的公证处办理公证事宜，需要向公证处提供所需材料，然后获得对应公证书。办理国际商标事宜，国内申请人常委托中国国际贸易促进委员会(以下简称贸促会)办理文件公证或认证事宜。当然,中国其他地区的领事馆也可以办理认证事宜,我们仅以在北京的贸促会办理流程为说明。

贸促会应申请人的申请,依据中国法律、有关规定和国际贸易惯例,对与商事活动相关的文书、单证和事实进行证明的活动。适用于国际货物贸易、服务贸易、技术贸易、国际承包工程、投标、知识产权、涉外商事诉讼、投资、海事等领域。

3.2 办公时间及联系方式

3.2.1 对外办公时间

星期一至星期五上午 9:00 ~ 11:30;下午 13:00 ~ 17:00(国家法定公休日除外)。

3.2.2 联系方式

中国贸促会(总会)商事法律服务中心商事证明处

联系电话:(010)82217098、82217035、82217030、82217066、82217010、82217028、82217062;

联系地址:北京市西城区桦皮厂胡同2号国际商会大厦3层;

网址:http://www.co.ccpit.org 或 http://lad.ccpit.org。

4. 使领馆认证

4.1 概念

领事认证,又称"使领馆认证",是指由外交、领事机构证明申请人所提交的文件上最后一个签字或印章属实,从而使该文件具有境外使用的法律效力。贸促会证明与商事活动相关的文书、单证等文件,而办理国际商标业务,主要涉及主体资格的公证认证、委托书授权书以及其他权利文件证书注册文件的公证认证。

4.2 各国驻华使馆代办领事认证特殊注意事项

4.2.1 使馆要求所有认证文件须提交一式两份,其中一份供使馆留底

此类国家包括:菲律宾、泰国、委内瑞拉、土耳其、古巴。

例如:送办土耳其国家的文件,在份数栏内应填"2"份,申办公司收到为"1"份,另1份由土耳其使馆留底保存。

4.2.2 使馆要求提供复印件

此类国家包括:

A. 埃及、阿富汗、安哥拉、阿塞拜疆、阿尔巴尼亚（商业类文书复印）、爱沙尼亚（整本）；
B. 巴基斯坦、巴勒斯坦（整本）、巴拿马、波兰、玻利维亚、秘鲁、保加利亚；
D. 丹麦；
E. 厄瓜多尔、厄立特里亚；
G. 古巴、刚果民主共和国；
H. 韩国、哈萨克斯坦；
J. 吉尔吉斯斯坦、津巴布韦；
L. 黎巴嫩、立陶宛、利比亚（两份）、卢旺达；
M. 缅甸、墨西哥、摩尔多瓦（带皮）、孟加拉、马达加斯加；
S. 塞浦路斯、塞尔维亚（整本）；
W. 乌兹别克斯坦；
T. 塔吉克斯坦、土库曼斯坦；
X. 叙利亚；
Y. 也门、伊朗、约旦、印度尼西亚、印度、越南、以色列。

4.2.3　使馆要求提供英文的“使用目的说明”

此类国家包括：巴基斯坦、芬兰、卡塔尔、肯尼亚、卢旺达、黎巴嫩、摩洛哥、突尼斯、印度、英国、新加坡。

4.2.4　使馆要求另需填写特殊表格格式

此类国家包括：埃塞俄比亚、爱莎尼亚、巴哈马、科威特（白色产地证英文部分公司填写，阿文部分由使馆翻译，收 20 元翻译费）、拉脱维亚、罗马尼亚、塞浦路斯、以色列、意大利。

4.2.5　送办阿根廷使馆的文件

因使馆认证发票的收费与其他商业文件不同，要求经办人在送办文件时，按收费标准的不同而分别填写申办表申请办理。

4.2.6　部分使馆的个别要求

（1）巴基斯坦使馆涉及金额的商业文件不予认证；
（2）哥伦比亚使馆要求授权书必须和营业执照一起认证。

4.3　外国驻华使馆（代表处）领事认证规定汇编

因本部分篇章较多，领事馆认证费随汇率变化等原因时有调整，建议随时关注查询中国领事服务网(http://cs.mfa.gov.cn)查询相关文件及费用要求。

5. 公证认证文件办理书式

代理机构涉外商标事宜的办理公证/认证文件,一般需要如下5个文件,申请人或代理人在指定位置签字盖章,代理行业称为"文件五书"。

(1)申请表(如果认证则需要单独填写"代办领事认证申办表")(见图44、图45);

(2)声明书(见图46);

(3)证明书(见图47);

(4)商标代理委托书(见图48);

(5)申请人主体资格证明。

上述5个文件有效期为1年,针对同一申请人,在1年内的办理相关公证认证,则只需要出具复印件即可,不必每次办理都出具上述原件。代理机构办理还需提供机构主体资格证明。

范例 1：申请表

申办国际商事证明书申请表

名称与编号	
金额与份数	
翻　译　费	

申请人声明：

本人被授权代表本企业申请办理国际商事证明书。该申请表、申办证明的文书、单证及提供的相关资料是真实的、合法的、有效的、正确的，如有违反有关规定或篡改证明书的，愿承担法律责任。现将有关情况申报如下：

是否领事认证：＿＿否＿＿　认证使馆：＿＿＿＿＿＿

企业填写栏	名称（中英文）：			
	申办人姓名： 手机号：	电话： 传真：		
	地址、邮编：			
	办理文书和单证、事实名称（中英文）：			
	用途：	证词语种：	急件或平件：	申办份数：
	提交相关资料的名称：			
	申办证明事项（请在下列选项中选择一至多项）：			
	□1、证明文书、单证上的签字或签章属实；			
	□2、证明文书、单证上的印章属实；			
	□3、证明文书、单证的（影印件、副本、节本）与原件相符；			
	□4、证明文书、单证的外文译本与中文本一致；			
	□5、对所办事实的真实性进行证明。			
	申办人签字及单位印章： 年　月　日			
代办机构填写	分、支会名称			
	分、支会签章	电话： 传真：	初审人：	
	地址、邮编：			
备注				

图 44

范例2:代办领事认证申办表

代办领事认证申办表[2]

名称与编号	
金额与份数	
翻　译　费	

申请人声明：

本领事认证申办表是公司或企业（申请人）为申请办理领事认证业务向贸促会提供的有效申请，该领事认证申办表一旦被贸促会接受便形成正式的委托法律关系，即：贸促会按申请人的要求为申请人代办领事认证业务，申请人按贸促会为其垫付的所有费用承担向贸促会及时付款的义务。

取件号__________　　申请日期__________　　认证使馆：__________

企业填写栏	企业名称						
	企业签章	电话： 传真：			姓名： 手机：		
	地址、邮编						
	文件名称	文件编号			份数		
					份数总计：		
费用明细	外交部费	使馆费	出证费	代办费	翻译费	其它	总金额
	取件人签字：　　　　年　　月　　日						
备注							

（注：带“■”为企业填项）

取件凭证单

取件号：

■申办单位		■申办国家		■份数	
接件日期		预取日期		实缴费用	
经办人员姓名		备注			

注：1、此单只作取件用不作报销凭证，实际费用以付款通知单费用为准。

2、预取日期仅供参考，请在取件前查询认证进度。

办公时间：周一至周五 9:00-11:30,13:00-17:00（节假日除外）

地址：北京市西城区桦皮厂胡同2号国际商会大厦3层

图45

范例3:声明书

声　　明

中国国际贸易促进委员会：
出证认证处：

兹郑重声明：

一、本公司名称：（中文）________________
（英文）________________
本公司对外印章如右:（盖章）________________

二、本公司法定代表人姓名：________
法定代表人手签笔迹如右：（签字）________________

此致，

____

（盖章）

年　　月　　日

图46

范例4:证明书

证　明

我公司，__________________，在此证明，我公司递交到中国国际贸易促进委员会的申请人______________________及其法人代表_______的印章和签字属实。以上如有不实，我公司愿承担相应的法律责任。

特此证明！

____

年　月　日

图47

范例5：商标代理委托书

商标代理委托书

我公司，________________，现委托______________代理我公司在________________等国家或地区提交商标申请。我们在此确认，________________有权代理为上述商标注册申请顺利进行之必需的一切文件的制作和证明/认证事宜。

特此证明。

____

年　　月　　日

图48

第4节 逐一国家申请

1. 概述

逐一国家商标申请注册的工作是通过直接指派当地合作所,间接代表客户在指定国家/地区办理客户委托的商标申请业务。总体而言,单一国家注册申请注册及其后续程序主要考察商标代理人及所在代理组织的七个能力,具体说明如下:

1.1 外语语言水平能力

进行国际商标业务的业务操作语言国际通行为英语。在特殊情况下,如果代理人所在商标代理机构有日语组,代理人可以直接通过日语进行命令指示。

商标代理人的外语能力至少要达到读写流畅的水平,并且对商标业务的专业语言精通,业务语言水平应至少在大学英语六级水平,如果有出国交换、留学的经历,英语听说能力强则更有利于业务沟通。

就北京地区而言,进行涉外商标代理业务的代理人基本是在外语学院的毕业生中选拔,近年随着大学生的英语水平的提高以及海外归国人员的增加,代理机构也开始从法学、对外贸易专业的毕业生中选拔代理人。

1.2 对合作外所的沟通和进程控制能力

(1)向合作所下达的各种业务命令明确清晰,必须使用标准的行业用语。

(2)对业务的进程有明确的控制和管理,举例而言,在进行商标申请指示时,必须要求对方确认收到相关业务指示。必要时候,要通过电邮、传真、快递以及电话等多种方式保证对方收到相关指示,并在最短的工作时间内将相关工作指示提交当地官方,具体而言,一般合作机构会在一周内,最迟也不会超过一个月内完成相关指示的汇报工作。

(3)如果是进行商标驳回答辩或异议申请业务,除可以延期的特殊情况下,一般必须要在官方截止日期前完成业务提交工作,因此对业务工作的时限需要更精确的把握和控制,避免因合作方的业务操作失误或者耽误官方应签期限,导致客户损失。

1.3 合作机构选择能力

尽量选择长期合作的、在当地有一定声誉和业务水平的代理机构合作,对于不发达国家的代理机构,或者初次进行合作的代理事务所,特别注意需要对其业务和时限的间接控制。尤其是对非洲个别国家的事务所,因当地的战乱、基础设施不健全或者事务所倒闭等因素导致后续委托业务无法办理，或者直接失去和代理机构的联系导致的损失。如果造成此种损失，国内代理机构应负责解决或予以赔偿。

针对英语为非母语国家的业务操作中，进行使用专业术语，确保指示精确明晰，不导致合作方的歧义。

一般而言，选择合适事务所的方式是通过行业内部推荐、每年的国际商标协会（International Trademark Association，INTA）年会的现场会见，国际刊物的业务排名，如MIP，LEGAL 500等知名杂志推荐以及双方实地拜访和见面达成业务合作。

除此之外，一些国家的商标申请文件中的委托书、营业执照等基本材料需要进行公证、认证，甚至是部分未同我国建交的国家需要进行第三方国家材料认证，商标代理人同样需要同国内国际商事认证机构进行必要业务合作。

1.4　成本控制能力

对业务的成本价格问题是代理人需要特别重视的问题，进行国际各类型业务以及各地区事务所的收费习惯有很大区别。举例而言，一般发展中国家的基本商标申请、查询商标代理业务基本是固定收费，而发达国家，如西欧、美国和日本的收费往往是按工作小时收费。

国内客户往往习惯于固定收费模式，外部采购服务，因此在询价阶段极可能要通过沟通、协调等多种方式，尽量将合作机构的基本业务价格固定（fixed price），以符合中国客户的习惯寻求合理报价。

而涉及驳回复审、异议申请、答辩、后期诉讼等业务，需要依据具体情况而判断，因此需要“个案单独估价结算”。

1.5　后台信息控制管理能力

一般比较成熟的事务所的案件处理时限、外方案件报送信息、案件流程控制等后台操作使用商标管理软件管理业务，其次通过一般的Office的Access软件管理。除了必备的流程控制软件及程序，也要拥有一批优秀的后台流程秘书和助理等辅助人员控制案件进程，就某种程度上而言，完善的后台流程控制相当于业务部门的“大脑”，缺乏必备的流程管理，将无法保证案件的流畅操作。

1.6　外国商标法律、事务的信息管理整合能力

商标代理人及其所在机构还应该对相关国家和地区的商标业务有一定了解和信息积累，不能以“业务传令员”作为工作目标，要学会进行信息整理搜集，对以往办理的案件进行总结，预判案件的下一步流程，有效指挥合作代理机构开展相关业务代理活动。

同时要对各地合作机构进行定期考量及评级，从服务价格、反应速度、专业程

度、催款频率四大方面对合作机构进行综合判断。

1.7 国内客户沟通能力

一般进行涉外商标业务的国内客户都已经或计划开展海外业务,但是这并不意味着客户和代理人一样具有相同的涉外知识储备、专业技能和案件处理经验。因此代理人要学会运用国内客户理解的语言转达相关报告,要依据客户的实际情况及自身积累的专业知识对相关业务进行提炼和整理,同时给予客户建议性的意见,而不是开放性的判断论述。

2. 具体业务操作实例

2.1 商标申请范例

因为商标确权阶段所需的信息最多,我们以国内申请为例,以国内商标申请人提供给外方的如下信息为例:

(1)指示接受所的名称、邮寄地址、联系方式(包括电话、传真、电子邮箱);

(2)指示商标信息、国际注册类别、申请人、我方卷号、对方卷号(如有)、优先权(如有);

(3)商标各项具体信息最好附带英文信息专业,同时商标图样最好用 JPEG 文件附带,若商标为英文或中文,需对相关商标进行进一步文字性描述说明;

(4)特殊国家需要营业执照或其他文件的公证认证件,最好将相关文件扫描后作为邮件附件;

(5)指示明令对方确认收到相关指示后并予以确认,并要求对方汇报时将相关账单及官方受理通知书报告;

(6)代理机构名称,相关代理人及主管领导签名。

2.2　英文范本

××× IP Agent

Post:

Tel:

Fax:

E-mail:

Re:New Trademark Application(s) in

Trademark:

Int'l Class:

Applicant:

Y/Ref. :Please Advise

O/Ref. :

Priority:

Dear ×××,

We would be grateful if you could represent our client in filing ________ new trademark application(s) in ________ in accordance with the attached Information Sheet and Trademark Specimen.

Enclosed herewith please find the duly singed POA/ duly notarized POA/ duly legalized POA and notarized/ legalized Enterprise Entity Business License for your easy reference. The originals will be posted to you via courier together with the confirmation copy of this letter. Please let us know if you need any further information or document.

In case the application should be filed accompanied with the original documents, and the later supplement will cause extra fees, please just hold and proceed with the filing until receiving the originals.

We look forward to receiving your filing report, full copies of the application form as filed, the Official Filing Receipt as well as your debit note as soon as possible.

Please kindly acknowledge safe receipt of this instruction letter.

Should you have any further questions or requirements, please let us know.

Best regards,

For and on behalf of

××× Intellectual Property Agency

3. 一般国家注册流程示意图

各个国家的商标注册程序仍有很大区别，以和我国商标注册流程类似的国家作为范例，将商标申请流程梳理如图49所示：

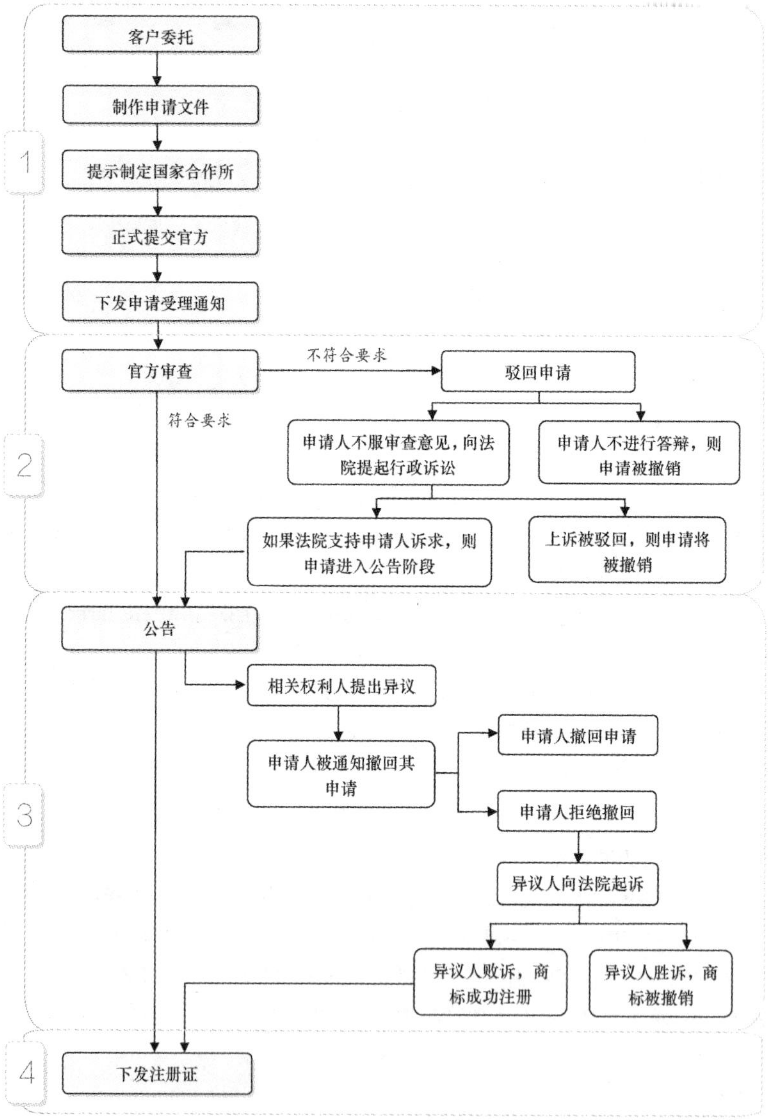

图 49

4. 其他业务类型

其他商标基础确权业务如商标查询、转让、续展、变更、异议、异议答辩、驳回复审、撤销等类型的指示和上述指示性模式类似,在此不做赘述。

5. 后期业务介绍

5.1　商标监测

商标监测是商标权利权利人维护自己商标权利的主要方式,而通过国际商标监测,权利人可以通过指定国家/地区商标主管机关官方公布的商标公告对涉外公告商标信息进行监测,对和自身商标权构成冲突的商标采取提出异议、发送警告信等手段阻止第三方"抢注"商标。

从事实际涉外贸易业务的企业进行商标监测尤为重要,尤其是防止其他第三人、当地产品经销商、竞争对手等抢注商标,从知产领域保护企业正常外贸活动。

进行国际商标监测一般有两种方式:一种是通过委托当地合作代理机构进行,这种方案由人工检索,提供商标监测同时附带专业法律意见,但是费用相对较高,一般国内客户可能很难承担此预算;另一种是通过和数据供应商合作,如某些全球监测系统,通过定期抓取各国公开商标数据,对相关数据进行筛选汇报,除了朝鲜、索马里、西撒哈拉等个别国家/地区无法实施监测,可提供的国际商标监测范围涉及全球200多个国家和地区,基本覆盖世界主要商标使用国家。依据不仅能提供最全面的商标监测服务,同时依据客户特别要求,就客户任意指定的国家和地区,可以依据具体需求另行单独设计监测服务。

5.2　其他后续事务

除了商标监测事务之外,伴随商标事务的涉外行政、民事诉讼案件,以及其他非诉业务,如商业调查、海关备案查处、展会临时禁令、特许经营等后续事宜,都可能是今后商标事务的延伸产业。因目前国内客户这方面需求并不多,90%以上的业务仍处于前期商标确权事宜,同时加上各个国家的商标制度仍有一定区别,鉴于本书篇幅有限,暂不予进一步说明。

6. 相关业务网上链接

6.1　马德里国际注册费用在线计算器

(International Registration of Marks – Fee Calculation)

http://www.wipo.int/madrid/en/fees/calculator.jsp

6.2 马德里商标状态查询(romarin)

http://www.wipo.int/romarin

6.3 商品和服务管理器

http://www.wipo.int/mgs/? lang = zh

6.4 国际商标公告

http://www.wipo.int/madrid/en/madridgazette/

6.5 各国法律检索

WIPO Lex 工具,可以检索国际局,WTO 和联合国成员的国家知识产权(Intellectual Property,IP)法律和条约的一站式检索工具:

http://www.wipo.int/wipolex/zh/

6.6 中国商标局马德里国际注册须知

http://www.ctmo.gov.cn/sbsq/mdlsq/

6.7 世界主要国家商标局商标查询系统链接

Directory of Intellectual Property Offices(WIPO 网站)

http://www.wipo.int/directory/en/urls.jsp

6.8 Global Brand Database

http://www.wipo.int/branddb/en/

6.9 TMVIEW

欧盟知识产权局(EUIPO)开发的地区性商标检索工具,可免费检索 20 多个国家和地区的商标数据。

https://www.tmdn.org/consent/cookies.html? referer = /tmview/

6.10 美国 TESS 检索系统

美国专利商标局(USPTO)Trademark Electronic Search System (TESS)系统

http://www.uspto.gov/trademarks - application - process/search - trademark - database

6.11　加拿大知识产权局(Canada IP Office)商标查询系统

http://www.cipo.ic.gc.ca/app/opic-cipo/trdmrks/srch

6.12　澳门经济局商标检索系统

http://www.economia.gov.mo/zh_CN/web/public/Pg_ES_AE_QE_TRADEMARK?_refresh=true

6.13　香港特别行政区政府知识产权属

http://ipsearch.ipd.gov.hk/index.html

6.14　澳大利亚知识产权局(IP Australia)ATMOSS 商标查询系统

http://pericles.ipaustralia.gov.au/atmoss

6.15　新西兰知识产权局(New Zealand IP Office)

http://www.iponz.govt.nz/app/Extra/IP/TM/Qbe.aspx?sid=635636010402267686

6.16　韩国知识产权局(Korean Intellectual Property Office,KIPO)

http://www.kipris.or.kr/enghome/main.jsp

6.17　日本专利局(Japan Patent Office,JPO)

https://www.j-platpat.inpit.go.jp/web/all/top/BTmTopEnglishPage

第5节 外国人的中国商标事务

1. 概述

国际商标申请人在我国申请注册商标实体审理,适用我国法律及审理规则,国外有如下特殊程序性事宜需要注意。

2. 审理原则

《商标法实施条例》第42条(第354页)

《商标法》第17条规定,外国人或者外国企业在中国申请商标注册的,应当按其所属国和中华人民共和国签订的协议或者共同参加的国际条约办理,或者按照对等原则办理。

外国人进入我国申请注册商标的流程,适用我国法律及相关审理规则。

3. 强制代理原则

外国人或者外国企业在中国申请商标注册和办理其他商标事宜的,应委托依法设立的商标机构办理。

商标法所称外国人或者外国企业,是指在中国没有经常居所或者营业所的外国人或者外国企业。

《商标法实施条例》第5条第1款、第2款和第3款规定,外国人或者外国企业的代理委托书还应当载明委托人的国籍。外国人或者外国企业的代理委托书及与其有关的证明文件的公证、认证手续,按照对等原则办理。申请商标注册或者转让商标,商标注册申请人或者商标转让受让人为外国人或外国企业的,应当在申请书中指定中国境内接收人负责接受国家知识产权局后续商标业务的法律文件。国家知识产权局后续商标业务的法律文件向中国境内接收人送达。

在实践中,外国人适用的行政确权委托书为中英双语的独立样式,如图50、图51所示。

商标代理委托书范例：

授权委托书

POWER OF ATTORNEY

我/我公司________________________________，是______________国国籍，依______________国/地区法律组成。现委托________________________________在中华人民共和国代理__________________商标__________________的如下"√"事宜：

I/We________________________________, a citizen of / a corporation organized and existing under the laws of____, hereby entrust to act as my / our agent in the People's Republic of China for the following matter(s) marking with "√" in relation to trademark__________________ :

- ☐ 商标注册申请 – application for trademark registration
- ☐ 商标异议申请 – opposition
- ☐ 变更商标申请人/注册人名义/地址申请 – modification of name/address of registrant/applicant
- ☐ 删减商品/服务项目申请 – deletion of goods/service item
- ☐ 变更商标代理人申请 – change of trademark agent
- ☐ 更正商标申请/注册事项申请 – correction of content in trademark application/registration
- ☐ 转让申请/注册商标申请 – recordal of assignment of application/registration
- ☐ 商标续展注册申请 – renewal of registration
- ☐ 撤销连续三年停止使用注册商标申请 – cancellation of trademark registration based on non-use for a consecutive 3 years
- ☐ 商标注销申请 – removal of registered trademark
- ☐ 注册人死亡/终止注销商标申请 – application for cancellation of registration based on the registrant' s death/termination
- ☐ 补发变更/转让/续展证明申请 – re-issuance of modification/assignment/renewal certification
- ☐ 补发商标注册证申请 – re-issuance of trademark registration certificate
- ☐ 提供商标注册证明申请 – issuance of trademark registration certification
- ☐ 提供优先权证明文件申请 – application for issuing priority document
- ☐ 商标使用许可合同备案申请 – recordal of trademark license contract
- ☐ 商标使用许可合同备案变更/提前终止申请 – recordal of modification/termination before the due date of trademark license contract
- ☐ 商标专用权质押登记申请 – recordal of pledge of trademark right
- ☐ 撤回商标注册申请申请 – withdrawal of trademark application
- ☐ 撤回商标异议申请 – withdrawal of trademark opposition
- ☐ 商标评审事宜 – trademark review and adjudication matters
- ☐ 其他 – others

委托人：________________________________

Applicant's name:________________________________

委托人地址：________________________________

Applicant's address:________________________________

签　章：________________________________

Signature and Title: ____________________ Date:____________________

图 50

评审类委托书范例：

商标评审代理委托书

POWER OF ATTORNEY
FOR TRADEMARK REVIEW AND ADJUDICATION

委托人：____

Principal: ____

地址：____

Principal's Address: __________________________________

法定代表人/负责人姓名 Legal /Authorized Representative：________________

职务 Title：____

受托人/Agency：____________________

地址/Agency's Address：____________________

联系人/Contact：________________电话/Telephone：________________

委托人是________国家/地区的公民/法人，现委托上述受托人代理对第________类第________号________________商标进行如下"√"评审事宜：

□驳回商标注册申请复审案　　□商标不予注册复审案
□撤销注册商标复审案　　□注册商标无效宣告案
□注册商标无效宣告复审案

受托人代理上述评审事宜的权限为：参与《中华人民共和国商标法》及其《实施条例》和《商标评审规则》规定的本案有关评审活动。委托人特别声明包括下列第①、②、③项权限：

① 承认对方评审请求　② 放弃或者变更评审请求　③ 撤回商标评审申请

The Principal is a citizen of / a corporation organized and existing under the laws of__________, hereby the above agent for the following matter(s) marked with "√" in relation to trademark________________ No.__________ in Class__________:

□ Review of Refusal　□ Review of Opposition
□ Review of Cancellation　□ Declaration of Invalidation
□ Review of Declaration of Invalidation

The agent has the authorization to engage in the trademark review and adjudication matters according to the Trademark Law of the People's Republic of China, the Implementing Regulations under the Trademark Law and Trademark Review and Adjudication Rules. The Principal specially claims the authorization includes the following power: ①, ② and ③.

① Admit the other party's claims　② Abandon or modify the claims
③ Withdrawal of the application for review and adjudication

委托人签字（盖章）
Signature and Seal:
日期/Date:

图 51

注意：

(1)在行政确权案件中的委托书不需要进行公证认证，但是在行政、民事诉讼所用委托书需要进行公证认证。

(2)对外国企业和外国人有经常居所地、营业地使用国内申请人原则，这是国际法的“经常居所地原则”在商标审理中的具体体现。

4. 马德里国际注册中特殊商标的补充程序

《商标法实施条例》第43条（第354页）

指定中国的领土延伸申请人，要求将三维标志、颜色组合、声音标志作为商标保护或者要求保护集体商标、证明商标的，自该商标在国家知识产权局国际注册簿登记之日起3个月内，应当通过依法设立的商标代理机构，向国家知识产权局提交相关材料。未在上述期限内提交相关材料的，国家知识产权局驳回该领土延伸申请。

5. 马德里国际注册指定中国的商标撤销和无效宣告程序

《商标法实施条例》第49条规定，依照《商标法》第49条第2款规定申请撤销国际注册商标，应当自该商标国际注册申请的驳回期限届满之日起满3年后向国家知识产权局提出申请；驳回期限届满时仍处在驳回复审或者异议相关程序的，应当自国家知识产权局作出的准予注册决定生效之日起满3年后向国家知识产权局提出申请。

依照《商标法》第44条第1款规定申请宣告国际注册商标无效的，应当自该商标国际注册申请的驳回期限届满后向国家知识产权局提出申请，驳回期限届满时仍处在驳回复审或者异议相关程序的，应当向国家知识产权局作出的准予注册决定生效后向国家知识产权局提申请。

依据《商标法》第45条第1款规定申请宣告国际注册商标无效的，应当自该商标国际注册申请的驳回期限届满之日起5年内向国家知识产权局提出申请；驳回期限届满时仍处在驳回复审或者异议相关程序的，应当自国家知识产权局作出的准予注册决定生效之日起5年内向国家知识产权局提出申请。对恶意注册的，驰名商标所有人不受5年的时间限制。

6. 转变程序

(1)申请人应通过代理组织向国家知识产权局提出申请；

(2)申请人应使用国内注册申请的中文书式，并应按照商品和服务分类表申报具体的商品名称和服务项目；

(3)申请人提交申请时，应先由国际处审核国际注册日期、优先权日、国际注册的撤销日期以及商品和/或服务的范围。如发现问题，由国际处与代理组

织联系补正事宜,在规定期限内未补正的退回申请;

(4)经审核无误后,国际注册处在申请书上另附表格,加注国际注册转为国家注册申请后确定的申请日期或优先权日期,并交申请人;

(5)申请人将申请书和表格交至通达商标服务中心受理科,该科编定申请日和申请号后,该申请进入正常国内审查程序。

《商标法实施条例》第47条(第354页)

7. 马德里国际注册指定中国的商标转让

转让的限制,相关限制和有关国内商标的基本一致。具体规定如下:

指定中国的领土延伸申请办理转让的,受让人应当在缔约境内有真实有效的营业所,或者在缔约方境内有住所,或者是缔约方国民。

转让人未在相同或者类似商品或者服务上的相同或者近似商标一并转让的,国家知识产权局通知注册人自发出通知之日起的3个月内改正;期满未改正或者转让容易引起混淆或者有其他不良影响的,国家知识产权局作出该转让在中国无效的决定,并向国际局作出声明。

《商标法实施条例》第48条(第355页)

8. 马德里国际注册删减限制

指定中国的领土延伸申请办理删减,删减后的商品或者服务不符合中国有关商品或者服务分类要求或者超出原指定商品或者服务范围的,国家知识产权局作出该删减在中国无效的决定,并向国际局作出声明。

《商标法实施条例》第46条(第354页)

9. 马德里国际注册续展

在中国获得保护的国际注册商标,有效期自国际注册日或者后期指定日起算。在有效期届满前,注册人可以向国际局申请续展,在有效期内未申请续展的,可以给予6个月的宽展期。国家知识产权局收到国际局的续展通知后,依法进行审查。国际局通知未续展的,注销该国际注册商标。

需要注意的是,不同于直接进行国际注册,马德里指定中国的商标注册日是以国际注册日或者后期指定日计算,而不是商标最后在国内的获准注册日。这个计算需要以国际注册日(早于国内注册)起算。

《商标法实施条例》第44条(第354页)

10. 国际商标公告

世界知识产权组织对商标国际注册有关事宜进行公告,国家知识产权局不另行公告。

世界其他国家的单一注册及马德里延伸国家注册都在相关公告上进行统一公告,而中国不进行单独的公告即外国申请人通过马德里国际注册进入中国的商标公告无法在国家知识产权局的公告上检索到。

国际局公告链接：http://www.wipo.int/madrid/monitor/en/index.jsp

查阅国际公告使用说明链接：http://sbj.saic.gov.cn/gjzc/201801/t20180102_271574.html

11. 国际商标异议

《商标法实施条例》第45条（第354页）

对指定中国的领土延伸申请，自世界知识产权组织《国际商标公告》出版的次月1日起3个月内，符合《商标法》第33条规定条件的异议人可以向国家知识产权局提出异议申请。

国家知识产权局在驳回期限内将异议申请的有关情况以驳回决定的形式通知国际局。

如果异议申请人是国内企业法人或者自然人，可将异议申请直接或通过商标代理机构邮寄或者送达商标局国际注册处。如果异议申请人是国外的企业或者自然人，则必须委托国家认可的商标代理机构办理。

被异议人可以在收到国际局转交的驳回通知书之日起30日内进行答辩，答辩书及相关证据材料应当通过依法设立的商标代理机构向国家知识产权局提交。对被异议的指定中国的领土延伸申请，国家知识产权局自驳回期限届满、行政决定或法院判决生效之日起18个月内作出决定。

代理人需要注意，和单独进行逐一申请的国家知识产权局异议裁定不同，通过马德里国际注册的商标异议是以商标驳回决定的形式通知国际局，再由国际局转达国外申请人。

12. 审查期限

我国商标局审查纯议定书方指定中国的审查期限为18个月，审查协定书缔约方和既是协定书又是议定书方的审查期限为12个月。

由于新商标法的颁布，对商标审查期限有新规定，上述期限仅有参考价值。

马德里指定中国审查流程例如图52所示：

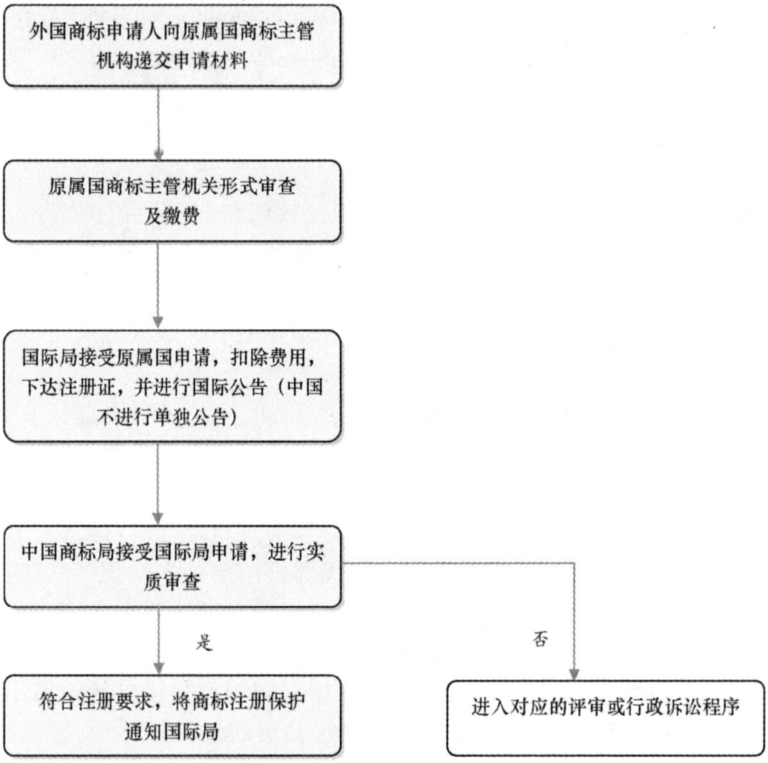

图52

13. 马德里国际商标注册的出具注册证明申请

13.1 简要说明

马德里国际商标注册证明是为了方便马德里国际商标注册人使用而出具的书面证明,与《商标注册证》具有同等的法律效力。出具申请人必须是马德里国际商标的注册人,需委托在国家知识产权局备案的商标代理机构办理。

13.2 办理途径

申请出具马德里国际商标注册证明的途径:委托在国家知识产权局备案的商标代理机构办理。

13.3 办理步骤

申请人可以自愿选择任何一家在国家知识产权局备案的商标代理机构办理,

所有在国家知识产权局备案的商标代理机构都公布在“代理机构”一栏中。申请办理应如实填写申请书，并提交相应文件。

13.3.1　申请书件的准备

每申请提供1件马德里国际注册商标的注册证明，提交《马德里国际商标出具商标注册证明申请书》1份，同时提交《商标代理委托书》以及商标注册人主体资格证明文件。文件具体要求如下：

(1)申请人应当按照要求如实填写申请书式，不得擅自修改格式。申请书应当打字或印刷。

(2)申请人名称与“申请人章戳(签字)”处所盖章戳(签字)及所附主体资格证明文件中的名称应当一致。

(3)申请人地址应当按照主体资格证明文件中的地址详细填写，申请人地址应注明国家。

(4)申请书应当填写代理机构名称，并在右下方“代理机构章戳/代理人签字”栏由代理人签字并加盖代理机构章戳。

(5)国际注册号应按照马德里商标《国际注册证》如实填写，并在注册号前加字母“G”，有后期指定业务的可在中国商标网上查询详细的注册信息。

(6)一标多类的马德里国际商标出具商标注册证明，可在一份申请书上填写多个类别。

(7)共有商标申请出具马德里国际商标注册证明的，需由代表人提出申请，并视为已经得到其他共有人的授权。

(8)在中国获得保护的马德里国际注册商标，自驳回期限届满之日起，可委托商标代理机构向国家知识产权局申请出具商标注册证明。

13.3.2　规费的缴纳

申请按类别收费，一个类别出具商标证明费为50元人民币。

13.4　商标注册证明的领取

马德里国际商标出具商标注册证明申请书件齐备、符合规定的，国家知识产权局一般在1个月内核发商标注册证明，并将商标注册证明寄发给受委托的商标代理机构。

14. 国际商标申请注册中英文对应表

表 18

中文	英文
被许可人	Licensee
被异议人	Opposed party
变更代理人	Agent change
变更地址	Address change
变更名称	Name change
变更注册人名义/地址/其他注册事项	Modification of name/address of registrant/other matters
驳回	Rejection/Refusal
补发商标证书	Reissuance of registration certificate
不使用撤销	Non – use cancellation
不正当竞争	Unfair competition
布图设计	Layout Designs
查封	Seizure
查询	Search
撤销商标复审	Review of adjudication on opposition
驰名商标	Well – known trade mark
持续使用	Continued use
单一颜色	Single color
地域管辖	Territorial jurisdiction
调解	Mediation
顶级域名	Top – level domain name（TLD）
冻结	Freeze
恶意	Bad faith
反向假冒	Reverse passing – off
防御商标	Defensive mark

续表

中文	英文
非职务育种	Non－service breeding
分别申请	Separate application
服务标记	Service mark
复审	Review
公告	Publication
公告日	Publication date
官方费用/规费	Official fee
国际商标	International registration（IR）
国际商标协会	The international trademark association（INTA）
国际植物新品种保护联盟	International Union for The Protection of New Varieties of Plants（UPOV）
国家市场监督管理总局	State Administration for Market Regu lation
海关备案	Custom recordal
合作育种	Joint breeding
互联网名称与数字地址分配机构	The Internet Corporation for Assigned Names and Numbers（ICANN）
混淆可能	Likelihood of confusion
级别管辖	Jurisdiction by Levels of Courts
集成电路布图设计	Integrated Circuit Layout Designs
集体商标	Collective mark
假冒产品	Counterfeit Goods
近似商标	Similar mark
警告函	Cease and desist letter/warning letter
扣押	Detain
类别	Class
类别顶级域名	gTLD：generic top－level domain
立体商标	Three－dimensional mark

续表

中文	英文
马德里国际注册	Madrid international registration
描述性	Descriptive
尼斯分类	Nice classification
平行进口	Parallel imports
侵权	Infringement
商标	Trade mark
商标的许可使用	Licensing of registered trade mark
商标法	Trademark law
商标国际注册马德里协定	Madrid Agreement
商标国际注册马德里协定有关议定书	Madrid Protocol
商品和服务	Goods and services
商业秘密	Trade secret
申请	Application
申请号	Application number
申请人	Applicant
申请日	Application date
审查员	Examiner
使用许可合同备案	Recordal of license contract
受理通知书	Official receipt
受让人	Assignee
司法保护	Judicial protection
诉前财产保全	Pre – filing property preservation
诉前禁令	Preliminary injunction
诉前证据保全	Pre – filing evidence preservation
诉讼中止	Lawsuit Suspension
特异性	Specificity

续表

中文	英文
通用网址	Internet keyword
同意书	Letter of consent
投诉人	Complainant
投诉书	Complaint
图形商标	Design mark
图形商标	Figurative mark
图样	Specimen
维权	Enforcement
委托书	Power of attorney
委托育种	Contract breeding
文字商标	Word mark
稳定性	Stability
无线网址	Wireless keyword
显著性	Distinctiveness
消费者混淆	Consumer confusion
新颖性	Novelty
行政保护	Administrative protection
虚假广告	False advertising
许可备案	License recordal
许可人	Licensor
续展	Renewal
颜色组合	Color combination
一致性	Consistency
异议	Opposition
异议复审	Review of adjudication on opposition
异议公告	Publication for opposition
异议人	Opponent

续表

中文	英文
优先权	Priority
有期徒刑	Fixed – term imprisonment
域名	Domain name
域名服务器	Domain Name Server
域名抢注	Domain Name Hijacking/Squatting
在先申请原则	First – to – file rule
在先使用	Prior use
争议	Dispute
证明商标	Certification trademark
职务育种	Service breeding
植物新品种	New Varieties of Plant
植物新品种保护	Plant variety protection (PVP)
植物新品种权	Plant Variety Rights
中国互联网络信息中心	China Internet Network Information Center (CNNIC)
中国互联网络信息中心域名争议解决办法	Rules for CNNIC Domain Name Dispute Resolution Policy (CNDRP)
国家知识产权局	National Intellectual Property Administration
注册	Registration
注册号	Registration number
注册日	Registration date
注册商	Registrar
注册商标	Registered mark
注册申请优先日	Date of priority
注册有效期	The term of validity
注册证	Registration certificate
注销	Removal
著名商标	Famous mark

续表

中文	英文
专家组	Panel
专用权	Exclusive rights
转让	Assignment
转让人	Assignor
字号	Trade name
组合商标	Associated mark
最先申请	First application
最先完成	First completion

第二部分

法 律 法 规

1. 商标法及实施条例

中华人民共和国商标法

（颁布机关：全国人民代表大会常务委员会；实施日期：2019 年 11 月 1 日）

第一章　总　　则

第一条　为了加强商标管理，保护商标专用权，促使生产、经营者保证商品和服务质量，维护商标信誉，以保障消费者和生产、经营者的利益，促进社会主义市场经济的发展，特制定本法。

第二条　国务院工商行政管理部门商标局主管全国商标注册和管理的工作。

国务院工商行政管理部门设立商标评审委员会，负责处理商标争议事宜。

第三条　经商标局核准注册的商标为注册商标，包括商品商标、服务商标和集体商标、证明商标；商标注册人享有商标专用权，受法律保护。

商标种类（第 13 页）

本法所称集体商标，是指以团体、协会或者其他组织名义注册，供该组织成员在商事活动中使用，以表明使用者在该组织中的成员资格的标志。

本法所称证明商标，是指由对某种商品或者服务具有监督能力的组织所控制，而由该组织以外的单位或者个人使用于其商品或者服务，用以证明该商品或者服务的原产地、原料、制造方法、质量或者其他特定品质的标志。

集体商标、证明商标注册和管理的特殊事项，由国务院工商行政管理部门规定。

第四条　自然人、法人或者其他组织在生产经营活动中，对其商品或者服务需要取得商标专用权的，应当向商标局申请商标注册。不以使用为目的的恶意商标注册申请，应当予以驳回。

不以使用为目的的恶意商标注册申请（第 72 页）

本法有关商品商标的规定，适用于服务商标。

第五条　两个以上的自然人、法人或者其他组织可以共同向商标局申请注册同一商标，共同享有和行使该商标专用权。

共同申请人（第 52 页）

第六条　法律、行政法规规定必须使用注册商标的商品，必须申请商标注册，未经核准注册的，不得在市场销售。

第七条　申请注册和使用商标，应当遵循诚实信用原则。

诚实信用原则（第 3 页）

商标使用人应当对其使用商标的商品质量负责。各级工商行政管理部门应当通过商标管理，制止欺骗消费者的行为。

商标构成要素（第 17 页）
区别性（第 3 页）

第八条　任何能够将自然人、法人或者其他组织的商品与他人的商品区别开的标志，包括文字、图形、字母、数字、三维标志、颜色组合和声音等，以及上述要素的组合,均可以作为商标申请注册。

显著性
(第3页)

第九条 申请注册的商标,应当有显著特征,便于识别,并不得与他人在先取得的合法权利相冲突。

商标注册人有权标明“注册商标”或者注册标记。

禁用商标
(第18页)
驳回绝对理由
(第71页)
异议/无效理由:
违反“禁用”规定
(第88页)

第十条 下列标志不得作为商标使用:

(一)同中华人民共和国的国家名称、国旗、国徽、国歌、军旗、军徽、军歌、勋章等相同或者近似的,以及同中央国家机关的名称、标志、所在地特定地点的名称或者标志性建筑物的名称、图形相同的;

(二)同外国的国家名称、国旗、国徽、军旗等相同或者近似的,但经该国政府同意的除外;

(三)同政府间国际组织的名称、旗帜、徽记等相同或者近似的,但经该组织同意或者不易误导公众的除外;

(四)与表明实施控制、予以保证的官方标志、检验印记相同或者近似的,但经授权的除外;

(五)同“红十字”、“红新月”的名称、标志相同或者近似的;

(六)带有民族歧视性的;

(七)带有欺骗性,容易使公众对商品的质量等特点或者产地产生误认的;

(八)有害于社会主义道德风尚或者有其他不良影响的。

县级以上行政区划的地名或者公众知晓的外国地名,不得作为商标。但是,地名具有其他含义或者作为集体商标、证明商标组成部分的除外;已经注册的使用地名的商标继续有效。

禁注商标
(第22页)
驳回绝对理由
(第75页)
异议/无效理由:
违法“禁注”规定
(第89页)

第十一条 下列标志不得作为商标注册:

(一)仅有本商品的通用名称、图形、型号的;

(二)仅直接表示商品的质量、主要原料、功能、用途、重量、数量及其他特点的;

(三)其他缺乏显著特征的。

前款所列标志经过使用取得显著特征,并便于识别的,可以作为商标注册。

异议/无效理由:
违反“三维标志禁注”规定
(第89页)

第十二条 以三维标志申请注册商标的,仅由商品自身的性质产生的形状、为获得技术效果而需有的商品形状或者使商品具有实质性价值的形状,不得注册。

第十三条 为相关公众所熟知的商标,持有人认为其权利受到侵害时,可以依照本法规定请求驰名商标保护。

异议/无效理由:
侵犯驰名商标权益
(第91页)
驰名商标保护模式
(第149页)

就相同或者类似商品申请注册的商标是复制、摹仿或者翻译他人未在中国注册的驰名商标,容易导致混淆的,不予注册并禁止使用。

就不相同或者不相类似商品申请注册的商标是复制、摹仿或者翻译他人已经在中国注册的驰名商标,误导公众,致使该驰名商标注册人的利益可能受到损害的，不予注册并禁止使用。

第十四条　驰名商标应当根据当事人的请求，作为处理涉及商标案件需要认定的事实进行认定。认定驰名商标应当考虑下列因素：

驰名商标认定考虑因素
（第 152 页、第 154 页）

（一）相关公众对该商标的知晓程度；

（二）该商标使用的持续时间；

（三）该商标的任何宣传工作的持续时间、程度和地理范围；

（四）该商标作为驰名商标受保护的记录；

（五）该商标驰名的其他因素。

在商标注册审查、工商行政管理部门查处商标违法案件过程中，当事人依照本法第十三条规定主张权利的，商标局根据审查、处理案件的需要，可以对商标驰名情况作出认定。

在商标争议处理过程中，当事人依照本法第十三条规定主张权利的，商标评审委员会根据处理案件的需要，可以对商标驰名情况作出认定。

在商标民事、行政案件审理过程中，当事人依照本法第十三条规定主张权利的，最高人民法院指定的人民法院根据审理案件的需要，可以对商标驰名情况作出认定。

生产、经营者不得将“驰名商标”字样用于商品、商品包装或者容器上，或者用于广告宣传、展览以及其他商业活动中。

驰名商标的商业禁用
（第 161 页）

第十五条　未经授权，代理人或者代表人以自己的名义将被代理人或者被代表人的商标进行注册，被代理人或者被代表人提出异议的，不予注册并禁止使用。

异议/无效理由：代理人抢注
（第 92 页）

就同一种商品或者类似商品申请注册的商标与他人在先使用的未注册商标相同或者近似，申请人与该他人具有前款规定以外的合同、业务往来关系或者其他关系而明知该他人商标存在，该他人提出异议的，不予注册。

第十六条　商标中有商品的地理标志，而该商品并非来源于该标志所标示的地区，误导公众的，不予注册并禁止使用；但是，已经善意取得注册的继续有效。

异议/无效理由：侵犯地理标志
（第 103 页）

前款所称地理标志，是指标示某商品来源于某地区，该商品的特定质量、信誉或者其他特征，主要由该地区的自然因素或者人文因素所决定的标志。

地理标志
（第 15 页）

第十七条　外国人或者外国企业在中国申请商标注册的，应当按其所属国和中华人民共和国签订的协议或者共同参加的国际条约办理，或者按对等原则办理。

申请人主体
（第 51 页）

第十八条　申请商标注册或者办理其他商标事宜，可以自行办理，也可以委托依法设立的商标代理机构办理。

外国人或者外国企业在中国申请商标注册和办理其他商标事宜的，应当委托依法设立的商标代理机构办理。

第十九条 商标代理机构应当遵循诚实信用原则,遵守法律、行政法规,按照被代理人的委托办理商标注册申请或者其他商标事宜;对在代理过程中知悉的被代理人的商业秘密,负有保密义务。

委托人申请注册的商标可能存在本法规定不得注册情形的,商标代理机构应当明确告知委托人。

商标代理机构知道或者应当知道委托人申请注册的商标属于本法第四条、第十五条和第三十二条规定情形的,不得接受其委托。

商标代理机构除对其代理服务申请商标注册外,不得申请注册其他商标。

第二十条 商标代理行业组织应当按照章程规定,严格执行吸纳会员的条件,对违反行业自律规范的会员实行惩戒。商标代理行业组织对其吸纳的会员和对会员的惩戒情况,应当及时向社会公布。

第二十一条 商标国际注册遵循中华人民共和国缔结或者参加的有关国际条约确立的制度,具体办法由国务院规定。

第二章 商标注册的申请

一标多类申请(第57页)

第二十二条 商标注册申请人应当按规定的商品分类表填报使用商标的商品类别和商品名称,提出注册申请。

商标注册申请人可以通过一份申请就多个类别的商品申请注册同一商标。

商标注册申请等有关文件,可以以书面方式或者数据电文方式提出。

第二十三条 注册商标需要在核定使用范围之外的商品上取得商标专用权的,应当另行提出注册申请。

第二十四条 注册商标需要改变其标志的,应当重新提出注册申请。

优先权声明(第54页)

第二十五条 商标注册申请人自其商标在外国第一次提出商标注册申请之日起六个月内,又在中国就相同商品以同一商标提出商标注册申请的,依照该外国同中国签订的协议或者共同参加的国际条约,或者按照相互承认优先权的原则,可以享有优先权。

依照前款要求优先权的,应当在提出商标注册申请的时候提出书面声明,并且在三个月内提交第一次提出的商标注册申请文件的副本;未提出书面声明或者逾期未提交商标注册申请文件副本的,视为未要求优先权。

第二十六条 商标在中国政府主办的或者承认的国际展览会展出的商品上首次使用的,自该商品展出之日起六个月内,该商标的注册申请人可以享有优先权。

依照前款要求优先权的,应当在提出商标注册申请的时候提出书面声明,并且在三个月内提交展出其商品的展览会名称、在展出商品上使用该商标的证据、展出日期等证明文件;未提出书面声明或者逾期未提交证明文件的,视为未要求优先权。

第二十七条　为申请商标注册所申报的事项和所提供的材料应当真实、准确、完整。

第三章　商标注册的审查和核准

第二十八条　对申请注册的商标,商标局应当自收到商标注册申请文件之日起九个月内审查完毕,符合本法有关规定的,予以初步审定公告。

注册申请的审限（第61页）

第二十九条　在审查过程中,商标局认为商标注册申请内容需要说明或者修正的,可以要求申请人做出说明或者修正。申请人未做出说明或者修正的,不影响商标局做出审查决定。

第三十条　申请注册的商标,凡不符合本法有关规定或者同他人在同一种商品或者类似商品上已经注册的或者初步审定的商标相同或者近似的,由商标局驳回申请,不予公告。

驳回相对理由（第73页）
异议/无效理由:与在先近似（第90页）

第三十一条　两个或者两个以上的商标注册申请人,在同一种商品或者类似商品上,以相同或者近似的商标申请注册的,初步审定并公告申请在先的商标;同一天申请的,初步审定并公告使用在先的商标,驳回其他人的申请,不予公告。

先申请原则（第3页）
驳回相对理由（第73页）
异议/无效理由:申请/使用在先（第90页）

第三十二条　申请商标注册不得损害他人现有的在先权利,也不得以不正当手段抢先注册他人已经使用并有一定影响的商标。

异议/无效理由:侵犯在先权利（第95页）
异议/无效理由:以不正当手段抢注他人已经使用并有一定影响的商标（第100页）

第三十三条　对初步审定公告的商标,自公告之日起三个月内,在先权利人、利害关系人认为违反本法第十三条第二款和第三款、第十五条、第十六条第一款、第三十条、第三十一条、第三十二条规定的,或者任何人认为违反本法第四条、第十条、第十一条、第十二条、第十九条第四款规定的,可以向商标局提出异议。公告期满无异议的,予以核准注册,发给商标注册证,并予公告。

商标异议申请（第87页）

提交驳回复审的期限(第70页)
驳回复审申请审理(第79页)
驳回复审行政诉讼(第243页)

第三十四条 对驳回申请、不予公告的商标,商标局应当书面通知商标注册申请人。商标注册申请人不服的,可以自收到通知之日起十五日内向商标评审委员会申请复审。商标评审委员会应当自收到申请之日起九个月内做出决定,并书面通知申请人。有特殊情况需要延长的,经国务院工商行政管理部门批准,可以延长三个月。当事人对商标评审委员会的决定不服的,可以自收到通知之日起三十日内向人民法院起诉。

异议审理及裁定(第104页)

第三十五条 对初步审定公告的商标提出异议的,商标局应当听取异议人和被异议人陈述事实和理由,经调查核实后,自公告期满之日起十二个月内做出是否准予注册的决定,并书面通知异议人和被异议人。有特殊情况需要延长的,经国务院工商行政管理部门批准,可以延长六个月。

商标局做出准予注册决定的,发给商标注册证,并予公告。异议人不服的,可以依照本法第四十四条、第四十五条的规定向商标评审委员会请求宣告该注册商标无效。

不予注册复审(第105页、第243页)

商标局做出不予注册决定,被异议人不服的,可以自收到通知之日起十五日内向商标评审委员会申请复审。商标评审委员会应当自收到申请之日起十二个月内做出复审决定,并书面通知异议人和被异议人。有特殊情况需要延长的,经国务院工商行政管理部门批准,可以延长六个月。被异议人对商标评审委员会的决定不服的,可以自收到通知之日起三十日内向人民法院起诉。人民法院应当通知异议人作为第三人参加诉讼。

商标评审委员会在依照前款规定进行复审的过程中,所涉及的在先权利的确定必须以人民法院正在审理或者行政机关正在处理的另一案件的结果为依据的,可以中止审查。中止原因消除后,应当恢复审查程序。

第三十六条 法定期限届满,当事人对商标局做出的驳回申请决定、不予注册决定不申请复审或者对商标评审委员会做出的复审决定不向人民法院起诉的,驳回申请决定、不予注册决定或者复审决定生效。

经审查异议不成立而准予注册的商标,商标注册申请人取得商标专用权的时间自初步审定公告三个月期满之日起计算。自该商标公告期满之日起至准予注册决定做出前,对他人在同一种或者类似商品上使用与该商标相同或者近似的标志的行为不具有追溯力;但是,因该使用人的恶意给商标注册人造成的损失,应当给予赔偿。

第三十七条 对商标注册申请和商标复审申请应当及时进行审查。

第三十八条 商标注册申请人或者注册人发现商标申请文件或者注册文件有明显错误的,可以申请更正。商标局依法在其职权范围内作出更正,并通知当事人。

前款所称更正错误不涉及商标申请文件或者注册文件的实质性内容。

第四章　注册商标的续展、变更、转让和使用许可

第三十九条　注册商标的有效期为十年，自核准注册之日起计算。

第四十条　注册商标有效期满，需要继续使用的，商标注册人应当在期满前十二个月内按照规定办理续展手续；在此期间未能办理的，可以给予六个月的宽展期。每次续展注册的有效期为十年，自该商标上一届有效期满次日起计算。期满未办理续展手续的，注销其注册商标。

商标续展申请
（第84页）

商标局应当对续展注册的商标予以公告。

第四十一条　注册商标需要变更注册人的名义、地址或者其他注册事项的，应当提出变更申请。

商标变更申请
（第81页）

第四十二条　转让注册商标的，转让人和受让人应当签订转让协议，并共同向商标局提出申请。受让人应当保证使用该注册商标的商品质量。

商标转让和移转
（第133页）

转让注册商标的，商标注册人对其在同一种商品上注册的近似的商标，或者在类似商品上注册的相同或者近似的商标，应当一并转让。

一并转让原则
（第134页）

对容易导致混淆或者有其他不良影响的转让，商标局不予核准，书面通知申请人并说明理由。

转让注册商标经核准后，予以公告。受让人自公告之日起享有商标专用权。

第四十三条　商标注册人可以通过签订商标使用许可合同，许可他人使用其注册商标。许可人应当监督被许可人使用其注册商标的商品质量。被许可人应当保证使用该注册商标的商品质量。

商标使用许可备案
（第127页）

经许可使用他人注册商标的，必须在使用该注册商标的商品上标明被许可人的名称和商品产地。

许可他人使用其注册商标的，许可人应当将其商标使用许可报商标局备案，由商标局公告。商标使用许可未经备案不得对抗善意第三人。

第五章　注册商标的无效宣告

第四十四条　已经注册的商标，违反本法第四条、第十条、第十一条、第十二条、第十九条第四款规定的，或者是以欺骗手段或者其他不正当手段取得注册的，由商标局宣告该注册商标无效；其他单位或者个人可以请求商标评审委员会宣告该注册商标无效。

对违反禁止性规定注册商标的无效宣告
（第109页、第114页、第115页）

商标局做出宣告注册商标无效的决定，应当书面通知当事人。当事人对商标局的决定不服的，可以自收到通知之日起十五日内向商标评审委员会申请复审。商标评审委员会应当自收到申请之日起九个月内做出决定，并书面通知当事人。有特殊情况需要延长的，经国务院工商行政管理部门批准，可以延长三个月。当事人对商标评审委员会的决定不服的，可以自收到通知之日起三十日内向人民法院起诉。

对违反禁止性规定注册商标的无效宣告审限
(第113页)

其他单位或者个人请求商标评审委员会宣告注册商标无效的,商标评审委员会收到申请后,应当书面通知有关当事人,并限期提出答辩。商标评审委员会应当自收到申请之日起九个月内做出维持注册商标或者宣告注册商标无效的裁定,并书面通知当事人。有特殊情况需要延长的,经国务院工商行政管理部门批准,可以延长三个月。当事人对商标评审委员会的裁定不服的,可以自收到通知之日起三十日内向人民法院起诉。人民法院应当通知商标裁定程序的对方当事人作为第三人参加诉讼。

对侵犯在先权利注册商标的无效宣告
(第109页、第113页、第243页)

第四十五条 已经注册的商标,违反本法第十三条第二款和第三款、第十五条、第十六条第一款、第三十条、第三十一条、第三十二条规定的,自商标注册之日起五年内,在先权利人或者利害关系人可以请求商标评审委员会宣告该注册商标无效。对恶意注册的,驰名商标所有人不受五年的时间限制。

商标评审委员会收到宣告注册商标无效的申请后,应当书面通知有关当事人,并限期提出答辩。商标评审委员会应当自收到申请之日起十二个月内做出维持注册商标或者宣告注册商标无效的裁定,并书面通知当事人。有特殊情况需要延长的,经国务院工商行政管理部门批准,可以延长六个月。当事人对商标评审委员会的裁定不服的,可以自收到通知之日起三十日内向人民法院起诉。人民法院应当通知商标裁定程序的对方当事人作为第三人参加诉讼。

商标评审委员会在依照前款规定对无效宣告请求进行审查的过程中,所涉及的在先权利的确定必须以人民法院正在审理或者行政机关正在处理的另一案件的结果为依据的,可以中止审查。中止原因消除后,应当恢复审查程序。

第四十六条 法定期限届满,当事人对商标局宣告注册商标无效的决定不申请复审或者对商标评审委员会的复审决定、维持注册商标或者宣告注册商标无效的裁定不向人民法院起诉的,商标局的决定或者商标评审委员会的复审决定、裁定生效。

无效宣告不具追溯力
(第116页)

第四十七条 依照本法第四十四条、第四十五条的规定宣告无效的注册商标,由商标局予以公告,该注册商标专用权视为自始即不存在。

宣告注册商标无效的决定或者裁定,对宣告无效前人民法院做出并已执行的商标侵权案件的判决、裁定、调解书和工商行政管理部门做出并已执行的商标侵权案件的处理决定以及已经履行的商标转让或者使用许可合同不具有追溯力。但是,因商标注册人的恶意给他人造成的损失,应当给予赔偿。

依照前款规定不返还商标侵权赔偿金、商标转让费、商标使用费,明显违反公平原则的,应当全部或者部分返还。

第六章 商标使用的管理

使用证据
(第122页)

第四十八条 本法所称商标的使用,是指将商标用于商品、商品包装或者容器以及商品交易文书上,或者将商标用于广告宣传、展览以及其他商业活动中,用于识别商品来源的行为。

第四十九条 商标注册人在使用注册商标的过程中,自行改变注册商标、注册人名义、地址或者其他注册事项的,由地方工商行政管理部门责令限期改正;期满不改正的,由商标局撤销其注册商标。

自行变更使用的法律后果
(第 82 页)

注册商标成为其核定使用的商品的通用名称或者没有正当理由连续三年不使用的,任何单位或者个人可以向商标局申请撤销该注册商标。商标局应当自收到申请之日起九个月内做出决定。有特殊情况需要延长的,经国务院工商行政管理部门批准,可以延长三个月。

撤销连续三年不使用注册商标申请审理期限
(第 124 页)

第五十条 注册商标被撤销、被宣告无效或者期满不再续展的,自撤销、宣告无效或者注销之日起一年内,商标局对与该商标相同或者近似的商标注册申请,不予核准。

撤销后的过渡期
(第 124 页)

第五十一条 违反本法第六条规定的,由地方工商行政管理部门责令限期申请注册,违法经营额五万元以上的,可以处违法经营额百分之二十以下的罚款,没有违法经营额或者违法经营额不足五万元的,可以处一万元以下的罚款。

第五十二条 将未注册商标冒充注册商标使用的,或者使用未注册商标违反本法第十条规定的,由地方工商行政管理部门予以制止,限期改正,并可以予以通报,违法经营额五万元以上的,可以处违法经营额百分之二十以下的罚款,没有违法经营额或者违法经营额不足五万元的,可以处一万元以下的罚款。

第五十三条 违反本法第十四条第五款规定的,由地方工商行政管理部门责令改正,处十万元罚款。

第五十四条 对商标局撤销或者不予撤销注册商标的决定,当事人不服的,可以自收到通知之日起十五日内向商标评审委员会申请复审。商标评审委员会应当自收到申请之日起九个月内做出决定,并书面通知当事人。有特殊情况需要延长的,经国务院工商行政管理部门批准,可以延长三个月。当事人对商标评审委员会的决定不服的,可以自收到通知之日起三十日内向人民法院起诉。

撤销注册商标复审申请
(第 124 页)

第五十五条 法定期限届满,当事人对商标局做出的撤销注册商标的决定不申请复审或者对商标评审委员会做出的复审决定不向人民法院起诉的,撤销注册商标的决定、复审决定生效。

被撤销的注册商标,由商标局予以公告,该注册商标专用权自公告之日起终止。

第七章 注册商标专用权的保护

第五十六条 注册商标的专用权,以核准注册的商标和核定使用的商品为限。

第五十七条 有下列行为之一的,均属侵犯注册商标专用权:

商标侵权行为类型
(第 165 页、第 250 页)

(一)未经商标注册人的许可,在同一种商品上使用与其注册商标相同的商标的;

(二)未经商标注册人的许可,在同一种商品上使用与其注册商标近似的商标,或者在类似商品上使用与其注册商标相同或者近似的商标,容易导致混淆的;

(三)销售侵犯注册商标专用权的商品的;

(四)伪造、擅自制造他人注册商标标识或者销售伪造、擅自制造的注册商标标识的;

(五)未经商标注册人同意,更换其注册商标并将该更换商标的商品又投入市场的;

(六)故意为侵犯他人商标专用权行为提供便利条件,帮助他人实施侵犯商标专用权行为的;

(七)给他人的注册商标专用权造成其他损害的。

驰名对抗企业名称
(第163页)

第五十八条 将他人注册商标、未注册的驰名商标作为企业名称中的字号使用,误导公众,构成不正当竞争行为的,依照《中华人民共和国反不正当竞争法》处理。

侵权诉讼被告实体性抗辩理由
(第262页)

第五十九条 注册商标中含有的本商品的通用名称、图形、型号,或者直接表示商品的质量、主要原料、功能、用途、重量、数量及其他特点,或者含有的地名,注册商标专用权人无权禁止他人正当使用。

三维标志注册商标中含有的商品自身的性质产生的形状、为获得技术效果而需有的商品形状或者使商品具有实质性价值的形状,注册商标专用权人无权禁止他人正当使用。

商标注册人申请商标注册前,他人已经在同一种商品或者类似商品上先于商标注册人使用与注册商标相同或者近似并有一定影响的商标的,注册商标专用权人无权禁止该使用人在原使用范围内继续使用该商标,但可以要求其附加适当区别标识。

行政与司法保护双轨制
(第4页)

第六十条 有本法第五十七条所列侵犯注册商标专用权行为之一,引起纠纷的,由当事人协商解决;不愿协商或者协商不成的,商标注册人或者利害关系人可以向人民法院起诉,也可以请求工商行政管理部门处理。

行政处理决定
(第172页)

工商行政管理部门处理时,认定侵权行为成立的,责令立即停止侵权行为,没收、销毁侵权商品和主要用于制造侵权商品、伪造注册商标标识的工具,违法经营额五万元以上的,可以处违法经营额五倍以下的罚款,没有违法经营额或者违法经营额不足五万元的,可以处二十五万元以下的罚款。对五年内实施两次以上商标侵权行为或者有其他严重情节的,应当从重处罚。销售不知道是侵犯注册商标专用权的商品,能证明该商品是自己合法取得并说明提供者的,由工商行政管理部门责令停止销售。

赔偿数额的行政调解
(第174页)

对侵犯商标专用权的赔偿数额的争议,当事人可以请求进行处理的工商行政管理部门调解,也可以依照《中华人民共和国民事诉讼法》向人民法院起诉。经工商行政管理部门调解,当事人未达成协议或者调解书生效后不履行的,当事人可以依照《中华人民共和国民事诉讼法》向人民法院起诉。

第六十一条　对侵犯注册商标专用权的行为,工商行政管理部门有权依法查处;涉嫌犯罪的,应当及时移送司法机关依法处理。

第六十二条　县级以上工商行政管理部门根据已经取得的违法嫌疑证据或者举报,对涉嫌侵犯他人注册商标专用权的行为进行查处时,可以行使下列职权:

工商调查及查处
(第169页)

(一)询问有关当事人,调查与侵犯他人注册商标专用权有关的情况;

(二)查阅、复制当事人与侵权活动有关的合同、发票、账簿以及其他有关资料;

(三)对当事人涉嫌从事侵犯他人注册商标专用权活动的场所实施现场检查;

(四)检查与侵权活动有关的物品;对有证据证明是侵犯他人注册商标专用权的物品,可以查封或者扣押。

工商行政管理部门依法行使前款规定的职权时,当事人应当予以协助、配合,不得拒绝、阻挠。

在查处商标侵权案件过程中,对商标权属存在争议或者权利人同时向人民法院提起商标侵权诉讼的,工商行政管理部门可以中止案件的查处。中止原因消除后,应当恢复或者终结案件查处程序。

第六十三条　侵犯商标专用权的赔偿数额,按照权利人因被侵权所受到的实际损失确定;实际损失难以确定的,可以按照侵权人因侵权所获得的利益确定;权利人的损失或者侵权人获得的利益难以确定的,参照该商标许可使用费的倍数合理确定。对恶意侵犯商标专用权,情节严重的,可以在按照上述方法确定数额的一倍以上五倍以下确定赔偿数额。赔偿数额应当包括权利人为制止侵权行为所支付的合理开支。

侵权赔偿数额的确定依据
(第263页)

人民法院为确定赔偿数额,在权利人已经尽力举证,而与侵权行为相关的账簿、资料主要由侵权人掌握的情况下,可以责令侵权人提供与侵权行为相关的账簿、资料;侵权人不提供或者提供虚假的账簿、资料的,人民法院可以参考权利人的主张和提供的证据判定赔偿数额。

权利人因被侵权所受到的实际损失、侵权人因侵权所获得的利益、注册商标许可使用费难以确定的,由人民法院根据侵权行为的情节判决给予五百万元以下的赔偿。

人民法院审理商标纠纷案件,应权利人请求,对属于假冒注册商标的商品,除特殊情况外,责令销毁;对主要用于制造假冒注册商标的商品的材料、工具,责令销毁,且不予补偿;或者在特殊情况下,责令禁止前述材料、工具进入商业渠道,且不予补偿。

假冒注册商标的商品不得在仅去除假冒注册商标后进入商业渠道。

第六十四条　注册商标专用权人请求赔偿,被控侵权人以注册商标专用权人未使用注册商标提出抗辩的,人民法院可以要求注册商标专用权人提供此前三年内实际使用该注册商标的证据。注册商标专用权人不能证明此前三年内实际使用过该注册商标,也不能证明因侵权行为受到其他损失的,被控侵权人不承担赔偿责任。

侵权诉讼被告抗辩——三年未使用
(第262页)

销售不知道是侵犯注册商标专用权的商品,能证明该商品是自己合法取得并说明提供者的,不承担赔偿责任。

侵权诉讼被告抗辩——来源合法
(第261页)

诉前财产保全与诉前禁令
(第256页、第258页)

第六十五条 商标注册人或者利害关系人有证据证明他人正在实施或者即将实施侵犯其注册商标专用权的行为,如不及时制止将会使其合法权益受到难以弥补的损害的,可以依法在起诉前向人民法院申请采取责令停止有关行为和财产保全的措施。

诉前证据保全
(第253页)

第六十六条 为制止侵权行为,在证据可能灭失或者以后难以取得的情况下,商标注册人或者利害关系人可以依法在起诉前向人民法院申请保全证据。

第六十七条 未经商标注册人许可,在同一种商品上使用与其注册商标相同的商标,构成犯罪的,除赔偿被侵权人的损失外,依法追究刑事责任。

伪造、擅自制造他人注册商标标识或者销售伪造、擅自制造的注册商标标识,构成犯罪的,除赔偿被侵权人的损失外,依法追究刑事责任。

销售明知是假冒注册商标的商品,构成犯罪的,除赔偿被侵权人的损失外,依法追究刑事责任。

第六十八条 商标代理机构有下列行为之一的,由工商行政管理部门责令限期改正,给予警告,处一万元以上十万元以下的罚款;对直接负责的主管人员和其他直接责任人员给予警告,处五千元以上五万元以下的罚款;构成犯罪的,依法追究刑事责任:

(一)办理商标事宜过程中,伪造、变造或者使用伪造、变造的法律文件、印章、签名的;

(二)以诋毁其他商标代理机构等手段招徕商标代理业务或者以其他不正当手段扰乱商标代理市场秩序的;

(三)违反本法第四条、第十九条第三款、第四款规定的。

商标代理机构有前款规定行为的,由工商行政管理部门记入信用档案;情节严重的,商标局、商标评审委员会并可以决定停止受理其办理商标代理业务,予以公告。

商标代理机构违反诚实信用原则,侵害委托人合法利益的,应当依法承担民事责任,并由商标代理行业组织按照章程规定予以惩戒。

对恶意申请商标注册的,根据情节给予警告、罚款等行政处罚;对恶意提起商标诉讼的,由人民法院依法给予处罚。

第六十九条 从事商标注册、管理和复审工作的国家机关工作人员必须秉公执法,廉洁自律,忠于职守,文明服务。

商标局、商标评审委员会以及从事商标注册、管理和复审工作的国家机关工作人员不得从事商标代理业务和商品生产经营活动。

第七十条 工商行政管理部门应当建立健全内部监督制度,对负责商标注册、管理和复审工作的国家机关工作人员执行法律、行政法规和遵守纪律的情况,进行监督检查。

第七十一条 从事商标注册、管理和复审工作的国家机关工作人员玩忽职守、滥用职权、徇私舞弊,违法办理商标注册、管理和复审事项,收受当事人财物,牟取不正当利益，构成犯罪的，依法追究刑事责任；尚不构成犯罪的，依法给予处分。

第八章 附 则

第七十二条 申请商标注册和办理其他商标事宜的，应当缴纳费用，具体收费标准另定。

第七十三条 本法自1983年3月1日起施行。1963年4月10日国务院公布的《商标管理条例》同时废止；其他有关商标管理的规定，凡与本法抵触的，同时失效。

本法施行前已经注册的商标继续有效。

中华人民共和国商标法实施条例

（颁布机关：国务院；实施日期：2014年5月1日）

第一章 总 则

第一条 根据《中华人民共和国商标法》（以下简称商标法），制定本条例。

第二条 本条例有关商品商标的规定，适用于服务商标。

第三条 商标持有人依照商标法第十三条规定请求驰名商标保护的，应当提交其商标构成驰名商标的证据材料。商标局、商标评审委员会应当依照商标法第十四条的规定，根据审查、处理案件的需要以及当事人提交的证据材料，对其商标驰名情况作出认定。

第四条 商标法第十六条规定的地理标志，可以依照商标法和本条例的规定，作为证明商标或者集体商标申请注册。

以地理标志作为证明商标注册的，其商品符合使用该地理标志条件的自然人、法人或者其他组织可以要求使用该证明商标，控制该证明商标的组织应当允许。以地理标志作为集体商标注册的，其商品符合使用该地理标志条件的自然人、法人或者其他组织，可以要求参加以该地理标志作为集体商标注册的团体、协会或者其他组织，该团体、协会或者其他组织应当依据其章程接纳为会员；不要求参加以该地理标志作为集体商标注册的团体、协会或者其他组织的，也可以正当使用该地理标志，该团体、协会或者其他组织无权禁止。

地理标志
（第16页、第52页）

第五条 当事人委托商标代理机构申请商标注册或者办理其他商标事宜，应当提交代理委托书。代理委托书应当载明代理内容及权限；外国人或者外国企业的代理委托书还应当载明委托人的国籍。

外国申请人
（第53页）

外国人或者外国企业的代理委托书及与其有关的证明文件的公证、认证手续,按照对等原则办理。

申请商标注册或者转让商标,商标注册申请人或者商标转让受让人为外国人或者外国企业的,应当在申请书中指定中国境内接收人负责接收商标局、商标评审委员会后继商标业务的法律文件。商标局、商标评审委员会后继商标业务的法律文件向中国境内接收人送达。

商标法第十八条所称外国人或者外国企业,是指在中国没有经常居所或者营业所的外国人或者外国企业。

第六条 申请商标注册或者办理其他商标事宜,应当使用中文。

依照商标法和本条例规定提交的各种证件、证明文件和证据材料是外文的,应当附送中文译文;未附送的,视为未提交该证件、证明文件或者证据材料。

第七条 商标局、商标评审委员会工作人员有下列情形之一的,应当回避,当事人或者利害关系人可以要求其回避:

(一)是当事人或者当事人、代理人的近亲属的;

(二)与当事人、代理人有其他关系,可能影响公正的;

(三)与申请商标注册或者办理其他商标事宜有利害关系的。

第八条 以商标法第二十二条规定的数据电文方式提交商标注册申请等有关文件,应当按照商标局或者商标评审委员会的规定通过互联网提交。

文件提交日期(第71页)

第九条 除本条例第十八条规定的情形外,当事人向商标局或者商标评审委员会提交文件或者材料的日期,直接递交的,以递交日为准;邮寄的,以寄出的邮戳日为准;邮戳日不清晰或者没有邮戳的,以商标局或者商标评审委员会实际收到日为准,但是当事人能够提出实际邮戳日证据的除外。通过邮政企业以外的快递企业递交的,以快递企业收寄日为准;收寄日不明确的,以商标局或者商标评审委员会实际收到日为准,但是当事人能够提出实际收寄日证据的除外。以数据电文方式提交的,以进入商标局或者商标评审委员会电子系统的日期为准。

当事人向商标局或者商标评审委员会邮寄文件,应当使用给据邮件。

当事人向商标局或者商标评审委员会提交文件,以书面方式提交的,以商标局或者商标评审委员会所存档案记录为准;以数据电文方式提交的,以商标局或者商标评审委员会数据库记录为准,但是当事人确有证据证明商标局或者商标评审委员会档案、数据库记录有错误的除外。

文件送达日期(第71页)

第十条 商标局或者商标评审委员会的各种文件,可以通过邮寄、直接递交、数据电文或者其他方式送达当事人;以数据电文方式送达当事人的,应当经当事人同意。当事人委托商标代理机构的,文件送达商标代理机构视为送达当事人。

商标局或者商标评审委员会向当事人送达各种文件的日期,邮寄的,以当事人收到的邮戳日为准;邮戳日不清晰或者没有邮戳的,自文件发出之日起满15日视为送达当事人，但是当事人能够证明实际收到日的除外；直接递交的，以递交日为准；以数据电文方式送达的，自文件发出之日起满 15 日视为送达当事人，但是当事人能够证明文件进入其电子系统日期的除外。文件通过上述方式无法送达的，可以通过公告方式送达，自公告发布之日起满 30 日，该文件视为送达当事人。

第十一条　下列期间不计入商标审查、审理期限：

（一）商标局、商标评审委员会文件公告送达的期间；

（二）当事人需要补充证据或者补正文件的期间以及因当事人更换需要重新答辩的期间；

（三）同日申请提交使用证据及协商、抽签需要的期间；

（四）需要等待优先权确定的期间；

（五）审查、审理过程中，依案件申请人的请求等待在先权利案件审理结果的期间。

第十二条　除本条第二款规定的情形外，商标法和本条例规定的各种期限开始的当日不计算在期限内。期限以年或者月计算的，以期限最后一月的相应日为期限届满日；该月无相应日的，以该月最后一日为期限届满日；期限届满日是节假日的，以节假日后的第一个工作日为期限届满日。

商标法第三十九条、第四十条规定的注册商标有效期从法定日开始起算，期限最后一月相应日的前一日为期限届满日，该月无相应日的，以该月最后一日为期限届满日。

第二章　商标注册的申请

第十三条　申请商标注册，应当按照公布的商品和服务分类表填报。每一件商标注册申请应当向商标局提交《商标注册申请书》1 份、商标图样 1 份；以颜色组合或者着色图样申请商标注册的，应当提交着色图样，并提交黑白稿 1 份；不指定颜色的，应当提交黑白图样。

商标申请声明与图样（第 53 页、第 55 页）

商标图样应当清晰，便于粘贴，用光洁耐用的纸张印制或者用照片代替，长和宽应当不大于 10 厘米，不小于 5 厘米。

以三维标志申请商标注册的，应当在申请书中予以声明，说明商标的使用方式，并提交能够确定三维形状的图样，提交的商标图样应当至少包含三面视图。

以颜色组合申请商标注册的，应当在申请书中予以声明，说明商标的使用方式。

以声音标志申请商标注册的，应当在申请书中予以声明，提交符合要求的声音样本，对申请注册的声音商标进行描述，说明商标的使用方式。对声音商标进行描述，应当以五线谱或者简谱对申请用作商标的声音加以描述并附加文字说明；无法以五线谱或者简谱描述的，应当以文字加以描述；商标描述与声音样本应当一致。

申请注册集体商标、证明商标的,应当在申请书中予以声明,并提交主体资格证明文件和使用管理规则。

商标为外文或者包含外文的,应当说明含义。

第十四条 申请商标注册的,申请人应当提交其身份证明文件。商标注册申请人的名义与所提交的证明文件应当一致。

前款关于申请人提交其身份证明文件的规定适用于向商标局提出的办理变更、转让、续展、异议、撤销等其他商标事宜。

类别、商品/服务项目填写
(第57页)

第十五条 商品或者服务项目名称应当按照商品和服务分类表中的类别号、名称填写;商品或者服务项目名称未列入商品和服务分类表的,应当附送对该商品或者服务的说明。

商标注册申请等有关文件以纸质方式提出的,应当打字或者印刷。

本条第二款规定适用于办理其他商标事宜。

共同申请人
(第52页)

第十六条 共同申请注册同一商标或者办理其他共有商标事宜的,应当在申请书中指定一个代表人;没有指定代表人的,以申请书中顺序排列的第一人为代表人。

商标局和商标评审委员会的文件应当送达代表人。

变更申请
(第81页)

第十七条 申请人变更其名义、地址、代理人、文件接收人或者删减指定的商品的,应当向商标局办理变更手续。

申请人转让其商标注册申请的,应当向商标局办理转让手续。

注册申请日
(第60页)
补正申请
(第67页)

第十八条 商标注册的申请日期以商标局收到申请文件的日期为准。

商标注册申请手续齐备、按照规定填写申请文件并缴纳费用的,商标局予以受理并书面通知申请人;申请手续不齐备、未按照规定填写申请文件或者未缴纳费用的,商标局不予受理,书面通知申请人并说明理由。申请手续基本齐备或者申请文件基本符合规定,但是需要补正的,商标局通知申请人予以补正,限其自收到通知之日起30日内,按照指定内容补正并交回商标局。在规定期限内补正并交回商标局的,保留申请日期;期满未补正的或者不按照要求进行补正的,商标局不予受理并书面通知申请人。

本条第二款关于受理条件的规定适用于办理其他商标事宜。

同日申请的处理
(第61页)

第十九条 两个或者两个以上的申请人,在同一种商品或者类似商品上,分别以相同或者近似的商标在同一天申请注册的,各申请人应当自收到商标局通知之日起30日内提交其申请注册前在先使用该商标的证据。同日使用或者均未使用的,各申请人可以自收到商标局通知之日起30日内自行协商,并将书面协议报送商标局;不愿协商或者协商不成的,商标局通知各申请人以抽签的方式确定一个申请人,驳回其他人的注册申请。商标局已经通知但申请人未参加抽签的,视为放弃申请,商标局应当书面通知未参加抽签的申请人。

第二十条　依照商标法第二十五条规定要求优先权的，申请人提交的第一次提出商标注册申请文件的副本应当经受理该申请的商标主管机关证明，并注明申请日期和申请号。

第三章　商标注册申请的审查

第二十一条　商标局对受理的商标注册申请，依照商标法及本条例的有关规定进行审查，对符合规定或者在部分指定商品上使用商标的注册申请符合规定的，予以初步审定，并予以公告；对不符合规定或者在部分指定商品上使用商标的注册申请不符合规定的，予以驳回或者驳回在部分指定商品上使用商标的注册申请，书面通知申请人并说明理由。

驳回和部分驳回
（第 61 页）

第二十二条　商标局对一件商标注册申请在部分指定商品上予以驳回的，申请人可以将该申请中初步审定的部分申请分割成另一件申请，分割后的申请保留原申请的申请日期。

分割申请
（第 61 页）

需要分割的，申请人应当自收到商标局《商标注册申请部分驳回通知书》之日起 15 日内，向商标局提出分割申请。

商标局收到分割申请后，应当将原申请分割为两件，对分割出来的初步审定申请生成新的申请号，并予以公告。

第二十三条　依照商标法第二十九条规定，商标局认为对商标注册申请内容需要说明或者修正的，申请人应当自收到商标局通知之日起 15 日内作出说明或者修正。

第二十四条　对商标局初步审定予以公告的商标提出异议的，异议人应当向商标局提交下列商标异议材料一式两份并标明正、副本：

商标异议申请材料
（第 104 页）

（一）商标异议申请书；

（二）异议人的身份证明；

（三）以违反商标法第十三条第二款和第三款、第十五条、第十六条第一款、第三十条、第三十一条、第三十二条规定为由提出异议的，异议人作为在先权利人或者利害关系人的证明。

商标异议申请书应当有明确的请求和事实依据，并附送有关证据材料。

第二十五条　商标局收到商标异议申请书后，经审查，符合受理条件的，予以受理，向申请人发出受理通知书。

第二十六条　商标异议申请有下列情形的，商标局不予受理，书面通知申请人并说明理由：

（一）未在法定期限内提出的；

（二）申请人主体资格、异议理由不符合商标法第三十三条规定的；

（三）无明确的异议理由、事实和法律依据的；

(四)同一异议人以相同的理由、事实和法律依据针对同一商标再次提出异议申请的。

被异议人答辩及证据补充
(第104页)

第二十七条 商标局应当将商标异议材料副本及时送交被异议人,限其自收到商标异议材料副本之日起30日内答辩。被异议人不答辩的,不影响商标局作出决定。

当事人需要在提出异议申请或者答辩后补充有关证据材料的,应当在商标异议申请书或者答辩书中声明,并自提交商标异议申请书或者答辩书之日起3个月内提交;期满未提交的,视为当事人放弃补充有关证据材料。但是,在期满后生成或者当事人有其他正当理由未能在期满前提交的证据,在期满后提交的,商标局将证据交对方当事人并质证后可以采信。

第二十八条 商标法第三十五条第三款和第三十六条第一款所称不予注册决定,包括在部分指定商品上不予注册决定。

被异议商标在商标局作出准予注册决定或者不予注册决定前已经刊发注册公告的,撤销该注册公告。经审查异议不成立而准予注册的,在准予注册决定生效后重新公告。

第二十九条 商标注册申请人或者商标注册人依照商标法第三十八条规定提出更正申请的,应当向商标局提交更正申请书。符合更正条件的,商标局核准后更正相关内容;不符合更正条件的,商标局不予核准,书面通知申请人并说明理由。

已经刊发初步审定公告或者注册公告的商标经更正的,刊发更正公告。

第四章 注册商标的变更、转让、续展

商标变更及一并变更
(第82页)

第三十条 变更商标注册人名义、地址或者其他注册事项的,应当向商标局提交变更申请书。变更商标注册人名义的,还应当提交有关登记机关出具的变更证明文件。商标局核准的,发给商标注册人相应证明,并予以公告;不予核准的,应当书面通知申请人并说明理由。

变更商标注册人名义或者地址的,商标注册人应当将其全部注册商标一并变更;未一并变更的,由商标局通知其限期改正;期满未改正的,视为放弃变更申请,商标局应当书面通知申请人。

商标转让及一并转让
(第133页、第134页)

第三十一条 转让注册商标的,转让人和受让人应当向商标局提交转让注册商标申请书。转让注册商标申请手续应当由转让人和受让人共同办理。商标局核准转让注册商标申请的,发给受让人相应证明,并予以公告。

转让注册商标,商标注册人对其在同一种或者类似商品上注册的相同或者近似的商标未一并转让的,由商标局通知其限期改正;期满未改正的,视为放弃转让该注册商标的申请,商标局应当书面通知申请人。

第三十二条　注册商标专用权因转让以外的继承等其他事由发生移转的，接受该注册商标专用权的当事人应当凭有关证明文件或者法律文书到商标局办理注册商标专用权移转手续。

商标移转
（第133页）

注册商标专用权移转的，注册商标专用权人在同一种或者类似商品上注册的相同或者近似的商标，应当一并移转；未一并移转的，由商标局通知其限期改正；期满未改正的，视为放弃该移转注册商标的申请，商标局应当书面通知申请人。

商标移转申请经核准的，予以公告。接受该注册商标专用权移转的当事人自公告之日起享有商标专用权。

第三十三条　注册商标需要续展注册的，应当向商标局提交商标续展注册申请书。商标局核准商标注册续展申请的，发给相应证明并予以公告。

第五章　商标国际注册

第三十四条　商标法第二十一条规定的商标国际注册，是指根据《商标国际注册马德里协定》（以下简称马德里协定）、《商标国际注册马德里协定有关议定书》（以下简称马德里议定书）及《商标国际注册马德里协定及该协定有关议定书的共同实施细则》的规定办理的马德里商标国际注册。

马德里体系文件
（第283页）

马德里商标国际注册申请包括以中国为原属国的商标国际注册申请、指定中国的领土延伸申请及其他有关的申请。

第三十五条　以中国为原属国申请商标国际注册的，应当在中国设有真实有效的营业所，或者在中国有住所，或者拥有中国国籍。

申请人资格
（第284页）

第三十六条　符合本条例第三十五条规定的申请人，其商标已在商标局获得注册的，可以根据马德里协定申请办理该商标的国际注册。

符合本条例第三十五条规定的申请人，其商标已在商标局获得注册，或者已向商标局提出商标注册申请并被受理的，可以根据马德里议定书申请办理该商标的国际注册。

第三十七条　以中国为原属国申请商标国际注册的，应当通过商标局向世界知识产权组织国际局（以下简称国际局）申请办理。

原属国和原属局
（第284页）

以中国为原属国的，与马德里协定有关的商标国际注册的后期指定、放弃、注销，应当通过商标局向国际局申请办理；与马德里协定有关的商标国际注册的转让、删减、变更、续展，可以通过商标局向国际局申请办理，也可以直接向国际局申请办理。

以中国为原属国的，与马德里议定书有关的商标国际注册的后期指定、转让、删减、放弃、注销、变更、续展，可以通过商标局向国际局申请办理，也可以直接向国际局申请办理。

第三十八条　通过商标局向国际局申请商标国际注册及办理其他有关申请的，应当提交符合国际局和商标局要求的申请书和相关材料。

原属国和原属局
（第284页）

基础申请及基础注册（第285页）

第三十九条 商标国际注册申请指定的商品或者服务不得超出国内基础申请或者基础注册的商品或者服务的范围。

国家知识产权局及国际局审查（第293页）

第四十条 商标国际注册申请手续不齐备或者未按照规定填写申请书的,商标局不予受理,申请日不予保留。

申请手续基本齐备或者申请书基本符合规定,但需要补正的,申请人应当自收到补正通知书之日起30日内予以补正,逾期未补正的,商标局不予受理,书面通知申请人。

费用计算及缴纳（第289页）

第四十一条 通过商标局向国际局申请商标国际注册及办理其他有关申请的,应当按照规定缴纳费用。

申请人应当自收到商标局缴费通知单之日起15日内,向商标局缴纳费用。期满未缴纳的,商标局不受理其申请,书面通知申请人。

审理原则（第318页）

第四十二条 商标局在马德里协定或者马德里议定书规定的驳回期限(以下简称驳回期限)内,依照商标法和本条例的有关规定对指定中国的领土延伸申请进行审查,作出决定,并通知国际局。商标局在驳回期限内未发出驳回或者部分驳回通知的,该领土延伸申请视为核准。

马德里国际注册中特殊商标的补充程序（第321页）

第四十三条 指定中国的领土延伸申请人,要求将三维标志、颜色组合、声音标志作为商标保护或者要求保护集体商标、证明商标的,自该商标在国际局国际注册簿登记之日起3个月内,应当通过依法设立的商标代理机构,向商标局提交本条例第十三条规定的相关材料。未在上述期限内提交相关材料的,商标局驳回该领土延伸申请。

国际商标公告（第322页）

第四十四条 世界知识产权组织对商标国际注册有关事项进行公告,商标局不再另行公告。

国际商标异议（第323页）

第四十五条 对指定中国的领土延伸申请,自世界知识产权组织《国际商标公告》出版的次月1日起3个月内,符合商标法第三十三条规定条件的异议人可以向商标局提出异议申请。

商标局在驳回期限内将异议申请的有关情况以驳回决定的形式通知国际局。

被异议人可以自收到国际局转发的驳回通知书之日起30日内进行答辩,答辩书及相关证据材料应当通过依法设立的商标代理机构向商标局提交。

马德里国际注册续展（第322页）

第四十六条 在中国获得保护的国际注册商标,有效期自国际注册日或者后期指定日起算。在有效期届满前,注册人可以向国际局申请续展,在有效期内未申请续展的,可以给予6个月的宽展期。商标局收到国际局的续展通知后,依法进行审查。国际局通知未续展的,注销该国际注册商标。

马德里国际注册指定中国的商标转让（第322页）

第四十七条 指定中国的领土延伸申请办理转让的,受让人应当在缔约方境内有真实有效的营业所,或者在缔约方境内有住所,或者是缔约方国民。

转让人未将其在相同或者类似商品或者服务上的相同或者近似商标一并转让

的，商标局通知注册人自发出通知之日起3个月内改正；期满未改正或者转让容易引起混淆或者有其他不良影响的，商标局作出该转让在中国无效的决定，并向国际局作出声明。

第四十八条　指定中国的领土延伸申请办理删减，删减后的商品或者服务不符合中国有关商品或者服务分类要求或者超出原指定商品或者服务范围的，商标局作出该删减在中国无效的决定，并向国际局作出声明。

马德里国际注册删减限制
（第322页）

第四十九条　依照商标法第四十九条第二款规定申请撤销国际注册商标，应当自该商标国际注册申请的驳回期限届满之日起满3年后向商标局提出申请；驳回期限届满时仍处在驳回复审或者异议相关程序的，应当自商标局或者商标评审委员会作出的准予注册决定生效之日起满3年后向商标局提出申请。

转变条件
（第288页）

依照商标法第四十四条第一款规定申请宣告国际注册商标无效的，应当自该商标国际注册申请的驳回期限届满后向商标评审委员会提出申请；驳回期限届满时仍处在驳回复审或者异议相关程序的，应当自商标局或者商标评审委员会作出的准予注册决定生效后向商标评审委员会提出申请。

依照商标法第四十五条第一款规定申请宣告国际注册商标无效的，应当自该商标国际注册申请的驳回期限届满之日起5年内向商标评审委员会提出申请；驳回期限届满时仍处在驳回复审或者异议相关程序的，应当自商标局或者商标评审委员会作出的准予注册决定生效之日起5年内向商标评审委员会提出申请。对恶意注册的，驰名商标所有人不受5年的时间限制。

第五十条　商标法和本条例下列条款的规定不适用于办理商标国际注册相关事宜：

（一）商标法第二十八条、第三十五条第一款关于审查和审理期限的规定；

（二）本条例第二十二条、第三十条第二款；

（三）商标法第四十二条及本条例第三十一条关于商标转让由转让人和受让人共同申请并办理手续的规定。

第六章　商 标 评 审

第五十一条　商标评审是指商标评审委员会依照商标法第三十四条、第三十五条、第四十四条、第四十五条、第五十四条的规定审理有关商标争议事宜。当事人向商标评审委员会提出商标评审申请，应当有明确的请求、事实、理由和法律依据，并提供相应证据。

商标评审委员会根据事实，依法进行评审。

第五十二条　商标评审委员会审理不服商标局驳回商标注册申请决定的复审案件，应当针对商标局的驳回决定和申请人申请复审的事实、理由、请求及评审时的事实状态进行审理。

商标评审委员会审理不服商标局驳回商标注册申请决定的复审案件,发现申请注册的商标有违反商标法第十条、第十一条、第十二条和第十六条第一款规定情形,商标局并未依据上述条款作出驳回决定的,可以依据上述条款作出驳回申请的复审决定。商标评审委员会作出复审决定前应当听取申请人的意见。

第五十三条 商标评审委员会审理不服商标局不予注册决定的复审案件,应当针对商标局的不予注册决定和申请人申请复审的事实、理由、请求及原异议人提出的意见进行审理。

商标评审委员会审理不服商标局不予注册决定的复审案件,应当通知原异议人参加并提出意见。原异议人的意见对案件审理结果有实质影响的,可以作为评审的依据;原异议人不参加或者不提出意见的,不影响案件的审理。

第五十四条 商标评审委员会审理依照商标法第四十四条、第四十五条规定请求宣告注册商标无效的案件,应当针对当事人申请和答辩的事实、理由及请求进行审理。

第五十五条 商标评审委员会审理不服商标局依照商标法第四十四条第一款规定作出宣告注册商标无效决定的复审案件,应当针对商标局的决定和申请人申请复审的事实、理由及请求进行审理。

第五十六条 商标评审委员会审理不服商标局依照商标法第四十九条规定作出撤销或者维持注册商标决定的复审案件,应当针对商标局作出撤销或者维持注册商标决定和当事人申请复审时所依据的事实、理由及请求进行审理。

第五十七条 申请商标评审,应当向商标评审委员会提交申请书,并按照对方当事人的数量提交相应份数的副本;基于商标局的决定书申请复审的,还应当同时附送商标局的决定书副本。

商标评审委员会收到申请书后,经审查,符合受理条件的,予以受理;不符合受理条件的,不予受理,书面通知申请人并说明理由;需要补正的,通知申请人自收到通知之日起30日内补正。经补正仍不符合规定的,商标评审委员会不予受理,书面通知申请人并说明理由;期满未补正的,视为撤回申请,商标评审委员会应当书面通知申请人。

商标评审委员会受理商标评审申请后,发现不符合受理条件的,予以驳回,书面通知申请人并说明理由。

无效宣告被申请人答辩
(第112页)

第五十八条 商标评审委员会受理商标评审申请后应当及时将申请书副本送交对方当事人,限其自收到申请书副本之日起30日内答辩;期满未答辩的,不影响商标评审委员会的评审。

评审证据补充期限
(第71页)

第五十九条 当事人需要在提出评审申请或者答辩后补充有关证据材料的,应当在申请书或者答辩书中声明,并自提交申请书或者答辩书之日起3个月内提交;期满未提交的,视为放弃补充有关证据材料。但是,在期满后生成或者当事人有其他正当理由未能在期满前提交的证据，在期满后提交的，商标评审委员会将证据交对方当事人并质证后可以采信。

第六十条　商标评审委员会根据当事人的请求或者实际需要，可以决定对评审申请进行口头审理。

口头审理
（第6页）

商标评审委员会决定对评审申请进行口头审理的，应当在口头审理15日前书面通知当事人，告知口头审理的日期、地点和评审人员。当事人应当在通知书指定的期限内作出答复。

申请人不答复也不参加口头审理的，其评审申请视为撤回，商标评审委员会应当书面通知申请人；被申请人不答复也不参加口头审理的，商标评审委员会可以缺席评审。

第六十一条　申请人在商标评审委员会作出决定、裁定前，可以书面向商标评审委员会要求撤回申请并说明理由，商标评审委员会认为可以撤回的，评审程序终止。

第六十二条　申请人撤回商标评审申请的，不得以相同的事实和理由再次提出评审申请。商标评审委员会对商标评审申请已经作出裁定或者决定的，任何人不得以相同的事实和理由再次提出评审申请。但是，经不予注册复审程序予以核准注册后向商标评审委员会提起宣告注册商标无效的除外。

第七章　商标使用的管理

第六十三条　使用注册商标，可以在商品、商品包装、说明书或者其他附着物上标明“注册商标”或者注册标记。

注册标记包括和®。使用注册标记，应当标注在商标的右上角或者右下角。

第六十四条　《商标注册证》遗失或者破损的，应当向商标局提交补发《商标注册证》申请书。《商标注册证》遗失的，应当在《商标公告》上刊登遗失声明。破损的《商标注册证》，应当在提交补发申请时交回商标局。

商标注册人需要商标局补发商标变更、转让、续展证明，出具商标注册证明，或者商标申请人需要商标局出具优先权证明文件的，应当向商标局提交相应申请书。符合要求的，商标局发给相应证明；不符合要求的，商标局不予办理，通知申请人并告知理由。

伪造或者变造《商标注册证》或者其他商标证明文件的，依照刑法关于伪造、变造国家机关证件罪或者其他罪的规定，依法追究刑事责任。

第六十五条　有商标法第四十九条规定的注册商标成为其核定使用的商品通用名称情形的，任何单位或者个人可以向商标局申请撤销该注册商标，提交申请时应当附送证据材料。商标局受理后应当通知商标注册人，限其自收到通知之日起2个月内答辩；期满未答辩的，不影响商标局作出决定。

撤销连续三年不使用答辩期限
(第122页)

第六十六条 有商标法第四十九条规定的注册商标无正当理由连续3年不使用情形的,任何单位或者个人可以向商标局申请撤销该注册商标,提交申请时应当说明有关情况。商标局受理后应当通知商标注册人,限其自收到通知之日起2个月内提交该商标在撤销申请提出前使用的证据材料或者说明不使用的正当理由;期满未提供使用的证据材料或者证据材料无效并没有正当理由的,由商标局撤销其注册商标。

前款所称使用的证据材料,包括商标注册人使用注册商标的证据材料和商标注册人许可他人使用注册商标的证据材料。

以无正当理由连续3年不使用为由申请撤销注册商标的,应当自该注册商标注册公告之日起满3年后提出申请。

不使用的正当理由
(第124页)

第六十七条 下列情形属于商标法第四十九条规定的正当理由:

(一)不可抗力;

(二)政府政策性限制;

(三)破产清算;

(四)其他不可归责于商标注册人的正当事由。

第六十八条 商标局、商标评审委员会撤销注册商标或者宣告注册商标无效,撤销或者宣告无效的理由仅及于部分指定商品的,对在该部分指定商品上使用的商标注册予以撤销或者宣告无效。

商标使用许可备案
(第127页)

第六十九条 许可他人使用其注册商标的,许可人应当在许可合同有效期内向商标局备案并报送备案材料。备案材料应当说明注册商标使用许可人、被许可人、许可期限、许可使用的商品或者服务范围等事项。

商标专用权质权
(第143页)

第七十条 以注册商标专用权出质的,出质人与质权人应当签订书面质权合同,并共同向商标局提出质权登记申请,由商标局公告。

第七十一条 违反商标法第四十三条第二款规定的,由工商行政管理部门责令限期改正;逾期不改正的,责令停止销售,拒不停止销售的,处10万元以下的罚款。

第七十二条 商标持有人依照商标法第十三条规定请求驰名商标保护的,可以向工商行政管理部门提出请求。经商标局依照商标法第十四条规定认定为驰名商标的,由工商行政管理部门责令停止违反商标法第十三条规定使用商标的行为,收缴、销毁违法使用的商标标识;商标标识与商品难以分离的,一并收缴、销毁。

第七十三条 商标注册人申请注销其注册商标或者注销其商标在部分指定商品上的注册的,应当向商标局提交商标注销申请书,并交回原《商标注册证》。

商标注册人申请注销其注册商标或者注销其商标在部分指定商品上的注册,经商标局核准注销的,该注册商标专用权或者该注册商标专用权在该部分指定商品上的效力自商标局收到其注销申请之日起终止。

第七十四条　注册商标被撤销或者依照本条例第七十三条的规定被注销的，原《商标注册证》作废，并予以公告；撤销该商标在部分指定商品上的注册的，或者商标注册人申请注销其商标在部分指定商品上的注册的，重新核发《商标注册证》，并予以公告。

第八章　注册商标专用权的保护

第七十五条　为侵犯他人商标专用权提供仓储、运输、邮寄、印制、隐匿、经营场所、网络商品交易平台等，属于商标法第五十七条第六项规定的提供便利条件。

提供便利条件（第251页）

第七十六条　在同一种商品或者类似商品上将与他人注册商标相同或者近似的标志作为商品名称或者商品装潢使用，误导公众的，属于商标法第五十七条第二项规定的侵犯注册商标专用权的行为。

误导公众（第251页）

第七十七条　对侵犯注册商标专用权的行为，任何人可以向工商行政管理部门投诉或者举报。

投诉主体（第165页）

第七十八条　计算商标法第六十条规定的违法经营额，可以考虑下列因素：

违法经营额（第172页）

（一）侵权商品的销售价格；

（二）未销售侵权商品的标价；

（三）已查清侵权商品实际销售的平均价格；

（四）被侵权商品的市场中间价格；

（五）侵权人因侵权所产生的营业收入；

（六）其他能够合理计算侵权商品价值的因素。

第七十九条　下列情形属于商标法第六十条规定的能证明该商品是自己合法取得的情形：

实体性抗辩理由（第261页）
合法来源（第172页）

（一）有供货单位合法签章的供货清单和货款收据且经查证属实或者供货单位认可的；

（二）有供销双方签订的进货合同且经查证已真实履行的；

（三）有合法进货发票且发票记载事项与涉案商品对应的；

（四）其他能够证明合法取得涉案商品的情形。

第八十条　销售不知道是侵犯注册商标专用权的商品，能证明该商品是自己合法取得并说明提供者的，由工商行政管理部门责令停止销售，并将案件情况通报侵权商品提供者所在地工商行政管理部门。

第八十一条　涉案注册商标权属正在商标局、商标评审委员会审理或者人民法院诉讼中，案件结果可能影响案件定性的，属于商标法第六十二条第三款规定的商标权属存在争议。

中止查处（第169页）

第八十二条　在查处商标侵权案件过程中，工商行政管理部门可以要求权利人对涉案商品是否为权利人生产或者其许可生产的产品进行辨认。

第九章 商标代理

第八十三条 商标法所称商标代理，是指接受委托人的委托，以委托人的名义办理商标注册申请、商标评审或者其他商标事宜。

第八十四条 商标法所称商标代理机构，包括经工商行政管理部门登记从事商标代理业务的服务机构和从事商标代理业务的律师事务所。

商标代理机构从事商标局、商标评审委员会主管的商标事宜代理业务的，应当按照下列规定向商标局备案：

(一)交验工商行政管理部门的登记证明文件或者司法行政部门批准设立律师事务所的证明文件并留存复印件；

(二)报送商标代理机构的名称、住所、负责人、联系方式等基本信息；

(三)报送商标代理从业人员名单及联系方式。

工商行政管理部门应当建立商标代理机构信用档案。商标代理机构违反商标法或者本条例规定的，由商标局或者商标评审委员会予以公开通报，并记入其信用档案。

第八十五条 商标法所称商标代理从业人员，是指在商标代理机构中从事商标代理业务的工作人员。

商标代理从业人员不得以个人名义自行接受委托。

申请书签章
(第54页)

第八十六条 商标代理机构向商标局、商标评审委员会提交的有关申请文件，应当加盖该代理机构公章并由相关商标代理从业人员签字。

第八十七条 商标代理机构申请注册或者受让其代理服务以外的其他商标，商标局不予受理。

第八十八条 下列行为属于商标法第六十八条第一款第二项规定的以其他不正当手段扰乱商标代理市场秩序的行为：

(一)以欺诈、虚假宣传、引人误解或者商业贿赂等方式招徕业务的；

(二)隐瞒事实，提供虚假证据，或者威胁、诱导他人隐瞒事实，提供虚假证据的；

(三)在同一商标案件中接受有利益冲突的双方当事人委托的。

第八十九条 商标代理机构有商标法第六十八条规定行为的，由行为人所在地或者违法行为发生地县级以上工商行政管理部门进行查处并将查处情况通报商标局。

第九十条 商标局、商标评审委员会依照商标法第六十八条规定停止受理商标代理机构办理商标代理业务的，可以作出停止受理该商标代理机构商标代理业务6个月以上直至永久停止受理的决定。停止受理商标代理业务的期间届满，商标局、商标评审委员会应当恢复受理。

商标局、商标评审委员会作出停止受理或者恢复受理商标代理的决定应当在其网站予以公告。

第九十一条 工商行政管理部门应当加强对商标代理行业组织的监督和指导。

第十章 附 则

第九十二条 连续使用至1993年7月1日的服务商标，与他人在相同或者类似的服务上已注册的服务商标相同或者近似的，可以继续使用；但是，1993年7月1日后中断使用3年以上的，不得继续使用。

已连续使用至商标局首次受理新放开商品或者服务项目之日的商标，与他人在新放开商品或者服务项目相同或者类似的商品或者服务上已注册的商标相同或者近似的，可以继续使用；但是，首次受理之日后中断使用3年以上的，不得继续使用。

第九十三条 商标注册用商品和服务分类表，由商标局制定并公布。

申请商标注册或者办理其他商标事宜的文件格式，由商标局、商标评审委员会制定并公布。

商标评审委员会的评审规则由国务院工商行政管理部门制定并公布。

第九十四条 商标局设置《商标注册簿》，记载注册商标及有关注册事项。

第九十五条 《商标注册证》及相关证明是权利人享有注册商标专用权的凭证。《商标注册证》记载的注册事项，应当与《商标注册簿》一致；记载不一致的，除有证据证明《商标注册簿》确有错误外，以《商标注册簿》为准。

第九十六条 商标局发布《商标公告》，刊发商标注册及其他有关事项。

《商标公告》采用纸质或者电子形式发布。

除送达公告外，公告内容自发布之日起视为社会公众已经知道或者应当知道。

第九十七条 申请商标注册或者办理其他商标事宜，应当缴纳费用。缴纳费用的项目和标准，由国务院财政部门、国务院价格主管部门分别制定。

第九十八条 本条例自2014年5月1日起施行。

国家工商行政管理总局关于执行修改后的《中华人民共和国商标法》有关问题的通知

(颁布机关:国家工商行政管理总局;实施日期:2014年5月1日)

各省、自治区、直辖市及计划单列市、副省级市工商行政管理局、市场监督管理局:

第十二届全国人民代表大会常务委员会第四次会议通过的《关于修改〈中华人民共和国商标法〉的决定》于2014年5月1日起施行。为了贯彻执行修改后的《中华人民共和国商标法》(以下简称商标法),现就新旧商标法衔接的有关问题通知如下:

一、关于商标注册事宜

(一)对于2014年5月1日以前向商标局提出的商标注册、异议、变更、转让、续展、撤销、注销、许可备案等申请,商标局于2014年5月1日以后(含5月1日,下同)作出的行政决定适用修改后的商标法。但是,对异议申请中异议人主体资格和异议理由的审查适用修改前的商标法。

(二)对于2014年5月1日以前向商标局提出的商标注册、异议、撤销申请,应自2014年5月1日起开始计算审查期限。但是,被异议商标初审公告至2014年5月1日不满三个月的,应自公告期满之日起计算审查期限。

二、关于商标评审

(一)对于当事人不服商标局作出的驳回商标注册申请决定在2014年5月1日以前向商标评审委员会提出复审申请,商标评审委员会于2014年5月1日以后审理的案件,适用修改后的商标法。

(二)对于当事人不服商标局作出的异议裁定在2014年5月1日以前向商标评审委员会提出复审申请,商标评审委员会于2014年5月1日以后审理的案件,当事人提出异议和复审的主体资格适用修改前的商标法,其他程序问题和实体问题适用修改后的商标法。

(三)对于已经注册的商标,当事人在2014年5月1日以前向商标评审委员会提出争议和撤销复审申请,商标评审委员会于2014年5月1日以后审理的案件,相关程序问题适用修改后的商标法,实体问题适用修改前的商标法。

(四)对于当事人在2014年5月1日以前向商标评审委员会提出申请的商标评审案件,应自2014年5月1日起开始计算审理期限。

三、关于商标监督管理

(一)商标违法行为发生在2014年5月1日以前的,适用修改前的商标法处理;

商标违法行为发生在2014年5月1日以前且持续到2014年5月1日以后的，适用修改后的商标法处理。

（二）对于将“驰名商标”字样用于商品、商品包装或者容器上，或者用于广告宣传、展览以及其他商业活动中的行为，适用修改后的商标法处理。但是，对于将“驰名商标”字样用于商品、商品包装或者容器上并于2014年5月1日以前已经进入流通领域的除外。

对于将“驰名商标”字样用于商品、商品包装或者容器上，驰名商标持有人应承担违法责任，由其住所地工商行政管理部门查处。住所地以外的工商行政管理部门发现上述违法行为的，移送其住所地工商行政管理部门查处。住所地不在中国境内或者因管辖权发生争议的，由国家工商行政管理总局指定的工商行政管理部门查处。

工商总局

2014年4月15日

2. 商标审查评审

商标审查标准

（颁布机关：国家工商行政管理总局商标局、商评委；
颁布时间：2017年1月4日）

第一部分 不得作为商标的标志的审查

一、法律依据

《商标法》第十条 下列标志不得作为商标使用：

（一）同中华人民共和国的国家名称、国旗、国徽、国歌、军旗、军徽、军歌、勋章等相同或者近似的，以及同中央国家机关的名称、标志、所在地特定地点的名称或者标志性建筑物的名称、图形相同的；

（二）同外国的国家名称、国旗、国徽、军旗等相同或者近似的，但经该国政府同意的除外；

（三）同政府间国际组织的名称、旗帜、徽记等相同或者近似的，但经该组织同意或者不易误导公众的除外；

（四）与表明实施控制、予以保证的官方标志、检验印记相同或者近似的，但经授权的除外；

（五）同"红十字"、"红新月"的名称、标志相同或者近似的；

（六）带有民族歧视性的；

（七）带有欺骗性，容易使公众对商品的质量等特点或者产地产生误认的；

（八）有害于社会主义道德风尚或者有其他不良影响的。

县级以上行政区划的地名或者公众知晓的外国地名，不得作为商标。但是，地名具有其他含义或者作为集体商标、证明商标组成部分的除外；已经注册的使用地名的商标继续有效。

本条列举了不得作为商标使用的标志，以及明确了使用地名作为商标的限制。"不得作为商标使用"是指除了禁止这些标志作为商标注册外，还禁止上述标志作为商标使用。本部分第二条至第十条对《商标法》第十条规定的各款、项的理解与适用依次予以说明。

二、同中华人民共和国的国家名称、国旗、国徽、国歌、军旗、军徽、军歌、勋章等相同或者近似的，以及同中央国家机关的名称、标志、所在地特定地点的名称或者标志性建筑物的名称、图形相同的

本条中的“国家名称”包括全称、简称和缩写，我国国家名称的中文全称是“中华人民共和国”，简称为“中国”、“中华”，英文全称是“THE PEOPLE'S REPUBLIC OF CHINA”，简称或者缩写为“CHN”、“P. R. C”、“CHINA”、“P. R. CHINA”、“PR OF CHINA”；“国旗”是五星红旗；“国徽”，中间是五星照耀下的天安门，周围是谷穗和齿轮；“国歌”是《义勇军进行曲》；“军旗”是中国人民解放军的“八一”军旗，军旗为红底，左上角缀金黄色五角星和“八一”两字；“军徽”亦称“八一”军徽，图案为一颗镶有金黄色边的五角红星，中央嵌有金色“八一”二字。“八一”军徽也即陆军军徽，海、空军军徽以“八一”军徽为主体图案，海军军徽为藏蓝色底衬以银灰色铁锚，空军军徽为天蓝色底衬以金黄色飞鹰两翼；“军歌”是《中国人民解放军进行曲》；“勋章”是国家有关部门授给对国家、社会有贡献的人或者组织的表示荣誉的证章，如八一勋章等；“中央国家机关的名称、标志、所在地特定地点的名称或者标志性建筑物的名称”包括“全国人民代表大会”、“国务院”、“中南海”、“钓鱼台”、“天安门”、“新华门”、“紫光阁”、“怀仁堂”、“人民大会堂”等。

（一）同我国的国家名称相同或者近似的

1. 商标的文字、字母构成与我国国家名称相同的，判定为与我国国家名称相同。

例如：

China / 中国　　CHINA

2. 商标的含义、读音或者外观与我国国家名称近似，容易使公众误认为我国国家名称的，判定为与我国国家名称近似。

例如：

ZHONGGUO 指定使用服务：不动产出租

CHINAR 指定使用商品：服装（“CHINAR”无含义）

例外情形：

（1）描述的是客观存在的事物，不会使公众误认的

例如：

 指定使用商品：化妆品

 指定使用服务：酒吧

(2)商标含有与我国国家名称相同或近似的文字,但其整体是报纸、期刊、杂志名称,且与申请人名义一致的

例如:

中国消费者报 ZHONGGUO XIAOFEIZHE BAO 指定使用商品:报纸

申请人:中国消费者报社

(3)商标含有与我国国家名称相同或近似的文字,但其整体是企事业单位简称(适用此条需具备以下条件:申请人主体资格应当是经国务院或其授权的机关批准设立的,申请人名称应经名称登记机关依法登记;申请商标与申请人名称的简称一致,简称是经国务院或其授权机关批准)

SINOPEC　　中国电信 CHINA TELECOM

(4)我国申请人商标所含我国国名与其他具备显著特征的标志相互独立,国名仅起表示申请人所属国作用的

例如:

中 长城 国

(二)同我国的国旗、国徽、国歌相同或者近似的

1. 商标的文字、图形、声音或者其组合与我国国旗、国徽、国歌的名称、图案或者声音相同或者近似,足以使公众将其与我国国旗、国徽、国歌相联系的,判定为与我国国旗、国徽、国歌相同或者近似。

例如:

五★红旗

2. 商标含有"五星"、"红旗"字样或者"五星图案"、"红旗图案",但不会使公众将其与国旗相联系的,不判为与我国国旗相同或者近似。

例如:

红旗 指定使用商品:肥料

五　星 指定使用商品:啤酒

(三)同我国的军旗、军徽、军歌、勋章相同或者近似的

商标的文字、图形、声音或者其组合与我国军旗、军徽、军歌、勋章的名称、图案或者声音相同或近似,足以使公众将其与军旗、军徽、军歌、勋章相联系的,判定为与我国军旗、军徽、军歌、勋章相同或者近似。

例如:

（军旗）

（军徽）

（独立自由勋章）

（解放勋章）

（八一勋章）

（与“全国五一劳动奖章”近似）

（四）同中央国家机关的名称、标志、所在地特定地点的名称或者标志性建筑物的名称、图形相同的

例如：

紫光阁　　懷仁堂　　新华门 XINHUAMEN　　

三、同外国的国家名称、国旗、国徽、军旗等相同或者近似的

本条中的“国家名称”包括中文和外文的全称、简称和缩写；“国旗”是由国家正式规定的代表本国的旗帜；“国徽”是由国家正式规定的代表本国的标志；“军旗”是国家正式规定的代表本国军队的旗帜。

（一）商标与外国国家名称相同或者近似的

商标的文字构成与外国国家名称相同的，判定为与外国国家名称相同。商标的文字与外国国家名称近似或者含有与外国国家名称相同或者近似的文字的，判定为与外国国家名称近似。

例如：

（“FRANCE”译为“法国”）

指定使用商品：旅行袋

大韓 D.AHAN 指定使用商品：油漆

Mei Guo 指定使用商品：汽水、可乐

拉脱維雅 指定使用商品：服装

R·W FRANCE CLARET FERMENT(“FRANCE”译为“法国”)

但有下列情形之一的除外：

1. 经该国政府同意的

适用本规定，申请人应当提交经该国政府同意的书面证明文件。申请人就该商标在相同或类似商品、服务上，在该外国已经获得注册的，视为该外国政府同意。

2. 具有明确的其他含义且不会造成公众误认的

例如：

Frank(与法国国名“FRANCE”相差两个字母，但英文含义为“坦白的、真诚的”，也是常用英文人名“弗兰克”)

指定使用商品：服装、鞋、领带

TURKEY(TURKEY 与土耳其国名相同，但英文含义为“火鸡”)

指定使用商品：服装

3. 商标同外国国名的旧称相同或者近似的

例如：

花旗(美国旧称)指定使用商品：服装

但在特定商品上容易使公众发生商品产地误认的，适用《商标法》第十条第一款第(七)项的规定予以驳回。

例如：

花旗指定使用商品：人参

暹罗(泰国旧称)指定使用商品：大米

4. 商标的文字由两个或者两个以上中文国名简称组合而成，不会使公众发生商品产地误认的

例如：

中泰(中国和泰国的中文简称的组合)

指定使用商品：铁锤

中法 ZHONGFA(中国和法国的中文简称的组合)

指定使用商品：照明器

但在特定商品上容易使公众发生商品产地误认的，适用《商标法》第十条第一

款第(七)项的规定予以驳回。

例如：

指定使用商品：葡萄酒

5. 商标所含国名与其他具备显著特征的标志相互独立，国名仅起真实表示申请人所属国作用或与其他叙述性语言一起真实表示指定商品或服务有关特点的

例如：

MAESTRO ITALIANO（“ITALIANO”译为“意大利”）

申请人：（意大利）CIELO E TERRA S. P. A.

雨涵韩国烤肉 指定使用服务：餐馆

申请人：我国某自然人

（二）商标与外国国旗、国徽、军旗的名称或者图案相同或者近似的

商标的文字、图形或者其组合与外国国旗、国徽、军旗的名称或者图案相同或者近似，足以使公众将其与外国国旗、国徽相联系的，判定为与外国国旗、国徽相同或者近似。

例如：

UNION JACK（英文译为“英国国旗”）

（与美国国旗近似）

（与意大利国旗近似）

但经该国政府同意的除外。适用本规定，申请人应当提交经该国政府同意的书面证明文件。申请人就该商标在相同或类似商品、服务上，在该外国已经获得注册的，视为该外国政府同意。

四、同政府间国际组织的名称、旗帜、徽记等相同或者近似的

本条中的“政府间国际组织”，是指由若干国家和地区的政府为了特定目的通过条约或者协议建立的有一定规章制度的团体。例如：联合国、欧洲联盟、东南亚国家联盟、非洲统一组织、世界贸易组织、世界知识产权组织、亚太经济合作组织等。国际组织的名称包括全称、简称或者缩写。例如：联合国的英文全称为“United Nations”，缩写为“UN”；欧洲联盟的中文简称为“欧盟”，英文全称为“European Union”，缩写为“EU”。

商标的文字构成、图形外观或者其组合足以使公众将其与政府间国际组织的名称、旗帜、徽记等相联系的，判定为与政府间国际组织的名称、旗帜、徽记相同或者

近似。

例如:

UN UNION (“UN”为联合国的英文缩写)

世WTO佳(WTO为世界贸易组织的英文缩写)

艾派克 APEC 21 (APEC为亚太经合组织的英文缩写)

但有下列情形之一的除外:

1. 经该政府间国际组织同意的。适用本条规定,申请人应当提交相关证明文件。

2. 具有明确的其他含义或者特定的表现形式,不会误导公众的。

例如:

(“UN”与联合国英文缩写字母构成相同,但整体表现形式特殊)

指定使用商品:比重计

五、与表明实施控制、予以保证的官方标志、检验印记相同或者近似的

本条中的“官方标志、检验印记”,是指官方机构用以表明其对商品质量、性能、成分、原料等实施控制、予以保证或者进行检验的标志或印记。

例如:

(中国强制性产品认证标志)

EXCHANGE 货币兑换 (本外币兑换统一标识)

商标的文字、图形或者其组合足以使公众将其与表明实施控制、予以保证的官方标志、检验印记相联系的,判定为与该官方标志、检验印记相同或者近似。

例如:

CCC中标 指定使用商品:照明器械及装置

但有下列情形之一的除外:

1. 经该官方机构授权的。适用本条规定,申请人应当提交经授权的书面证明文件。

2. 具有明确的其他含义或者特定的表现形式,从而不会误导公众的。

例如:

指定使用商品:手机用电池、手机用充电器

CARLOSE 卡洛兹 指定使用商品：水龙头、淋浴用设备

六、同“红十字”、“红新月”的名称、标志相同或者近似的

本条中的“红十字”（见图一）标志是国际人道主义保护标志，是武装力量医疗机构的特定标志，是红十字会的专用标志。“红新月”（见图二）标志是阿拉伯国家和部分伊斯兰国家红新月会专用的，性质和功能与红十字标志相同的标志。红十字标志是白底红十字；红新月标志是向右弯曲或者向左弯曲的红新月。

图三所示“红水晶”标志（图案为白底红色边框的竖立正方形），系国际人道法规定的战场救护的第三个特殊标志，与“红十字”、“红新月”标志具有同等法律效力和地位。

（图一）

（图二）

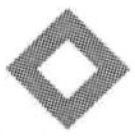

（图三）

（一）商标的文字构成、图形外观或者其组合与“红十字”、“红新月”、“红水晶”的名称、图案在视觉上基本无差别的，判定为同“红十字”、“红新月”、“红水晶”的名称、标志相同

例如：

Red Cross（“Red Cross”译为“红十字”）

red crescent（“red cresent”译为“红新月”）

（二）商标的文字构成、图形外观足以使公众将其误认为“红十字”、“红新月”、“红水晶”的名称、图案的，判定为同“红十字”、“红新月”、“红水晶”的名称、标志近似

例如：

CHIN SHIH TZU 指定使用商品：医用药物

但具有明确的其他含义或者特定的表现形式，从而不会误导公众的除外。

例如：

GREEN CROSS 指定使用商品：灭火器械

Xinyue 新月 指定使用商品：印刷油墨、颜料

七、带有民族歧视性的

本条中的“民族歧视性”，是指商标的文字、图形或者其他构成要素带有对特定民族进行丑化、贬低或者其他不平等看待该民族的内容。民族歧视性的判定应综

合考虑商标的构成及其指定使用商品或者服务。

商标的文字构成与民族名称相同或者近似,并丑化或者贬低特定民族的,判定为带有民族歧视性

例如:

印第安人 INDIAN 指定使用商品:抽水马桶

但有明确的其他含义或者不会产生民族歧视性的除外。

例如:

高山 指定使用商品:花露水

Inndnn 印第安人 指定使用商品:婴儿全套衣

八、带有欺骗性,容易使公众对商品的质量等特点或者产地产生误认的

本条中的带有欺骗性,是指商标对其指定使用商品或者服务的质量等特点或者产地作了超过其固有程度或与事实不符的表示,容易使公众对商品或者服务的质量等特点或者产地产生错误的认识。

(一)容易使公众对商品或服务的质量、品质、功能、用途、原料、内容、重量、数量、价格、工艺、技术等特点产生误认的

1. 容易使公众对商品或者服务的质量、品质等特点产生误认的

例如:

粤西有机 yuexiyouji 指定使用商品:糖、茶

国酒 指定使用商品:白酒

极品 指定使用商品:矿泉水

CSF 国家质量认证 指定使用商品:家具

周大麟 24K 指定使用商品:仿金制品

2. 容易使公众对商品的功能、用途特点产生误认的

例如:

清雪剂 指定使用商品:人用药

(该文字与"清血剂"读音相同,易使消费者认为指定商品具有清血的功能)

肺力长 指定使用商品:咖啡饮料、茶、蜂蜜

捷力特奇效转阴 99 指定使用商品：人用药

代谢修复指定使用商品：食用燕窝、水果罐头

零缺陷 指定使用商品：染料

3. 容易使公众对商品的种类、主要原料、成分等特点产生误认的

例如：

牛肉 HUOERNIUROU 指定使用商品：鱼制食品

绵泉黑猪指定使用商品：家禽（非活）

也是 Yes! 枸杞指定使用商品：维生素制剂、鱼肝油

山楂指定使用商品：龟苓膏、调味品

铁观音指定使用商品：烟草

功夫酱指定使用商品：糖、食盐

但申请注册的标识、文字等所指示的含义或物品与申请注册的商品（服务）无行业关联性的除外。

山楂果 Hawthorn 指定使用商品：服装

苹果指定使用商品：计算机

4. 容易使公众对商品的重量、数量、价格、生产时间、工艺、技术等特点产生误认的

例如：

BLUE ARROW 850ml 指定使用商品：矿泉水

华虎 50 支指定使用商品：香烟

5 指定使用商品：磁带、光盘（音像）、眼镜

明　嘉靖十八年指定使用商品：珠宝首饰

倒笃 指定使用商品:家禽(非活)、鱼制食品等("倒笃"是一种咸菜腌制方法)

天龙纳米 Tianlongnami 指定使用商品:服装

古海共晶 指定使用商品:防冻液

5. 公众熟知的书籍、游戏、电影、电视节目、广播节目、歌曲的名称,指定使用在相关商品或服务上,易使消费者对指定商品或服务的内容产生误认的

例如:

三国演义onweb 指定使用商品:连环漫画书

俄罗斯方块 指定使用商品:视频游戏的图像及声音软件

大闹天宫 指定使用商品:动画片

商标使用在指定商品上,可能直接表示指定使用商品的质量、主要原料、功能、用途、重量、数量及其他特点,也可能使公众对上述特点产生误认的,应适用《商标法》第十条第一款第(七)项的规定,或同时适用第十条第一款第(七)项、第十一条第一款第(二)项的规定。

(二)容易使公众对商品或者服务的产地、来源产生误认的

1. 商标由地名构成或者包含地名,申请人并非来自该地,使用在指定商品上,容易使公众发生产地误认的(如系无其他含义的我国县级以上行政区划的地名或者公众知晓的外国地名,应同时适用《商标法》第十条第二款规定驳回)

例如:

("NEW YORK"译为"纽约","PARIS"译为"巴黎")

申请人:北京盛世杰威服装服饰有限公司

mk spirit PARIS ("PARIS"译为"巴黎")

申请人:M. SERGE LOUIS ALVAREZ

申请人地址:18 RUE ROBIN,BP 148 F-26905 VALENCE CEDEX 9(FRANCE);法国瓦朗斯市

FREDERIQUE CONSTANT GENEVE ("GENEVE"译为"日内瓦")

申请人:弗雷德瑞克康士丹顿控股有限公司

申请人地址:荷属安的列斯岛,库拉索岛,比恩沃格15号

2. 商标文字构成与我国县级以上行政区划的地名或者公众知晓的外国地名不同，但字形、读音近似足以使公众误认为该地名，从而发生商品产地误认的

例如：

宁厦 指定使用商品：烧酒

扎幌 指定使用商品：果酒（含酒精）

申请人：南通富豪酒业有限公司

指定使用服务：咖啡馆、酒吧等

申请人地址：云南省丽江市滇西明珠花园别墅605栋

3. 商标由我国县级以上行政区划的地名之外的其他地名构成或者含有此类地名，使用在其指定的商品上，容易使公众发生商品产地误认的

例如：

指定使用商品：大米、玉米（磨过的）

但指定使用商品与其指示的地点或者地域没有特定联系，不会使公众发生商品产地误认的除外。

例如：

指定使用商品：摩托车、自行车、游艇

4. 商标包含国家名称，申请人并非来自该国的，使用在其指定的商品上，容易使公众发生商品产地误认的

例如：

申请人：（比利时）PAPERLOOP S. P. R. L.

5. 商标包含企业名称，该名称与申请人名义存在实质性差异的

本条中的企业名称包括全称、简称、中文名称、英文名称以及名称的汉语拼音等。

商标所含企业名称的行政区划或者地域名称、字号、行业或者经营特点、组织形式与申请人名义不符的，判定为与申请人名义存在实质性差异。

例如：

Tihui 体会 指定使用商品：服装

（申请人：潍坊体会制衣有限公司）

指定使用商品：肉

(字母为“北京茂盛园肉食品厂”的拼音;申请人:褚秀丽)

指定使用服务:医院、兽医辅助、动物饲养

(申请人:郑伯昂)

潮创集团 指定使用服务:不动产出租等

(申请人:广州潮创房地产开发有限公司)

汇智银行 指定使用服务:法律研究等

(申请人:深圳市中兴达文化传播有限公司)

商标所含企业名称与申请人名称不一致,但符合商业惯例且不会使公众对商品或者服务来源产生误认的除外。

例如:

(宏全公司) 指定使用商品:塑料包装容器

(申请人:[台湾]宏全国际股份有限公司)

新松公司 指定使用商品:机器人(机械)

(申请人:沈阳新松机器人自动化股份有限公司)

永春企业 指定使用商品:家具用非金属附件

(申请人:上海永春装饰有限公司)

CHENGZHI 诚志股份 指定使用商品:金属绳

(申请人:诚志股份有限公司)

长香斯 指定使用商品:香肠

(申请人:沈阳长香斯食品有限公司;英文可视为申请人名称)

6. 商标由他人姓名构成,未经本人许可,易导致公众对商品或服务来源产生误认的[如系政治、宗教、历史等公众人物的姓名构成的 商标,足以对我国政治、经济、文化、宗教、民族等社会公共利益和 公共秩序产生消极、负面影响的,可适用《商标法》第十条第一款第(八)项规定驳回]

姓名包括户籍登记中使用的姓名,也包括别名、笔名、艺名、雅号、绰号等。

例如:

顾景舟 注:顾景舟是中国工艺美术大师

指定使用商品：茶具(餐具)、瓷器
(申请人：宜兴市一道紫砂陶瓷制品设计室)

葛优指定使用商品：医用营养品、杀害虫剂等
(申请人：盛英)

7. 其他易导致公众误认的

环渤海国际自行车赛指定使用服务：教育、组织体育比赛等
(“环渤海国际自行车赛”为国家体育总局主办的一项国际体育赛事；申请人：曲安江)

渝洽会指定使用服务：广告、组织商业或广告交易会
[“渝洽会”为“中国(重庆)国际投资暨全球采购会”的简称；申请人：重庆玺升企业策划有限公司]

九、有害于社会主义道德风尚的或者有其他不良影响的

本条中的“社会主义道德风尚”，是指我国人们共同生活及其行为的准则、规范以及在一定时期内社会上流行的良好风气和习惯；“其他不良影响”，是指商标的文字、图形或者其他构成要素对我国政治、经济、文化、宗教、民族等社会公共利益和公共秩序产生消极的、负面的影响。有害于社会主义道德风尚或者具有其他不良影响的判定应考虑社会背景、政治背景、历史背景、文化传统、民族风俗、宗教政策等因素，并应考虑商标的构成及其指定使用的商品和服务。

(一)有害于社会主义道德风尚的

例如：

LIUHECAI 六合彩　　干掉它们！ GANDIAO TAMEN　　街頭霸王

裸跑弟　　屌丝男士

(二)具有政治上不良影响的

1. 与国家、地区或者政治性国际组织领导人姓名相同或近似的

例如：

润芝　　PUJING 普京

2. 有损国家主权、尊严和形象的

例如：

福丽摩莎(殖民主义者对我国台湾的称谓)

(含有不完整的我国版图)

3. 由具有政治意义的数字等构成的

例如：

七·七　九一八

4. 与恐怖主义组织、邪教组织、黑社会名称或者其领导人物姓名相同或近似的

例如：

拉登 LADENG

(三)商标含有我国国家名称，导致国家名称的滥用，可能对社会公共利益和公共秩序产生其他消极、负面影响的

例如：

指定使用商品：玩具、健美器、护腿

指定使用商品；纸、印刷品

指定使用服务：广告

指定使用商品：葡萄酒

(四)有害于种族尊严或者感情的

例如：

黑鬼　　HONKY

译为“白鬼子(黑人对白人的蔑称)”

(五)有害于宗教信仰、宗教感情或者民间信仰的

本标准中的“宗教”包括佛教、道教、伊斯兰教、基督教等，以及上述宗教的不同教派分支。本标准中的民间信仰主要指妈祖等民间信仰。

1. 商标有下列情形之一的，判定为有害于宗教信仰、宗教感情或者民间信仰：

(1)宗教或者民间信仰的偶像名称、图形或者其组合

例如：

(佛教偶像)　(道教偶像)　(民间信仰)

(2)宗教活动地点、场所的名称、图形或者其组合

例如：

美 联 Mecca (MECCA 的含义为宗教圣地“麦加”)

(常见道观名称)

雍和宫(中国藏传佛教寺院)

(3)宗教的教派、经书、用语、仪式、习俗、专属用品以及宗教人士的称谓、形象

例如：

(商标文字为：雪域小和尚)

全真 QUAN ZHEN (道教教派之一)

2. 商标有下列情形之一的，不判为有害宗教信仰、宗教感情或者民间信仰：

(1)根据《宗教事务条例》(2004 年国务院第 426 号令公布，2005 年 3 月 1 日起施行)，宗教团体、宗教活动场所可以依法兴办社会公益事业，在不损害其他宗教活动场所利益的前提下，宗教团体和经其授权的宗教企业以专属于自己的宗教活动场所名称作为商标申请注册的。

例如：

申请人：中国嵩山少林寺

申请人：北京雍和宫管理处

(2)商标的文字或者图形虽然与宗教或者民间信仰有关，但具有其他含义或者其与宗教有关联的含义已经泛化，不会使公众将其与特定宗教或者民间信仰相联系的。

例如：

(太极图为道教标志之一，但已泛化)

(确有“佛顶山”，浙江普陀、贵州施秉县、辽宁桓仁县都存在此名的山)

(六)与我国各党派、政府机构、社会团体等单位或者组织的名称、标志相同或者近似的

本条中的党派包括中国共产党和被统称为民主党派的八个政党，即中国国民党革命委员会、中国民主同盟、中国民主建国会、中国民主促进会、中国农工民主党、中国致公党、九三学社、台湾民主自治同盟；本条中的名称包括全称、简称、缩写等；

本条中的标志包括徽章、旗帜等。

例如：

(民建为中国民主建国会的简称)

(与中国消费者协会的标志相同)

(与我国海关关徽近似)

(七)与我国党政机关的职务或者军队的行政职务和职衔的名称相同的

本条中的党政机关包括中国共产党机关、人大机关、民主党派机关、政协机关、行政机关、审判机关、检察机关。例如：行政机关的职务包括总理、部长、局(司)长、处长、科长、科员。军队的行政职务包括军长、师长、团长、营长、连长、排长；军队的职衔包括将官三级即上将、中将、少将，校官四级即大校、上校、中校、少校，尉官三级即上尉、中尉、少尉。

商标的文字与我国党政机关的职务或者军队的行政职务或者职衔名称相同的，判定为容易产生不良影响。

例如：

军长

但含有与我国党政机关的职务或者军队的行政职务和职衔名称相同或者近似的文字，具有其他含义不会误导公众的除外。

例如：

(八)与各国法定货币的图案、名称或者标记相同或者近似的

例如：

(人民币符号)

(欧元符号)

KRONE(丹麦货币名称“克朗”)

美金(美金即“美元”)

(九)商标含有不规范汉字或系对成语的不规范使用，容易误导公众特别是未成年人认知的

例如：

(申请人声明商标文字为:厉捷)

(“逸”字少一点)

(系对成语“随心所欲”的不规范使用)

(十)商标中含政治、宗教、历史等公众人物的姓名相同或与之近似文字,足以对我国政治、经济、文化、宗教、民族等社会公共利益和公共秩序产生消极、负面影响的

例如:

孔子(申请人:自然人)

梅兰芳(“梅兰芳”是我国京剧著名表演艺术家)

指定使用服务:教育、培训

(申请人:北京艾丹营销咨询中心)

宗喀巴(“宗喀巴”是藏传佛教格鲁派的创立者)

(申请人:台州市华程日用品有限公司)

(十一)具有其他不良影响的

例如:

非典(“非典”为“非典型性肺炎”的简称)

指定使用商品:纸、卫生纸等

埃博拉(“埃博拉”是一种十分罕见的病毒)

指定使用商品:淋浴热水器等

指定使用商品:葡萄酒

实事求是指定使用商品:肥料

(该商标图形部分与澳门特别行政区区旗图案近似)

(图中文字为“反贪”)

十、含有地名的商标的审查

本条中的“县级以上行政区划”包括县级的县、自治县、县级市、市辖区；地级的市、自治州、地区、盟；省级的省、直辖市、自治区；两个特别行政区即香港、澳门；台湾地区。县级以上行政区划的地名以我国民政部编辑出版的《中华人民共和国行政区划简册》为准。本条中的县级以上行政区划地名包括全称、简称以及县级以上的省、自治区、直辖市、特别行政区，省会城市、计划单列市、著名旅游城市名称的拼音形式。

本条中的“公众知晓的外国地名”，是指我国公众知晓的我国以外的其他国家和地区的地名。地名包括全称、简称、外文名称和通用的中文译名。

本条中的“地名具有其他含义”，是指地名作为词汇具有确定含义且该含义强于作为地名的含义，不会误导公众的。

（一）含有县级以上行政区划地名的商标的审查

商标由县级以上行政区划的地名构成，或者含有县级以上行政区划的地名，不得作为商标。

例如：

皖 Wan　　台中精機

新疆红　　DALIAN

但有下列情形之一的除外：

1. 地名具有其他含义且该含义强于地名含义的

例如：

黄山　　鼓樓

2. 商标由地名和其他文字构成而在整体上具有强于地名含义的其他含义的

例如：

寧遠堂 指定使用服务：药品零售或批发服务等

指定使用商品：榨菜

上海滩 指定使用商品：白酒

3. 商标由两个或者两个以上行政区划的地名的简称组成，不会使公众发生商品产地等特点误认的

例如：

豫晋 指定使用商品：肥料

但容易使消费者对其指定商品的产地或者服务内容等特点发生误认的，适用《商标法》第十条第一款第(七)项的规定予以驳回。

例如：

青藏 QTIT 指定使用服务：观光旅游

4. 商标由省、自治区、直辖市、特别行政区，省会城市、计划单列市、著名的旅游城市以外的地名的拼音形式构成，且不会使公众发生商品产地误认的

例如：

指定使用商品：传动装置(机器)

(TAI XING 与江苏省泰兴市的拼音相同)

XIANG HE 指定使用商品：自行车

(“XIANG HE”与河北香河县的拼音相同)

(二)含有公众知晓外国地名的商标的审查

商标由公众知晓的外国地名构成，或者含有公众知晓的外国地名的，不得作为商标。

例如：

加州红(美国加州)指定使用商品：啤酒、矿泉水

Olympia (希腊奥林匹亚)指定使用商品：服装

BAILIN (德国首都柏林)指定使用商品：啤酒

Varsaw Burgrave (波兰首都华沙)指定使用商品：鞋

但商标由公众知晓的外国地名和其他文字构成，整体具有其他含义且使用在其指定商品上不会使公众对商品产地产生误认的除外。

例如：

LONDON FOG 指定使用商品：公文包、伞

(伦敦雾为一种自然现象)

(三)商标所含地名与其他具备显著特征的标志相互独立，地名仅起真实表示申请人所在地作用的，除外。

例如：

申请人：杨洪来

地址:天津市武清区汉沽港镇一街

申请人:凤凰股份有限公司

地址:上海市浦东新区塘南路20号

(“GENEVE”译为“日内瓦”)

申请人:QUINTING S. A. 地址:瑞士日内瓦

(“PARIS”译为“巴黎”)

申请人:SYLVIE JESSUA

地址:11,quai de la Gironde,F-75019 PARIS

(四)地名作为集体商标、证明商标组成部分的,除外。

例如:

指定使用商品:黄酒

申请人:绍兴市黄酒行业协会

帕尔玛火腿 指定使用商品:火腿

申请人:帕尔玛意大利熏火腿康采恩公司

第二部分 商标显著特征的审查

一、法律依据

《商标法》第十一条 下列标志不得作为商标注册:

(一)仅有本商品的通用名称、图形、型号的;

(二)仅直接表示商品的质量、主要原料、功能、用途、重量、数量及其他特点的;

(三)其他缺乏显著特征的。

前款所列标志经过使用取得显著特征,并便于识别的,可以作为商标注册。

二、相关解释

商标的显著特征,是指商标应当具备的足以使相关公众区分商品来源的特征。判断商标是否具有显著特征,应当综合考虑构成商标的标志本身的含义、呼叫和外观构成,商标指定使用商品,商标指定使用商品的相关公众的认知习惯,商标指定使用商品所属行业的实际使用情况等因素。

本部分解释说明的内容以普通商标的显著性审查为主,立体商标、声音商标、颜色组合商标的显著性审查另有说明。以下将对《商标法》第十一条规定的款、项在审查中的适用依次予以说明。

三、仅有本商品的通用名称、图形、型号的

本条中的通用名称、图形、型号，是指国家标准、行业标准规定的或者约定俗成的名称、图形、型号，其中名称包括全称、简称、缩写、俗称。

（一）仅有指定使用商品的通用名称的

例如：

高麗白 GAO LI BAI 指定使用商品：人参

MULLER（“MULLER”可以译为“研磨机”）

指定使用商品：磨具（手工具）

（二）仅有指定使用商品的通用图形的

例如：

指定使用商品：苹果

指定使用商品：鞋底

（三）仅有指定使用商品的通用型号的

例如：

502 伍零贰 指定使用商品：工业用粘合剂

XXL 指定使用商品：服装

ZKT（ZK：组合式空调机级代号　T：通用机组代号）

指定使用商品：空调机

四、仅直接表示商品的质量、主要原料、功能、用途、重量、数量及其他特点的

“仅直接表示”是指商标仅由对指定使用商品的质量、主要原料、功能、用途、重量、数量或服务内容、质量、方式、目的、对象及其他特点，具有直接说明性和描述性的标志构成或者商标虽然包含其他构成要素，但整体上仅直接表示。

（一）仅直接表示指定使用商品的质量的

例如：

纯净 Chunjing 指定使用商品：食用油

好香 指定使用商品：米

但未仅直接表示指定使用商品质量的除外，例如：

纯净山谷 指定使用商品:肉、食用油

(二)仅直接表示指定使用商品的主要原料的

例如:

彩棉 指定使用商品:服装

龙眼 指定使用商品:糖果

田七 指定使用商品:人用药

但非仅直接表示指定使用商品的原料的除外,例如:

桔子红了 指定使用商品:水果罐头、果酱

(三)仅直接表示指定使用商品的功能、用途的

例如:

重载王 指定使用商品:车辆轮胎

SAFETY 指定使用商品:漏电保护器

纯净气 指定使用商品:气体净化装置

溶栓清脂 指定使用商品:医药制剂

脑基因 指定使用商品:医用营养饮料

(四)仅直接表示指定使用商品的重量、数量的

例如:

50kg 指定使用商品:米

50支 指定使用商品:香烟

四菜一汤 指定使用服务项目:饭店

(五)仅直接表示指定使用商品的其他特点的

1. 仅直接表示指定使用商品或服务特定消费对象的,例如:

女过四十 指定使用商品:医用营养品

醫　生指定使用商品：医疗手术用手套

2. 仅直接表示指定使用商品或服务的价格的，例如：

百元店指定使用服务项目：替他人推销

九块九指定使用商品和服务：肥料、替他人推销

3. 仅直接表示指定使用商品或服务内容的，例如：

名师说课指定使用商品：光盘、计算机软件（已录制）

炭烤鱼 指定使用服务项目：餐馆

名车快修指定使用服务项目：汽车保养和修理

但与其他要素组合，具有商标识别功能的除外，例如：

指定使用商品：饭店

4. 仅直接表示指定使用商品风格或者风味的，例如：

中式指定使用商品：家具

果味夹心指定使用商品：饼干

5. 仅直接表示指定使用商品的使用方式、方法的，例如：

自　助 指定使用服务项目：教育、书籍出版

冲泡指定使用商品：方便面

6. 仅直接表示指定使用商品的生产工艺的，例如：

湘 绣 XIANGXIU指定使用商品：服装

腊染指定使用商品：布

7. 仅直接表示指定使用商品生产地点、时间、年份等特点的，例如：

AMERICAN NATIVE（译为"美国土产"）

指定使用商品：香烟

990418指定使用商品：烧酒

5.5度 指定使用商品:开胃酒

8. 仅直接表示指定使用商品的形态的,例如:

SOLID(译为"固体的")

指定使用商品:硅酸盐、工业用胶

果晶("果晶"为固体饮料的一种形式)

指定使用商品:无酒精果汁饮料

9. 仅直接表示指定使用商品的有效期限、保质期或者服务时间的,例如:

全天 指定使用服务项目:无线电广播、有线电视播放

24小时 指定使用服务项目:银行

10. 仅直接表示服务经营场所、商品销售场所或者地域范围的,例如:

大食堂 DASHITANG 指定使用服务:餐馆

酒轩 指定使用商品:白酒

11. 仅直接表示商品的技术特点的,例如:

蓝牙 指定使用商品:电话机

NAMI 纳米 指定使用商品:浴室装置

共晶 指定使用商品:普通金属合金

共晶技术应用于冶金、热处理工业。一种液相在一定温度下同时结晶出两种不同成分和不同晶体结构。

近场通讯 指定使用服务项目:信息传送

近场通讯:近距离无线通讯技术

五、其他缺乏显著特征的

其他缺乏显著特征的标志,是指《商标法》第十一条第一款第(一)、(二)项以外的依照社会通常观念,其本身或者作为商标使用在指定使用商品上不具备表示商品来源作用的标志。主要包括:

(一)过于简单的线条、普通几何图形

例如:

(二)过于复杂的文字、图形、数字、字母或上述要素的组合

例如：

指定使用商品：茶、茶饮料

指定使用商品：糖果

(三)一个或者两个普通表现形式的字母

例如：

A指定使用商品：服装

ro指定使用商品：手表、钟

JT指定使用商品：混凝土建筑构件

但非普通字体或者与其他要素组合而整体具有显著特征的除外。例如：

指定使用商品：首饰

指定使用商品：缝纫机油

(四)普通形式的阿拉伯数字

例如：

0051指定使用商品：口红

301指定使用商品：消毒剂

5203指定使用商品：鞋

但非普通表现形式或者与其他要素组合而整体具有显著特征的除外。例如：

指定使用商品：工业用脂

指定使用商品：饮水槽

(五)指定使用商品的常用包装、容器或者装饰性图案

例如：

(平面商标)

指定使用商品:香烟

(平面商标)

指定使用商品:黄酒

 指定使用商品:盘子

但与其他要素组合而整体具有显著特征的除外。例如:

指定使用商品:矿泉水

使用商品:巧克力块

注:每块巧克力上印有 Ritter sports

指定使用商品:玻璃杯(容器)

(六)单一颜色

例如:

　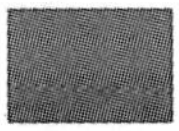

(七)表示商品或者服务特点的短语或者句子,普通广告宣传用语

例如:

一旦拥有,别无所求 指定使用商品:旅行箱、包

注:对使用对象进行引导

让养殖业充满生机 指定使用商品:饲料

注:表示使用商品的效果

但与其他要素组合而整体具有显著特征的除外。例如:

指定使用服务项目:保险

 指定使用商品:中药成药

注:商标文字为贴心还是千金

L'OREAL, BECAUSE I'M WORTH IT 指定使用商品:化妆品

(八)本行业或者相关行业常用的贸易场所名称、商贸用语或者标志

例如:

衣店 指定使用商品：服装

mall 指定使用服务项目：替他人推销

网购 指定使用商品：电脑软件（录制好的）

H.A.I.R BEAUTY SERIES 指定使用商品：修指甲工具

但与其他要素组合而整体具有显著特征的除外。

例如：

指定使用服务项目：替他人推销

DANSHICHANG 指定使用商品：金属地板、五金器具

卓越网购 指定使用服务：替他人推销

（九）企业的组织形式、本行业名称或者简称

例如：

Inc 指定使用商品：印刷出版物

（“INC”译为“公司”）

公司 CO. 指定使用商品：印刷出版物

重　工 指定使用商品：起重运输机械

（“重工”是本行业对重型工业的简称）

但带有其他构成要素而整体具有显著特征的除外，例如：

SUPERSOCPE INC. 指定使用商品：音频设备（“INC”译为“公司”）

北方重工 指定使用商品：挖掘机

（十）仅由电话、地址、门牌号等要素构成

例如：

95557 申请人：厦门航空有限公司

（十一）常用祝颂语

例如：

新年快乐

六、商标含有不具备显著特征的标志的审查

(一)商标由不具备显著特征的标志和其他要素构成,其中不具备显著特征的标志如果与其指定使用商品或服务的特点相一致,而且依据商业惯例和消费习惯,不会造成相关公众误认的,不适用相关禁用条款,只需对显著部分进行近似检索

例如:

利郎商务男装 指定使用商品:服装、鞋

KINKO 坤海橱柜 指定使用商品:碗柜、办公家具

松下电器 指定使用商品:体育运动器械

(二)商标由不具备显著特征的标志和其他要素构成,但相关公众通过其他要素或者商标整体难以识别商品或服务来源的,仍视为缺乏显著特征

例如:

502 指定使用商品:工业用粘合剂

纳 NASB 米 指定使用商品:服装

Reliable 译为"可靠的"

指定使用商品:金属箱

滿漢全席 指定使用服务:饭店

但该其他要素或者商标整体能够起到区分商品或服务来源作用的除外。

例如:

SHNEGHUA 502 指定使用商品:工业用粘合剂

纳 米 指定使用商品:纳米服装

RED WING SHOES "SHOE"译为"鞋"

指定使用商品:鞋

瑞乃尔博 reliable "reliable"译为"可靠的"

指定使用商品：金属柜

“PURITY”译为“纯净”

指定使用商品：矿泉水

指定使用服务：饭店

七、经过使用取得显著特征的商标的审查

本身不具备显著特征的标志经过使用取得商标显著特征，能够起到区分商品或服务来源作用的，可以作为商标注册。

例如：

指定使用商品：牙膏

指定使用商品：酸奶

指定使用商品：鞋油

对经过使用取得显著特征的商标的审查，应考虑相关公众对该商标的认知情况、申请人实际使用该商标的情况以及该商标经使用取得显著特征的其他因素。

第三部分 商标相同、近似的审查

一、法律依据

《商标法》第三十条 申请注册的商标，凡不符合本法有关规定或者同他人在同一种商品或者类似商品上已经注册的或者初步审定的商标相同或者近似的，由商标局驳回申请，不予公告。

《商标法》第三十一条 两个或者两个以上的商标注册申请人，在同一种商品或者类似商品上，以相同或者近似的商标申请注册的，初步审定并公告申请在先的商标；同一天申请的，初步审定并公告使用在先的商标，驳回其他人的申请，不予公告。

二、相关解释

商标相同是指两商标在视觉上基本无差别，使用在同一种或者类似商品或者服务上易使相关公众对商品或者服务的来源产生混淆。

商标近似是指商标文字的字形、读音、含义近似，商标图形的构图、着色、外观近似，或者文字和图形组合的整体排列组合方式和外观近似，立体商标的三维标志的形状和外观近似，颜色商标的颜色或者颜色组合近似，声音商标的听觉感知或整体音乐形象近似，使用在同一种或者类似商品或者服务上易使相关公众对商品或者服务的来源产生混淆。

同一种商品或者服务包括名称相同和名称不同但指同一事物或者内容的商品

或者服务。

类似商品是指在功能、用途、生产部门、销售渠道、消费对象等方面相同或基本相同的商品。

类似服务是指在服务的目的、内容、方式、对象等方面相同或基本相同的服务。

同一种或者类似商品或者服务的认定,以《商标注册用商品和服务国际分类》、《类似商品和服务区分表》作为参考。

商标相同和近似的判定,首先应认定指定使用的商品或者服务是否属于同一种或者类似商品或者服务;其次应从商标本身的形、音、义和整体表现形式等方面,以相关公众的一般注意力为标准,并采取整体观察与比对主要部分的方法,判断商标标志本身是否相同或者近似,同时考虑商标本身显著性、在先商标知名度及使用在同一种或者类似商品(服务)上易使相关公众对商品(服务)来源产生混淆误认等因素。

三、商标相同的审查

(一)文字商标相同

文字商标相同,是指商标使用的语种相同,且文字构成、排列顺序完全相同,易使相关公众对商品或者服务的来源产生混淆误认。因字体、字母大小写或者文字排列方式有横排与竖排之分使两商标存在细微差别的,仍判定为相同商标。

例如:

五斗米　　五斗米

Susanna　　SUSANNA

777　　777

(二)图形商标相同

图形商标相同,是指商标图形在视觉上基本无差别,易使相关公众对商品或者服务的来源产生混淆误认。

例如:

(三)组合商标相同

组合商标相同,是指商标的文字构成、图形外观及其排列组合方式相同,使商标在呼叫和整体视觉上基本无差别,易使相关公众对商品或者服务的来源产生混淆。

例如:

Doppel herz　　Doppel herz

小鸡　　小鸡

四、商标近似的审查

(一)文字商标的审查

1. 中文商标的汉字构成相同,仅字体或设计、注音、排列顺序不同,易使相关公众对商品或者服务的来源产生混淆的,判定为近似商标。

例如:

迪安　　安迪

汇博 HUIBO　　博汇 Bohui

新康得　　新得康

斯波帝卡　　波斯·卡帝

嘉伦曼尼　　曼尼嘉倫

2. 商标文字由字、词重叠而成,易使相关公众对商品或者服务的来源产生混淆的,判定为近似商标。

例如:

星　　星星

牛牌　　牛牛

Vicki　　VICKI·VICKI

哈罗　　哈罗哈罗

3. 中文商标由三个或者三个以上汉字构成,仅个别汉字不同,整体无含义或者含义无明显区别,易使相关公众对商品或者服务的来源产生混淆的,判定为近似商标。

例如:

蒙尔斯特　　蒙尔斯吉

帕尔斯　　帕洛尔斯

莱克斯顿	莱克斯蔓
心至必达	心之必达

但商标首字读音或者字形明显不同,或者整体含义不同,使商标整体区别明显,不易使相关公众对商品或者服务的来源产生混淆的不判为近似商标。

例如:

东方雪	東方雪狼
生活医生	生活生
花心思	花香思
迷尔派斯	舒尔派斯
北美风情	北欧风情

4. 商标文字读音相同或者近似,且字形或者整体外观近似,易使相关公众对商品或者服务的来源产生混淆的,判定为近似商标。

例如:

洛淇	洛淇
惠特曼	蕙特曼
CATANA	KATANA
Marc O'Polo	MACAO POLO
expo	EXPO 2010(特殊标志)
苗方清颜	苗芳青颜
易糖	易唐
天维	天維

下列商标含义、字形或者整体外观区别明显,不易使相关公众对商品或者服务

的来源产生混淆的，不判为近似商标。

例如：

好哥	好歌
高太丝	高泰斯
幸　运　树	幸运数
容大	容达
福达	FUDA

5. 商标文字构成、读音不同，但商标字形近似，易使相关公众对商品或者服务的来源产生混淆的，判定为近似商标。

例如：

酷几	酷儿
花中玉	花中王
思琪	恩琪
BOSS　I3055	8088
乐土	乐士
双订	双灯

6. 商标文字构成、读音不同，但含义相同或近似，易使相关公众对商品或者服务的来源产生混淆的，判定为近似商标。

例如：

玫瑰花	玫瑰
红太阳	太阳
精　卫	精　卫　鸟

CROWN　皇冠

（译为“皇冠”）

红与黑　ROUGE ET NOIR

（法文译为“红与黑”）

3506　三五零六

Onetwothree　123

（译为“123”）

B^3　B三

SK-TWO　SK-Ⅱ

7. 商标由相同外文、字母或数字构成，仅字体或设计不同，易使相关公众对商品或者服务的来源产生混淆的，判定为近似商标。

例如：

f4　F_4

BV　BV

GG　GG

BIGREY　BIG REY

OMEGA ENVIRONMENTAL TECHNOLOGIES　OMEGA

但有下列情形之一的不判为近似商标：

（1）商标由一个或两个非普通字体的外文字母构成，无含义且字形明显不同，使商标整体区别明显，不易使相关公众对商品或者服务的来源产生混淆的。

例如：

M　M

Ke　Ke

H　H

(2)商标由三个或者三个以上外文字母构成,顺序不同,读音或者字形明显不同,无含义或者含义不同,使商标整体区别明显,不易使相关公众对商品或者服务的来源产生混淆的。

例如:

ARNEGI (无含义)　　AIGNER (无含义)

ACB (无含义)　　CAB (译为“出租马车”)

HBS 华博士

8. 外文商标由四个或者四个以上字母构成,仅个别字母不同,整体无含义或者含义无明显区别,易使相关公众对商品或者服务的来源产生混淆的,判定为近似商标。

例如:

SOMI (无含义)　　SOMIS (无含义)

BILLDAN (无含义)　　BILLDANY (无含义)

SUNMIGHT (译为“太阳力量”)　　SUNLIGHT (译为“阳光”)

CAROLFLEX (无含义)　　CARPOFLEX (无含义)

MeGoo (无含义)　　MCgoo (无含义)

Yestar (无含义)　　ycstar (无含义)

TREC

(无含义)

TREG

(无含义)

下列商标首字母发音及字形明显不同,或者整体含义不同,使商标整体区别明显,不易使相关公众对商品或者服务的来源产生混淆的不判为近似商标。

例如:

DESIRE

(译为“愿望”)

JESIRÉ

(无含义)

RELGAN

(无含义)

SELGAN

(无含义)

HORSE

(译为“马”)

HOUSE

(译为“房子”)

think

(译为“思索”)

THANK

(译为“谢谢”)

Yestar

(无含义)

AESTAR

(无含义)

9. 商标由两个外文单词构成,仅单词顺序不同,含义无明显区别,易使相关公众对商品或者服务的来源产生混淆的,判定为近似商标。

例如:

HAWKWOLF　　WOLFHAWK

(HAWK 译为“鹰”,WOLF 译为“狼”)

Wintech　　Techwin

(Win 译为“赢”,tech 译为“技术学院”)

10. 外文商标仅在形式上发生单复数、动名词、缩写、添加冠词、比较级或最高级、词性等变化,但表述的含义基本相同,易使相关公众对商品或者服务的来源产生混淆的,判定为近似商标。

例如:

BIG FOOT

(单数形式)

BIG FEET

(复数形式)

SAIL
（动词普通形式）

SAILING
（动名词形式）

Saint angelo
（全部拼写形式）

St angelo
（缩写形式）

BEGONIA
（名词普通形式）

La Bégonia
（名词加冠词形式）

Beautiful
（形容词原级）

MoreBeautiful
（形容词比较级）

Brave
（形容词形式）

Bravery
（名词形式）

PROSPER
（动词形式）

Prosperity
（名词形式）

invent
（动词形式）

Inventor
（名词形式）

11.商标仅由他人在先商标及本商品的通用名称、型号组成,易使相关公众对商品或者服务的来源产生混淆的,判定为近似商标。

例如:

蒙　原
（指定使用商品:加工过的肉）

蒙原肥羊
（指定使用商品:肉）

緑　安
（指定使用商品:工作服）

绿安服饰
（指定使用商品:衬衫）

通和
（指定使用服务:银行）

通和金融
（指定使用服务:银行）

宏　源

宏源藥業
HONGYUAN PHARMACEUTICAL

12. 商标仅由他人在先商标及直接表示商品的质量、主要原料、功能、用途、重量、数量及其他特点的文字组成,易使相关公众对商品或者服务的来源产生混淆的,判定为近似商标。

例如:

日新	日新生物
(指定使用商品:植物生长调节剂)	(指定使用商品:消灭有害动物制剂)
碧　清	
(指定使用商品:酸奶)	(指定使用商品:酸奶)
	九月红
(指定使用商品:含酒精的饮料)	(指定使用商品:烧酒)
老龙潭	老龙潭山泉
(指定使用商品:矿泉水)	(指定使用商品:矿泉水)
富力	富力通
(指定使用商品:可视电话)	(指定使用商品:可视电话)
首信	首信高科
(指定使用商品:影碟机)	(指定使用商品:影碟机)
ADAM	adamSport
(指定使用商品:运动鞋)	(指定使用商品:鞋)
雅妮 YA NI	
(指定使用商品:化妆品)	(指定使用商品:化妆品)
博森	
(指定使用服务:学校教育)	(指定使用服务:学校教育)

13. 商标仅由他人在先商标及某些表示商品生产、销售或使用场所的文字组成,易使相关公众对商品或者服务的来源产生混淆的,判定为近似商标。

例如:

麗人	丽人坊
(指定使用服务:美容院)	(指定使用项目:美容院)

金鼎 （指定使用商品：家具）	金鼎轩 （指定使用商品：家具）
红鸟 （指定使用商品：服装）	红鸟屋 （指定使用商品：服装）
华仁 （指定使用商品：食用蜂胶）	華仁堂 （指定使用商品：蜂蜜）
瓦公 （指定使用商品：陶制器皿）	瓦公窑 （指定使用商品：陶器）
丰　盛 （指定使用服务：餐馆）	丰盛楼 （指定使用服务：餐馆）
君　豪 （指定使用商品：人用药）	（指定使用商品：药用草药茶）
ZHONGTIAN 中天 （指定服务项目：餐馆）	中天馆 （指定服务项目：餐馆）
（指定服务项目：餐馆）	来福楼 （指定服务项目：餐馆）

14. 商标仅由他人在先商标及起修饰作用的形容词或者副词以及其他在商标中显著性较弱的文字组成，所表述的含义基本相同，易使相关公众对商品或者服务的来源产生混淆的，判定为近似商标。

例如：

吉澳	新吉澳
百盛	百盛世家
長裕	
超力	超力一族
活　力	活力派

绅士 （指定使用商品：服装）	绅士风 （指定使用商品：服装）
依丝	真依絲
美人娇	好美人娇
吉祥鳥	东方吉祥鸟
OSTRICH （译为“鸵鸟”）	GOLD OSTRICH （译为“金鸵鸟”）
DRAGON （译为“龙”）	BIGDRAGON （译为“大龙”）
Lingxiu	金领袖
KING （译为“国王”）	NEW KING （译为“新国王”）

但商标含义或者整体区别明显，不易使相关公众对商品或者服务的来源产生混淆误认的，不判为近似商标。

例如：

球	球王
太阳	蓝太阳
飞云	飞云岭
王子	聪明小王子

15. 两商标或者其中之一由两个或者两个以上相对独立的部分构成，其中显著部分近似，易使相关公众对商品或者服务的来源产生混淆的，判定为近似商标。

例如：

万里长城铅子麦	萬里長城
精彩生活 愛麗斯	愛麗斯

Bor Jiann's HUNTER	HUNTER
ADA SMC	ADA
benge 奔鸽	benge 本格
FENICIA	FELICIA 法莱亚
波霓 Bonny	Bonny 博尼
YF 奕飞	YF
Pal 爆果汽	PAL 伙伴
沐林	沐林

但商标整体含义区别明显，不易使相关公众对商品或者服务的来源产生混淆的，不判为近似商标。

例如：

星跃 Xingyue	兴越 Xingyue
QQ 眼	e 眼
3D 时代	U9 时代
22 世纪	世纪
K 宝	M 宝

16. 商标完整地包含他人在先具有一定知名度或者显著性较强的文字商标，易使相关公众认为属于系列商标而对商品或者服务的来源产生混淆的，判定为近似商标。

例如：

月圆三千里	三千里
（指定使用服务：饭店）	（指定使用服务：饭店）

星星梦特娇 (指定使用商品:服装)	夢特嬌 (指定使用商品:服装)
欧莱雅海皙 (指定使用商品:化妆品)	欧莱雅 (指定使用商品:化妆品)
红狮三龙 (指定使用商品:油漆)	红　狮 (指定使用商品:漆)
凯悦长城 KAIYUECHANGCHENG (指定使用商品:葡萄酒)	長　城 (指定使用商品:葡萄酒)
海湾浪琴 (指定使用商品:手表)	浪　琴 (指定使用商品:手表)
臻氏哈根达斯 (指定使用商品:冰激凌)	哈根達斯 (指定使用商品:冰激凌)
Mobl-id 美经·典孚 (指定使用商品:润滑油)	Mobil 美孚 引领非凡动力 (指定使用商品:润滑油)

17. 商标包含汉字及其对应拼音,与含单独相同拼音的商标,易使相关公众对商品或者服务的来源产生混淆的,判定为近似商标。

(二)图形商标的审查

1. 商标图形的构图和整体外观近似,易使相关公众对商品或者服务的来源产生混淆的,判定为近似商标。

例如:

2. 商标完整地包含他人在先具有一定知名度或者显著性较强的图形商标，易使相关公众认为属于系列商标而对商品或者服务的来源产生混淆的，判定为近似商标。

例如：

(指定使用商品：服装)　　(指定使用商品：服装)

(三)组合商标的审查

1. 商标汉字部分相同或近似，易使相关公众对商品或者服务的来源产生混淆的，判定为近似商标。

例如：

(指定使用商品：医疗器械和仪器)　　(指定使用商品：医用诊断设备)

2. 商标外文、字母、数字部分相同或近似,易使相关公众对商品或者服务的来源产生混淆的,判定为近似商标。

例如:

玛斯大 MASTER	
英吉特 Inforgate	INFOGATE
SMC	SMC 蜆華
HARLEY 哈利	HADLEY FASHION
GENTEC	CENTEK
FISHER	FISHER SCIENTIFIC

“FISHER”译为“渔夫”,“SCIENTIFIC”译为“科学的”

HERITAGE CASHMERE	HERITAGE

HERITAGE 译为“遗产”,CASHMERE 译为“羊绒”

KIKO KIKO	KIKO
走运 ZOUYUN 3520	3520
SKIFF	水道夫 SKIFF
BRICKPOP	BRICKPOP

但商标整体呼叫、含义或者外观区别明显,不易使相关公众对商品或者服务的来源产生混淆的,不判为近似商标。

例如:

-52	幸运52
	佳诚 JIACHENG
常兴灯饰 CHANGXING LIGHTING	CHANGYING

3. 商标的中文与其他不同语种文字的主要含义相同或基本相同,易使相关公众对商品或者服务的来源产生混淆的,判定为近似商标。

例如:

繁荣　　　　PROSPER

（译为“繁荣”）

浩 HOPE 博

（HOPE 译为“希望”）

BOSS

（译为“老板”）

（译为“绅士企鹅”）

企鹅紳士

太阳紅　　　　太阳RED

五星 Five Star　　　　5Star

鹦武鸣　　　　Parrot MINIDRONES

（译为“鹦鹉”）

但商标整体构成、呼叫或者外观区别明显,不易使相关公众对商品或者服务的来源产生混淆的,不判为近似商标。

例如:

WELL & WELL　　　　DAPPER 好好

（WELL & WELL 译为“好和好”）

HAPPYTREE
开　心　树　　　　KUAILESHU 快樂樹

（HAPPYTREE 可译为“快乐树、开心树、幸福树”等）

miss me
蜜思蜜　　　　想着我

（miss me 译为“思念我”）

(UNIQUE 译为“唯一的、独特的”，
与“不二”有一定对应关系)

4. 商标图形部分近似，易使相关公众对商品或者服务的来源产生混淆的，判定为近似商标。

例如：

下列商标因图形为本商品常用图案，或者主要起装饰、背景作用而在商标中显著性较弱，商标整体含义、呼叫或者外观区别明显，不易使相关公众对商品或者服务的来源产生混淆的，不判为近似商标。

例如：

5. 商标文字、图形不同，但排列组合方式或者整体描述的事物基本相同，使商标整体外观或者含义近似，易使相关公众对商品或者服务的来源产生混淆的，判定为近似商标。

例如：

指定使用商品：龙头防溅喷嘴　　指定使用商品：水管龙头

第四部分　立体商标审查标准

一、法律依据

《商标法》第八条　任何能够将自然人、法人或者其他组织的商品与他人的商品区别开的标志，包括文字、图形、字母、数字、三维标志、颜色组合和声音等，以及上述要素的组合，均可以作为商标申请注册。

《商标法》第十二条　以三维标志申请注册商标的，仅由商品自身的性质产生的形状、为获得技术效果而需有的商品形状或者使商品具有实质性价值的形状，不得注册。

《商标法实施条例》第十三条　以三维标志申请商标注册的，应当在申请书中予以声明，说明商标的使用方式，并提交能够确定三维形状的图样，提交的商标图样应当至少包含三面视图。

《商标法实施条例》第四十三条　指定中国的领土延伸申请人，要求将三维标志、颜色组合、声音标志作为商标保护或者要求保护集体商标、证明商标的，自该商标在国际局国际注册簿登记之日起3个月内，应当通过依法设立的商标代理机构，向商标局提交本条例第十三条规定的相关材料。未在上述期限内提交相关材料的，商标局驳回该领土延伸申请。

二、相关解释

立体商标，是指仅由三维标志或者含有其他要素的三维标志构成的商标。立体商标可以是商品本身的形状、商品的包装物或者其他三维标志。

本部分规定立体商标注册申请的形式审查和实质审查，其中形式审查内容除普通商标申请的一般形式要件外，还包括立体商标申请的特殊形式要件；实质审查包括立体商标功能性的审查、立体商标的显著特征的审查、立体商标禁用条款的审查和立体商标相同、近似的审查。

含有其它显著性要素的普通形状立体商标的注册，并不表示普通形状本身获得了注册。

三、立体商标形式审查

申请人必须提交能够确定三维形状的商标图样或照片，可以是三维视图、多视图或者立体效果图，并且在商标注册申请书上注明是“立体商标”。如有必要，申请人可在商标说明中对立体商标图样进行文字描述，也可以在申请书中对商标中不主张权利部分声明放弃商标专用权。如果图样不能体现三维形状或者体现的是无法识别的三维形状，则不能视为立体商标。

例如：

（指定使用商品：饼干）

（指定使用商品：服装）

四、立体商标实质审查

立体商标的实质审查包括对立体商标禁用条款审查、功能性审查、显著特征审查和相同、近似审查。

（一）立体商标禁用条款审查

立体商标的注册不能违反商标法禁用条款的规定，适用本标准第一部分的规定。

例如：

（指定使用商品：香水）骷髅头形状，具有不良影响

（二）立体商标功能性审查

三维标志如具有功能性，即三维标志仅由商品自身的性质产生的形状、为获得技术效果而需有的商品形状或者使商品具有实质性价值的形状，不得注册。

1. 三维标志仅由商品自身性质产生的立体形状组成，即该立体形状是为实现商品固有的目的和用途所必须采用的或通常采用的立体形状，判定该三维标志具有功能性。

例如：

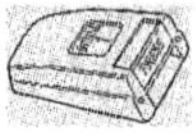

（指定使用商品：安全扣）

（指定使用商品：轮胎）

（指定使用商品：缝衣针）

（指定使用商品：折叠尺）

(指定使用商品:航空器)

(指定使用商品:健身圈)

(指定使用商品:书写工具)

2. 三维标志仅由为获得技术效果而需有的商品立体形状组成,即该立体形状是为使商品具备特定的功能,或者使商品固有的功能更容易地实现所必需使用的立体形状,该三维标志具有功能性。

例如:

(电源插头)

(容器)

(剃须刀头)

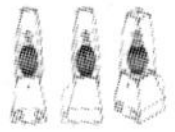

(指定使用商品:扬声器)

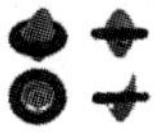

(指定使用商品:救生圈)

(指定使用商品:登山手杖)

3. 三维标志仅由使商品具有实质性价值的立体形状组成,即该立体形状是为使商品的外观和造型影响商品价值所使用的立体形状,该三维标志具有功能性。

例如:

(指定使用商品:瓷瓶)

(指定使用商品:挂坠)

(指定使用商品:糖果)

(指定使用商品:香水)

(三)立体商标显著特征审查

立体商标不得违反《商标法》第十一条规定的审查,适用本标准第二部分的规定。

1. 不具有显著特征的立体形状

(1)基本的几何立体形状、简单和普通的立体形状,不能起到区分商品来源作用的,缺乏显著特征。

例如:

(指定使用商品:服装)

但有足够证据证明该基本几何立体形状通过使用获得显著特征的除外。

(2)装饰性的立体形状,不能起到区分商品来源作用的,缺乏显著特征。

例如:

(指定使用商品:太阳镜)

但有足够证据证明该装饰性立体形状通过使用获得显著特征的除外。

2. 商品自身的立体形状

商品自身的立体形状为行业通用或常用商品的立体形状,不能起到区分商品来源作用的,缺乏显著特征。

例如:

(指定使用商品:扩音器)

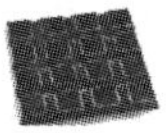

(指定使用商品:巧克力)

(指定使用商品:糖果)

以文物的外观立体形状在"容器、首饰盒"等与文物形状相关商品上申请注册商标时,若文物的外观立体形状表示商品本身的立体形状,该立体形状缺乏显著特征。

但有足够证据证明商品自身的立体形状通过使用获得显著特征的除外。

3. 商品包装物的立体形状

(1)基本的几何立体形状、简单和普通的立体形状、装饰性的立体形状,不能起到区分商品来源作用的,缺乏显著特征。

例如:

(指定使用商品:酪)

(指定使用商品:儿童用毯)

(指定使用商品:药品)

但有足够证据证明该基本几何立体形状、简单和普通立体形状、装饰性立体形状通过使用获得显著特征的除外。

(2)行业通用或常用包装物的立体形状,不能起到区分商品来源作用的,缺乏显著特征。

例如：

（指定使用商品：酒精饮料）

（指定使用商品：果酱）

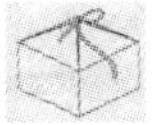

（指定使用商品：蛋糕）

但该立体形状非指定使用商品的通用或常用包装物的立体形状的除外。

例如：

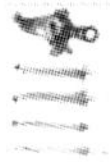

（指定使用商品：酒精饮料）

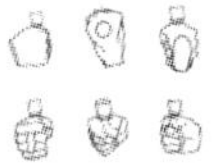

（指定使用商品：香水）

或者有足够证据证明行业通用或常用包装物的立体形状通过使用获得显著特征的除外。

4. 三维标志和其他平面要素的组合

（1）商标由具有显著特征的三维标志和具有显著特征的其他平面标志的组合而成，该立体商标具有显著特征。

例如：

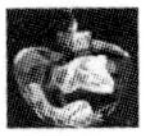

（指定使用商品：香水）

（指定使用商品：汽水、碳酸饮料）

（2）商标由具有显著特征的三维标志和不具有显著特征的其他平面标志组合而成，该立体商标具有显著特征。

例如：

（指定使用服务：餐厅）商标由卡通三维标志及字母“A”组成。

（3）商标由不具有显著特征的三维标志和具有显著特征的其他平面标志组合而成，该立体商标具有显著特征，但该商标注册后的专用权保护范围应仅限于具有显著特征的平面标志部分。并在初步审定公告和商标注册证上予以加注。

例如：

（指定使用商品：啤酒）

（指定使用商品：巧克力）

（指定使用商品：烟草制品）

5. 其他缺乏显著特征的

申请人提交的商标图样经申请人说明后,仍难以确定其三维标志的形状和特征的,判定为缺乏显著特征。

例如.

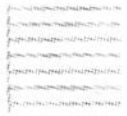

(指定使用商品:眼镜和眼镜盒)

(指定使用商品:车辆)

三维标志本身具有显著特征的除外。

例如:

(指定使用商品:服装)

(指定使用服务:餐馆)

(四)立体商标相同、近似的审查

立体商标相同、近似的审查包括立体商标之间和立体商标与平面商标相同、近似的审查。

1. 立体商标之间相同、近似的审查

(1)两立体商标都包含有显著三维标志,且三维标志相同或近似,易使相关公众对商品或者服务的来源产生混淆误认的,判定为相同或者近似商标。

例如:

(指定使用商品:香水)

(指定使用商品:香水)

(2)两立体商标均包含有显著平面要素,且该平面要素相同或近似,易使相关公众对商品或者服务的来源产生混淆误认的,判定为相同或者近似商标。

例如:

(指定使用商品:香水)

(指定使用商品:香水)

(3)两商标均由不具有显著特征的三维标志和具有显著特征的其他平面要素组合而成。两商标的具有显著特征的其他平面要素相同或近似,易使相关公众对商品或者服务的来源产生混淆误认的,判定为相同或者近似商标。

例如:

(指定使用商品:巧克力)

(指定使用商品:巧克力)

但其他平面要素区别明显，不会使相关公众对商品或者服务的来源产生误认的除外。

例如：

（文字：KURG）

（文字：LA GRANDE DAME）

2. 立体商标与平面商标相同、近似的审查

（1）立体商标由不具有显著特征的三维标志与具有显著特征的其他平面要素组合而成，该其他平面要素与平面商标具有显著特征的部分相同或者近似，易使相关公众对商品或者服务的来源产生混淆误认的，判为相同或者近似商标。

例如：

（指定使用商品：化妆品）

（指定使用商品：化妆品）

（指定使用商品：酒精饮料）

GUADET

注：其文字部分和在先的“GUADET”商标近似

（2）立体商标由具有显著特征的三维标志与具有显著特征的其他平面要素组合而成，该其他平面要素与平面商标具有显著特征的部分相同或者近似，易使相关公众对商品或者服务的来源产生混淆误认的，判为相同或者近似商标。

例如：

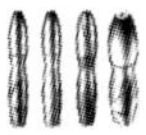

（文字：NIVEA；BEAUTE）

（指定使用商品：化妆品）

（指定使用商品：化妆品）

（3）立体商标中的三维标志具有显著特征，但在视觉效果上与平面商标具有显著特征的部分相同或近似，易使相关公众对商品或者服务的来源产生混淆误认的，判为相同或者近似商标。

例如：

（指定使用商品：服装）形状和在先的“PAJARO”商标近似

（指定使用商品：清洁制剂）形状和在先的 G 字头商标近似

(指定使用商品:饮料)瓶形和在先的“幸运球”商标近似

(指定使用商品:酒精饮料)瓶形和在先的“威诺”商标近似

(指定使用商品:饼干)形状和在先的“麦利美嘉”商标近似

OFFENSIVE

(指定使用商品:香水)

注:其文字部分和在先的“OFFENSIVE”商标近似,其形状和在先的足球形状商标近似

第五部分　颜色组合商标的审查

一、法律依据

《商标法》第八条　任何能够将自然人、法人或者其他组织的商品与他人的商品区别开的标志,包括文字、图形、字母、数字、三维标志、颜色组合和声音等,以及上述要素的组合,均可以作为商标申请注册。

二、相关解释

颜色组合商标是指由两种或两种以上颜色构成的商标。

本部分规定颜色组合商标注册申请的形式审查和实质审查,其中实质审查包括禁用条款的审查,显著特征的审查和相同、近似的审查。

三、颜色组合商标的形式审查

(一)申请注册颜色组合商标的,申请人应当在申请书中予以声明。未声明的,即使申请人提交的是彩色图样,不以颜色组合商标进行审查。

(二)申请人应当提交清晰的彩色图样。商标图样应当是表示颜色组合方式的色块,或是表示颜色使用位置的图形轮廓。该图形轮廓不是商标构成要素,必须以虚线表示,不得以实线表示。

(三)申请人应当在商标说明中列明颜色名称和色号,并描述该颜色组合商标在商业活动中的具体使用方式。

1.用色块表示颜色组合方式并附加商标说明

例如:

指定使用服务:车辆加油站

商标说明:该颜色组合商标由绿色、无烟煤色和橙色三种颜色组合构成。其中绿色(Pantone 368C)占60%、无烟煤色(Pantone 425C)占30%、橙色(Pantone 021C)占10%,按图示排列,使用于车辆加油站外观。

2. 用虚线图形轮廓表示颜色使用位置并附加商标说明

例如:

指定使用商品:翻斗卡车;拖拉机

商标说明:该颜色组合商标由绿色和黄色两种颜色组合构成。其中绿色为Pantone 364C,黄色为Pantone 109C。绿色用于车身,黄色用于车轮。虚线部分用以表示颜色在该商品上的位置,车辆轮廓和外形不是商标构成要素。

四、颜色组合商标的实质审查

(一)颜色组合商标显著特征的审查

仅有指定使用商品的天然颜色、商品本身或者包装物以及服务场所通用或者常用颜色,不足以起到区别商品或服务来源作用的,判定为缺乏显著特征。

例如:

指定使用商品:牙膏

指定使用商品:洗衣粉、洗衣片

指定服务项目:美发

一般情况下,颜色组合商标需经长期使用才能取得显著特征,商标局可以发出审查意见书,要求申请人提交使用证据,并就商标通过使用获得显著特征进行说明。

(二)颜色组合商标相同、近似的审查

颜色组合商标相同、近似的审查包括颜色组合商标之间和颜色组合商标与平面商标、立体商标相同、近似的审查。

1. 颜色组合商标之间相同、近似的审查

两商标均为颜色组合商标,当其组合的颜色和排列的方式相同或近似,易使相关公众对商品或者服务的来源产生混淆误认的,判定为相同或者近似商标。

例如:

但商标所使用的颜色不同,或者虽然使用的颜色相同或者近似但排列组合方式不同,不会使相关公众对商品或者服务的来源产生混淆误认的除外。

例如:

2.颜色组合商标与平面商标、立体商标相同、近似的审查

颜色组合商标与平面商标的图形或立体商标指定颜色相同或近似,易使相关公众对商品或者服务的来源产生混淆误认的,判定为相同或者近似商标。

例如:

虽然使用的颜色相同或近似,但由于整体效果差别较大,不会使相关公众对商品或者服务的来源产生混淆误认的除外。

例如:

第六部分　声音商标的审查

一、法律依据

《商标法》第八条　任何能够将自然人、法人或者其他组织的商品与他人的商品区别开的标志,包括文字、图形、字母、数字、三维标志、颜色组合和声音等,以及上述要素的组合,均可以作为商标申请注册。

《商标法实施条例》第十三条　以声音标志申请商标注册的,应当在申请书中予以声明,提交符合要求的声音样本,对申请注册的声音商标进行描述,说明商标的使用方式。对声音商标进行描述,应当以五线谱或者简谱对申请用作商标的声音加以描述并附加文字说明;无法以五线谱或者简谱描述的,应当以文字加以描述;商标描述与声音样本应当一致。

二、相关解释

声音商标,是指由用以区别商品或服务来源的声音本身构成的商标。声音商标可以由音乐性质的声音构成,例如一段乐曲;可以由非音乐性质的声音构成,例如自然界的声音、人或动物的声音;也可以由音乐性质与非音乐性质兼有的声音构成。

本部分规定声音商标注册申请的形式审查和实质审查。声音商标的实质审查包括禁用条款审查,显著特征审查和相同、近似审查。声音商标从整体上审查其可注册性。

三、声音商标形式审查

（一）申请注册声音商标的，申请人应当在申请书中予以声明

（二）声音样本

申请人应当提交符合要求的声音样本。声音样本应当存放在一个音频文件中。通过纸质方式提交的，音频文件应当存放在只读光盘中。通过数据电文方式提交的，应按照要求正确上传声音样本。声音样本的音频文件格式为 wav 或 mp3（声音文件格式），小于 5MB（信息容量单位）。声音样本应当清晰，易于识别。

（三）音乐性质声音商标描述

音乐性质声音商标应当用五线谱或简谱加以描述，并附加文字说明。五线谱或简谱和文字说明作为该声音商标的商标图样。五线谱或简谱应当清晰、准确、完整，可以包括谱号、调号、拍号（节拍）、小节、音符、休止符、临时符号（升号、降号、还原号）等。

例如：

1. 

本件声音商标是由“降 D 大调，降 D 大调，降 G 大调，降 D 大调以及降 A 大调”5 个音符组成的乐音及和弦相继进行的旋律。

2. 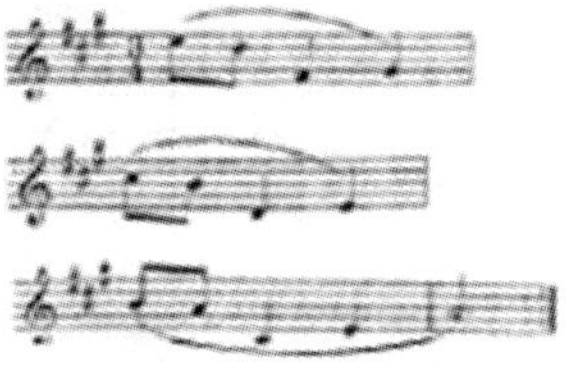

本件声音商标为一段音乐，共 13 个音符，按顺序为：E，D，F 升调，G 升调，C 升调，B，D，E，B，A，C 升调，E，A。

（四）非音乐性质声音商标描述

非音乐性质声音商标应当用文字加以描述。文字描述作为该声音商标的商标图样。文字描述应当清晰、准确、完整并易于理解。例如：

1. 本件声音商标是由牛在石板路上走两步之牛蹄声，以及之后伴随一声牛叫声（clip，clop，moo 牛蹄和牛叫拟声词）所构成。

2. 本件声音商标开始是一下双手敲击鼓边声，接着是十二下渐强的击鼓声，随后是渐弱的电子键盘乐器颤音，最后以结合了高尔夫球挥杆和裁纸机的声音结束。

(五)兼有音乐性质与非音乐性质的声音商标描述

兼有音乐性质与非音乐性质的声音商标,应当用五线谱或简谱对音乐性质部分进行描述并附加文字说明,用文字对非音乐性质部分进行描述。五线谱或简谱和文字作为该声音商标的商标图样。

例如:

1.

本件声音商标是中国国际广播电台广播节目的开始曲,全长40秒,共18小节,四分之二拍慢板节奏,G大调和C大调交替转换。前四小节为整段声音商标前奏部分,曲调为G大调;中间11小节为整段声音商标主题部分,曲调为C大调,其中第十二、十三小节播音员报出“中国国际广播电台”的呼号后音乐延续两小节,主题部分结束;最后三小节钢片琴再次奏响主题音乐,转调回G大调,该声音商标结束。

2.

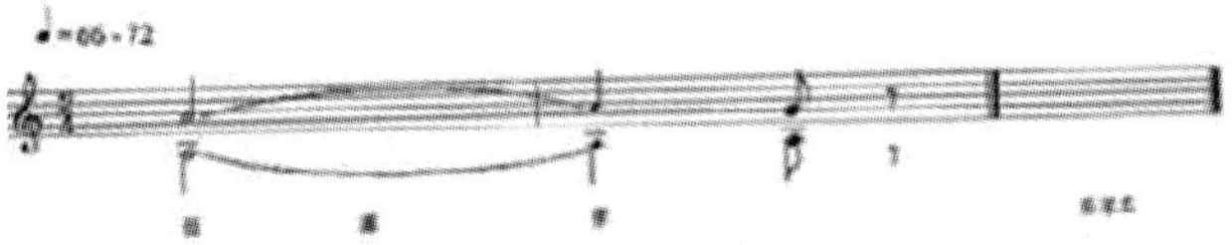

本件声音商标以人声念出“恒源祥”同时搭配八度音程,三拍LA和半拍SO组成,“恒源祥”由成年男声配音,“恒”、“源”、“祥”三字间有短暂停顿,语速较慢,声音洪厚,充满阳刚之气,后三个字“羊羊羊”是奶声奶气的童声配音,“羊羊羊”三字节奏紧凑无停顿,语速较快。

(六)商标描述与声音样本

商标描述与声音样本应当相互一致。

(七)使用方式

申请人应当说明以何种方式或者在何种情形下使用声音商标。例如,在打开、关闭或使用商品过程中使用;在开始、结束或提供服务过程中使用;在经营或服务场所使用;在公司网站上使用;在广播、电视、网络或者户外等广告宣传中使用等。

四、声音商标实质审查

(一)声音商标禁用条款审查

声音商标不得违反《商标法》第十条规定的禁用条款审查,适用本篇第一部分的规定。

例如:

1. 与我国或外国国歌、军歌或国际歌等旋律相同或近似的声音。

2. 宗教音乐或恐怖暴力等具有不良影响的声音。

（二）声音商标显著特征审查

1. 仅直接表示指定商品或服务内容、消费对象、质量、功能、用途及其他特点的声音，缺乏显著特征。

例如：

（1）钢琴弹奏声使用在“乐器”上；

（2）儿童嬉笑声使用在“婴儿奶粉”上；

（3）狗吠或猫叫声使用在“宠物饲养”上；

（4）古典音乐使用在“安排和组织音乐会”上；

（5）开启酒瓶的清脆“嗒”声使用在“啤酒”上；

（6）儿童“水开啦，水开啦”的叫声使用在“电热水壶”上。

2. 其他缺乏显著特征的声音。

例如：

（1）简单、普通的音调或旋律；

（2）一首完整或冗长的歌曲或乐曲；

（3）以平常语调直接唱呼广告用语或普通短语；

（4）行业内通用的音乐或声音。

一般情况下，声音商标需经长期使用才能取得显著特征，商标局可以发出审查意见书，要求申请人提交使用证据，并就商标通过使用获得显著特征进行说明。

（三）声音商标相同、近似审查

声音商标相同、近似审查包括声音商标之间和声音商标与可视性商标之间的相同、近似审查。原则上，声音商标以听取声音样本为主进行相同、近似审查。

1. 声音商标之间相同、近似审查

两声音商标的听觉感知或整体音乐形象相同或近似，易使相关公众对商品或服务来源产生混淆误认，或者认为二者之间存在特定联系的，判定为相同或者近似商标。

2. 声音商标与可视性商标相同、近似审查

声音商标中语音对应的文字或其他要素，与可视性商标中含有的文字或其他要素读音相同或近似，易使相关公众对商品或服务来源产生混淆误认，或者认为二者之间存在特定联系的，判为相同或近似商标。例如：“yahoo”声音商标与“yahoo”文字商标构成近似商标。

第七部分　集体商标、证明商标的审查

一、法律依据

《商标法》第三条　经商标局核准注册的商标为注册商标，包括商品商标、服务商标和集体商标、证明商标；商标注册人享有商标专用权，受法律保护。

本法所称集体商标,是指以团体、协会或者其他组织名义注册,供该组织成员在商事活动中使用,以表明使用者在该组织中的成员资格的标志。

本法所称证明商标,是指由对某种商品或者服务具有监督能力的组织所控制,而由该组织以外的单位或者个人使用于其商品或者服务,用以证明该商品或者服务的原产地、原料、制造方法、质量或者其他特定品质的标志。

集体商标、证明商标注册和管理的特殊事项,由国务院工商行政管理部门规定。

《商标法》第十六条　商标中有商品的地理标志,而该商品并非来源于该标志所标示的地区,误导公众的,不予注册并禁止使用;但是,已经善意取得注册的继续有效。

前款所称地理标志,是指标示某商品来源于某地区,该商品的特定质量、信誉或者其他特征,主要由该地区的自然因素或者人文因素所决定的标志。

《商标法实施条例》第四条第一款　商标法第十六条规定的地理标志,可以依照商标法和本条例的规定,作为证明商标或者集体商标申请注册。

国家工商行政管理总局《集体商标、证明商标注册和管理办法》(2003年6月1日施行)。

二、相关解释

集体商标、证明商标可以由《商标法》第八条规定的标志构成。本部分第三条、第四条规定集体商标、证明商标的申请人主体资格、使用管理规则的审查。以地理标志作为集体商标、证明商标的,其申请人主体资格和使用管理规则应符合《集体商标、证明商标注册和管理办法》规定的特殊条件,本部分第五条规定对此类集体商标、证明商标的审查。

集体商标、证明商标不得违反《商标法》第十条第一款、第十一条、第三十条和第三十一条规定的审查,适用本篇第一部分、第二部分和第三部分的规定。

三、普通集体商标的审查

(一)申请人主体资格的审查

1. 申请人应当提交其依法成立的主体资格证明文件。主体资格证明文件包括企业的营业执照,事业单位、社会团体依法成立的批准文件等。

2. 申请人应当提交材料详细说明该集体组织成员的名称和地址。

(二)集体商标使用管理规则的审查

集体商标的使用管理规则应当包括以下主要内容:

1. 使用集体商标的宗旨;

2. 使用该集体商标的商品的品质;

3. 使用该集体商标的手续;

4. 使用该集体商标的权利、义务;

5. 成员违反其使用管理规则应当承担的责任;

6. 注册人对使用该集体商标商品的检验监督制度。

四、普通证明商标的审查

（一）申请人主体资格的审查

1. 申请人应当提交其依法成立的主体资格的证明文件。主体资格证明文件包括企业的营业执照，事业单位、社会团体依法成立的批准文件等。

2. 申请人应当具有监督该证明商标所证明的特定商品品质的能力。申请人应当提交材料详细说明其拥有相应的专业技术人员及专业检测设备，或者其委托的机构拥有专业技术人员、专业检测设备等情况。

（二）证明商标使用管理规则的审查

证明商标使用管理规则应当包括以下主要内容：

1. 使用证明商标的宗旨；

2. 该证明商标证明的商品的特定品质；

3. 使用该证明商标的条件；

4. 使用该证明商标的手续；

5. 使用该证明商标的权利、义务；

6. 使用人违反该使用管理规则应当承担的责任；

7. 注册人对使用该证明商标商品的检验监督制度。

五、地理标志集体商标、证明商标的审查

（一）申请人主体资格的审查

1. 申请人应当提交其依法成立的主体资格的证明文件。主体资格证明文件包括事业单位、社会团体依法成立的批准文件等。

2. 申请人应当提交该地理标志所标示地区的人民政府或者行业主管部门同意申请该地理标志的批准文件。授权文件应由县级以上人民政府或其上一级行业主管部门出具，文件中应当明确说明申请人具备监督管理地理标志的能力。

3. 申请人具备对该地理标志商品特定品质检测能力的，应提交申请人所具有的资质证书，或县级以上人民政府或其上一级行业主管部门出具其具备检测能力的文件，以及申请人所具有的专业检测设备清单和专业技术人员名单并附技术人员证书。

申请人委托他人检测的，应提交申请人与具有检测资格的机构签署的委托检测合同以及受委托机构的资质证书和单位法人证书。

4. 申请地理标志集体商标注册的团体、协会或者其他组织，应当由来自该地理标志标示的地区范围内的成员组成。

外国人或者外国企业申请地理标志集体商标、证明商标注册的，申请人应当提供地理标志以其名义在原属国受法律保护的证明。

（二）使用管理规则的审查

对地理标志集体商标、证明商标使用管理规则的审查除与本部分第三条、第四条相应规定相同外,还应对该地理标志使用商品的特定质量、信誉或者其他特征以及其生产地域范围等进行审查。

1. 使用商品特定品质的审查

地理标志集体商标、证明商标使用商品应具有特定质量、信誉或者其他特征。

例如:

指定使用商品:香梨

(库尔勒香梨,皮薄肉脆,核小。采摘时表皮黄绿色,稍加存储后转金黄色,并发出独特香味。含糖量为10.4%以上,维生素C每百克为4.4毫克左右,可食部分为83.6%左右。)

指定使用商品:大葱

(章丘大葱可高达1.5米,葱白长0.5至0.6米,茎粗3至5厘米,重有1斤多,被称为“葱王”。章丘大葱辣味淡,有清香润甜,葱白肥大脆嫩,久藏而不变质,嚼之无丝,汁多味甘。)

地理标志集体商标、证明商标使用商品不具有特定的质量、信誉或其他独有的特征的,适用《商标法》第十六条第二款规定予以驳回。

2. 作为地理标志的集体商标、证明商标使用商品的特定质量、信誉或者其他特征与该地理标志所标示地区的自然因素或人文因素的关系的审查

作为地理标志的集体商标、证明商标使用商品的特定质量、信誉或者其他特征应主要由该地理标志所标示的地区的自然因素或者人文因素所决定。

(1)主要由当地的自然条件决定的。

例如:

指定使用商品:鲜葡萄

(新疆吐鲁番地区独特的水土、光热等自然资源决定了“吐鲁番葡萄”具有皮薄、肉脆、高糖低酸、高出干率等独特的品质。)

指定使用商品:茶叶

(“安溪铁观音”属半发酵茶,产于福建省安溪县境内,产区属亚热带海洋性季风气候,群山环抱,土层厚,有机质含量高。产区的土壤、海拔、积温、降水、温度和湿度,加上独特的初制工艺,造就了“安溪铁观音”外形紧结重实、色泽乌绿油润,冲泡后香气浓郁持久、汤色金黄明亮、浓艳清澈、滋味醇厚、鲜爽甘甜的独特品质。)

(2)由自然因素和人文因素决定的。

例如:

绍兴黄酒 指定使用商品：黄酒

（绍兴黄酒的特定品质是由鉴湖水及独特的生产工艺所决定的。产地内四季分明，雨水充沛，适宜酿酒所需的微生物生长。鉴湖水系水质清澄，富含微量元素和矿物质。绍兴黄酒采用精白糯米为原料，配以鉴湖水酿制，形成色泽橙黄、清亮透明，味醇厚、柔和鲜爽的品质。）

（3）主要由人文因素决定的。

例如：

指定使用商品：织物；装饰织品

（南京云锦是明代早期南京织锦艺人发明的工艺技法，已有1500多年的手工织造历史。其"木机妆花"工艺是在我国织锦历史中唯一流传至今且不可被机器取代，只凭人口传心授的编织工艺。）

3. 生产地域范围的审查

地理标志所标示地区的生产地域范围可以是县志、农业志、产品志、年鉴、教科书中所表述的地域范围；也可以由地理标志所标示地区的县级以上人民政府或其上一级行业主管部门出具的地域范围证明文件确定。地理标志所标示的地域范围为一个市、县内的，由该市、县人民政府或行业主管部门出具证明文件；地域范围为同一省两个以上市、县范围的，由该市、县的共同上一级人民政府或行业主管部门出具证明文件。跨省的由中央人民政府农业主管部门或相应省人民政府协商解决。

该地域范围可以与所在地区的现行行政区划名称、范围不一致。

生产地域范围可以下列方式之一或其组合界定：

（1）行政区划；

（2）经纬度；

（3）自然环境中的山、河等地理特征为界限；

（4）地图标示；

（5）其他能够明确确定生产地域范围的方式。

第八部分　特殊标志的审查

一、法律依据

国务院《特殊标志管理条例》（1996年7月13日施行）

二、相关解释

特殊标志是指经国务院批准举办的全国性和国际性的文化、体育、科学研究及其他社会公益活动所使用的，由文字、图形组成的名称及缩写、会徽、吉祥物等标志。

特殊标志的有效期限为四年，自核准登记之日起计算。特殊标志所有人可以在有效期满三个月内提出延期申请，一般只能延期一次。特殊标志到期具备显著特征的,可以通过申请商标注册获得保护(亚欧博览会特标案)。

对特殊标志依据《特殊标志管理条例》的规定进行形式审查、实质审查和登记,其中实质审查包括含有法律、行政法规禁止的内容和缺乏显著特征的审查,不包括《商标法》第三十条和第三十一条的审查;已经登记的特殊标志侵犯他人在先商标权、专利权或者著作权的,任何单位或者个人可以向国务院工商行政管理部门请求宣告特殊标志登记无效。

三、审查的内容

(一)特殊标志的形式审查

特殊标志申请人必须提交以下文件:

1. 国务院批准举办该社会公益活动的文件。
2. 准许他人使用特殊标志的条件及管理办法。
3. 特殊标志图样5份。
4. 委托他人代理的,应当附送委托书。

(二)特殊标志的实质审查

含有下列内容的文字、图形组成的特殊标志,不予登记:

1. 有损于国家或者国际组织的尊严或者形象的;
2. 有害于社会善良习俗和公共秩序的;
3. 带有民族歧视性,不利于民族团结的;
4. 缺乏显著性,不便于识别的;
5. 法律、行政法规禁止的其他内容。

四、请求宣告特殊标志登记无效程序

已获准登记的特殊标志有下列情形之一的,任何单位和个人可以在特殊标志公告刊登之日至其有效期满的期间,向国务院工商行政管理部门申明理由并提供相应证据,请求宣告特殊标志登记无效:

(一)同已在先申请的特殊标志相同或者近似的;

(二)同已在先申请注册的商标或者已获得注册的商标相同或者近似的;

(三)同已在先申请外观设计专利或者已依法取得专利权的外观设计专利相同或者近似的;

(四)侵犯他人在先著作权的。

第九部分 商标代理机构申请注册商标的审查

一、法律依据

《商标法》第十九条第四款 商标代理机构除对其代理服务申请商标注册外,不得申请注册其他商标。

《商标法实施条例》第八十七条 商标代理机构申请注册或者受让其代理服务

以外的其他商标,商标局不予受理。

二、相关解释

《商标法》所称商标代理机构是经商标局备案的从事商标代理业务的服务机构和从事商标代理业务的律师事务所。

三、商标代理机构申请注册商标的审查

商标形式审查中,对商标代理机构申请注册除代理服务以外的商品或服务项目,不予受理;已经受理的,实质审查中予以驳回;对代理服务项目按照普通商标申请进行审查。

目前,商标代理机构的代理服务暂定为《类似商品和服务区分表(基于尼斯分类第十版)》中第4506组内的服务项目。

第十部分　关于商标法第五十条的适用规定

一、法律依据

《商标法》第五十条　注册商标被撤销、被宣告无效或者期满不再续展的,自撤销、宣告无效或者注销之日起一年内,商标局对与该商标相同或者近似的商标注册申请,不予核准。

二、相关解释

第五十条的立法目的是:注册商标被撤销、被宣告无效或者期满不再续展的,如果不设置一定时间的隔离期限就核准新的相同或近似商标注册,有可能出现这样一种情况:原注册人被撤销的、被宣告无效或者期满不再续展商标的商品或服务还未退出市场,新商标注册人的商品或服务却已投入市场,市场上出现两家企业生产的带有相同或者近似商标的商品,造成消费者混淆。为避免这种情况的发生,有必要适用第五十条。

因没有正当理由连续三年不使用而被撤销的注册商标具有特殊性,由于原注册人已连续三年没有使用该注册商标,市场也没有出现该注册商标的商品或服务,已满足第五十条"一年隔离期"的立法目的,因此等撤销复审期过后,如原注册人未提出撤销注册复审,可以不予引证。

三、《商标法》第五十条的适用

做出审查决定时,在先相同或近似的注册商标被撤销(因连续三年不使用而被撤销的除外)、被宣告无效或者期满不再续展,从撤销公告之日、宣告无效复审期过后或者商标专用权届满之日起未满一年,应适用第五十条,予以引证。

在先相同或近似的注册商标因连续三年不使用被撤销的,不适用第五十条,等撤销注册复审期过后,如原注册人未提出撤销注册复审,不予引证。

原注册人重新提出该商标注册申请的,不适用于商标法第五十条的规定。

第十一部分　审查意见书的适用

一、法律依据

《商标法》第二十九条　在审查过程中,商标局认为商标注册申请内容需要说明或者修正的,可以要求申请人做出说明或者修正。申请人未做出说明或者修正的,不影响商标局做出审查决定。

《商标法实施条例》第二十三条　依照商标法第二十九条规定,商标局认为对商标注册申请内容需要说明或者修正的,申请人应当自收到商标局通知之日起15日内作出说明或者修正。

二、相关解释

审查意见书是商标局认为商标注册申请违反《商标法》的有关规定,但是具有符合例外规定的可能性等情形,要求申请人在法定期限内对商标注册申请做出说明或者修正,补充符合适用例外规定等证据材料的程序。

三、审查意见书的适用

(一)适用范围

1. 具有符合《商标法》第十条第一款第(二)、(三)、(四)项、第二款但书规定可能性的,经申请人说明可能准予初步审定的。

2. 在报纸、杂志、期刊、新闻刊物等特殊商品上申请注册含有国名、县级以上行政区划名,需申请人提供相关证据材料,如《期刊出版许可证》等。

3. 具有符合《商标法》第十一条第二款规定可能性的,经申请人说明可能准予初步审定的。

商标注册申请为颜色组合商标或者声音商标并且据申请文件尚不足以确认其具有显著特征,经申请人再行补充使用证据说明其经过长期使用获得显著特征后,可能予以初步审定的。

商标注册申请包含非显著部分并且因此不应予以初步审定,经申请人修正后可能准予初步审定的。

4. 确有必要使用的其他情形。

(二)使用要求

审查意见书应以申请件为单位使用并且以一次为限。

四、审查意见书说明/修正意见的审查

(一)说明/修正意见的形式审查

审查意见书说明/修正意见的反馈方应当为商标注册申请人或其代理人。

商标注册申请人或其代理人在收到审查意见书之日起15日内反馈说明/修正意见的为按期反馈。

(二)说明/修正意见的实质审查

申请人就其商标注册申请符合《商标法》第十条第一款第(二)、(三)、(四)项、第二款的但书规定做出说明的，其说明/修正意见的审查适用本标准第一部分第三、四、五、十项的相关规定。申请人提供外国政府、政府间国际组织、其他官方机构同意注册或者授权注册的证明文件以及提供其商标在外国已注册的证明文件的，应提交原件或者经授权方签字或盖章的复印件，其有关法律但书条款的适用应以证明文件明示的范围为限，不应对商标、商品或服务范围作扩大解释。

申请人就其商标注册申请符合《商标法》第十一条第二款的规定做出说明的，其说明/修正意见的审查适用本标准第二部分第七项的相关规定。

申请人就颜色组合商标补充使用证据说明其经过长期使用获得显著特征的，其说明/修正意见的审查适用本标准第五部分第四项的相关规定。

申请人就声音商标补充使用证据说明其经过长期使用获得显著特征的，其说明/修正意见的审查适用本标准第六部分第四项的相关规定。

申请人修正其商标注册申请的，可以声明放弃商标非显著部分的专用权，但不得对商标进行修改。

商标审理标准

（颁布机关：国家工商行政管理总局商标局、商评委；
颁布时间：2017 年 1 月 4 日）

一、复制、摹仿或者翻译他人驰名商标审理标准

《商标法》第十三条　为相关公众所熟知的商标，持有人认为其权利受到侵害时，可以依照本法规定请求驰名商标保护。

就相同或者类似商品申请注册的商标是复制、摹仿或者翻译他人未在中国注册的驰名商标，容易导致混淆的，不予注册并禁止使用。

就不相同或者不相类似商品申请注册的商标是复制、摹仿或者翻译他人已经在中国注册的驰名商标，误导公众，致使该驰名商标注册人的利益可能受到损害的，不予注册并禁止使用。

《商标法》第十四条　驰名商标应当根据当事人的请求，作为处理涉及商标案件需要认定的事实进行认定。认定驰名商标应当考虑下列因素：

（一）相关公众对该商标的知晓程度；

（二）该商标使用的持续时间；

（三）该商标的任何宣传工作的持续时间、程度和地理范围；

（四）该商标作为驰名商标受保护的记录；

（五）该商标驰名的其他因素。

在商标注册审查、工商行政管理部门查处商标违法案件过程中,当事人依照本法第十三条规定主张权利的,商标局根据审查、处理案件的需要,可以对商标驰名情况作出认定。

在商标争议处理过程中,当事人依照本法第十三条规定主张权利的,商标评审委员会根据处理案件的需要,可以对商标驰名情况作出认定。

在商标民事、行政案件审理过程中,当事人依照本法第十三条规定主张权利的,最高人民法院指定的人民法院根据审理案件的需要,可以对商标驰名情况作出认定。

生产、经营者不得将"驰名商标"字样用于商品、商品包装或者容器上,或者用于广告宣传、展览以及其他商业活动中。

《商标法》第四十五条第一款　已经注册的商标,违反本法第十三条第二款和第三款、第十五条、第十六条第一款、第三十条、第三十一条、第三十二条规定的,自商标注册之日起五年内,在先权利人或者利害关系人可以请求商标评审委员会宣告该注册商标无效。对恶意注册的,驰名商标所有人不受五年的时间限制。

《商标法实施条例》第三条　商标持有人依照商标法第十三条规定请求驰名商标保护的,应当提交其商标构成驰名商标的证据材料。商标局、商标评审委员会应当依照商标法第十四条的规定,根据审查、处理案件的需要以及当事人提交的证据材料,对其商标驰名情况作出认定。

1. 引言

上述规定体现了对驰名商标的保护,即从保护驰名商标持有人利益和维护公平竞争及消费者权益出发,对可能利用驰名商标的知名度和声誉,造成市场混淆或者公众误认,致使驰名商标持有人的利益可能受到损害的商标注册行为予以禁止,弥补严格实行注册原则可能造成不公平后果的不足。

在商标异议、不予注册复审及无效宣告案件审理中,涉及复制、摹仿或者翻译他人驰名商标问题,持有人认为其权利受到侵害的,以本标准为原则进行个案判定。

2. 驰名商标认定的原则

2.1　个案认定。首先,当事人必须在具体的商标案件中,认为系争商标构成对其已为相关公众所熟知商标的复制、摹仿、翻译并且容易导致混淆或者误导公众,致使该驰名商标持有人的利益可能受到损害时才可以提起驰名商标认定;其次,在需要认定驰名商标的案件中,驰名商标的认定结果只对本案有效。曾被认定为驰名商标的,在本案中可以作为驰名商标保护记录予以考虑。

2.2　被动保护。商标局、商标评审委员会可以在具体的商标案件中应当事人的请求就其商标是否驰名进行认定,并在事实认定的基础上作出决定或裁决。当事人未主张驰名商标保护的,商标局、商标评审委员会不予主动认定。

2.3　按需认定。如果系争商标与他人商标区别较大,或者系争商标指定使用的商品/服务与他人商标指定使用的商品/服务相差较大,系争商标的申请注册不会导致混淆,或者误导公众,致使该驰名商标注册人的利益可能受到损害的,商标局、商标评审委员会无须对他人商标是否驰名进行认定。

3. 适用要件

3.1 适用《商标法》第十三条第二款须符合下列要件:

(1)他人商标在系争商标申请日前已经驰名但尚未在中国注册;

(2)系争商标构成对他人驰名商标的复制、摹仿或者翻译;

(3)系争商标所使用的商品/服务与他人驰名商标所使用的商品/服务相同或者类似;

(4)系争商标的注册或者使用,容易导致混淆。

3.2 适用《商标法》第十三条第三款须符合下列要件:

(1)他人商标在系争商标申请日前已经驰名且已经在中国注册;

(2)系争商标构成对他人驰名商标的复制、摹仿或者翻译;

(3)系争商标所使用的商品/服务与他人驰名商标所使用的商品/服务不相同或者不相类似;

(4)系争商标的注册或者使用,误导公众,致使该驰名商标注册人的利益可能受到损害。

4. 驰名商标的判定

驰名商标证明证据
(第156页)

4.1 驰名商标是指在中国为相关公众所熟知的商标。

相关公众包括但不以下列情形为限:

(1)商标所标识的商品的生产者或者服务的提供者;

(2)商标所标识的商品/服务的消费者;

(3)商标所标识的商品/服务在经销渠道中所涉及的经营者和相关人员等。

4.2 认定是否构成驰名商标,应当视个案情况综合考虑下列各项因素:

(1)相关公众对该商标的知晓程度;

(2)该商标使用的持续时间;

(3)该商标的任何宣传工作的持续时间、程度和地理范围;

(4)该商标作为驰名商标受保护的记录;

(5)该商标驰名的其他因素。

4.3 认定驰名商标可以根据下列证据予以综合判定:

(1)该商标所使用的商品/服务的合同、发票、提货单、银行进帐单、进出口凭据等;

(2)该商标所使用的商品/服务的销售区域范围、销售网点分布及销售渠道、方式的相关材料;

(3)涉及该商标的广播、电影、电视、报纸、期刊、网络、户外等媒体广告、媒体评论及其他宣传活动材料;

(4)该商标所使用的商品/服务参加的展览会、博览会的相关材料;

(5)该商标的最早使用时间和持续使用情况的相关材料;

(6)该商标在中国及其他国家、地区的注册证明;

(7)该商标被认定为驰名商标并给予保护的相关法律文件,以及该商标被侵权或者假冒的情况;

(8)具有资质的会计师事务所出具的、具有公信力的权威机构公布的涉及该商标所使用的商品/服务的销售额、利税额、产值的统计及市场占有率、广告额统计等;

(9)该商标所使用的商品或服务在全国同行业中的排名或市场占有率。国家行业主管部门的证明、国家行业主管部门官方公开数据、在民政部登记的全国性行业协会公开或半公开的数据及出具的证明、权威评价机构的评价等能够证明行业排名或市场占有率的材料均可以作为证据;

(10)使用该商标的商品或服务获得国家发明专利的情况以及申请人自主创新的其他情况;

(11)使用该商标的商品或服务的技术作为国家标准、行业标准;

(12)该商标获奖情况;

(13)其他可以证明该商标知名度的材料。

4.4 该商标使用商品/服务的销售、经营情况应当有销售合同、发票等有效证据支持。

证明申请人经济指标的企业年度报告或者上市公司的上市年报应提交原件或经公证的复印件。纳税额应当有税务机关证明的原件或经公证的复印件支持。

4.5 当事人应提交该商标的广告合同、发票、广告载体等证据,用以证明该商标宣传的广告费用、形式载体、持续时间、覆盖范围等情况。

4.6 申请人应提供销售合同或销售发票等证据证明该商标使用商品/服务已在多省(自治区、直辖市)销售/经营。

4.7 上述证据原则上以系争商标申请日之前的证据为限,该商标为未注册商标的,应当提供证明其持续使用时间不少于五年的证据材料;该商标为注册商标的,应当提供证明其注册时间不少于三年或者持续使用时间不少于五年的材料。

4.8 当事人提交的域外证据材料,应当能够据以证明该商标为中国相关公众所知晓。

对请求认定该商标为驰名商标的,不能满足上述全部条件,但申请人已提交的在案证据能够证明该商标在市场上确实享有较高声誉,足以认定为驰名商标的,也可以认定。

驰名商标的认定,不以该商标在中国注册、申请注册或者该商标所使用的商品/服务在中国实际生产、销售或者提供为前提,该商标所使用的商品/服务的宣传活动,亦为该商标的使用,与之有关的材料可以作为判断该商标是否驰名的证据。

4.9　用以证明该商标持续使用的时间和情况的证据材料，按照商业惯例，应当能够显示所使用的商标标识、商品/服务、使用日期和使用人。

4.10　在审理案件时，涉及已被商标行政主管机关或者司法机关认定的驰名商标的，如果对方当事人对商标驰名的事实不持异议的，可以予以认可。

5. 复制、摹仿或者翻译他人驰名商标的判定

5.1　复制是指系争商标与他人驰名商标相同。

5.2　摹仿是指系争商标抄袭他人驰名商标，沿袭他人驰名商标的显著部分或者显著特征。

驰名商标的显著部分或者显著特征是指驰名商标赖以起主要识别作用的部分或者特征，包括特定的文字或者其组合方式及字体表现形式、特定图形构成方式及表现形式、特定的颜色组合等。

5.3　翻译是指系争商标将他人驰名商标以不同的语言文字予以表达，且该语言文字已与他人驰名商标建立对应关系，并为相关公众广为知晓或者习惯使用。

6. 混淆、误导可能性的判定

混淆、误导可能性判定
（第150页）

6.1　混淆包括以下情形：

（1）消费者对商品/服务的来源产生误认，认为标识系争商标的商品/服务系由驰名商标所有人生产或者提供；

（2）使消费者联想到标识系争商标的商品的生产者或者服务的提供者与驰名商标所有人存在某种联系，如投资关系、许可关系或者合作关系。

6.2　误导包括以下情形：

（1）足以使相关公众认为系争商标与他人驰名商标具有相当程度的联系，而减弱驰名商标的显著性；

（2）系争商标的注册使用可能贬损驰名商标的市场声誉；

（3）系争商标的注册使用可能不正当利用驰名商标的市场声誉的。

6.3　混淆、误导的判定不以实际发生混淆、误导为要件，只须判定有无混淆、误导的可能性即可。

6.4　混淆、误导可能性的判定，应当综合考虑下列各项因素：

（1）系争商标与他人驰名商标的近似程度；

（2）他人驰名商标的独创性；

（3）他人驰名商标的知名程度；

（4）系争商标与他人驰名商标各自使用的商品/服务的关联程度；

（5）其他可能导致混淆、误导的因素。

7. 驰名商标保护范围的判定

7.1　对未在中国注册的驰名商标，依据《商标法》第十三条第二款规定，保护范围及于相同或者类似的商品/服务。

7.2 对已经在中国注册的驰名商标,依据《商标法》第十三条第三款规定,保护范围及于不相同或者不相类似的商品/服务。

在不相同或者不相类似的商品/服务上扩大对已注册驰名商标的保护范围,应当以容易误导公众,致使该驰名商标注册人的利益可能受到损害为前提。在个案中驰名商标保护的具体范围,应当综合考虑本标准6.3所列因素予以判定。

恶意因素
(第155页)

8. 恶意注册的判定

复制、摹仿或者翻译他人驰名商标申请注册的,自该商标注册之日起五年内,驰名商标所有人或者利害关系人可请求商标评审委员会宣告该系争商标无效,但对属于恶意注册的,驰名商标所有人请求宣告系争商标无效不受五年的时间限制。

判定系争商标申请人是否具有恶意可考虑下列因素:

(1)系争商标申请人与驰名商标所有人曾有贸易往来或者合作关系;

(2)系争商标申请人与驰名商标所有人共处相同地域或者双方的商品/服务有相同的销售渠道和地域范围;

(3)系争商标申请人与驰名商标所有人曾发生其他纠纷,可知晓该驰名商标;

(4)系争商标申请人与驰名商标所有人曾有内部人员往来关系;

(5)系争商标申请人注册系争商标后具有以牟取不当利益为目的,利用驰名商标的声誉和影响力进行误导宣传,胁迫驰名商标所有人与其进行贸易合作,向驰名商标所有人或者他人索要高额转让费、许可使用费或者侵权赔偿金等行为;

(6)驰名商标具有较强独创性;

(7)其他可以认定为恶意的情形。

代理人、代表人抢注
(第92页)

二、擅自注册被代理人或者被代表人商标审理标准

《商标法》第十五条第一款 未经授权,代理人或者代表人以自己的名义将被代理人或被代表人的商标进行注册,被代理人或被代表人提出异议的,不予注册并禁止使用。

1. 引言

代理人或者代表人未经授权,擅自注册被代理人或者被代表人商标,违反了诚实信用原则,侵害了被代理人、被代表人或者利害关系人的合法权益,上述规定旨在禁止代理人、代表人的恶意抢注的行为。

在商标异议、不予注册复审及无效宣告案件审理中涉及代理人或代表人擅自注册被代理人或被代表人商标的,以本标准为原则进行个案判定。

2. 适用要件

认定代理人或者代表人未经授权,擅自注册被代理人或者被代表人商标的行为,须符合下列要件:

(1)系争商标注册申请人是商标所有人的代理人或者代表人;

(2)系争商标指定使用在与被代理人、被代表人的商标相同或者类似的商品/

服务上；

(3)系争商标与被代理人、被代表人的商标相同或者近似；

(4)代理人或者代表人不能证明其申请注册行为已取得被代理人或者被代表人的授权。

在注册商标无效宣告案件中，被代理人、被代表人或者利害关系人应当自系争商标注册之日起5年内提出无效宣告申请。

3.代理关系、代表关系的判定

3.1 代理人不仅包括《中华人民共和国民法通则》、《中华人民共和国合同法》中规定的代理人，也包括基于商事业务往来而可以知悉被代理人商标的经销商。

代表人系指具有从属于被代表人的特定身份，执行职务行为而可以知悉被代表人商标的个人，包括法定代表人、董事、监事、经理、合伙事务执行人等人员。

3.2 代理、代表关系尚在磋商阶段，代理人、代表人知悉被代理人、被代表人商标后进行注册，致使被代理人、被代表人利益可能受到损害的，属于《商标法》第十五条第一款所指代理人、代表人的擅自注册行为。

代理、代表关系结束后，代理人、代表人将被代理人、被代表人商标申请注册，致使被代理人、被代表人利益可能受到损害的，属于《商标法》第十五条第一款所指代理人、代表人的擅自注册行为。

虽非以代理人或代表人名义申请注册被代理人或被代表人的商标，但有证据证明，注册申请人与代理人或者代表人具有串通合谋行为的，属于《商标法》第十五条第一款所指代理人、代表人的擅自注册行为。对于串通合谋抢注行为，可以视情况根据商标注册申请人与上述代理人或者代表人之间的亲属、投资等关系进行推定。

3.3 下列证据可以证明代理关系的存在：

(1)代理、经销合同；

(2)可以证明代理、经销关系的交易凭证、采购资料等；

(3)其他可以证明代理、经销关系存在的证据。

下列证据可以证明代表关系的存在：

(1)企业注册登记资料；

(2)企业的工资表、劳动合同、任职文件、社会保险、医疗保险材料；

(3)其他可以证明一方当事人具有从属于被代表人的特定身份，执行职务行为而可以知悉被代表人商标的证据材料。

4.被代理人、被代表人的商标

4.1 被代理人的商标包括：

(1)在合同或者授权委托文件中载明的被代理人商标；

(2)如当事人无约定，在代理关系已经确定时，被代理人在其被代理经销的商品/服务上，已经在先使用的商标视为被代理人商标；

(3)如当事人无约定,代理人在其所代理经销的商品/服务上所使用的商标,若因代理人自己的广告宣传等使用行为,已足以导致相关公众认为该商标是表示被代理人的商品/服务与他人商品/服务相区别的标志,则在被代理人的商品/服务上视为被代理人的商标。

4.2 被代表人的商标包括:

(1)被代表人已经在先使用的商标;

(2)其他依法属于被代表人的商标。

5. 对被代理人或者被代表人商标的保护范围不限于与该商标所使用的商品/服务相同的商品/服务,也及于类似的商品/服务

6. 代理人、代表人不得申请注册的商标,不限于与被代理人或者被代表人商标相同的商标,也包括与被代理人或者被代表人商标近似的商标

7. 代理人、代表人取得商标注册授权的判定

7.1 被代理人、被代表人所做出授权的内容应当包括代理人、代表人可以注册的商品/服务及商标标志,且授权意思表示应当清楚明确。

7.2 代理人或者代表人应当提交以下证据材料证明授权事实的存在:

(1)被代理人、被代表人对代理人、代表人所作出的书面授权文件;

(2)其他可以认定被代理人、被代表人对代理人、代表人作出过清楚明确的授权意思表示的证据。

7.3 代理人、代表人虽然在申请注册时未取得被代理人、被代表人的明确授权,但被代理人、被代表人对该申请注册行为进行了事后追认的,视为代理人、代表人取得了被代理人、被代表人的授权;有证据证明被代理人、被代表人知晓该申请注册行为且在合理时间内不表示反对的,视为代理人、代表人取得了被代理人、被代表人的授权。

7.4 商标申请注册时明确取得被代理人、被代表人授权,被代理人、被代表人事后反悔的,仍应认定代理人、代表人取得了被代理人、被代表人的授权。

特定关系人
(第94页)

三、特定关系人抢注他人在先使用商标审理标准

《商标法》第十五条第二款 就同一种商品或者类似商品申请注册的商标与他人在先使用的未注册商标相同或者近似,申请人与该他人具有前款规定以外的合同、业务往来关系或者其他关系而明知该他人商标存在,该他人提出异议的,不予注册。

1. 引言

特定关系人因合同、业务往来或其他关系明知他人商标而抢注的行为违反了诚实信用原则,侵害了在先商标使用人或者利害关系人的合法权益。上述规定旨在禁止利用特定关系明知他人商标而恶意抢注的行为,维护公平有序的市场竞争秩序。

在商标异议、不予注册复审及无效宣告案件审理中涉及特定关系人抢注他人在先使用商标的,以本标准为原则进行个案判定。

2. 适用要件

认定特定关系人抢注他人在先使用商标须符合下列要件：

(1)他人商标在系争商标申请之前已经使用；

(2)系争商标注册申请人与商标在先使用人存在合同、业务往来关系或者其他关系，因该特定关系注册申请人明知他人商标的存在；

(3)系争商标指定使用在与他人在先使用商标相同或者类似的商品/服务上；

(4)系争商标与他人在先使用商标相同或者近似。

在注册商标无效宣告案件中，商标在先使用人或者利害关系人应当自系争商标注册之日起5年内提出无效宣告申请。

3. 合同、业务往来关系及其他关系的判定

合同、业务往来关系是指双方存在代表、代理关系以外的其他商业合作、贸易往来关系；其他关系是指双方商业往来之外的其他关系。对合同、业务往来或者其他关系范围的界定应当从维护诚实信用原则立法宗旨出发，以保护在先权利，制止不公平竞争为落脚点，只要因合同、业务往来关系或者其他关系而明知他人在先使用商标存在进行抢注的，均应纳入本款规定予以规制。

常见的合同、业务往来关系包括：

(1)买卖关系；

(2)委托加工关系；

(3)加盟关系(商标使用许可)；

(4)投资关系；

(5)赞助、联合举办活动；

(6)业务考察、磋商关系；

(7)广告代理关系；

(8)其他商业往来关系。

常见的其他关系包括：

(1)亲属关系；

(2)隶属关系(例如除第十五条第一款规定的代表人以外的其他普通员工)；

因存在上述关系以外的其他关系而知晓在先商标的，属于本款规定的其他关系。

下列证据可以证明合同、业务往来及其他关系的存在：

(1)合同；

(2)可以证明合同、业务往来的来往信函、交易凭证、采购资料等；

(3)企业的工资表、劳动合同、社会保险、医疗保险材料、户口登记证明等；

(4)其他证明特定关系存在的证据。

4. "在先使用"的判定

在先使用应当是在系争商标提出注册申请前，已经在中国市场使用的商标。

在先使用既包括在实际销售的商品、提供的服务上使用商标,也包括对商标进行的推广宣传。

本条所指在先使用还包括为标有系争商标的商品/服务投入中国市场而进行的实际准备活动。

在先使用人只需证明商标已经使用,无需证明商标通过使用具有了一定影响。

5. 虽非以特定关系人名义申请注册,但有证据证明,注册申请人与特定关系人具有串通合谋行为的,属于《商标法》第十五条第二款所指特定关系人的抢注行为。对于串通合谋抢注行为,可以视情况根据商标注册申请人与上述特定关系人之间的亲属、投资等关系进行推定。

6. 特定关系人不得申请注册的商标,不限于与他人在先使用商标相同的商标,也包括与他人在先使用商标近似的商标。

7. 对他人在先使用商标的保护范围不限于与该商标所使用的商品/服务相同的商品/服务,也及于类似的商品/服务。

侵犯在先权利
(第95页)

四、损害他人在先权利审理标准

《商标法》第三十二条申请商标注册不得损害他人现有的在先权利……

1. 引言

本条规定的在先权利是指在系争商标申请注册日之前已经取得的,除商标权以外的其他权利,包括字号权、著作权、外观设计专利权、姓名权、肖像权以及应予保护的其他合法在先权益。

在商标异议、不予注册复审及无效宣告案件审理中,涉及在先权利保护问题的,以本标准为原则进行个案判定。

本条所指的"现有"一般应当以系争商标申请注册日为时间点,确定在先权利是否形成,是否仍处于合法状态,但如果在先权利在案件审理时已不存在的,则一般不影响系争商标的注册。

2. 在先权利

2.1 字号权

2.1.1 将与他人在先登记、使用并具有一定知名度的字号相同或者近似的文字申请注册为商标,容易导致中国相关公众混淆,致使在先字号权人的利益可能受到损害的,应当认定为对他人在先字号权的损害,系争商标应当不予核准注册或者予以无效宣告。

2.1.2 适用要件

(1)在系争商标申请注册之前他人已在先登记或使用其字号;

(2)该字号在中国相关公众中具有一定的知名度;

(3)系争商标的注册与使用容易导致相关公众产生混淆,致使在先字号权人的利益可能受到损害。

2.1.3　关于在先字号权的界定

以字号权对抗系争商标的,字号的登记、使用日应当早于系争商标的申请注册日。

在先享有字号权的事实可以用企业登记资料、使用该字号的商品交易文书、广告宣传材料等加以证明。

2.1.4　关于混淆可能性的判定

混淆的可能性是指,系争商标的注册与使用将会导致相关公众误以为该商标所标识的商品/服务来自于字号权人,或者与字号权人有某种特定联系。

认定系争商标容易与在先字号发生混淆,可能损害在先字号权人的利益,应当综合考虑下列各项因素:

(1)系争商标与字号的近似程度

原则上系争商标与在先字号相同或基本相同时可能容易产生混淆,但在个案中应根据在先字号的独创性、知名度对系争商标与字号是否构成近似进行判断。

(2)系争商标指定使用的商品/服务与字号权人实际经营的商品/服务的关联程度

对在先字号权的保护原则上应当以与字号权人实际经营的商品/服务相同或者类似的商品/服务为限,但在个案中应根据在先字号的独创性、知名度,以及双方商品/服务的关联程度,具体确定该在先字号的保护范围。

2.1.5　对于企业名称的简称、事业单位及其他组织的名称及简称、个人合伙及个体工商户的字号及简称均参照适用本标准。

2.2　著作权

2.2.1　未经著作权人的许可,将他人享有著作权的作品申请注册商标,应认定为对他人在先著作权的损害,系争商标应当不予核准注册或者予以无效宣告。

2.2.2　适用要件

(1)在系争商标申请注册之前他人已在先享有著作权;

(2)系争商标与他人在先享有著作权的作品相同或者实质性相似;

(3)系争商标注册申请人接触过或者有可能接触到他人享有著作权的作品;

(4)系争商标注册申请人未经著作权人的许可。

2.2.3　关于在先著作权的界定

在先享有著作权是指,在系争商标申请注册日之前,他人已经通过创作完成作品或者继承、转让等方式取得著作权。

在先享有著作权的事实可以下列证据材料加以证明:著作权登记证书,在先公开发表该作品的证据材料,在先创作完成该作品的证据材料,在先通过继承、转让等方式取得著作权的证据材料等。商标注册证或晚于系争商标申请注册日进行登记的著作权登记证书不能单独作为认定著作权成立的定案证据。

对生效裁判文书中确认的当事人在先享有著作权的事实,在没有充分相反证据的情况下,可以予以认可。

2.2.4 “作品”是指受到《中华人民共和国著作权法》保护的客体。

2.2.5 如果系争商标注册申请人能够证明系争商标是独立创作完成的,则不构成对他人在先著作权的损害。

2.2.6 系争商标注册申请人应就其主张的取得著作权人许可的事实承担举证责任。

根据《中华人民共和国著作权法》及其《实施条例》的有关规定,系争商标注册申请人应当就著作权人做出过直接的、明确的许可其使用作品申请注册商标的意思表示举证证明。

2.3 外观设计专利权

2.3.1 未经授权,将他人享有专利权的外观设计申请注册商标,致使在先外观设计专利权人的利益可能受到损害的,可以适用商标法第三十二条前半段对系争商标不予核准注册或者予以无效宣告。

2.3.2 适用要件

(1)在系争商标申请注册及使用之前他人已在先享有外观设计专利权;

(2)系争商标与外观设计相同或者近似。

2.3.3 关于他人在先外观设计专利权的界定

外观设计专利的授权公告日应当早于系争商标注册申请日及使用日。

当事人主张在先享有外观设计专利权的,应当提交外观设计专利证书、年费缴纳凭据等证据材料加以证明。

2.3.4 对系争商标与外观设计相同或者近似的判断

关于系争商标与外观设计相同或者近似的判断,既可以就系争商标与外观设计的整体进行比对,也可以就系争商标的主体显著部分与外观设计的要部进行比对。

有关系争商标与外观设计相同或者近似的认定,原则上适用商标相同、近似的审查标准。外观设计专利中的文字仅保护其特殊表现形式,含义并不在专利权保护范围内。

2.3.5 系争商标注册申请人应当就其主张的取得外观设计专利权人授权的事实承担举证责任。

2.4 姓名权

2.4.1 未经许可,将他人的姓名申请注册商标,给他人姓名权可能造成损害的,系争商标应当不予核准注册或者予以无效宣告。

2.4.2 适用要件

(1)在相关公众的认知中,系争商标文字指向该姓名权人;

(2)系争商标的注册给他人姓名权可能造成损害。

2.4.3　他人的姓名包括本名、笔名、艺名、别名等。

“他人”是指提出异议、不予注册复审或者无效宣告申请时在世的自然人。

2.4.4　认定系争商标是否损害他人姓名权,应当以相关公众容易将系争商标在其注册使用的商品上指向姓名权人或者与姓名权人建立对应联系为前提,既包括系争商标与他人姓名完全相同,也包括虽然系争商标与他人姓名在文字构成上有所不同,但反映了他人的主要姓名特征,在相关公众的认知中指向该姓名权人。

未经许可使用公众人物的姓名申请注册商标的,或者明知为他人的姓名,却基于损害他人利益的目的申请注册商标的,应当认定为对他人姓名权的损害。

2.4.5　系争商标注册申请人应当就其主张的取得姓名权人许可的事实承担举证责任。

在系争商标申请注册日之前姓名权人撤回许可的,超出姓名权人许可使用的商品/服务之外申请注册商标的,在姓名权人未明确许可的使用商品/服务上申请注册商标的,视为未经许可。

2.4.6　使用姓名申请注册商标,误导公众、妨害公序良俗或者有其他不良影响的,依据《商标法》第十条第一款第(七)项、第(八)项的规定进行审查。

2.5　肖像权

2.5.1　未经许可,将他人的肖像申请注册商标,给他人肖像权可能造成损害的,系争商标应当不予核准注册或者予以无效宣告。

2.5.2　适用要件

(1)在相关公众的认知中,系争商标图像指向该肖像权人;

(2)系争商标的注册给他人肖像权可能造成损害。

2.5.3　“他人”是指提出异议、不予注册复审或者无效宣告申请时在世的自然人。

肖像是指通过摄影、绘画等艺术手段将他人的形象进行再现,包括照片、肖像画、视频等表现形式。

2.5.4　认定系争商标是否损害他人肖像权,应当以相关公众容易将系争商标在其注册使用的商品上指向肖像权人或者与肖像权人建立对应联系为前提。

将他人的肖像照片作为系争商标申请注册的,不以他人是否具有公众知名度为保护前提;将他人的肖像画作为系争商标申请注册的,一般应考虑他人知名度情况在个案中确定保护范围。

未经许可使用公众人物的肖像申请注册商标的,或者明知为他人的肖像,却基于损害他人利益的目的申请注册商标的,应当认定为对他人肖像权的损害。

2.5.5　系争商标注册申请人应当就其主张的取得肖像权人许可的事实承担举证责任。

在系争商标申请注册日之前肖像权人撤回许可的,超出肖像权人许可使用的商品/服务之外申请注册商标的,在肖像权人未明确许可的使用商品/服务上申请注册商标的,视为未经许可。

2.5.6 使用他人的肖像申请注册商标,误导公众、妨害公序良俗或者有其他不良影响的,依据《商标法》第十条第一款第(七)项、第十条第一款第(八)项的规定进行审查。

3. 在先权益

知名商品/服务特有名称、包装、装潢(第100页)

3.1 知名商品/服务特有名称、包装、装潢

3.1.1 将与他人知名商品/服务特有名称、包装、装潢相同或者近似的文字、图形等申请注册为商标,容易导致中国相关公众混淆,致使该合法权益人的利益可能受到损害的,应当认定为对他人知名商品/服务特有名称、包装、装潢的损害,系争商标应当不予核准注册或者予以无效宣告。

3.1.2 适用要件

(1)在系争商标申请注册之前他人已在先使用知名商品/服务特有名称、包装、装潢;

(2)他人知名商品/服务特有名称、包装、装潢未获准注册为商标;

(3)系争商标与他人知名商品/服务特有名称、包装、装潢相同或者近似;

(4)系争商标的注册与使用容易导致相关公众产生混淆或误认,致使在先知名商品/服务特有名称、包装、装潢权益人的利益可能受到损害。

3.1.3 知名商品/服务特有名称、包装、装潢的认定

具有区别商品来源的显著特征的商品的名称、包装、装潢应当认定为"特有的名称、包装、装潢"。有下列情形之一的,不能被认定为知名商品特有的名称、包装、装潢:

(一)商品的通用名称、图形、符号;

(二)仅直接表示商品的质量、主要原料、功能、用途、重量、数量及其他特点的商品名称;

(三)仅由商品自身的性质产生的形状,为获得技术效果而需有的商品形状以及使商品具有实质性价值的形状;

(四)其他缺乏显著特征的商品名称、包装、装潢。

前款第(一)、(二)、(四)项规定的情形经过使用取得显著特征的,可以认定为特有的名称、包装、装潢。

3.1.4 关于混淆可能性的判定

认定系争商标容易与在先该知名商品/服务特有名称、包装、装潢发生混淆,可能损害在先权益人的利益,应当综合考虑系争商标与该知名商品/服务特有名称、包装、装潢的近似程度以及系争商标指定使用的商品/服务与知名商品/服务的关联程度。

3.2 其他应予保护的合法在先权益

已经使用并有一定影响的判定
（第101页）

五、抢注他人已经使用并有一定影响商标审理标准

《商标法》第三十二条　申请商标注册……也不得以不正当手段抢先注册他人已经使用并有一定影响的商标。

1. 引言

上述规定是基于诚实信用原则，对已经使用并有一定影响商标予以保护，制止以不正当手段抢注行为，弥补严格实行注册原则可能造成不公平后果的不足。

在商标异议、不予注册复审及无效宣告案件审理中，涉及抢注他人已经使用并有一定影响商标问题的，以本标准为原则进行个案判定。

2. 适用要件

（1）他人商标在系争商标申请日之前已经在先使用并有一定影响；

（2）系争商标与他人商标相同或者近似；

（3）系争商标所指定的商品/服务与他人商标所使用的商品/服务原则上相同或者类似；

（4）系争商标申请人采取了不正当手段。

在先使用并有一定影响商标的所有人或者利害关系人依据《商标法》第三十二条的规定对系争商标提出无效宣告的，应自系争商标核准注册之日起五年内提出。

3. 已经使用并有一定影响商标的判定

3.1　已经使用并有一定影响商标是指在中国已经在先使用并为一定范围内相关公众所知晓的未注册商标。

相关公众的判定适用《复制、摹仿或者翻译他人驰名商标审理标准》的相关规定。

3.2　证明商标具有一定影响，可以提供下列证据材料：

（1）该商标最早使用时间和持续使用情况等相关资料；

（2）该商标所标示的商品/服务的合同、发票、提货单、银行进帐单、进出口凭据等；

（3）该商标所标示的商品/服务的销售区域范围、销售量、销售渠道、方式、市场份额等相关资料；

（4）该商标所有人在广播、电影、电视、报纸、期刊、网络、户外等媒体发布的商业广告、宣传资料及上述媒体中所有涉及到该商标的评论、报道、宣传等资料；

（5）该商标所标示的商品/服务参加展览会、博览会、拍卖等商业活动的相关资料；

（6）该商标的获奖等商誉资料；

（7）其他可以证明该商标有一定影响的资料。

当事人提交的域外证据材料，能够证明该商标为中国相关公众所知晓的，应当予以采信。

3.3　用以证明商标使用情况的证据材料，应当能够显示所使用的商标标识、商品/服务、使用日期和使用人。

3.4 商标是否具有一定影响原则上以系争商标申请日为准予以判定。

在系争商标申请日前虽曾使用并具有一定影响,但未持续使用的,还应对该商标的影响力是否持续至系争商标申请注册日予以判定。

4."不正当手段"的判定

判定系争商标申请是否采取不正当手段,可综合考虑下列因素:

(1)系争商标申请人与在先使用人曾有贸易往来或合作关系;

(2)系争商标申请人与在先商标使用人共处相同地域或者双方商品/服务有相同的销售渠道和地域范围;

(3)系争商标申请人与在先使用人曾发生过其他纠纷,可知晓在先使用人商标;

(4)系争商标申请人与在先使用人曾有内部人员往来关系;

(5)系争商标申请人具有以牟取不正当利益为目的,利用在先使用人有一定影响商标的声誉和影响力进行误导宣传,胁迫在先使用人与其进行贸易合作,向在先使用人或者他人索要高额转让费、许可使用费或者侵权赔偿金等行为;

(6)他人商标具有较强独创性,系争商标与之高度近似;

(7)其他可以认定为不正当手段的情形。

5.是否构成本条款所指情形应对"一定影响"的程度和"不正当手段"的情形予以综合考虑。

六、以欺骗手段或者其他不正当手段取得商标注册审理标准

《商标法》第四十四条第一款 已经注册的商标……是以欺骗手段或者其他不正当手段取得注册的,由商标局宣告该注册商标无效;其他单位或者个人可以请求商标评审委员会宣告该注册商标无效。

1.引言

申请商标注册应当遵守诚实信用原则,不得以弄虚作假的手段欺骗商标行政主管机关取得注册,也不得以扰乱商标注册秩序、损害公共利益、不正当占用公共资源或者其他不正当方式谋取不正当利益等其他不正当手段取得注册。

涉及以欺骗手段或者其他不正当手段取得商标注册问题的,以本标准为原则进行个案判定。

2.适用要件

2.1 以欺骗手段取得商标注册的行为。

此种情形是指系争商标注册人在申请注册商标的时候,采取了向商标行政主管机关虚构或者隐瞒事实真相、提交伪造的申请书件或者其他证明文件,以骗取商标注册的行为。包括但不限于下列情形:

(1)伪造申请书件签章的行为;

(2)伪造、涂改申请人的身份证明文件的行为,包括使用虚假的身份证、营业执照等身份证明文件,或者涂改身份证、营业执照等身份证明文件上重要登记事项等行为;

(3)伪造其他证明文件的行为。

2.2 以其他不正当手段取得商标注册的行为。

此种情形是指确有充分证据证明系争商标注册人采用欺骗手段以外的扰乱商标注册秩序、损害公共利益、不正当占用公共资源或者以其他方式谋取不正当利益等其他不正当手段取得注册,其行为违反了诚实信用原则,损害了公共利益。对于只是损害特定民事权益的情形,则应适用商标法第四十五条及商标法的其他相应规定进行审查判断。

2.2.1 下列情形属于本条所指的“以其他不正当手段取得注册”:

(1)系争商标申请人申请注册多件商标,且与他人具有较强显著性的商标构成相同或者近似的;

(2)系争商标申请人申请注册多件商标,且与他人字号、企业名称、社会组织及其他机构名称、知名商品的特有名称、包装、装潢等构成相同或者近似的;

(3)系争商标申请人申请注册大量商标,且明显缺乏真实使用意图的;

(4)其他可以认定为以不正当手段取得注册的情形。

2.2.2 系争商标获准注册后,系争商标申请人既无实际使用行为,也无准备使用行为,仅具有出于牟取不正当利益的目的,积极向他人兜售商标、胁迫他人与其进行贸易合作,或者向他人索要高额转让费、许可使用费、侵权赔偿金等行为的,可以判定其明显缺乏真实使用意图。

2.2.3 系争商标申请人以不正当手段取得注册的商标,不限于系争商标申请人本人申请注册的商标,也包括与系争商标申请人具有串通合谋行为或者具有特定身份关系或者其他特定联系的人申请注册的商标。

七、撤销注册商标案件审理标准

《商标法》第四十九条 商标注册人在使用注册商标的过程中,自行改变注册商标、注册人名义、地址或者其他注册事项的,由地方工商行政管理部门责令限期改正;期满不改正的,由商标局撤销其注册商标。

注册商标成为其核定使用的商品的通用名称或者没有正当理由连续三年不使用的,任何单位或者个人可以向商标局申请撤销该注册商标。商标局应当在收到申请之日起九个月内做出决定,有特殊情况需要延长的,经国务院工商行政管理部门批准,可以延长三个月。

《商标法》第五十四条 对商标局撤销或者不予撤销注册商标的决定,当事人不服的,可以自收到通知之日起十五日内向商标评审委员会申请复审。商标评审委员会应当自收到申请之日起九个月内做出决定,并书面通知申请人。有特殊情况需要延长的,经国务院工商行政管理部门批准,可以延长三个月。当事人对商标评审委员会的决定不服的,可以自收到通知之日起三十日内向人民法院起诉。

《商标法实施条例》第六十五条 有商标法第四十九条规定的注册商标成为其

核定使用的商品通用名称情形的,任何单位或者个人可以向商标局申请撤销该注册商标,提交申请时应当附送证据材料。商标局受理后应当通知商标注册人,限其自收到通知之日起2个月内答辩;期满未答辩的,不影响商标局做出决定。

《商标法实施条例》第六十六条　有商标法第四十九条规定的注册商标无正当理由连续3年不使用情形的,任何单位或者个人可以向商标局申请撤销该注册商标,提交申请时应当说明有关情况。商标局受理后应当通知商标注册人,限其自收到通知之日起2个月内提交该商标在撤销申请提出前使用的证据材料或者说明不使用的正当理由;期满未提供使用的证据材料或者证据材料无效并没有正当理由的,由商标局撤销其注册商标。

前款所称使用的证据材料,包括商标注册人使用注册商标的证据材料和商标注册人许可他人使用注册商标的证据材料。

以无正当理由连续3年不使用为由申请撤销注册商标的,应当自该注册商标注册公告之日起满3年后提出申请。

《商标法实施条例》第六十七条　下列情形属于商标法第四十九条规定的正当理由:

(一)不可抗力;

(二)政府政策性限制;

(三)破产清算;

(四)其他不可归责于商标注册人的正当事由。

1. 引言

商标注册人负有规范使用和连续使用注册商标并积极维护注册商标显著性的法定义务。《商标法》禁止自行改变注册商标、自行改变注册商标的注册人名义、地址或者其他注册事项等行为。

2. 是否存在自行改变注册商标情形的判定

自行改变注册商标,是指商标注册人或者被许可使用人在实际使用注册商标时,擅自改变该商标的文字、图形、字母、数字、立体形状、颜色组合等,导致原注册商标的主要部分和显著特征发生变化。改变后的标志同原注册商标相比,易被认为不具有同一性。

存在上述行为,且经地方工商行政管理部门责令商标注册人限期改正,但拒不改正的,依法予以撤销。

3. 是否存在自行改变注册商标的注册人名义、地址或者其他注册事项情形的判定

3.1　自行改变注册商标的注册人名义,是指商标注册人名义(姓名或者名称)发生变化后,未依法向商标局提出变更申请,或者实际使用注册商标的注册人名义与《商标注册簿》上记载的注册人名义不一致。

3.2　自行改变注册商标的注册人地址,是指商标注册人地址发生变化后,未依

法向商标局提出变更申请，或者商标注册人实际地址与《商标注册簿》上记载的地址不一致。

3.3　自行改变注册商标的其他注册事项，是指除商标注册人名义、地址之外的其他注册事项发生变化后，注册人未依法向商标局提出变更申请，致使与《商标注册簿》上登记的有关事项不一致。

存在上述行为之一的，且经地方工商行政管理部门责令商标注册人限期改正，但拒不改正的，依法予以撤销。

4. 是否存在注册商标成为其核定使用商品的通用名称情形的判定

4.1　注册商标成为其核定使用商品的通用名称，是指原本具有商标显著特征的注册商标，在市场实际使用过程中，退化为其核定使用商品的通用名称。

4.2　判定系争商标是否属于商品的通用名称，适用《商标审查标准》第二部分"商标显著特征的审查"之三"仅有本商品的通用名称、图形、型号的"。

4.3　判断注册商标成为其核定使用商品的通用名称的时间点，一般应以提出撤销申请时的事实状态为准，案件审理时的事实状态可以作为参考。

4.4　适用要件

(1)注册商标在其获准注册之时尚未成为其核定使用商品的通用名称；

(2)注册商标在被提出撤销申请时已成为其核定使用商品的通用名称。

4.5　注册商标成为其核定使用商品的通用图形、型号，参照本条规定审理。

5. 连续三年不使用注册商标情形的判定

5.1　连续三年不使用注册商标，是指一个注册商标在其有效期内不使用，且该状态不间断地持续三年以上。

5.2　连续三年不使用注册商标的时间起算，应当自申请人向商标局申请撤销该注册商标之日起，向前推算三年。

连续三年未使用的起算时间点
（第 120 页）

5.3　商标使用的判定

5.3.1　商标的使用，是指商标的商业使用。包括将商标用于商品、商品包装或者容器以及商品交易文书上，或者将商标用于广告宣传、展览以及其他商业活动中，用于识别商品来源的行为。

5.3.2　商标使用在指定商品上的具体表现形式有：

(1)采取直接贴附、刻印、烙印或者编织等方式将商标附着在商品、商品包装、容器、标签等上，或者使用在商品附加标牌、产品说明书、介绍手册、价目表等上；

(2)商标使用在与商品销售有联系的交易文书上，包括使用在商品销售合同、发票、票据、收据、商品进出口检验检疫证明、报关单据等上；

(3)商标使用在广播、电视等媒体上，或者在公开发行的出版物中发布，以及以广告牌、邮寄广告或者其他广告方式为商标或者使用商标的商品进行的广告宣传；

(4)商标在展览会、博览会上使用，包括在展览会、博览会上提供的使用该商标

的印刷品以及其他资料;

(5)其他符合法律规定的商标使用形式。

5.3.3 商标使用在指定服务上的具体表现形式有:

(1)商标直接使用于服务场所,包括使用于服务的介绍手册、服务场所招牌、店堂装饰、工作人员服饰、招贴、菜单、价目表、奖券、办公文具、信笺以及其他与指定服务相关的用品上;

(2)商标使用于和服务有联系的文件资料上,如发票、汇款单据、提供服务协议、维修维护证明等;

(3)商标使用在广播、电视等媒体上,或者在公开发行的出版物中发布,以及以广告牌、邮寄广告或者其他广告方式为商标或者使用商标的服务进行的广告宣传;

(4)商标在展览会、博览会上使用,包括在展览会、博览会上提供的使用该商标的印刷品及其他资料;

(5)其他符合法律规定的商标使用形式。

5.3.4 系争商标不存在连续三年不使用情形的举证责任由系争商标注册人承担。

用以证明系争商标不存在连续三年不使用的情形的证据材料,应当符合以下要求:

(1)能够显示出使用的系争商标标识;

(2)能够显示出系争商标使用在指定使用的商品/服务上;

(3)能够显示出系争商标的使用人,既包括商标注册人自己,也包括商标注册人许可的他人。如许可他人使用的,应当能够证明许可使用关系的存在;

(4)能够显示出系争商标的使用日期,且应当在自撤销申请之日起向前推算三年内;

(5)能够证明系争商标在《商标法》效力所及地域范围内的使用。

仅提交下列证据,不视为商标法意义上的商标使用:

(1)商品销售合同或提供服务的协议、合同;

(2)书面证言;

(3)难以识别是否经过修改的物证、视听资料、网站信息等;

(4)实物与复制品。

非商标使用证据(第123页)

5.3.5 以下情形,不被视为商标法意义上的商标使用:

(1)商标注册信息的公布或者商标注册人关于对其注册商标享有专用权的声明;

(2)未在公开的商业领域使用;

(3)仅作为赠品使用;

(4)仅有转让或许可行为而没有实际使用;

(5)仅以维持商标注册为目的的象征性使用。

5.3.6 商标注册人提交的使用证据如果改变了注册商标的主要部分和显著特征，则不能认定为注册商标的使用。

5.3.7 商标注册人应当在核定使用的商品上使用注册商标。商标注册人在核定使用的商品上使用注册商标的，在与该商品相类似的商品上的注册可予以维持。商标注册人在核定使用商品之外的类似商品上使用其注册商标，不能视为对其注册商标的使用。

八、类似商品或者服务审理标准

商品及服务类似判定
（第42页）

1. 引言

商标按商品/服务类别进行注册、使用、管理和保护，商标法律中设置商品/服务类似关系用来确立商标权利及保护范围的大小。类似商品/服务的判定是商标确权案件审理的重要内容。

《类似商品和服务区分表》是我国商标主管部门以《商标注册用商品和服务国际分类表》为基础，总结多年的类似商品或者服务划分的实践经验制定并对外公布的。

为稳定商标注册秩序、提高审理效率、统一审理标准，商标局、商标评审委员会在审理案件时原则上应当参照《类似商品和服务区分表》。但由于商品和服务项目在不断更新、发展，市场交易的状况也不断变化以及商标案件的个案差异，类似商品或者服务的判定也会随之调整。

在商标驳回复审、异议、不予注册复审、无效宣告、无效宣告复审、撤销、撤销复审案件审理中，涉及商品或者服务类似与否判定问题的，以本标准为原则进行个案判定。

2. 类似商品的判定

2.1 类似商品是指在功能、用途、主要原料、生产部门、销售渠道、销售场所、消费群体等方面相同或者具有较大关联性的商品。

2.2 类似商品的判定应当综合考虑下列各项因素，不以单一因素作为考量商品类似的唯一依据：

（1）商品的功能、用途

商品的功能、用途直接体现消费者的购买目的，是判定商品类似的重要依据。两种商品的功能、用途相同或者相近，能够满足消费者同类需求的，则被判定为类似商品的可能性较大。

两种商品在功能、用途上具有互补性或者需要一并使用才能满足消费者的需求的，则被判定为类似商品的可能性较大。

（2）商品的主要原材料、成分

商品的主要原材料或者成分，是决定商品功能、用途的重要因素之一。两种商品的主要原材料或者成分相同或者相近，或相互具有可替代性，易被判定为类似商品。

（3）商品的销售渠道、销售场所

两种商品的销售渠道、销售场所相同或者相近，消费者同时接触的机会较大，容易使消费者将两者联系起来,可能被判定为类似商品。

(4)商品的生产者、消费者

两种商品由相同行业或者领域的生产者生产、制造、加工的可能性越大,可能被判定为类似商品。

两种商品以从事同一行业的人为消费群体,或者其消费群体具有共同的特点,可能被判定为类似商品。

(5)商品与零部件

许多商品是由各个零部件组成的,但不能当然认为该商品与各零部件或者各零部件之间都属于类似商品,仍应当根据消费者对两者之间联系的密切程度的通常认知进行判断。

如果特定零部件的用途是为了配合特定商品的使用功能,而该商品欠缺该特定零部件,就无法实现其功能或者严重减损其经济上的使用目的,则可能被判定为类似商品。

(6)消费习惯

类似商品的判定,还应当考虑中国消费者在特定的社会文化背景下所形成的消费习惯。如果消费者在习惯上可将两种商品相互替代,则可能被判定为类似商品。

(7)其他影响类似商品判定的相关因素。

3. 类似服务的判定

3.1 类似服务是指在服务的目的、内容、方式、对象等方面相同或者具有较大关联性的服务。

3.2 类似服务的判定应当综合考虑下列各项因素,不以单一因素作为考量服务类似的唯一依据:

(1)服务的目的

服务的目的直接体现了服务接受者的消费需求,是判定服务类似的重要依据。两项服务具有相同或者相近的目的,可满足一般服务接受者的相同或者相近的需求的,被判定为类似服务的可能性较大。

(2)服务内容与方式

服务的内容与方式是服务提供者为满足消费者需求而采取的具体行为、措施及手段。两项服务的内容、方式越相近,被判定为类似服务的可能性越大。

(3)服务场所

两项服务的服务场所相同,一般服务接受者同时接触的机会较大,则可能被判定为类似服务。

(4)服务的提供者、对象

两项服务的提供者来自相同的行业或者领域,接受者来自相同或者相近的消费群体,则可能被判定为类似服务。

(5)其他影响类似服务判定的相关因素。

4. 商品与服务是否类似的判定

4.1 商品与服务类似,是指商品和服务之间具有较大关联性,易使相关公众认为商品和服务由同一市场主体提供。

4.2 判定商品与服务是否类似,应当综合考虑商品与服务之间联系的密切程度,在用途、用户、通常效用、销售渠道、销售习惯等方面的一致性。

九、经使用取得显著特征的标志审理标准

《商标法》第十一条 下列标志不得作为商标注册:

(一)仅有本商品的通用名称、图形、型号的;

(二)仅直接表示商品的质量、主要原料、功能、用途、重量、数量及其他特点的;

(三)其他缺乏显著特征的。

前款所列标志经过使用取得显著特征,并便于识别的,可以作为商标注册。

1. 如《商标法》第十一条第一款所指的标志经使用已成为相关公众识别该使用人提供的商品/服务的标志的,应当依据《商标法》第十一条第二款的规定,判定其可以作为商标注册。

例1:牙膏

例2:鞋油

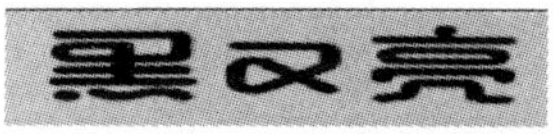

2. 依照《商标法》第十一条第二款的规定,判定某个标志是否经过使用取得显著特征,应当综合考虑下列因素:

(1)相关公众对该标志的认知情况;

(2)该标志在指定商品/服务上实际使用的时间、使用方式及同行业使用情况;

(3)使用该标志的商品/服务的销售量、营业额及市场占有率;

(4)使用该标志的商品/服务的广告宣传情况及覆盖范围;

(5)使该标志取得显著特征的其他因素。

3. 判定某个标志是否属于经使用取得显著特征,应以国内相关公众的认知为准。如当事人主张该标志经使用取得显著特征,应当提交相应的证据材料加以证明。用以证明该标志使用情况的证据材料,应当能够显示所使用的商标标志、商品/服务、使用日期及该标志的使用人。该标志的使用人包括商标注册申请人及商标许可使用人。

4. 申请注册经使用取得显著特征的标志,应当与实际使用的标志基本一致,不得改变该标志的显著特征,且应当限定在实际使用的商品或服务上。如该标志与其他标志共同使用的情况下,应将该标志与其他标志的显著特征加以区别,对该标志本身是否经使用具有显著特征作出判断。

5. 判定某个标志是否属于经使用取得显著特征,驳回复审案件、不予注册复审案件应当以审理时的事实状态为准,无效宣告案件原则上以系争商标申请注册时的事实状态为准,以审理时的事实状态作为参考。

利害关系人
(第88页)

十、利害关系人的认定

《商标法》第三十三条　对初步审定公告的商标,自公告之日起三个月内,在先权利人、利害关系人认为违反本法第十三条第二款和第三款、第十五条、第十六条第一款、第三十条、第三十一条、第三十二条规定的,或者任何人认为违反本法第十条、第十一条、第十二条规定的,可以向商标局提出异议。公告期满无异议的,予以核准注册,发给商标注册证,并予公告。

《商标法》第四十五条　已经注册的商标,违反本法第十三条第二款和第三款、第十五条、第十六条第一款、第三十条、第三十一条、第三十二条规定的,自商标注册之日起五年内,在先权利人或者利害关系人可以请求商标评审委员会宣告该注册商标无效。对恶意注册的,驰名商标所有人不受五年的时间限制。

1. 引言

《商标法》第三十三条、第四十五条规定的"在先权利人或者利害关系人"是对以相对理由提起异议、无效宣告案件的申请人主体资格的要求。其中,在先权利人指包括商标权在内的应受法律保护的合法在先权利的所有人,利害关系人指上述在先权利的利益相关者。

2. 利害关系人

下列主体可认定为在先权利的利害关系人:

(1)在先商标权及其他在先权利的被许可使用人;

(2)在先商标权及其他在先权利的合法继受人;

(3)在先商标权的质权人;

(4)其他有证据证明与在先商标权及其他在先权利有利害关系的主体。

判断申请人是否为利害关系人原则上以提出异议或无效宣告申请时为准。申请时不具备利害关系,但在案件审理时已具备利害关系的,应当认定为利害关系人。

商标评审规则

(颁布机关:国家工商行政管理总局;实施日期:2014年6月1日)

第一章　总　　则

第一条　为规范商标评审程序,根据《中华人民共和国商标法》(以下简称商标法)和《中华人民共和国商标法实施条例》(以下简称实施条例),制定本规则。

评审案件类型
（第5页）

第二条 根据商标法及实施条例的规定，国家工商行政管理总局商标评审委员会（以下简称商标评审委员会）负责处理下列商标评审案件：

（一）不服国家工商行政管理总局商标局（以下简称商标局）驳回商标注册申请决定，依照商标法第三十四条规定申请复审的案件；

（二）不服商标局不予注册决定，依照商标法第三十五条第三款规定申请复审的案件；

（三）对已经注册的商标，依照商标法第四十四条第一款、第四十五条第一款规定请求无效宣告的案件；

（四）不服商标局宣告注册商标无效决定，依照商标法第四十四条第二款规定申请复审的案件；

（五）不服商标局撤销或者不予撤销注册商标决定，依照商标法第五十四条规定申请复审的案件。

在商标评审程序中，前款第（一）项所指请求复审的商标统称为申请商标，第（二）项所指请求复审的商标统称为被异议商标，第（三）项所指请求无效宣告的商标统称为争议商标，第（四）、（五）项所指请求复审的商标统称为复审商标。本规则中，前述商标统称为评审商标。

第三条 当事人参加商标评审活动，可以以书面方式或者数据电文方式办理。

数据电文方式办理的具体办法由商标评审委员会另行制定。

评审审理方式
（第6页）

第四条 商标评审委员会审理商标评审案件实行书面审理，但依照实施条例第六十条规定决定进行口头审理的除外。

口头审理的具体办法由商标评审委员会另行制定。

第五条 商标评审委员会根据商标法、实施条例和本规则做出的决定和裁定，应当以书面方式或者数据电文方式送达有关当事人，并说明理由。

第六条 除本规则另有规定外，商标评审委员会审理商标评审案件实行合议制度，由三名以上的单数商标评审人员组成合议组进行审理。

合议组审理案件，实行少数服从多数的原则。

第七条 当事人或者利害关系人依照实施条例第七条的规定申请商标评审人员回避的，应当以书面方式办理，并说明理由。

第八条 在商标评审期间，当事人有权依法处分自己的商标权和与商标评审有关的权利。在不损害社会公共利益、第三方权利的前提下，当事人之间可以自行或者经调解以书面方式达成和解。

对于当事人达成和解的案件，商标评审委员会可以结案，也可以做出决定或者裁定。

第九条 商标评审案件的共同申请人和共有商标的当事人办理商标评审事宜，应当依照实施条例第十六条第一款的规定确定一个代表人。

代表人参与评审的行为对其所代表的当事人发生效力,但代表人变更、放弃评审请求或者承认对方当事人评审请求的,应当有被代表的当事人书面授权。

商标评审委员会的文件应当送达代表人。

第十条 外国人或者外国企业办理商标评审事宜,在中国有经常居所或者营业所的,可以委托依法设立的商标代理机构办理,也可以直接办理;在中国没有经常居所或者营业所的,应当委托依法设立的商标代理机构办理。

第十一条 代理权限发生变更、代理关系解除或者变更代理人的,当事人应当及时书面告知商标评审委员会。

第十二条 当事人及其代理人可以申请查阅本案有关材料。

第二章 申请与受理

第十三条 申请商标评审,应当符合下列条件:

(一)申请人须有合法的主体资格;

(二)在法定期限内提出;

(三)属于商标评审委员会的评审范围;

(四)依法提交符合规定的申请书及有关材料;

(五)有明确的评审请求、事实、理由和法律依据;

(六)依法缴纳评审费用。

第十四条 申请商标评审,应当向商标评审委员会提交申请书;有被申请人的,应当按照被申请人的数量提交相应份数的副本;评审商标发生转让、移转、变更,已向商标局提出申请但是尚未核准公告的,当事人应当提供相应的证明文件;基于商标局的决定书申请复审的,还应当同时附送商标局的决定书。

第十五条 申请书应当载明下列事项:

(一)申请人的名称、通信地址、联系人和联系电话。评审申请有被申请人的,应当载明被申请人的名称和地址。委托商标代理机构办理商标评审事宜的,还应当载明商标代理机构的名称、地址、联系人和联系电话;

(二)评审商标及其申请号或者初步审定号、注册号和刊登该商标的《商标公告》的期号;

(三)明确的评审请求和所依据的事实、理由及法律依据。

第十六条 商标评审申请不符合本规则第十三条第(一)、(二)、(三)、(六)项规定条件之一的,商标评审委员会不予受理,书面通知申请人,并说明理由。

第十七条 商标评审申请不符合本规则第十三条第(四)、(五)项规定条件之一的,或者未按照实施条例和本规则规定提交有关证明文件的,或者有其他需要补正情形的,商标评审委员会应当向申请人发出补正通知,申请人应当自收到补正通知之日起三十日内补正。

经补正仍不符合规定的,商标评审委员会不予受理,书面通知申请人,并说明理由。未在规定期限内补正的,依照实施条例第五十七条规定,视为申请人撤回评审申请,商标评审委员会应当书面通知申请人。

第十八条　商标评审申请经审查符合受理条件的,商标评审委员会应当在三十日内向申请人发出《受理通知书》。

第十九条　商标评审委员会已经受理的商标评审申请,有下列情形之一的,属于不符合受理条件,应当依照实施条例第五十七条规定予以驳回:

(一)违反实施条例第六十二条规定,申请人撤回商标评审申请后,又以相同的事实和理由再次提出评审申请的;

(二)违反实施条例第六十二条规定,对商标评审委员会已经做出的裁定或者决定,以相同的事实和理由再次提出评审申请的;

(三)其他不符合受理条件的情形。

对经不予注册复审程序予以核准注册的商标提起宣告注册商标无效的,不受前款第(二)项规定限制。

商标评审委员会驳回商标评审申请,应当书面通知申请人,并说明理由。

第二十条　当事人参加评审活动,应当按照对方当事人的数量,提交相应份数的申请书、答辩书、意见书、质证意见及证据材料副本,副本内容应当与正本内容相同。不符合前述要求且经补正仍不符合要求的,依照本规则第十七条第二款的规定,不予受理评审申请,或者视为未提交相关材料。

第二十一条　评审申请有被申请人的,商标评审委员会受理后,应当及时将申请书副本及有关证据材料送达被申请人。被申请人应当自收到申请材料之日起三十日内向商标评审委员会提交答辩书及其副本;未在规定期限内答辩的,不影响商标评审委员会的评审。

商标评审委员会审理不服商标局不予注册决定的复审案件,应当通知原异议人参加并提出意见。原异议人应当在收到申请材料之日起三十日内向商标评审委员会提交意见书及其副本;未在规定期限内提出意见的,不影响案件审理。

第二十二条　被申请人参加答辩和原异议人参加不予注册复审程序应当有合法的主体资格。

商标评审答辩书、意见书及有关证据材料应当按照规定的格式和要求填写、提供。

不符合第二款规定或者有其他需要补正情形的,商标评审委员会向被申请人或者原异议人发出补正通知,被申请人或者原异议人应当自收到补正通知之日起三十日内补正。经补正仍不符合规定或者未在法定期限内补正的,视为未答辩或者未提出意见,不影响商标评审委员会的评审。

评审证据补充（第71页）

第二十三条 当事人需要在提出评审申请或者答辩后补充有关证据材料的，应当在申请书或者答辩书中声明，并自提交申请书或者答辩书之日起三个月内一次性提交；未在申请书或者答辩书中声明或者期满未提交的，视为放弃补充证据材料。但是，在期满后生成或者当事人有其他正当理由未能在期满前提交的证据，在期满后提交的，商标评审委员会将证据交对方当事人并质证后可以采信。

对当事人在法定期限内提供的证据材料，有对方当事人的，商标评审委员会应当将该证据材料副本送达给对方当事人。当事人应当在收到证据材料副本之日起三十日内进行质证。

第二十四条 当事人应当对其提交的证据材料逐一分类编号和制作目录清单，对证据材料的来源、待证的具体事实作简要说明，并签名盖章。

商标评审委员会收到当事人提交的证据材料后，应当按目录清单核对证据材料，并由经办人员在回执上签收，注明提交日期。

第二十五条 当事人名称或者通信地址等事项发生变更的，应当及时通知商标评审委员会，并依需要提供相应的证明文件。

第二十六条 在商标评审程序中，当事人的商标发生转让、移转的，受让人或者承继人应当及时以书面方式声明承受相关主体地位，参加后续评审程序并承担相应的评审后果。

未书面声明且不影响评审案件审理的，商标评审委员会可以将受让人或者承继人列为当事人做出决定或者裁定。

第三章 审　　理

第二十七条 商标评审委员会审理商标评审案件实行合议制度。但有下列情形之一的案件，可以由商标评审人员一人独任评审：

（一）仅涉及商标法第三十条和第三十一条所指在先商标权利冲突的案件中，评审时权利冲突已消除的；

（二）被请求撤销或者无效宣告的商标已经丧失专用权的；

（三）依照本规则第三十二条规定应当予以结案的；

（四）其他可以独任评审的案件。

第二十八条 当事人或者利害关系人依照实施条例第七条和本规则第七条的规定对商标评审人员提出回避申请的，被申请回避的商标评审人员在商标评审委员会做出是否回避的决定前，应当暂停参与本案的审理工作。

商标评审委员会在做出决定、裁定后收到当事人或者利害关系人提出的回避申请的，不影响评审决定、裁定的有效性。但评审人员确实存在需要回避的情形的，商标评审委员会应当依法做出处理。

第二十九条 商标评审委员会审理商标评审案件，应当依照实施条例第五十二条、第五十三条、第五十四条、第五十五条、第五十六条的规定予以审理。

第三十条　经不予注册复审程序予以核准注册的商标，原异议人向商标评审委员会请求无效宣告的，商标评审委员会应当另行组成合议组进行审理。

第三十一条　依照商标法第三十五条第四款、第四十五条第三款和实施条例第十一条第（五）项的规定，需要等待在先权利案件审理结果的，商标评审委员会可以决定暂缓审理该商标评审案件。

评审延缓审理
（第77页）

第三十二条　有下列情形之一的，终止评审，予以结案：

（一）申请人死亡或者终止后没有继承人或者继承人放弃评审权利的；

（二）申请人撤回评审申请的；

（三）当事人自行或者经调解达成和解协议，可以结案的；

（四）其他应当终止评审的情形。

商标评审委员会予以结案，应当书面通知有关当事人，并说明理由。

第三十三条　合议组审理案件应当制作合议笔录，并由合议组成员签名。合议组成员有不同意见的，应当如实记入合议笔录。

经审理终结的案件，商标评审委员会依法做出决定、裁定。

第三十四条　商标评审委员会做出的决定、裁定应当载明下列内容：

（一）当事人的评审请求、争议的事实、理由和证据；

（二）决定或者裁定认定的事实、理由和适用的法律依据；

（三）决定或者裁定结论；

（四）可以供当事人选用的后续程序和时限；

（五）决定或者裁定做出的日期。

决定、裁定由合议组成员署名，加盖商标评审委员会印章。

第三十五条　对商标评审委员会做出的决定、裁定，当事人不服向人民法院起诉的，应当在向人民法院递交起诉状的同时或者至迟十五日内将该起诉状副本抄送或者另行将起诉信息书面告知商标评审委员会。

除商标评审委员会做出的准予初步审定或者予以核准注册的决定外，商标评审委员会自发出决定、裁定之日起四个月内未收到来自人民法院应诉通知或者当事人提交的起诉状副本、书面起诉通知的，该决定、裁定移送商标局执行。

商标评审委员会自收到当事人提交的起诉状副本或者书面起诉通知之日起四个月内未收到来自人民法院应诉通知的，相关决定、裁定移送商标局执行。

第三十六条　在一审行政诉讼程序中，若因商标评审决定、裁定所引证的商标已经丧失在先权利导致决定、裁定事实认定、法律适用发生变化的，在原告撤诉的情况下，商标评审委员会可以撤回原决定或者裁定，并依据新的事实，重新做出商标评审决定或者裁定。

行政诉讼中的情势变更
（第247页）

商标评审决定、裁定送达当事人后，商标评审委员会发现存在文字错误等非实质性错误的,可以向评审当事人发送更正通知书对错误内容进行更正。

第三十七条 商标评审决定、裁定经人民法院生效判决撤销的,商标评审委员会应当重新组成合议组,及时审理,并做出重审决定、裁定。

重审程序中,商标评审委员会对当事人新提出的评审请求和法律依据不列入重审范围;对当事人补充提交的足以影响案件审理结果的证据可以予以采信,有对方当事人的,应当送达对方当事人予以质证。

第四章 证据规则

第三十八条 当事人对自己提出的评审请求所依据的事实或者反驳对方评审请求所依据的事实有责任提供证据加以证明。

证据包括书证、物证、视听资料、电子数据、证人证言、鉴定意见、当事人的陈述等。

没有证据或者证据不足以证明当事人的事实主张的,由负有举证责任的当事人承担不利后果。

一方当事人对另一方当事人陈述的案件事实明确表示承认的,另一方当事人无需举证,但商标评审委员会认为确有必要举证的除外。

当事人委托代理人参加评审的,代理人的承认视为当事人的承认。但未经特别授权的代理人对事实的承认直接导致承认对方评审请求的除外;当事人在场但对其代理人的承认不作否认表示的,视为当事人的承认。

第三十九条 下列事实,当事人无需举证证明:

(一)众所周知的事实;

(二)自然规律及定理;

(三)根据法律规定或者已知事实和日常生活经验法则,能推定出的另一事实;

(四)已为人民法院发生法律效力的裁判所确认的事实;

(五)已为仲裁机构的生效裁决所确认的事实;

(六)已为有效公证文书所证明的事实。

前款(一)、(三)、(四)、(五)、(六)项,有相反证据足以推翻的除外。

第四十条 当事人向商标评审委员会提供书证的,应当提供原件,包括原本、正本和副本。提供原件有困难的,可以提供相应的复印件、照片、节录本;提供由有关部门保管的书证原件的复制件、影印件或者抄录件的,应当注明出处,经该部门核对无异后加盖其印章。

当事人向商标评审委员会提供物证的,应当提供原物。提供原物有困难的,可以提供相应的复制件或者证明该物证的照片、录像等其他证据;原物为数量较多的种类物的,可以提供其中的一部分。

一方当事人对另一方当事人所提书证、物证的复制件、照片、录像等存在怀疑并有相应证据支持的，或者商标评审委员会认为有必要的，被质疑的当事人应当提供或者出示有关证据的原件或者经公证的复印件。

第四十一条　当事人向商标评审委员会提供的证据系在中华人民共和国领域外形成，或者在香港、澳门、台湾地区形成，对方当事人对该证据的真实性存在怀疑并有相应证据支持的，或者商标评审委员会认为必要的，应当依照有关规定办理相应的公证认证手续。

第四十二条　当事人向商标评审委员会提供外文书证或者外文说明资料，应当附有中文译文。未提交中文译文的，该外文证据视为未提交。

对方当事人对译文具体内容有异议的，应当对有异议的部分提交中文译文。必要时，可以委托双方当事人认可的单位对全文，或者所使用或者有异议的部分进行翻译。

双方当事人对委托翻译达不成协议的，商标评审委员会可以指定专业翻译单位对全文，或者所使用的或者有异议的部分进行翻译。委托翻译所需费用由双方当事人各承担50%；拒绝支付翻译费用的，视为其承认对方提交的译文。

第四十三条　对单一证据有无证明力和证明力大小可以从下列方面进行审核认定：

（一）证据是否原件、原物，复印件、复制品与原件、原物是否相符；

（二）证据与本案事实是否相关；

（三）证据的形式、来源是否符合法律规定；

（四）证据的内容是否真实；

（五）证人或者提供证据的人，与当事人有无利害关系。

第四十四条　评审人员对案件的全部证据，应当从各证据与案件事实的关联程度、各证据之间的联系等方面进行综合审查判断。

有对方当事人的，未经交换质证的证据不应当予以采信。

第四十五条　下列证据不能单独作为认定案件事实的依据：

（一）未成年人所作的与其年龄和智力状况不相适应的证言；

（二）与一方当事人有亲属关系、隶属关系或者其他密切关系的证人所作的对该当事人有利的证言，或者与一方当事人有不利关系的证人所作的对该当事人不利的证言；

（三）应当参加口头审理作证而无正当理由不参加的证人证言；

（四）难以识别是否经过修改的视听资料；

（五）无法与原件、原物核对的复制件或者复制品；

（六）经一方当事人或者他人改动，对方当事人不予认可的证据材料；

（七）其他不能单独作为认定案件事实依据的证据材料。

第四十六条　一方当事人提出的下列证据，对方当事人提出异议但没有足以

反驳的相反证据的,商标评审委员会应当确认其证明力:

(一)书证原件或者与书证原件核对无误的复印件、照片、副本、节录本;

(二)物证原物或者与物证原物核对无误的复制件、照片、录像资料等;

(三)有其他证据佐证并以合法手段取得的、无疑点的视听资料或者与视听资料核对无误的复制件。

第四十七条 一方当事人委托鉴定部门做出的鉴定结论,另一方当事人没有足以反驳的相反证据和理由的,可以确认其证明力。

第四十八条 一方当事人提出的证据,另一方当事人认可或者提出的相反证据不足以反驳的,商标评审委员会可以确认其证明力。

一方当事人提出的证据,另一方当事人有异议并提出反驳证据,对方当事人对反驳证据认可的,可以确认反驳证据的证明力。

第四十九条 双方当事人对同一事实分别举出相反的证据,但都没有足够的依据否定对方证据的,商标评审委员会应当结合案件情况,判断一方提供证据的证明力是否明显大于另一方提供证据的证明力,并对证明力较大的证据予以确认。

因证据的证明力无法判断导致争议事实难以认定的,商标评审委员会应当依据举证责任分配原则做出判断。

第五十条 评审程序中,当事人在申请书、答辩书、陈述及其委托代理人的代理词中承认的对己方不利的事实和认可的证据,商标评审委员会应当予以确认,但当事人反悔并有相反证据足以推翻的除外。

第五十一条 商标评审委员会就数个证据对同一事实的证明力,可以依照下列原则认定:

(一)国家机关以及其他职能部门依职权制作的公文文书优于其他书证;

(二)鉴定结论、档案材料以及经过公证或者登记的书证优于其他书证、视听资料和证人证言;

(三)原件、原物优于复制件、复制品;

(四)法定鉴定部门的鉴定结论优于其他鉴定部门的鉴定结论;

(五)原始证据优于传来证据;

(六)其他证人证言优于与当事人有亲属关系或者其他密切关系的证人提供的对该当事人有利的证言;

(七)参加口头审理作证的证人证言优于未参加口头审理作证的证人证言;

(八)数个种类不同、内容一致的证据优于一个孤立的证据。

第五章 期间、送达

第五十二条 期间包括法定期间和商标评审委员会指定的期间。期间应当依照实施条例第十二条的规定计算。

第五十三条　当事人向商标评审委员会提交的文件或者材料的日期，直接递交的，以递交日为准；邮寄的，以寄出的邮戳日为准；邮戳日不清晰或者没有邮戳的，以商标评审委员会实际收到日为准，但是当事人能够提出实际邮戳日证据的除外。通过邮政企业以外的快递企业递交的，以快递企业收寄日为准；收寄日不明确的，以商标评审委员会实际收到日为准，但是当事人能够提出实际收寄日证据的除外。以数据电文方式提交的，以进入商标评审委员会电子系统的日期为准。

当事人向商标评审委员会邮寄文件，应当使用给据邮件。

当事人向商标评审委员会提交文件，应当在文件中标明商标申请号或者注册号、申请人名称。提交的文件内容，以书面方式提交的，以商标评审委员会所存档案记录为准；以数据电文方式提交的，以商标评审委员会数据库记录为准，但是当事人确有证据证明商标评审委员会档案、数据库记录有错误的除外。

第五十四条　商标评审委员会的各种文件，可以通过邮寄、直接递交、数据电文或者其他方式送达当事人；以数据电文方式送达当事人的，应当经当事人同意。当事人委托商标代理机构的，文件送达商标代理机构视为送达当事人。

商标评审委员会向当事人送达各种文件的日期，邮寄的，以当事人收到的邮戳日为准；邮戳日不清晰或者没有邮戳的，自文件发出之日起满十五日，视为送达当事人，但当事人能够证明实际收到日的除外；直接递交的，以递交日为准。以数据电文方式送达的，自文件发出之日满十五日，视为送达当事人；文件通过上述方式无法送达的，可以通过公告方式送达当事人，自公告发布之日起满三十日，该文件视为已经送达。

商标评审委员会向当事人邮寄送达文件被退回后通过公告送达的，后续文件均采取公告送达方式，但当事人在公告送达后明确告知通信地址的除外。

第五十五条　依照实施条例第五条第三款的规定，商标评审案件的被申请人或者原异议人是在中国没有经常居所或者营业所的外国人或者外国企业的，由该评审商标注册申请书中载明的国内接收人负责接收商标评审程序的有关法律文件；商标评审委员会将有关法律文件送达该国内接收人，视为送达当事人。

依照前款规定无法确定国内接收人的，由商标局原审程序中的或者最后一个申请办理该商标相关事宜的商标代理机构承担商标评审程序中有关法律文件的签收及转达义务；商标评审委员会将有关法律文件送达该商标代理机构。商标代理机构在有关法律文件送达之前已经与国外当事人解除商标代理关系的，应当以书面形式向商标评审委员会说明有关情况，并自收到文件之日起十日内将有关法律文件交回商标评审委员会，由商标评审委员会另行送达。

马德里国际注册商标涉及国际局转发相关书件的，应当提交相应的送达证据。未提交的，应当书面说明原因，自国际局发文之日起满十五日视为送达。

上述方式无法送达的，公告送达。

第六章 附 则

第五十六条 从事商标评审工作的国家机关工作人员玩忽职守、滥用职权、徇私舞弊,违法办理商标评审事项,收受当事人财物,牟取不正当利益的,依法给予处分。

第五十七条 对于当事人不服商标局做出的驳回商标注册申请决定在2014年5月1日以前向商标评审委员会提出复审申请,商标评审委员会于2014年5月1日以后(含5月1日,下同)审理的案件,适用修改后的商标法。

对于当事人不服商标局做出的异议裁定在2014年5月1日以前向商标评审委员会提出复审申请,商标评审委员会于2014年5月1日以后审理的案件,当事人提出异议和复审的主体资格适用修改前的商标法,其他程序问题和实体问题适用修改后的商标法。

对于已经注册的商标,当事人在2014年5月1日以前向商标评审委员会提出争议和撤销复审申请,商标评审委员会于2014年5月1日以后审理的案件,相关程序问题适用修改后的商标法,实体问题适用修改前的商标法。

对于当事人在2014年5月1日以前向商标评审委员会提出申请的商标评审案件,应当自2014年5月1日起开始计算审理期限。

第五十八条 办理商标评审事宜的文书格式,由商标评审委员会制定并公布。

第五十九条 本规则由国家工商行政管理总局负责解释。

第六十条 本规则自2014年6月1日起施行。

口头审理
(第6页)

商标评审案件口头审理办法

(颁布机关:国家工商行政管理总局;实施日期:2017年5月4日)

第一条 为了查明商标评审案件的有关事实,依据《中华人民共和国商标法》《中华人民共和国商标法实施条例》《商标评审规则》,制定本办法。

第二条 商标评审委员会根据当事人的请求或者案件审理的需要,可以决定对商标评审案件进行口头审理。

第三条 商标评审案件当事人对案件有关证据存在疑问,认为应当进行当场质证的,可以向商标评审委员会请求进行口头审理。请求应当提出书面申请,并说明理由。商标评审委员会认为确有必要的,可以决定进行口头审理。

当事人请求进行口头审理,但根据案件书面材料已足以查明案件事实的,商标评审委员会可以决定不进行口头审理,并在评审决定、裁定中予以说明。

第四条 申请人请求进行口头审理的,应当在提出评审申请时或者最晚自收到被申请人的答辩书副本之日起三十日内向商标评审委员会提出;被申请人请求进行口头审理的,应当在向商标评审委员会提交答辩书或者补充有关证据材料时一并提出。

第五条　根据审理案件的实际需要,商标评审委员会也可以依职权决定对评审案件进行口头审理。

第六条　商标评审委员会决定进行口头审理的,应当书面通知当事人,告知口头审理的日期、地点、合议组组成人员、口头审理程序、口头审理参加人的权利义务等事项。

当事人应当自收到口头审理通知之日起10日内向商标评审委员会提交口头审理回执。申请合议组组成人员回避的,应随回执一并提出,并说明理由。

当事人期满未提交回执的,视为不参加口头审理。有关当事人不参加口头审理的,商标评审委员会可以决定缺席审理或者取消口头审理。

第七条　参加口头审理的各方人员,包括委托代理人,不应超过两人,但经商标评审委员会同意的除外。

第八条　口头审理进行前,商标评审委员会应当在办公场所、官方网站或者报纸、期刊上对口头审理案件的有关信息予以公告。

第九条　口头审理工作由承办案件的合议组负责,合议组应当由三人以上单数组成,设合议组组长一名。

第十条　口头审理开始前,合议组应当核对口头审理参加人员的身份信息,确认其参加口头审理的资格,并宣布口头审理纪律。

第十一条　口头审理由合议组组长主持。合议组组长宣布口头审理开始后,口头审理调查按照以下顺序进行:

(一)合议组成员介绍案件基本情况,明确案件争议的主要问题;

(二)申请人陈述评审请求;

(三)被申请人答辩。

第十二条　当事人应将其在评审程序中提交的全部证据在口头审理时出示,由对方当事人质证。

第十三条　当事人在质证时应当围绕证据的真实性、关联性、合法性,对证据证明力有无以及证明力大小,进行质疑、说明与辩驳。

质证按照下列顺序进行:

(一)申请人出示证据,被申请人与申请人进行质证;

(二)被申请人出示证据,申请人与被申请人进行质证。

第十四条　经商标评审委员会同意,口头审理可以请证人到场作证。证人不得旁听口头审理。询问证人时,其他证人不得在场。

第十五条　合议组成员可以就有关事实和证据向当事人或者证人提问,可以要求当事人或者证人作出解释;必要时,可以要求证人进行对质。

当事人经合议组许可,可以询问证人。

第十六条 口头审理结束前,由合议组按照申请人、被申请人的先后顺序征询各方最后意见陈述。最后意见陈述后,口头审理结束。

第十七条 口头审理过程中,有关当事人未经许可中途退出审理的,或者因妨碍口头审理进行被合议组责令退出审理的,合议组可以缺席审理,并就退出审理的事实进行记录,由当事人或者合议组签字确认。各方当事人均退出口头审理的,口头审理终止。

口头审理过程中,双方当事人达成和解协议或者有和解意愿的,口头审理终止。

第十八条 书记员或合议组组长指定的合议组成员应当将口头审理的重要事项记入口头审理笔录。除笔录外,合议组还可以使用录音、录像设备进行记录。

口头审理结束后,合议组应将笔录交当事人核实。对笔录的差错,当事人有权要求更正。笔录核实无误后应当由当事人签字并存入案卷。当事人拒绝签字的,由合议组在口头审理笔录中注明。

第十九条 口头审理时,未经商标评审委员会许可不得旁听、拍照、录音和录像。

第二十条 本办法所称"当事人"、"被申请人"包括不予注册复审案件中的原异议人。

第二十一条 本办法自发布之日起实施。

集体商标、证明商标注册和管理办法

(颁布机关:国家工商行政管理总局;实施日期:2003年6月1日)

第一条 根据《中华人民共和国商标法》(以下简称商标法)第三条的规定,制定本办法。

第二条 集体商标、证明商标的注册和管理,依照商标法、《中华人民共和国商标法实施条例》(以下简称实施条例)和本办法的有关规定进行。

第三条 本办法有关商品的规定,适用于服务。

第四条 申请集体商标注册的,应当附送主体资格证明文件并应当详细说明该集体组织成员的名称和地址;以地理标志作为集体商标申请注册的,应当附送主体资格证明文件并应当详细说明其所具有的或者其委托的机构具有的专业技术人员、专业检测设备等情况,以表明其具有监督使用该地理标志商品的特定品质的能力。

申请以地理标志作为集体商标注册的团体、协会或者其他组织,应当由来自该地理标志标示的地区范围内的成员组成。

第五条 申请证明商标注册的，应当附送主体资格证明文件并应当详细说明其所具有的或者其委托的机构具有的专业技术人员、专业检测设备等情况，以表明其具有监督该证明商标所证明的特定商品品质的能力。

第六条 申请以地理标志作为集体商标、证明商标注册的，还应当附送管辖该地理标志所标示地区的人民政府或者行业主管部门的批准文件。

外国人或者外国企业申请以地理标志作为集体商标、证明商标注册的，申请人应当提供该地理标志以其名义在其原属国受法律保护的证明。

第七条 以地理标志作为集体商标、证明商标注册的，应当在申请书件中说明下列内容：

（一）该地理标志所标示的商品的特定质量、信誉或者其他特征；

（二）该商品的特定质量、信誉或者其他特征与该地理标志所标示的地区的自然因素和人文因素的关系；

（三）该地理标志所标示的地区的范围。

第八条 作为集体商标、证明商标申请注册的地理标志，可以是该地理标志标示地区的名称，也可以是能够标示某商品来源于该地区的其他可视性标志。

前款所称地区无需与该地区的现行行政区划名称、范围完全一致。

第九条 多个葡萄酒地理标志构成同音字或者同形字的，在这些地理标志能够彼此区分且不误导公众的情况下，每个地理标志都可以作为集体商标或者证明商标申请注册。

第十条 集体商标的使用管理规则应当包括： 集体商标申请文件（第59页）

（一）使用集体商标的宗旨；

（二）使用该集体商标的商品的品质；

（三）使用该集体商标的手续；

（四）使用该集体商标的权利、义务；

（五）成员违反其使用管理规则应当承担的责任；

（六）注册人对使用该集体商标商品的检验监督制度。

第十一条 证明商标的使用管理规则应当包括： 证明商标申请文件（第59页）

（一）使用证明商标的宗旨；

（二）该证明商标证明的商品的特定品质；

（三）使用该证明商标的条件；

（四）使用该证明商标的手续；

（五）使用该证明商标的权利、义务；

（六）使用人违反该使用管理规则应当承担的责任；

（七）注册人对使用该证明商标商品的检验监督制度。

第十二条 使用他人作为集体商标、证明商标注册的葡萄酒、烈性酒地理标志标示并非来源于该地理标志所标示地区的葡萄酒、烈性酒,即使同时标出了商品的真正来源地,或者使用的是翻译文字,或者伴有诸如某某“种”、某某“型”、某某“式”、某某“类”等表述的,适用商标法第十六条的规定。

第十三条 集体商标、证明商标的初步审定公告的内容,应当包括该商标的使用管理规则的全文或者摘要。

集体商标、证明商标注册人对使用管理规则的任何修改,应报经商标局审查核准,并自公告之日起生效。

第十四条 集体商标注册人的成员发生变化的,注册人应当向商标局申请变更注册事项,由商标局公告。

第十五条 证明商标注册人准许他人使用其商标的,注册人应当在一年内报商标局备案,由商标局公告。

第十六条 申请转让集体商标、证明商标的,受让人应当具备相应的主体资格,并符合商标法、实施条例和本办法的规定。

集体商标、证明商标发生移转的,权利继受人应当具备相应的主体资格,并符合商标法、实施条例和本办法的规定。

第十七条 集体商标注册人的集体成员,在履行该集体商标使用管理规则规定的手续后,可以使用该集体商标。

集体商标不得许可非集体成员使用。

第十八条 凡符合证明商标使用管理规则规定条件的,在履行该证明商标使用管理规则规定的手续后,可以使用该证明商标,注册人不得拒绝办理手续。

实施条例第六条第二款中的正当使用该地理标志是指正当使用该地理标志中的地名。

第十九条 使用集体商标的,注册人应发给使用人《集体商标使用证》;使用证明商标的,注册人应发给使用人《证明商标使用证》。

第二十条 证明商标的注册人不得在自己提供的商品上使用该证明商标。

第二十一条 集体商标、证明商标注册人没有对该商标的使用进行有效管理或者控制,致使该商标使用的商品达不到其使用管理规则的要求,对消费者造成损害的,由工商行政管理部门责令限期改正;拒不改正的,处以违法所得三倍以下的罚款,但最高不超过三万元;没有违法所得的,处以一万元以下的罚款。

第二十二条 违反实施条例第六条、本办法第十四条、第十五条、第十七条、第十八条、第二十条规定的,由工商行政管理部门责令限期改正;拒不改正的,处以违法所得三倍以下的罚款,但最高不超过三万元;没有违法所得的,处以一万元以下的罚款。

第二十三条 本办法自2003年6月1日起施行。国家工商行政管理局1994年12月30日发布的《集体商标、证明商标注册和管理办法》同时废止。

商标实质审查规程

（颁布机关：国家工商行政管理总局商标局；实施日期：2007 年 2 月 8 日）

第一部分 商标实质审查规程

一、商标实质审查流程图

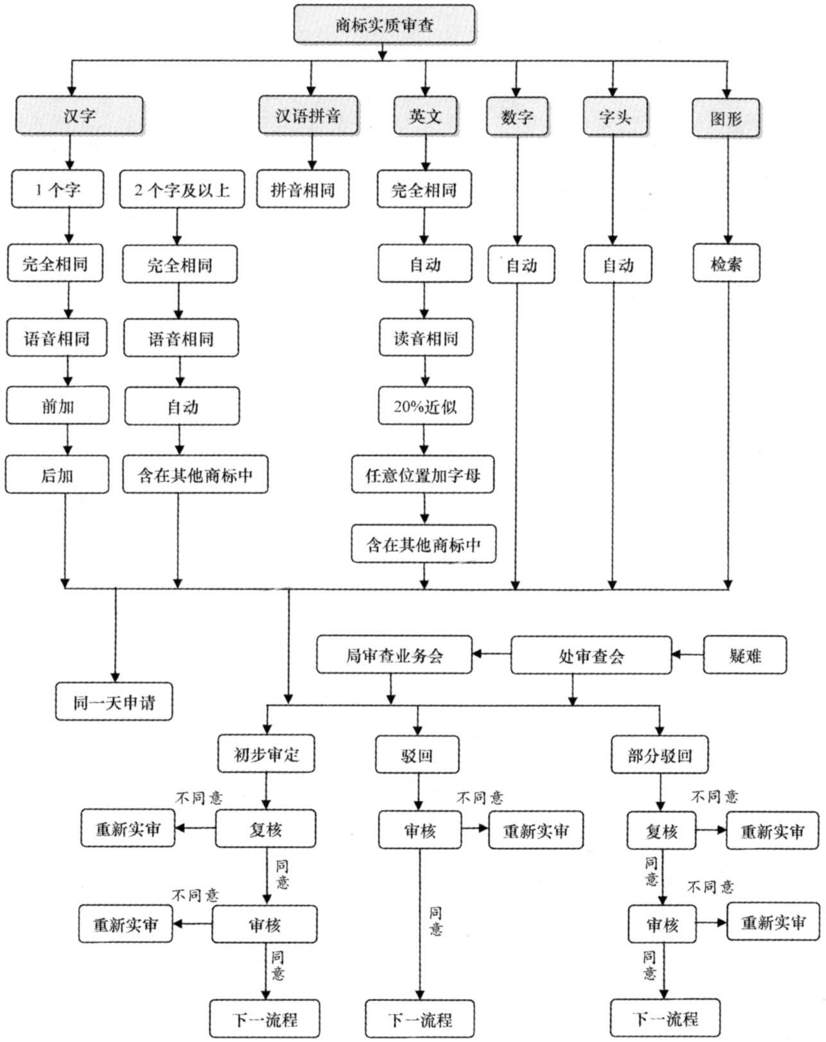

二、同日申请商标实质审查流程图

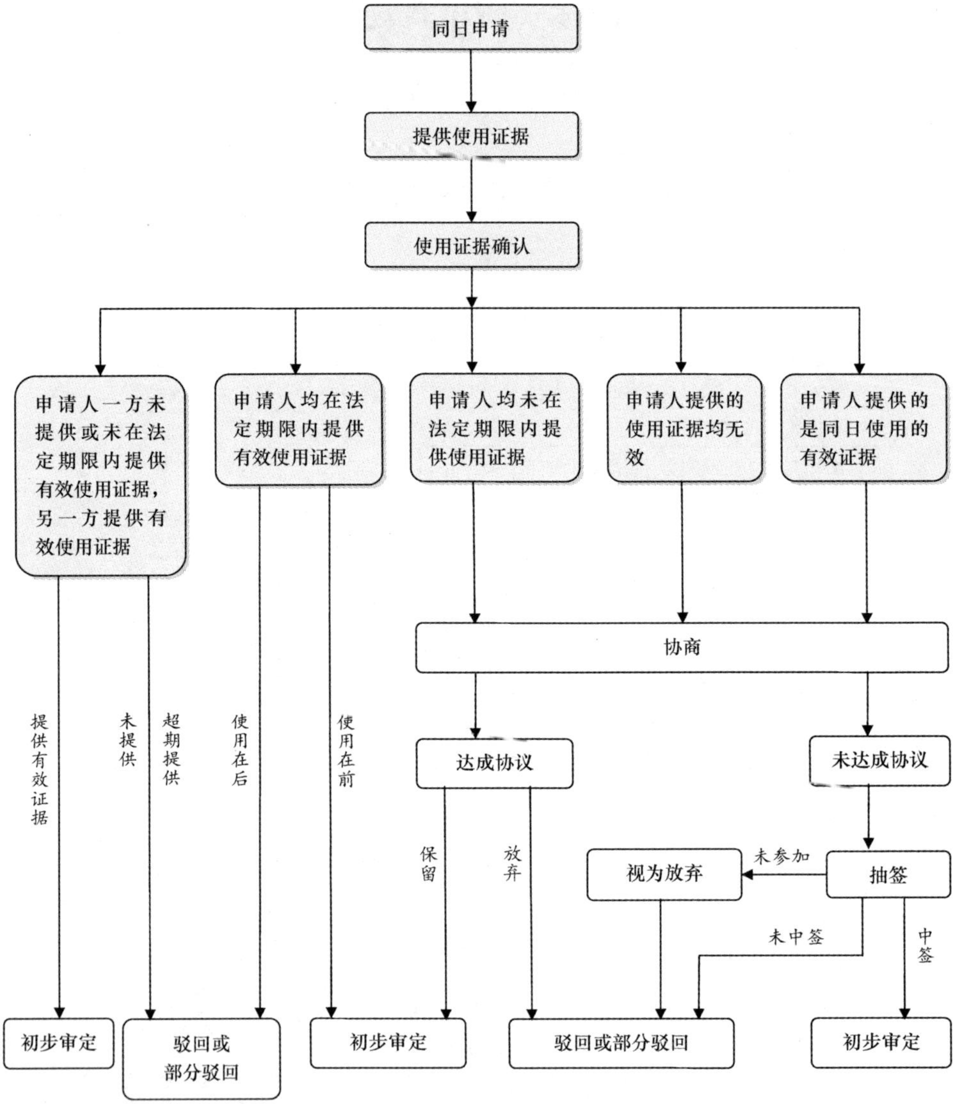

三、商标实质审查注意事项

(一)汉字商标的审查

1. 商标文字由汉字及汉语拼音组成,汉语拼音与汉字发音相对应的,应立汉字及拼音分卡,进行检索。如商标“雨森 YU SEN”,立汉字分卡“雨森”、拼音分卡“YU SEN”。

汉语拼音与汉字发音不对应的,应立汉字、拼音及英文分卡,进行检索。如商标

"唐钟 TANGZONG"，立汉字分卡"唐钟"、拼音分卡"TANG ZHONG; TANG ZONG"、英文分卡"TANGZONG"。

汉语拼音与汉字发音不对应，且拼音有多种拼读形式的，应按所有能拼读的音节分别立拼音分卡，如商标"超鹰 CAOYIN"，除立汉字分卡"超鹰"、英文分卡"CAOYIN"外，还应立拼音分卡"CHAO YING; CAO YIN;CA O YIN"。

2. 以隶书、草书、篆书或繁体汉字为商标的，应按照对应的简体汉字立分卡，进行检索。商标文字艺术化或图形化，但能明显识别为汉字的，立汉字及拼音分卡，进行检索。

3. 对商标中含有不符合《国家语言文字法》规定的错别字或自造字的，依据《商标法》第十条第一款(8)项驳回(见《商标审查业务会议纪要》2002 年第 18 期)。

(二)汉语拼音商标的审查

商标由汉语拼音构成的，应立拼音及英文分卡，进行检索。如：商标"YU SEN"，立英文分卡"YU SEN"、拼音分卡"YU SEN"；商标"CAOYIN"，立英文分卡"CAOYIN"、拼音分卡" CAO YIN;CA O YIN"。

(三)外文商标的审查

1. 对于英文商标，应确定其有无含义。有含义的翻译成中文，立汉字及拼音分卡进行检索；有多个中文含义的，将其主要的、常用的含义翻译成中文，立汉字及拼音分卡，进行检索。

2. 由几个常用的有含义的外文单词连成一体的商标，能译出明确含义的，应翻译成中文，立汉字及拼音分卡，进行检索，如商标"redrain"，应译为"红雨"，立英文分卡"redrain"、汉字分卡 "红雨"、拼音分卡" hong yu"；如果不能译出明确含义，只立英文分卡，进行检索，如商标"ableparkpart"，立英文分卡 "ableparkpart"。

3. 外文商标能拼读成汉语拼音的，无论是否有含义，均应立英文及拼音分卡，进行检索。如商标"geride"，立拼音分卡"ge ri de"、英文分卡"geride"；商标"panda"，应翻译成中文"熊猫"，立中文分卡"熊猫"、拼音分卡"xiong mao;pan da"、英文分卡"panda"。

4. 外文商标能以英文字母形式表示的，应立英文分卡，进行检索；不能以英文字母形式表示的，按图形商标进行检索。

(四)数字商标的审查

商标是阿拉伯数字或部分是阿拉伯数字的，除立阿拉伯数字分卡外，还须立对应的汉字及拼音分卡，进行检索。如商标"153"，立阿拉伯数字分卡"153"、汉字分卡"一五三"、拼音分卡"YI WU SAN"。

(五)图形商标的审查

1. 审查图形商标时，商标图样显示不清晰的，使用"图形查看"程序查看，仍不清晰的，退回形式审查。

2. 审查图形商标时,应对注册库及标准字典库进行检索。

3. 审查图形商标时,审查员认为有必要的,可增加图形要素进行检索。

(六)同日申请商标的审查

审查员发现在相同或类似商品上同一天申请的相同或近似商标时,应向处长报告,由处长协调,以保证在同一时间向各方申请人发出有关通知书。

具体操作按照《商标注册同日申请实质审查规程》执行。

(七)类似商品的交叉检索

由于《类似商品和服务区分表》几经修订及其他历史原因,商标数据库中一些商品和服务的类似群号与现行的《类似商品和服务区分表》类似群号不相符。审查时应删除类似群再进行审查,以免漏查、错查。

类似商品交叉情况可参照《类似商品交叉检索明细表》。

(八)国际注册商标的权利日期及权利状态的判定

1. 查看国际注册商标优先权日期时,应点击优先权文件编号(显示为红色),在弹出的信息窗口中确认该国际注册商标有无优先权备注信息。无优先权备注信息的,优先权适用于该国际注册所有类别的全部商品和服务;有优先权备注信息的,优先权仅适用于备注信息中涉及的商品和服务。

2. 审查界面显示的国际注册申请日期是商标局收文日期,与该商标的国际注册日期无关,不应作为判断在先权的依据。商标审查中,应按照以下顺序确认国际注册商标在先权日期:(1)优先权日期;(2)后期指定日期;(3)国际注册日期。国际注册信息中,存在部分类别或某类部分商品被驳回、同一国际注册申请多次指定中国(例如国际注册时指定中国,后期指定又指定中国)等情况,审查时除遵循上述原则外,还应结合具体情况判断在先权日期。

3. 由于国际注册商标是一标多类,存在显示的权利状态与实际状态不一致的情况。如:国际注册多类申请中某一类国际注销,此注册号其他未申请注销的类别也显示为国际注销,如G820767,仅在第9类上提出相关注销申请,在第42类上并未申请注销,但在审查界面上也显示为国际注销。除此之外,驳回或部分驳回、国际删减、驳回复审等都存在类似情况。此时,应查看综合信息以确定商标权利状态,难以确定权利状态时应与国际注册处联系。

(九)商标中含有非专用部分的审查

1. 商标中含有非专用部分,除需将整体立分卡外,还应对商标的专用部分单独立分卡。如商标“喜龙技术经营”,需立汉字分卡“喜龙技术经营;喜龙”、拼音分卡“xi long ji shu jing ying;xi long”。

2. 编辑放弃专用权说明时,应按照以下方式操作:

(1)在放弃专用权编辑栏中,删去申请人设计说明部分,只保留放弃专用权部分。

(2)删除时用鼠标将待删部分选中,用“Delete”、“Back space”键删除,不要用“空格键”删除。引号用半角的双引号,结尾不留标点符号。

(3)按“确定”保存。

(十)“县级以上行政区划名称”和“公众知晓的外国地名”商标的审查

1. 待审商标为县级以上行政区划名称的,审查中会弹出“检索到受保护字符”的提示,点击右下角出现的“信封”图标,确认该商标是否有其他含义。

2. 待审商标为中文的,审查员认为该商标有可能是外国地名的中文译名时,使用“金山词霸”确认。

3. 待审商标为局审查业务会议已讨论过的外国地名的,审查时屏幕上会弹出“检索到受保护字符”的提示,点击右下角出现的“信封”图标,会显示关于该待审商标是否为公众知晓外国地名的会议纪要结果。

4. 待审商标为未经局审查业务会议讨论的县级以上行政区划名称或外国地名的,应上报局审查业务会议讨论。

(十一)商标驳回与部分驳回时应注意的问题

1. 驳回或部分驳回通知书应准确适用相关法律条款。

2. 待审商标在部分商品上以绝对理由驳回,在部分商品上以相对理由驳回的,对于以绝对理由驳回的部分,须对其是否有在先权利进行检索。

3. 待审商标的某部分以绝对理由驳回时,须对该商标其他部分有无在先权利进行检索,若有在先近似的商标的,应同时引用相对理由驳回。如在药品上的“雪山胃宝”商标,服装上的“天龙纳米”商标,除引证在先的“雪山”、“天龙”商标驳回外,还需引用禁用条款驳回“胃宝”、“纳米”部分。

4. 对待审商标拟以绝对理由驳回时,应检索相同商标在所有类别上的审查处理情况。除了考虑各类商品/服务项目的特殊性之外,相同商标在不同类别上的审查标准应保持统一。

5. 待审商标以相对理由驳回或部分驳回的,应注意以下问题:

(1)确认引证商标的权利状态,如果引证商标有优先权、续展、变更、转让、撤销等信息的,应查看详细情况。

(2)驳文应明确指出待审商标与引证商标具体近似的部分。

(3)如商标的同一要素需引证两个以上商标驳回时,应指明类似的商品。

(十二)错误信息修正

审查中发现商标信息(如申请人名称、商标名称、商品名称、商品类似群)存在错误的,经核对后应及时填写《有误商标数据更正通知单》,交由计算机处修正。当发现不属于本处负责更正的有误商标数据时,应及时将该商标错误信息书面通知有关责任处。

具体操作按照《商标实质审查更正有误商标数据规程》执行。

类似商品及服务的交叉检索
（第45页）

四、类似商品交叉检索明细表

类别	类似群	跨类	本类
1	0101	0601	0102
2－6 9，16 17，30 31	0102	0202 丨 0401	0101 0109 0104 0108 0114 0106
	0104	0301 丨 0503 丨 0205 0206 丨	0114 0102 0108 0106 0104
	0105	0505	0109 0113 0109
	0106		0104 0102
	0107	0923 丨 1602	
	0108		0102 0104
	0109	3103 丨 0505	0105 0102 0113
	0113	3003 丨 0505	0109 0105
	0114	0401	0104 0102
	0115	1702	
2	0201		0202 0205
1，3 17，19	0202	0102	0201 0205
	0205	0104 0302 1705 1912	0201 0202 0207
	0206	0104	
	0207		0205
3	0301	0501 0503 0104	0306 0302 0303
1，2 4，5 16，21	0302	0503 0205	0301
	0303	0404 0401	0301
	0306	2110 1603 0501	0301
4	0401	0303 0114 0102	
1，3	0402		0403
	0403		0402
	0404	0303	
5	0501	3002 1001 0301 0306 3005	0502 0503 0505 0507 0504

续表

类别	类似群	跨类	本类
1，3 10，16 25，29 30，31	0502	3005 2907	0501
	0503	0302 0301 0104	0501 0505
	0504	3108 0309	0501 0505
	0505	0105 0109 0113	0504 0503 0501
	0506	1603 2501 1004 1008	
6	0601	0101	0603 0604
1，7 9，11 12，19 20，21	0602	1108 0749	
	0603	1909	0601 0608 0615
	0604		0601
	0608	2103	0603 0609
	0609		0608
	0610	0920	
	0611	2001	
	0612	0750	
	0613	0736	
	0615		0603
	0617	0734 1210	
	0618	2010	
7	0701	0803 1108	
6，8 9，11 12，16	0703		0742
	0705	1618	0742
	0706		0707
	0707		0712 0706
	0709		0721
	0712		0707
	0721		0709
	0723		0753

续表

类别	类似群	跨类	本类
	0733	0603	0753
	0734	0808 0617 1210	
	0735		0742 0743
	0736	0613	
	0737	1107	
	0738	1202	0748
	0742	0801	0703 0735 0743 0705
	0743		0735 0742
	0748	1204 1202 1203	0738 0750 0738
	0749	0602 1202	
	0750	0612 1202	
	0751	0917	
	0752	1609	
	0753		0723 0733
8	0801	0742	
7, 9 10 - 12 21	0803	0701	
	0806	0924 1106	
	0808	1204 0734	
	0810	2101 1001	
	0812	2101	
9	0901		0908 0911
1, 6 - 8 10 - 12 16, 21 25, 28	0902	2106	
	0903		0907
	0905	1616	
	0907		0903 0913
	0908	2801	0901 0911 0913
	0911		0901 0908

续表

类别	类似群	跨类	本类
	0913	1101	0907 0908
	0917	0751	
	0919	2504 1004	0921
	0920	1202 0610	
	0921		0919
	0923	0107	
	0924	0806 1106	
10	1001	1109 2805 0501 0810	1002 1003
5，8 11，16 20，21 26，28	1002		1001
	1003	1111	1001
	1004	2106 0506 1603 2001	
	1007	2604	
	1008	0506	
11	1101	1202	
6－10 12,21	1104	2111	1109 1110
	1106	0806 0924	
	1107	0737	1108
	1108	0602 0701	1107 1109
	1109	1001	1104 1108
	1110		1104
	1111	1003	
12	1201		1202－1204 1209 1210
6－9 11，20 28	1202	0920 1101	1201 1203 1204 1209 1210
	1203		1201 1202 1204 1209 1210
	1204	0748 0808	1201－1203 1209 1210
	1206	2001	
	1209	2807	1201－1204 1209 1210
	1210	0734 0617	1201－1204 1209 1210

续表

类别	类似群	跨类	本类
14	1402		1403
15	1403		1402
16	1601		1602－1605 1609
1，3 5，7 9，10 18，21	1602	0107	1601 1605
	1603	0506 1004 0306 2101	1601
	1604		1601
	1605		1601 1611 1614 1606 1602 1607
	1606		1605 1607
	1607		1605 1606
	1609	0752	1601
	1610		1611
	1611	1802	1605 1610 1612－1616
	1612		1611 1614
	1613		1611
	1614	2107	1611 1605 1612
	1615		1611
	1616	0905	1611
	1618	0705	1611
17	1702	0115	
1，2 19	1703	1909	1704
	1704		1703
	1705	0205	
18	1801		1803
16，20 24	1802	1611 2407 2406 2013	
	1803		1801
19	1901		1909

续表

类别	类似群	跨类	本类
2，6 17，21	1902		1906
	1905		1909
	1906		1902
	1909	1703 0603	1901 1905
	1911	2113	
	1912	0205	
20	2001	1206 1004 0611	
6，10 12，18 21，24	2002	2101	2005
	2005		2002 2006
	2006		2005
	2009	2114	
	2010	0618	
	2013	2406 1802 2407	
	2014	2103	
21	2101	1603 0812 2002 0810	2102 2105 2106 2111 2103
3，6 8，10，11 16，19 20，24 31	2102		2101 2103 2105
	2103	2014 0608	2101 2102 2105
	2105		2101 2102 2103
	2106	1004 2002	2101
	2107	1614	
	2110	0306	2112
	2111	1104	
	2112	2408	2110
	2113	1911	
	2114	2009 3110	
22	2202	2112	
23	2301		2302

续表

类别	类似群	跨类	本类
	2302		2301
24	2403	2701 2704	
18，20 21，27	2405		2406
	2406	2013 1802	2405
	2407	1802 2013	
	2408	2112	
25	2501	0506	2502
5，9 26	2502		2501
	2504	0919	
	2506		2507
	2507		2506
	2512	2603	
26	2601		2602
10；25	2602		2601
	2603	2512	
	2604	1007	
27	2701	2403	
	2704	2403	
28	2801	0908	2802
9，10 12，16	2802	0911 1603	2801 2807
	2803	1608	
	2805	1001	2807
	2807	1209	2805 2802
29	2901	3016	2905

续表

类别	类似群	跨类	本类
5，30 31，32	2902	3005	
	2904	3103 3010	
	2905	3016	2901
	2907	3001 3202 3013 0502	
	2910	3004	
	2913	3011	
30	3001	2907	
1，5 29，32	3002	0501 3202	
	3003	0113	3004
	3004	2910	3003
	3005	2902 0502 3203 0501	
	3006		3008
	3007		3009
	3008		3006
	3009		3007
	3010	2904	
	3011	2913	
	3013	2907 3202	
	3014		3015 3016
	3015		3014 3016
	3016	2905 2901	3014 3015
	3018	3203	
31	3103	2904	
5，21 29	3108	0504	
	3110	2114	
32	3202	2907 3013 3002	
29，30	3203	3005 3018	

续表

类别	类似群	跨类	本类
35	3504	4203 3605	
36，39 42	3505	3901	
	3507	3602	
	3508	4227	
36	3601		3605
35	3602	3507	3605 3604
	3604		3602
	3609		3605
37	3713	4002	
40	3716	4010	
38	3801		3802
	3802		3801
39	3901	3505 3605	3902 3903 -3905 3912
35，36 41	3902	3605	3901
	3903		3901
	3904		3901
	3905		3901
	3907	4105	
	3912		3901
40	4002	3713	
37，42	4010	3716 4227	
	4011	4215	
	4012	4225	
41	4101	4221 4227	
39，42	4104		4105
	4105	4222 4223 4219；3907	4104
42	4209		4217 4214

续表

类别	类似群	跨类	本类
45	4214		4209
	4217		4209
	4218	4503	
43	4301	4201	
41,42,44	4302	4202	
	4303	4401 4203	
	4304	4101 4221	
	4305	4403 4205	
	4306	4227	
44	4401	4303 4402 4203	
43,42	4402	4401 4204	
	4403	4305 4205	
	4404	4226 4206	
	4405	4227	
45	4501	4208	
42	4502	4221	
	4503	4218	
	4504	4226	
	4505	4227	

自然人办理商标注册申请注意事项

自然人申请商标
（第49页）

（颁布机关：国家工商行政管理总局商标局；实施日期：2007年2月6日）

依照《中华人民共和国商标法》第四条的规定，从事生产、制造、加工、拣选、经销商品或者提供服务的自然人，需要取得商标专用权的，应当向商标局申请商标注册。以自然人名义办理商标注册、转让等申请事宜，除按照有关规定提交《商标注

册申请书》、商标图样等材料外,还应注意以下事项:

一、个体工商户可以以其《个体工商户营业执照》登记的字号作为申请人名义提出商标注册申请,也可以以执照上登记的负责人名义提出商标注册申请。以负责人名义提出申请时应提交以下材料的复印件:

(一)负责人的身份证;

(二)营业执照。

二、农村承包经营户可以以其承包合同签约人的名义提出商标注册申请,申请时应提交以下材料的复印件:

(一)签约人身份证;

(二)承包合同。

三、其他依法获准从事经营活动的自然人,可以以其在有关行政主管机关颁发的登记文件中登载的经营者名义提出商标注册申请,申请时应提交以下材料的复印件:

(一)经营者的身份证;

(二)有关行政主管机关颁发的登记文件。

四、自然人提出商标注册申请的商品和服务范围,应以其在营业执照或有关登记文件核准的经营范围为限,或者以其自营的农副产品为限。

五、对于不符合《商标法》第四条规定的商标注册申请,商标局不予受理并书面通知申请人。

申请人提供虚假材料取得商标注册的,由商标局撤销该注册商标。

六、办理转让商标申请,受让人为自然人的,应参照上述事项办理。

"国"字商标的审查(第18页)

含"中国"及首字为"国"字商标的审查审理标准

(颁布机关:国家工商行政管理总局商标局;实施日期:2010年7月28日)

为进一步规范商标审查标准,做好商标审理工作,服务企业,促进加快经济发展方式转变,根据商标法及有关法规的规定,经研究,现对含有与我国国家名称相同或者近似文字的商标的审查标准明确如下:

第一部分 法律依据

对含有与我国国家名称相同或者近似文字的商标申请应当依照《商标法》相关规定进行审查,具体为:

一、《商标法》第十条 下列标志不得作为商标使用:

（一）同中华人民共和国的国家名称、国旗、国徽、军旗、勋章相同或者近似的，以及同中央国家机关所在地特定地点的名称或者标志性建筑物的名称、图形相同的；

（二）同外国的国家名称、国旗、国徽、军旗相同或者近似的，但该国政府同意的除外；

（三）同政府间国际组织的名称、旗帜、徽记相同或者近似的，但经该组织同意或者不易误导公众的除外；

（四）夸大宣传并带有欺骗性的；

（五）有害于社会主义道德风尚或者有其他不良影响的。

二、《商标法》第十一条 下列标志不得作为商标注册：

（一）仅有本商品的通用名称、图形、型号的；

（二）缺乏显著特征的。

第二部分 含"中国"字样商标的审查审理标准

对含有与我国国家名称相同或者近似文字的商标申请，申请人及申请商标同时具备以下四个条件的，可予以初步审定：

一、申请人主体资格应当是经国务院或其授权的机关批准设立的。申请人名称应经名称登记管理机关依法登记。

二、申请商标与申请人企业名称或者该名称简称一致，简称是经国务院或其授权的机关批准。

三、申请商标与申请人主体之间具有紧密对应关系。

四、申请商标指定使用的商品或服务范围应与核定的经营范围相一致。

第三部分 首字为"国"字商标的审查审理标准

首字为"国"字商标的，应当严格按照以下标准审查：

一、对"国＋商标指定商品名称"作为商标申请，或者商标中含有"国＋商标指定商品名称"的，以其"构成夸大宣传并带有欺骗性"、"缺乏显著特征"和"具有不良影响"为由，予以驳回。

二、对带"国"字头但不是"国＋商标指定商品名称"组合的申请商标，应当区别对待。对使用在指定商品上直接表示了商品质量特点或者具有欺骗性，甚至有损公平竞争的市场秩序，或者容易产生政治上不良影响的，应予驳回。

对于上述含"中国"及首字为"国"字商标的审查，应当从严审查，慎之又慎，通过相关审查处处务会、商标局审查业务工作会议、商标局局务会议或者商标评审委员会委务会议研究决定。

在商标注册申请程序过程中，商标申请人可以提交相关证明材料。

3. 驰名商标

驰名商标认定和保护规定

（颁布机关：国家工商行政管理总局；实施日期：2014年8月3日）

第一条 为规范驰名商标认定工作，保护驰名商标持有人的合法权益，根据《中华人民共和国商标法》（以下简称商标法）、《中华人民共和国商标法实施条例》（以下简称实施条例），制定本规定。

驰名商标的概念（第149页）

第二条 驰名商标是在中国为相关公众所熟知的商标。

相关公众包括与使用商标所标示的某类商品或者服务有关的消费者，生产前述商品或者提供服务的其他经营者以及经销渠道中所涉及的销售者和相关人员等。

第三条 商标局、商标评审委员会根据当事人请求和审查、处理案件的需要，负责在商标注册审查、商标争议处理和工商行政管理部门查处商标违法案件过程中认定和保护驰名商标。

第四条 驰名商标认定遵循个案认定、被动保护的原则。

异议案件认定驰名（第151页）

第五条 当事人依照商标法第三十三条规定向商标局提出异议，并依照商标法第十三条规定请求驰名商标保护的，可以向商标局提出驰名商标保护的书面请求并提交其商标构成驰名商标的证据材料。

评审案件认定驰名（第151页）

第六条 当事人在商标不予注册复审案件和请求无效宣告案件中，依照商标法第十三条规定请求驰名商标保护的，可以向商标评审委员会提出驰名商标保护的书面请求并提交其商标构成驰名商标的证据材料。

查处案件认定驰名（第151页）

第七条 涉及驰名商标保护的商标违法案件由市（地、州）级以上工商行政管理部门管辖。当事人请求工商行政管理部门查处商标违法行为，并依照商标法第十三条规定请求驰名商标保护的，可以向违法行为发生地的市（地、州）级以上工商行政管理部门进行投诉，并提出驰名商标保护的书面请求，提交证明其商标构成驰名商标的证据材料。

第八条 当事人请求驰名商标保护应当遵循诚实信用原则，并对事实及所提交的证据材料的真实性负责。

驰名商标证明证据（第156页）

第九条 以下材料可以作为证明符合商标法第十四条第一款规定的证据材料：

（一）证明相关公众对该商标知晓程度的材料。

（二）证明该商标使用持续时间的材料，如该商标使用、注册的历史和范围的材料。该商标为未注册商标的，应当提供证明其使用持续时间不少于五年的材料。该商标为注册商标的，应当提供证明其注册时间不少于三年或者持续使用时间不少于五年的材料。

（三）证明该商标的任何宣传工作的持续时间、程度和地理范围的材料，如近三年广告宣传和促销活动的方式、地域范围、宣传媒体的种类以及广告投放量等材料。

（四）证明该商标曾在中国或者其他国家和地区作为驰名商标受保护的材料。

（五）证明该商标驰名的其他证据材料，如使用该商标的主要商品在近三年的销售收入、市场占有率、净利润、纳税额、销售区域等材料。

前款所称"三年"、"五年"，是指被提出异议的商标注册申请日期、被提出无效宣告请求的商标注册申请日期之前的三年、五年，以及在查处商标违法案件中提出驰名商标保护请求日期之前的三年、五年。

第十条　当事人依照本规定第五条、第六条规定提出驰名商标保护请求的，商标局、商标评审委员会应当在商标法第三十五条、第三十七条、第四十五条规定的期限内及时作出处理。

第十一条　当事人依照本规定第七条规定请求工商行政管理部门查处商标违法行为的，工商行政管理部门应当对投诉材料予以核查，依照《工商行政管理机关行政处罚程序规定》的有关规定决定是否立案。决定立案的，工商行政管理部门应当对当事人提交的驰名商标保护请求及相关证据材料是否符合商标法第十三条、第十四条、实施条例第三条和本规定第九条规定进行初步核实和审查。经初步核查符合规定的，应当自立案之日起三十日内将驰名商标认定请示、案件材料副本一并报送上级工商行政管理部门。经审查不符合规定的，应当依照《工商行政管理机关行政处罚程序规定》的规定及时作出处理。

第十二条　省（自治区、直辖市）工商行政管理部门应当对本辖区内市（地、州）级工商行政管理部门报送的驰名商标认定相关材料是否符合商标法第十三条、第十四条、实施条例第三条和本规定第九条规定进行核实和审查。经核查符合规定的，应当自收到驰名商标认定相关材料之日起三十日内，将驰名商标认定请示、案件材料副本一并报送商标局。经审查不符合规定的，应当将有关材料退回原立案机关，由其依照《工商行政管理机关行政处罚程序规定》的规定及时作出处理。

第十三条　商标局、商标评审委员会在认定驰名商标时，应当综合考虑商标法第十四条第一款和本规定第九条所列各项因素，但不以满足全部因素为前提。

商标局、商标评审委员会在认定驰名商标时，需要地方工商行政管理部门核实有关情况的，相关地方工商行政管理部门应当予以协助。

第十四条　商标局经对省（自治区、直辖市）工商行政管理部门报送的驰名商标认定相关材料进行审查，认定构成驰名商标的，应当向报送请示的省（自治区、直辖市）工商行政管理部门作出批复。

立案的工商行政管理部门应当自商标局作出认定批复后六十日内依法予以处理,并将行政处罚决定书抄报所在省(自治区、直辖市)工商行政管理部门。省(自治区、直辖市)工商行政管理部门应当自收到抄报的行政处罚决定书之日起三十日内将案件处理情况及行政处罚决定书副本报送商标局。

第十五条 各级工商行政管理部门在商标注册和管理工作中应当加强对驰名商标的保护,维护权利人和消费者合法权益。商标违法行为涉嫌犯罪的,应当将案件及时移送司法机关。

第十六条 商标注册审查、商标争议处理和工商行政管理部门查处商标违法案件过程中,当事人依照商标法第十三条规定请求驰名商标保护时,可以提供该商标曾在我国作为驰名商标受保护的记录。

当事人请求驰名商标保护的范围与已被作为驰名商标予以保护的范围基本相同,且对方当事人对该商标驰名无异议,或者虽有异议,但异议理由和提供的证据明显不足以支持该异议的,商标局、商标评审委员会、商标违法案件立案部门可以根据该保护记录,结合相关证据,给予该商标驰名商标保护。

第十七条 在商标违法案件中,当事人通过弄虚作假或者提供虚假证据材料等不正当手段骗取驰名商标保护的,由商标局撤销对涉案商标已作出的认定,并通知报送驰名商标认定请示的省(自治区、直辖市)工商行政管理部门。

第十八条 地方工商行政管理部门违反本规定第十一条、第十二条规定未履行对驰名商标认定相关材料进行核实和审查职责,或者违反本规定第十三条第二款规定未予以协助或者未履行核实职责,或者违反本规定第十四条第二款规定逾期未对商标违法案件作出处理或者逾期未报送处理情况的,由上一级工商行政管理部门予以通报,并责令其整改。

第十九条 各级工商行政管理部门应当建立健全驰名商标认定工作监督检查制度。

第二十条 参与驰名商标认定与保护相关工作的人员,玩忽职守、滥用职权、徇私舞弊,违法办理驰名商标认定有关事项,收受当事人财物,牟取不正当利益的,依照有关规定予以处理。

第二十一条 本规定自公布之日起30日后施行。2003年4月17日国家工商行政管理总局公布的《驰名商标认定和保护规定》同时废止。

驰名商标认定工作细则

（颁布机关：国家工商行政管理总局；实施日期：2009年4月21日）

第一章　总　　则

第一条　为推进商标战略的实施，规范驰名商标的认定工作，促进驰名商标认定工作进一步制度化、规范化、程序化、法治化，切实维护商标权人的合法权益，健全知识产权保护体系，优化创新环境，促进经济社会又好又快发展，根据《中华人民共和国商标法》、《中华人民共和国商标法实施条例》、《驰名商标认定和保护规定》和《国家工商行政管理总局主要职责内设机构和人员编制规定》，制定本细则。

第二条　本细则中的驰名商标认定是指商标局、商标评审委员会依照《商标法》、《商标法实施条例》、《驰名商标认定和保护规定》、《商标评审规则》以及国家工商行政管理总局《各司（厅、局、室）主要职责内设机构和人员编制规定》的有关规定认定驰名商标。

第三条　驰名商标认定工作的目的是加大商标权保护力度，引导企业实施商标战略，使用自主商标，丰富商标内涵，重视商标知识产权创新和保护，提高商标知名度，形成一批拥有自主知识产权和知名品牌、国际竞争力较强的优势企业，促进企业和经济社会发展，推动创新型国家建设。

第四条　商标局、商标评审委员会应严格、准确、依法开展驰名商标认定工作，正确引导舆论宣传，促进驰名商标认定和保护制度的健康发展，支持帮助企业合理实施商标战略。

商标局应指导各地工商行政管理部门在驰名商标认定申请工作中严格把关，确保申请材料内容真实、准确。

第五条　商标局、商标评审委员会成立驰名商标认定委员会，其成员包括商标局、商标评审委员会的局长、主任、副局长、副主任、巡视员、副巡视员，局长、主任为主任委员。

第六条　商标局、商标评审委员会承办处依本细则进行驰名商标认定申请材料的受理、整理和审查工作；商标局局长办公会、商标评审委员会委务会依本细则进行驰名商标认定中的审定工作；驰名商标认定委员会依本细则进行驰名商标认定中的复审工作；国家工商行政管理总局局长办公会对驰名商标认定委员会拟认定的驰名商标予以核审。

第二章 驰名商标认定申请的审查、审定

第一节 驰名商标认定应考虑的因素、证据材料

第七条 认定驰名商标应当根据《商标法》第十四条的规定,考虑下列各项因素,但并不以该商标必须满足下列全部因素为前提:

(一)相关公众对该商标的知晓程度;

(二)该商标使用的持续时间;

(三)该商标的任何宣传工作的持续时间、程度和地理范围;

(四)该商标作为驰名商标受保护的记录;

(五)该商标驰名的其他因素。

第八条 认定驰名商标应当根据《驰名商标认定和保护规定》第三条的规定,审查下列证明商标驰名的证据材料:

(一)证明相关公众对该商标知晓程度的有关材料;

(二)证明该商标使用持续时间的有关材料,包括该商标使用、注册的历史和范围的有关材料;

(三)证明该商标的任何宣传工作的持续时间、程度和地理范围的有关材料,包括广告宣传和促销活动的方式、地域范围、宣传媒体的种类以及广告投放量等有关材料;

(四)证明该商标作为驰名商标受保护记录的有关材料,包括该商标曾在中国或者其他国家和地区作为驰名商标受保护的有关材料;

(五)证明该商标驰名的其他证据材料,包括使用该商标的主要商品近三年的产量、销售量、销售收入、利税、销售区域等有关材料。

第二节 商标管理程序中的审查

第九条 对经省级工商行政管理机关依《驰名商标认定和保护规定》上报的驰名商标认定申请的案件材料及证明商标驰名的证据材料,商标局实行收文和办文分开制度,由商标局综合处负责收文,有关承办处负责材料整理,建立登记簿登记。

对在商标管理中提出的驰名商标认定申请,申请人提交补充证据材料的,有关承办处在相关申请提交商标局局长办公会之前可将补充材料内容纳入申请材料予以整理。

第十条 承办处可以就商标的显著性和驰名程度等技术性问题征求有关处室或有关部门的意见。

承办处认为确有必要时,可以向地方工商行政管理部门了解有关情况。

第十一条 对于在商标管理中提出的驰名商标认定申请,由承办处处长主持

召开处务会讨论并提出初步意见。处务会的参加人员不得少于全处人员的三分之二。会议应做记录。

第十二条　经处务会讨论,形成符合驰名商标条件或不符合驰名商标条件的初步意见,由处长报分管副局长。分管副局长提交商标局局长办公会讨论。

第三节　商标异议程序中的审查

第十三条　对于在商标异议(含国际注册程序中的商标异议)程序中提出的驰名商标认定申请,按照《商标法》、《商标法实施条例》和《驰名商标认定和保护规定》的规定,原则上根据商标异议的申请时间顺序进行审理。

第十四条　承办人员对驰名商标的证明材料进行整理,经合议组讨论后报处务会讨论。承办处的处长主持召开处务会议,处务会的参加人员不得少于全处人员的三分之二。会议应做记录。

第十五条　经处务会讨论,形成证据材料充足且该异议案件确需依《商标法》第十三条裁定的意见或证据不足、该异议案件不需要依《商标法》第十三条裁定的意见,由处长报分管副局长。分管副局长提交商标局局长办公会讨论。

第四节　商标异议复审、商标争议程序中的审查

第十六条　对在商标异议复审、商标争议程序中提出的驰名商标认定申请,商标评审委员会按照《商标法》、《商标法实施条例》、《驰名商标认定和保护规定》和《商标评审规则》的规定进行审理。

第十七条　商标评审委员会对涉及驰名商标认定的案件应由案件承办处组成合议组进行审理。

合议组由商标评审人员三人以上的单数组成,案件承办处处长必须担任合议组成员。合议组审理涉及驰名商标认定的案件,实行少数服从多数的原则。

第十八条　合议组经审理认为基本符合驰名商标条件的,由处长报分管副主任。分管副主任经研究认为基本符合驰名商标条件的,报经主任同意后,提交商标评审委员会委务会讨论。

第十九条　主任同意将涉及驰名商标认定案件提交委务会讨论的,案件承办人应当及时将相关材料送交综合处。综合处应当在委务会召开三天之前,将相关材料复印并送交参加委务会的人员。

第五节　审　　定

第二十条　商标局讨论驰名商标认定案件的局长办公会由局长、副局长、巡视员、副巡视员组成,承办处处长列席。

第二十一条　商标评审委员会讨论驰名商标认定案件的委务会由主任、巡视

员、副主任、副巡视员、各处处长组成。

第二十二条 商标局局长办公会就商标局分管副局长提交的意见进行研究审定,认为符合驰名商标条件的提出拟认定的意见;认为不符合驰名商标条件的,退回承办处按有关程序办理。其中,对于商标异议程序中提出的驰名商标认定申请,商标局局长办公会认为证据不足或该异议案件不需要依《商标法》第十三条裁定的,承办处按一般的异议案件处理;对于商标管理程序中提出的驰名商标认定申请,商标局局长办公会认为不符合驰名商标条件的,承办处按照公文办理程序发文退回申请,并将申请材料一并退回。

商标评审委员会委务会就分管副主任提交的意见进行研究审定,认为符合驰名商标条件的提出拟认定的意见;认为不符合驰名商标条件的,退回承办处按有关程序办理。商标评审委员会委务会的参加人员不得少于应到人员的三分之二。

商标局局长办公会或商标评审委员会委务会形成意见后,及时报驰名商标认定委员会研究。

第三章 复审与核审

第二十三条 驰名商标认定委员会按照《商标法》、《商标法实施条例》、《驰名商标认定和保护规定》和《商标评审规则》的规定对商标局、商标评审委员会提交的驰名商标审定意见进行研究复审,并及时将经复审拟认定的驰名商标,报总局局长办公会议核审。经复审拟退回的,退回商标局或商标评审委员会按照有关程序处理。

驰名商标认定委员会召开上述复审会议时,参加人员不得少于应到人员的三分之二。

第二十四条 根据总局的核审意见,商标局、商标评审委员会应当按照各自的公文办理程序作出批复或裁定,并及时向社会公布认定的驰名商标。

第二十五条 商标局和商标评审委员会在作出商标异议裁定、商标异议复审裁定、商标争议裁定后,应将有关驰名商标认定的材料与商标异议、商标异议复审、商标争议案件材料一并归档。

商标局在商标管理程序中作出有关认定驰名商标的批复后,应将该有关材料立卷归档。驰名商标认定的材料应一案一卷,保留期限为三年。

第二十六条 对于商标管理程序中提出的驰名商标认定申请,在复审、核审程序中认为不符合驰名商标条件的,一律作退回处理,由总局分管副局长核审。根据总局领导的核审意见,商标局按照公文办理程序发文退回申请,并将申请材料一并退回。

第四章 监督与法律责任

第二十七条 商标局局长办公会、商标评审委员会委务会研究驰名商标认定时，中央纪委、监察部驻国家工商行政管理总局纪检组、监察局派员进行监督。

驰名商标认定委员会召开复审会议时，中央纪委、监察部驻国家工商行政管理总局纪检组、监察局派员监督，中华商标协会派代表列席会议。

第二十八条　商标局、商标评审委员会应将驰名商标的认定工作列为廉政风险点，建立健全监督检查制度，加强风险点管理。

第二十九条　驰名商标认定审查期间，任何单位、个人均可向商标局、商标评审委员会反映情况，提出意见。驰名商标权利主张者、利害关系人及其代理人就相关驰名商标认定申请的来访，由商标局综合处或商标评审委员会综合处接待。商标局综合处或商标评审委员会综合处应及时将反映的情况书面反馈有关承办处。

第三十条　从事驰名商标认定工作的人员要严格遵守工作纪律，不得泄露驰名商标认定工作中的保密事项和按照相关要求不应公开的情况。

第三十一条　驰名商标认定工作以及从事认定工作的人员要严格遵守廉洁自律的有关规定，要严格遵守《商标法》、《工商行政管理部门商标注册、管理和评审工作守则》等有关规定。

对于违法、违纪行为，要依照有关规定，追究相关当事人的责任。

第五章　附　　则

第三十二条　本细则由国家工商行政管理总局负责解释。

第三十三条　本细则自发布之日起施行。

国家工商行政管理局商标局关于申请认定驰名商标若干问题的通知

（颁布机关：国家工商行政管理局商标局；实施日期：2000年4月28日）

各省、自治区、直辖市及计划单列市工商行政管理局：

自《驰名商标认定和管理暂行规定》颁布并实施以来，我国驰名商标的认定和保护工作走上了法制化、规范化的轨道，驰名商标作为保护企业合法权益的有力法律武器在市场竞争中发挥了重要作用。但是，我局在受理企业申请认定驰名商标的过程中，也发现了一些问题，一些企业对申请认定驰名商标的法律诉求和申报程序不甚了解，有些商标代理机构以及不具有商标代理资格的机构或者个人利用企业急于认定驰名商标的心理，向企业收取高额费用，不仅使企业蒙受损失，而且损害了驰名商标认定工作的严肃性。为进一步规范驰名商标申报程序，避免上述问题继续发生，保证驰名商标认定工作正常有序地进行，现就申请认定驰名商标的有关问题通知如下：

一、企业需要申请认定驰名商标的，必须通过所在地省、自治区、直辖市工商行政管理局(以下简称省级工商局)报送有关材料。

对企业申请认定驰名商标的有关材料，各省级工商局应进行初审，并签署意见。

各省级工商局应将经过其初审并签署意见的有关申请材料以邮寄方式及时报我局。

二、企业商标权受到以下损害时，可以申请认定驰名商标：

(一)他人将与申请人申请认定商标相同或者近似的标识在非类似商品或者服务上注册或者使用，可能损害申请人权益的；

(二)他人将与申请人申请商标相同或者近似的文字作为企业名称的一部分登记或者使用，可能引起公众误认的；

(三)申请人申请认定的商标在境外被他人恶意注册，可能对申请人在境外的业务发展造成损害的；

(四)申请人申请认定商标的权益受到其他损害而难以解决的。

三、企业在申请认定驰名商标时，应提交驰名商标认定申请报告，在报告中须提供其商标权益受到损害的证据。同时应如实填写《驰名商标认定申请表》(见附件)，并提供相应的证明材料。

四、企业根据《驰名商标认定申请表》的要求应提供的证明材料主要包括：

1. 驰名商标认定申请人的营业执照副本复印件；

2. 驰名商标认定申请人委托商标代理机构代理的，应提供申请人签章的委托书，或者申请人与商标代理机构签订的委托协议(合同)；

3. 使用该商标的主要商品或服务近3年来主要经济指标(应提供加盖申请人财务专用章以及当地财政与税务部门专用章的各年度财务报表或其他报表复印件，行业证明材料应由国家级行业协会或者国家级行业行政主管部门出具)；

4. 使用该商标的主要商品或服务在国内外的销售或经营情况及区域(应提供相关的主要的销售发票或销售合同复印件)；

5. 该商标在国内外的注册情况(应将该商标在所有商品或服务类别以及在所有国家或地区的注册情况列明，并提供相应的商标注册证复印件)；

6. 该商标近年来的广告发布情况(应提供相关的主要的广告合同与广告图片复印件)；

7. 该商标最早使用及连续使用时间(应提供使用该商标的商品或服务的最早销售发票或合同或该商标最早的广告或商标注册证复印件)；

8. 有关该商标驰名的其他证明文件(如省著名商标复印件等)。

五、企业申请认定驰名商标，可以自行准备申请材料，也可以委托国家工商行政管理局批准的商标代理机构代理。凡委托不具备商标代理资格的机构或个人提交的驰名商标认定申请材料,各省级工商局不予受理。

六、接受企业委托办理申请认定驰名商标有关事宜的商标代理机构,除收取适当的代理费用外,不得向委托人收取其他任何费用。

七、各省级工商局应严格按照《驰名商标认定和管理暂行规定》及本通知精神,加强对本辖区内企业申请认定驰名商标工作的指导和管理,加大对驰名商标认定目的及作用的宣传力度。对企业申请认定驰名商标中的违法违纪行为,如提供虚假证明材料或者以其他不正当手段欺骗行政管理机关等行为,应依据有关法律、法规严肃查处。

国家工商总局商标评审委员会审理涉及驰名商标认定案件的工作规范意见

(颁布机关:国家工商行政管理总局商标评审委员会)

一、总　　则

第一条 为严格规范驰名商标认定案件的审理工作,根据《商标法》、《商标法实施条例》、《商标评审规则》、《驰名商标认定和保护规定》、《驰名商标认定工作细则》等有关规定,制定本工作规范意见。

第二条 认定驰名商标,应当坚持以事实为依据,以法律为准绳。

第三条 认定驰名商标,应当依照法定的职责、条件和程序。

第四条 认定驰名商标,应当遵循公开、公平、公正、透明的原则。

第五条 认定驰名商标,实行主任办公室和委务会集体讨论决定制度。

第六条 为加大对驰名商标的保护力度,对涉及驰名商标认定的案件可以提前审理。

二、条　　件

第七条 申请人请求认定的引证商标(以下称为“引证商标”)为未注册商标的,其使用持续时间在争议商标(或者被异议商标)申请日期之前应当已满五年。

申请人请求认定的引证商标为注册商标的,注册时间在争议商标(或者被异议商标)申请日期之前应当已满两年,且使用持续时间在争议商标(或者被异议商标)申请日期之前应当已满五年。

第八条 用以证明引证商标驰名的证据材料应当是证明争议商标(或者被异

议商标)申请日期之前引证商标已经驰名的材料。

第九条 申请人的经济指标(产量、产值、销售收入、利润、纳税等)应当有专项审计并附送审计报告或者税务机关的证明。

第十条 申请人或者引证商标使用商品的全国同行业排名可以是产量、销售额、市场占有率等经济指标的排名情况,排名应有明确的年份、名次、出具证明的机构名称。出具证明的机构应当是在民政部登记的全国性行业协会以及其他能够证明行业排名的组织。

第十一条 申请人、引证商标及其使用商品获得奖项应当是省部级以上的奖励。省级奖励限于省级人民政府的奖励和省级工商行政管理局的著名商标;部级以上奖励的颁奖单位限于中央部、委、局等政府机构。

第十二条 引证商标的宣传形式及载体应当有广告合同、复印件、复制品等有效证据支持;广告费应当有专项审计或者发票等有效证据支持。

第十三条 引证商标使用商品销售范围应当在十个以上的省、自治区、直辖市。

第十四条 认定驰名商标应当综合考虑上述因素。对请求认定的引证商标不能满足上述全部条件,但能够证明引证商标历史悠久或者在市场上确实享有较高声誉,足以认定为驰名商标的,也可以认定。案件承办处处长需要在委务会上对此作特别说明。

对于在中国长期使用并在市场上享有较高声誉的国外商标,可以适当减轻申请人的举证责任。商标局于1999年颁布的《重点商标保护名录》可以作为重要参考。

三、审　　理

第十五条 审理涉及驰名商标认定的案件应当组成合议组进行审理。合议组由商标评审人员3人以上的单数组成,案件承办处处长必须担任合议组成员。

合议组审理涉及驰名商标的案件,实行少数服从多数的原则。

案件承办人应当如实填写《驰名商标认定案件审批表》,填写的内容为可以采信并有相应的证据支持的事实。

第十六条 合议组经审理认为基本符合驰名商标条件的,应当明确对争议商标或者被异议商标是否予以撤销或者不予核准注册,并由处长签报分管副主任。

第十七条 分管副主任经审核认为基本符合驰名商标条件的,提交主任办公会讨论。

第十八条 分管副主任决定将涉及驰名商标认定案件提交主任办公会讨论的,案件承办人应当及时将相关材料送交综合处。综合处应当在主任办公会召开三天之前,将相关材料复印并送交参加主任办公会的人员。

第十九条　主任办公会由主任、巡视员、副主任、综合处处长、案件承办处处长参加。

案件承办处处长负责说明涉及驰名商标认定案件的基本情况。

第二十条　主任办公会经初审认为基本符合驰名商标条件的，提交委务会讨论；主任办公会经讨论认为不符合驰名商标条件的，不提交委务会讨论。

第二十一条　讨论涉及驰名商标认定案件的委务会由主任、巡视员、副主任、各处处长组成。

案件承办处处长负责说明涉及驰名商标认定案件的基本情况。

委务会讨论涉及驰名商标认定的商标评审案件，实行少数服从多数的原则。

第二十二条　对争议商标或者被异议商标是否裁定予以撤销或者不予核准注册，应当综合考虑引证商标的知名程度、争议商标与引证商标的近似程度以及争议商标与引证商标使用商品的关联程度。

对引证商标知名程度高、争议商标与引证商标相同或者近似程度较高、争议商标与引证商标使用商品关联密切的，应当撤销争议商标或者不予被异议商标注册。

第二十三条　驰名商标认定的复审、核审以及认定工作的监督适用《驰名商标认定工作细则》的有关规定。

第二十四条　案件承办人员应当及时制作裁定书，报所在处处长审核，并自总局公布驰名商标名单之日起7日内点击发文。

四、责　　任

第二十五条　案件审理人员对自己承办的认定驰名商标案件负责。

第二十六条　各处处长对其担任合议组成员的认定驰名商标案件负责。

第二十七条　副主任对经其审核的认定驰名商标案件负责。

第二十八条　主任对认定驰名商标的案件负总责。

第二十九条　由于案件承办人工作失误造成采信、事实认定错误的，应当由案件承办人负责，所在处处长、分管副主任、主任承担相应的领导责任。

第三十条　参与驰名商标认定的工作人员必须秉公执法、廉洁自律。对违反廉政规定的，按照商标评审委员会《党风廉政建设责任制》和国家工商行政管理总局的有关规定严肃处理。

五、附　　则

第三十一条　本工作规范意见由主任办公会负责解释。

第三十二条　本工作规范意见自公布之日起施行。

最高人民法院关于审理涉及驰名商标保护的民事纠纷案件应用法律若干问题的解释

(颁布机关:最高人民法院;实施日期:2009年5月1日)

中华人民共和国最高人民法院公告

《最高人民法院关于审理涉及驰名商标保护的民事纠纷案件应用法律若干问题的解释》已于2009年4月22日由最高人民法院审判委员会第1467次会议通过,现予公布,自2009年5月1日起施行。

二〇〇九年四月二十三日

为在审理侵犯商标权等民事纠纷案件中依法保护驰名商标,根据《中华人民共和国商标法》、《中华人民共和国反不正当竞争法》、《中华人民共和国民事诉讼法》等有关法律规定,结合审判实际,制定本解释。

驰名商标的概念
(第149页)

第一条 本解释所称驰名商标,是指在中国境内为相关公众广为知晓的商标。

驰名商标司法认定案件类型
(第159页)

第二条 在下列民事纠纷案件中,当事人以商标驰名作为事实根据,人民法院根据案件具体情况,认为确有必要的,对所涉商标是否驰名作出认定:

(一)以违反商标法第十三条的规定为由,提起的侵犯商标权诉讼;

(二)以企业名称与其驰名商标相同或者近似为由,提起的侵犯商标权或者不正当竞争诉讼;

(三)符合本解释第六条规定的抗辩或者反诉的诉讼。

不予审查驰名的纠纷
(第160页、第214页)

第三条 在下列民事纠纷案件中,人民法院对于所涉商标是否驰名不予审查:

(一)被诉侵犯商标权或者不正当竞争行为的成立不以商标驰名为事实根据的;

(二)被诉侵犯商标权或者不正当竞争行为因不具备法律规定的其他要件而不成立的。

原告以被告注册、使用的域名与其注册商标相同或者近似,并通过该域名进行相关商品交易的电子商务,足以造成相关公众误认为由,提起的侵权诉讼,按照前款第(一)项的规定处理。

第四条 人民法院认定商标是否驰名,应当以证明其驰名的事实为依据,综合考虑商标法第十四条规定的各项因素,但是根据案件具体情况无需考虑该条规定的全部因素即足以认定商标驰名的情形除外。

第五条　当事人主张商标驰名的，应当根据案件具体情况，提供下列证据，证明被诉侵犯商标权或者不正当竞争行为发生时，其商标已属驰名：

驰名商标司法认定的审查因素（第152页、第160页）

（一）使用该商标的商品的市场份额、销售区域、利税等；

（二）该商标的持续使用时间；

（三）该商标的宣传或者促销活动的方式、持续时间、程度、资金投入和地域范围；

（四）该商标曾被作为驰名商标受保护的记录；

（五）该商标享有的市场声誉；

（六）证明该商标已属驰名的其他事实。

前款所涉及的商标使用的时间、范围、方式等，包括其核准注册前持续使用的情形。

对于商标使用时间长短、行业排名、市场调查报告、市场价值评估报告、是否曾被认定为著名商标等证据，人民法院应当结合认定商标驰名的其他证据，客观、全面地进行审查。

第六条　原告以被诉商标的使用侵犯其注册商标专用权为由提起民事诉讼，被告以原告的注册商标复制、摹仿或者翻译其在先未注册驰名商标为由提出抗辩或者提起反诉的，应当对其在先未注册商标驰名的事实负举证责任。

驰名商标司法认定案件类型（第159页）

第七条　被诉侵犯商标权或者不正当竞争行为发生前，曾被人民法院或者国务院工商行政管理部门认定驰名的商标，被告对该商标驰名的事实不持异议的，人民法院应当予以认定。被告提出异议的，原告仍应当对该商标驰名的事实负举证责任。

除本解释另有规定外，人民法院对于商标驰名的事实，不适用民事诉讼证据的自认规则。

第八条　对于在中国境内为社会公众广为知晓的商标，原告已提供其商标驰名的基本证据，或者被告不持异议的，人民法院对该商标驰名的事实予以认定。

第九条　足以使相关公众对使用驰名商标和被诉商标的商品来源产生误认，或者足以使相关公众认为使用驰名商标和被诉商标的经营者之间具有许可使用、关联企业关系等特定联系的，属于商标法第十三条第一款规定的“容易导致混淆”。

混淆误导判定（第150页）

足以使相关公众认为被诉商标与驰名商标具有相当程度的联系，而减弱驰名商标的显著性、贬损驰名商标的市场声誉，或者不正当利用驰名商标的市场声誉的，属于商标法第十三条第二款规定的“误导公众，致使该驰名商标注册人的利益可能受到损害”。

第十条　原告请求禁止被告在不相类似商品上使用与原告驰名的注册商标相同或者近似的商标或者企业名称的，人民法院应当根据案件具体情况，综合考虑以下因素后作出裁判：

驰名商标认定的考虑因素（第153页、第154页、第160页）

(一)该驰名商标的显著程度;

(二)该驰名商标在使用被诉商标或者企业名称的商品的相关公众中的知晓程度;

(三)使用驰名商标的商品与使用被诉商标或者企业名称的商品之间的关联程度;

(四)其他相关因素。

驰名商标对抗侵权的注册商标
(第161页)

第十一条 被告使用的注册商标违反商标法第十三条的规定,复制、摹仿或者翻译原告驰名商标,构成侵犯商标权的,人民法院应当根据原告的请求,依法判决禁止被告使用该商标,但被告的注册商标有下列情形之一的,人民法院对原告的请求不予支持:

(一)已经超过商标法第四十一条第二款规定的请求撤销期限的;

(二)被告提出注册申请时,原告的商标并不驰名的。

第十二条 当事人请求保护的未注册驰名商标,属于商标法第十条、第十一条、第十二条规定不得作为商标使用或者注册情形的,人民法院不予支持。

驰名商标认定不入判决主文和调解书
(第161页)

第十三条 在涉及驰名商标保护的民事纠纷案件中,人民法院对于商标驰名的认定,仅作为案件事实和判决理由,不写入判决主文;以调解方式审结的,在调解书中对商标驰名的事实不予认定。

第十四条 本院以前有关司法解释与本解释不一致的,以本解释为准。

驰名商标认定的管辖法院
(第159页)

最高人民法院关于涉及驰名商标认定的民事纠纷案件管辖问题的通知

(颁布机关:最高人民法院;实施日期:2009年1月5日)

各省、自治区、直辖市高级人民法院,解放军军事法院,新疆维吾尔自治区高级人民法院生产建设兵团分院:

为进一步加强人民法院对驰名商标的司法保护,完善司法保护制度,规范司法保护行为,增强司法保护的权威性和公信力,维护公平竞争的市场经济秩序,为国家经济发展大局服务,从本通知下发之日起,涉及驰名商标认定的民事纠纷案件,由省、自治区人民政府所在地的市、计划单列市中级人民法院,以及直辖市辖区内的中级人民法院管辖。其他中级人民法院管辖此类民事纠纷案件,需报经最高人民法院批准;未经批准的中级人民法院不再受理此类案件。

以上通知,请遵照执行。

二〇〇九年一月五日

4. 商标许可、转让、质押

商标使用许可合同备案办法

（颁布机关：国家工商行政管理总局商标局；实施日期：1997 年 8 月 1 日）

第一条　为了加强对商标使用许可合同的管理，规范商标使用许可行为，根据《中华人民共和国商标法》及《中华人民共和国商标法实施细则》的有关规定，制订本办法。

第二条　商标注册人许可他人使用其注册商标，必须签订商标使用许可合同。

第三条　订立商标使用许可合同，应当遵循自愿和诚实信用的原则。

任何单位和个人不得利用许可合同从事违法活动，损害社会公共利益和消费者权益。

第四条　商标使用许可合同自签订之日起三个月内，许可人应当将许可合同副本报送商标局备案。

第五条　向商标局办理商标使用许可合同备案事宜的，可以委托国家工商行政管理局认可的商标代理组织代理，也可以直接到商标局办理。

许可人是外国人或者外国企业的，应当委托国家工商行政管理局指定的商标代理组织代理。

第六条　商标使用许可合同至少应当包括下列内容：

商标使用许可合同（第 129 页）

（一）许可使用的商标及其注册证号；

（二）许可使用的商品范围；

（三）许可使用期限；

（四）许可使用商标的标识提供方式；

（五）许可人对被许可人使用其注册商标的商品质量进行监督的条款；

（六）在使用许可人注册商标的商品上标明被许可人的名称和商品产地的条款。

第七条　申请商标使用许可合同备案，应当提交下列书件：

（一）商标使用许可合同备案表；

（二）商标使用许可合同副本；

（三）许可使用商标的注册证复印件。

人用药品商标使用许可合同备案，应当同时附送被许可人取得的卫生行政管理部门的有效证明文件。

卷烟、雪茄烟和有包装烟丝的商标使用许可合同备案，应当同时附送被许可人取得的国家烟草主管部门批准生产的有效证明文件。

外文书件应当同时附送中文译本。

第八条 商标注册人通过被许可人许可第三方使用其注册商标的,其商标使用许可合同中应当含有允许被许可人许可第三方使用的内容或者出具相应的授权书。

第九条 申请商标使用许可合同备案,应当按照许可使用的商标数量填报商标使用许可合同备案表,并附送相应的使用许可合同副本及《商标注册证》复印件。

通过一份合同许可一个被许可人使用多个商标的,许可人应当按照商标数量报送商标使用许可合同备案表及《商标注册证》复印件,但可以只报送一份使用许可合同副本。

第十条 申请商标使用许可合同备案,许可人应当按照许可使用的商标数量缴纳备案费。

缴纳备案费可以采取直接向商标局缴纳的方式,也可以采取委托商标代理组织缴纳的方式。具体收费标准依照有关商标业务收费的规定执行。

第十一条 有下列情形之一的,商标局不予备案:

(一)许可人不是被许可商标的注册人的;

(二)许可使用的商标与注册商标不一致的;

(三)许可使用商标的注册证号与所提供商标注册证号不符的;

(四)许可使用的期限超过该注册商标的有效期限的;

(五)许可使用的商品超出了该注册商标核定使用的商品范围的;

(六)商标使用许可合同缺少本办法第六条所列内容的;

(七)备案申请缺少本办法第七条所列书件的;

(八)未缴纳商标使用许可合同备案费的;

(九)备案申请中的外文书件未附中文译本的;

(十)其他不予备案的情形。

第十二条 商标使用许可合同备案书件齐备,符合《商标法》及《商标法实施细则》有关规定的,商标局予以备案。

已备案的商标使用许可合同,由商标局向备案申请人发出备案通知书,并集中刊登在每月第2期《商标公告》上。

第十三条 不符合备案要求的,商标局予以退回并说明理由。

许可人应当自收到退回备案材料之日起一个月内,按照商标局指定的内容补正再报送备案。

第十四条 有下列情形之一的,应当重新申请商标使用许可合同备案:

(一)许可使用的商品范围变更的;

(二)许可使用的期限变更的;

(三)许可使用的商标所有权发生转移的;

(四)其他应当重新申请备案的情形。

第十五条　有下列情形之一的,许可人和被许可人应当书面通知商标局及其各自所在地县级工商行政管理机关:

(一)许可人名义变更的;

(二)被许可人名义变更的;

(三)商标使用许可合同提前终止的;

(四)其他需要通知的情形。

第十六条　对以欺骗手段或者其他不正当手段取得备案的,由商标局注销其商标使用许可合同备案并予以公告。

第十七条　对已备案的商标使用许可合同,任何单位和个人均可以提出书面查询申请,并按照有关规定交纳查询费。

第十八条　按照《商标法实施细则》第三十五条的规定,许可人和被许可人应当在许可合同签订之日起三个月内,将许可合同副本交送其所在地工商行政管理机关存查,具体存查办法可以参照本办法执行。

第十九条　县级以上工商行政管理机关依据《商标法》及其他法律、法规和规章的规定,负责对商标使用许可行为的指导、监督和管理。

第二十条　利用商标使用许可合同从事违法活动的,由县级以上工商行政管理机关依据《商标法》及其他法律、法规和规章的规定处理;构成犯罪的,依法追究刑事责任。

第二十一条　本办法所称商标许可人是指商标使用许可合同中许可他人使用其注册商标的人,商标被许可人是指符合《商标法》及《商标法实施细则》有关规定并经商标注册人授权使用其商标的人。

本办法有关商品商标的规定,适用于服务商标。

第二十二条　商标使用许可合同示范文本由商标局制定并公布。

第二十三条　本办法自发布之日起施行。商标局一九八五年二月二十五日颁发的《商标使用许可合同备案注意事项》同时废止。

附件一:

商标使用许可合同(示范文本)

合同编号:

签订地点:

商标使用许可人(甲方)____________

商标使用被许可人(乙方)____________

根据《中华人民共和国商标法》第二十六条和《商标法实施细则》第三十五条规定,甲、乙双方遵循自愿和诚实信用的原则,经协商一致,签订本商标使用许可合同。

一、甲方将已注册的使用在＿＿＿＿＿＿类＿＿＿＿＿＿商品上的第＿＿＿＿＿＿号＿＿＿＿＿＿商标,许可乙方使用在＿＿＿＿＿＿类＿＿＿＿＿＿商品上。

商标标识:

二、许可使用的期限自＿＿＿＿年＿＿月＿＿日起至＿＿＿＿年＿＿月＿＿日止。合同期满,如需延长使用时间,由甲、乙双方另行续订商标使用许可合同。

三、甲方有权监督乙方使用注册商标的商品质量,乙方应当保证使用该注册商标的商品质量。具体措施为:＿＿。

四、乙方必须在使用该注册商标的商品上标明自己的企业名称和商品产地。

五、乙方不得任意改变甲方注册商标的文字、图形或者其组合,并不得超越许可的商品范围使用甲方的注册商标。

六、未经甲方授权,乙方不得以任何形式和理由将甲方注册商标许可第三方使用。

七、注册商标标识的提供方式:

八、许可使用费及支付方式:

九、本合同提前终止时,甲、乙双方应当分别自终止之日起一个月内书面通知商标局及其各自所在地县级工商行政管理机关。

十、违约责任:

十一、纠纷解决方式:

十二、其他事宜:

本合同一式　份,自签订之日起三个月内,由甲、乙双方分别将合同副本交送所在地县级工商行政管理机关存查,并由甲方报送商标局备案。

商标使用许可人(甲方)	商标使用被许可人(乙方)
(签章)	(签章)
法定代表人	法定代表人
地址	地址
邮编	邮编
年　月　日	年　月　日

附件二:

商标使用许可合同备案通知书

标合同备字〔 〕号

＿＿＿＿＿＿:

根据《中华人民共和国商标法》及《中华人民共和国商标法实施细则》有关规

定,你( )于________年____月____日报送我局的许可__________使用的第__________号__________商标使用许可合同副本,经审查,我局予以备案。

商标使用许可合同备案号为__________。

特此通知。

(商标局章)
年　　月　　日

关于申请转让商标有关问题的规定

(颁布机关:国家工商行政管理总局商标局;实施日期:2009 年 8 月 10 日)

为了规范商标转让行为,减少商标转让争议,避免虚假转让行为,根据《中华人民共和国商标法》、《中华人民共和国商标法实施条例》,制定本规定。

一、在办理转让商标申请手续时,除应当按照有关规定提交《转让申请/注册商标申请书》等材料外,还应当提供能够证明转、受让双方主体资格的加盖公章的有效证件复印件。

商标局对上述证件的真实性、有效性产生怀疑的,可以要求提供有关证明文件或经过公证的复印件,对于在国外形成的文件可以要求提供经公证、认证的复印件,对于在港、澳、台地区形成的文件可以要求履行相关证明手续。

二、申请人提供的转让申请材料中有外文文件的,应当同时提交其中文译文。中文译文应当由申请人或代理组织签字盖章确认。

三、商标局对转让商标申请进行形式审查后,对于符合有关规定的,向受让人发送《转让申请受理通知书》,同时向国内(港、澳、台除外)转让人发送《转让申请受理通知书》。

四、商标权利人发现其商标未经同意被他人申请转让并向商标局提出书面反映的,或者商标局对转让的真实性产生怀疑的,商标局可以向受让人发出补正通知书,要求其书面说明有关情况,必要时可以要求提供经公证的转让协议或经公证的转让人同意转让的声明,或者其他证明文件。

五、商标权利人或利害关系人对商标转让存在异议,要求商标局中止审查的,应当提出书面申请,并提供有关司法机关的立案证明或其他证明文件。商标局依据该申请可以中止对转让商标申请的审查程序。

六、商标权利人发现其商标未经同意已经被他人转让的,可以向人民法院提起民事诉讼。商标局依据人民法院的裁判对该商标转让作出决定。

七、转让注册商标的，受让人自公告之日起享有商标专用权。受让人在取得商标专用权之后才能提出再次转让申请。转让商标申请权的，受让人在取得核准转让通知书之后才能提出再次转让申请。

八、本规定自2009年8月10日起施行。

国家工商行政管理总局
注册商标专用权质权登记程序规定

（颁布机关：国家工商行政管理总局；实施日期：2009年11月1日）

第一条　为充分发挥商标专用权无形资产的价值，促进经济发展，根据《物权法》、《担保法》、《商标法》和《商标法实施条例》的有关规定，制定本程序规定。

国家工商行政管理总局商标局负责办理注册商标专用权质权登记。

第二条　自然人、法人或者其他组织以其注册商标专用权出质的，出质人与质权人应当订立书面合同，并向商标局办理质权登记。

质权登记申请应由质权人和出质人共同提出。质权人和出质人可以直接向商标局申请，也可以委托商标代理机构代理。在中国没有经常居所或者营业所的外国人或者外国企业应当委托代理机构办理。

出质商标注册号（第144页）

第三条　办理注册商标专用权质权登记，出质人应当将在相同或者类似商品/服务上注册的相同或者近似商标一并办理质权登记。质权合同和质权登记申请书中应当载明出质的商标注册号。

商标质权登记所需文件（第145页）

第四条　申请注册商标专用权质权登记的，应提交下列文件：

（一）申请人签字或者盖章的《商标专用权质权登记申请书》；

（二）出质人、质权人的主体资格证明或者自然人身份证明复印件；

（三）主合同和注册商标专用权质权合同；

（四）直接办理的，应当提交授权委托书以及被委托人的身份证明；委托商标代理机构办理的，应当提交商标代理委托书；

（五）出质注册商标的注册证复印件；

（六）出质商标专用权的价值评估报告。如果质权人和出质人双方已就出质商标专用权的价值达成一致意见并提交了相关书面认可文件，申请人可不再提交；

（七）其他需要提供的材料。

上述文件为外文的，应当同时提交其中文译文。中文译文应当由翻译单位和翻译人员签字盖章确认。

登记前核查事项（第144页）

第五条　注册商标专用权质权合同一般包括以下内容：

（一）出质人、质权人的姓名（名称）及住址；
（二）被担保的债权种类、数额；
（三）债务人履行债务的期限；
（四）出质注册商标的清单（列明注册商标的注册号、类别及专用期）；
（五）担保的范围；
（六）当事人约定的其他事项。

第六条　申请登记书件齐备、符合规定的，商标局予以受理。受理日期即为登记日期。商标局自登记之日起5个工作日内向双方当事人发放《商标专用权质权登记证》。

商标质权登记的决定
（第146页）

《商标专用权质权登记证》应当载明下列内容：出质人和质权人的名称（姓名）、出质商标注册号、被担保的债权数额、质权登记期限、质权登记日期。

第七条　质权登记申请不符合本办法第二条、第三条、第四条、第五条规定的，商标局应当通知申请人，并允许其在30日内补正。申请人逾期不补正或者补正不符合要求的，视为其放弃该质权登记申请，商标局应书面通知申请人。

第八条　有下列情形之一的，商标局不予登记：
（一）出质人名称与商标局档案所记载的名称不一致，且不能提供相关证明证实其为注册商标权利人的；
（二）合同的签订违反法律法规强制性规定的；
（三）商标专用权已经被撤销、被注销或者有效期满未续展的；
（四）商标专用权已被人民法院查封、冻结的；
（五）其他不符合出质条件的。

第九条　质权登记后，有下列情形之一的，商标局应当撤销登记：
（一）发现有属于本办法第八条所列情形之一的；
（二）质权合同无效或者被撤销；
（三）出质的注册商标因法定程序丧失专用权的；
（四）提交虚假证明文件或者以其他欺骗手段取得商标专用权质权登记的。

第十条　质权人或出质人的名称（姓名）更改，以及质权合同担保的主债权数额变更的，当事人可以凭下列文件申请办理变更登记：

质权登记变更
（第147）

（一）申请人签字或者盖章的《商标专用权质权登记事项变更申请书》；
（二）出质人、质权人的主体资格证明或者自然人身份证明复印件；
（三）有关登记事项变更的协议或相关证明文件；
（四）原《商标专用权质权登记证》；
（五）授权委托书、被委托人的身份证明或者商标代理委托书；
（六）其他有关文件。

出质人名称（姓名）发生变更的，还应按照《商标法实施条例》的规定在商标局办理变更注册人名义申请。

质权登记延期
(第147页)

第十一条 因被担保的主合同履行期限延长、主债权未能按期实现等原因需要延长质权登记期限的,质权人和出质人双方应当在质权登记期限到期前,持以下文件申请办理延期登记:

(一)申请人签字或者盖章的《商标专用权质权登记期限延期申请书》;

(二)出质人、质权人的主体资格证明或者自然人身份证明复印件;

(三)当事人双方签署的延期协议;

(四)原《商标专用权质权登记证》;

(五)授权委托书、被委托人的身份证明或者商标代理委托书;

(六)其他有关文件。

第十二条 办理质权登记事项变更申请或者质权登记期限延期申请后,由商标局在原《商标专用权质权登记证》上加注发还,或者重新核发《商标专用权质权登记证》。

质权登记注销
(第148页)

第十三条 商标专用权质权登记需要注销的,质权人和出质人双方可以持下列文件办理注销申请:

(一)申请人签字或者盖章的《商标专用权质权登记注销申请书》;

(二)出质人、质权人的主体资格证明或者自然人身份证明复印件;

(三)当事人双方签署的解除质权登记协议或合同履行完毕凭证;

(四)原《商标专用权质权登记证》;

(五)授权委托书、被委托人的身份证明或者商标代理委托书;

(六)其他有关文件。

质权登记期限届满后,该质权登记自动失效。

第十四条 《商标专用权质权登记证》遗失的,可以向商标局申请补发。

第十五条 商标局设立质权登记簿,供相关公众查阅。

第十六条 反担保及最高额质权适用本规定。

第十七条 本规定自2009年11月1日起施行。本规定施行之日起原《商标专用权质押登记程序》(国家工商行政管理局工商标字〔1997〕第127号)废止。

附件:1. 商标专用权质权登记申请书
2. 商标专用权质权登记事项变更申请书
3. 商标专用权质权登记期限延期申请书
4. 商标专用权质权登记注销申请书
5. 商标专用权质权登记证补发申请书

商标专用权质权登记申请书

质权人名称(中文):
(英文):
法定代表人:
电话(含地区号):
地址:
邮政编码:
代理组织名称:
出质人名称(中文):
(英文):
法定代表人:
电话(含地区号):
地址:
邮政编码:
代理组织名称:
出质商标注册号:
担保债权数额:
质押期限:自　　　　至

质权人章戳(签字):	出质人章戳(签字):
代理组织章戳:	代理组织章戳:
代理组织章戳:	代理组织章戳:
代理人签字:	代理人签字:

注:1. 未委托代理的,不需填写代理项目。
2. 马德里国际注册商标申请出质的,填写时在注册号前加字母“G”以示区分,并标明类别。
3. 共有商标申请出质的,“出质人”一栏需填写代表人名义,其他共有人填写附页。“质权人”为多人的,可另填写附页。
4. 国内申请人不需要填写英文。

商标专用权质权登记事项变更申请书

质权人名称(中文):
(英文):
法定代表人:
电话(含地区号):

地址:
邮政编码:
代理组织名称:
出质人名称(中文):
(英文):
法定代表人:
电话(含地区号):
地址:
邮政编码:
代理组织名称:
商标专用权质权登记证编号:
申请变更事项:□质权人名称(姓名)□出质人名称(姓名)□担保债权数额□其他
变更前内容:
变更后内容:

质权人章戳(签字):
代理组织章戳:
代理人签字:

出质人章戳(签字):
代理组织章戳:
代理人签字:

注:1. 未委托代理的,不需填写代理项目。
2. 变更出质人或质权人名称(姓名)的,需提供登记机关出具的变更证明;变更担保债权数额的,应提供相关补充协议。

商标专用权质权登记期限延期申请书

质权人名称(中文):
(英文):
代理组织名称:
出质人名称(中文):
(英文):
代理组织名称:
商标专用权质权登记证编号:
原质押期限:自　　　　　　　　至
延期后质押截止期限至:

质权人章戳(签字):
代理组织章戳:
代理人签字:

出质人章戳(签字):
代理组织章戳:
代理人签字:

注:1. 未委托代理的,不需填写代理项目。

2. 共有商标申请出质延期的,“出质人”一栏需填写代表人名义,其他共有人填写附页。“质权人”为多人的,可另填写附页。
3. 国内申请人不需要填写英文。
4. 需提供关于质押合同延期的相关补充协议。

商标专用权质权登记注销申请书

质权人名称(中文):
(英文):
代理组织名称:
出质人名称(中文):
(英文):
代理组织名称:
注销原因:
注销质权登记证编号:
质权人章戳(签字):　　出质人章戳(签字):
代理组织章戳:　　代理组织章戳:
代理人签字:　　代理人签字:

注:1. 未委托代理的,不需填写代理项目。
2. 共有商标申请注销的,“出质人”一栏需填写代表人名义,其他共有人填写附页。“质权人”为多人的,可另填写附页。
3. 申请注销应同时交回原质权登记证,未交回原质权登记证的应说明原因。

商标专用权质权登记证补发申请书

申请人名称:
申请人地址:
邮政编码:
联系人:
电话(含地区号):
传真(含地区号):
代理组织名称:
原质权登记证编号:
申请补证理由:
申请人章戳(签字):　　代理组织章戳:
代理人签字:

关于商业银行知识产权质押贷款业务的指导意见

(颁布机关:中国银行业监督管理委员会;实施日期:2013年2月21日)

各银监局,各省(自治区、直辖市)知识产权局、工商行政管理局、版权局,各政策性银行、国有商业银行、股份制商业银行、金融资产管理公司,邮政储蓄银行,各省级农村信用联社,银监会直接监管的信托公司、企业集团财务公司、金融租赁公司:

为支持企业创新,充分利用知识产权的融资担保价值,引导和规范商业银行开展知识产权质押贷款业务,结合实际,现提出如下指导意见。

一、充分发挥知识产权质押融资的积极作用

(一)商业银行可以接受境内个人、企业或其他组织以本人或他人合法拥有的、依法可以转让的注册商标专用权、专利权、著作权等知识产权中的财产权做质押,按照国家法律法规和相关信贷政策发放贷款或提供其他授信。

(二)商业银行要充分利用各级政府制定的知识产权质押贷款业务促进政策,根据知识产权质押贷款的业务特点,完善业务流程,加强风险管理,积极开展知识产权质押贷款业务。条件成熟的,可以将知识产权质押贷款作为专门的贷款产品管理。

(三)商业银行要结合国家有关支持中小企业发展的信贷政策,建立适合中小企业知识产权质押贷款特点的风险评估、审批授权、尽职调查和激励约束机制。

(四)商业银行及相关中介机构可建立知识产权质押贷款专家咨询制度,听取政府相关部门或相关行业专家对知识产权质押贷款审查、评估、处置交现等方面的咨询意见,提高知识产权质押贷款业务水平。

(五)银行业监督管理机构和知识产权行政管理部门要完善法规政策,建立和完善协调机制,不断改进服务,提供指导,从各方面促进知识产权质押贷款业务的开展。

二、认真调查知识产权质押标的

(六)商业银行要认真按照规定进行贷前尽职调查,钟对知识产权的特点确定质物调查的重点,并严格进行贷款担保审查。

(七)商业银行要明确可接受作为质物的不同种类知识产权的具体标准。整体上,用于质押的知识产权应当合法、完整、有效且权属清晰,依法可转让,且不违反国家保密法规和国有资产管理规定。

(八)用于质押的知识产权需获得权属证书的,要由国家相关机构依法正式授予知识产权权属证书;不需获得权属证书的,要提供由商业银行认可的相关权属证明材料。存在共同知识产权人的,应当已取得共同知识产权人的同意。属于被许可权人出质的，应当已取得原知识产权人或授权人的同意。

（九）用于质押的知识产权剩余有效期或保护期要长于贷款期限，专利和著作权的剩余有效期或保护期一般不少于 5 年。出质人要承诺按时缴纳年费等相关费用，并及时办理相关权利续展手续。

（十）商业银行还要重点关注质物对出质人的重要性，质物所属行业的发展情况、国家行业政策的发展趋势、相关市场的技术发展水平，包括与质物具有竞争性或替代性的同类产品的发展情况等外部因素，以及在不造成债权损失的前提下及时处置质物的时效性、可行性。另外，鉴于出质人的综合实力对知识产权市场价值的影响，商业银行也要重点关注借款人的管理架构、行业经验、业内声誉和生产经营业绩等整体情况。

三、合理确定知识产权质押贷款条件

（十一）商业银行在选择用作知识产权质押贷款的质物时，要从该项知识产权的合法性、有效性、完整性、权属清晰性、经济价值、市场交易可行性等方面作出综合评估。必要时，可听取中介机构、外部专家等提供的专业意见。

（十二）商业银行要根据尽职调查掌握的借款人、出质人和出质知识产权的情况决定采用知识产权单一担保或组合担保。组合担保方式下，由第三人为借款人提供保证的，商业银行可优先接受与借款人所属知识产权相关的同业联盟或同业协会的成员作为保证人。

（十三）商业银行决定知识产权质押贷款期限时，要考虑各类知识产权的有效期限及其价值变动规律，以短期贷款为主。贷款期限较长的，商业银行在贷款期间要加强对出质知识产权价值变化的跟踪监测，必要时可依合同约定要求借款人提前还款或提供其他形式的补充担保。

（十四）商业银行要根据出质知识产权的经济价值、出质人的经营管理能力、知识产权的流通性、价值稳定性、是否组合担保等因素，并结合借款人的资信状况，审慎确定知识产权的最高质押率。对不同类型的知识产权可以采用差异化的质押率。

（十五）商业银行应当要求出质人对知识产权的转让或许可使用事项作出承诺，确保出质人遵守相关法律规定，不擅自转让或评可使用该知识产权而使质权受损或落空。

四、建立和健全知识产权质押评估管理

（十六）商业银行要建立和完善知识产权质押评估管理制度，审慎评估知识产权质押风险，定期或不定期地动态评估质物的质量。商业银行可以委托专业评估机构对出质知识产权进行评估，也可以自行评估。委托外部机构评估的，要建立评估价值复核认定机制。

（十七）商业银行、出质人或借款人委托的知识产权评估机构、律师事务所等中介机构要具有政府相关部门颁发的从业资格，拥有从事知识产权专业工作的丰富经验和一定数量的合格专业人员，并且与委托事项不存在利益冲突，具有良好的诚信和守法记录，主要负责人或合伙人执业声誉良好。

(十八)商业银行、出质人或借款人可以委托一家或多家知识产权评估机构完成知识产权评估工作。商业银行委托评估的，要与评估机构签订委托合同，并在委托合同中规定具体的评估事项，明确评估报告作为授信审批依据的有效期限以及虚假评估的责任承担，要求评估人对评估结果的客观真实性做出承诺。

(十九)知识产权评估要严格遵守相关的法律法规和行业准则，坚持独立、客观、公正的原则。中介机构出具的知识产权评估价值与市场交易价格之间有明显差异，或商业银行认为不合理的，商业银行应当要求中介机构说明理由，或重新聘请中介机构进行评估。

五、完善知识产权质押合同

(二十)商业银行要与出质人签订书面质押合同，明确出质知识产权的名称、内容、保护期、权属状况及其证明、质押担保范围、质权登记安排、出质人义务、质权实现方式，以及质押期间知识产权转让、许可他人使用、被撤销或被宣告无效时的处理等事项。

(二十一)质押合同要明确出质人维护知识产权权利完整性的义务，包括提供出质知识产权的证书等有关文件、资料，并保证所提供的信息真实、准确、完整、有效；切实维护出质知识产权有效性，未经质权人同意，不得声明放弃已出质的知识产权；积极排除他人对出质知识产权的侵害，对于因侵害获得的赔偿金，优先用于清偿质权担保项下的债务。

(二十二)质押合同还要明确出质人维护质权人质权有效性的义务，包括未经质权人同意，不得转让或许可他人使用；转让或者许可他人使用出质的知识产权所得价款，优先用于清偿对质权人的债务；发生影响出质知识产权权属有效性、经济价值等重大事件的，及时告知质权人并积极应对；专利权存在被强制实施许可可能的，及时并充分实施其专利；专利权被强制实施许可的，明确许可使用费用于提前清偿债务或者予以提存。

(二十三)以专利权出质的，商业银行可以要求出质人承诺将将来改进专利一并质押；以注册商标专用权出质的，商业银行应要求出质人将在相同或者类似商品、服务上注册的相同或近似商标一并质押；以著作权出质的，商业银行可以要求出质人将其拥有或将来拥有的该著作权改编作品的著作权一并质押。

六、切实办理知识产权质权登记，改进登记制度

(二十四)商业银行发放知识产权质押贷款必须办理质权登记，确保商业银行为优先受偿人。商业银行要按照知识产权登记管理要求配合出质人办理质权登记手续，或要求出质人配合办理质权登记手续。

(二十五)知识产权行政管理部门要完善各类知识产权的登记和查询制度,根据实际需要进行修订,简化登记流程,逐步建立和完善统一的电子化知识产权登记系统和查询系统。

七、加强知识产权质押贷款贷后管理

(二十六)商业银行要建立健全知识产权质押贷款贷后风险管理制度,确保借款人按约定的贷款用途使用贷款资金,严密监控借款人的经营管理状况,持续评估借款人的还款能力。

(二十七)在贷款存续期内,商业银行要对出质知识产权的权属关系、有效性、相关维护费用缴纳情况、经济价值变化等因素进行重点监控,持续了解出质知识产权的使用情况。必要时,可由认可的中介机构对影响质物价值的重要因素定期进行调查和通报,并出具动态评估报告。质物的再次评估价值已不能满足商业银行规定的质押率的,应当要求借款人追加其他担保或依合同约定要求提前还款。

(二十八)质押合同主体、质物等实质性内容需变更的,当事人要按照相关规定和合同约定尽快持变更协议及相关资料到质权登记部门办理变更登记。

(二十九)贷款需要重组的,商业银行要对质物进行重新审查,必要时重新进行评估。

(三十)贷款合同约定的还款期限届满,借款人到期未履行还款义务或者发生当事人约定的实现质权的情形,商业银行可以通过协议折价、拍卖、变卖、许可使用等方式实现质权,并依合同约定从所得价款中优先受偿。

八、优化知识产权质押贷款业务政策环境

(三十一)银行业监督管理机构要鼓励商业银行在商业可持续原则下积极开展中小企业知识产权质押贷款业务,并对业务开展良好的商业银行按相关规定实行监管激励。

(三十二)银行业监督管理机构和知识产权行政管理部门要建立协商沟通机制,搭建业务交流和信息共享平台,与地方政府相关部门、相关行业协会等共同建立联合工作机制,促进知识产权质押贷款业务健康发展。

(三十三)知识产权行政管理部门要联合相关部门共同加强知识产权质押评估技术的规范化,提升资产评估机构及有关从业人员的专业化水平,促进知识产权评估标准的制定,规范知识产权评估机构的行为,完善知识产权质押贷款服务平台建设。

(三十四)知识产权行政管理部门要积极构建知识产权交易市场,研究制定统一的知识产权交易规则,提供知识产权交易信息发布平台,促进知识产权流转。

(三十五)知识产权行政管理部门要联合其他相关部门为知识产权质押贷款业务的发展创造良好的市场环境,协助商业银行逐步建立知识产权质押融资信用体系。

商业银行以外的银行业金融机构以及经银监会批准设立的其他金融机构(以下统称银行业金融机构)开展知识产权质押贷款业务,参照适用本指导意见。

请各银监局联合当地知识产权局、工商行政管理局、版权局将本意见联合转发至辖内银监分局、知识产权局、工商行政管理局、版权局及银行业金融机构,并协调做好本意见的贯彻实施工作。

中国银行业监督管理委员会办公厅

2013年2月21日印发

5. 海关保护

中华人民共和国知识产权海关保护条例

（颁布机关：国务院；实施日期：2010 年 4 月 1 日）

第一章　总　　则

第一条　为了实施知识产权海关保护，促进对外经济贸易和科技文化交往，维护公共利益，根据《中华人民共和国海关法》，制定本条例。

第二条　本条例所称知识产权海关保护，是指海关对与进出口货物有关并受中华人民共和国法律、行政法规保护的商标专用权、著作权和与著作权有关的权利、专利权（以下统称知识产权）实施的保护。

第三条　国家禁止侵犯知识产权的货物进出口。

海关依照有关法律和本条例的规定实施知识产权保护，行使《中华人民共和国海关法》规定的有关权力。

第四条　知识产权权利人请求海关实施知识产权保护的，应当向海关提出采取保护措施的申请。

第五条　进口货物的收货人或者其代理人、出口货物的发货人或者其代理人应当按照国家规定，向海关如实申报与进出口货物有关的知识产权状况，并提交有关证明文件。

第六条　海关实施知识产权保护时，应当保守有关当事人的商业秘密。

第二章　知识产权的备案

第七条　知识产权权利人可以依照本条例的规定，将其知识产权向海关总署申请备案；申请备案的，应当提交申请书。申请书应当包括下列内容：

（一）知识产权权利人的名称或者姓名、注册地或者国籍等；

（二）知识产权的名称、内容及其相关信息；

（三）知识产权许可行使状况；

（四）知识产权权利人合法行使知识产权的货物的名称、产地、进出境地海关、进出口商、主要特征、价格等；

（五）已知的侵犯知识产权货物的制造商、进出口商、进出境地海关、主要特征、价格等。

前款规定的申请书内容有证明文件的，知识产权权利人应当附送证明文件。

获得审核结果
(第184页)

第八条 海关总署应当自收到全部申请文件之日起30个工作日内作出是否准予备案的决定,并书面通知申请人;不予备案的,应当说明理由。

有下列情形之一的,海关总署不予备案:

(一)申请文件不齐全或者无效的;

(二)申请人不是知识产权权利人的;

(三)知识产权不再受法律、行政法规保护的。

第九条 海关发现知识产权权利人申请知识产权备案未如实提供有关情况或者文件的,海关总署可以撤销其备案。

第十条 知识产权海关保护备案自海关总署准予备案之日起生效,有效期为10年。

知识产权有效的,知识产权权利人可以在知识产权海关保护备案有效期届满前6个月内,向海关总署申请续展备案。每次续展备案的有效期为10年。

知识产权海关保护备案有效期届满而不申请续展或者知识产权不再受法律、行政法规保护的,知识产权海关保护备案随即失效。

第十一条 知识产权备案情况发生改变的,知识产权权利人应当自发生改变之日起30个工作日内,向海关总署办理备案变更或者注销手续。

知识产权权利人未依照前款规定办理变更或者注销手续,给他人合法进出口或者海关依法履行监管职责造成严重影响的,海关总署可以根据有关利害关系人的申请撤销有关备案,也可以主动撤销有关备案。

第三章 扣留侵权嫌疑货物的申请及其处理

依申请保护
(第180页)

第十二条 知识产权权利人发现侵权嫌疑货物即将进出口的,可以向货物进出境地海关提出扣留侵权嫌疑货物的申请。

提交扣留申请书
(第191页)

第十三条 知识产权权利人请求海关扣留侵权嫌疑货物的,应当提交申请书及相关证明文件,并提供足以证明侵权事实明显存在的证据。

申请书应当包括下列主要内容:

(一)知识产权权利人的名称或者姓名、注册地或者国籍等;

(二)知识产权的名称、内容及其相关信息;

(三)侵权嫌疑货物收货人和发货人的名称;

(四)侵权嫌疑货物名称、规格等;

(五)侵权嫌疑货物可能进出境的口岸、时间、运输工具等。

侵权嫌疑货物涉嫌侵犯备案知识产权的,申请书还应当包括海关备案号。

第十四条 知识产权权利人请求海关扣留侵权嫌疑货物的,应当向海关提供不超过货物等值的担保,用于赔偿可能因申请不当给收货人、发货人造成的损失,以及支付货物由海关扣留后的仓储、保管和处置等费用;知识产权权利人直接向仓储商支付仓储、保管费用的,从担保中扣除。具体办法由海关总署制定。

第十五条 知识产权权利人申请扣留侵权嫌疑货物,符合本条例第十三条的规定,并依照本条例第十四条的规定提供担保的,海关应当扣留侵权嫌疑货物,书面通知知识产权权利人,并将海关扣留凭单送达收货人或者发货人。

知识产权权利人申请扣留侵权嫌疑货物,不符合本条例第十三条的规定,或者未依照本条例第十四条的规定提供担保的,海关应当驳回申请,并书面通知知识产权权利人。

依职权保护
(第180页)

第十六条 海关发现进出口货物有侵犯备案知识产权嫌疑的,应当立即书面通知知识产权权利人。知识产权权利人自通知送达之日起3个工作日内依照本条例第十三条的规定提出申请,并依照本条例第十四条的规定提供担保的,海关应当扣留侵权嫌疑货物,书面通知知识产权权利人,并将海关扣留凭单送达收货人或者发货人。知识产权权利人逾期未提出申请或者未提供担保的,海关不得扣留货物。

第十七条 经海关同意,知识产权权利人和收货人或者发货人可以查看有关货物。

第十八条 收货人或者发货人认为其货物未侵犯知识产权权利人的知识产权的,应当向海关提出书面说明并附送相关证据。

第十九条 涉嫌侵犯专利权货物的收货人或者发货人认为其进出口货物未侵犯专利权的,可以在向海关提供货物等值的担保金后,请求海关放行其货物。知识产权权利人未能在合理期限内向人民法院起诉的,海关应当退还担保金。

第二十条 海关发现进出口货物有侵犯备案知识产权嫌疑并通知知识产权权利人后,知识产权权利人请求海关扣留侵权嫌疑货物的,海关应当自扣留之日起30个工作日内对被扣留的侵权嫌疑货物是否侵犯知识产权进行调查、认定;不能认定的,应当立即书面通知知识产权权利人。

第二十一条 海关对被扣留的侵权嫌疑货物进行调查,请求知识产权主管部门提供协助的,有关知识产权主管部门应当予以协助。

知识产权主管部门处理涉及进出口货物的侵权案件请求海关提供协助的,海关应当予以协助。

第二十二条 海关对被扣留的侵权嫌疑货物及有关情况进行调查时,知识产权权利人和收货人或者发货人应当予以配合。

第二十三条 知识产权权利人在向海关提出采取保护措施的申请后,可以依照《中华人民共和国商标法》、《中华人民共和国著作权法》、《中华人民共和国专利法》或者其他有关法律的规定,就被扣留的侵权嫌疑货物向人民法院申请采取责令停止侵权行为或者财产保全的措施。

海关收到人民法院有关责令停止侵权行为或者财产保全的协助执行通知的,应当予以协助。

第二十四条 有下列情形之一的,海关应当放行被扣留的侵权嫌疑货物:

(一)海关依照本条例第十五条的规定扣留侵权嫌疑货物,自扣留之日起20个工作日内未收到人民法院协助执行通知的;

(二)海关依照本条例第十六条的规定扣留侵权嫌疑货物,自扣留之日起50个工作日内未收到人民法院协助执行通知,并且经调查不能认定被扣留的侵权嫌疑货物侵犯知识产权的;

(三)涉嫌侵犯专利权货物的收货人或者发货人在向海关提供与货物等值的担保金后,请求海关放行其货物的;

(四)海关认为收货人或者发货人有充分的证据证明其货物未侵犯知识产权权利人的知识产权的;

(五)在海关认定被扣留的侵权嫌疑货物为侵权货物之前,知识产权权利人撤回扣留侵权嫌疑货物的申请的。

第二十五条 海关依照本条例的规定扣留侵权嫌疑货物,知识产权权利人应当支付有关仓储、保管和处置等费用。知识产权权利人未支付有关费用的,海关可以从其向海关提供的担保金中予以扣除,或者要求担保人履行有关担保责任。

侵权嫌疑货物被认定为侵犯知识产权的,知识产权权利人可以将其支付的有关仓储、保管和处置等费用计入其为制止侵权行为所支付的合理开支。

第二十六条 海关实施知识产权保护发现涉嫌犯罪案件的,应当将案件依法移送公安机关处理。

第四章 法律责任

第二十七条 被扣留的侵权嫌疑货物,经海关调查后认定侵犯知识产权的,由海关予以没收。

海关没收侵犯知识产权货物后,应当将侵犯知识产权货物的有关情况书面通知知识产权权利人。

被没收的侵犯知识产权货物可以用于社会公益事业的,海关应当转交给有关公益机构用于社会公益事业;知识产权权利人有收购意愿的,海关可以有偿转让给知识产权权利人。被没收的侵犯知识产权货物无法用于社会公益事业且知识产权权利人无收购意愿的,海关可以在消除侵权特征后依法拍卖,但对进口假冒商标货物,除特殊情况外,不能仅清除货物上的商标标识即允许其进入商业渠道;侵权特征无法消除的,海关应当予以销毁。

第二十八条 海关接受知识产权保护备案和采取知识产权保护措施的申请后,因知识产权权利人未提供确切情况而未能发现侵权货物、未能及时采取保护措施或者采取保护措施不力的,由知识产权权利人自行承担责任。

知识产权权利人请求海关扣留侵权嫌疑货物后,海关不能认定被扣留的侵权嫌疑货物侵犯知识产权权利人的知识产权,或者人民法院判定不侵犯知识产权权利人的知识产权的，知识产权权利人应当依法承担赔偿责任。

第二十九条　进口或者出口侵犯知识产权货物，构成犯罪的，依法追究刑事责任。

第三十条　海关工作人员在实施知识产权保护时，玩忽职守、滥用职权、徇私舞弊，构成犯罪的，依法追究刑事责任；尚不构成犯罪的，依法给予行政处分。

第五章　附　　则

第三十一条　个人携带或者邮寄进出境的物品，超出自用、合理数量，并侵犯本条例第二条规定的知识产权的，按照侵权货物处理。

第三十二条　知识产权权利人将其知识产权向海关总署备案的，应当按照国家有关规定缴纳备案费。

第三十三条　本条例自2004年3月1日起施行。1995年7月5日国务院发布的《中华人民共和国知识产权海关保护条例》同时废止。

中华人民共和国海关关于《中华人民共和国知识产权海关保护条例》的实施办法

（颁布机关：海关总署；实施日期：2009年7月1日）

第一章　总　　则

第一条　为了有效实施《中华人民共和国知识产权海关保护条例》（以下简称《条例》），根据《中华人民共和国海关法》以及其他法律、行政法规，制定本办法。

第二条　知识产权权利人请求海关采取知识产权保护措施或者向海关总署办理知识产权海关保护备案的，境内知识产权权利人可以直接或者委托境内代理人提出申请，境外知识产权权利人应当由其在境内设立的办事机构或者委托境内代理人提出申请。

知识产权权利人按照前款规定委托境内代理人提出申请的，应当出具规定格式的授权委托书。

第三条　知识产权权利人及其代理人（以下统称知识产权权利人）请求海关扣留即将进出口的侵权嫌疑货物的，应当根据本办法的有关规定向海关提出扣留侵权嫌疑货物的申请。

第四条　进出口货物的收发货人或者其代理人（以下统称收发货人）应当在合理的范围内了解其进出口货物的知识产权状况。海关要求申报进出口货物知识产权状况的，收发货人应当在海关规定的期限内向海关如实申报并提交有关证明文件。

第五条 知识产权权利人或者收发货人向海关提交的有关文件或者证据涉及商业秘密的,知识产权权利人或者收发货人应当向海关书面说明。

海关实施知识产权保护,应当保守有关当事人的商业秘密,但海关应当依法公开的信息除外。

第二章 知识产权备案

第六条 知识产权权利人向海关总署申请知识产权海关保护备案的,应当向海关总署提交申请书。申请书应当包括以下内容:

(一)知识产权权利人的名称或者姓名、注册地或者国籍、通信地址、联系人姓名、电话和传真号码、电子邮箱地址等。

(二)注册商标的名称、核定使用商品的类别和商品名称、商标图形、注册有效期、注册商标的转让、变更、续展情况等;作品的名称、创作完成的时间、作品的类别、作品图片、作品转让、变更情况等;专利权的名称、类型、申请日期、专利权转让、变更情况等。

(三)被许可人的名称、许可使用商品、许可期限等。

(四)知识产权权利人合法行使知识产权的货物的名称、产地、进出境地海关、进出口商、主要特征、价格等。

(五)已知的侵犯知识产权货物的制造商、进出口商、进出境地海关、主要特征、价格等。

知识产权权利人应当就其申请备案的每一项知识产权单独提交一份申请书。知识产权权利人申请国际注册商标备案的,应当就其申请的每一类商品单独提交一份申请书。

第七条 知识产权权利人向海关总署提交备案申请书,应当随附以下文件、证据:

(一)知识产权权利人个人身份证件的复印件、工商营业执照的复印件或者其他注册登记文件的复印件。

(二)国务院工商行政管理部门商标局签发的《商标注册证》的复印件。申请人经核准变更商标注册事项、续展商标注册、转让注册商标或者申请国际注册商标备案的,还应当提交国务院工商行政管理部门商标局出具的有关商标注册的证明;著作权登记部门签发的著作权自愿登记证明的复印件和经著作权登记部门认证的作品照片。申请人未进行著作权自愿登记的,提交可以证明申请人为著作权人的作品样品以及其他有关著作权的证据;国务院专利行政部门签发的专利证书的复印件。专利授权自公告之日起超过1年的,还应当提交国务院专利行政部门在申请人提出备案申请前6个月内出具的专利登记簿副本;申请实用新型专利或者外观设计专利备案的，还应当提交由国务院专利行政部门作出的专利权评价报告。

（三）知识产权权利人许可他人使用注册商标、作品或者实施专利，签订许可合同的，提供许可合同的复印件；未签订许可合同的，提交有关被许可人、许可范围和许可期间等情况的书面说明。

（四）知识产权权利人合法行使知识产权的货物及其包装的照片。

（五）已知的侵权货物进出口的证据。知识产权权利人与他人之间的侵权纠纷已经人民法院或者知识产权主管部门处理的，还应当提交有关法律文书的复印件。

（六）海关总署认为需要提交的其他文件或者证据。

知识产权权利人根据前款规定向海关总署提交的文件和证据应当齐全、真实和有效。有关文件和证据为外文的，应当另附中文译本。海关总署认为必要时，可以要求知识产权权利人提交有关文件或者证据的公证、认证文书。

第八条　知识产权权利人向海关总署申请办理知识产权海关保护备案或者在备案失效后重新向海关总署申请备案的，应当缴纳备案费。知识产权权利人应当将备案费通过银行汇至海关总署指定账号。海关总署收取备案费的，应当出具收据。备案费的收取标准由海关总署会同国家有关部门另行制定并予以公布。

知识产权权利人申请备案续展或者变更的，无需再缴纳备案费。 备案续展（第185页）

知识产权权利人在海关总署核准前撤回备案申请或者其备案申请被驳回的，海关总署应当退还备案费。已经海关总署核准的备案被海关总署注销、撤销或者因其他原因失效的，已缴纳的备案费不予退还。

第九条　知识产权海关保护备案自海关总署核准备案之日起生效，有效期为10年。自备案生效之日起知识产权的有效期不足10年的，备案的有效期以知识产权的有效期为准。

《条例》施行前经海关总署核准的备案或者核准续展的备案的有效期仍按原有效期计算。

第十条　在知识产权海关保护备案有效期届满前6个月内，知识产权权利人可以向海关总署提出续展备案的书面申请并随附有关文件。海关总署应当自收到全部续展申请文件之日起10个工作日内作出是否准予续展的决定，并书面通知知识产权权利人；不予续展的，应当说明理由。 备案续展（第185页）

续展备案的有效期自上一届备案有效期满次日起算，有效期为10年。知识产权的有效期自上一届备案有效期满次日起不足10年的，续展备案的有效期以知识产权的有效期为准。

第十一条　知识产权海关保护备案经海关总署核准后，按照本办法第六条向海关提交的申请书内容发生改变的，知识产权权利人应当自发生改变之日起30个工作日内向海关总署提出变更备案的申请并随附有关文件。

第十二条　知识产权在备案有效期届满前不再受法律、行政法规保护或者备 备案注销（第186页）

案的知识产权发生转让的,原知识产权权利人应当自备案的知识产权不再受法律、行政法规保护或者转让生效之日起30个工作日内向海关总署提出注销知识产权海关保护备案的申请并随附有关文件。知识产权权利人在备案有效期内放弃备案的,可以向海关总署申请注销备案。

未依据本办法第十一条和本条前款规定向海关总署申请变更或者注销备案,给他人合法进出口造成严重影响的,海关总署可以主动或者根据有关利害关系人的申请注销有关知识产权的备案。

海关总署注销备案,应当书面通知有关知识产权权利人,知识产权海关保护备案自海关总署注销之日起失效。

第十三条　海关总署根据《条例》第九条的规定撤销知识产权海关保护备案的,应当书面通知知识产权权利人。

海关总署撤销备案的,知识产权权利人自备案被撤销之日起1年内就被撤销备案的知识产权再次申请备案的,海关总署可以不予受理。

第三章　依申请扣留

提供侵权证据
(第191页)

第十四条　知识产权权利人发现侵权嫌疑货物即将进出口并要求海关予以扣留的,应当根据《条例》第十三条的规定向货物进出境地海关提交申请书。有关知识产权未在海关总署备案的,知识产权权利人还应当随附本办法第七条第一款第(一)、(二)项规定的文件、证据。

知识产权权利人请求海关扣留侵权嫌疑货物,还应当向海关提交足以证明侵权事实明显存在的证据。知识产权权利人提交的证据,应当能够证明以下事实:

(一)请求海关扣留的货物即将进出口;

(二)在货物上未经许可使用了侵犯其商标专用权的商标标识、作品或者实施了其专利。

提供担保
(第191页)

第十五条　知识产权权利人请求海关扣留侵权嫌疑货物,应当在海关规定的期限内向海关提供相当于货物价值的担保。

第十六条　知识产权权利人提出的申请不符合本办法第十四条的规定或者未按照本办法第十五条的规定提供担保的,海关应当驳回其申请并书面通知知识产权权利人。

海关扣留
(第192页)

第十七条　海关扣留侵权嫌疑货物的,应当将货物的名称、数量、价值、收发货人名称、申报进出口日期、海关扣留日期等情况书面通知知识产权权利人。

经海关同意,知识产权权利人可以查看海关扣留的货物。

商标权利人提起诉讼
(第192页)

第十八条　海关自扣留侵权嫌疑货物之日起20个工作日内,收到人民法院协助扣押有关货物书面通知的,应当予以协助;未收到人民法院协助扣押通知或者知识产权权利人要求海关放行有关货物的,海关应当放行货物。

第十九条　海关扣留侵权嫌疑货物的，应当将扣留侵权嫌疑货物的扣留凭单送达收发货人。

经海关同意，收发货人可以查看海关扣留的货物。

第二十条　收发货人根据《条例》第十九条的规定请求放行其被海关扣留的涉嫌侵犯专利权货物的，应当向海关提出书面申请并提供与货物等值的担保金。

收发货人请求海关放行涉嫌侵犯专利权货物，符合前款规定的，海关应当放行货物并书面通知知识产权权利人。

知识产权权利人就有关专利侵权纠纷向人民法院起诉的，应当在前款规定的海关书面通知送达之日起30个工作日内向海关提交人民法院受理案件通知书的复印件。

第四章　依职权调查处理

第二十一条　海关对进出口货物实施监管，发现进出口货物涉及在海关总署备案的知识产权且进出口商或者制造商使用有关知识产权的情况未在海关总署备案的，可以要求收发货人在规定期限内申报货物的知识产权状况和提交相关证明文件。

海关扣留货物并通知备案商标权利人（第186页）

收发货人未按照前款规定申报货物知识产权状况、提交相关证明文件或者海关有理由认为货物涉嫌侵犯在海关总署备案的知识产权的，海关应当中止放行货物并书面通知知识产权权利人。

第二十二条　知识产权权利人应当在本办法第二十一条规定的海关书面通知送达之日起3个工作日内按照下列规定予以回复：

权利人答复（第187页）

（一）认为有关货物侵犯其在海关总署备案的知识产权并要求海关予以扣留的，向海关提出扣留侵权嫌疑货物的书面申请并按照本办法第二十三条或者第二十四条的规定提供担保；

（二）认为有关货物未侵犯其在海关总署备案的知识产权或者不要求海关扣留侵权嫌疑货物的，向海关书面说明理由。

经海关同意，知识产权权利人可以查看有关货物。

第二十三条　知识产权权利人根据本办法第二十二条第一款第（一）项的规定请求海关扣留侵权嫌疑货物的，应当按照以下规定向海关提供担保：

缴纳担保金（第187页）

（一）货物价值不足人民币2万元的，提供相当于货物价值的担保；

（二）货物价值为人民币2万至20万元的，提供相当于货物价值50%的担保，但担保金额不得少于人民币2万元；

（三）货物价值超过人民币20万元的，提供人民币10万元的担保。

知识产权权利人根据本办法第二十二条第一款第（一）项的规定请求海关扣留涉嫌侵犯商标专用权货物的，可以依据本办法第二十四条的规定向海关总署提供总担保。

缴纳保证金
(第187页)

第二十四条 在海关总署备案的商标专用权的知识产权权利人,经海关总署核准可以向海关总署提交银行或者非银行金融机构出具的保函,为其向海关申请商标专用权海关保护措施提供总担保。

总担保的担保金额应当相当于知识产权权利人上一年度向海关申请扣留侵权嫌疑货物后发生的仓储、保管和处置等费用之和;知识产权权利人上一年度未向海关申请扣留侵权嫌疑货物或者仓储、保管和处置等费用不足人民币20万元的,总担保的担保金额为人民币20万元。

自海关总署核准其使用总担保之日至当年12月31日,知识产权权利人根据《条例》第十六条的规定请求海关扣留涉嫌侵犯其已在海关总署备案的商标专用权的进出口货物的,无需另行提供担保,但知识产权权利人未按照《条例》第二十五条的规定支付有关费用或者未按照《条例》第二十九条的规定承担赔偿责任,海关总署向担保人发出履行担保责任通知的除外。

海关扣留或放行
(第187页)

第二十五条 知识产权权利人根据本办法第二十二条第一款第(一)项的规定提出申请并根据本办法第二十三条、第二十四条的规定提供担保的,海关应当扣留侵权嫌疑货物并书面通知知识产权权利人;知识产权权利人未提出申请或者未提供担保的,海关应当放行货物。

第二十六条 海关扣留侵权嫌疑货物的,应当将扣留侵权嫌疑货物的扣留凭单送达收发货人。

经海关同意,收发货人可以查看海关扣留的货物。

第二十七条 海关扣留侵权嫌疑货物后,应当依法对侵权嫌疑货物以及其他有关情况进行调查。收发货人和知识产权权利人应当对海关调查予以配合,如实提供有关情况和证据。

海关对侵权嫌疑货物进行调查,可以请求有关知识产权主管部门提供咨询意见。

知识产权权利人与收发货人就海关扣留的侵权嫌疑货物达成协议,向海关提出书面申请并随附相关协议,要求海关解除扣留侵权嫌疑货物的,海关除认为涉嫌构成犯罪外,可以终止调查。

海关扣留后不能认定侵权
(第188页)

第二十八条 海关对扣留的侵权嫌疑货物进行调查,不能认定货物是否侵犯有关知识产权的,应当自扣留侵权嫌疑货物之日起30个工作日内书面通知知识产权权利人和收发货人。

海关不能认定货物是否侵犯有关专利权的,收发货人向海关提供相当于货物价值的担保后,可以请求海关放行货物。海关同意放行货物的,按照本办法第二十条第二款和第三款的规定办理。

第二十九条　对海关不能认定有关货物是否侵犯其知识产权的，知识产权权利人可以根据《条例》第二十三条的规定向人民法院申请采取责令停止侵权行为或者财产保全的措施。

海关扣留后不能认定侵权
（第188页）

海关自扣留侵权嫌疑货物之日起50个工作日内收到人民法院协助扣押有关货物书面通知的，应当予以协助；未收到人民法院协助扣押通知或者知识产权权利人要求海关放行有关货物的，海关应当放行货物。

第三十条　海关作出没收侵权货物决定的，应当将下列已知的情况书面通知知识产权权利人：

海关扣留后认定侵权
（第188页）

（一）侵权货物的名称和数量；

（二）收发货人名称；

（三）侵权货物申报进出口日期、海关扣留日期和处罚决定生效日期；

（四）侵权货物的启运地和指运地；

（五）海关可以提供的其他与侵权货物有关的情况。

人民法院或者知识产权主管部门处理有关当事人之间的侵权纠纷，需要海关协助调取与进出口货物有关的证据的，海关应当予以协助。

第三十一条　海关发现个人携带或者邮寄进出境的物品，涉嫌侵犯《条例》第二条规定的知识产权并超出自用、合理数量的，应当予以扣留，但旅客或者收寄件人向海关声明放弃并经海关同意的除外。

海关对侵权物品进行调查，知识产权权利人应当予以协助。进出境旅客或者进出境邮件的收寄件人认为海关扣留的物品未侵犯有关知识产权或者属于自用的，可以向海关书面说明有关情况并提供相关证据。

第三十二条　进出口货物或者进出境物品经海关调查认定侵犯知识产权，根据《条例》第二十七条第一款和第二十八条的规定应当由海关予以没收，但当事人无法查清的，自海关制发有关公告之日起满3个月后可由海关予以收缴。

进出口侵权行为有犯罪嫌疑的，海关应当依法移送公安机关。

第五章　货物处置和费用

第三十三条　对没收的侵权货物，海关应当按照下列规定处置：

海关处置侵权货物
（第188页）

（一）有关货物可以直接用于社会公益事业或者知识产权权利人有收购意愿的，将货物转交给有关公益机构用于社会公益事业或者有偿转让给知识产权权利人；

（二）有关货物不能按照第（一）项的规定处置且侵权特征能够消除的，在消除侵权特征后依法拍卖。拍卖货物所得款项上交国库；

（三）有关货物不能按照第（一）、（二）项规定处置的，应当予以销毁。

海关拍卖侵权货物，应当事先征求有关知识产权权利人的意见。海关销毁侵权货物,知识产权权利人应当提供必要的协助。有关公益机构将海关没收的侵权货物用于社会公益事业以及知识产权权利人接受海关委托销毁侵权货物的,海关应当进行必要的监督。

费用退回
(第189页)

第三十四条 海关协助人民法院扣押侵权嫌疑货物或者放行被扣留货物的,知识产权权利人应当支付货物在海关扣留期间的仓储、保管和处置等费用。

海关没收侵权货物的,知识产权权利人应当按照货物在海关扣留后的实际存储时间支付仓储、保管和处置等费用。但海关自没收侵权货物的决定送达收发货人之日起3个月内不能完成货物处置,且非因收发货人申请行政复议、提起行政诉讼或者货物处置方面的其他特殊原因导致的,知识产权权利人不需支付3个月后的有关费用。

海关按照本办法第三十三条第一款第(二)项的规定拍卖侵权货物的,拍卖费用的支出按照有关规定办理。

第三十五条 知识产权权利人未按照本办法第三十四条的规定支付有关费用的,海关可以从知识产权权利人提交的担保金中扣除有关费用或者要求担保人履行担保义务。

海关没收侵权货物的,应当在货物处置完毕并结清有关费用后向知识产权权利人退还担保金或者解除担保人的担保责任。

海关协助人民法院扣押侵权嫌疑货物或者根据《条例》第二十四条第(一)、(二)、(四)项的规定放行被扣留货物的,收发货人可以就知识产权权利人提供的担保向人民法院申请财产保全。海关自协助人民法院扣押侵权嫌疑货物或者放行货物之日起20个工作日内,未收到人民法院就知识产权权利人提供的担保采取财产保全措施的协助执行通知的,海关应当向知识产权权利人退还担保金或者解除担保人的担保责任;收到人民法院协助执行通知的,海关应当协助执行。

第三十六条 海关根据《条例》第十九条的规定放行被扣留的涉嫌侵犯专利权的货物后,知识产权权利人按照本办法第二十条第三款的规定向海关提交人民法院受理案件通知书复印件的,海关应当根据人民法院的判决结果处理收发货人提交的担保金;知识产权权利人未提交人民法院受理案件通知书复印件的,海关应当退还收发货人提交的担保金。对知识产权权利人向海关提供的担保,收发货人可以向人民法院申请财产保全,海关未收到人民法院对知识产权权利人提供的担保采取财产保全措施的协助执行通知的,应当自处理收发货人提交的担保金之日起20个工作日后,向知识产权权利人退还担保金或者解除担保人的担保责任;收到人民法院协助执行通知的,海关应当协助执行。

第六章　附　　则

第三十七条 海关参照本办法对奥林匹克标志和世界博览会标志实施保护。

第三十八条　在本办法中，"担保"指担保金、银行或者非银行金融机构保函。

第三十九条　本办法中货物的价值由海关以该货物的成交价格为基础审查确定。成交价格不能确定的，货物价值由海关依法估定。

第四十条　本办法第十七条、第二十一条、第二十八条规定的海关书面通知可以采取直接、邮寄、传真或者其他方式送达。

第四十一条　本办法第二十条第三款和第二十二条第一款规定的期限自海关书面通知送达之日的次日起计算。期限的截止按照以下规定确定：

（一）知识产权权利人通过邮局或者银行向海关提交文件或者提供担保的，以期限到期日24时止；

（二）知识产权权利人当面向海关提交文件或者提供担保的，以期限到期日海关正常工作时间结束止。

第四十二条　知识产权权利人和收发货人根据本办法向海关提交有关文件复印件的，应当将复印件与文件原件进行核对。经核对无误后，应当在复印件上加注"与原件核对无误"字样并予以签章确认。

第四十三条　本办法自2009年7月1日起施行。2004年5月25日海关总署令第114号公布的《中华人民共和国海关关于〈中华人民共和国知识产权海关保护条例〉的实施办法》同时废止。

6. 展会保护

商标侵权展会投诉
（第176页）

展会知识产权保护办法

（颁布机关：商务部、国家工商总局、国家版权局、国家知识产权局；
实施日期：2006年3月1日）

第一章　总　　则

第一条　为加强展会期间知识产权保护，维护会展业秩序，推动会展业的健康发展，根据《中华人民共和国对外贸易法》、《中华人民共和国专利法》、《中华人民共和国商标法》和《中华人民共和国著作权法》及相关行政法规等制定本办法。

第二条　本办法适用于在中华人民共和国境内举办的各类经济技术贸易展览会、展销会、博览会、交易会、展示会等活动中有关专利、商标、版权的保护。

第三条　展会管理部门应加强对展会期间知识产权保护的协调、监督、检查，维护展会的正常交易秩序。

第四条　展会主办方应当依法维护知识产权权利人的合法权益。展会主办方在招商招展时，应加强对参展方有关知识产权的保护和对参展项目（包括展品、展板及相关宣传资料等）的知识产权状况的审查。在展会期间，展会主办方应当积极配合知识产权行政管理部门的知识产权保护工作。

展会主办方可通过与参展方签订参展期间知识产权保护条款或合同的形式，加强展会知识产权保护工作。

第五条　参展方应当合法参展，不得侵犯他人知识产权，并应对知识产权行政管理部门或司法部门的调查予以配合。

第二章　投诉处理

第六条　展会时间在三天以上（含三天），展会管理部门认为有必要的，展会主办方应在展会期间设立知识产权投诉机构。设立投诉机构的，展会举办地知识产权行政管理部门应当派员进驻，并依法对侵权案件进行处理。

未设立投诉机构的，展会举办地知识产权行政管理部门应当加强对展会知识产权保护的指导、监督和有关案件的处理，展会主办方应当将展会举办地的相关知识产权行政管理部门的联系人、联系方式等在展会场馆的显著位置予以公示。

第七条　展会知识产权投诉机构应由展会主办方、展会管理部门、专利、商标、版权等知识产权行政管理部门的人员组成，其职责包括：

（一）接受知识产权权利人的投诉，暂停涉嫌侵犯知识产权的展品在展会期间展出；

（二）将有关投诉材料移交相关知识产权行政管理部门；

（三）协调和督促投诉的处理；

（四）对展会知识产权保护信息进行统计和分析；

（五）其他相关事项。

第八条　知识产权权利人可以向展会知识产权投诉机构投诉也可直接向知识产权行政管理部门投诉。权利人向投诉机构投诉的，应当提交以下材料：

（一）合法有效的知识产权权属证明：涉及专利的，应当提交专利证书、专利公告文本、专利权人的身份证明、专利法律状态证明；涉及商标的，应当提交商标注册证明文件，并由投诉人签章确认，商标权利人身份证明；涉及著作权的，应当提交著作权权利证明、著作权人身份证明；

（二）涉嫌侵权当事人的基本信息；

（三）涉嫌侵权的理由和证据；

（四）委托代理人投诉的，应提交授权委托书。

第九条　不符合本办法第八条规定的，展会知识产权投诉机构应当及时通知投诉人或者请求人补充有关材料。未予补充的，不予接受。

第十条　投诉人提交虚假投诉材料或其他因投诉不实给被投诉人带来损失的，应当承担相应法律责任。

第十一条　展会知识产权投诉机构在收到符合本办法第八条规定的投诉材料后，应于 24 小时内将其移交有关知识产权行政管理部门。

第十二条　地方知识产权行政管理部门受理投诉或者处理请求的，应当通知展会主办方，并及时通知被投诉人或者被请求人。

第十三条　在处理侵犯知识产权的投诉或者请求程序中，地方知识产权行政管理部门可以根据展会的展期指定被投诉人或者被请求人的答辩期限。

第十四条　被投诉人或者被请求人提交答辩书后，除非有必要作进一步调查，地方知识产权行政管理部门应当及时作出决定并送交双方当事人。

被投诉人或者被请求人逾期未提交答辩书的，不影响地方知识产权行政管理部门作出决定。

第十五条　展会结束后，相关知识产权行政管理部门应当及时将有关处理结果通告展会主办方。展会主办方应当做好展会知识产权保护的统计分析工作，并将有关情况及时报展会管理部门。

第三章　展会期间专利保护

第十六条　展会投诉机构需要地方知识产权局协助的，地方知识产权局应当

积极配合,参与展会知识产权保护工作。地方知识产权局在展会期间的工作可以包括:

(一)接受展会投诉机构移交的关于涉嫌侵犯专利权的投诉,依照专利法律法规的有关规定进行处理;

(二)受理展出项目涉嫌侵犯专利权的专利侵权纠纷处理请求,依照专利法第五十七条的规定进行处理;

(三)受理展出项目涉嫌假冒他人专利和冒充专利的举报,或者依职权查处展出项目中假冒他人专利和冒充专利的行为,依据专利法第五十八条和第五十九条的规定进行处罚。

第十七条 有下列情形之一的,地方知识产权局对侵犯专利权的投诉或者处理请求不予受理:

(一)投诉人或者请求人已经向人民法院提起专利侵权诉讼的;

(二)专利权正处于无效宣告请求程序之中的;

(三)专利权存在权属纠纷,正处于人民法院的审理程序或者管理专利工作的部门的调解程序之中的;

(四)专利权已经终止,专利权人正在办理权利恢复的。

第十八条 地方知识产权局在通知被投诉人或者被请求人时,可以即行调查取证,查阅、复制与案件有关的文件,询问当事人,采用拍照、摄像等方式进行现场勘验,也可以抽样取证。

地方知识产权局收集证据应当制作笔录,由承办人员、被调查取证的当事人签名盖章。被调查取证的当事人拒绝签名盖章的,应当在笔录上注明原因;有其他人在现场的,也可同时由其他人签名。

第四章 展会期间商标保护

第十九条 展会投诉机构需要地方工商行政管理部门协助的,地方工商行政管理部门应当积极配合,参与展会知识产权保护工作。地方工商行政管理部门在展会期间的工作可以包括:

(一)接受展会投诉机构移交的关于涉嫌侵犯商标权的投诉,依照商标法律法规的有关规定进行处理;

(二)受理符合商标法第五十二条规定的侵犯商标专用权的投诉;

(三)依职权查处商标违法案件。

第二十条 有下列情形之一的,地方工商行政管理部门对侵犯商标专用权的投诉或者处理请求不予受理:

(一)投诉人或者请求人已经向人民法院提起商标侵权诉讼的;

(二)商标权已经无效或者被撤销的。

第二十一条　地方工商行政管理部门决定受理后,可以根据商标法律法规等相关规定进行调查和处理。

第五章　展会期间著作权保护

第二十二条　展会投诉机构需要地方著作权行政管理部门协助的,地方著作权行政管理部门应当积极配合,参与展会知识产权保护工作。地方著作权行政管理部门在展会期间的工作可以包括:

(一)接受展会投诉机构移交的关于涉嫌侵犯著作权的投诉,依照著作权法律法规的有关规定进行处理;

(二)受理符合著作权法第四十七条规定的侵犯著作权的投诉,根据著作权法的有关规定进行处罚。

第二十三条　地方著作权行政管理部门在受理投诉或请求后,可以采取以下手段收集证据:

(一)查阅、复制与涉嫌侵权行为有关的文件档案、账簿和其他书面材料;

(二)对涉嫌侵权复制品进行抽样取证;

(三)对涉嫌侵权复制品进行登记保存。

第六章　法 律 责 任

第二十四条　对涉嫌侵犯知识产权的投诉,地方知识产权行政管理部门认定侵权成立的,应会同会展管理部门依法对参展方进行处理。

第二十五条　对涉嫌侵犯发明或者实用新型专利权的处理请求,地方知识产权局认定侵权成立的,应当依据专利法第十一条第一款关于禁止许诺销售行为的规定以及专利法第五十七条关于责令侵权人立即停止侵权行为的规定作出处理决定,责令被请求人从展会上撤出侵权展品,销毁介绍侵权展品的宣传材料,更换介绍侵权项目的展板。

对涉嫌侵犯外观设计专利权的处理请求,被请求人在展会上销售其展品,地方知识产权局认定侵权成立的,应当依据专利法第十一条第二款关于禁止销售行为的规定以及第五十七条关于责令侵权人立即停止侵权行为的规定作出处理决定,责令被请求人从展会上撤出侵权展品。

第二十六条　在展会期间假冒他人专利或以非专利产品冒充专利产品,以非专利方法冒充专利方法的,地方知识产权局应当依据专利法第五十八条和第五十九条规定进行处罚。

第二十七条　对有关商标案件的处理请求,地方工商行政管理部门认定侵权成立的,应当根据《商标法》、《商标法实施条例》等相关规定进行处罚。

第二十八条　对侵犯著作权及相关权利的处理请求,地方著作权行政管理部门认定侵权成立的,应当根据著作权法第四十七条的规定进行处罚,没收、销毁侵权展品及介绍侵权展品的宣传材料,更换介绍展出项目的展板。

第二十九条 经调查,被投诉或者被请求的展出项目已经由人民法院或者知识产权行政管理部门作出判定侵权成立的判决或者决定并发生法律效力的,地方知识产权行政管理部门可以直接作出第二十六条、第二十七条、第二十八条和第二十九条所述的处理决定。

第三十条 请求人除请求制止被请求人的侵权展出行为之外,还请求制止同一被请求人的其他侵犯知识产权行为的,地方知识产权行政管理部门对发生在其管辖地域之内的涉嫌侵权行为,可以依照相关知识产权法律法规以及规章的规定进行处理。

第三十一条 参展方侵权成立的,展会管理部门可依法对有关参展方予以公告;参展方连续两次以上侵权行为成立的,展会主办方应禁止有关参展方参加下一届展会。

第三十二条 主办方对展会知识产权保护不力的,展会管理部门应对主办方给予警告,并视情节依法对其再次举办相关展会的申请不予批准。

第七章 附 则

第三十三条 展会结束时案件尚未处理完毕的,案件的有关事实和证据可经展会主办方确认,由展会举办地知识产权行政管理部门在15个工作日内移交有管辖权的知识产权行政管理部门依法处理。

第三十四条 本办法中的知识产权行政管理部门是指专利、商标和版权行政管理部门;本办法中的展会管理部门是指展会的审批或者登记部门。

第三十五条 本办法自2006年3月1日起实施。

北京市展会知识产权保护办法

(颁布机关:北京市人民政府;实施日期:2008年3月1日)

第一条 为了加强展会知识产权保护,维护展会秩序,促进会展业健康发展,根据有关法律、法规,结合本市实际情况,制定本办法。

第二条 本办法适用于本市行政区域内举办的展览会、展示会、博览会、交易会、展示会等活动中有关专利权、商标权、版权等知识产权的保护。

第三条 展会知识产权保护工作坚持政府指导、主办方负责、参展方自律、社会公众监督的原则。

第四条 市知识产权局负责本市展会知识产权保护工作的统筹协调。区、县人民政府负责本行政区域内展会知识产权保护工作的领导和协调。

知识产权、工商行政管理、版权等知识产权行政管理部门(以下统称知识产权行政管理部门)应当依照各自职责做好对展会知识产权保护工作的指导和监督,帮助主办方建立健全展会知识产权保护制度。

第五条 展会管理部门应当加强对展会知识产权保护工作的协调、监督、检查,维护展会的正常秩序。

第六条 有关行业协会应当通过制定行业自律规范、开展宣传培训等方式,增强会员的知识产权保护意识,协助知识产权行政管理部门开展展会知识产权保护工作。

第七条 主办方应当依法做好展会知识产权保护工作,建立健全展前审查参展项目(包括展品、展板、展台及相关宣传资料等)知识产权状况的制度,督促参展方对可能引发知识产权纠纷的参展项目进行检索。

第八条 参展方应当合法参展,配合主办方在展前对参展项目知识产权状况进行的审查工作,不得侵犯他人的知识产权。

参展项目依法应当具有相关权利证明的,参展方应当携带相关的权利证明参展;对参展项目标注知识产权标记、标识的,应当按照有关规定标注。

第九条 主办方与参展方应当在参展合同中约定双方知识产权保护的权利、义务和相关内容。知识产权保护的内容应当包括:

(一)参展方对参展项目不侵犯他人知识产权的承诺;

(二)知识产权投诉处理程序和解决方式;

(三)参展项目涉嫌侵权的,应当采取遮盖、撤展等处理措施。

市知识产权局应当会同市工商行政管理、市版权等行政管理部门制定展会知识产权保护的合同示范文本,并向社会公布。

第十条 举办时间在三天以上,且具有下列情形之一的展会,知识产权行政管理部门应当进驻:

(一)政府和政府部门主办的展会;

(二)展出面积二万平方米以上的展会;

(三)在国际或者国内具有重大影响的展会。

主办方应当为知识产权行政管理部门进驻展会开展工作提供必要的便利条件。

第十一条 举办第十条第一款规定的展会,由本市展会管理部门审批或者登记的,展会管理部门应当自批准或者登记之日起10日内,将展会的名称、时间、地点、展出面积、主办方的基本情况告知市知识产权局;由非本市展会管理部门审批或者登记的,展会的承办方应当按照前述规定将举办展会的有关情况告知市知识产权局。

第十二条 主办方应当根据国家有关规定和实际工作需要设立展会知识产权投诉机构。

投诉机构可以由主办方人员、相关领域的专业技术人员和法律专业人员等组成。必要时,主办方可以邀请知识产权行政管理部门派人指导。

第十三条 知识产权权利人或者利害关系人认为参展项目侵犯其知识产权的,可以依照有关规定向主办方或者主办方设立的投诉机构投诉。主办方或者投诉机构接到投诉后应当及时指派工作人员进行调查处理。

第十四条 知识产权权利人或者利害关系人向主办方或者主办方设立的投诉机构投诉的,应当提供下列材料:

(一)投诉人与被投诉人基本情况资料,包括投诉人名称、住所、被投诉人名称及展位号码。投诉人委托代理人投诉的,应当提交授权委托书。

(二)涉嫌侵权参展项目的名称、涉嫌侵权的证据和必要说明。

(三)知识产权权利证明,包括知识产权权属证明、知识产权内容证明和其他必要的知识产权法律状况证明。

第十五条 被投诉人在被告知其参展项目涉嫌侵权后,应当及时出示权利证书或者其他证据,证明其拥有对被投诉内容的合法权属,作出不侵权的举证,并协助主办方或者主办方设立的投诉机构工作人员对涉嫌侵权物品进行查验。

被投诉人不能作出有效举证的,应当按照与主办方的合同约定将涉嫌侵权的物品自行撤展;被投诉人不自行撤展的,主办方或者主办方设立的投诉机构可以作出撤展的决定。

第十六条 因投诉人恶意投诉而给被投诉人造成损失的,投诉人应当依法承担相应的赔偿责任。

第十七条 参展方应当遵守与主办方签订的有关知识产权保护的合同条款,履行知识产权保护义务,配合主办方解决纠纷。

第十八条 主办方在展会举办期间应当履行下列职责:

(一)接受知识产权侵权投诉,协调解决侵权纠纷;

(二)提供知识产权保护法律和相关专业技术方面的宣传咨询服务;

(三)在显著位置公示知识产权行政管理部门的受案范围和联系方式,并公布主办方或者投诉机构的服务事项、投诉地点和联系方式;

(四)应知识产权权利人或者利害关系人的合理要求,出具相关事实证明;

(五)主办方应当履行的其他职责。

第十九条 展会期间发生知识产权纠纷的,主办方或者主办方设立的投诉机构应当按照事先的约定,在当事人各方自愿的基础上进行调解。经调解达成一致的,有关各方应当执行;不能达成一致的,知识产权权利人或者利害关系人可以向知识产权行政管理部门投诉,也可以直接向人民法院起诉。

第二十条　主办方和参展方应当接受知识产权行政管理部门的指导、监督和检查,配合知识产权行政管理部门和司法机关的调查取证等执法活动。

第二十一条　主办方应当妥善保存展会期间的知识产权保护信息与资料,并在展会结束后报送市知识产权局。

第二十二条　知识产权行政管理部门应当履行下列展会知识产权保护职责:

(一)依法受理知识产权权利人或者利害关系人的投诉,处理展会知识产权侵权纠纷;

(二)组织开展知识产权保护相关法律、政策的宣传,以巡视、督导等方式监督主办方履行知识产权保护义务;

(三)依法查处展会期间发生的知识产权违法行为;

(四)建立展会知识产权保护情况的信息披露制度,提供有关知识产权保护的信息查询服务。

知识产权行政管理部门应当严格依法履行职责,不得干扰正常的展会秩序。

第二十三条　知识产权行政管理部门可以将主办方履行展会知识产权保护职责的有关情况通报展会管理部门。

第二十四条　主办方违反本办法第十八条第(一)项、第(二)项、第(三)项和第二十一条规定的,由知识产权行政管理部门依照各自的管理职责责令改正;拒不改正的,可处1000元以上3万元以下罚款。

主办方违反本办法规定,不履行展会知识产权保护职责,其他法律、法规已规定法律责任的,依照其规定执行。

第二十五条　知识产权行政管理部门及其工作人员玩忽职守、滥用职权、徇私舞弊的,由有关部门依法给予行政处分;构成犯罪的,依法追究刑事责任。

第二十六条　本办法自2008年3月1日起施行。

中国国际进口博览会
关于参展项目涉嫌侵犯知识产权的投诉及处理办法

(发布机构:中国国际进口博览局;实施日期:2018年7月28日)

第一章　总　　则

第一条　为加强中国国际进口博览会(以下称"进口博览会")知识产权保护工作,维护展会秩序,保护参展单位及知识产权权利人的合法权益,根据中华人民共和国知识产权相关法律法规和规章,制定本办法。

第二条 本办法适用于进口博览会企业商业展期间发生在展馆内的涉嫌侵犯知识产权的投诉及处理。

第三条 本办法所称知识产权,是指依照中华人民共和国知识产权相关法律法规取得的专利权、商标权、著作权等权利。

第二章 职责义务

第四条 为依法保护参展单位和知识产权权利人的合法权益,展会方履行下列职责:

(一)制定关于涉嫌侵犯知识产权的投诉及处理办法;

(二)展会期间设立知识产权保护与商事纠纷处理服务中心(以下称"服务中心"),邀请相关专家进驻,依据进口博览会有关规定调解处理涉嫌侵犯知识产权的投诉,提供知识产权相关咨询供咨询人参考;

(三)配合知识产权行政管理部门等开展知识产权保护工作。

第五条 参展单位应签订参展合同并履行以下知识产权保护义务:

(一)承诺参展展品、展品包装、展位设计、宣传品以及展位的其他展示部位等参展项目(以下统称"参展项目")未侵犯他人知识产权;

(二)参展时携带知识产权权属证明及相关证明材料备查;

(三)展会期间遇到知识产权投诉的,积极配合服务中心开展相关工作。

第六条 为防止发生涉嫌侵权行为,展会方建议参展单位在参展前审查参展项目的知识产权状况;尚未申请知识产权的,可以根据需要依照中华人民共和国相关法律法规进行申请。

第七条 服务中心可以开展知识产权相关咨询服务,公布和发放知识产权服务指南,提供中国知识产权法律法规、知识产权申请和维权指引等方面的信息,帮助参展单位和采购商更好地了解中国知识产权保护法律政策环境。

第八条 服务中心将公布和发放知识产权宣传手册,开展多种形式的知识产权保护宣传咨询活动,宣传介绍进口博览会知识产权保护措施,增强参展单位与采购商的知识产权保护意识。

第三章 投诉申请

第九条 知识产权权利人在展馆内发现参展项目涉嫌侵犯其知识产权的,可以向服务中心现场投诉。服务中心不接受电话或电子邮件等其他形式的投诉。

第十条 投诉人投诉时应当提交以下材料:

(一)投诉申请书(附件一);

(二)被投诉参展项目涉嫌侵犯知识产权的证据材料;

（三）合法有效的知识产权权属证明，包括但不限于以下材料：涉及专利的，提交专利证书、专利公告文本、专利权人的身份证明、专利法律状态证明；涉及商标的，提交商标注册证明文件、商标权利人身份证明；涉及著作权的，提交著作权权利证明、著作权人身份证明；其他证明知识产权法律状态的证明材料等；

（四）委托代理人投诉的，应提交授权委托书及代理人身份证明文件。授权委托书应由委托人签名或盖章，并记载委托事项和权限。

服务中心根据案件具体情况可以要求投诉人出示检测检验报告、公开出版刊物（专利文献、教科书、杂志）等其他材料。

第十一条　投诉人提交的身份证明、知识产权权属证明等材料是在中国领域外形成的，应当经所在国公证机关予以证明，并经中国驻该国使领馆予以认证，或者履行中国与该所在国订立的有关条约中规定的证明手续；在中国香港、澳门、台湾地区形成的，应当履行相关的证明手续。

投诉人应当保证其提交的材料真实、合法、有效。材料是外文的，应当附中文译本。

第十二条　具有下列情形之一的，服务中心可以不接受投诉：

（一）投诉人已向知识产权行政管理部门提出涉嫌侵权的投诉或向人民法院起诉，或者向仲裁机构申请仲裁，但尚未处理完毕或审结的；

（二）知识产权无效或处于无效宣告请求程序之中的；

（三）知识产权存在权属纠纷，正由知识产权行政管理部门调解或处理，或由人民法院审理的；

（四）投诉人提交的材料不符合本办法第十条规定的。

第四章　投诉处理

第十三条　服务中心接受投诉材料后，应当及时通知被投诉人，要求被投诉人在二十四（24）小时内答复。

被投诉人认为被投诉参展项目不侵权的，应向服务中心提供其合法有效的知识产权权属证明，以及证明不侵权的其他证据材料；否则应签署《承诺书》（附件二），并主动撤下被投诉的参展项目，在展会期间不再展出。《承诺书》一式两份，分别由被投诉人和服务中心保存。

第十四条　服务中心应当充分听取投诉人与被投诉人的意见，可以视情况组织调解。

被投诉人未在答复期内提供相应证据材料或提供的材料不能证明不侵权，又不主动撤下涉嫌侵权的参展项目的，服务中心应当将收到的投诉材料移交有关知识产权行政管理部门依法处理。

第十五条　被投诉人违反《承诺书》，在当届进口博览会再次展出涉嫌侵权的参展项目的,服务中心可以向展会方建议,依照参展合同的约定进行处理或取消被投诉人的参展资格。

第十六条 投诉人和被投诉人应遵守展会秩序管理相关规定。对影响展会秩序的,依照展会秩序管理相关规定处理。

第十七条 服务中心建立投诉档案制度,应及时整理投诉和处理情况并进行统计分析,相关信息可根据工作需要向相关部门通报,并可作为下届进口博览会参展资格评审的参考。

第五章 附 则

第十八条 本办法由中国国际进口博览局负责解释。

第十九条 本办法自发布之日起施行。

广州市展会知识产权保护办法

(颁布机关:广州市人民政府;实施日期:2012年6月16日)

第一条 为加强本市展会知识产权保护,推动会展业有序健康发展,根据有关法律、法规,结合本市实际,制定本办法。

第二条 本办法适用于本市行政区域内举办的各类展览会、展销会、博览会、交易会、展示会等展会中有关专利权、商标权、版权的保护。

第三条 展会知识产权保护应当遵循政府监管、展会主办单位负责、参展商自律、社会公众监督的原则。

第四条 专利、商标、版权知识产权行政管理部门应当加强对展会知识产权的保护,履行下列职责:

(一)组织展会主办单位、参展商进行各种知识产权培训,并为其提供指导和咨询服务;

(二)检查、督促展会主办单位、参展商自觉履行知识产权保护义务;

(三)查处展会中发生的各类知识产权违法案件。

前款规定的负责知识产权行政管理的部门应当建立展会知识产权保护信息统计制度。专利行政管理部门应当组织商标、版权行政管理部门建立信息共享和协调机制。

第五条 举办时间在3日以上,且具有下列情形之一的展会,负责知识产权行政管理的部门应当设立现场办公室或者指定联络员,接受知识产权权利人或者利害关系人提出的行政处理请求,对符合立案标准的予以处理:

（一）政府以及政府部门主办的展会；

（二）在国际或者国内具有重大影响的展会；

（三）可能发生知识产权侵权纠纷较多的展会。

未设立现场办公室或者指定联络员的展会，知识产权权利人或者利害关系人可以直接向负责知识产权行政管理的部门提出行政处理请求。

第六条　展会主办单位应当在与参展商签订的参展合同中约定知识产权保护条款，内容包括：

（一）参展商应当承诺其所有的参展项目不侵犯他人在先拥有的知识产权；

（二）参展项目如经展会主办单位认为涉嫌侵权，且参展商不能作出不侵权的有效举证的，参展商应当立即采取遮盖、撤展等处理措施；

（三）参展项目已由人民法院作出侵权判决或者由负责知识产权行政管理的部门作出侵权处理决定，并已发生法律效力的，参展商拒绝采取遮盖、撤展等处理措施时，展会主办单位可以收回参展人员参展证件或者取消参展商当届参展资格。

（四）与展会知识产权保护有关的其他内容。

第七条　展会主办单位应当建立知识产权备案和公示制度，将本届展会参展商备案的知识产权按类别编印成知识产权保护目录，在展会开始15日前向参展商公布。

第八条　展会主办单位应当履行下列义务：

（一）在展馆显著位置或者参展商手册上，公布负责知识产权行政管理的部门接受投诉或者处理请求的联系方式和立案标准；

（二）为参展商提供知识产权方面的宣传咨询服务；

（三）接受知识产权权利人或者利害关系人的投诉，依约处理展会中发生的知识产权侵权纠纷；

（四）应知识产权权利人或者利害关系人的要求，出具相关事实证明，或者为知识产权权利人、利害关系人及其委托代理人进入展会取证提供必要的便利条件；

（五）妥善保存展会的知识产权保护信息与资料，在展会结束后统计展会期间自行受理的知识产权投诉纠纷并进行分类整理、分析，分别报送专利、商标和版权行政管理部门；

（六）配合负责知识产权行政管理的部门的工作。

展会主办单位应当设立知识产权工作机构，指派专人负责，并可以聘请相关领域的专业技术人员和法律专业人员参加。

第九条　参展商应当履行下列义务：

（一）参展项目涉及知识产权的，应当准备相关权利证明材料，并且在展会开始30日前向展会主办单位备案；

（二）在参展项目上标注知识产权标记、标识的，应当按照国家的有关规定规范

标注;

(三)自觉对参展项目的知识产权状况进行审查,不得将涉嫌侵犯他人在先拥有的知识产权的项目带入展会参展;

(四)接受负责知识产权行政管理的部门的监督、检查、处理。

第十条 知识产权权利人或者利害关系人可以就被投诉人的涉嫌侵权行为向展会主办单位投诉,展会主办单位应当按照本办法第十一条的规定处理投诉。

知识产权权利人或者利害关系人也可以就被投诉人的涉嫌侵权行为直接向人民法院起诉或者向负责知识产权行政管理的部门提出处理请求。

第十一条 知识产权权利人或者利害关系人向展会主办单位提出投诉时,应当提交证明材料;展会主办单位应当及时受理并告知被投诉人。

被投诉人被告知参展项目涉嫌侵权的,应当及时出示相关证据,作出不侵权举证。被投诉人不能作出有效举证的,展会主办单位应当要求被投诉人按照合同约定立即采取遮盖、撤展等处理措施。

被投诉的参展项目已由人民法院作出侵权判决或者由负责知识产权行政管理的部门作出侵权处理决定,并已发生法律效力的,展会主办单位应当要求被投诉人立即采取遮盖、撤展等处理措施。

第十二条 被投诉人拒不按照本办法第十一条规定采取措施的,展会主办单位应当对涉嫌侵权的参展项目拍照取证,交予投诉人,或者配合公证机关进行取证。

被投诉人拒不按照本办法第十一条第三款的规定采取遮盖、撤展等处理措施的,展会主办单位还可以按照合同约定收回参展人员参展证件或者取消参展商当届参展资格。

第十三条 展会主办单位应当从下一届展会起连续三届拒绝具有以下情形之一的参展商参加同一展会:

(一)拒不按照本办法第十一条第三款的规定采取遮盖、撤展等处理措施的;

(二)拒不对展会主办单位认为涉嫌侵权的参展项目采取遮盖、撤展等处理措施,投诉人证明其后该参展项目被人民法院或者负责知识产权行政管理的部门认定侵权的;

(三)参展项目在往届展会中因人民法院或者负责知识产权行政管理的部门认定侵权而采取遮盖、撤展等处理措施,所涉及的知识产权仍处于有效保护期内,本届展会中又继续展出同一参展项目的;

(四)参展项目在往届展会中因展会主办单位认为涉嫌侵权而采取遮盖、撤展等处理措施,投诉人证明其后该参展项目被人民法院或者负责知识产权行政管理的部门认定侵权,所涉及的知识产权仍处于有效保护期内,本届展会中又继续展出同一参展项目的;

（五）有其他不配合展会知识产权保护工作的行为，情节严重的。

第十四条　知识产权权利人或者利害关系人向负责知识产权行政管理的部门提出处理请求时，应当提交以下材料：

（一）由知识产权权利人或者利害关系人签署或者盖章的请求书，委托代理人处理的，应当提交授权委托书，并注明授权权限；

（二）涉及专利的，应当提交专利证书、专利公告文本、专利权人的身份证明、专利法律状态证明；涉及商标的，应当提交商标注册证明文件、商标权利人身份证明；涉及版权的，应当提交版权权利证明、版权人身份证明；是利害关系人的，还应当提交独占使用许可合同或者排他使用许可合同等证明材料；

（三）被投诉人基本信息，包括被投诉人的名称、所在展位等；

（四）涉及实用新型专利或者外观设计专利的，应当提交国务院专利行政部门出具的专利权评价报告；

（五）被投诉人涉嫌侵权的参展项目名称、涉嫌侵权的理由及证据。

第十五条　本办法第十四条第（五）项所称证据，涉及专利侵权处理请求的应当符合下列条件：

（一）除新产品制造方法的发明专利外，涉及方法发明专利或者是依照专利方法直接获得产品的，应当提交涉及产品的配方、组分或者被投诉人所采用的方法；

（二）涉及大型机械设备、精密仪器结构等产品的实用新型专利、发明专利，应当提交其形状、构造或者二者的结合落入专利权保护范围的相关证明材料；

（三）其他能够证明被控涉嫌侵权产品侵权的证据。

第十六条　当事人按照本办法第十四条、第十五条规定提交的材料，应当真实、合法，不得提交虚假材料。

当事人提交的材料是在中华人民共和国境外形成的，应当符合有关法律、法规对公证认证的规定，并应当附带相应的中文译本。

第十七条　负责知识产权行政管理的部门不受理具有下列情形之一的展会知识产权侵权纠纷：

（一）知识产权权利人或者利害关系人已经向人民法院提起知识产权侵权诉讼的；

（二）专利权正处于无效宣告请求程序之中的；

（三）专利权存在权属纠纷，正处于人民法院的审理程序或者专利行政管理部门的调解程序之中的；

（四）注册商标被撤销或者确认无效后处于复审或者人民法院审理程序之中的；

（五）不符合本办法第十四条、第十五条、第十六条相关规定，未能在负责知识产权行政管理的部门通知的期限内补充相关材料的。

第十八条 负责知识产权行政管理的部门在调查处理展会中发生的知识产权案件时,可以到被投诉人的展位进行现场检查,查阅、复制与案件有关的文件,询问当事人,采取拍照、摄像、抽样等方式调查取证。

第十九条 专利行政管理部门设立的现场办公室可以适用简易程序处理符合以下条件的专利侵权纠纷:

(一)专利权人或者利害关系人仅要求被投诉人停止在本届展会中的侵权行为;

(二)符合本办法第十四条、第十五条、第十六条、第十七条的规定;

(三)所涉专利权已按本办法第七条的规定进行了展前备案和公示。

第二十条 按照简易程序处理的案件,专利行政管理部门应当在收到处理请求材料的24小时内立案并送达被投诉人。

被投诉人应当在收到材料后的24小时内进行答辩,逾期未提交答辩材料的,不影响专利行政管理部门处理工作的进行。

第二十一条 按照简易程序处理的案件,专利行政管理部门可以先行调解;调解不成,事实清楚,证据确凿的,专利行政管理部门应当在被投诉人答辩期满后24小时内作出处理决定。

处理决定应当送交纠纷双方当事人及展会主办单位,被认定侵权的参展项目应当立即采取遮盖、撤展等处理措施。

第二十二条 专利权人或者利害关系人提出处理请求的时间距离展会结束不足48小时的,不适用简易程序。

按照简易程序立案的案件,通过现场对比无法判断是否落入专利权保护范围的,不适用简易程序,按照有关法律、法规、规章的相关规定进行处理。

第二十三条 展会主办单位违反本办法规定,有下列行为之一的,由负责知识产权行政管理的部门责令改正:

(一)未在展馆显著位置或者参展商手册上公布负责知识产权行政管理的部门接受处理请求的联系方式和立案标准的;

(二)未向参展商提供知识产权方面的宣传咨询服务的;

(三)未报送展会知识产权保护信息与资料的。

第二十四条 展会主办单位违反本办法规定,有下列行为之一的,由负责知识产权行政管理的部门责令改正;拒不改正的,可以处以2000元以上1万元以下的罚款;造成严重后果的,可以处以1万元以上3万元以下的罚款:

(一)拒绝受理知识产权权利人或者利害关系人投诉,未按照规定或者合同约定对涉嫌侵权的参展项目采取处理措施的;

(二)经知识产权权利人或者利害关系人要求,拒绝出具相关事实证明,或者拒绝对涉嫌侵权的参展项目拍照取证,或者拒绝配合公证机关进行取证的;

（三）违反本办法第十三条的规定，允许参展商继续参加同一展会的。

第二十五条　投诉人提交虚假材料的，由处理投诉的行政管理部门予以警告；存在伪造主要证据等严重情节的，并处以1万元以上3万元以下罚款。

第二十六条　负责知识产权行政管理的部门及其工作人员玩忽职守、滥用职权、徇私舞弊的，由有关部门依法给予行政处分；涉嫌犯罪的，依法追究刑事责任。

第二十七条　本办法所称参展项目，包括展品、展板、展台、产品及照片、目录册、视像资料，以及其他相关宣传资料。

第二十八条　本办法自2009年10月1日起实施。

7. 行政投诉

市场监督管理行政处罚程序暂行规定

（颁布机关：国家市场监督管理总局；实施日期：2019 年 4 月 1 日）

第一章　总　　则

第一条　为了规范市场监督管理行政处罚程序，保障市场监督管理部门依法实施行政处罚，保护自然人、法人和其他组织的合法权益，根据《中华人民共和国行政处罚法》《中华人民共和国行政强制法》等法律、行政法规，制定本规定。

第二条　市场监督管理部门实施行政处罚，适用本规定。

第三条　市场监督管理部门实施行政处罚，应当遵循公正、公开的原则，坚持处罚与教育相结合，做到事实清楚、证据确凿、适用依据正确、程序合法、处罚适当。

第四条　市场监督管理部门实施行政处罚实行回避制度。参与案件办理的有关人员与当事人有直接利害关系的，应当回避。

市场监督管理部门主要负责人的回避，由市场监督管理部门负责人集体讨论决定；市场监督管理部门其他负责人的回避，由市场监督管理部门主要负责人决定；其他有关人员的回避，由市场监督管理部门负责人决定。

第五条　上级市场监督管理部门对下级市场监督管理部门实施行政处罚，应当加强监督。

各级市场监督管理部门对本部门内设机构及其派出机构、受委托组织实施行政处罚，应当加强监督。

第二章　管　　辖

第六条　行政处罚由违法行为发生地的县级以上市场监督管理部门管辖。法律、行政法规另有规定的除外。

第七条　县级、设区的市级市场监督管理部门依职权管辖本辖区内发生的行政处罚案件，法律、法规、规章规定由省级以上市场监督管理部门管辖的除外。

第八条　县级市场监督管理部门派出机构在县级市场监督管理部门确定的权限范围内以县级市场监督管理部门的名义实施行政处罚，法律、法规、规章授权以派出机构名义实施行政处罚的除外。

县级以上市场监督管理部门可以在法定权限内委托符合《中华人民共和国行

政处罚法》规定条件的组织实施行政处罚。受委托组织在委托范围内，以委托行政机关名义实施行政处罚；不得再委托其他任何组织或者个人实施行政处罚。

第九条　电子商务平台经营者和通过自建网站、其他网络服务销售商品或者提供服务的电子商务经营者的违法行为由其住所地县级以上市场监督管理部门管辖。

提交投诉
（第168页）

平台内经营者的违法行为由其实际经营地县级以上市场监督管理部门管辖。电子商务平台经营者住所地县级以上市场监督管理部门先行发现违法线索或者收到投诉、举报的，也可以进行管辖。

第十条　对利用广播、电影、电视、报纸、期刊、互联网等大众传播媒介发布违法广告的行为实施行政处罚，由广告发布者所在地市场监督管理部门管辖。广告发布者所在地市场监督管理部门管辖异地广告主、广告经营者有困难的，可以将广告主、广告经营者的违法情况移送广告主、广告经营者所在地市场监督管理部门处理。

对于互联网广告违法行为，广告主所在地、广告经营者所在地市场监督管理部门先行发现违法线索或者收到投诉、举报的，也可以进行管辖。

对广告主自行发布违法互联网广告的行为实施行政处罚，由广告主所在地市场监督管理部门管辖。

第十一条　对当事人的同一违法行为，两个以上市场监督管理部门都有管辖权的，由先立案的市场监督管理部门管辖。

第十二条　两个以上市场监督管理部门因管辖权发生争议的，应当自发生争议之日起七个工作日内协商解决；协商不成的，报请共同的上一级市场监督管理部门指定管辖。

第十三条　市场监督管理部门发现所查处的案件不属于本部门管辖的，应当将案件移送有管辖权的市场监督管理部门。受移送的市场监督管理部门对管辖权有异议的，应当报请共同的上一级市场监督管理部门指定管辖，不得再自行移送。

第十四条　上级市场监督管理部门认为必要时，可以直接查处下级市场监督管理部门管辖的案件，也可以将本部门管辖的案件交由下级市场监督管理部门管辖。法律、法规、规章明确规定案件应当由上级市场监督管理部门管辖的，上级市场监督管理部门不得将案件交由下级市场监督管理部门管辖。

下级市场监督管理部门认为依法由其管辖的案件存在特殊原因，难以办理的，可以报请上一级市场监督管理部门管辖或者指定管辖。

第十五条　报请上一级市场监督管理部门管辖或者指定管辖的，上一级市场监督管理部门应当在收到报送材料之日起七个工作日内确定案件的管辖部门。

第十六条　市场监督管理部门发现所查处的案件属于其他行政管理部门管辖的，应当依法移送其他有关部门。

市场监督管理部门发现违法行为涉嫌犯罪的,应当依照有关规定将案件移送司法机关。

第三章 行政处罚的一般程序

立案
(第168页)

第十七条 市场监督管理部门对依据监督检查职权或者通过投诉、举报、其他部门移送、上级交办等途径发现的违法行为线索,应当自发现线索或者收到材料之日起十五个工作日内予以核查,由市场监督管理部门负责人决定是否立案;特殊情况下,经市场监督管理部门负责人批准,可以延长十五个工作日。法律、法规、规章另有规定的除外。

检测、检验、检疫、鉴定等所需时间,不计入前款规定期限。

立案应当填写立案审批表,由办案机构负责人指定两名以上办案人员负责调查处理。

第十八条 办案人员应当全面、客观、公正、及时进行案件调查,收集、调取证据,并依照法律、法规、规章的规定进行检查。

首次向当事人收集、调取证据的,应当告知其享有陈述权、申辩权以及申请回避的权利。

市场监督管理部门及参与案件办理的有关人员对调查过程中知悉的国家秘密、商业秘密和个人隐私应当依法保密。

调查及查处
(第170页)

第十九条 办案人员调查或者进行检查时不得少于两人,并应当向当事人或者有关人员出示执法证件。

第二十条 办案人员应当依法收集证据。证据包括:

(一)书证;

(二)物证;

(三)视听资料;

(四)电子数据;

(五)证人证言;

(六)当事人的陈述;

(七)鉴定意见;

(八)勘验笔录、现场笔录。

立案前核查或者监督检查过程中依法取得的证据材料,可以作为案件的证据使用。

对于移送的案件,移送机关依职权调查收集的证据材料,可以作为案件的证据使用。

上述证据,应当符合法律、法规、规章关于证据的规定,并经查证属实,才能作为认定案件事实的依据。

第二十一条　收集、调取的书证、物证应当是原件、原物。调取原件、原物有困难的,可以提取复制件、影印件或者抄录件,也可以拍摄或者制作足以反映原件、原物外形或者内容的照片、录像。复制件、影印件、抄录件和照片、录像由证据提供人核对无误后注明与原件、原物一致,并注明出证日期、证据出处,同时签名或者盖章。

第二十二条　收集、调取的视听资料应当是有关资料的原始载体。调取视听资料原始载体有困难的,可以提取复制件,并注明制作方法、制作时间、制作人等。声音资料应当附有该声音内容的文字记录。

第二十三条　收集、调取的电子数据应当是有关数据的原始载体。收集电子数据原始载体有困难的,可以采用拷贝复制、委托分析、书式固定、拍照录像等方式取证,并注明制作方法、制作时间、制作人等。

市场监督管理部门可以利用互联网信息系统或者设备收集、固定违法行为证据。用来收集、固定违法行为证据的互联网信息系统或者设备应当符合相关规定,保证所收集、固定电子数据的真实性、完整性。

市场监督管理部门可以指派或者聘请具有专门知识的人员,辅助办案人员对案件关联的电子数据进行调查取证。

第二十四条　从中华人民共和国领域外取得的证据,应当说明来源,经所在国公证机关证明,并经中华人民共和国驻该国使领馆认证,或者履行中华人民共和国与证据所在国订立的有关条约中规定的证明手续。

投诉材料
(第 166 页)

在中华人民共和国香港特别行政区、澳门特别行政区和台湾地区取得的证据,应当具有按照有关规定办理的证明手续。

外文书证或者外国语视听资料等证据应当附有由具有翻译资质的机构翻译的或者其他翻译准确的中文译本,由翻译机构盖章或者翻译人员签名。

第二十五条　对有违法嫌疑的物品或者场所进行检查时,应当通知当事人到场。办案人员应当制作现场笔录,载明时间、地点、事件等内容,由办案人员、当事人签名或者盖章。

第二十六条　办案人员可以询问当事人及其他有关单位和个人。询问应当个别进行。询问应当制作笔录,询问笔录应当交被询问人核对;对阅读有困难的,应当向其宣读。笔录如有差错、遗漏,应当允许其更正或者补充。涂改部分应当由被询问人签名、盖章或者以其他方式确认。经核对无误后,由被询问人在笔录上逐页签名、盖章或者以其他方式确认。办案人员应当在笔录上签名。

第二十七条　办案人员可以要求当事人及其他有关单位和个人在一定期限内提供证明材料或者与涉嫌违法行为有关的其他材料,并由材料提供人在有关材料上签名或者盖章。

市场监督管理部门在查处侵权假冒等案件过程中,可以要求权利人对涉案产品是否为权利人生产或者其许可生产的产品进行辨认,也可以要求其对有关事项进行鉴别。

第二十八条　市场监督管理部门抽样取证时,应当通知当事人到场。办案人员应当制作抽样记录,对样品加贴封条,开具清单,由办案人员、当事人在封条和相关记录上签名或者盖章。

通过网络、电话购买等方式抽样取证的,应当采取拍照、截屏、录音、录像等方式对交易过程、商品拆包查验及封样等过程进行记录。

法律、法规、规章或者国家有关规定对实施抽样机构的资质或者抽样方式有明确要求的,市场监督管理部门应当委托相关机构或者按照规定方式抽取样品。

第二十九条　为查明案情,需要对案件中专门事项进行检测、检验、检疫、鉴定的,市场监督管理部门应当委托具有法定资质的机构进行;没有法定资质机构的,可以委托其他具备条件的机构进行。检测、检验、检疫、鉴定结果应当告知当事人。

第三十条　在证据可能灭失或者以后难以取得的情况下,市场监督管理部门可以对与涉嫌违法行为有关的证据采取先行登记保存措施。采取或者解除先行登记保存措施,应当经市场监督管理部门负责人批准。

情况紧急,需要当场采取先行登记保存措施的,执法人员应当在二十四小时内向市场监督管理部门负责人报告,并补办批准手续。市场监督管理部门负责人认为不应当采取先行登记保存措施的,应当立即解除。

第三十一条　先行登记保存有关证据,应当当场清点,开具清单,由当事人和办案人员签名或者盖章,交当事人一份,并当场交付先行登记保存证据通知书。

先行登记保存期间,当事人或者有关人员不得损毁、销毁或者转移证据。

第三十二条　对于先行登记保存的证据,应当在七日内采取以下措施:

(一)根据情况及时采取记录、复制、拍照、录像等证据保全措施;

(二)需要检测、检验、检疫、鉴定的,送交检测、检验、检疫、鉴定;

(三)依据有关法律、法规规定可以采取查封、扣押等行政强制措施的,决定采取行政强制措施;

(四)违法事实成立,应当予以没收的,作出行政处罚决定,没收违法物品;

(五)违法事实不成立,或者违法事实成立但依法不应当予以查封、扣押或者没收的,决定解除先行登记保存措施。

逾期未采取相关措施的,先行登记保存措施自动解除。

调查及查处
(第170页)

第三十三条　市场监督管理部门可以依据法律、法规的规定采取查封、扣押等行政强制措施。采取或者解除行政强制措施,应当经市场监督管理部门负责人批准。

情况紧急,需要当场采取行政强制措施的,执法人员应当在二十四小时内向市场监督管理部门负责人报告,并补办批准手续。市场监督管理部门负责人认为不应当采取行政强制措施的,应当立即解除。

第三十四条　市场监督管理部门实施行政强制措施应当依照《中华人民共和国行政强制法》第十八条规定的程序进行，并当场交付实施行政强制措施决定书和清单。

第三十五条　查封、扣押的期限不得超过三十日；情况复杂的，经市场监督管理部门负责人批准，可以延长，但是延长期限不得超过三十日。法律、行政法规另有规定的除外。

调查及查处
（第170页）

延长查封、扣押的决定应当及时书面告知当事人，并说明理由。

对物品需要进行检测、检验、检疫、鉴定的，查封、扣押的期间不包括检测、检验、检疫、鉴定的期间。检测、检验、检疫、鉴定的期间应当明确，并书面告知当事人。

第三十六条　扣押当事人托运的物品，应当制作协助扣押通知书，通知有关单位协助办理，并书面通知当事人。

第三十七条　对当事人家存或者寄存的涉嫌违法物品，需要扣押的，责令当事人取出；当事人拒绝取出的，应当会同当地有关部门或者单位将其取出，并办理扣押手续。

第三十八条　查封、扣押的场所、设施或者财物应当妥善保管，不得使用或者损毁；市场监督管理部门可以委托第三人保管，第三人不得损毁或者擅自转移、处置。

查封的场所、设施或者财物，应当加贴市场监督管理部门封条，任何人不得随意动用。

对鲜活物品或者其他不易保管的财物，法律、法规规定可以拍卖或者变卖的，或者当事人同意拍卖或者变卖的，经市场监督管理部门负责人批准，在采取相关措施留存证据后可以依法拍卖或者变卖。拍卖或者变卖所得款项由市场监督管理部门暂予保存。

第三十九条　有下列情形之一的，市场监督管理部门应当及时作出解除查封、扣押决定：

（一）当事人没有违法行为；

（二）查封、扣押的场所、设施或者财物与违法行为无关；

（三）对违法行为已经作出处理决定，不再需要查封、扣押；

（四）查封、扣押期限已经届满；

（五）其他不再需要采取查封、扣押措施的情形。

解除查封、扣押应当立即退还财物，并由办案人员和当事人在财物清单上签名或者盖章。已将鲜活物品或者其他不易保管的财物拍卖或者变卖的，退还拍卖或者变卖所得款项。变卖价格明显低于变卖时市场价格，给当事人造成损失的，应当给予补偿。

当事人下落不明或者无法确定涉案物品所有人的，应当按照本规定第七十四条第五项规定的公告送达方式告知领取。公告期满仍无人领取的,经市场监督管理部门负责人批准,将涉案物品上缴或者依法拍卖后将所得款项上缴国库。

第四十条 办案人员在调查取证过程中,无法通知当事人,当事人不到场或者拒绝接受调查,当事人拒绝签名、盖章或者以其他方式确认的,办案人员应当在笔录或者其他材料上注明情况,并采取录音、录像等方式记录,必要时可以邀请有关人员作为见证人。

第四十一条 进行现场检查、询问当事人及其他有关单位和个人、抽样取证、采取先行登记保存措施、实施查封或者扣押等行政强制措施时,按照有关规定采取拍照、录音、录像等方式记录现场情况。

第四十二条 市场监督管理部门在办理行政处罚案件时,确需其他市场监督管理部门协助调查取证的,应当出具协助调查函。收到协助调查函的市场监督管理部门应当予以协助,在接到协助调查函之日起十五个工作日内完成相关工作。需要延期完成或者无法协助的,应当在期限届满前告知提出协查请求的市场监督管理部门。

第四十三条 有下列情形之一的,经市场监督管理部门负责人批准,中止案件调查:

(一)行政处罚决定须以相关案件的裁判结果或者其他行政决定为依据,而相关案件尚未审结或者其他行政决定尚未作出的;

(二)涉及法律适用等问题,需要送请有权机关作出解释或者确认的;

(三)因不可抗力致使案件暂时无法调查的;

(四)因当事人下落不明致使案件暂时无法调查的;

(五)其他应当中止调查的情形。

中止调查的原因消除后,应当立即恢复案件调查。

第四十四条 因涉嫌违法的自然人死亡或者法人、其他组织终止,并且无权利义务承受人等原因,致使案件调查无法继续进行的,经市场监督管理部门负责人批准,案件终止调查。

第四十五条 案件调查终结,办案机构应当撰写调查终结报告,连同案件材料交由审核机构审核。

案件调查终结报告包括以下内容:

(一)当事人的基本情况;

(二)案件来源、调查经过及采取行政强制措施的情况;

(三)调查认定的事实及主要证据;

(四)违法行为性质;

(五)处理意见及依据;

(六)自由裁量的理由等其他需要说明的事项。

第四十六条　案件审核由市场监督管理部门法制机构或者其他机构负责实施,办案人员不得作为审核人员。县级市场监督管理部门派出机构以自己的名义实施行政处罚的案件,由派出机构法制员负责审核。

市场监督管理部门中初次从事案件审核的人员,应当通过国家统一法律职业资格考试取得法律职业资格。

案件审核
(第170页)

第四十七条　案件审核的主要内容包括:

(一)是否具有管辖权;

(二)当事人的基本情况是否清楚;

(三)案件事实是否清楚、证据是否充分;

(四)定性是否准确;

(五)适用依据是否正确;

(六)程序是否合法;

(七)处理是否适当。

第四十八条　审核机构经对案件进行审核,区别不同情况提出书面意见和建议:

(一)对事实清楚、证据充分、定性准确、适用依据正确、程序合法、处理适当的案件,同意案件处理意见;

(二)对定性不准、适用依据错误、程序不合法、处理不当的案件,建议纠正;

(三)对事实不清、证据不足的案件,建议补充调查;

(四)认为有必要提出的其他意见和建议。

第四十九条　审核机构应当自接到审核材料之日起十个工作日内完成审核。特殊情况下,经市场监督管理部门负责人批准可以延长。

第五十条　审核机构完成审核并退回案件材料后,对于拟给予行政处罚的案件,办案机构应当将案件材料、行政处罚建议及审核意见报市场监督管理部门负责人批准,并依法履行告知等程序;对于建议给予其他行政处理的案件,办案机构应当将案件材料、审核意见报市场监督管理部门负责人审查决定。

告知及听证
(第171页)

第五十一条　行政处罚建议被批准后,市场监督管理部门应当书面告知当事人拟作出行政处罚决定的事实、理由及依据,并告知当事人依法享有陈述权、申辩权。拟作出的行政处罚属于听证范围的,还应当告知当事人有要求举行听证的权利。法律、法规规定在行政处罚决定作出前需责令当事人退还多收价款的,一并告知拟责令退还的数额。

当事人自告知书送达之日起三个工作日内,未行使陈述、申辩权,未要求举行听证的,视为放弃此权利。

第五十二条　市场监督管理部门在告知当事人拟作出的行政处罚决定后,应当充分听取当事人的意见,对当事人提出的事实、理由和证据进行复核。当事人提出的事实、理由或者证据成立的，市场监督管理部门应当予以采纳，不得因当事人陈述、申辩或者申请听证而加重行政处罚。

第五十三条 法律、法规要求责令当事人退还多收价款的，市场监督管理部门应当在听取当事人意见后作出行政处罚决定前，向当事人发出责令退款通知书，责令当事人限期退还。难以查找多付价款的消费者或者其他经营者的，责令公告查找。

行政处理决定（第172页）

第五十四条 市场监督管理部门负责人经对案件调查终结报告、审核意见、当事人陈述和申辩意见或者听证报告等进行审查，根据不同情况，分别作出以下决定：

（一）确有依法应当给予行政处罚的违法行为的，根据情节轻重及具体情况，作出行政处罚决定；

（二）确有违法行为，但有依法不予行政处罚情形的，不予行政处罚；

（三）违法事实不能成立的，不得给予行政处罚；

（四）不属于市场监督管理部门管辖的，移送其他行政管理部门处理；

（五）违法行为涉嫌犯罪的，移送司法机关。

对下列情节复杂或者重大违法行为给予较重行政处罚的案件，应当由市场监督管理部门负责人集体讨论决定：

（一）拟罚款、没收违法所得和非法财物价值数额较大的案件；

（二）拟责令停产停业、吊销许可证或者执照的案件；

（三）涉及重大安全问题或者有重大社会影响的案件；

（四）调查处理意见与审核意见存在重大分歧的案件；

（五）市场监督管理部门负责人认为应当提交集体讨论的其他案件。

第五十五条 市场监督管理部门作出行政处罚决定，应当制作行政处罚决定书，并加盖本部门印章。行政处罚决定书的内容包括：

（一）当事人的姓名或者名称、地址等基本情况；

（二）违反法律、法规或者规章的事实和证据；

（三）当事人陈述、申辩的采纳情况及理由；

（四）行政处罚的内容和依据；

（五）行政处罚的履行方式、期限；

（六）不服行政处罚决定，申请行政复议或者提起行政诉讼的途径和期限；

（七）作出行政处罚决定的市场监督管理部门的名称和作出决定的日期。

第五十六条 市场监督管理部门作出的行政处罚决定的相关信息应当按照有关规定向社会公示。

第五十七条 适用一般程序办理的案件应当自立案之日起九十日内作出处理决定。因案情复杂或者其他原因，不能在规定期限内作出处理决定的，经市场监督管理部门负责人批准,可以延长三十日。案情特别复杂或者有其他特殊情况,经延期仍不能作出处理决定的,应当由市场监督管理部门负责人集体讨论决定是否继续延期,决定继续延期的,应当同时确定延长的合理期限。

案件处理过程中,中止、听证、公告和检测、检验、检疫、鉴定等时间不计入前款所指的案件办理期限。

第四章　行政处罚的简易程序

第五十八条　违法事实确凿并有法定依据,对自然人处以五十元以下、对法人或者其他组织处以一千元以下罚款或者警告的行政处罚的,可以当场作出行政处罚决定。

第五十九条　适用简易程序当场查处违法行为,办案人员应当向当事人出示执法证件,当场调查违法事实,收集必要的证据,填写预定格式、编有号码的行政处罚决定书。

行政处罚决定书应当由办案人员签名或者盖章,并当场送达当事人。

第六十条　当场制作的行政处罚决定书应当载明当事人的基本情况、违法行为、行政处罚依据、处罚种类、罚款数额、缴款途径和期限、救济途径、部门名称、时间、地点,并加盖市场监督管理部门印章。

第六十一条　办案人员在行政处罚决定作出前,应当告知当事人作出行政处罚决定的事实、理由和依据,并告知当事人有权进行陈述和申辩。当事人进行陈述和申辩的,办案人员应当记入笔录。

第六十二条　适用简易程序查处案件的有关材料,办案人员应当在作出行政处罚决定之日起七个工作日内交至所在的市场监督管理部门归档保存。

第五章　执行与结案

第六十三条　行政处罚决定依法作出后,当事人应当在行政处罚决定的期限内予以履行。

当事人对行政处罚决定不服申请行政复议或者提起行政诉讼的,行政处罚不停止执行,法律另有规定的除外。

第六十四条　市场监督管理部门对当事人作出罚款、没收违法所得行政处罚的,当事人应当自收到行政处罚决定书之日起十五日内,通过指定银行缴纳罚没款。有下列情形之一的,可以由办案人员当场收缴罚款:

处罚决定的执行
(第 173 页)

(一)当场处以二十元以下罚款的;

(二)当场对自然人处以五十元以下、对法人或者其他组织处以一千元以下罚款,不当场收缴事后难以执行的;

(三)在边远、水上、交通不便地区,当事人向指定银行缴纳罚款确有困难,经当事人提出的。

办案人员当场收缴罚款的,必须向当事人出具省、自治区、直辖市财政部门统一制发的罚款收据。

第六十五条 办案人员当场收缴的罚款,应当自收缴罚款之日起二日内交至所在市场监督管理部门。在水上当场收缴的罚款,应当自抵岸之日起二日内交至所在市场监督管理部门。市场监督管理部门应当在二日内将罚款缴付指定银行。

第六十六条 当事人确有经济困难,需要延期或者分期缴纳罚款的,应当提出书面申请。经市场监督管理部门负责人批准,同意当事人延期或者分期缴纳罚款的,市场监督管理部门应当书面告知当事人延期或者分期的期限。

第六十七条 当事人逾期不缴纳罚款的,市场监督管理部门可以每日按罚款数额的百分之三加处罚款,加处罚款的数额不得超出应缴罚款的数额。

第六十八条 当事人在法定期限内不申请行政复议或者提起行政诉讼,又不履行行政处罚决定,且在收到催告书十日后仍不履行行政处罚决定的,市场监督管理部门可以在期限届满之日起三个月内依法申请人民法院强制执行。

第六十九条 市场监督管理部门应当建立健全罚没物资的管理、处理制度。具体办法由省级市场监督管理部门依照国家有关规定制定。

第七十条 适用一般程序的案件有以下情形之一的,办案机构应当在十五个工作日内填写结案审批表,经市场监督管理部门负责人批准后,予以结案:

(一)行政处罚决定执行完毕的;

(二)人民法院裁定终结执行的;

(三)案件终止调查的;

(四)作出本规定第五十四条第一款第二项至五项决定的;

(五)其他应予结案的情形。

第七十一条 结案后,办案人员应当将案件材料按照档案管理的有关规定立卷归档。案卷归档应当一案一卷、材料齐全、规范有序。

案卷可以分正卷、副卷。正卷按照下列顺序归档:

(一)立案审批表;

(二)行政处罚决定书及送达回证;

(三)对当事人制发的其他法律文书及送达回证;

(四)证据材料;

(五)听证笔录;

(六)财物处理单据;

(七)其他有关材料。

副卷按照下列顺序归档:

(一)案源材料;

(二)调查终结报告;
(三)审核意见;
(四)听证报告;
(五)结案审批表;
(六)其他有关材料。
案卷的保管和查阅,按照档案管理的有关规定执行。

第六章　期间、送达

第七十二条　期间以时、日、月计算,期间开始的时或者日不计算在内。期间不包括在途时间。期间届满的最后一日为法定节假日的,以法定节假日后的第一日为期间届满的日期。

第七十三条　市场监督管理部门送达行政处罚决定书,应当在宣告后当场交付当事人。当事人不在场的,应当在七日内按照本规定第七十四条、第七十五条的规定,将行政处罚决定书送达当事人。

第七十四条　市场监督管理部门送达执法文书,应当按照下列方式进行:

(一)直接送达的,由受送达人在送达回证上注明签收日期,并签名或者盖章,受送达人在送达回证上注明的签收日期为送达日期。受送达人是自然人的,本人不在时交其同住成年家属签收;受送达人是法人或者其他组织的,应当由法人的法定代表人、其他组织的主要负责人或者该法人、其他组织负责收件的人签收;受送达人有代理人的,可以送交其代理人签收;受送达人已向市场监督管理部门指定代收人的,送交代收人签收。受送达人的同住成年家属,法人或者其他组织负责收件的人,代理人或者代收人在送达回证上签收的日期为送达日期。

(二)受送达人或者其同住成年家属拒绝签收的,市场监督管理部门可以邀请有关基层组织或者所在单位的代表到场,说明情况,在送达回证上载明拒收事由和日期,由送达人、见证人签名或者以其他方式确认,将执法文书留在受送达人的住所;也可以将执法文书留在受送达人的住所,并采取拍照、录像等方式记录送达过程,即视为送达。

(三)直接送达有困难的,可以邮寄送达或者委托当地市场监督管理部门代为送达。邮寄送达的,以回执上注明的收件日期为送达日期;委托送达的,受送达人的签收日期为送达日期。

(四)除行政处罚决定书外,经受送达人同意,可以采用手机短信、传真、电子邮件、即时通讯账号等能够确认其收悉的电子方式送达执法文书,市场监督管理部门应当通过拍照、截屏、录音、录像等方式予以记录,手机短信、传真、电子邮件、即时通讯信息等到达受送达人特定系统的日期为送达日期。

(五)受送达人下落不明或者采取上述方式无法送达的,可以在市场监督管理部门公告栏和受送达人住所地张贴公告,也可以在报纸或者市场监督管理部门门户网站等刊登公告。自公告发布之日起经过六十日,即视为送达。公告送达,应当在案件材料中载明原因和经过。在市场监督管理部门公告栏和受送达人住所地张贴公告的,应当采取拍照、录像等方式记录张贴过程。

第七十五条 市场监督管理部门可以要求受送达人签署送达地址确认书,送达至受送达人确认的地址,即视为送达。受送达人送达地址发生变更的,应当及时书面告知市场监督管理部门;未及时告知的,市场监督管理部门按原地址送达,视为依法送达。

因受送达人提供的送达地址不准确、送达地址变更未书面告知市场监督管理部门,导致执法文书未能被受送达人实际接收的,直接送达的,执法文书留在该地址之日为送达之日;邮寄送达的,执法文书被退回之日为送达之日。

第七章 附 则

第七十六条 本规定中的“以上”“以下”“内”均包括本数。

第七十七条 国务院药品监督管理部门和省级药品监督管理部门实施行政处罚,适用本规定。

法律、法规、规章授权的履行市场监督管理职能的组织实施行政处罚,适用本规定。

对违反《中华人民共和国反垄断法》规定的行为实施行政处罚的程序,按照国务院市场监督管理部门专项规定执行。专项规定未作规定的,参照本规定执行。

第七十八条 行政处罚文书格式范本,由国务院市场监督管理部门统一制定。各省级市场监督管理部门可以参照文书格式范本,制定本行政区域适用的行政处罚文书格式并自行印制。

第七十九条 本规定自2019年4月1日起施行。1996年9月18日原国家技术监督局令第45号公布的《技术监督行政处罚委托实施办法》、2001年4月9日原国家质量技术监督局令第16号公布的《质量技术监督罚没物品管理和处置办法》、2007年9月4日原国家工商行政管理总局令第28号公布的《工商行政管理机关行政处罚程序规定》、2011年3月2日原国家质量监督检验检疫总局令第137号公布的《质量技术监督行政处罚程序规定》、2011年3月2日原国家质量监督检验检疫总局令第138号公布的《质量技术监督行政处罚案件审理规定》、2014年4月28日原国家食品药品监督管理总局令第3号公布的《食品药品行政处罚程序规定》同时废止。

市场监督管理行政处罚听证暂行办法

（颁布机关：国家市场监督管理总局；实施日期：2019 年 4 月 1 日）

第一章　总　　则

第一条　为了规范市场监督管理行政处罚听证程序，保障市场监督管理部门依法实施行政处罚，保护自然人、法人和其他组织的合法权益，根据《中华人民共和国行政处罚法》的有关规定，制定本办法。

第二条　市场监督管理部门组织行政处罚听证，适用本办法。

第三条　市场监督管理部门组织行政处罚听证，应当遵循公开、公正、效率的原则，保障和便利当事人依法行使陈述权和申辩权。

第四条　市场监督管理部门行政处罚案件听证实行回避制度。听证主持人、听证员、记录员、翻译人员与当事人有直接利害关系的，应当回避。

听证员、记录员、翻译人员的回避，由听证主持人决定；听证主持人的回避，由市场监督管理部门负责人决定。

第二章　申请和受理

第五条　市场监督管理部门作出下列行政处罚决定之前，应当告知当事人有要求举行听证的权利：

告知及听证（第 171 页）

（一）责令停产停业；

（二）吊销许可证或者执照；

（三）对自然人处以一万元以上、对法人或者其他组织处以十万元以上罚款；

（四）对自然人、法人或者其他组织作出没收违法所得和非法财物价值达到第三项所列数额的行政处罚。

各省、自治区、直辖市人大常委会或者人民政府对前款第三项、第四项所列罚没数额有具体规定的，可以从其规定。

第六条　向当事人告知听证权利时，应当书面告知当事人拟作出行政处罚的事实、理由和依据。

第七条　当事人要求听证的，可以在告知书送达回证上签署意见，也可以自收到告知书之日起三个工作日内提出。当事人以口头形式提出的，办案人员应当将情况记入笔录，并由当事人在笔录上签名或者盖章。

当事人自告知书送达之日起三个工作日内，未要求举行听证的，视为放弃此权利。

当事人在规定期限内要求举行听证的,市场监督管理部门应当依照本办法的规定组织听证。

第三章 听证组织机构、听证人员和听证参加人

第八条 听证由市场监督管理部门法制机构或者其他机构负责组织。

第九条 听证人员包括听证主持人、听证员和记录员。

第十条 听证参加人包括当事人及其代理人、第三人、办案人员、证人、翻译人员、鉴定人以及其他有关人员。

第十一条 听证主持人由市场监督管理部门负责人指定。必要时,可以设一至二名听证员,协助听证主持人进行听证。

记录员由听证主持人指定,具体承担听证准备和听证记录工作。

办案人员不得担任听证主持人、听证员和记录员。

第十二条 听证主持人在听证程序中行使下列职责:

(一)决定举行听证的时间、地点;

(二)审查听证参加人资格;

(三)主持听证;

(四)维持听证秩序;

(五)决定听证的中止或者终止,宣布听证结束;

(六)本办法赋予的其他职责。

听证主持人应当公开、公正地履行主持听证的职责,不得妨碍当事人、第三人行使陈述权、申辩权。

第十三条 要求举行听证的自然人、法人或者其他组织是听证的当事人。

第十四条 与听证案件有利害关系的其他自然人、法人或者其他组织,可以作为第三人申请参加听证,或者由听证主持人通知其参加听证。

第十五条 当事人、第三人可以委托一至二人代为参加听证。

委托他人代为参加听证的,应当向市场监督管理部门提交由委托人签名或者盖章的授权委托书以及委托代理人的身份证明文件。

授权委托书应当载明委托事项及权限。委托代理人代为撤回听证申请或者明确放弃听证权利的,必须有委托人的明确授权。

第十六条 办案人员应当参加听证。

第十七条 与听证案件有关的证人、鉴定人等经听证主持人同意,可以到场参加听证。

第四章 听证准备

第十八条 市场监督管理部门应当自收到当事人要求举行听证的申请之日起

三个工作日内，确定听证主持人。

听证程序的有关知识
（第171页）

第十九条　办案人员应当自确定听证主持人之日起三个工作日内，将案件材料移交听证主持人，由听证主持人审阅案件材料，准备听证提纲。

第二十条　听证主持人应当自接到办案人员移交的案件材料之日起五个工作日内确定听证的时间、地点，并应当于举行听证七日前将听证通知书送达当事人。

听证通知书中应当载明听证时间、听证地点及听证主持人、听证员、记录员、翻译人员的姓名，并告知当事人有申请回避的权利。

第三人参加听证的，听证主持人应当在举行听证前将听证的时间、地点通知第三人。

第二十一条　听证主持人应当于举行听证七日前将听证的时间、地点通知办案人员，并退回案件材料。

第二十二条　除涉及国家秘密、商业秘密或者个人隐私外，听证应当公开举行。

公开举行听证的，市场监督管理部门应当于举行听证三日前公告当事人的姓名或者名称、案由以及举行听证的时间、地点。

第五章　举行听证

第二十三条　听证开始前，记录员应当查明听证参加人是否到场，并向到场人员宣布以下听证纪律：

（一）服从听证主持人的指挥，未经听证主持人允许不得发言、提问；

（二）未经听证主持人允许不得录音、录像和摄影；

（三）听证参加人未经听证主持人允许不得退场；

（四）不得大声喧哗，不得鼓掌、哄闹或者进行其他妨碍听证秩序的活动。

第二十四条　听证主持人核对听证参加人，说明案由，宣布听证主持人、听证员、记录员、翻译人员名单，告知听证参加人在听证中的权利义务，询问当事人是否提出回避申请。

第二十五条　听证按下列程序进行：

（一）办案人员提出当事人违法的事实、证据、行政处罚建议及依据；

（二）当事人及其委托代理人进行陈述和申辩；

（三）第三人及其委托代理人进行陈述；

（四）质证和辩论；

（五）听证主持人按照第三人、办案人员、当事人的先后顺序征询各方最后意见。

当事人可以当场提出证明自己主张的证据，听证主持人应当接收。

第二十六条　有下列情形之一的，可以中止听证：

(一)当事人因不可抗力无法参加听证的;

(二)当事人死亡或者终止,需要确定相关权利义务承受人的;

(三)当事人临时提出回避申请,无法当场作出决定的;

(四)需要通知新的证人到场或者需要重新鉴定的;

(五)其他需要中止听证的情形。

中止听证的情形消失后,听证主持人应当恢复听证。

第二十七条 有下列情形之一的,可以终止听证:

(一)当事人撤回听证申请或者明确放弃听证权利的;

(二)当事人无正当理由拒不到场参加听证的;

(三)当事人未经听证主持人允许中途退场的;

(四)当事人死亡或者终止,并且无权利义务承受人的;

(五)其他需要终止听证的情形。

第二十八条 记录员应当如实记录,制作听证笔录。听证笔录应当载明听证时间、地点、案由,听证人员、听证参加人姓名,各方意见以及其他需要载明的事项。

听证会结束后,听证笔录应当经听证参加人核对无误后,由听证参加人当场签名或者盖章。当事人、第三人拒绝签名或者盖章的,应当在听证笔录中记明情况。

听证程序的有关期限(第171页)

第二十九条 听证结束后,听证主持人应当在五个工作日内撰写听证报告,由听证主持人、听证员签名,连同听证笔录送办案机构,由其连同其他案件材料一并上报市场监督管理部门负责人。

第三十条 听证报告应当包括以下内容:

(一)听证案由;

(二)听证人员、听证参加人;

(三)听证的时间、地点;

(四)听证的基本情况;

(五)处理意见和建议;

(六)需要报告的其他事项。

第六章 附 则

第三十一条 本办法中的“以上”“内”均包括本数。

第三十二条 国务院药品监督管理部门和省级药品监督管理部门组织行政处罚听证,适用本办法。

法律、法规、规章授权的履行市场监督管理职能的组织组织行政处罚听证,适用本办法。

第三十三条 本办法中有关执法文书的送达适用《市场监督管理行政处罚程序暂行规定》第七十四条和第七十五条的规定。

第三十四条　市场监督管理部门应当保障听证经费，提供组织听证所必需的场地、设备以及其他便利条件。

市场监督管理部门举行听证，不得向当事人收取费用。

第三十五条　本办法自2019年4月1日施行。2005年12月30日原国家食品药品监督管理局令第23号公布的《国家食品药品监督管理局听证规则（试行）》、2007年9月4日原国家工商行政管理总局令第29号公布的《工商行政管理机关行政处罚案件听证规则》同时废止。

国家工商行政管理总局商标局关于查处商标侵权行为中涉及被异议商标有关问题的批复

（颁布机关：国家工商行政管理总局商标局；实施日期：2005年4月26日）

广东省工商行政管理局：

你局2004年7月12日《关于如何处理在初审公告商标的异议期间被他人提出侵权诉情况的请示》（粤工商标字〔2004〕第418号）收悉。经研究现批复如下：

根据《商标法》和《商标法实施条例》的有关规定：当事人实际使用的商标由我局初步审定予以公告后被他人提出异议的，县级以上工商行政管理部门在我局异议裁定期间如果认为该商标涉嫌侵犯他人的注册商标专用权，有权依法查处。

另查，本案中被投诉商标与投诉人的注册商标基本相同，所使用的服务项目也相同或类似，但被投诉人申请注册的日期早于投诉人申请注册的日期。因此，处理机关可以考虑中止处理程序。

国家工商行政管理总局商标局关于冒充注册商标管辖权问题的批复

（颁布机关：国家工商行政管理总局商标局；实施日期：2004年6月8日）

福建省工商行政管理局：

你局2004年4月16日《关于对冒充注册商标案件管辖权的请示》（闽工商标〔2004〕121号）收悉。现批复如下：

根据《商标法》第四十八条的规定，有冒充注册商标行为的，由地方工商行政管理部门予以制止,限期改正,并可以予以通报或者处以罚款。《行政处罚法》第二十条规定:“行政处罚由违法行为发生地的县级以上地方人民政府具有行政处罚权的行政机关管辖。法律、行政法规另有规定的除外。”

根据上述法律规定,对于冒充注册商标的行为,违法行为发生地的工商行政管理部门均享有管辖权。鉴于此案的特殊情况,由行为人所在地的工商行政管理部门立案处理,则更有利于从根本上规范企业的商标使用行为。

国家工商行政管理总局商标局

二〇〇四年六月八日

北京市工商局关于商标侵权投诉立案标准及执法程序若干问题的意见

(颁布机关:北京市工商行政管理局;实施日期:2007年8月16日)

各区县分局、专业分局,市局机关各处室、执法大队:

为提高商标办案工作水平,更好地执行《商标法》及《商标法实施条例》,现就本局在查处商标侵权案件工作中的若干问题提出如下意见,请在办理商标案件时遵照执行。

一、投诉人资格

(一)商标注册人或者利害关系人(以下简称商标权利人)具有投诉人资格。

(二)利害关系人指商标使用合同的被许可人。独占使用许可合同的被许可人可以独立投诉;排他使用许可合同的被许可人可以和商标注册人共同投诉,也可以在商标注册人不投诉的情况下,自行投诉;普通使用许可合同的被许可人经商标注册人明确授权,可以进行投诉。

(三)商标权利人可以自行投诉,也可以委托他人代理投诉。

(四)外国人或外国企业进行投诉的,应当委托国家认可的具有商标代理资格的组织代理。

二、商标侵权投诉需提交的材料

商标权利人或其委托的代理人在向行政执法机关投诉时应提供必要的材料和证明文件,证明文件应包括但不限于下列文件。具体要求如下:

(一)明确的被投诉人和投诉人及其代理人的基本情况。包括被投诉人单位名称或者市场内商户名称、住所或者摊位号;投诉人单位名称、法定代表人姓名、住所、联系人、联系电话;代理人单位名称、法定代表人姓名、住所、联系人、联系电话。投诉人和代理人主体资格证明,复印件要加盖印章。

（二）需要保护商标的商标注册证或者国家工商总局商标局签发的注册商标证明（可以是复印件，但正本留存单位要加盖印章）。

（三）委托他人代理投诉，商标注册人要签发授权委托书，授权委托书应包含授权打假的内容、商标注册人的签字并加盖其法人公章。

（四）投诉他人商标侵权要提供投诉对象侵犯知识产权的具体事实和初步证据。如侵权实物、购物凭证、侵权实物照片、宣传广告、网页画面等（可单项或多项）。

（五）投诉材料要有明确的诉求。如停止侵权行为、没收假冒商品、处以行政罚款、要求侵权人赔偿经济损失等（可单项或多项）。

（六）商标注册人及其代理人要对假冒商标商品出具鉴定证明。

（七）担保书。投诉人或其代理人应承诺，因不实的投诉材料引起的行政执法行为给对方当事人造成经济损失，承诺人要承担法律和经济责任。

三、案件管辖

（一）按照市局办案程序，涉外商标案件由市局管辖，各分局不得擅自受理涉外商标案件。凡是涉及近似和类似的涉外商标案件投诉，一律由市局商标处受理。商标处开据转办单给有关分局，有关分局按商标处要求的时限办结案件。

（二）纯假冒涉外商标案件，各分局可以受理，但要严格按涉外商标立案标准审查投诉材料，并即时向市局商标处备案。无代理授权（外来证明材料的公证、认证证明可以在结案前补齐）、代理关系不明确以及商标权利人或代理人表示不能提供假冒商标鉴定的，一律不予立案。不予立案的，要在规定的时限内通知投诉代理人，同时将有关材料一并退回并说明理由，不得将材料留存等待投诉人补证。

（三）凡通过 12312 知识产权投诉服务中心移转工商部门处理的案件，一律由 12315 投诉举报中心受理，各分局不得直接从 12312 接案。12315 投诉举报中心受理再分转有关业务处或分局办理。涉外商标案件（包括纯假冒）一律由 12315 投诉举报中心转商标处，商标处给有关分局开据转办单，有关分局按规定时限向商标处报告案件结果。

（四）对 12315 投诉举报中心移交分局办理的商标案件，各分局要按立案标准进行审查，案件立案之后要将案件记录及过程全部录入新案件管理系统。凡不符合立案标准的，要在规定时限内将投诉材料连同转办单一并退回 12315 投诉举报中心并说明理由。

（五）凡接到 12315 投诉举报中心移转或商标处交办的商标案件，在案件办结时要将处理结果即时报 12315 投诉举报中心或商标处备案，消除交案登记。

四、案件受理

(一)立案条件。

1. 投诉人具备投诉资格。

2. 投诉人提交投诉材料齐全。

3. 投诉人投诉的事实构成商标侵权。

(二)不予立案的理由。

1. 商标权利不确定。

2. 没有明确的投诉对象。

3. 主要证据不具备。

4. 代理权限不明确。

5. 已就有关事实向人民法院起诉。

6. 不是一案一投。

7. 侵权事实不成立。

五、办案时限

(一)立案时限。《北京市工商行政管理局关于进一步规范行政处罚行为强化行政处罚公开的若干意见》(京工商发〔2003〕156号,以下简称《意见》)规定,属于举报、投诉以及消费者申诉的案件,应当自接到举报、投诉、申诉之日起5日内进行核实,经核实符合立案条件的,要在3日内办理立案手续。

(二)不予立案的投诉,应当通过书面或口头的方式明确答复投诉人并说明理由。

(三)办案时限。《意见》规定,各分局作出行政处罚的案件,应当及时调查并收集证据,在规定的时限内结案。属于一般程序立案的案件,如已实施了强制措施,采取扣留、暂扣物品或加贴封条的,应当自立案之日起2个月内结案;需要内查外调较为复杂的案件,应当自立案之日起3个月内结案;需要内查外调重大复杂的案件,应当自立案之日起6个月内结案。

上述案件确有特殊原因,在规定时限内不能结案,需要延长办案期限的,办案机构应当在届满前提出申请,说明理由,报告主管局长,经主管局长批准后方可延长期限(延长期一般不得超过1个月)。

(四)结案后,要及时向案件投诉人送达行政处罚决定书。

六、有关问题的说明

(一)涉外商标代理人。根据《商标法》第十八条规定,外国人或者外国企业在中国申请商标注册和办理其他商标事宜的,应当委托国家认可的具有商标代理资格的组织代理。国家认可的具有商标代理资格的组织应该是中国商标代理公司或中国律师事务所。

(二)境外证据的公证认证。根据《最高人民法院关于行政诉讼证据若干问题的规定》第十六条规定,当事人提供的在中华人民共和国领域外形成的证据,应当说明来源,经所在国公证机关证明,并经中华人民共和国驻该国使领馆认证,或者履行中华人民共和国与证据所在国订立的有关条约中规定的证明手续。当事人提供的在中华人民共和国香港特别行政区、澳门特别行政区和台湾地区内形成的证据,应当具有按照有关规定办理的证明手续。

(三)假冒商标商品的鉴定证明。假冒商标商品的鉴定书应当由商标权利人或其委托的有鉴定权及鉴定能力的单位出具。

二〇〇七年八月三日

北京市工商行政管理局办公室

2007年8月6日印发

工商行政管理机关查处商标违法案件监控规定

(颁布机关:国家工商行政管理总局商标局;实施日期:1997年8月1日)

第一条　为及时掌握和协调商标办案工作情况,加强对商标办案工作的指导和监督,提高商标办案工作质量,根据《工商行政管理机关行政处罚程序暂行规定》第三条第(六)项制定本规定。

第二条　工商行政管理机关立案查处的商标违法案件,均适用本规定。

第三条　商标违法案件监控,应当坚持依法、公正、效率的原则。

第四条　下列案件应当自立案之日起,案件调查终结之前,由承办案件的工商行政管理机关(以下简称办案机关)直接向国家工商行政管理局商标局(以下简称商标局)报告:

(一)非法经营额在100万元以上的商标违法案件;

(二)非法经营额在50万元以上的涉外商标违法案件;

(三)非法经营额在50万元以上的涉及驰名商标的案件;

(四)跨省区重大复杂的商标违法案件;

(五)商标局交办、批复或者认为需要报告的商标违法案件。

办案机关向商标局报告案件,应当同时抄报其所属的上级工商行政管理机关。

第五条　办案机关在报告案件时,应当填写商标违法案件报告表,经局长审签后,连同有关材料一并上报。

第六条　办案机关报告案件,应当同时报送下列材料:

(一)案件情况的简要说明;

(二)立案报告表(复印件);

(三)案件涉及的主要证据(实物或者影印件);

(四)其他有关材料。

第七条 办案机关就所报告的案件中的疑难问题,需要向商标局咨询或者请求商标局协调的,可以在上报材料中一并提出。

第八条 已报告的案件,办案机关在案件调查过程中发现有其他需要报告的情形的,应当及时将有关材料补送商标局;商标局认为需要补送有关材料的,可以要求办案机关补送。

第九条 商标局自收到办案机关齐备的报告材料之日起一个月内,填写商标违法案件报告收存通知书告知办案机关。

第十条 商标局发现报告的案件有违反法律、法规和规章规定或者其他情形的,可以在商标违法案件报告收存通知书中提出意见。

商标局对办案机关就报告的案件所提出的疑难问题,按照有关规定另行办理。

第十一条 报告期间,不停止查处商标违法案件程序的进行,但办案机关认为有必要的除外。

第十二条 办案机关在查处商标违法案件时,应当依照《中华人民共和国商标法》、《中华人民共和国商标法实施细则》和《工商行政管理机关行政处罚程序暂行规定》等法律、法规和规章执行,同时应当考虑商标局的意见。

商标局的意见作为对案件实施事中监督的指导意见,不对案件发生直接法律效力。

第十三条 已报告的商标违法案件,办案机关应当自作出行政处罚决定之日起5日内,将处罚决定书报送商标局。

第十四条 凡符合《工商行政管理机关查处违法案件审批规定》中审批要求的案件,办案机关应当按有关程序另行报国家工商行政管理局审批。

第十五条 凡符合《工商行政管理机关行政处罚程序暂行规定》中备案要求的案件,办案机关应当按有关程序另行报国家工商行政管理局备案。

第十六条 本规定自公布之日起执行。

行政执法机关移送涉嫌犯罪案件的规定

(颁布机关:国务院;实施日期:2001年7月9日)

第一条 为了保证行政执法机关向公安机关及时移送涉嫌犯罪案件,依法惩罚破坏社会主义市场经济秩序罪、妨害社会管理秩序罪以及其他罪,保障社会主义建设事业顺利进行,制定本规定。

第二条 本规定所称行政执法机关,是指依照法律、法规或者规章的规定,对破坏社会主义市场经济秩序、妨害社会管理秩序以及其他违法行为具有行政处罚权的行政机关,以及法律、法规授权的具有管理公共事务职能、在法定授权范围内实施行政处罚的组织。

第三条　行政执法机关在依法查处违法行为过程中,发现违法事实涉及的金额、违法事实的情节、违法事实造成的后果等,根据刑法关于破坏社会主义市场经济秩序罪、妨害社会管理秩序罪等罪的规定和最高人民法院、最高人民检察院关于破坏社会主义市场经济秩序罪、妨害社会管理秩序罪等罪的司法解释以及最高人民检察院、公安部关于经济犯罪案件的追诉标准等规定,涉嫌构成犯罪,依法需要追究刑事责任的,必须依照本规定向公安机关移送。

商标侵权刑事案件移送
(第173页)

第四条　行政执法机关在查处违法行为过程中,必须妥善保存所收集的与违法行为有关的证据。

行政执法机关对查获的涉案物品,应当如实填写涉案物品清单,并按照国家有关规定予以处理。对易腐烂、变质等不宜或者不易保管的涉案物品,应当采取必要措施,留取证据;对需要进行检验、鉴定的涉案物品,应当由法定检验、鉴定机构进行检验、鉴定,并出具检验报告或者鉴定结论。

第五条　行政执法机关对应当向公安机关移送的涉嫌犯罪案件,应当立即指定2名或者2名以上行政执法人员组成专案组专门负责,核实情况后提出移送涉嫌犯罪案件的书面报告,报经本机关正职负责人或者主持工作的负责人审批。

行政执法机关正职负责人或者主持工作的负责人应当自接到报告之日起3日内作出批准移送或者不批准移送的决定。决定批准的,应当在24小时内向同级公安机关移送;决定不批准的,应当将不予批准的理由记录在案。

第六条　行政执法机关向公安机关移送涉嫌犯罪案件,应当附有下列材料:

(一)涉嫌犯罪案件移送书;

(二)涉嫌犯罪案件情况的调查报告;

(三)涉案物品清单;

(四)有关检验报告或者鉴定结论;

(五)其他有关涉嫌犯罪的材料。

第七条　公安机关对行政执法机关移送的涉嫌犯罪案件,应当在涉嫌犯罪案件移送书的回执上签字;其中,不属于本机关管辖的,应当在24小时内转送有管辖权的机关,并书面告知移送案件的行政执法机关。

第八条　公安机关应当自接受行政执法机关移送的涉嫌犯罪案件之日起3日内,依照刑法、刑事诉讼法以及最高人民法院、最高人民检察院关于立案标准和公安部关于公安机关办理刑事案件程序的规定,对所移送的案件进行审查。认为有犯罪事实,需要追究刑事责任,依法决定立案的,应当书面通知移送案件的行政执法机关;认为没有犯罪事实,或者犯罪事实显著轻微,不需要追究刑事责任,依法不予立案的,应当说明理由,并书面通知移送案件的行政执法机关,相应退回案卷材料。

第九条　行政执法机关接到公安机关不予立案的通知书后,认为依法应当由公安机关决定立案的,可以自接到不予立案通知书之日起3日内,提请作出不予立案决定的公安机关复议,也可以建议人民检察院依法进行立案监督。

作出不予立案决定的公安机关应当自收到行政执法机关提请复议的文件之日起3日内作出立案或者不予立案的决定,并书面通知移送案件的行政执法机关。移送案件的行政执法机关对公安机关不予立案的复议决定仍有异议的,应当自收到复议决定通知书之日起3日内建议人民检察院依法进行立案监督。

公安机关应当接受人民检察院依法进行的立案监督。

第十条　行政执法机关对公安机关决定不予立案的案件,应当依法作出处理;其中,依照有关法律、法规或者规章的规定应当给予行政处罚的,应当依法实施行政处罚。

第十一条　行政执法机关对应当向公安机关移送的涉嫌犯罪案件,不得以行政处罚代替移送。

行政执法机关向公安机关移送涉嫌犯罪案件前已经作出的警告,责令停产停业,暂扣或者吊销许可证、暂扣或者吊销执照的行政处罚决定,不停止执行。

依照行政处罚法的规定,行政执法机关向公安机关移送涉嫌犯罪案件前,已经依法给予当事人罚款的,人民法院判处罚金时,依法折抵相应罚金。

第十二条　行政执法机关对公安机关决定立案的案件,应当自接到立案通知书之日起3日内将涉案物品以及与案件有关的其他材料移交公安机关,并办结交接手续;法律、行政法规另有规定的,依照其规定。

第十三条　公安机关对发现的违法行为,经审查,没有犯罪事实,或者立案侦查后认为犯罪事实显著轻微,不需要追究刑事责任,但依法应当追究行政责任的,应当及时将案件移送同级行政执法机关,有关行政执法机关应当依法作出处理。

第十四条　行政执法机关移送涉嫌犯罪案件,应当接受人民检察院和监察机关依法实施的监督。

任何单位和个人对行政执法机关违反本规定,应当向公安机关移送涉嫌犯罪案件而不移送的,有权向人民检察院、监察机关或者上级行政执法机关举报。

第十五条　行政执法机关违反本规定,隐匿、私分、销毁涉案物品的,由本级或者上级人民政府,或者实行垂直管理的上级行政执法机关,对其正职负责人根据情节轻重,给予降级以上的行政处分;构成犯罪的,依法追究刑事责任。

对前款所列行为直接负责的主管人员和其他直接责任人员,比照前款的规定给予行政处分;构成犯罪的,依法追究刑事责任。

第十六条　行政执法机关违反本规定,逾期不将案件移送公安机关的,由本级或者上级人民政府,或者实行垂直管理的上级行政执法机关,责令限期移送,并对其正职负责人或者主持工作的负责人根据情节轻重,给予记过以上的行政处分;构成犯罪的,依法追究刑事责任。

行政执法机关违反本规定,对应当向公安机关移送的案件不移送,或者以行政处罚代替移送的,由本级或者上级人民政府,或者实行垂直管理的上级行政执法机关,责令改正,给予通报;拒不改正的,对其正职负责人或者主持工作的负责人给予记过以上的行政处分;构成犯罪的,依法追究刑事责任。

对本条第一款、第二款所列行为直接负责的主管人员和其他直接责任人员,分别比照前两款的规定给予行政处分;构成犯罪的,依法追究刑事责任。

第十七条　公安机关违反本规定,不接受行政执法机关移送的涉嫌犯罪案件,或者逾期不作出立案或者不予立案的决定的,除由人民检察院依法实施立案监督外,由本级或者上级人民政府责令改正,对其正职负责人根据情节轻重,给予记过以上的行政处分;构成犯罪的,依法追究刑事责任。

对前款所列行为直接负责的主管人员和其他直接责任人员,比照前款的规定给予行政处分;构成犯罪的,依法追究刑事责任。

第十八条　行政执法机关在依法查处违法行为过程中,发现贪污贿赂、国家工作人员渎职或者国家机关工作人员利用职权侵犯公民人身权利和民主权利等违法行为,涉嫌构成犯罪的,应当比照本规定及时将案件移送人民检察院。

第十九条　本规定自公布之日起施行。

8. 商标诉讼

(1)商标诉讼综合

最高人民法院关于商标法修改决定施行后商标案件管辖和法律适用问题的解释

(颁布机关:最高人民法院;实施日期:2014年5月1日)

为正确审理商标案件,根据2013年8月30日第十二届全国人民代表大会常务委员会第四次会议《关于修改〈中华人民共和国商标法〉的决定》和重新公布的《中华人民共和国商标法》《中华人民共和国民事诉讼法》和《中华人民共和国行政诉讼法》等法律的规定,就人民法院审理商标案件有关管辖和法律适用等问题,制定本解释。

第一条 人民法院受理以下商标案件:

1. 不服国务院工商行政管理部门商标评审委员会(以下简称商标评审委员会)作出的复审决定或者裁定的行政案件;

2. 不服工商行政管理部门作出的有关商标的其他具体行政行为的案件;

3. 商标权权属纠纷案件;

4. 侵害商标专用权纠纷案件;

5. 确认不侵害商标专用权纠纷案件;

6. 商标权转让合同纠纷案件;

7. 商标使用许可合同纠纷案件;

8. 商标代理合同纠纷案件;

9. 申请诉前停止侵害商标专用权案件;

10. 因申请停止侵害商标专用权损害责任案件;

11. 因商标纠纷申请诉前财产保全案件;

12. 因商标纠纷申请诉前证据保全案件;

13. 其他商标案件。

第二条 不服商标评审委员会作出的复审决定或者裁定的行政案件及国家工商行政管理总局商标局(以下简称商标局)作出的有关商标的具体行政行为案件,由北京市有关中级人民法院管辖。

第三条 第一审商标民事案件,由中级以上人民法院及最高人民法院指定的基层人民法院管辖。

涉及对驰名商标保护的民事、行政案件，由省、自治区人民政府所在地市、计划单列市、直辖市辖区中级人民法院及最高人民法院指定的其他中级人民法院管辖。

第四条　在工商行政管理部门查处侵害商标权行为过程中，当事人就相关商标提起商标权权属或者侵害商标专用权民事诉讼的，人民法院应当受理。

第五条　对于在商标法修改决定施行前提出的商标注册及续展申请，商标局于决定施行后作出对该商标申请不予受理或者不予续展的决定，当事人提起行政诉讼的，人民法院审查时适用修改后的商标法。

对于在商标法修改决定施行前提出的商标异议申请，商标局于决定施行后作出对该异议不予受理的决定，当事人提起行政诉讼的，人民法院审查时适用修改前的商标法。

第六条　对于在商标法修改决定施行前当事人就尚未核准注册的商标申请复审，商标评审委员会于决定施行后作出复审决定或者裁定，当事人提起行政诉讼的，人民法院审查时适用修改后的商标法。

对于在商标法修改决定施行前受理的商标复审申请，商标评审委员会于决定施行后作出核准注册决定，当事人提起行政诉讼的，人民法院不予受理；商标评审委员会于决定施行后作出不予核准注册决定，当事人提起行政诉讼的，人民法院审查相关诉权和主体资格问题时，适用修改前的商标法。

第七条　对于在商标法修改决定施行前已经核准注册的商标，商标评审委员会于决定施行前受理、在决定施行后作出复审决定或者裁定，当事人提起行政诉讼的，人民法院审查相关程序问题适用修改后的商标法，审查实体问题适用修改前的商标法。

第八条　对于在商标法修改决定施行前受理的相关商标案件，商标局、商标评审委员会于决定施行后作出决定或者裁定，当事人提起行政诉讼的，人民法院认定该决定或者裁定是否符合商标法有关审查时限规定时，应当从修改决定施行之日起计算该审查时限。

第九条　除本解释另行规定外，商标法修改决定施行后人民法院受理的商标民事案件，涉及该决定施行前发生的行为的，适用修改前商标法的规定；涉及该决定施行前发生，持续到该决定施行后的行为的，适用修改后商标法的规定。

全国人民代表大会常务委员会关于在北京、上海、广州设立知识产权法院的决定

（颁布机关：全国人民代表大会常务委员会；实施日期：2014 年 8 月 31 日）

为推动实施国家创新驱动发展战略，进一步加强知识产权司法保护，切实依法

保护权利人合法权益,维护社会公共利益,根据宪法和人民法院组织法,特作如下决定:

一、在北京、上海、广州设立知识产权法院。

知识产权法院审判庭的设置,由最高人民法院根据知识产权案件的类型和数量确定。

二、知识产权法院管辖有关专利、植物新品种、集成电路布图设计、技术秘密等专业技术性较强的第一审知识产权民事和行政案件。

不服国务院行政部门裁定或者决定而提起的第一审知识产权授权确权行政案件,由北京知识产权法院管辖。

知识产权法院对第一款规定的案件实行跨区域管辖。在知识产权法院设立的三年内,可以先在所在省(直辖市)实行跨区域管辖。

三、知识产权法院所在市的基层人民法院第一审著作权、商标等知识产权民事和行政判决、裁定的上诉案件,由知识产权法院审理。

四、知识产权法院第一审判决、裁定的上诉案件,由知识产权法院所在地的高级人民法院审理。

五、知识产权法院审判工作受最高人民法院和所在地的高级人民法院监督。知识产权法院依法接受人民检察院法律监督。

六、知识产权法院院长由所在地的市人民代表大会常务委员会主任会议提请本级人民代表大会常务委员会任免。

知识产权法院副院长、庭长、审判员和审判委员会委员,由知识产权法院院长提请所在地的市人民代表大会常务委员会任免。

知识产权法院对所在地的市人民代表大会常务委员会负责并报告工作。

七、本决定施行满三年,最高人民法院应当向全国人民代表大会常务委员会报告本决定的实施情况。

八、本决定自公布之日起施行。

最高人民法院关于北京、上海、广州知识产权法院案件管辖的规定

(颁布机关:最高人民法院;实施日期:2014年11月3日)

为进一步明确北京、上海、广州知识产权法院的案件管辖,根据《中华人民共和国民事诉讼法》《中华人民共和国行政诉讼法》《全国人民代表大会常务委员会关于在北京、上海、广州设立知识产权法院的决定》等规定,制定本规定。

第一条　知识产权法院管辖所在市辖区内的下列第一审案件：

（一）专利、植物新品种、集成电路布图设计、技术秘密、计算机软件民事和行政案件；

（二）对国务院部门或者县级以上地方人民政府所作的涉及著作权、商标、不正当竞争等行政行为提起诉讼的行政案件；

（三）涉及驰名商标认定的民事案件。

第二条　广州知识产权法院对广东省内本规定第一条第（一）项和第（三）项规定的案件实行跨区域管辖。

第三条　北京市、上海市各中级人民法院和广州市中级人民法院不再受理知识产权民事和行政案件。

广东省其他中级人民法院不再受理本规定第一条第（一）项和第（三）项规定的案件。

北京市、上海市、广东省各基层人民法院不再受理本规定第一条第（一）项和第（三）项规定的案件。

第四条　案件标的既包含本规定第一条第（一）项和第（三）项规定的内容，又包含其他内容的，按本规定第一条和第二条的规定确定管辖。

第五条　下列第一审行政案件由北京知识产权法院管辖：

（一）不服国务院部门作出的有关专利、商标、植物新品种、集成电路布图设计等知识产权的授权确权裁定或者决定的；

（二）不服国务院部门作出的有关专利、植物新品种、集成电路布图设计的强制许可决定以及强制许可使用费或者报酬的裁决的；

（三）不服国务院部门作出的涉及知识产权授权确权的其他行政行为的。

商标行政诉讼管辖法院
（第 243 页）

第六条　当事人对知识产权法院所在市的基层人民法院作出的第一审著作权、商标、技术合同、不正当竞争等知识产权民事和行政判决、裁定提起的上诉案件，由知识产权法院审理。

第七条　当事人对知识产权法院作出的第一审判决、裁定提起的上诉案件和依法申请上一级法院复议的案件，由知识产权法院所在地的高级人民法院知识产权审判庭审理。

第八条　知识产权法院所在省（直辖市）的基层人民法院在知识产权法院成立前已经受理但尚未审结的本规定第一条第（一）项和第（三）项规定的案件，由该基层人民法院继续审理。

除广州市中级人民法院以外，广东省其他中级人民法院在广州知识产权法院成立前已经受理但尚未审结的本规定第一条第（一）项和第（三）项规定的案件，由该中级人民法院继续审理。

最高人民法院关于审理商标案件有关管辖和法律适用范围问题的解释

(颁布机关:最高人民法院;实施日期:2002年1月21日)

《全国人民代表大会常务委员会关于修改〈中华人民共和国商标法〉的决定》(以下简称商标法修改决定)已由第九届全国人民代表大会常务委员会第二十四次会议通过,自2001年12月1日起施行。为了正确审理商标案件,根据《中华人民共和国商标法》(以下简称商标法)、《中华人民共和国民事诉讼法》和《中华人民共和国行政诉讼法》(以下简称行政诉讼法)的规定,现就人民法院审理商标案件有关管辖和法律适用范围等问题,作如下解释:

第一条 人民法院受理以下商标案件:

1. 不服国务院工商行政管理部门商标评审委员会(以下简称商标评审委员会)作出的复审决定或者裁定的案件;
2. 不服工商行政管理部门作出的有关商标的具体行政行为的案件;
3. 商标专用权权属纠纷案件;
4. 侵犯商标专用权纠纷案件;
5. 商标专用权转让合同纠纷案件;
6. 商标许可使用合同纠纷案件;
7. 申请诉前停止侵犯商标专用权案件;
8. 申请诉前财产保全案件;
9. 申请诉前证据保全案件;
10. 其他商标案件。

第二条 本解释第一条所列第1项第一审案件,由北京市高级人民法院根据最高人民法院的授权确定其辖区内有关中级人民法院管辖。

本解释第一条所列第2项第一审案件,根据行政诉讼法的有关规定确定管辖。

管辖级别
(第252页)

商标民事纠纷第一审案件,由中级以上人民法院管辖。

各高级人民法院根据本辖区的实际情况,经最高人民法院批准,可以在较大城市确定1—2个基层人民法院受理第一审商标民事纠纷案件。

第三条 商标注册人或者利害关系人向工商行政管理部门就侵犯商标专用权行为请求处理,又向人民法院提起侵犯商标专用权诉讼请求损害赔偿的,人民法院应当受理。

第四条 商标评审委员会在商标法修改决定施行前受理的案件,于该决定施行后作出复审决定或裁定，当事人对复审决定或裁定不服向人民法院起诉的，人民法院应当受理。

第五条　除本解释另行规定外，对商标法修改决定施行前发生，属于修改后商标法第四条、第五条、第八条、第九条第一款、第十条第一款第（二）、（三）、（四）项、第十条第二款、第十一条、第十二条、第十三条、第十五条、第十六条、第二十四条、第二十五条、第三十一条所列举的情形，商标评审委员会于商标法修改决定施行后作出复审决定或者裁定，当事人不服向人民法院起诉的行政案件，适用修改后商标法的相应规定进行审查；属于其他情形的，适用修改前商标法的相应规定进行审查。

第六条　当事人就商标法修改决定施行时已满一年的注册商标发生争议，不服商标评审委员会作出的裁定向人民法院起诉的，适用修改前商标法第二十七条第二款规定的提出申请的期限处理；商标法修改决定施行时商标注册不满一年的，适用修改后商标法第四十一条第二款、第三款规定的提出申请的期限处理。

第七条　对商标法修改决定施行前发生的侵犯商标专用权行为，商标注册人或者利害关系人于该决定施行后在起诉前向人民法院提出申请采取责令停止侵权行为或者保全证据措施的，适用修改后商标法第五十七条、第五十八条的规定。

第八条　对商标法修改决定施行前发生的侵犯商标专用权行为起诉的案件，人民法院于该决定施行时尚未作出生效判决的，参照修改后商标法第五十六条的规定处理。

第九条　除本解释另行规定外，商标法修改决定施行后人民法院受理的商标民事纠纷案件，涉及该决定施行前发生的民事行为的，适用修改前商标法的规定；涉及该决定施行后发生的民事行为的，适用修改后商标法的规定；涉及该决定施行前发生，持续到该决定施行后的民事行为的，分别适用修改前、后商标法的规定。

第十条　人民法院受理的侵犯商标专用权纠纷案件，已经过工商行政管理部门处理的，人民法院仍应当就当事人民事争议的事实进行审查。

关于当前经济形势下知识产权审判服务大局若干问题的意见

（颁布机关：最高人民法院；实施日期：2009年4月21日）

当前，我国国民经济继续保持平稳较快发展，改革开放深入推进，社会事业加快发展，人民生活进一步改善，但同时也面临着严重的困难和挑战。为深入贯彻全国“两会”精神，落实国家知识产权战略，使知识产权审判更好地服务于有效应对国际金融危机冲击，促进经济平稳较快发展的大局，为“保增长、保民生、保稳定”作出

更加积极的贡献,现就当前经济形势下人民法院做好知识产权审判工作的若干问题,提出如下意见:

一、立足实际,突出重点,努力增强知识产权审判服务大局的针对性和有效性

1. 充分认识知识产权保护对于促进经济平稳较快发展的重要性,切实增强服务大局的使命感。知识产权是国家科技创新能力和水平的集中体现,是国家发展的战略性资源,是提高国际竞争力的核心要素。现代经济竞争归根结底也是知识产权的竞争。加强知识产权保护,提高知识产权的创造、运用和管理水平,对于加快经济结构调整、转变发展方式、推进自主创新、深化改革、提高对外开放水平,从而保持经济平稳较快发展,都具有重要意义。历史经验表明,经济危机常常伴随着科技革命,科技革命又成为推动新一轮经济增长和繁荣的重要引擎。在当前经济形势下加强知识产权保护,对于有效推动科技创新和科技革命,为催生新兴产业、创造新的市场需求、培育新的经济增长点和引领经济发展新方向,具有重大作用。

2. 高度关注国际国内经济形势变化对于知识产权审判的新需求,切实增强服务大局的针对性、有效性和主动性。当前经济形势对于知识产权审判提出了更新更高的要求和期待。知识产权司法保护只能加强和提升,不能削弱和放松。各级法院务必要增强危机意识、忧患意识、宏观意识和大局意识,更加注重拓展创新空间,促进培育自主知识产权、自主品牌和新的经济增长点,增强企业的市场竞争力,提高国家的核心竞争力;更加注重营造开放自由的贸易和投资环境,规范市场秩序,维护公平竞争,完善社会主义市场经济体制,大力推动诚信社会的建设,在应对挑战、化危为机中充分发挥知识产权审判的独特职能作用。

二、加大专利权保护力度,着力培育科技创新能力和拓展创新空间,积极推进自主创新

3. 以贯彻新修订的专利法为契机,高度重视专利审判工作,全面提高专利审判水平。以专利为核心的科技创新成果构成了企业和国家的核心竞争力,加强专利权保护对于科技进步和自主创新具有最直接、最重要的促进作用。各有关法院要以提高创新能力和建设创新型国家的责任感和使命感,高度重视专利案件的审理,把提高专利审判水平作为一项重点工作。要深刻领会和正确把握专利法立法宗旨和精神,加强调查研究,及时发现新情况,解决新问题,确保修订后的专利法的正确贯彻实施。

4. 准确把握专利司法政策,切实加强专利权保护。要从我国国情出发,根据我国科技发展阶段和产业知识产权政策,依法确定合理的专利司法保护范围和强度,既要使企业具有投资创新的动力,使个人具有创造热情,使社会富有创造活力,又不能使专利权成为阻碍技术进步、不正当打击竞争对手的工具;既能够充分调动、配置全社会的资本和技术资源,又能够加速技术信息的传播和利用。要正确适用专利侵权判定原则和方法,进一步总结审判经验,完善权利要求解释规则和侵权对比判定标准。正确解释发明和实用新型专利的权利要求,准确界定专利权保护范围,既不能简单地将专利权保护范围限于权利要求严格的字面含义,也不能将权利要求作为一种可以随意发挥的技术指导,应当从上述两种极端解释的中间立场出发,使权利要求的解释既能够为专利权人提供公平的保护,又能确保给予公众以合理的法律稳定性。凡写入独立权利要求的技术特征,均应纳入技术特征对比之列。对于权利人在专利授权确权程序中所做的实质性的放弃或者限制,在侵权诉讼中应当禁止反悔,不能将有关技术内容再纳入保护范围。严格等同侵权的适用条件,探索完善等同侵权的适用规则,防止不适当地扩张保护范围。依法认真审查各种不侵权抗辩事由和侵权责任抗辩事由,合理认定先用权,依法支持现有技术抗辩。

三、加强商业标识保护,积极推动品牌经济发展,规范市场秩序和维护公平竞争

5. 充分尊重知名品牌的市场价值,依法加强知名品牌保护。知名品牌凝聚了企业的竞争优势,是企业参与国内国际市场竞争的利器,代表着核心的经济竞争力,是企业和国家的战略性资产,也是引领市场消费方向的主要因素。人民法院要通过依法加强商标权保护和制止不正当竞争,为知名品牌的创立和发展提供和谐宽松的法律环境,促进品牌经济发展,刺激和创造消费需求,拉动经济增长,增强我国企业的国内和国际竞争力。

6. 完善商标司法政策,加强商标权保护,促进自主品牌的培育。正确把握商标权的专用权属性,合理界定权利范围,既确保合理利用商标资源,又维护公平竞争;既以核定使用的商品和核准使用的商标为基础,加强商标专用权核心领域的保护,又以市场混淆为指针,合理划定商标权的排斥范围,确保经营者之间在商标的使用上保持清晰的边界,使自主品牌的创立和发展具有足够的法律空间。未经商标注册人许可,在同一种商品上使用与其注册商标相同的商标的,除构成正当合理使用的情形外,认定侵权行为时不需要考虑混淆因素。认定商品类似和商标近似要考虑请求保护的注册商标的显著程度和市场知名度,对于显著性越强和市场知名度越高的注册商标,给予其范围越宽和强度越大的保护,以激励市场竞争的优胜者,净化市场环境,遏制不正当搭车、模仿行为。

7. 妥善处理注册商标实际使用与民事责任承担的关系,使民事责任的承担有利于鼓励商标使用,激活商标资源,防止利用注册商标不正当地投机取巧。请求保护的注册商标未实际投入商业使用的,确定民事责任时可将责令停止侵权行为作为主要方式,在确定赔偿责任时可以酌情考虑未实际使用的事实,除为维权而支出的合理费用外,如果确无实际损失和其他损害,一般不根据被控侵权人的获利确定赔偿;注册人或者受让人并无实际使用意图,仅将注册商标作为索赔工具的,可以不予赔偿;注册商标已构成商标法规定的连续三年停止使用情形的,可以不支持其损害赔偿请求。

8. 加强驰名商标司法认定的审核监督,完善驰名商标司法保护制度,确保司法保护的权威性和公信力。严格把握驰名商标的认定范围和认定条件,严禁扩张认定范围和降低认定条件。凡商标是否驰名不是认定被诉侵权行为要件的情形,均不应认定商标是否驰名。凡能够在认定类似商品的范围内给予保护的注册商标,均无需认定驰名商标。对于确实符合法律要求的驰名商标,要加大保护力度,坚决制止贬损或者淡化驰名商标的侵权行为,依法维护驰名商标的品牌价值。认真贯彻《最高人民法院关于涉及驰名商标认定的民事纠纷案件管辖问题的通知》(法〔2009〕1号),凡通知下发以后不具有管辖权的法院受理的此类案件,均需移送有管辖权的法院审理;通知下发前受理、尚未审结的此类案件,要严格执行判前审核制度。各级法院均应加强已认定驰名商标的案件的评查和审判监督,对于伪造证据骗取驰名商标认定的案件,以及其他违法认定驰名商标的案件,均需通过审判监督程序予以纠正;当事人在涉及驰名商标认定的案件中有妨碍民事诉讼行为的,依法给予制裁。有管辖权的法院均应积极接受各有关方面对于驰名商标司法认定的监督,发现问题务必及时解决。有关驰名商标司法保护的司法解释颁布施行以后,各级法院要认真贯彻落实,使驰名商标司法保护更加规范化。

9. 加强商标授权确权案件的审判工作,正确处理保护商标权与维持市场秩序的关系。既要有效遏制不正当抢注他人在先商标行为,加强对于具有一定知名度的在先商标的保护,又要准确把握商标权的相对权属性,不能轻率地给予非驰名注册商标跨类保护。正确区分撤销注册商标的公权事由和私权事由,防止不适当地扩张撤销注册商标的范围,避免撤销注册商标的随意性。对于注册使用时间较长、已建立较高市场声誉和形成自身的相关公众群体的商标,不能轻率地予以撤销,在依法保护在先权利的同时,尊重相关公众已在客观上将相关商标区别开来的市场实际。要把握商标法有关保护在先权利与维护市场秩序相协调的立法精神,注重维护已经形成和稳定了的市场秩序,防止当事人假商标争议制度不正当地投机取巧和巧取豪夺,避免因轻率撤销已注册商标给企业正常经营造成重大困难。与他人著作权、企业名称权等在先财产权利相冲突的注册商标,因超过商标法规定的争议期限而不可撤销的,在先权利人仍可在诉讼时效期间内对其提起侵权的民事诉讼,但人民法院不再判决承担停止使用该注册商标的民事责任。

10. 妥善处理注册商标、企业名称与在先权利的冲突,依法制止"傍名牌"等不正当竞争行为。除注册商标之间的权利冲突民事纠纷外,对于涉及注册商标、企业名称与在先权利冲突的民事纠纷,包括被告实际使用中改变了注册商标或者超出核定使用的商品范围使用注册商标的纠纷,只要属于民事权益争议并符合民事诉讼法规定的受理条件,人民法院应予受理。凡被诉侵权商标在人民法院受理案件时尚未获得注册的,均不妨碍人民法院依法受理和审理;被诉侵权商标虽为注册商标,但被诉侵权行为是复制、摹仿、翻译在先驰名商标的案件,人民法院应当依法受理。

按照诚实信用、维护公平竞争和保护在先权利等原则，依法审理该类权利冲突案件。有工商登记等的合法形式，但实体上构成商标侵权或者不正当竞争的，依法认定构成商标侵权或者不正当竞争，既不需要以行政处理为前置条件，也不应因行政处理而中止诉讼。在中国境外取得的企业名称等商业标识，即便其取得程序符合境外的法律规定，但在中国境内的使用行为违反我国法律和扰乱我国市场经济秩序的，按照知识产权的独立性和地域性原则，依照我国法律认定其使用行为构成商标侵权或者不正当竞争。企业名称因突出使用而侵犯在先注册商标专用权的，依法按照商标侵权行为处理；企业名称未突出使用但其使用足以产生市场混淆、违反公平竞争的，依法按照不正当竞争处理。对于因历史原因造成的注册商标与企业名称的权利冲突，当事人不具有恶意的，应当视案件具体情况，在考虑历史因素和使用现状的基础上，公平合理地解决冲突，不宜简单地认定构成商标侵权或者不正当竞争；对于权属已经清晰的老字号等商业标识纠纷，要尊重历史和维护已形成的法律秩序。对于具有一定市场知名度、为相关公众所熟知、已实际具有商号作用的企业名称中的字号、企业或者企业名称的简称，视为企业名称并给予制止不正当竞争的保护。因使用企业名称而构成侵犯商标权的，可以根据案件具体情况判令停止使用，或者对该企业名称的使用方式、使用范围作出限制。因企业名称不正当使用他人具有较高知名度的注册商标，不论是否突出使用均难以避免产生市场混淆的，应当根据当事人的请求判决停止使用或者变更该企业名称。判决停止使用而当事人拒不执行的，要加大强制执行和相应的损害赔偿救济力度。

11. 加强不正当竞争和反垄断审判，统筹兼顾自由竞争与公平竞争的关系，积极促进市场结构完善和社会主义市场经济体制的健全。妥善处理专利、商标、著作权等知识产权专门法与反不正当竞争法的关系，反不正当竞争法补充性保护不能抵触专门法的立法政策，凡专门法已作穷尽规定的，原则上不再以反不正当竞争法作扩展保护。凡反不正当竞争法已在特别规定中作穷尽性保护的行为，一般不再按照原则规定扩展其保护范围；对于其未作特别规定的竞争行为，只有按照公认的商业标准和普遍认识能够认定违反原则规定时，才可以认定构成不正当竞争行为，防止因不适当地扩大不正当竞争范围而妨碍自由、公平竞争。妥善处理保护商业秘密与自由择业、涉密者竞业限制和人才合理流动的关系，维护劳动者正当就业、创业的合法权益。高度重视反垄断法的执行，依法审理好各类垄断纠纷案件，遏制垄断行为，维护公平竞争，为企业提供自由宽松的创业和发展环境。

四、完善知识产权诉讼制度，着力改善贸易和投资环境，积极推动对外开放水平的提高

12. 加强诉权保护，畅通诉讼渠道。依法加强诉权保护，凡符合受理条件的起诉均应及时受理；凡经权利人明确授权代为提起诉讼的律师，均可以权利人的名义提起诉讼，并考虑境外当事人维权的实际，不苛求境外权利人在起诉书上签章。结合知识产权审判实际,完善各种诉讼制度,简化救济程序,积极施行各项便民利民措施,增强司法救济的有效性。

13. 完善确认不侵权诉讼制度,遏制知识产权滥用行为,为贸易和投资提供安全宽松的司法环境。继续探索和完善知识产权领域的确认不侵权诉讼制度,充分发挥其维护投资和经营活动安全的作用。除知识产权权利人针对特定主体发出侵权警告且未在合理期限内依法提起诉讼,被警告人可以提起确认不侵权诉讼以外,正在实施或者准备实施投资建厂等经营活动的当事人,受到知识产权权利人以其他方式实施的有关侵犯专利权等的警告或威胁,主动请求该权利人确认其行为不构成侵权,且以合理的方式提供了确认所需的资料和信息,该权利人在合理期限内未作答复或者拒绝确认的,也可以提起确认不侵权诉讼。探索确认不侵犯商业秘密诉讼的审理问题,既保护原告的合法权益和投资安全,又防止原告滥用诉权获取他人商业秘密。

14. 严格把握法律条件,慎用诉前停止侵权措施。采取诉前停止侵权措施既要积极又要慎重,既要合理又要有效,要妥善处理有效制止侵权与维护企业正常经营的关系。诉前停止侵权主要适用于事实比较清楚、侵权易于判断的案件,适度从严掌握认定侵权可能性的标准,应当达到基本确信的程度。在认定是否会对申请人造成难以弥补的损害时,应当重点考虑有关损害是否可以通过金钱赔偿予以弥补以及是否有可执行的合理预期。担保金额的确定既要合理又要有效,主要考虑禁令实施后对被申请人可能造成的损失,也可以参考申请人的索赔数额。严格审查被申请人的社会公共利益抗辩,一般只有在涉及公众健康、环保以及其他重大社会利益的情况下才予考虑。诉前停止侵权涉及当事人的重大经济利益和市场前景,要注意防止和规制当事人滥用有关权利。应考虑被诉企业的生存状态,防止采取措施不当使被诉企业生产经营陷入困境。特别是在专利侵权案件中,如果被申请人的行为不构成字面侵权,其行为还需要经进一步审理进行比较复杂的技术对比才能作出判定时,不宜裁定责令诉前停止侵犯专利权;在被申请人依法已经另案提出确认不侵权诉讼或者已就涉案专利提出无效宣告请求的情况下,要对被申请人主张的事实和理由进行审查,慎重裁定采取有关措施。根据案件进展情况,注意依法适时解除诉前停止侵权裁定。加强在诉前停止侵权措施申请错误时对受害人的救济,申请人未在法定期限内起诉或者已经实际构成申请错误,受害人提起损害赔偿诉讼的,应给予受害人应有的充分赔偿。对于为阻碍他人新产品上市等重大经营活动而恶意申请诉前停止侵权措施,致使他人的市场利益受到严重损害的情形,要注意给予受害人充分保护。

15. 充分发挥停止侵害的救济作用,妥善适用停止侵害责任,有效遏制侵权行为。根据当事人的诉讼请求、案件的具体情况和停止侵害的实际需要,可以明确责令当事人销毁制造侵权产品的专用材料、工具等,但采取销毁措施应当以确有必要为前提,与侵权行为的严重程度相当,且不能造成不必要的损失。如果停止有关行为会造成当事人之间的重大利益失衡,或者有悖社会公共利益,或者实际上无法执行,可以根据案件具体情况进行利益衡量,不判决停止行为,而采取更充分的赔偿或者经济补偿等替代性措施了断纠纷。权利人长期放任侵权、怠于维权,在其请求停止侵害时,倘若责令停止有关行为会在当事人之间造成较大的利益不平衡,可以审慎地考虑不再责令停止行为,但不影响依法给予合理的赔偿。

16. 增强损害赔偿的补偿、惩罚和威慑效果,降低维权成本,提高侵权代价。在确定损害赔偿时要善用证据规则,全面、客观地审核计算赔偿数额的证据,充分运用逻辑推理和日常生活经验,对有关证据的真实性、合法性和证明力进行综合审查判断,采取优势证据标准认定损害赔偿事实。积极引导当事人选用侵权受损或者侵权获利方法计算赔偿,尽可能避免简单适用法定赔偿方法。对于难以证明侵权受损或侵权获利的具体数额,但有证据证明前述数额明显超过法定赔偿最高限额的,应当综合全案的证据情况,在法定最高限额以上合理确定赔偿额。除法律另有规定外,在适用法定赔偿时,合理的维权成本应另行计赔。适用法定赔偿时要尽可能细化和具体说明各种实际考虑的酌定因素,使最终得出的赔偿结果合理可信。根据权利人的主张和被告无正当理由拒不提供所持证据的行为推定侵权获利的数额,要有合理的根据或者理由,所确定的数额要合情合理,具有充分的说服力。注意参照许可费计算赔偿时的可比性,充分考虑正常许可与侵权实施在实施方式、时间和规模等方面的区别,并体现侵权赔偿金适当高于正常许可费的精神。注意发挥审计、会计等专业人员辅助确定损害赔偿的作用,引导当事人借助专业人员帮助计算、说明和质证。积极探索知识产权损害赔偿专业评估问题,在条件成熟时适当引入由专业机构进行专门评估的损害赔偿认定机制。

17. 注意研究经济领域的知识产权新问题,积极促进科技兴贸基地和服务外包基地建设。

加强科技兴贸基地和服务外包基地建设所涉及的知识产权保护问题的调查研究,有针对性地加强相关知识产权的司法保护,为促进科技兴贸基地和服务外包基地建设提供优良的司法环境。加大对信息、软件、医药、新材料、航空航天、精细化工等高新技术领域的知识产权保护力度,积极促进科技兴贸基地建设。引导高技术企业进一步增强自主创新能力,拥有自主知识产权,大力支持具有自主品牌和自主知识产权的高新技术产品出口,进一步提高出口产品国际市场竞争力。深入研究服务外包中的知识产权法律问题,促进服务外包基地建设。通过司法裁判引导服务外包企业树立知识产权保护意识,建立健全企业知识产权保护制度,提高外包服务的竞争力。

18. 完善有关加工贸易的司法政策,促进加工贸易健康发展。认真研究加工贸易中的知识产权保护问题,抓紧总结涉及加工贸易的知识产权案件的审判经验,解决其中存在的突出问题,完善司法保护政策,促进加工贸易的转型升级。妥善处理当前外贸“贴牌加工”中多发的商标侵权纠纷,对于构成商标侵权的情形,应当结合加工方是否尽到必要的审查注意义务,合理确定侵权责任的承担。

19. 坚持平等保护原则,坚决反对任何形式的保护主义。严格依法办案,平等保护本地与外地、本国与外国当事人的合法权益,坚决遏制地方保护和部门保护,促进国内市场的统一开放,完善投资环境和增强投资信心,提高国际声誉和树立良好形象,提高对外开放水平。统筹好国内国际两个大局,妥善处理与贸易有关的重大知识产权纠纷,积极服务于国内国际两个市场、两种资源的统筹利用,既确保遵循相关国际公约和国际惯例,促进国际经贸合作,又始终注意维护国家利益和经济安全,激励和促进自主创新,提升我国的知识产权综合能力和国际竞争力。正确处理对外关系与具体案件审理的关系,无论普通涉外案件还是引起国际关注的敏感性案件,都要严格依法办案,不能为盲目迎合片面的外部舆论而牺牲公正司法。

20. 加强同类案件和关联案件的协调指导,规范司法行为,维护法治统一。加强同类案件的调查研究和业务指导,加大司法解释力度,完善司法政策,积极推行典型案例指导制度,不断明确和完善法律适用标准。强化对法官行使自由裁量权的约束和规范机制,细化正当行使自由裁量权的标准。对于法律问题相同、裁判定性不一的案件,强化审级监督,充分发挥二审和再审的纠错功能。加强关联案件的协调指导力度,完善协调处理机制。对于涉及同一法律事实或者同一法律关系的关联案件,需要移送的,应当依照法律规定移送管辖和合并审理。健全关联案件审理法院之间的相互沟通制度和报请共同上级法院协调指导制度。在后受理的法院,应积极主动加强沟通并及时报请上级法院进行协调,避免作出相互矛盾的判决。

(2)商标行政诉讼

最高人民法院关于审理商标授权确权行政案件若干问题的规定

(颁布机关:最高人民法院;实施日期:2017年3月1日)

为正确审理商标授权确权行政案件,根据《中华人民共和国商标法》《中华人民共和国行政诉讼法》等法律规定,结合审判实践,制定本规定。

第一条 本规定所称商标授权确权行政案件,是指相对人或者利害关系人因不服国务院工商行政管理部门商标评审委员会(以下简称商标评审委员会)作出的商标驳回复审、商标不予注册复审、商标撤销复审、商标无效宣告及无效宣告复审等行政行为,向人民法院提起诉讼的案件。

第二条　人民法院对商标授权确权行政行为进行审查的范围，一般应根据原告的诉讼请求及理由确定。原告在诉讼中未提出主张，但商标评审委员会相关认定存在明显不当的，人民法院在各方当事人陈述意见后，可以对相关事由进行审查并做出裁判。

第三条　商标法第十条第一款第（一）项规定的同中华人民共和国的国家名称等"相同或者近似"，是指商标标志整体上与国家名称等相同或者近似。

对于含有中华人民共和国的国家名称等，但整体上并不相同或者不相近似的标志，如果该标志作为商标注册可能导致损害国家尊严的，人民法院可以认定属于商标法第十条第一款第（八）项规定的情形。

第四条　商标标志或者其构成要素带有欺骗性，容易使公众对商品的质量等特点或者产地产生误认，商标评审委员会认定其属于2001年修正的商标法第十条第一款第（七）项规定情形的，人民法院予以支持。

第五条　商标标志或者其构成要素可能对我国社会公共利益和公共秩序产生消极、负面影响的，人民法院可以认定其属于商标法第十条第一款第（八）项规定的"其他不良影响"。

将政治、经济、文化、宗教、民族等领域公众人物姓名等申请注册为商标，属于前款所指的"其他不良影响"。

第六条　商标标志由县级以上行政区划的地名或者公众知晓的外国地名和其他要素组成，如果整体上具有区别于地名的含义，人民法院应当认定其不属于商标法第十条第二款所指情形。

地名
（第22页）

第七条　人民法院审查诉争商标是否具有显著特征，应当根据商标所指定使用商品的相关公众的通常认识，判断该商标整体上是否具有显著特征。商标标志中含有描述性要素，但不影响其整体具有显著特征的；或者描述性标志以独特方式加以表现，相关公众能够以其识别商品来源的，应当认定其具有显著特征。

第八条　诉争商标为外文标志时，人民法院应当根据中国境内相关公众的通常认识，对该外文商标是否具有显著特征进行审查判断。标志中外文的固有含义可能影响其在指定使用商品上的显著特征，但相关公众对该固有含义的认知程度较低，能够以该标志识别商品来源的，可以认定其具有显著特征。

第九条　仅以商品自身形状或者自身形状的一部分作为三维标志申请注册商标，相关公众一般情况下不易将其识别为指示商品来源标志的，该三维标志不具有作为商标的显著特征。

该形状系申请人所独创或者最早使用并不能当然导致其具有作为商标的显著特征。

第一款所称标志经过长期或者广泛使用，相关公众能够通过该标志识别商品来源的，可以认定该标志具有显著特征。

第十条 诉争商标属于法定的商品名称或者约定俗成的商品名称的,人民法院应当认定其属于商标法第十一条第一款第(一)项所指的通用名称。依据法律规定或者国家标准、行业标准属于商品通用名称的,应当认定为通用名称。相关公众普遍认为某一名称能够指代一类商品的,应当认定为约定俗成的通用名称。被专业工具书、辞典等列为商品名称的,可以作为认定约定俗成的通用名称的参考。

约定俗成的通用名称一般以全国范围内相关公众的通常认识为判断标准。对于由于历史传统、风土人情、地理环境等原因形成的相关市场固定的商品,在该相关市场内通用的称谓,人民法院可以认定为通用名称。

诉争商标申请人明知或者应知其申请注册的商标为部分区域内约定俗成的商品名称的,人民法院可以视其申请注册的商标为通用名称。

人民法院审查判断诉争商标是否属于通用名称,一般以商标申请日时的事实状态为准。核准注册时事实状态发生变化的,以核准注册时的事实状态判断其是否属于通用名称。

第十一条 商标标志只是或者主要是描述、说明所使用商品的质量、主要原料、功能、用途、重量、数量、产地等的,人民法院应当认定其属于商标法第十一条第一款第(二)项规定的情形。商标标志或者其构成要素暗示商品的特点,但不影响其识别商品来源功能的,不属于该项所规定的情形。

认定驰名的考虑因素——未注册驰名商标
(第152页)

第十二条 当事人依据商标法第十三条第二款主张诉争商标构成对其未注册的驰名商标的复制、摹仿或者翻译而不应予以注册或者应予无效的,人民法院应当综合考量如下因素以及因素之间的相互影响,认定是否容易导致混淆:

(一)商标标志的近似程度;

(二)商品的类似程度;

(三)请求保护商标的显著性和知名程度;

(四)相关公众的注意程度;

(五)其他相关因素。

商标申请人的主观意图以及实际混淆的证据可以作为判断混淆可能性的参考因素。

认定驰名的考虑因素——注册驰名商标
(第153页)

第十三条 当事人依据商标法第十三条第三款主张诉争商标构成对其已注册的驰名商标的复制、摹仿或者翻译而不应予以注册或者应予无效的,人民法院应当综合考虑如下因素,以认定诉争商标的使用是否足以使相关公众认为其与驰名商标具有相当程度的联系,从而误导公众,致使驰名商标注册人的利益可能受到损害:

(一)引证商标的显著性和知名程度;

(二)商标标志是否足够近似;

(三)指定使用的商品情况;

(四)相关公众的重合程度及注意程度;

（五）与引证商标近似的标志被其他市场主体合法使用的情况或者其他相关因素。

第十四条　当事人主张诉争商标构成对其已注册的驰名商标的复制、摹仿或者翻译而不应予以注册或者应予无效，商标评审委员会依据商标法第三十条规定裁决支持其主张的，如果诉争商标注册未满五年，人民法院在当事人陈述意见之后，可以按照商标法第三十条规定进行审理；如果诉争商标注册已满五年，应当适用商标法第十三条第三款进行审理。

第十五条　商标代理人、代表人或者经销、代理等销售代理关系意义上的代理人、代表人未经授权，以自己的名义将与被代理人或者被代表人的商标相同或者近似的商标在相同或者类似商品上申请注册的，人民法院适用商标法第十五条第一款的规定进行审理。

代理人、代表人抢注
（第93页）

在为建立代理或者代表关系的磋商阶段，前款规定的代理人或者代表人将被代理人或者被代表人的商标申请注册的，人民法院适用商标法第十五条第一款的规定进行审理。

商标申请人与代理人或者代表人之间存在亲属关系等特定身份关系的，可以推定其商标注册行为系与该代理人或者代表人恶意串通，人民法院适用商标法第十五条第一款的规定进行审理。

第十六条　以下情形可以认定为商标法第十五条第二款中规定的“其他关系”：

特定关系人
（第94页）

（一）商标申请人与在先使用人之间具有亲属关系；

（二）商标申请人与在先使用人之间具有劳动关系；

（三）商标申请人与在先使用人营业地址邻近；

（四）商标申请人与在先使用人曾就达成代理、代表关系进行过磋商，但未形成代理、代表关系；

（五）商标申请人与在先使用人曾就达成合同、业务往来关系进行过磋商，但未达成合同、业务往来关系。

第十七条　地理标志利害关系人依据商标法第十六条主张他人商标不应予以注册或者应予无效，如果诉争商标指定使用的商品与地理标志产品并非相同商品，而地理标志利害关系人能够证明诉争商标使用在该产品上仍然容易导致相关公众误认为该产品来源于该地区并因此具有特定的质量、信誉或者其他特征的，人民法院予以支持。

侵犯地理标志
（第103页）

如果该地理标志已经注册为集体商标或者证明商标，集体商标或者证明商标的权利人或者利害关系人可选择依据该条或者另行依据商标法第十三条、第三十条等主张权利。

第十八条　商标法第三十二条规定的在先权利，包括当事人在诉争商标申请日之前享有的民事权利或者其他应予保护的合法权益。诉争商标核准注册时在先权利已不存在的,不影响诉争商标的注册。

在先著作权
(第96页)

第十九条 当事人主张诉争商标损害其在先著作权的,人民法院应当依照著作权法等相关规定,对所主张的客体是否构成作品、当事人是否为著作权人或者其他有权主张著作权的利害关系人以及诉争商标是否构成对著作权的侵害等进行审查。

商标标志构成受著作权法保护的作品的,当事人提供的涉及商标标志的设计底稿、原件、取得权利的合同、诉争商标申请日之前的著作权登记证书等,均可以作为证明著作权归属的初步证据。

商标公告、商标注册证等可以作为确定商标申请人为有权主张商标标志著作权的利害关系人的初步证据。

在先姓名权
(第99页)

第二十条 当事人主张诉争商标损害其姓名权,如果相关公众认为该商标标志指代了该自然人,容易认为标记有该商标的商品系经过该自然人许可或者与该自然人存在特定联系的,人民法院应当认定该商标损害了该自然人的姓名权。

当事人以其笔名、艺名、译名等特定名称主张姓名权,该特定名称具有一定的知名度,与该自然人建立了稳定的对应关系,相关公众以其指代该自然人的,人民法院予以支持。

在先字号权
(第96页)

第二十一条 当事人主张的字号具有一定的市场知名度,他人未经许可申请注册与该字号相同或者近似的商标,容易导致相关公众对商品来源产生混淆,当事人以此主张构成在先权益的,人民法院予以支持。

当事人以具有一定市场知名度并已与企业建立稳定对应关系的企业名称的简称为依据提出主张的,适用前款规定。

第二十二条 当事人主张诉争商标损害角色形象著作权的,人民法院按照本规定第十九条进行审查。

商品化权
(第98页)

对于著作权保护期限内的作品,如果作品名称、作品中的角色名称等具有较高知名度,将其作为商标使用在相关商品上容易导致相关公众误认为其经过权利人的许可或者与权利人存在特定联系,当事人以此主张构成在先权益的,人民法院予以支持。

不正当手段抢注
(第100页)

第二十三条 在先使用人主张商标申请人以不正当手段抢先注册其在先使用并有一定影响的商标的,如果在先使用商标已经有一定影响,而商标申请人明知或者应知该商标,即可推定其构成“以不正当手段抢先注册”。但商标申请人举证证明其没有利用在先使用商标商誉的恶意的除外。

在先使用人举证证明其在先商标有一定的持续使用时间、区域、销售量或者广告宣传的,人民法院可以认定为有一定影响。

在先使用人主张商标申请人在与其不相类似的商品上申请注册其在先使用并

有一定影响的商标,违反商标法第三十二条规定的,人民法院不予支持。

第二十四条 以欺骗手段以外的其他方式扰乱商标注册秩序、损害公共利益、不正当占用公共资源或者谋取不正当利益的,人民法院可以认定其属于商标法第四十四条第一款规定的“其他不正当手段”。

第二十五条 人民法院判断诉争商标申请人是否“恶意注册”他人驰名商标,应综合考虑引证商标的知名度、诉争商标申请人申请诉争商标的理由以及使用诉争商标的具体情形来判断其主观意图。引证商标知名度高、诉争商标申请人没有正当理由的,人民法院可以推定其注册构成商标法第四十五条第一款所指的“恶意注册”。

第二十六条 商标权人自行使用、他人经许可使用以及其他不违背商标权人意志的使用,均可认定为商标法第四十九条第二款所称的使用。

使用证据
(第122页)

实际使用的商标标志与核准注册的商标标志有细微差别,但未改变其显著特征的,可以视为注册商标的使用。

没有实际使用注册商标,仅有转让或者许可行为;或者仅是公布商标注册信息、声明享有注册商标专用权的,不认定为商标使用。

非使用证据
(第123页)

商标权人有真实使用商标的意图,并且有实际使用的必要准备,但因其他客观原因尚未实际使用注册商标的,人民法院可以认定其有正当理由。

未能使用的正当理由
(第124页)

第二十七条 当事人主张商标评审委员会下列情形属于行政诉讼法第七十条第(三)项规定的“违反法定程序”的,人民法院予以支持:

(一)遗漏当事人提出的评审理由,对当事人权利产生实际影响的;

(二)评审程序中未告知合议组成员,经审查确有应当回避事由而未回避的;

(三)未通知适格当事人参加评审,该方当事人明确提出异议的;

(四)其他违反法定程序的情形。

第二十八条 人民法院审理商标授权确权行政案件的过程中,商标评审委员会对诉争商标予以驳回、不予核准注册或者予以无效宣告的事由不复存在的,人民法院可以依据新的事实撤销商标评审委员会相关裁决,并判令其根据变更后的事实重新作出裁决。

第二十九条 当事人依据在原行政行为之后新发现的证据,或者在原行政程序中因客观原因无法取得或在规定的期限内不能提供的证据,或者新的法律依据提出的评审申请,不属于以“相同的事实和理由”再次提出评审申请。

一事不再理
(第117页)

在商标驳回复审程序中,商标评审委员会以申请商标与引证商标不构成使用在同一种或者类似商品上的相同或者近似商标为由准予申请商标初步审定公告后,以下情形不视为“以相同的事实和理由”再次提出评审申请:

(一)引证商标所有人或者利害关系人依据该引证商标提出异议,国务院工商行政管理部门商标局予以支持,被异议商标申请人申请复审的;

(二)引证商标所有人或者利害关系人在申请商标获准注册后依据该引证商标申请宣告其无效的。

第三十条 人民法院生效裁判对于相关事实和法律适用已作出明确认定,相对人或者利害关系人对于商标评审委员会依据该生效裁判重新作出的裁决提起诉讼的,人民法院依法裁定不予受理;已经受理的,裁定驳回起诉。

第三十一条 本规定自2017年3月1日起施行。人民法院依据2001年修正的商标法审理的商标授权确权行政案件可参照适用本规定。

最高人民法院关于审理商标授权确权行政案件若干问题的意见

(颁布机关:最高人民法院;实施日期:2010年4月20日)

各省、自治区、直辖市高级人民法院,解放军军事法院,新疆维吾尔自治区高级人民法院生产建设兵团分院:

现将《最高人民法院关于审理商标授权确权行政案件若干问题的意见》印发给你们,请认真贯彻执行。

二〇一〇年四月二十日

自2001年12月1日《全国人民代表大会常务委员会关于修改〈中华人民共和国商标法〉的决定》施行以来,人民法院开始依法受理和审理利害关系人诉国家工商行政管理总局商标评审委员会作出的商标驳回复审、商标异议复审、商标争议、商标撤销复审等具体行政行为的商标授权确权行政案件,对相关法律适用问题进行了积极探索,积累了较为丰富的审判经验。为了更好地审理商标授权确权行政案件,进一步总结审判经验,明确和统一审理标准,最高人民法院先后召开多次专题会议和进行专题调研,广泛听取相关法院、相关部门和专家学者的意见,对于审理商标授权确权行政案件中的法律适用问题进行了研究和总结。在此基础上,根据《中华人民共和国商标法》、《中华人民共和国行政诉讼法》等法律规定,结合审判实际,对审理此类案件提出如下意见:

1. 人民法院在审理商标授权确权行政案件时,对于尚未大量投入使用的诉争商标,在审查判断商标近似和商品类似等授权确权条件及处理与在先商业标志冲突上,可依法适当从严掌握商标授权确权的标准,充分考虑消费者和同业经营者的利益,有效遏制不正当抢注行为,注重对于他人具有较高知名度和较强显著性的在先商标、企业名称等商业标志权益的保护,尽可能消除商业标志混淆的可能性;对于使用时间较长、已建立较高市场声誉和形成相关公众群体的诉争商标,应当准确把握商标法有关保护在先商业标志权益与维护市场秩序相协调的立法精神，充分尊重相关公众已在客观上将相关商业标志区别开来的市场实际，注重维护已经形成和稳定的市场秩序。

2. 实践中，有些标志或者其构成要素虽有夸大成分，但根据日常生活经验或者相关公众的通常认识等并不足以引人误解。对于这种情形，人民法院不宜将其认定为夸大宣传并带有欺骗性的标志。

3. 人民法院在审查判断有关标志是否构成具有其他不良影响的情形时，应当考虑该标志或者其构成要素是否可能对我国政治、经济、文化、宗教、民族等社会公共利益和公共秩序产生消极、负面影响。如果有关标志的注册仅损害特定民事权益，由于商标法已经另行规定了救济方式和相应程序，不宜认定其属于具有其他不良影响的情形。

有害于社会主义道德风尚或者有其他不良影响
（第 20 页）

4. 根据商标法的规定，县级以上行政区划的地名或者公众知晓的外国地名一般不得作为商标注册和使用。实践中，有些商标由地名和其他要素组成，在这种情形下，如果商标因有其他要素的加入，在整体上具有显著特征，而不再具有地名含义或者不以地名为主要含义的，就不宜因其含有县级以上行政区划的地名或者公众知晓的外国地名，而认定其属于不得注册的商标。

县级以上行政区划的地名或者公众知晓的外国地名
（第 21 页）

5. 人民法院在审理商标授权确权行政案件时，应当根据诉争商标指定使用商品的相关公众的通常认识，从整体上对商标是否具有显著特征进行审查判断。标志中含有的描述性要素不影响商标整体上具有显著特征的，或者描述性标志是以独特方式进行表现，相关公众能够以其识别商品来源的，应当认定其具有显著特征。

6. 人民法院在审理商标授权确权行政案件时，应当根据中国境内相关公众的通常认识，审查判断诉争外文商标是否具有显著特征。诉争标志中的外文虽有固有含义，但相关公众能够以该标志识别商品来源的，不影响对其显著特征的认定。

7. 人民法院在判断诉争商标是否为通用名称时，应当审查其是否属于法定的或者约定俗成的商品名称。依据法律规定或者国家标准、行业标准属于商品通用名称的，应当认定为通用名称。相关公众普遍认为某一名称能够指代一类商品的，应当认定该名称为约定俗成的通用名称。被专业工具书、辞典列为商品名称的，可以作为认定约定俗成的通用名称的参考。

约定俗成的通用名称一般以全国范围内相关公众的通常认识为判断标准。对于由于历史传统、风土人情、地理环境等原因形成的相关市场较为固定的商品，在该相关市场内通用的称谓，可以认定为通用名称。

申请人明知或者应知其申请注册的商标为部分区域内约定俗成的商品名称的，应视其申请注册的商标为通用名称。

8. 人民法院审查判断诉争商标是否属于通用名称，一般以提出商标注册申请时的事实状态为准。如果申请时不属于通用名称,但在核准注册时诉争商标已经成为通用名称的,仍应认定其属于本商品的通用名称;虽在申请时属于本商品的通用名称,但在核准注册时已经不是通用名称的,则不妨碍其取得注册。

9. 如果某标志只是或者主要是描述、说明所使用商品的质量、主要原料、功能、用途、重量、数量、产地等特点,应当认定其不具有显著特征。标志或者其构成要素暗示商品的特点,但不影响其识别商品来源功能的,不属于上述情形。

10. 人民法院审理涉及驰名商标保护的商标授权确权行政案件,可以参照《最高人民法院关于审理涉及驰名商标保护的民事纠纷案件应用法律若干问题的解释》第五条、第九条、第十条等相关规定。

11. 对于已经在中国注册的驰名商标,在不相类似商品上确定其保护范围时,要注意与其驰名程度相适应。对于社会公众广为知晓的已经在中国注册的驰名商标,在不相类似商品上确定其保护范围时,要给予与其驰名程度相适应的较宽范围的保护。

12. 商标代理人、代表人或者经销、代理等销售代理关系意义上的代理人、代表人未经授权,以自己的名义将被代理人或者被代表人商标进行注册的,人民法院应当认定属于代理人、代表人抢注被代理人、被代表人商标的行为。审判实践中,有些抢注行为发生在代理、代表关系尚在磋商的阶段,即抢注在先,代理、代表关系形成在后,此时应将其视为代理人、代表人的抢注行为。与上述代理人或者代表人有串通合谋抢注行为的商标注册申请人,可以视其为代理人或者代表人。对于串通合谋抢注行为,可以视情况根据商标注册申请人与上述代理人或者代表人之间的特定身份关系等进行推定。

13. 代理人或者代表人不得申请注册的商标标志,不仅包括与被代理人或者被代表人商标相同的标志,也包括相近似的标志;不得申请注册的商品既包括与被代理人或者被代表人商标所使用的商品相同的商品,也包括类似的商品。

商标近似(第34页)

14. 人民法院在审理商标授权确权行政案件中判断商品类似和商标近似,可以参照《最高人民法院关于审理商标民事纠纷案件适用法律若干问题的解释》的相关规定。

15. 人民法院审查判断相关商品或者服务是否类似,应当考虑商品的功能、用途、生产部门、销售渠道、消费群体等是否相同或者具有较大的关联性;服务的目的、内容、方式、对象等是否相同或者具有较大的关联性;商品和服务之间是否具有较大的关联性,是否容易使相关公众认为商品或者服务是同一主体提供的,或者其提供者之间存在特定联系。《商标注册用商品和服务国际分类表》、《类似商品和服务区分表》可以作为判断类似商品或者服务的参考。

16. 人民法院认定商标是否近似,既要考虑商标标志构成要素及其整体的近似程度,也要考虑相关商标的显著性和知名度、所使用商品的关联程度等因素,以是否容易导致混淆作为判断标准。

17. 要正确理解和适用商标法第三十一条关于“申请商标注册不得损害他人现有的在先权利”的概括性规定。人民法院审查判断诉争商标是否损害他人现有的在先权利时,对于商标法已有特别规定的在先权利,按照商标法的特别规定予以保护;商标法虽无特别规定,但根据民法通则和其他法律的规定属于应予保护的合法权益的,应当根据该概括性规定给予保护。

人民法院审查判断诉争商标是否损害他人现有的在先权利,一般以诉争商标申请日为准。如果在先权利在诉争商标核准注册时已不存在的,则不影响诉争商标的注册。

18. 根据商标法的规定,申请人不得以不正当手段抢先注册他人已经使用并有一定影响的商标。如果申请人明知或者应知他人已经使用并有一定影响的商标而予以抢注,即可认定其采用了不正当手段。

在中国境内实际使用并为一定范围的相关公众所知晓的商标,即应认定属于已经使用并有一定影响的商标。有证据证明在先商标有一定的持续使用时间、区域、销售量或者广告宣传等的,可以认定其有一定影响。

对于已经使用并有一定影响的商标,不宜在不相类似商品上给予保护。

19. 人民法院在审理涉及撤销注册商标的行政案件时,审查判断诉争商标是否属于以其他不正当手段取得注册,要考虑其是否属于欺骗手段以外的扰乱商标注册秩序、损害公共利益、不正当占用公共资源或者以其他方式谋取不正当利益的手段。对于只是损害特定民事权益的情形,则要适用商标法第四十一条第二款、第三款及商标法的其他相应规定进行审查判断。

20. 人民法院审理涉及撤销连续三年停止使用的注册商标的行政案件时,应当根据商标法有关规定的立法精神,正确判断所涉行为是否构成实际使用。

商标权人自行使用、许可他人使用以及其他不违背商标权人意志的使用,均可认定属于实际使用的行为。实际使用的商标与核准注册的商标虽有细微差别,但未改变其显著特征的,可以视为注册商标的使用。没有实际使用注册商标,仅有转让或许可行为,或者仅有商标注册信息的公布或者对其注册商标享有专有权的声明等的,不宜认定为商标使用。

如果商标权人因不可抗力、政策性限制、破产清算等客观事由,未能实际使用注册商标或者停止使用,或者商标权人有真实使用商标的意图,并且有实际使用的必要准备,但因其他客观事由尚未实际使用注册商标的,均可认定有正当理由。

北京市高级人民法院商标授权确权行政案件审理指南

(颁布机关:北京市高级人民法院;实施日期:2019年4月24日)

第一部分 相关程序问题

1.主体资格的确定

1.1 【在先权利人的范围】

商标权人及其他应受法律保护的合法在先权利所有人属于商标法第三十三条、第四十五条第一款规定的“在先权利人”。

利害关系人(第88页)

1.2 【利害关系人的范围】

在先权利的被许可使用人、在先权利的合法继受人或者在先权利人的控股股东属于商标法第三十三条、第四十五条第一款规定的“利害关系人”。

经纪人提交了模特、演员等就相关人身权出具的特别授权文件的,属于“利害关系人”。

仅因诉争商标的申请注册而受到影响,但与在先权利不具有直接利害关系的主体,不宜认定为“利害关系人”。

1.3 【利害关系人的认定时间】

利害关系人的认定一般以提出商标异议或者无效宣告请求时为准。

一审法院受理行政诉讼后,利害关系人发生变化的,一般不影响原利害关系人的诉讼主体地位,但可以依据现利害关系人的申请通知其参加行政诉讼。

一审法院作出裁判后,利害关系人发生变化的,二审法院可以依据现利害关系人的申请通知其作为第三人参加行政诉讼。

1.4 【引证商标转让对当事人诉讼地位的影响】

一审行政诉讼中,引证商标被核准转让的,可以依据受让人的申请通知其参加诉讼,但不影响转让人继续参加诉讼;转让人明确放弃继续参加诉讼的,受让人可以替代转让人的诉讼地位,转让人已经完成的诉讼行为对受让人具有拘束力。

二审行政诉讼中,引证商标被核准转让的,可以依据受让人的申请通知其参加诉讼,但不影响转让人继续参加诉讼。

1.5 【未通知诉争商标受让人参加评审的法律后果】

商标评审程序中,诉争商标已经发生转让,国家知识产权局商标评审部门(以下简称商标评审部门)未通知受让人参加评审程序,直接作出对其不利的行政裁决,受让人在诉讼中能够证明被诉行政裁决理由和结论违法的,对其提出撤销被诉行政裁决的主张，可以予以支持；但受让人在诉讼中不能证明被诉行政裁决理由和结论违法的，对其提出撤销被诉行政裁决的主张不予支持。

1.6　【诉争商标转让对当事人诉讼地位的影响】

商标评审程序中，诉争商标已经发生转让，且受让人参加后续评审程序的，转让人一般不再作为行政相对人。转让人提起行政诉讼的，可以裁定驳回起诉。

转让人在评审程序中已经完成的行为对受让人具有拘束力。

1.7　【追加诉讼当事人的范围】

商标申请驳回复审行政案件中，一般诉讼当事人应以被诉行政行为的相对人以及其他与行政行为有利害关系的人为限，不宜主动追加未参与商标评审程序的引证商标权利人等主体参加诉讼。

1.8　【异议事由与主体资格的认定】

异议人同时主张诉争商标违反商标法第十条、第十一条、第十二条规定和第十三条第二款、第三款、第十五条、第十六条第一款、第三十条、第三十一条、第三十二条规定的，应当对其是否具有依据第十三条第二款、第三款、第十五条、第十六条第一款、第三十条、第三十一条、第三十二条的规定提起申请的主体资格进行审查。若异议人不属于商标法第三十三条所规定的"在先权利人或者利害关系人"的，对其申请的除第十条、第十一条、第十二条规定以外的理由应当不予审查。

1.9　【涉外当事人主体资格的认定】

涉外当事人主体资格的认定，应当适用涉外民事关系法律适用法第十四条的规定。

当事人依据其他国家或者地区的法律主张对方当事人的主体资格已经不存在的，应当提供该主体资格消灭登记的证据以及该国家或者地区关于主体资格消灭的法律规定。

依据其他国家或者地区法律，主体资格被剔除登记薄后仍可恢复的，可以给予当事人对主体存续状态进行补正及说明的机会。若当事人怠于举证，由其承担相应法律后果。

2. 审查范围

2.1　【遗漏评审理由的法律后果】

商标评审范围一般以申请人在申请书、补充理由中明确列明的理由及其对应的法律条文为限，被申请人的答辩事实和理由与上述申请内容有直接关联的，可以一并予以审查，但超出商标法规定期限的除外。商标评审部门未按前述情形予以审查，且对当事人权利产生实际影响，当事人据此主张违反法定程序的，可以予以支持。

商标评审程序中，申请人或者被申请人的答辩事实和理由、后续质证意见等内容明显超出申请范围的，或者申请人仅在申请书和补充理由中罗列法律条文，在全文中没有相关事实及理由论述的,当事人据此主张商标评审部门遗漏评审理由的,不予支持。

2.2 【第十三条与第三十条的选择适用】

当事人依据商标法第十三条或者同时依据第十三条及第三十条提出申请,商标评审部门未依据商标法第十三条进行审查,且未支持当事人申请的,构成遗漏评审理由,若对当事人权利产生实际影响,当事人据此主张违反法定程序的,可以予以支持。

2.3 【超范围审查的法律后果】

当事人有证据证明被诉裁决的内容超出驳回商标注册申请决定、不予注册决定、撤销或者维持注册商标决定,和当事人复审请求、答辩的范围,且无法律依据,其主张超出部分违法的,可以予以支持。

2.4 【补充评审证据】

商标评审程序中,当事人依据商标法实施条例第五十九条的规定,声明需要补充提交证据,商标评审部门在法律规定的期限届满前径行作出被诉裁决的,当事人据此主张违反法定程序的,可以予以支持。

2.5 【商标驳回复审的审查范围】

商标申请驳回复审行政案件中,商标评审部门在未听取申请人意见的情况下,超出驳回商标注册申请的决定,直接依据商标法第十条、第十一条、第十二条或者第十六条第一款的规定作出被诉裁决,当事人据此主张违反法定程序的,可以予以支持。

2.6 【商标不予注册复审的审查范围】

商标不予注册复审行政案件中,被诉裁决内容超出不予核准注册的商品或者服务的范围,当事人据此主张违反法定程序的,可以予以支持。

商标评审部门审查不予注册复审的理由,一般应根据不予注册决定审查的范围、申请人申请复审的主张和原异议人在复审中所主张的并已在异议阶段申请的理由确定。

2.7 【商标权无效宣告的审查范围】

商标权无效宣告请求行政案件中,商标评审部门一般应当针对当事人申请和答辩的事实、理由及请求进行审查,商标评审部门超出前述范围进行评审,当事人据此主张违反法定程序的,可以予以支持。

2.8 【商标行政诉讼中审查范围的确定】

商标行政诉讼中,一般应根据原告的诉讼请求及理由确定审查范围。原告虽未提出主张,但被诉裁决存在明显不当的,应当在各方当事人陈述意见后,对相关事由进行审查并作出裁判,但不能超出被诉裁决的审查范围。

当事人在商标评审程序中提出了多项理由,商标评审部门仅依据部分理由作出被诉裁决,且认定结论有误,当事人主张撤销被诉裁决的,可以予以支持,对商标评审部门未审查的事由不宜直接予以支持。

2.9 【"绝对理由"和"相对理由"的同时适用】

商标评审部门依据商标法第十条、第十一条、第十二条的规定和第三十条、第三十一条的规定作出驳回诉争商标注册申请的决定,不能仅以商标评审部门同时适用商标法第十条、第十一条、第十二条的规定和第三十条、第三十一条的规定进行审查为由撤销被诉决定。

3. 送达

3.1 【送达地址的确认】

当事人在商标评审程序中确认送达地址且同意适用于商标行政诉讼程序的,可以按照该地址进行送达。

3.2 【电子送达】

采用传真、电子邮件方式送达的,应记录传真发送和接收号码、电子邮件发送和接收邮箱、发送时间、送达诉讼文书名称,并打印传真发送确认单、电子邮件发送成功网页,存卷备查。

采用短信、微信等方式送达的,应记录收发手机号码、发送时间、送达诉讼文书名称,并将短信、微信等送达内容拍摄照片,存卷备查。

3.3 【送达认定标准】

商标评审程序中邮寄的商标评审案件受理通知书、举证通知书、答辩通知书、证据交换通知书和证据等案件相关材料均以当事人收到作为送达的标准。

3.4 【送达的举证责任】

商标行政诉讼中,当事人以其未收到案件相关材料为由主张送达程序违法的,商标评审部门应当提供当事人收到案件相关材料的证据,邮政部门按批次打印的交寄清单可以作为初步证据。

发文清单等内部流程材料,以及未经当事人授权的物业公司或者门卫代收的凭证,不足以证明当事人收到案件相关材料。

3.5 【送达程序不当】

商标评审部门无法提供当事人收到案件相关材料的直接证据,但其能够提供已经通知当事人参加评审程序的初步证据,且被诉裁决理由和结论均无不当,存在下列情形之一的,当事人主张送达程序违法,可以不予支持:

(1)当事人除主张送达程序违法外,未提出实体理由的;

(2)当事人除主张送达程序违法外,同时主张实体理由,但该理由不成立或者不属于本案审理范围的。

4. "一事不再理"的认定

评审中的"一事不再理"
(第117页)

4.1 【"相同的事实"】

当事人依据在原行政行为之后新发现的证据,或者在原行政程序中因客观原因无法取得或在规定期限内不能提供的证据提出的申请,不属于以“相同的事实”再次提出申请。

下列情形属于以“相同的事实”再次提出申请:

(1)当事人依据在原行政程序中能够获得但无正当理由未予提交的图书馆查询资料等证据,再次提出申请的;

(2)当事人主张侵害在先著作权,在原行政程序中提交了相关作品,仅依据新取得的著作权登记证书,再次提出申请的。

4.2 【“相同的理由”】

下列情形不属于以“相同的理由”再次提出申请:

(1)原行政程序中仅对当事人主张的部分理由进行了审理,该当事人对未经审理的其他理由,再次提出申请的;

(2)当事人依据在原行政程序中未涉及的引证商标,再次提出申请的;

(3)当事人在原行政程序中,依据商标法第十三条提出申请,商标评审部门主动转换适用商标法第三十条,且未予支持,当事人再次依据商标法第十三条提出申请的;

(4)商标异议复审程序中,当事人依据2001年商标法第十条第一款第(七)项提出申请,商标评审部门主动转换适用2001年商标法第十条第一款第(八)项并予以支持,经行政诉讼程序认为该申请不能成立,诉争商标被核准注册,当事人再次依据2013年商标法第十条第一款第(八)项提出无效宣告请求的。

4.3 【以“相同事实和理由”再次提出评审申请】

当事人以“相同事实和理由”再次提出评审申请的,商标评审部门不予受理或者依据商标法实施条例第五十七条规定予以驳回,当事人主张违反法定程序的,不予支持。

5. 重新作出行政行为的处理

5.1 【证据的提交】

审理被诉重审裁决的行政案件,当事人以商标评审部门未予采信其补充提交的证据为由,主张违反法定程序的,一般不予支持,但该证据所涉及内容并未经生效裁判认定且足以影响案件审查结果而商标评审部门未予采信的除外。

5.2 【重审裁决的审查程序】

商标评审部门按照生效裁判重新作出被诉裁决的,应当至少更换一名合议组成员,当事人因未予更换而主张违反法定程序的,可以予以支持。

生效裁判已经作出实体认定结论,商标评审部门未另行通知当事人进行答辩、交换证据、质证等,径行作出被诉裁决,当事人据此主张违反法定程序的,不予支持。

5.3 【提起诉讼的处理】

商标评审部门按照生效裁判重新作出被诉裁决,当事人据此提起行政诉讼的,裁定不予受理;已经受理的,裁定驳回起诉。但商标评审部门作出被诉裁决依据的事由不复存在的除外。

6. 其他程序事项

6.1 【商标注册事项的认定依据】

商标注册证与商标注册簿记载的注册事项不一致的,以商标注册簿为认定依据,但有证据证明商标注册簿确有错误的除外。

6.2 【起诉日期的计算】

原告不服行政行为提起诉讼的,起诉期限从其收到被诉裁决的第二日起算。

6.3 【商标评审部门的举证责任】

商标行政诉讼中,商标评审部门无正当理由,逾期未予举证的,可以认定构成行政诉讼法第三十四条规定的情形。但是,被诉裁决涉及第三人合法权益,第三人提供证据的除外。

6.4 【逾期作出被诉裁决的处理】

商标行政诉讼中,商标评审部门未按商标法第三十四条、第三十五条、第四十四条、第四十五条、第四十九条规定的法定期限作出被诉裁决,但未对当事人权利产生实际影响的,当事人据此主张违反法定程序的,不予支持。

6.5 【商标权撤销复审行政案件中证据的提交与采纳】

商标权撤销复审行政案件中,当事人明确表示依据其在撤销决定作出前提交的证据原件主张诉争商标实际使用的,商标评审部门仅以当事人未提交证据为由撤销诉争商标注册,当事人据此请求撤销被诉决定的,可以予以支持。

6.6 【未按规定预交案件受理费的法律后果】

商标行政诉讼中,原告或者上诉人未按诉讼费用交纳办法第二十二条规定的期限预交案件受理费,又不提出缓交、减交、免交申请,或者提出申请未获批准的,可以依据《最高人民法院关于适用〈中华人民共和国行政诉讼法〉的解释》第六十一条的规定,按自动撤诉处理。

6.7 【诉讼费用的负担】

商标行政诉讼中,因采纳当事人诉讼阶段补充提交的证据撤销被诉裁决的,诉讼费用应当由提交补充证据的当事人负担。

6.8 【未告知合议组成员】

商标评审部门未告知合议组成员导致当事人无法行使申请回避的权利,当事人据此主张违反法定程序,但未提出实质性的回避理由,可以不予支持。

6.9 【双方代理】

同一代理机构或者代理人在同一案件中,分别在商标行政程序不同阶段代理双方当事人的,可以认定被诉行政行为违反法定程序,但当事人明确表示同意的除外。

6.10 【诉讼终结的适用】

商标权无效宣告请求行政案件中,诉争商标已经被撤销注册的,不属于《最高人民法院关于适用〈中华人民共和国行政诉讼法〉的解释》第八十八条规定"终结诉讼"的情形。

6.11 【当事人拒交"翻译文本"的处理】

商标行政诉讼中,若第三人为外国人,原告未提交具有翻译资质的机构出具的翻译文本,也未委托翻译并交纳相应费用,经释明后原告在合理期限内仍不提交,导致无法向该外国当事人送达的,可以裁定驳回起诉。

前款规定中需翻译的文本包括起诉状、开庭传票。

第二部分　相关实体问题

7.基本规则

7.1 【商标法第四条的适用】

不以使用为目的的恶意商标注册申请(第72页、第90页)

商标申请人明显缺乏真实使用意图,且具有下列情形之一的,可以认定违反商标法第四条的规定:

(1)申请注册与不同主体具有一定知名度或者较强显著特征的商标相同或者近似的商标,且情节严重的;

(2)申请注册与同一主体具有一定知名度或者较强显著特征的商标相同或者近似的商标,且情节严重的;

(3)申请注册与他人除商标外的其他商业标识相同或者近似的商标,且情节严重的;

(4)申请注册与具有一定知名度的地名、景点名称、建筑物名称等相同或者近似的商标,且情节严重的;

(5)大量申请注册商标,且缺乏正当理由的。

前述商标申请人主张具有真实使用意图,但未提交证据证明的,不予支持。

7.2 【诚实信用原则的适用】

商标行政案件中,诉争商标的申请注册不应违背商标法第七条第一款的规定。

7.3 【商标标志构成要素】

诉争商标的构成要素应以商标注册公告、商标申请注册文件或者商标注册簿等文件中明确列明的内容为依据。

7.4 【商标受让不影响相关条款的认定】

诉争商标的申请注册违反商标法相关规定的,诉争商标的申请人或者注册人仅以其受让该商标不存在过错为由主张诉争商标应予核准注册或者维持有效的,不予支持。

7.5 【注册人被吊销或者注销的处理】

商标权撤销复审、商标权无效宣告请求行政案件中,诉争商标注册人被吊销营业执照或者已经注销的,不宜仅据此对诉争商标撤销注册或宣告无效。

8. 商标法第十条的适用

8.1 【商标法第十条第一款的认定标准】

诉争商标标志具有多种含义或者具有多种使用方式,其中某一含义或者使用方式容易使公众认为其属于商标法第十条第一款所规定情形的,可以认定诉争商标违反该款规定,诉争商标使用情况一般不予考虑。

不得作为商标使用
(第18页)

8.2 【含有中国国家名称的标志】

诉争商标标志含有中华人民共和国国家名称,但整体上并不相同或者不相近似,如果该标志作为商标注册可能损害国家尊严的,可以认定属于商标法第十条第一款第(八)项规定的情形。

8.3 【含有外国国家名称的标志】

外国国家名称包括外国国家名称的中、外文全称或者简称等,官方文献等可以作为认定外国国家名称的依据。

诉争商标标志中虽含有外国国家名称,但是整体上并不相同或者不相近似,如果该标志作为商标注册可能损害该国尊严的,可以认定属于商标法第十条第一款第(八)项规定的情形。

具有下列情形之一的,可以推定属于商标法第十条第一款第(二)项规定的“经该国政府同意”,但有相反证据的除外:

(1)当事人提交了该国政府同意诉争商标申请注册的文件的;

(2)当事人提交了相同申请人就诉争商标在相同商品或者服务上,已经在该国获准注册的文件的。

8.4 【“欺骗性”的认定】

公众基于日常生活经验等不会对诉争商标指定使用的商品或者服务的质量等特点或者产地产生误认的,不属于商标法第十条第一款第(七)项规定的情形。

8.5 【使用企业名称注册商标】

诉争商标中含有企业全称或者简称,而申请人与该企业全称或者简称存在实质性差异的,在易使公众对商品或者服务来源产生误认的情况下,可以认定属于商标法第十条第一款第(七)项规定的情形。

诉争商标标志仅由申请人的企业全称或者简称构成,或者显著识别部分仅是企业全称或简称的,在不属前款所指的情形下,可以认定属于商标法第十一条第一款第(三)项规定的情形,但是具有显著特征且符合商业惯例的除外。

缺乏显著特征的情形
(第24页)

前述企业全称或者简称以容易使公众将其作为指代企业主体身份的标识为认定要件。

8.6 【“其他不良影响”的判断因素】

其他不良影响
(第21页)

根据公众日常生活经验,或者辞典、工具书等官方文献,或者宗教等领域人士的通常认知,能够确定诉争商标标志或者其构成要素可能对我国社会公共利益和公共秩序产生消极、负面影响的,可以认定具有商标法第十条第一款第(八)项规定的“其他不良影响”。

当事人的主观意图、使用方式、损害结果等可以作为认定是否具有“其他不良影响”的参考因素。

其他不良影响
(第21页)

8.7 【“其他不良影响”的判断时间】

在审查判断诉争商标标志或者其构成要素是否具有“其他不良影响”时,一般以诉争商标申请注册时的事实状态为准。核准注册时事实状态发生变化的,以核准注册时的事实状态判断其是否具有“其他不良影响”。

已故知名人物
(第21页)

8.8 【“已故知名人物”的保护】

诉争商标标志或者其构成要素与特定行业、地域的已故知名人物姓名、肖像等相同或者近似,并由此导致公众对诉争商标指定使用的商品或者服务的质量、信誉、工艺等特点产生误认的,可以认定属于商标法第十条第一款第(七)项规定的情形。

诉争商标标志或者其构成要素与已故的政治、经济、文化、宗教、民族等公众人物的姓名、肖像等相同或者近似,可能对我国社会公共利益和公共秩序产生消极、负面影响的,可以认定属于商标法第十条第一款第(八)项规定的具有“其他不良影响”的情形。

其他不良影响
(第20页)

8.9 【“规范使用文字”的认定】

诉争商标标志或者其构成要素未规范使用汉字或者成语,可能对我国文化教育产生消极、负面影响的,可以认定属于商标法第十条第一款第(八)项规定的具有“其他不良影响”的情形。

县级以上行政区划的地方
(第22页)

8.10 【地名商标的其他含义】

诉争商标标志或者其构成要素含有县级以上行政区划的地名或者公众知晓的外国地名,但是整体上具有其他含义的,可以认定其不属于商标法第十条第二款所规定的情形。

具有下列情形之一的,可以认定诉争商标整体上具有其他含义:

(1)诉争商标仅由地名构成,该地名具有其他含义的;

(2)诉争商标包含地名,但诉争商标整体上可以与该地名相区分的;

(3)诉争商标包含地名,整体上虽不能与该地名相区分,但经过使用足以使公众将其与之区分的。

8.11 【已经获准注册“地名”商标扩展注册的判断】

商标法未禁止地名作为商标注册和使用之前已经获准注册的地名商标,在原注册范围内有效,当事人主张在该地名商标基础上申请注册其他商标的,一般不予支持。

9. 商标法第十一条的适用

9.1　【判断主体】

判断诉争商标是否具有显著特征时，应以与该商标指定使用商品或者服务有关的消费者和与前述商品或者服务的营销有密切关系的其他经营者等相关公众为判断主体。

不得作为商标注册的标志
（第22页）

9.2　【概括适用条款】

被诉裁决未明确指出诉争商标属于商标法第十一条第一款第（一）项、第（二）项、第（三）项的具体情形，仅概括表述为商标法第十一条第一款，当事人主张法律适用错误的，可以予以支持。

9.3　【具体条款的并列适用】

商标法第十一条第一款第（一）项、第（二）项和第（三）项分别规定了诉争商标标志不具有显著特征的情形，认定相同商标在同一商品上是否具有显著特征时，一般不宜并列适用。

9.4　【显著特征的认定范围】

若诉争商标标志不会被相关公众作为商标识别，则其指定使用在任何商品上均不具有显著特征。

若诉争商标标志仅对其指定使用商品的质量、数量等特点具有描述性，则其在该商品上不具有显著特征。

9.5　【新类型商标显著特征的认定】

颜色组合标志、声音标志、或者以商品自身形状、包装、装饰等形式体现的三维标志等，是否系当事人所独创或者最早使用，与认定该标志是否具有显著特征无关。

9.6　【“其他缺乏显著特征”的认定】

缺乏显著特征的标志
（第23页）

诉争商标仅由广告宣传用语等构成的，一般属于商标法第十一条第一款第（三）项规定的情形。

9.7　【“第二含义”的认定】

当事人主张诉争商标标志经过使用取得显著特征的，可以综合考量下列因素予以认定：

（1）诉争商标标志的使用足以使其发挥识别商品来源的作用；

（2）使用诉争商标标志的时间、地域、范围、规模、知名程度等；

（3）其他经营者使用诉争商标标志的情况。

认定诉争商标标志经过使用取得显著特征的，仅限于使用诉争商标标志的商品，不包括与其类似的商品。

9.8　【三维标志显著特征的判断】

诉争商标含有三维标志的，应当从整体上判断其是否具有显著特征，一般情况下不能仅因该商标含有文字或者图形等其他因素,即认定其具有显著特征。

不得注册的三维标志类型(第24页)

10. 商标法第十二条的适用

10.1 【三维标志的功能性】

当事人申请注册商标的三维标志仅由商品自身性质产生的形状、实现自身技术效果所需有的形状或者使商品具有实质性价值的形状构成,可以认定属于商标法第十二条规定的情形,该三维标志的使用情况不予考虑。

10.2 【商品自身性质产生的形状】

实现商品固有的目的、功能、用途、效果等,必须采用的或者通常采用的形状,属于商品自身性质产生的形状。

10.3 【实现商品技术效果所需的形状】

为达到特定技术参数、指标等所需要采用的形状,属于实现自身技术效果所需有的商品形状。

10.4 【使商品具有实质性价值的形状】

影响消费者购买意愿的商品外观、造型等,属于使商品具有实质性价值的形状。

11. 商标法第十三条的适用

11.1 【驰名商标的举证】

当事人主张在先商标构成驰名商标的,一般应当提交该商标在诉争商标申请日前已处于驰名状态的证据。

当事人提交诉争商标申请日后形成的证据,足以证明在先商标在诉争商标申请日前已处于驰名状态的,可以予以采纳。

11.2 【驰名商标的保护】

适用商标法第十三条第三款规定时,应考虑以下要件:

(1)引证商标在诉争商标申请日前已经达到驰名状态;

(2)诉争商标构成对驰名商标的复制、摹仿或者翻译;

(3)诉争商标的注册容易误导公众,致使驰名商标所有人的利益可能受到损害。

前款所列任一要件不成立时,无需对其他要件予以认定。

11.3 【驰名商标的保护范围】

认定驰名商标的保护范围,可以综合考虑商标的显著性、知名度、商标标志的近似程度、指定使用的商品情况、相关公众的重合程度及注意程度、诉争商标申请人的主观状态等因素。

11.4 【第十三条第三款适用的情形】

下列情形属于商标法第十三条第三款规定的情形:

(1)在不相同或者不类似的商品上申请注册的诉争商标是对引证商标的复制、

摹仿或者翻译,足以使相关公众对使用引证商标和诉争商标的商品来源产生误认,或者足以使相关公众认为使用引证商标和诉争商标的经营者之间具有许可使用、关联企业关系等特定联系的;

(2)在不相同或者不类似的商品上申请注册的诉争商标是对引证商标的复制、摹仿或者翻译,足以使相关公众认为诉争商标与引证商标具有相当程度的联系,而减弱引证商标的显著性、贬损引证商标的市场声誉,或者不正当利用引证商标的市场声誉的。

11.5 【驰名状态】

下列情形不能认定在先商标已经达到驰名状态:

(1)当事人自身具有较长经营历史和较高知名度,但无法证明在先商标已为中国境内相关公众所熟知的;

(2)在先商标在其他国家、地区等具有较高知名度,但依据诉争商标申请日前的实际使用情况,不能为中国境内相关公众所熟知的。

11.6 【复制、摹仿和翻译的认定】

可被认定驰名的商标及保护模式
(第149页)

诉争商标标志与他人驰名商标标志相同或者视觉上基本无差异属于复制。

在诉争商标标志中使用他人驰名商标的显著部分或者显著特征等属于摹仿。

在诉争商标标志中将他人驰名商标以不同的语言文字予以表达,且该语言文字已与他人驰名商标建立对应关系,并为相关公众广为知晓或者习惯使用的,属于翻译。

11.7 【驰名商标的法条转换】

商标评审部门在符合下列条件的情况下,适用商标法第三十条或者第三十一条作出被诉裁决且支持当事人申请,对方当事人主张适用法律错误的,不予支持:

(1)当事人依据商标法第十三条第三款的规定对相同或者类似商品上申请注册的诉争商标申请不予核准注册或者宣告其无效的;

(2)当事人没有明确主张诉争商标的申请注册违反商标法第三十条或者第三十一条的;

(3)当事人申请诉争商标不予核准注册或者宣告无效的实质理由是相关公众容易对诉争商标与引证商标所标示的商品来源产生混淆的;

(4)当事人提出宣告诉争商标无效的申请没有超出商标法第四十五条第一款规定的五年期限的。

11.8 【已注册驰名商标在同类商品的保护】

诉争商标自注册之日起超过五年的,驰名商标所有人依据商标法第十三条第三款的规定请求对在相同或者类似商品上的诉争商标宣告无效的,可以予以支持。

12. 商标法第十五条的适用

代理人、代表人或者有特定关系的他人恶意抢注
(第92页)

12.1 【未经授权的认定】

被代理人或者被代表人未明确作出同意代理人或者代表人申请注册诉争商标

的意思表示属于商标法第十五条第一款规定的“未经授权”。

被代理人或者被代表人知道诉争商标的申请注册而未提出反对意见的,一般不能据此推定其同意代理人或者代表人申请注册诉争商标。

12.2 【“被代理人或者被代表人的商标”】

被代理人或者被代表人在诉争商标申请日前的已注册或者申请的商标,不属于商标法第十五条第一款规定的“被代理人或者被代表人的商标”。

被代理人或者被代表人是否实际使用该商标,不属于商标法第十五条第一款认定的要件。

12.3 【适用要件】

代理人或者代表人未经授权申请注册的商标,与被代理人或者被代表人的商标相同或者相近似,指定使用的商品与被代理人或者被代表人的商标指向的商品相同或者类似,属于商标法第十五条第一款规定的情形。

12.4 【适用主体】

诉争商标申请人与商标法第十五条第一款规定的“代理人或者代表人”、第二款规定的“申请人”存在亲属关系,或者是“代理人或者代表人”或“申请人”公司法定代表人的,属于商标法第十五条适用的主体。

12.5 【“在先使用”的判断】

仅在其他国家、地区使用商标的,不属于商标法第十五条第二款规定的“在先使用”的情形。

商标使用的规模、时间、知名度等因素,不影响“在先使用”的判断。

12.6 【“在先使用”证据的认定】

当事人主张保护“在先使用”的商标,应当提交诉争商标申请日前在中国境内使用商标的证据,在其他国家、地区的使用证据或者准备投入中国境内使用的证据可以作为证明其商标在先使用情况的补充。

特定关系人(第94页)

12.7 【“其他关系”的认定】

诉争商标申请人与在先使用人存在代理、代表关系以外的,能够知道他人商标且应予主动避让的关系,属于商标法第十五条第二款规定的“其他关系”的情形。

12.8 【商标法第十五条认定的例外】

诉争商标申请人能够举证证明其在形成代理、代表关系前,在先使用诉争商标的,可以认定不属于商标法第十五条第一款规定的情形。

诉争商标申请人能够举证证明其先于商标法第十五条第二款规定的“他人”使用诉争商标的,可以认定不属于商标法第十五条第二款规定的情形。

13. 商标法第十六条的适用

13.1 【误导公众的认定】

诉争商标的申请注册容易使相关公众对使用该商标的商品真实产地发生误认

的，属于商标法第十六条第一款规定的情形。

13.2 【“商标中有商品的地理标志”】

诉争商标完整包含地理标志，或者包含地理标志的主要识别部分，容易使相关公众对使用该商标的商品的真实产地发生误认的，属于“商标中有商品的地理标志”的情形。

13.3 【申请主体】

为保护地理标志而成立或者以保护地理标志为宗旨的团体、协会等，认为诉争商标违反商标法第十六条第一款规定的，可以提出申请。

使用该地理标志的产品的生产加工者、市场经营者，可以作为利害关系人提出申请。

13.4 【原属国在先保护原则】

外国人以诉争商标的申请注册违反商标法第十六条第一款规定申请该商标不应予以注册或者应予宣告无效的，应当提供其名下的该地理标志在原属国受法律保护的证明。

13.5 【混淆判断】

若地理标志集体商标或者证明商标申请注册在后，普通商标申请在前，应当结合地理标志客观存在情况及其知名度、显著性、相关公众的认知等因素，判断是否容易造成相关公众对商品或者服务来源产生混淆；若地理标志集体商标或者证明商标申请在前，普通商标申请在后，可以从不当攀附地理标志知名度的角度，判断是否容易造成相关公众对商品或者服务来源产生混淆。

13.6 【驰名商标保护的适用】

地理标志集体商标或者证明商标已经达到驰名状态的，可以适用商标法第十三条第三款予以保护。

当事人依据商标法第十三条第三款申请地理标志集体商标或者证明商标不予核准注册或者宣告无效的，应当结合地理标志客观存在情况及其知名度、显著性、相关公众的认知等因素，认定地理标志集体商标或者证明商标的注册是否会误导公众、致使普通商标注册人的利益可能受到损害。

13.7 【将地理标志注册为普通商标】

诉争商标申请人或者注册人将地理标志整体或者主要识别部分作为证明商标或者集体商标之外的商标申请注册的，可以适用商标法第十六条第一款、第十条第二款或者第十一条第一款的规定等进行审理。

13.8 【地理范围确定错误】

地理标志集体商标或者证明商标的申请人在申请文件中标示的地区范围与真实产地不一致的，可以适用商标法第十六条第一款的规定等进行审理。

13.9 【法律条款的适用】

当事人以他人申请注册的地理标志证明商标或者集体商标违反商标法第十六

条第二款的规定不应予以核准注册或者应予宣告无效的,适用商标法第三十条中“凡不符合本法有关规定”的内容进行审理。

14. 商标法第十九条第四款的适用

14.1 【商标代理机构的认定】

已经备案的从事商标代理业务的主体、工商营业执照中记载从事商标代理业务的主体,以及虽未备案但实际从事商标代理业务的主体,属于商标法第十九条第四款规定的“商标代理机构”,一般工商营业执照记载的经营事项不能作为排除认定“商标代理机构”的依据。

14.2 【商标代理业务的认定】

接受委托人的委托,以委托人的名义办理商标注册申请、商标评审或者其他商标事宜,包括代理商标注册申请、变更、续展、转让、异议、撤销、评审、侵权投诉,提供商标法律咨询、担任商标法律顾问、代理其他有关商标事务等,属于商标代理业务。

14.3 【诉争商标的转让不影响主体的认定】

商标评审程序中,诉争商标从商标代理机构转让至非商标代理机构名下的,可以适用商标法第十九条第四款的规定进行审理。

14.4 【诉争商标申请注册范围的确定】

“代理服务”仅限于《类似商品和服务区分表》中第四十五类第4506类似群组的服务项目。

除商标代理服务之外,商标代理机构在其他商品或者服务类别上申请注册商标的,不予支持。

15. 商标法第三十条、第三十一条的适用

15.1 【商标延续注册的限制】

诉争商标申请人的在先商标注册后、诉争商标申请前,他人在相同或者类似商品上注册与诉争商标相同或者近似的商标并持续使用且产生一定知名度,诉争商标申请人不能证明该在先商标已经使用或者经使用产生知名度、相关公众不易发生混淆的情况下,诉争商标申请人据此主张该商标应予核准注册的,可以不予支持。

15.2 【商标近似的判断规则】

适用商标法第三十条、第三十一条时,可以综合考虑商标标志的近似程度、商品的类似程度、引证商标的显著性和知名度、相关公众的注意程度以及诉争商标申请人的主观意图等因素,以及前述因素之间的相互影响,以是否容易造成相关公众混淆为标准。

商标标志相同且指定使用的商品相同,可以直接认定违反商标法第三十条、第三十一条的规定,无须考虑其他因素。

将引证商标的整体或者显著识别部分作为诉争商标构成要素的,可以认定构成商标标志近似。

15.3 【商标申请驳回复审行政案件中商标近似性的判断】

商品服务不类似和商标不近似（第76页）

商标申请驳回复审行政案件中，诉争商标与引证商标是否近似，主要根据诉争商标标志与引证商标标志近似程度等因素进行认定。诉争商标的知名度可以不予考虑。

15.4 【商标不予注册复审和无效宣告请求行政案件中商标近似性的判断】

商标不予注册复审和商标权无效宣告请求行政案件中，若诉争商标的申请人主观并无恶意，且基于特定历史原因诉争商标与引证商标长期共存，形成既定市场格局，当事人主张不会导致相关公众发生混淆的，可以认定不构成近似商标。

认定诉争商标与引证商标是否近似，可以综合考虑诉争商标申请人和引证商标权利人提供的证据、诉争商标申请人的主观状态等。

15.5 【市场调查报告的认定】

证据材料（第91页）

当事人可以提交市场调查报告用于证明诉争商标和引证商标不构成近似商标，但该报告结论缺乏真实性、科学性的，可以不予采纳。

15.6 【商标法第三十条、第三十一条的适用条件】

商标行政案件中，应当依据诉争商标的申请日确定引证商标属于已被核准注册、已初步审定的商标或者在先申请的商标。

引证商标申请日早于诉争商标，但在诉争商标申请日前，引证商标尚未被核准注册或者初步审定，即使在商标评审部门作出被诉裁决时，引证商标已被核准注册或者初步审定的，应当适用商标法第三十一条的规定对引证商标与诉争商标是否构成近似商标进行认定。

15.7 【引证商标权利人被注销】

引证商标不构成阻挡（第77页）

商标行政案件中，引证商标权利人被注销且无证据证明存在权利义务承受主体的，可以认定引证商标与诉争商标不构成近似商标。

15.8 【中文商标与外文商标的近似性判断】

中文商标近似（第35页）

中文商标与外文商标的近似性判断，可以综合考虑以下因素：

(1)相关公众对外文含义的认知程度；

(2)中文商标与外文商标在含义、呼叫等方面的关联性或者对应性；

(3)引证商标的显著性、知名度和使用方式；

(4)诉争商标实际使用的情况。

15.9 【三维标志商标的比对】

涉及三维标志商标的近似性判断，一般应从整体上进行比对，不能仅就该商标中的文字、图形与在先注册的文字、图形商标进行比对。

15.10 【共存协议的属性】

判断诉争商标与引证商标是否构成近似商标，共存协议可以作为排除混淆的初步证据。

引证商标不构成阻挡(第76页)

15.11 【共存协议的形式要件】

引证商标权利人应以书面形式同意诉争商标申请注册,明确载明诉争商标的具体信息,但附条件或者附期限的共存协议一般不予采信。

共存协议应当真实、合法、有效,且不存在损害国家利益、社会公共利益和第三人合法权益等情形,否则不应予以采纳。

15.12 【共存协议的法律效果】

引证商标与诉争商标的商标标志相同或者基本相同,且使用在相同或者类似商品上的,不能仅以共存协议为依据,准予诉争商标的注册申请。

引证商标与诉争商标的商标标志近似,使用在相同或者类似商品上,引证商标权利人出具共存协议的,在无其他证据证明诉争商标与引证商标的共存足以导致相关公众对商品来源发生混淆的情况下,可以认定诉争商标与引证商标不构成近似商标。

引证商标权利人出具共存协议后,以诉争商标与引证商标构成近似商标为由,提起不予注册异议或者请求无效宣告的,不予支持,但该协议依法无效或者被撤销的除外。

15.13 【类似商品的认定】

商标申请驳回复审行政案件中,一般应以案件审理时的《类似商品和服务区分表》作为判断构成类似商品或者服务的依据。

商标不予注册复审、商标权无效宣告请求行政案件中,案件审理时的《类似商品和服务区分表》可以作为判断构成类似商品或者服务的参考。

15.14 【具有主观恶意的认定】

判断诉争商标申请人是否具有主观恶意,可以综合考虑如下因素:

(1)引证商标具有较强显著性和知名度;

(2)诉争商标申请人与引证商标权利人营业地址临近;

(3)诉争商标申请人与引证商标权利人属于同行业;

(4)诉争商标标志与引证商标标志基本相同且诉争商标申请人未作出合理解释。

在先权利的范围(第96页)

16. 商标法第三十二条的适用

16.1 【在先权利范围】

当事人依据反不正当竞争法第六条主张在先合法权益的,可以适用商标法第三十二条进行审理。

认定诉争商标的申请注册是否损害他人在先权利,一般以规定在先权利的法律为依据。

16.2 【在先权利时间的起算】

当事人主张诉争商标的申请注册损害"在先权利"的,应举证证明诉争商标申请日前该在先权利合法存在。

如果在先权利在诉争商标核准注册时已不存在的，则不影响诉争商标的注册。

16.3 【外国人在先著作权】

外国人主张诉争商标的申请注册损害其在先著作权的，按照著作权法第二条的规定进行处理。

16.4 【损害在先著作权的认定】

在先著作权（第97页）

判断诉争商标的申请注册是否损害当事人在先著作权时，应考虑以下要件：

(1)涉案作品构成著作权法的保护客体；

(2)当事人为涉案作品的著作权人或者利害关系人；

(3)在诉争商标申请日前，诉争商标申请人有可能接触涉案作品；

(4)诉争商标标志与涉案作品构成实质性相似。

前款所列任一要件不成立时，无须对其他要件予以认定。

16.5 【作品的认定】

缺乏独创性的，不应认定为作品。

简单的常见图形、字母等一般不认定为作品。

16.6 【超过保护期限的作品】

诉争商标申请注册时，当事人以超过著作权法规定保护期限的作品主张著作权的，不予支持。

认定诉争商标标志和涉案作品是否构成实质性相似时，二者共同使用已进入公有领域的表达不作为考虑因素。

16.7 【在先著作权权属的认定】

当事人提供的涉及著作权的底稿、原件、合法出版物、诉争商标申请日前著作权登记证书、取得权利的合同等可以作为认定在先著作权归属的初步证据，但是诉争商标申请人提供相反证据的除外。

16.8 【利害关系人资格的认定】

当事人依据商标公告、商标注册证等主张其有权作为在先著作权的利害关系人提出申请的，可以予以支持。

16.9 【独创性高低对认定"实质性相似"的影响】

对于独创性较低的作品，诉争商标标志与该作品在视觉上基本无差异的，可以认定构成实质性相似。

16.10 【不构成损害在先著作权的抗辩】

当事人主张诉争商标的申请注册不构成损害他人在先著作权，具有下列情形之一的，可以予以支持：

(1)诉争商标标志与涉案作品相同或者相近似的部分属于公有素材或者公有领域的信息的；

(2)诉争商标标志与涉案作品相同或者相近似的原因在于执行共同的标准或者表达形式有限的;

(3)诉争商标标志与涉案作品相同或者相近似的部分源于案外人的作品,且该作品的创作完成时间早于涉案作品的。

在先著作权
(第97页)

16.11 【在先著作权的保护范围】

当事人以损害其在先著作权为由主张诉争商标应当不予核准注册或者应予宣告无效的,对诉争商标指定使用的商品或者服务类别不予考虑。

在先姓名权
(第99页)

16.12 【姓名权保护的具体利益】

当事人主张诉争商标的申请注册损害其在先姓名权的,一般应举证证明诉争商标申请人明知其姓名而采取盗用、冒用等手段申请注册商标。

相关公众容易认为标有诉争商标的商品与该自然人存在许可等特定联系的,可以认定属于商标法第三十二条规定的情形。

16.13 【姓名的范围】

姓名包括户籍登记中使用的姓名,也包括别名、笔名、艺名、雅号、绰号等。

能够与特定的自然人建立起对应关系的主体识别符号可以视为该自然人的姓名。

16.14 【自然人声誉对姓名权的影响】

自然人的声誉不是保护其姓名权的前提,但可以作为认定相关公众是否将某一姓名与特定自然人建立起对应关系的考虑因素。

在先肖像权
(第99页)

16.15 【肖像权的保护】

当事人主张诉争商标的申请注册损害其在先肖像权的,应当举证证明诉争商标标志具有足以使相关公众识别其所对应的特定自然人的个性特征,从而使该标志与该自然人之间形成了稳定的对应关系,相关公众容易认为标有诉争商标的商品与该自然人存在许可等特定联系。

人形剪影未包含可识别的特定自然人个性特征,当事人据此主张损害其在先肖像权的,不予支持。

在先字号权
(第96页)

16.16 【在先企业名称权的认定】

企业名称的简称或者字号等经使用具有一定知名度,已与当事人建立稳定对应关系,且该使用行为不违背当事人意愿的,当事人可以据此主张在先企业名称权。

16.17 【外国企业名称的保护】

外国公司的企业名称、字号或者其惯用音译等,在诉争商标申请日前已在中国境内进行商业使用、具有一定知名度且为相关公众所知晓的,当事人可以据此主张在先企业名称权。

商品化权益
(第98页)

16.18 【"商品化权益"的表述】

在法律尚未规定"商品化权益"的情况下,不宜直接在裁判文书中使用"商品化权益”等称谓。

16.19 【“商品化权益”认定的限制】

商品化权益
（第98页）

当事人主张的“商品化权益”内容可作为姓名权、肖像权、著作权、一定影响商品（服务）名称等法律明确规定的权利或者利益予以保护的，不宜对当事人所主张的“商品化权益”进行认定。

若依据除商标法第三十二条“在先权利”之外的其他具体条款不足以对当事人提供救济，且无法依据前款所规定的情形予以保护的，在符合特定条件时，可以依据当事人的主张适用商标法第三十二条“在先权利”予以保护，但一般应依据反不正当竞争法第六条的规定进行认定。

16.20 【“特定条件”的认定】

认定是否属于本审理指南16.19条所规定的“特定条件”时，应同时具备下列情形：

（1）“保护对象”为作品名称、作品中的角色名称等；

（2）在诉争商标申请日前，“保护对象”应具有一定知名度；

（3）诉争商标的申请注册人主观上存在恶意；

（4）诉争商标标志与“保护对象”相同或者相近似；

（5）诉争商标指定使用的商品属于“保护对象”知名度所及的范围，容易导致相关公众误认为其经过“保护对象”利益所有人的许可或者与利益所有人存在特定联系。

16.21 【恶意抢注适用仅限“未注册商标”】

商标法第三十二条规定的“申请人不得以不正当手段抢先注册他人已经使用并有一定影响的商标”，其中所规定的“商标”是指“未注册商标”，包括在诉争商标申请日前未提出商标注册申请或者已失效的商标。

16.22 【恶意抢注的适用要件】

以不正当手段
抢注他人已使用
并有一定影响
的商标
（第100页）

认定诉争商标的申请注册是否属于“以不正当手段抢先注册他人在先使用并具有一定影响的商标”时，应同时具备下列情形：

（1）未注册商标在诉争商标申请日之前已经使用并有一定影响；

（2）诉争商标与在先使用的未注册商标构成相同或近似商标；

（3）诉争商标指定使用的商品与在先使用的未注册商标所使用的商品构成相同或者类似商品；

（4）诉争商标申请人明知或者应知他人在先使用商标。商标申请人能够举证证明其没有利用在先使用商标商誉的恶意的，不构成前款所指情形。

16.23 【明知或者应知的认定】

认定诉争商标申请人是否明知或者应知他人的未注册商标时，可以综合考虑以下因素：

(1)诉争商标申请人与在先商标使用人曾就商标许可、商标转让等进行联络;

(2)经相关机关认定,诉争商标申请人存在侵害商标权行为;

(3)诉争商标申请人与在先商标使用人属于同行业;

(4)在先商标显著性较强的,诉争商标与其高度近似。

以不正当手段抢注他人已经使用并有一定影响的商标(第100页)

16.24　【"已经使用"的判断】

当事人通过商业宣传和生产经营活动,能够使其主张的"未注册商标"发挥识别商品来源的作用属于商标法第三十二条规定的"已经使用"。

一般在相关公众已将该"未注册商标"与当事人产生联系的情况下,只要该行为不违背当事人主观意愿的,可以认定构成"已经使用"的情形。

16.25　【"有一定影响"的判断】

当事人举证证明其在先未注册商标的知名度足以使诉争商标申请人明知或者应知该商标存在的,可以认定构成"有一定影响"。

当事人提交在先未注册商标的持续使用时间、区域、销售量或者广告宣传等证据,足以证明该商标为一定范围的相关公众所知晓的,可以认定构成"有一定影响"。

16.26　【单纯出口行为的认定】

使用在先未注册商标的商品未在中国境内流通且直接出口的,当事人主张诉争商标的申请注册属于商标法第三十二条规定的"以其他不正当手段抢先注册他人已经使用并有一定影响的商标"情形的,不予支持。

欺骗手段(第114页)

17. 商标法第四十四条第一款的适用

17.1　【"欺骗手段"的认定】

同时具备下列情形的,可以认定属于商标法第四十四条第一款规定的"以欺骗手段取得注册":

(1)诉争商标申请人存在使商标行政机关因受到欺骗而陷入错误认知的主观意愿;

(2)诉争商标申请人存在以弄虚作假的手段从商标行政机关取得商标注册的行为;

(3)商标行政机关陷入错误认识而作出的行政行为系基于诉争商标申请人的行为所产生,二者之间具有直接的因果关系。

其他不正当手段(第114页)

17.2　【"其他不正当手段"的认定】

"其他不正当手段"是指以欺骗手段以外的其他方式扰乱商标注册秩序、损害公共利益、不正当占用公共资源或者谋取不正当利益,以使诉争商标获准注册的行为,包括诉争商标申请人采取大批量、规模性抢注他人具有一定知名度的商标等手段的行为。

同时具备下列要件的,可以认定属于商标法第四十四条第一款规定的"以其他不正当手段取得注册”：

（1）适用主体是该商标的申请注册人，但有证据证明诉争商标现注册人与申请注册人之间具有特定关系，或对于申请注册诉争商标的行为具有意思联络的除外；

（2）适用对象既包括已经注册的商标，也包括申请注册的商标；

（3）申请注册行为扰乱商标注册秩序、损害社会公共利益、或者属于不正当占用公共资源、以其他方式谋取不正当利益的；

（4）申请注册行为未仅损害特定民事权益。

17.3 【“其他不正当手段”具体情形的认定】

具有下列情形之一的，可以认定属于商标法第四十四条第一款规定的“以其他不正当手段取得注册”：

（1）诉争商标申请人申请注册多件商标，且与他人具有较强显著性的商标或者较高知名度的商标构成相同或者近似，既包括对不同商标权利人的商标在相同或类似商品、服务上申请注册的，也包括针对同一商标权利人的商标在不相同或不类似商品或者服务上申请注册的；

（2）诉争商标申请人申请注册多件商标，且与他人企业名称、社会组织名称、有一定影响商品的名称、包装、装潢等商业标识构成相同或者近似标志的；

（3）诉争商标申请人具有兜售商标，或者高价转让未果即向在先商标使用人提起侵权诉讼等行为的。

17.4 【“其他不正当手段”具体情形的例外】

诉争商标申请人具有本审理指南第17.3条规定的情形，但诉争商标申请注册的时间较早，且在案证据能够证明诉争商标申请人对该商标具有真实使用意图并实际投入商业使用的，可以根据具体情况，认定诉争商标不构成“以其他不正当手段取得注册”的情形。

17.5 【“其他不正当手段”条款适用的限制】

审理商标不予注册复审、商标权无效宣告请求等行政案件时，根据在案证据能够适用商标法其他条款对诉争商标不予注册或宣告无效的，不再适用商标法第四十四条第一款。

18. 商标法第四十五条的适用

18.1 【商标法第四十五条属性的确定】

商标法第四十五条第一、二、三款均属于程序条款。

18.2 【“五年期间”的认定】

商标法第四十五条第一款规定的“自商标注册之日起五年内”，是指自诉争商标注册公告之日的次日起五年内，该期间不适用中止、中断等情形。

自诉争商标注册公告之日的次日起，方可依据商标法第四十五条第一款的规定提起商标权无效宣告申请。

18.3 【超"五年期间"申请主体】

商标法第四十五条第一款规定的"驰名商标所有人",不包括驰名商标的利害关系人。

恶意因素
(第155页)

18.4 【"恶意注册"的认定】

认定商标法第四十五条第一款规定的"恶意注册",可以综合下列因素:

(1)诉争商标与在先驰名商标近似程度较高;

(2)在先驰名商标具有较强显著性和知名度;

(3)诉争商标指定使用商品与在先驰名商标的商品关联程度较高;

(4)诉争商标申请人与在先驰名商标所有人曾有贸易往来或者合作关系;

(5)诉争商标申请人与在先驰名商标所有人营业地址临近;

(6)诉争商标申请人与在先驰名商标所有人曾发生其他纠纷,足以知晓该驰名商标;

(7)诉争商标申请人与在先驰名商标所有人曾有内部人员往来关系;

(8)诉争商标申请人申请注册该商标后,具有攀附在先驰名商标商誉的行为;

(9)诉争商标申请人大量注册他人具有较强显著性和知名度的商标。

违反"禁注"规定
(第89页)

19. 商标法第四十九条第二款的适用

19.1 【注册商标通用化的判断】

认定诉争商标是否属于商品通用名称,应当从商标标志整体上进行审查,且应当认定通用名称指向的具体商品。对与该商品类似的商品不予考虑。

当事人主张诉争商标成为商品通用名称的,可以提交字典、工具书、国家或者行业标准、相关行业组织的证明、市场调查报告、市场上的宣传使用证据、其他主体在同种商品上使用该商标标志的证据等予以证明。

19.2 【注册商标通用化判断的时间点】

认定诉争商标是否属于通用名称,一般以当事人向商标撤销审查部门提出撤销申请时的事实状态进行判断,评审时的事实状态可以作为参考。

19.3 【新旧法的适用】

商标权撤销复审行政案件中,对于指定的三年期间跨越2014年5月1的,在实体法上适用2001年修正的商标法。

19.4 【使用的认定】

具有下列情形之一的,当事人主张维持商标注册的,不予支持:

(1)仅在核定使用范围外的类似商品或者服务上使用诉争商标的;

(2)使用诉争商标但未发挥区分商品、服务来源作用的;

(3)为了维持诉争商标注册进行象征性使用的。

19.5 【"违法"使用的认定】

商标使用行为明确违反商标法或者其他法律禁止性规定的,可以认定不构成商标使用。

19.6 【使用主体的认定】

商标法第四十九条第二款规定的"连续三年不使用"中的"使用"主体,包括商标权人、被许可使用人以及其他不违背商标权人意志使用商标的人。商标权人已经对他人使用诉争商标的行为明确表示不予认可,在商标权撤销复审行政案件中又依据该他人的行为主张使用诉争商标的,不予支持。

19.7 【非规范商品的认定】

实际使用的商品或者核定的商品不属于《类似商品和服务区分表》中的规范商品名称,在认定具体商品所属类别时,应当结合该商品功能、用途、生产部门、消费渠道、消费群体进行判断,并考虑因消费习惯、生产模式、行业经营需求等市场因素,对商品本质属性或名称的影响,作出综合认定。

19.8 【非规范实际使用商品构成核定商品使用的认定】

实际使用的商品不属于《类似商品和服务区分表》中的规范商品名称,但其与诉争商标核定使用的商品仅名称不同,本质上属于同一商品的,或是实际使用的商品属于核定商品下位概念的,可以认定构成对核定商品的使用。

认定是否属于同一商品,可以综合考虑物理属性、商业特点以及《类似商品和服务区分表》关于商品分类的原则和标准等因素。

19.9 【维持注册范围】

诉争商标在核定商品上构成使用的,可以维持与该商品类似的其他核定商品上的注册。

认定前款所指的类似商品,应当严格按照商品的功能、用途、生产部门、消费渠道和消费群体进行判断,一般依据《类似商品和服务区分表》进行认定。

19.10 【区分表的变化对商品类似的判断】

诉争商标核准注册时,核定的未实际使用商品与已实际使用商品在《类似商品和服务区分表》中不属于类似商品,但因《类似商品和服务区分表》的变化,在案件审理时属于类似商品的,以案件审理时的事实状态为准,可以维持未实际使用商品的注册。

诉争商标核准注册时,核定的未实际使用商品与已实际使用商品在《类似商品和服务区分表》中属于类似商品,但因《类似商品和服务区分表》的变化,在案件审理时不属于类似商品的,以核准注册时的事实状态为准,可以维持未实际使用商品的注册。

19.11 【在他人商标上贴附诉争商标的认定】

在标注他人商标的商品上同时贴附诉争商标,若相关公众不易识别该商品来源于诉争商标注册人的,可以认定不构成商标使用。

19.12 【一物多标行为的认定】

诉争商标注册人在同一商品上,同时使用包括诉争商标在内的多个商标的,若相关公众能够将该商标作为识别商品来源的标志,可以认定构成商标使用。

19.13 【一人多标行为的认定】

诉争商标注册人拥有多个已注册商标,虽然其实际使用商标与诉争商标仅存在细微差异,但若能够确定该使用系针对其已注册的其他商标的,对其维持诉争商标注册的主张,可以不予支持。

19.14 【“替他人推销”商标使用的认定】

诉争商标注册人为商场、超市等,其能够证明通过提供场地等形式与销售商等进行商业合作,足以认定其为推销商品提供建议、策划、宣传、咨询等服务,可以认定诉争商标在“替他人推销”服务上进行了商标使用。

19.15 【指定期间后的使用】

指定期间之后开始大量使用注册商标的,一般不构成在指定期间内的商标使用,但当事人在指定期间内使用商标的证据较少,在指定期间之后持续、大量使用诉争商标的,在判断是否构成商标使用时可以综合考虑。

19.16 【单纯出口行为的认定】

使用诉争商标的商品未在中国境内流通且直接出口的,诉争商标注册人主张维持注册的,可以予以支持。

附　　则

本指南自下发之日起执行,2014年1月22日发布的《北京市高级人民法院关于商标授权确权行政案件的审理指南》不再适用。

北京市高级人民法院
关于规范商标行政诉讼案由的意见

(颁布机关:北京市高级人民法院;实施日期:2014年9月4日)

为贯彻实施2014年5月1日起施行的商标法(以下简称2014年商标法)的有关规定,现对不服国家工商行政管理总局商标评审委员会(以下简称商标评审委员会)、国家工商行政管理总局商标局(以下简称商标局)涉及商标的具体行政行为提起行政诉讼案件的案由作如下规范:

一、不服商标评审委员会、商标局具体行政行为提起诉讼案件的案由

(一)商标申请驳回复审行政纠纷

商标申请驳回复审行政纠纷是指,商标注册申请人不服商标局驳回其商标注册申请的决定,向商标评审委员会申请复审,商标评审委员会作出驳回其商标注册

申请(含部分驳回)的决定,商标注册申请人不服该决定提起的行政诉讼。

(二)商标不予注册复审行政纠纷

商标不予注册复审行政纠纷是指,商标注册申请人不服商标局对其初步审定公告的商标作出的不予核准注册决定,向商标评审委员会申请复审,商标评审委员会对该商标作出不予核准注册(包括部分不予核准注册)的决定,商标注册申请人不服该决定提起的行政诉讼。

(三)商标异议复审行政纠纷

商标异议复审行政纠纷是指,当事人不服商标局于2014年5月1日前依据2001年12月1日起施行的商标法(以下简称2001年商标法)对其已经初步审定公告的商标作出的异议裁定,向商标评审委员会申请复审,商标评审委员会于2014年5月1日后对该商标作出不予核准注册(包括部分不予核准注册)的裁定,当事人不服该裁定提起的行政诉讼。

(四)商标权无效宣告复审行政纠纷

商标权无效宣告复审行政纠纷是指,商标注册人不服商标局作出的宣告其注册商标专用权无效的决定,向商标评审委员会申请复审,商标评审委员会作出宣告其注册商标专用权无效(包括部分无效)的决定,商标注册人不服该决定提起的行政诉讼。

(五)商标权无效宣告请求行政纠纷

商标权无效宣告请求行政纠纷是指,当事人不服商标评审委员会作出的维持争议商标专用权有效或者宣告争议商标专用权无效(包括部分无效)的裁定提起的行政诉讼。

(六)商标权撤销复审行政纠纷

商标权撤销复审行政纠纷是指,当事人不服商标局作出的撤销或者不予撤销注册商标专用权的决定,向商标评审委员会申请复审,商标评审委员会作出撤销复审决定,当事人不服该决定提起的行政诉讼。

(七)其他商标行政纠纷

除上述商标行政纠纷外的其他纠纷,包括但不限于以商标局为被告的不服商标局核准或未核准转让注册商标专用权的纠纷,其案由可直接使用“其他商标行政纠纷”。

二、两审法院适用商标行政诉讼案由示范

(一)一审案由适用

一审裁判文书应当在写明当事人基本情况后的首句话写明案由,如“原告×××因商标不予注册复审行政纠纷(或其他案由)一案,不服商标评审委员会于×年×月×日作出商评字〔20××〕第×××××号《关于第×××××号商标不予注册复审决定书》,于×年×月×日向本院提起诉讼,……”

(二)二审案由适用

二审裁判文书应当在写明当事人基本情况后的首句话写明案由,如“上诉人×××因商标权无效宣告请求行政纠纷(或其他案由)一案,不服北京市第一中级人民法院×××(案号)行政判决,于×年×月×日向本院提出上诉,……”

三、附则

适用2014年商标法(包括仅适用2014年商标法中除诉权和主体资格外的程序性规定)审理当事人不服商标评审委员会、商标局作出的具体行政行为提起行政诉讼的案件,其案由根据本规定确定。适用2001年商标法审理当事人不服商标评审委员会、商标局作出的具体行政行为提起行政诉讼的案件,其案由根据北京市高级人民法院2012年11月2日发布的京高法发〔2012〕340号《北京市高级人民法院关于规范专利商标行政诉讼案由的规定》确定。

(3)商标民事诉讼

商标侵权民事诉讼
(第249页)

民事案件案由规定(摘录)

(颁布机关:最高人民法院;实施日期:2011年4月1日)

第五部分　知识产权与竞争纠纷

十三、知识产权合同纠纷

……

131. 商标合同纠纷

(1)商标权转让合同纠纷

(2)商标使用许可合同纠纷

(3)商标代理合同纠纷

……

135. 商业秘密合同纠纷

(1)技术秘密让与合同纠纷

(2)技术秘密许可使用合同纠纷

(3)经营秘密让与合同纠纷

(4)经营秘密许可使用合同纠纷

……

137. 特许经营合同纠纷

138. 企业名称(商号)合同纠纷

(1)企业名称(商号)转让合同纠纷
(2)企业名称(商号)使用合同纠纷
139. 特殊标志合同纠纷
140. 网络域名合同纠纷
(1)网络域名注册合同纠纷
(2)网络域名转让合同纠纷
(3)网络域名许可使用合同纠纷
141. 知识产权质押合同纠纷

十四、知识产权权属. 侵权纠纷

……

143. 商标权权属. 侵权纠纷
(1)商标权权属纠纷
(2)侵害商标权纠纷
144. 专利权权属. 侵权纠纷
(1)专利申请权权属纠纷
(2)专利权权属纠纷
(3)侵害发明专利权纠纷
(4)侵害实用新型专利权纠纷
(5)侵害外观设计专利权纠纷
(6)假冒他人专利纠纷
(7)发明专利临时保护期使用费纠纷
(8)职务发明创造发明人. 设计人奖励. 报酬纠纷
(9)发明创造发明人. 设计人署名权纠纷
145. 植物新品种权权属. 侵权纠纷
(1)植物新品种申请权权属纠纷
(2)植物新品种权权属纠纷
(3)侵害植物新品种权纠纷
146. 集成电路布图设计专有权权属. 侵权纠纷
(1)集成电路布图设计专有权权属纠纷
(2)侵害集成电路布图设计专有权纠纷
147. 侵害企业名称(商号)权纠纷
148. 侵害特殊标志专有权纠纷
149. 网络域名权属. 侵权纠纷
(1)网络域名权属纠纷
(2)侵害网络域名纠纷

150. 发现权纠纷
151. 发明权纠纷
152. 其他科技成果权纠纷
153. 确认不侵害知识产权纠纷
(1)确认不侵害专利权纠纷
(2)确认不侵害商标权纠纷
(3)确认不侵害著作权纠纷
154. 因申请知识产权临时措施损害责任纠纷
(1)因申请诉前停止侵害专利权损害责任纠纷
(2)因申请诉前停止侵害注册商标专用权损害责任纠纷
(3)因申请诉前停止侵害著作权损害责任纠纷
(4)因申请诉前停止侵害植物新品种权损害责任纠纷
(5)因申请海关知识产权保护措施损害责任纠纷
155. 因恶意提起知识产权诉讼损害责任纠纷
156. 专利权宣告无效后返还费用纠纷

十五、不正当竞争纠纷

157. 仿冒纠纷
(1)擅自使用知名商品特有名称. 包装. 装潢纠纷
(2)擅自使用他人企业名称. 姓名纠纷
(3)伪造. 冒用产品质量标志纠纷
(4)伪造产地纠纷
158. 商业贿赂不正当竞争纠纷
159. 虚假宣传纠纷
160. 侵害商业秘密纠纷
(1)侵害技术秘密纠纷
(2)侵害经营秘密纠纷
161. 低价倾销不正当竞争纠纷
162. 捆绑销售不正当竞争纠纷
163. 有奖销售纠纷
164. 商业诋毁纠纷
165. 串通投标不正当竞争纠纷

最高人民法院关于审理商标民事纠纷案件适用法律若干问题的解释

(颁布机关:最高人民法院;实施日期:2002 年 10 月 16 日)

为了正确审理商标纠纷案件,根据《中华人民共和国民法通则》、《中华人民共和国合同法》、《中华人民共和国商标法》、《中华人民共和国民事诉讼法》等法律的规定,就适用法律若干问题解释如下:

确认侵权行为类型
(第 251 页)

第一条 下列行为属于商标法第五十二条第(五)项规定的给他人注册商标专用权造成其他损害的行为:

(一)将与他人注册商标相同或者相近似的文字作为企业的字号在相同或者类似商品上突出使用,容易使相关公众产生误认的;

(二)复制、摹仿、翻译他人注册的驰名商标或其主要部分在不相同或者不相类似商品上作为商标使用,误导公众,致使该驰名商标注册人的利益可能受到损害的;

(三)将与他人注册商标相同或者相近似的文字注册为域名,并且通过该域名进行相关商品交易的电子商务,容易使相关公众产生误认的。

第二条 依据商标法第十三条第一款的规定,复制、摹仿、翻译他人未在中国注册的驰名商标或其主要部分,在相同或者类似商品上作为商标使用,容易导致混淆的,应当承担停止侵害的民事法律责任。

商标使用许可
(第 126 页)

第三条 商标法第四十条规定的商标使用许可包括以下三类:

(一)独占使用许可,是指商标注册人在约定的期间、地域和以约定的方式,将该注册商标仅许可一个被许可人使用,商标注册人依约定不得使用该注册商标;

(二)排他使用许可,是指商标注册人在约定的期间、地域和以约定的方式,将该注册商标仅许可一个被许可人使用,商标注册人依约定可以使用该注册商标但不得另行许可他人使用该注册商标;

(三)普通使用许可,是指商标注册人在约定的期间、地域和以约定的方式,许可他人使用其注册商标,并可自行使用该注册商标和许可他人使用其注册商标。

商标被许可人及其权利和义务
(第 127 页)

第四条 商标法第五十三条规定的利害关系人,包括注册商标使用许可合同的被许可人、注册商标财产权利的合法继承人等。

在发生注册商标专用权被侵害时,独占使用许可合同的被许可人可以向人民法院提起诉讼;排他使用许可合同的被许可人可以和商标注册人共同起诉,也可以在商标注册人不起诉的情况下,自行提起诉讼;普通使用许可合同的被许可人经商标注册人明确授权,可以提起诉讼。

第五条 商标注册人或者利害关系人在注册商标续展宽展期内提出续展申请,未获核准前,以他人侵犯其注册商标专用权提起诉讼的,人民法院应当受理。

管辖地域（第252页）

第六条 因侵犯注册商标专用权行为提起的民事诉讼,由商标法第十三条、第五十二条所规定侵权行为的实施地、侵权商品的储藏地或者查封扣押地、被告住所地人民法院管辖。

前款规定的侵权商品的储藏地,是指大量或者经常性储存、隐匿侵权商品所在地;查封扣押地,是指海关、工商等行政机关依法查封、扣押侵权商品所在地。

管辖地域（第252页）

第七条 对涉及不同侵权行为实施地的多个被告提起的共同诉讼,原告可以选择其中一个被告的侵权行为实施地人民法院管辖;仅对其中某一被告提起的诉讼,该被告侵权行为实施地的人民法院有管辖权。

第八条 商标法所称相关公众,是指与商标所标识的某类商品或者服务有关的消费者和与前述商品或者服务的营销有密切关系的其他经营者。

第九条 商标法第五十二条第(一)项规定的商标相同,是指被控侵权的商标与原告的注册商标相比较,二者在视觉上基本无差别。

商标近似（第34页）

商标法第五十二条第(一)项规定的商标近似,是指被控侵权的商标与原告的注册商标相比较,其文字的字形、读音、含义或者图形的构图及颜色,或者其各要素组合后的整体结构相似,或者其立体形状、颜色组合近似,易使相关公众对商品的来源产生误认或者认为其来源与原告注册商标的商品有特定的联系。

第十条 人民法院依据商标法第五十二条第(一)项的规定,认定商标相同或者近似按照以下原则进行:

(一)以相关公众的一般注意力为标准;

(二)既要进行对商标的整体比对,又要进行对商标主要部分的比对,比对应当在比对对象隔离的状态下分别进行;

(三)判断商标是否近似,应当考虑请求保护注册商标的显著性和知名度。

类似商品或服务（第42页）

第十一条 商标法第五十二条第(一)项规定的类似商品,是指在功能、用途、生产部门、销售渠道、消费对象等方面相同,或者相关公众一般认为其存在特定联系、容易造成混淆的商品。

类似服务,是指在服务的目的、内容、方式、对象等方面相同,或者相关公众一般认为存在特定联系、容易造成混淆的服务。

商品与服务类似,是指商品和服务之间存在特定联系,容易使相关公众混淆。

第十二条 人民法院依据商标法第五十二条第(一)项的规定,认定商品或者服务是否类似,应当以相关公众对商品或者服务的一般认识综合判断;《商标注册用商品和服务国际分类表》、《类似商品和服务区分表》可以作为判断类似商品或者服务的参考。

第十三条　人民法院依据商标法第五十六条第一款的规定确定侵权人的赔偿责任时，可以根据权利人选择的计算方法计算赔偿数额。

第十四条　商标法第五十六条第一款规定的侵权所获得的利益，可以根据侵权商品销售量与该商品单位利润乘积计算；该商品单位利润无法查明的，按照注册商标商品的单位利润计算。

侵权管理数额的计算
（第263页）

第十五条　商标法第五十六条第一款规定的因被侵权所受到的损失，可以根据权利人因侵权所造成商品销售减少量或者侵权商品销售量与该注册商标商品的单位利润乘积计算。

第十六条　侵权人因侵权所获得的利益或者被侵权人因被侵权所受到的损失均难以确定的，人民法院可以根据当事人的请求或者依职权适用商标法第五十六条第二款的规定确定赔偿数额。

人民法院在确定赔偿数额时，应当考虑侵权行为的性质、期间、后果，商标的声誉，商标使用许可费的数额，商标使用许可的种类、时间、范围及制止侵权行为的合理开支等因素综合确定。

当事人按照本条第一款的规定就赔偿数额达成协议的，应当准许。

第十七条　商标法第五十六条第一款规定的制止侵权行为所支付的合理开支，包括权利人或者委托代理人对侵权行为进行调查、取证的合理费用。

人民法院根据当事人的诉讼请求和案件具体情况，可以将符合国家有关部门规定的律师费用计算在赔偿范围内。

第十八条　侵犯注册商标专用权的诉讼时效为二年，自商标注册人或者利害权利人知道或者应当知道侵权行为之日起计算。商标注册人或者利害关系人超过二年起诉的，如果侵权行为在起诉时仍在持续，在该注册商标专用权有效期限内，人民法院应当判决被告停止侵权行为，侵权损害赔偿数额应当自权利人向人民法院起诉之日起向前推算二年计算。

第十九条　商标使用许可合同未经备案的，不影响该许可合同的效力，但当事人另有约定的除外。

商标使用许可备案
（第127页）

商标使用许可合同未在商标局备案的，不得对抗善意第三人。

第二十条　注册商标的转让不影响转让前已经生效的商标使用许可合同的效力，但商标使用许可合同另有约定的除外。

第二十一条　人民法院在审理侵犯注册商标专用权纠纷案件中，依据民法通则第一百三十四条、商标法第五十三条的规定和案件具体情况，可以判决侵权人承担停止侵害、排除妨碍、消除危险、赔偿损失、消除影响等民事责任，还可以作出罚款，收缴侵权商品、伪造的商标标识和专门用于生产侵权商品的材料、工具、设备等财物的民事制裁决定。罚款数额可以参照《中华人民共和国商标法实施条例》的有关规定确定。

工商行政管理部门对同一侵犯注册商标专用权行为已经给予行政处罚的，人民法院不再予以民事制裁。

第二十二条 人民法院在审理商标纠纷案件中,根据当事人的请求和案件的具体情况,可以对涉及的注册商标是否驰名依法作出认定。

认定驰名商标,应当依照商标法第十四条的规定进行。

当事人对曾经被行政主管机关或者人民法院认定的驰名商标请求保护的,对方当事人对涉及的商标驰名不持异议,人民法院不再审查。提出异议的,人民法院依照商标法第十四条的规定审查。

第二十三条 本解释有关商品商标的规定,适用于服务商标。

第二十四条 以前的有关规定与本解释不一致的,以本解释为准。

北京市高级人民法院关于审理商标民事纠纷案件若干问题的解答

(颁布机关:北京市高级人民法院;实施日期:2006年3月7日)

针对我市法院商标民事纠纷案件审理中遇到的情况和问题,为准确适用相关法律、法规和司法解释,统一我市法院审理商标民事纠纷案件的执法尺度,提高我市法院商标民事纠纷案件的审判水平,特就审判中出现的问题作以下解答:

1. 如何理解注册商标专用权的范围?

注册商标专用权人享有在核定的商品上专有使用其注册商标的权利,以及禁止他人未经其许可在同一种或者类似商品上使用与其注册商标相同或者近似的商标的权利。

注册商标是驰名商标的,注册商标专用权人有权禁止他人在不相同或者不类似的商品上使用与注册商标相同或者近似的商标,误导公众,致使该注册商标专用权人利益可能受到损害的行为。

2. 商标的使用方式有哪些?

在商业活动中,使用商标标识标明商品的来源,使相关公众能够区分提供商品的不同市场主体的方式,均为商标的使用方式。除商标法实施条例第三条所列举的商标使用方式外,在音像、电子媒体、网络等平面或立体媒介上使用商标标识,使相关公众对商标、商标所标示的商品及商品提供者有所认识的,都是商标的使用。

3. 如何界定服务商标的使用?

在商业活动中,有下列行为之一的,可以认定为服务商标的使用:

(1)在服务场所内外标明其服务商标的;

(2)在服务招牌上标明其服务商标的;

(3)在为提供服务所使用的物品上标明其服务商标的;

(4)在服务人员的服装、鞋帽及标牌、名片、名信片等物品上标明其服务商标的;

(5)在服务提供者的财务账册、发票、合同等商业交易文书上标明其服务商标的;

(6)利用音像、电子媒体、网络等平面或者立体媒介使相关公众认识到其为服务商标的;

(7)其他在商业活动中使用服务商标的行为。

4. 转让注册商标是否属于商标使用行为?

仅实施转让注册商标的行为,没有发挥商标的区分不同商品来源的功能,不属于商标使用行为。

5. 如何界定计算机软件商品商标的使用?

除本解答第2条所述商标使用方式外,在安装、运行计算机软件时,显示器显示出的对话框、标题栏、图标及版权页等界面上出现注册商标,表明其所标示的商品区别于其他同类商品的来源的,亦为商标的使用方式。

6. 实际使用的商标与注册商标有差异的,能否认定是对注册商标的使用?

实际使用的商标未改变注册商标的显著特征的,视为对注册商标的使用;否则,不能认定是对注册商标的使用。

7.《类似商品和服务区分表》的作用是什么?

《类似商品和服务区分表》可以作为判断商品是否类似的参考,但不是判断类似的唯一参考标准。如果当事人提出与《类似商品和服务区分表》的划分不一致的关于商品类似或者不类似的证据的,应当根据当事人提供的证据予以认定,否则应当参考《类似商品和服务区分表》认定商品是否类似。

8. 如何判断商品与服务是否类似?

判断商品与服务是否类似应考虑下列因素:商品与服务在性质上的相关程度,在用途、用户、通常效用、销售渠道及销售习惯等方面的一致性,即在商品和服务中使用相同或者近似商标,是否足以造成相关公众的混淆、误认。

9. 判断商标近似的标准是什么?

在判断商标近似时应当以对相关商品具有一般性的知识、经验的相关公众在选购商品时所施加的普通注意程度为标准。

10. 在确定相关公众时应考虑哪些因素?

相关公众是指与商标所标示的某类商品有关的消费者和与前述商品的营销有密切关系的其他经营者。在确定相关公众时,应当考虑商品性质、种类、价格等因素对其范围及其注意程度的影响。

11. 足以造成相关公众的混淆、误认与商标近似的关系如何?

足以造成相关公众的混淆、误认是构成商标近似的必要条件。仅商标文字、图案近似,但不足以造成相关公众混淆、误认的,不构成商标近似,在商标近似判断中应当对是否足以造成相关公众的混淆、误认进行认定。

12. 如何判断足以造成相关公众的混淆、误认?

足以造成相关公众的混淆、误认是指相关公众误认为被控侵权商标与注册商标所标示的商品来自同一市场主体,或者虽然认为两者所标示的商品来自不同的市场主体,但是误认为使用两者的市场主体之间存在经营上、组织上或法律上的关联。

13. 整体比对方法与主要部分比对方法在判断商标近似时应如何适用?

商标的主要部分影响相关公众对商标的整体印象,因此在判断商标是否近似时应当以整体比对方法为主,并辅之以主要部分对比方法。注册商标中有放弃专用权的部分的,在比对时仍应当用包括放弃专用权的部分在内的注册商标整体进行比对。

14. 如何判断文字商标是否近似?

判断文字商标是否近似应以是否足以造成相关公众的混淆、误认为标准,将文字商标整体进行比对并考虑文字的读音、字体、含义、排列方式等方面因素。

属于下列情形之一的,可以认定为近似商标:

(1)字形近似的;

(2)字形不同但读音、含义相同的;

(3)文字不同但读音相同、字形近似且文字无含义的;

(4)由三个以上的字组成、无确定含义但排列顺序相同的;或者虽然排列顺序不同但发音近似、字形近似的;

(5)由外文字母组成的无含义商标,部分字母相同且排列顺序相同,或者虽然排列顺序不同但发音、字形近似的;

(6)可以判定为近似商标的其他情形。

15. 如何判断图形商标是否近似?

判断图形商标是否近似应当以注册商标与被控侵权商标外观是否足以造成相关公众的混淆、误认为标准,外观的比对应从图形的构图、设计方面进行。

注册商标与被控侵权商标虽有不同之处,但给相关公众的整体印象基本一致的;或者两图形较小,相关公众运用一般注意程度不易辨认其构图、设计的,只要两图形整体外观近似,即可认定为近似商标。如果两图形构图、设计近似,即使颜色或者反映的事物不同,也应当认定为近似商标;相反,如果两图形反映的是同一事物,但构图、设计均不同的,则不应认定为近似商标。

16. 如何判断图形文字组合商标是否近似?

图形文字组合商标有下列情形之一,足以造成相关公众混淆、误认的,可以认定为近似商标:

(1)商标整体近似的;

(2)商标文字相同或者近似的;

(3)商标文字不同,但图形相同或者近似的;

(4)可以判定为近似组合商标的其他情形。

17. 将组合商标的各部分分别使用在商品或包装的各个不同部位的,如何判断近似?

应当用组合商标与在不同部位使用的各个标志分别进行比对,比对时应考虑各部分标志的使用部位、相关公众对其注意程度以及是否认为是商标的使用等情况。如果作为商标使用的标志是组合商标的主要部分,相关公众对组合商标的整体印象主要来源于该标志,这种使用足以造成相关公众混淆、误认的,应认定两者近似;否则不宜认定为近似。

18. 能否将权利人多个不同注册商标组合起来的标志与被控侵权商标比对以判断两者是否近似?

多个注册商标组合在一起的排列方式有多种,权利人未将其组合形式注册为商标的,不能用该组合形式与被控侵权商标进行比对;应当将权利人的各个注册商标分别与被控侵权商标进行比对,判断是否近似。

19. 权利人注册商标的实际使用形态与注册形态不一致,能否用实际使用形态与被控侵权商标比对判断是否近似?

判断商标是否近似,应以权利人商标的注册形态与被控侵权商标进行比对,不能以权利人商标的实际使用形态与被控侵权商标进行比对。

20. 哪些行为可以认定为商标法第五十七条规定的即将实施侵犯注册商标专用权的行为?

下列行为可以认定为即将实施侵犯注册商标专用权的行为:

(1)以销售为目的持有侵权商品;

(2)以销售为目的发布侵权商品宣传广告;

(3)以制造或者销售侵权商品为目的,持有侵权标识或者带有侵权标识的包装物;

(4)其他可以认定为即将实施的侵权行为。

21. 承揽加工带有他人注册商标的商品是否构成商标侵权?

承揽加工带有他人注册商标的商品的,承揽人应当对定作人是否享有注册商标专用权进行审查。未尽到注意义务加工侵犯注册商标专用权的商品的,承揽人与定作人构成共同侵权,应当与定作人共同承担损害赔偿等责任。承揽人不知道是侵犯注册商标专用权的商品,并能够提供定作人及其商标权利证明的,不承担损害赔偿责任。

22. 销售商品时搭赠侵犯注册商标专用权的商品是否构成商标侵权?

搭赠是销售的一种形式,因此搭赠侵犯注册商标专用权商品的行为是商标侵权行为,搭赠人应承担停止侵权的责任;明知或者应知所搭赠的商品是侵犯注册商标专用权的商品的,还应当承担损害赔偿责任。

23. 商标使用许可合同终止后,被许可人继续销售合同终止前生产的带有许可人注册商标的商品的,是否构成商标侵权?

商标使用许可合同有约定或者当事人就此问题达成协议的,按照当事人的约定处理。没有约定或者当事人不能达成协议的,可以根据具体情况确定合理销售期限。在该期限内被许可人销售使用许可合同期限内制造的商品的,不认定为侵权;被许可人逾期销售的,构成侵权。

24. 在同一种或者类似商品上使用与他人在先注册商标相同或者近似的文字作为商品名称并经相关行业主管机关审批的,是否构成商标侵权?

商品名称虽已经过行业主管机关的审批,但如果该名称在使用时发挥了商标的功能,足以造成相关公众的混淆、误认的,构成商标侵权。

25. 将权利人一种商品上的注册商标去除,换上同一权利人另一种商品的另一注册商标后再出售的,是否构成商标侵权?

将权利人一种商品上的注册商标去除,换上同一权利人另一种商品的另一注册商标后再出售的,属于商标法第五十二条第(四)项规定的"未经商标注册人同意,更换其注册商标并将该更换商标的商品又投入市场的"行为,应当认定构成商标侵权。

26. 正当使用商标标识行为的构成要件有哪些?

构成正当使用商标标识的行为应当具备以下要件:

(1)使用出于善意;

(2)不是作为自己商品的商标使用;

(3)使用只是为了说明或者描述自己的商品。

27. 哪些行为属于正当使用商标标识的行为?

满足本解答第26条规定要件的下列行为,属于正当使用商标标识的行为:

(1)使用注册商标中含有的本商品的通用名称、图形、型号的;

(2)使用注册商标中直接表示商品的性质、用途、质量、主要原料、种类及其他特征的标志的;

(3)在销售商品时,为说明来源、指示用途等在必要范围内使用他人注册商标标识的;

(4)规范使用与他人注册商标相同或者近似的自己的企业名称及其字号的;

(5)使用与他人注册商标相同或者近似的自己所在地的地名的;

(6)其他属于正当使用商标标识的行为。

28. 注册商标的使用导致该商标文字在一定程度上通用化的,他人使用该商标文字是否构成商标侵权？

他人将该商标文字在已通用化的范围内使用而不是作为商标使用，且不足以造成相关公众的混淆、误认的，应当认定不构成商标侵权。

29. 外观设计专利权或者著作权的保护期届满后，原权利人将外观设计、作品或者其中一部分注册为商标的，能否依据商标权禁止他人实施该外观设计或者使用该作品？

外观设计专利权或者著作权的保护期届满后，外观设计或者作品即进入公有领域，他人实施该外观设计或者使用该作品，不构成对原权利人专利权或者著作权中的财产权的侵犯。但如他人将与原权利人的注册商标相同或者近似的该外观设计或者该作品作为商标使用，足以造成相关公众的混淆、误认的，应认定为商标侵权。

30. 能否以被控侵权人在报刊杂志等媒介上关于侵权商品销售数量的宣传作为确定其销售侵权商品数量的参考？

在没有其他参考依据的情况下，可以根据被控侵权人在有关媒介上宣传的销售数量作为认定其销售侵权商品数量的参考。

31. 虽然侵权成立，但权利人从未使用也未许可他人使用其注册商标的，侵权人应否承担损害赔偿责任？

虽然侵权成立，但权利人从未使用也未许可他人使用其注册商标的，可以根据权利人未使用注册商标持续的时间、权利人制止侵权行为的合理开支、侵权行为的性质、情节、范围以及侵权商品的种类等因素，酌情确定损害赔偿数额。

32. 赔礼道歉的民事责任能否在商标侵权案件中适用？

注册商标专用权是一种具有财产价值的权利，因此在商标侵权案件中，不应判令侵权人承担赔礼道歉的民事责任。

33. 如何认定注册商标转让合同的生效时间？

注册商标转让合同没有特别约定的，合同在双方当事人签字或者盖章之日起成立并生效。自国家商标行政主管机关核准公告之日起，受让人享有商标权。

34. 转让注册商标是否影响未备案的在先商标使用许可合同的效力？

除当事人另有约定的以外，商标使用许可合同未备案的，不影响该合同的效力；注册商标的转让也不影响转让前已经生效的商标使用许可合同的效力。因此，在许可合同约定期间，转让注册商标的，被许可人可以继续使用该商标。

35. 注册商标转让合同生效后，核准公告前，受让人能否作为原告对商标侵权行为提起诉讼？

注册商标转让合同生效后，核准公告前，商标权仍然由转让人享有，受让人对商标侵权行为无权起诉。但是转让合同约定受让人在合同签订之日起可以使用该注册商标，并授予受让人对商标侵权行为起诉权的，受让人可以起诉。

36. 在商标侵权诉讼中,被告向国家商标行政主管机关申请撤销原告主张权利的注册商标的,是否中止诉讼?

在商标侵权案件中,被告向国家商标行政主管机关请求撤销原告主张权利的注册商标的,一般不中止诉讼。但被告依据商标法第四十一条的规定请求撤销该注册商标,并有充分的证据或者理由否定该注册商标的效力的,可以中止诉讼。

37. 什么情况下,商标普通使用许可合同的被许可人可以提起的商标侵权之诉?

普通使用许可合同的许可人在合同中明确授权或者在合同之外另行授权被许可人对商标侵权行为提起诉讼,被许可人依授权对使用许可范围内的侵权行为起诉的,应予受理。

38. 商标权人的法定代表人或者代理人未经授权转让商标权人的注册商标并经核准公告的,应如何处理?

商标权人的法定代表人或代理人者未经授权转让商标权人的注册商标的,商标权人可以向人民法院提起民事诉讼,请求确认转让行为无效、返还注册商标。商标权人也可以针对商标局核准转让注册商标的行为提起行政诉讼。

39. 他人擅自转让商标权人的注册商标并经核准公告的,应如何处理?

他人擅自转让商标权人的注册商标的,属于商标侵权行为,商标权人可以针对此种行为向人民法院提起侵权之诉,请求返还注册商标。商标权人也可以针对商标局核准转让注册商标的行为提起行政诉讼。

40. 被他人擅自转让的注册商标又通过正常商业交易转让给第三人并经核准公告的,该第三人能否取得商标权?

擅自转让商标权人注册商标的行为是商标侵权行为,受让人不能因此取得商标权。受让人通过正常商业交易再将该注册商标转让给第三人并经核准公告的,第三人亦不能因此取得该商标权。

注:

1. 如非特别指明,本解答中所称"商品",包括服务。

2. 本解答执行中的问题由北京市高级人民法院民事审判第三庭负责解释。

3. 本解答自下发之日起施行,北京市高级人民法院2004年2月18日发布的《关于审理商标民事纠纷案件若干问题的解答》(京高法发〔2004〕48号)同时废止,本解答施行前北京市高级人民法院发布的指导意见中与本解答矛盾的不再适用。

最高人民法院关于诉前停止侵犯注册商标专用权行为和保全证据适用法律问题的解释

（颁布机关：最高人民法院；实施日期：2002年1月22日）

为切实保护商标注册人和利害关系人的合法权益，根据《中华人民共和国民法通则》、《中华人民共和国商标法》（以下简称商标法）、《中华人民共和国民事诉讼法》（以下简称民事诉讼法）的有关规定，现就有关诉前停止侵犯注册商标专用权行为和保全证据适用法律问题解释如下：

第一条　根据商标法第五十七条、第五十八条的规定，商标注册人或者利害关系人可以向人民法院提出诉前责令停止侵犯注册商标专用权行为或者保全证据的申请。

诉前证据保全的申请人（第255页）

提出申请的利害关系人，包括商标使用许可合同的被许可人、注册商标财产权利的合法继承人。注册商标使用许可合同被许可人中，独占使用许可合同的被许可人可以单独向人民法院提出申请；排他使用许可合同的被许可人在商标注册人不申请的情况下，可以提出申请。

第二条　诉前责令停止侵犯注册商标专用权行为或者保全证据的申请，应当向侵权行为地或者被申请人住所地对商标案件有管辖权的人民法院提出。

诉前证据保全申请的管辖法院（第255页）

第三条　商标注册人或者利害关系人向人民法院提出诉前停止侵犯注册商标专用权行为的申请，应当递交书面申请状。申请状应当载明：

诉前证据保全的申请文件（第255页）

（一）当事人及其基本情况；

（二）申请的具体内容、范围；

（三）申请的理由，包括有关行为如不及时制止，将会使商标注册人或者利害关系人的合法权益受到难以弥补的损害的具体说明。

商标注册人或者利害关系人向人民法院提出诉前保全证据的申请，应当递交书面申请状。申请状应当载明：

（一）当事人及其基本情况；

（二）申请保全证据的具体内容、范围、所在地点；

（三）请求保全的证据能够证明的对象；

（四）申请的理由，包括证据可能灭失或者以后难以取得，且当事人及其诉讼代理人因客观原因不能自行收集的具体说明。

第四条　申请人提出诉前停止侵犯注册商标专用权行为的申请时，应当提交下列证据：

(一)商标注册人应当提交商标注册证,利害关系人应当提交商标使用许可合同、在商标局备案的材料及商标注册证复印件;排他使用许可合同的被许可人单独提出申请的,应当提交商标注册人放弃申请的证据材料;注册商标财产权利的继承人应当提交已经继承或者正在继承的证据材料。

(二)证明被申请人正在实施或者即将实施侵犯注册商标专用权的行为的证据,包括被控侵权商品。

第五条 人民法院作出诉前停止侵犯注册商标专用权行为或者保全证据的裁定事项,应当限于商标注册人或者利害关系人申请的范围。

诉前证据保全的担保
(第255页)

第六条 申请人提出诉前停止侵犯注册商标专用权行为的申请时应当提供担保。

申请人申请诉前保全证据可能涉及被申请人财产损失的,人民法院可以责令申请人提供相应的担保。

申请人提供保证、抵押等形式的担保合理、有效的,人民法院应当准许。

申请人不提供担保的,驳回申请。

人民法院确定担保的范围时,应当考虑责令停止有关行为所涉及的商品销售收益,以及合理的仓储、保管等费用,停止有关行为可能造成的合理损失等。

第七条 在执行停止有关行为裁定过程中,被申请人可能因采取该项措施造成更大损失的,人民法院可以责令申请人追加相应的担保。申请人不追加担保的,可以解除有关停止措施。

第八条 停止侵犯注册商标专用权行为裁定所采取的措施,不因被申请人提供担保而解除,但申请人同意的除外。

诉前证据保全的裁定
(第255页)

第九条 人民法院接受商标注册人或者利害关系人提出责令停止侵犯注册商标专用权行为的申请后,经审查符合本规定第四条的,应当在四十八小时内作出书面裁定;裁定责令被申请人停止侵犯注册商标专用权行为的,应当立即开始执行。

人民法院作出诉前责令停止有关行为的裁定,应当及时通知被申请人,至迟不得超过五日。

第十条 当事人对诉前责令停止侵犯注册商标专用权行为裁定不服的,可以在收到裁定之日起十日内申请复议一次。复议期间不停止裁定的执行。

第十一条 人民法院对当事人提出的复议申请应当从以下方面进行审查:

(一)被申请人正在实施或者即将实施的行为是否侵犯注册商标专用权;

(二)不采取有关措施,是否会给申请人合法权益造成难以弥补的损害;

(三)申请人提供担保的情况;

(四)责令被申请人停止有关行为是否损害社会公共利益。

第十二条 商标注册人或者利害关系人在人民法院采取停止有关行为或者保

全证据的措施后十五日内不起诉的,人民法院应当解除裁定采取的措施。

诉前证据保全措施的解除
(第255页)

第十三条 申请人不起诉或者申请错误造成被申请人损失的,被申请人可以向有管辖权的人民法院起诉请求申请人赔偿,也可以在商标注册人或者利害关系人提起的侵犯注册商标专用权的诉讼中提出损害赔偿请求,人民法院可以一并处理。

第十四条 停止侵犯注册商标专用权行为裁定的效力,一般应维持到终审法律文书生效时止。

人民法院也可以根据案情,确定停止有关行为的具体期限;期限届满时,根据当事人的请求及追加担保的情况,可以作出继续停止有关行为的裁定。

第十五条 被申请人违反人民法院责令停止侵犯注册商标专用权行为或者保全证据裁定的,依照民事诉讼法第一百零二条规定处理。

第十六条 商标注册人或者利害关系人向人民法院提起商标侵权诉讼时或者诉讼中,提出先行停止侵犯注册商标专用权请求的,人民法院可以先行作出裁定。前款规定涉及的有关申请、证据提交、担保的确定、裁定的执行和复议等事项,参照本司法解释有关规定办理。

第十七条 诉前停止侵犯注册商标专用权行为和保全证据的案件,申请人应当按照《人民法院诉讼收费办法》及其补充规定缴纳费用。

最高人民法院关于审查知识产权纠纷行为保全案件适用法律若干问题的规定

(颁布机关:最高人民法院;实施日期:2019年1月1日)

为正确审查知识产权纠纷行为保全案件,及时有效保护当事人的合法权益,根据《中华人民共和国民事诉讼法》《中华人民共和国专利法》《中华人民共和国商标法》《中华人民共和国著作权法》等有关法律规定,结合审判、执行工作实际,制定本规定。

第一条 本规定中的知识产权纠纷是指《民事案件案由规定》中的知识产权与竞争纠纷。

第二条 知识产权纠纷的当事人在判决、裁定或者仲裁裁决生效前,依据民事诉讼法第一百条、第一百零一条规定申请行为保全的,人民法院应当受理。

知识产权许可合同的被许可人申请诉前责令停止侵害知识产权行为的,独占许可合同的被许可人可以单独向人民法院提出申请;排他许可合同的被许可人在权利人不申请的情况下,可以单独提出申请;普通许可合同的被许可人经权利人明确授权以自己的名义起诉的,可以单独提出申请。

第三条 申请诉前行为保全,应当向被申请人住所地具有相应知识产权纠纷管辖权的人民法院或者对案件具有管辖权的人民法院提出。

当事人约定仲裁的,应当向前款规定的人民法院申请行为保全。

第四条 向人民法院申请行为保全,应当递交申请书和相应证据。申请书应当载明下列事项:

(一)申请人与被申请人的身份、送达地址、联系方式;

(二)申请采取行为保全措施的内容和期限;

(三)申请所依据的事实、理由,包括被申请人的行为将会使申请人的合法权益受到难以弥补的损害或者造成案件裁决难以执行等损害的具体说明;

(四)为行为保全提供担保的财产信息或资信证明,或者不需要提供担保的理由;

(五)其他需要载明的事项。

第五条 人民法院裁定采取行为保全措施前,应当询问申请人和被申请人,但因情况紧急或者询问可能影响保全措施执行等情形除外。

人民法院裁定采取行为保全措施或者裁定驳回申请的,应当向申请人、被申请人送达裁定书。向被申请人送达裁定书可能影响采取保全措施的,人民法院可以在采取保全措施后及时向被申请人送达裁定书,至迟不得超过五日。

当事人在仲裁过程中申请行为保全的,应当通过仲裁机构向人民法院提交申请书、仲裁案件受理通知书等相关材料。人民法院裁定采取行为保全措施或者裁定驳回申请的,应当将裁定书送达当事人,并通知仲裁机构。

第六条 有下列情况之一,不立即采取行为保全措施即足以损害申请人利益的,应当认定属于民事诉讼法第一百条、第一百零一条规定的"情况紧急":

(一)申请人的商业秘密即将被非法披露;

(二)申请人的发表权、隐私权等人身权利即将受到侵害;

(三)诉争的知识产权即将被非法处分;

(四)申请人的知识产权在展销会等时效性较强的场合正在或者即将受到侵害;

(五)时效性较强的热播节目正在或者即将受到侵害;

(六)其他需要立即采取行为保全措施的情况。

第七条 人民法院审查行为保全申请,应当综合考量下列因素:

(一)申请人的请求是否具有事实基础和法律依据,包括请求保护的知识产权效力是否稳定;

(二)不采取行为保全措施是否会使申请人的合法权益受到难以弥补的损害或者造成案件裁决难以执行等损害;

（三）不采取行为保全措施对申请人造成的损害是否超过采取行为保全措施对被申请人造成的损害；

（四）采取行为保全措施是否损害社会公共利益；

（五）其他应当考量的因素。

第八条　人民法院审查判断申请人请求保护的知识产权效力是否稳定，应当综合考量下列因素：

（一）所涉权利的类型或者属性；

（二）所涉权利是否经过实质审查；

（三）所涉权利是否处于宣告无效或者撤销程序中以及被宣告无效或者撤销的可能性；

（四）所涉权利是否存在权属争议；

（五）其他可能导致所涉权利效力不稳定的因素。

第九条　申请人以实用新型或者外观设计专利权为依据申请行为保全的，应当提交由国务院专利行政部门作出的检索报告、专利权评价报告或者专利复审委员会维持该专利权有效的决定。申请人无正当理由拒不提交的，人民法院应当裁定驳回其申请。

第十条　在知识产权与不正当竞争纠纷行为保全案件中，有下列情形之一的，应当认定属于民事诉讼法第一百零一条规定的"难以弥补的损害"：

（一）被申请人的行为将会侵害申请人享有的商誉或者发表权、隐私权等人身性质的权利且造成无法挽回的损害；

（二）被申请人的行为将会导致侵权行为难以控制且显著增加申请人损害；

（三）被申请人的侵害行为将会导致申请人的相关市场份额明显减少；

（四）对申请人造成其他难以弥补的损害。

第十一条　申请人申请行为保全的，应当依法提供担保。

申请人提供的担保数额，应当相当于被申请人可能因执行行为保全措施所遭受的损失，包括责令停止侵权行为所涉产品的销售收益、保管费用等合理损失。

在执行行为保全措施过程中，被申请人可能因此遭受的损失超过申请人担保数额的，人民法院可以责令申请人追加相应的担保。申请人拒不追加的，可以裁定解除或者部分解除保全措施。

第十二条　人民法院采取的行为保全措施，一般不因被申请人提供担保而解除，但是申请人同意的除外。

第十三条　人民法院裁定采取行为保全措施的，应当根据申请人的请求或者案件具体情况等因素合理确定保全措施的期限。

裁定停止侵害知识产权行为的效力，一般应当维持至案件裁判生效时止。

人民法院根据申请人的请求、追加担保等情况，可以裁定继续采取保全措施。

申请人请求续行保全措施的,应当在期限届满前七日内提出。

第十四条 当事人不服行为保全裁定申请复议的,人民法院应当在收到复议申请后十日内审查并作出裁定。

第十五条 人民法院采取行为保全的方法和措施,依照执行程序相关规定处理。

第十六条 有下列情形之一的,应当认定属于民事诉讼法第一百零五条规定的"申请有错误":

(一)申请人在采取行为保全措施后三十日内不依法提起诉讼或者申请仲裁;

(二)行为保全措施因请求保护的知识产权被宣告无效等原因自始不当;

(三)申请责令被申请人停止侵害知识产权或者不正当竞争,但生效裁判认定不构成侵权或者不正当竞争;

(四)其他属于申请有错误的情形。

第十七条 当事人申请解除行为保全措施,人民法院收到申请后经审查符合《最高人民法院关于适用〈中华人民共和国民事诉讼法〉的解释》第一百六十六条规定的情形的,应当在五日内裁定解除。

申请人撤回行为保全申请或者申请解除行为保全措施的,不因此免除民事诉讼法第一百零五条规定的赔偿责任。

第十八条 被申请人依据民事诉讼法第一百零五条规定提起赔偿诉讼,申请人申请诉前行为保全后没有起诉或者当事人约定仲裁的,由采取保全措施的人民法院管辖;申请人已经起诉的,由受理起诉的人民法院管辖。

第十九条 申请人同时申请行为保全、财产保全或者证据保全的,人民法院应当依法分别审查不同类型保全申请是否符合条件,并作出裁定。

为避免被申请人实施转移财产、毁灭证据等行为致使保全目的无法实现,人民法院可以根据案件具体情况决定不同类型保全措施的执行顺序。

第二十条 申请人申请行为保全,应当依照《诉讼费用交纳办法》关于申请采取行为保全措施的规定交纳申请费。

第二十一条 本规定自2019年1月1日起施行。最高人民法院以前发布的相关司法解释与本规定不一致的,以本规定为准。

最高人民法院关于审理注册商标、企业名称与在先权利冲突的民事纠纷案件若干问题的规定

商标侵权民事诉讼
（第 249 页）

（颁布机关：最高人民法院；实施日期：2008 年 3 月 1 日）

为正确审理注册商标、企业名称与在先权利冲突的民事纠纷案件，根据《中华人民共和国民事诉讼法》、《中华人民共和国民法通则》、《中华人民共和国商标法》和《中华人民共和国反不正当竞争法》等法律的规定，结合审判实践，制定本规定。

起诉与立案
（第 261 页）

第一条　原告以他人注册商标使用的文字、图形等侵犯其著作权、外观设计专利权、企业名称权等在先权利为由提起诉讼，符合民事诉讼法第一百零八条规定的，人民法院应当受理。

原告以他人使用在核定商品上的注册商标与其在先的注册商标相同或者近似为由提起诉讼的，人民法院应当根据民事诉讼法第一百一十一条第（三）项的规定，告知原告向有关行政主管机关申请解决。但原告以他人超出核定商品的范围或者以改变显著特征、拆分、组合等方式使用的注册商标，与其注册商标相同或者近似为由提起诉讼的，人民法院应当受理。

第二条　原告以他人企业名称与其在先的企业名称相同或者近似，足以使相关公众对其商品的来源产生混淆，违反反不正当竞争法第五条第（三）项的规定为由提起诉讼，符合民事诉讼法第一百零八条规定的，人民法院应当受理。

第三条　人民法院应当根据原告的诉讼请求和争议民事法律关系的性质，按照《民事案件案由规定（试行）》，确定注册商标或者企业名称与在先权利冲突的民事纠纷案件的案由，并适用相应的法律。

第四条　被诉企业名称侵犯注册商标专用权或者构成不正当竞争的，人民法院可以根据原告的诉讼请求和案件具体情况，确定被告承担停止使用、规范使用等民事责任。

对注册商标进行财产保全
(第257页)

最高人民法院关于人民法院对注册商标权进行财产保全的解释

(颁布机关:最高人民法院;实施日期:2001年1月21日)
(2000年11月22日最高人民法院审判委员会第1144次会议通过)法释〔2001〕1号

为了正确实施对注册商标权的财产保全措施,避免重复保全,现就人民法院对注册商标权进行财产保全有关问题解释如下:

第一条 人民法院根据民事诉讼法有关规定采取财产保全措施时,需要对注册商标权进行保全的,应当向国家工商行政管理局商标局(以下简称商标局)发出协助执行通知书,载明要求商标局协助保全的注册商标的名称、注册人、注册证号码、保全期限以及协助执行保全的内容,包括禁止转让、注销注册商标、变更注册事项和办理商标权质押登记等事项。

第二条 对注册商标权保全的期限一次不得超过六个月,自商标局收到协助执行通知书之日起计算。如果仍然需要对该注册商标权继续采取保全措施的,人民法院应当在保全期限届满前向商标局重新发出协助执行通知书,要求继续保全。否则,视为自动解除对该注册商标权的财产保全。

第三条 人民法院对已经进行保全的注册商标权,不得重复进行保全。

中华人民共和国反不正当竞争法

(颁布机关:全国人民代表大会常务委员会;实施日期:2019年4月23日)

第一章 总 则

第一条 为了促进社会主义市场经济健康发展,鼓励和保护公平竞争,制止不正当竞争行为,保护经营者和消费者的合法权益,制定本法。

第二条 经营者在生产经营活动中,应当遵循自愿、平等、公平、诚信的原则,遵守法律和商业道德。

本法所称的不正当竞争行为,是指经营者在生产经营活动中,违反本法规定,扰乱市场竞争秩序,损害其他经营者或者消费者的合法权益的行为。

本法所称的经营者,是指从事商品生产、经营或者提供服务(以下所称商品包括服务)的自然人、法人和非法人组织。

第三条　各级人民政府应当采取措施,制止不正当竞争行为,为公平竞争创造良好的环境和条件。

国务院建立反不正当竞争工作协调机制,研究决定反不正当竞争重大政策,协调处理维护市场竞争秩序的重大问题。

第四条　县级以上人民政府履行工商行政管理职责的部门对不正当竞争行为进行查处;法律、行政法规规定由其他部门查处的,依照其规定。

第五条　国家鼓励、支持和保护一切组织和个人对不正当竞争行为进行社会监督。

国家机关及其工作人员不得支持、包庇不正当竞争行为。

行业组织应当加强行业自律,引导、规范会员依法竞争,维护市场竞争秩序。

第二章　不正当竞争行为

第六条　经营者不得实施下列混淆行为,引人误认为是他人商品或者与他人存在特定联系:

(一)擅自使用与他人有一定影响的商品名称、包装、装潢等相同或者近似的标识;

(二)擅自使用他人有一定影响的企业名称(包括简称、字号等)、社会组织名称(包括简称等)、姓名(包括笔名、艺名、译名等);

(三)擅自使用他人有一定影响的域名主体部分、网站名称、网页等;

(四)其他足以引人误认为是他人商品或者与他人存在特定联系的混淆行为。

第七条　经营者不得采用财物或者其他手段贿赂下列单位或者个人,以谋取交易机会或者竞争优势:

(一)交易相对方的工作人员;

(二)受交易相对方委托办理相关事务的单位或者个人;

(三)利用职权或者影响力影响交易的单位或者个人。

经营者在交易活动中,可以以明示方式向交易相对方支付折扣,或者向中间人支付佣金。经营者向交易相对方支付折扣、向中间人支付佣金的,应当如实入账。接受折扣、佣金的经营者也应当如实入账。

经营者的工作人员进行贿赂的,应当认定为经营者的行为;但是,经营者有证据证明该工作人员的行为与为经营者谋取交易机会或者竞争优势无关的除外。

第八条　经营者不得对其商品的性能、功能、质量、销售状况、用户评价、曾获荣誉等作虚假或者引人误解的商业宣传,欺骗、误导消费者。

经营者不得通过组织虚假交易等方式,帮助其他经营者进行虚假或者引人误解的商业宣传。

第九条 经营者不得实施下列侵犯商业秘密的行为:

(一)以盗窃、贿赂、欺诈、胁迫、电子侵入或者其他不正当手段获取权利人的商业秘密;

(二)披露、使用或者允许他人使用以前项手段获取的权利人的商业秘密;

(三)违反保密义务或者违反权利人有关保守商业秘密的要求,披露、使用或者允许他人使用其所掌握的商业秘密;

(四)教唆、引诱、帮助他人违反保密义务或者违反权利人有关保守商业秘密的要求,获取、披露、使用或者允许他人使用权利人的商业秘密。

经营者以外的其他自然人、法人和非法人组织实施前款所列违法行为的,视为侵犯商业秘密。

第三人明知或者应知商业秘密权利人的员工、前员工或者其他单位、个人实施本条第一款所列违法行为,仍获取、披露、使用或者允许他人使用该商业秘密的,视为侵犯商业秘密。

本法所称的商业秘密,是指不为公众所知悉、具有商业价值并经权利人采取相应保密措施的技术信息、经营信息等商业信息。

第十条 经营者进行有奖销售不得存在下列情形:

(一)所设奖的种类、兑奖条件、奖金金额或者奖品等有奖销售信息不明确,影响兑奖;

(二)采用谎称有奖或者故意让内定人员中奖的欺骗方式进行有奖销售;

(三)抽奖式的有奖销售,最高奖的金额超过五万元。

第十一条 经营者不得编造、传播虚假信息或者误导性信息,损害竞争对手的商业信誉、商品声誉。

第十二条 经营者利用网络从事生产经营活动,应当遵守本法的各项规定。

经营者不得利用技术手段,通过影响用户选择或者其他方式,实施下列妨碍、破坏其他经营者合法提供的网络产品或者服务正常运行的行为:

(一)未经其他经营者同意,在其合法提供的网络产品或者服务中,插入链接、强制进行目标跳转;

(二)误导、欺骗、强迫用户修改、关闭、卸载其他经营者合法提供的网络产品或者服务;

(三)恶意对其他经营者合法提供的网络产品或者服务实施不兼容;

(四)其他妨碍、破坏其他经营者合法提供的网络产品或者服务正常运行的行为。

第三章 对涉嫌不正当竞争行为的调查

第十三条 监督检查部门调查涉嫌不正当竞争行为,可以采取下列措施:

(一)进入涉嫌不正当竞争行为的经营场所进行检查;

（二）询问被调查的经营者、利害关系人及其他有关单位、个人，要求其说明有关情况或者提供与被调查行为有关的其他资料；

（三）查询、复制与涉嫌不正当竞争行为有关的协议、账簿、单据、文件、记录、业务函电和其他资料；

（四）查封、扣押与涉嫌不正当竞争行为有关的财物；

（五）查询涉嫌不正当竞争行为的经营者的银行账户。

采取前款规定的措施，应当向监督检查部门主要负责人书面报告，并经批准。采取前款第四项、第五项规定的措施，应当向设区的市级以上人民政府监督检查部门主要负责人书面报告，并经批准。

监督检查部门调查涉嫌不正当竞争行为，应当遵守《中华人民共和国行政强制法》和其他有关法律、行政法规的规定，并应当将查处结果及时向社会公开。

第十四条　监督检查部门调查涉嫌不正当竞争行为，被调查的经营者、利害关系人及其他有关单位、个人应当如实提供有关资料或者情况。

第十五条　监督检查部门及其工作人员对调查过程中知悉的商业秘密负有保密义务。

第十六条　对涉嫌不正当竞争行为，任何单位和个人有权向监督检查部门举报，监督检查部门接到举报后应当依法及时处理。

监督检查部门应当向社会公开受理举报的电话、信箱或者电子邮件地址，并为举报人保密。对实名举报并提供相关事实和证据的，监督检查部门应当将处理结果告知举报人。

第四章　法律责任

第十七条　经营者违反本法规定，给他人造成损害的，应当依法承担民事责任。

经营者的合法权益受到不正当竞争行为损害的，可以向人民法院提起诉讼。

因不正当竞争行为受到损害的经营者的赔偿数额，按照其因被侵权所受到的实际损失确定；实际损失难以计算的，按照侵权人因侵权所获得的利益确定。经营者恶意实施侵犯商业秘密行为，情节严重的，可以在按照上述方法确定数额的一倍以上五倍以下确定赔偿数额。赔偿数额还应当包括经营者为制止侵权行为所支付的合理开支。

经营者违反本法第六条、第九条规定，权利人因被侵权所受到的实际损失、侵权人因侵权所获得的利益难以确定的，由人民法院根据侵权行为的情节判决给予权利人五百万元以下的赔偿。

第十八条　经营者违反本法第六条规定实施混淆行为的，由监督检查部门责令停止违法行为，没收违法商品。违法经营额五万元以上的，可以并处违法经营额五倍以下的罚款；没有违法经营额或者违法经营额不足五万元的，可以并处二十五万元以下的罚款。情节严重的，吊销营业执照。

经营者登记的企业名称违反本法第六条规定的,应当及时办理名称变更登记;名称变更前,由原企业登记机关以统一社会信用代码代替其名称。

第十九条 经营者违反本法第七条规定贿赂他人的,由监督检查部门没收违法所得,处十万元以上三百万元以下的罚款。情节严重的,吊销营业执照。

第二十条 经营者违反本法第八条规定对其商品作虚假或者引人误解的商业宣传,或者通过组织虚假交易等方式帮助其他经营者进行虚假或者引人误解的商业宣传的,由监督检查部门责令停止违法行为,处二十万元以上一百万元以下的罚款;情节严重的,处一百万元以上二百万元以下的罚款,可以吊销营业执照。

经营者违反本法第八条规定,属于发布虚假广告的,依照《中华人民共和国广告法》的规定处罚。

第二十一条 经营者以及其他自然人、法人和非法人组织违反本法第九条规定侵犯商业秘密的,由监督检查部门责令停止违法行为,没收违法所得,处十万元以上一百万元以下的罚款;情节严重的,处五十万元以上五百万元以下的罚款。

第二十二条 经营者违反本法第十条规定进行有奖销售的,由监督检查部门责令停止违法行为,处五万元以上五十万元以下的罚款。

第二十三条 经营者违反本法第十一条规定损害竞争对手商业信誉、商品声誉的,由监督检查部门责令停止违法行为、消除影响,处十万元以上五十万元以下的罚款;情节严重的,处五十万元以上三百万元以下的罚款。

第二十四条 经营者违反本法第十二条规定妨碍、破坏其他经营者合法提供的网络产品或者服务正常运行的,由监督检查部门责令停止违法行为,处十万元以上五十万元以下的罚款;情节严重的,处五十万元以上三百万元以下的罚款。

第二十五条 经营者违反本法规定从事不正当竞争,有主动消除或者减轻违法行为危害后果等法定情形的,依法从轻或者减轻行政处罚;违法行为轻微并及时纠正,没有造成危害后果的,不予行政处罚。

第二十六条 经营者违反本法规定从事不正当竞争,受到行政处罚的,由监督检查部门记入信用记录,并依照有关法律、行政法规的规定予以公示。

第二十七条 经营者违反本法规定,应当承担民事责任、行政责任和刑事责任,其财产不足以支付的,优先用于承担民事责任。

第二十八条 妨害监督检查部门依照本法履行职责,拒绝、阻碍调查的,由监督检查部门责令改正,对个人可以处五千元以下的罚款,对单位可以处五万元以下的罚款,并可以由公安机关依法给予治安管理处罚。

第二十九条 当事人对监督检查部门作出的决定不服的,可以依法申请行政复议或者提起行政诉讼。

第三十条 监督检查部门的工作人员滥用职权、玩忽职守、徇私舞弊或者泄露调查过程中知悉的商业秘密的,依法给予处分。

第三十一条　违反本法规定，构成犯罪的，依法追究刑事责任。

第五章　附　　则

第三十二条　在侵犯商业秘密的民事审判程序中，商业秘密权利人提供初步证据，证明其已经对所主张的商业秘密采取保密措施，且合理表明商业秘密被侵犯，涉嫌侵权人应当证明权利人所主张的商业秘密不属于本法规定的商业秘密。

商业秘密权利人提供初步证据合理表明商业秘密被侵犯，且提供以下证据之一的，涉嫌侵权人应当证明其不存在侵犯商业秘密的行为：

（一）有证据表明涉嫌侵权人有渠道或者机会获取商业秘密，且其使用的信息与该商业秘密实质上相同；

（二）有证据表明商业秘密已经被涉嫌侵权人披露、使用或者有被披露、使用的风险；

（三）有其他证据表明商业秘密被涉嫌侵权人侵犯。

第三十三条　本法自2018年1月1日起施行。

最高人民法院关于审理不正当竞争民事案件应用法律若干问题的解释

（颁布机关：最高人民法院；实施日期：2007年2月1日）

为了正确审理不正当竞争民事案件，依法保护经营者的合法权益，维护市场竞争秩序，依照《中华人民共和国民法通则》、《中华人民共和国反不正当竞争法》、《中华人民共和国民事诉讼法》等法律的有关规定，结合审判实践经验和实际情况，制定本解释。

第一条　在中国境内具有一定的市场知名度，为相关公众所知悉的商品，应当认定为反不正当竞争法第五条第（二）项规定的“知名商品”。人民法院认定知名商品，应当考虑该商品的销售时间、销售区域、销售额和销售对象，进行任何宣传的持续时间、程度和地域范围，作为知名商品受保护的情况等因素，进行综合判断。原告应当对其商品的市场知名度负举证责任。

在不同地域范围内使用相同或者近似的知名商品特有的名称、包装、装潢，在后使用者能够证明其善意使用的，不构成反不正当竞争法第五条第（二）项规定的不正当竞争行为。因后来的经营活动进入相同地域范围而使其商品来源足以产生混淆，在先使用者请求责令在后使用者附加足以区别商品来源的其他标识的，人民法院应当予以支持。

第二条　具有区别商品来源的显著特征的商品的名称、包装、装潢，应当认定为反不正当竞争法第五条第（二）项规定的“特有的名称、包装、装潢”。有下列情形

之一的,人民法院不认定为知名商品特有的名称、包装、装潢:

(一)商品的通用名称、图形、型号;

(二)仅仅直接表示商品的质量、主要原料、功能、用途、重量、数量及其他特点的商品名称;

(三)仅由商品自身的性质产生的形状,为获得技术效果而需有的商品形状以及使商品具有实质性价值的形状;

(四)其他缺乏显著特征的商品名称、包装、装潢。

前款第(一)、(二)、(四)项规定的情形经过使用取得显著特征的,可以认定为特有的名称、包装、装潢。

知名商品特有的名称、包装、装潢中含有本商品的通用名称、图形、型号,或者直接表示商品的质量、主要原料、功能、用途、重量、数量以及其他特点,或者含有地名,他人因客观叙述商品而正当使用的,不构成不正当竞争行为。

第三条 由经营者营业场所的装饰、营业用具的式样、营业人员的服饰等构成的具有独特风格的整体营业形象,可以认定为反不正当竞争法第五条第(二)项规定的"装潢"。

第四条 足以使相关公众对商品的来源产生误认,包括误认为与知名商品的经营者具有许可使用、关联企业关系等特定联系的,应当认定为反不正当竞争法第五条第(二)项规定的"造成和他人的知名商品相混淆,使购买者误认为是该知名商品"。

在相同商品上使用相同或者视觉上基本无差别的商品名称、包装、装潢,应当视为足以造成和他人知名商品相混淆。

认定与知名商品特有名称、包装、装潢相同或者近似,可以参照商标相同或者近似的判断原则和方法。

第五条 商品的名称、包装、装潢属于商标法第十条第一款规定的不得作为商标使用的标志,当事人请求依照反不正当竞争法第五条第(二)项规定予以保护的,人民法院不予支持。

第六条 企业登记主管机关依法登记注册的企业名称,以及在中国境内进行商业使用的外国(地区)企业名称,应当认定为反不正当竞争法第五条第(三)项规定的"企业名称"。具有一定的市场知名度、为相关公众所知悉的企业名称中的字号,可以认定为反不正当竞争法第五条第(三)项规定的"企业名称"。

在商品经营中使用的自然人的姓名,应当认定为反不正当竞争法第五条第(三)项规定的"姓名"。具有一定的市场知名度、为相关公众所知悉的自然人的笔名、艺名等,可以认定为反不正当竞争法第五条第(三)项规定的"姓名"。

第七条 在中国境内进行商业使用,包括将知名商品特有的名称、包装、装潢或者企业名称、姓名用于商品、商品包装以及商品交易文书上,或者用于广告宣传、展览以及其他商业活动中,应当认定为反不正当竞争法第五条第(二)项、第(三)项规定的"使用"。

第八条 经营者具有下列行为之一，足以造成相关公众误解的，可以认定为反不正当竞争法第九条第一款规定的引人误解的虚假宣传行为：

(一)对商品作片面的宣传或者对比的；

(二)将科学上未定论的观点、现象等当作定论的事实用于商品宣传的；

(三)以歧义性语言或者其他引人误解的方式进行商品宣传的。

以明显的夸张方式宣传商品，不足以造成相关公众误解的，不属于引人误解的虚假宣传行为。

人民法院应当根据日常生活经验、相关公众一般注意力、发生误解的事实和被宣传对象的实际情况等因素，对引人误解的虚假宣传行为进行认定。

第九条 有关信息不为其所属领域的相关人员普遍知悉和容易获得，应当认定为反不正当竞争法第十条第三款规定的“不为公众所知悉”。

具有下列情形之一的，可以认定有关信息不构成不为公众所知悉：

(一)该信息为其所属技术或者经济领域的人的一般常识或者行业惯例；

(二)该信息仅涉及产品的尺寸、结构、材料、部件的简单组合等内容，进入市场后相关公众通过观察产品即可直接获得；

(三)该信息已经在公开出版物或者其他媒体上公开披露；

(四)该信息已通过公开的报告会、展览等方式公开；

(五)该信息从其他公开渠道可以获得；

(六)该信息无需付出一定的代价而容易获得。

第十条 有关信息具有现实的或者潜在的商业价值，能为权利人带来竞争优势的，应当认定为反不正当竞争法第十条第三款规定的“能为权利人带来经济利益、具有实用性”。

第十一条 权利人为防止信息泄露所采取的与其商业价值等具体情况相适应的合理保护措施，应当认定为反不正当竞争法第十条第三款规定的“保密措施”。

人民法院应当根据所涉信息载体的特性、权利人保密的意愿、保密措施的可识别程度、他人通过正当方式获得的难易程度等因素，认定权利人是否采取了保密措施。

具有下列情形之一，在正常情况下足以防止涉密信息泄漏的，应当认定权利人采取了保密措施：

(一)限定涉密信息的知悉范围，只对必须知悉的相关人员告知其内容；

(二)对于涉密信息载体采取加锁等防范措施；

(三)在涉密信息的载体上标有保密标志；

(四)对于涉密信息采用密码或者代码等；

(五)签订保密协议；

(六)对于涉密的机器、厂房、车间等场所限制来访者或者提出保密要求；

(七)确保信息秘密的其他合理措施。

第十二条 通过自行开发研制或者反向工程等方式获得的商业秘密,不认定为反不正当竞争法第十条第(一)、(二)项规定的侵犯商业秘密行为。

前款所称“反向工程”,是指通过技术手段对从公开渠道取得的产品进行拆卸、测绘、分析等而获得该产品的有关技术信息。当事人以不正当手段知悉了他人的商业秘密之后,又以反向工程为由主张获取行为合法的,不予支持。

第十三条 商业秘密中的客户名单,一般是指客户的名称、地址、联系方式以及交易的习惯、意向、内容等构成的区别于相关公知信息的特殊客户信息,包括汇集众多客户的客户名册,以及保持长期稳定交易关系的特定客户。

客户基于对职工个人的信赖而与职工所在单位进行市场交易,该职工离职后,能够证明客户自愿选择与自己或者其新单位进行市场交易的,应当认定没有采用不正当手段,但职工与原单位另有约定的除外。

第十四条 当事人指称他人侵犯其商业秘密的,应当对其拥有的商业秘密符合法定条件、对方当事人的信息与其商业秘密相同或者实质相同以及对方当事人采取不正当手段的事实负举证责任。其中,商业秘密符合法定条件的证据,包括商业秘密的载体、具体内容、商业价值和对该项商业秘密所采取的具体保密措施等。

第十五条 对于侵犯商业秘密行为,商业秘密独占使用许可合同的被许可人提起诉讼的,人民法院应当依法受理。

排他使用许可合同的被许可人和权利人共同提起诉讼,或者在权利人不起诉的情况下,自行提起诉讼,人民法院应当依法受理。

普通使用许可合同的被许可人和权利人共同提起诉讼,或者经权利人书面授权,单独提起诉讼的,人民法院应当依法受理。

第十六条 人民法院对于侵犯商业秘密行为判决停止侵害的民事责任时,停止侵害的时间一般持续到该项商业秘密已为公众知悉时为止。

依据前款规定判决停止侵害的时间如果明显不合理的,可以在依法保护权利人该项商业秘密竞争优势的情况下,判决侵权人在一定期限或者范围内停止使用该项商业秘密。

第十七条 确定反不正当竞争法第十条规定的侵犯商业秘密行为的损害赔偿额,可以参照确定侵犯专利权的损害赔偿额的方法进行;确定反不正当竞争法第五条、第九条、第十四条规定的不正当竞争行为的损害赔偿额,可以参照确定侵犯注册商标专用权的损害赔偿额的方法进行。

因侵权行为导致商业秘密已为公众所知悉的,应当根据该项商业秘密的商业价值确定损害赔偿额。商业秘密的商业价值,根据其研究开发成本、实施该项商业秘密的收益、可得利益、可保持竞争优势的时间等因素确定。

第十八条 反不正当竞争法第五条、第九条、第十条、第十四条规定的不正当竞争民事第一审案件,一般由中级人民法院管辖。

各高级人民法院根据本辖区的实际情况，经最高人民法院批准，可以确定若干基层人民法院受理不正当竞争民事第一审案件，已经批准可以审理知识产权民事案件的基层人民法院，可以继续受理。

第十九条　本解释自二〇〇七年二月一日起施行。

最高人民法院关于调整地方各级人民法院管辖第一审知识产权民事案件标准的通知

确认管辖法院
（第252页）

（颁布机关：最高人民法院；实施日期：2010年2月1日）

各省、自治区、直辖市高级人民法院，解放军军事法院，新疆维吾尔自治区高级人民法院生产建设兵团分院：

为进一步加强最高人民法院和高级人民法院的知识产权审判监督和业务指导职能，合理均衡各级人民法院的工作负担，根据人民法院在知识产权民事审判工作中贯彻执行修改后的民事诉讼法的实际情况，现就调整地方各级人民法院管辖第一审知识产权民事案件标准问题，通知如下：

一、高级人民法院管辖诉讼标的额在2亿元以上的第一审知识产权民事案件，以及诉讼标的额在1亿元以上且当事人一方住所地不在其辖区或者涉外、涉港澳台的第一审知识产权民事案件。

二、对于本通知第一项标准以下的第一审知识产权民事案件，除应当由经最高人民法院指定具有一般知识产权民事案件管辖权的基层人民法院管辖的以外，均由中级人民法院管辖。

三、经最高人民法院指定具有一般知识产权民事案件管辖权的基层人民法院，可以管辖诉讼标的额在500万元以下的第一审一般知识产权民事案件，以及诉讼标的额在500万元以上1000万元以下且当事人住所地均在其所属高级或中级人民法院辖区的第一审一般知识产权民事案件，具体标准由有关高级人民法院自行确定并报最高人民法院批准。

四、对重大疑难、新类型和在适用法律上有普遍意义的知识产权民事案件，可以依照民事诉讼法第三十九条的规定，由上级人民法院自行决定由其审理，或者根据下级人民法院报请决定由其审理。

五、对专利、植物新品种、集成电路布图设计纠纷案件和涉及驰名商标认定的纠纷案件以及垄断纠纷案件等特殊类型的第一审知识产权民事案件，确定管辖时还应当符合最高人民法院有关上述案件管辖的特别规定。

六、军事法院管辖军内第一审知识产权民事案件的标准，参照当地同级地方人民法院的标准执行。

七、本通知下发后,需要新增指定具有一般知识产权民事案件管辖权的基层人民法院的,有关高级人民法院应将该基层人民法院管辖第一审一般知识产权民事案件的标准一并报最高人民法院批准。

八、本通知所称"以上"包括本数,"以下"不包括本数。

九、本通知自2010年2月1日起执行。之前已经受理的案件,仍按照各地原标准执行。

本通知执行过程中遇到的问题,请及时报告最高人民法院。

二〇一〇年一月二十八日

确认管辖法院
(第252页)

关于印发基层人民法院管辖第一审知识产权民事案件标准的通知

(颁布机关:最高人民法院;实施日期:2010年2月1日)

各省、自治区、直辖市高级人民法院,解放军军事法院,新疆维吾尔自治区高级人民法院生产建设兵团分院:

根据各有关高级人民法院的报请,现将经最高人民法院批准的目前具有一般知识产权民事案件管辖权的基层人民法院管辖第一审知识产权民事案件的标准(见附件)统一予以印发,自2010年2月1日起施行。之前已经受理的案件,仍按照各地原标准执行。特此通知。

附:基层人民法院管辖第一审知识产权民事案件标准

二〇一〇年一月二十八日

附件:基层人民法院管辖第一审知识产权民事案件标准

地区	基层人民法院	管辖第一审知识产权民事案件的标准
北京市	东城区人民法院	诉讼标的额在500万元以下的第一审一般知识产权民事案件以及诉讼标的额在500万元以上1000万元以下且当事人住所地均在北京市高级人民法院辖区的第一审一般知识产权民事案件
	西城区人民法院	
	崇文区人民法院	
	宣武区人民法院	
	朝阳区人民法院	
	海淀区人民法院	
	丰台区人民法院	
	石景山区人民法院	
	昌平区人民法院	

续表

地区		基层人民法院	管辖第一审知识产权民事案件的标准
天津市		和平区人民法院	诉讼标的额在100万元以下的第一审一般知识产权民事案件
		经济技术开发区人民法院	诉讼标的额在50万元以下的第一审一般知识产权民事案件
辽宁省大连市		西岗区人民法院	诉讼标的额在500万元以下的第一审一般知识产权民事案件
上海市		浦东新区人民法院	诉讼标的额在200万元以下的第一审一般知识产权民事案件
		卢湾区人民法院	
		杨浦区人民法院	
		黄浦区人民法院	
江苏省	南京市	宣武区人民法院	诉讼标的额在200万元以下的第一审一般知识产权民事案件
		鼓楼区人民法院	
		江宁区人民法院	
	苏州市	虎丘区人民法院	诉讼标的额在200万元以下的第一审一般知识产权民事案件
		昆山市人民法院	
		太仓市人民法院	
		常熟市人民法院	
		工业园区人民法院	
	无锡市	滨湖区人民法院	诉讼标的额在200万元以下的第一审一般知识产权民事案件
		江阴市人民法院	
		宜兴市人民法院	
	常州市	武进区人民法院	诉讼标的额在100万元以下的第一审一般知识产权民事案件
		天宁区人民法院	
		常州高新技术产业开发区人民法院	
	镇江市	镇江经济开发区人民法院	诉讼标的额在100万元以下的第一审一般知识产权民事案件
	南通市	通州区人民法院	诉讼标的额在100万元以下的第一审一般知识产权民事案件

续表

地区		基层人民法院	管辖第一审知识产权民事案件的标准
浙江省	杭州市	西湖区人民法院	诉讼标的额在500万元以下的第一审一般知识产权民事案件(义乌市人民法院同时管辖诉讼标的额在500万元以下的第一审实用新型和外观设计专利纠纷案件)
		滨江区人民法院	
		余杭区人民法院	
		萧山区人民法院	
	宁波市	北仑区人民法院	诉讼标的额在500万元以下的第一审一般知识产权民事案件(义乌市人民法院同时管辖诉讼标的额在500万元以下的第一审实用新型和外观设计专利纠纷案件)
		鄞州区人民法院	
		余姚市人民法院	
		慈溪市人民法院	
	温州市	鹿城区人民法院	诉讼标的额在500万元以下的第一审一般知识产权民事案件(义乌市人民法院同时管辖诉讼标的额在500万元以下的第一审实用新型和外观设计专利纠纷案件)
		瓯海区人民法院	
		乐清市人民法院	
		瑞安市人民法院	
	嘉兴市	南湖区人民法院	诉讼标的额在500万元以下的第一审一般知识产权民事案件(义乌市人民法院同时管辖诉讼标的额在500万元以下的第一审实用新型和外观设计专利纠纷案件)
		海宁市人民法院	
	绍兴市	绍兴县人民法院	诉讼标的额在500万元以下的第一审一般知识产权民事案件(义乌市人民法院同时管辖诉讼标的额在500万元以下的第一审实用新型和外观设计专利纠纷案件)
	金华市	婺城区人民法院	诉讼标的额在500万元以下的第一审一般知识产权民事案件(义乌市人民法院同时管辖诉讼标的额在500万元以下的第一审实用新型和外观设计专利纠纷案件)
		义乌市人民法院	
	台州市	玉环县人民法院	诉讼标的额在500万元以下的第一审一般知识产权民事案件(义乌市人民法院同时管辖诉讼标的额在500万元以下的第一审实用新型和外观设计专利纠纷案件)

续表

地区		基层人民法院	管辖第一审知识产权民事案件的标准
安徽省合肥市		高新技术产业开发区人民法院	诉讼标的额在5万元以下的第一审一般知识产权民事案件
福建省	福州市	鼓楼区人民法院	诉讼标的额在50万元以下的第一审一般知识产权民事案件
	厦门市	思明区人民法院	
	泉州市	晋江市人民法院	
江西省南昌市		南昌高新技术产业开发区人民法院	诉讼标的额在100万元以下的第一审一般知识产权民事案件
		南昌经济技术开发区人民法院	
山东省	济南市	历下区人民法院	诉讼标的额在50万元以下的第一审一般知识产权民事案件以及诉讼标的额在50万元以上100万元以下且当事人住所地均在其所属中级人民法院辖区的第一审一般知识产权民事案件
	青岛市	市南区人民法院	
湖北省武汉市		江岸区人民法院	诉讼标的额在300万元以下的第一审一般知识产权民事案件以及诉讼标的额在300万元以上800万元以下且当事人住所地均在武汉市中级人民法院辖区的第一审一般知识产权民事案件
湖南省	长沙市	天心区人民法院	诉讼标的额在300万元以下的第一审一般知识产权民事案件
		岳麓区人民法院	
	株洲市	天元区人民法院	诉讼标的额在300万元以下的第一审一般知识产权民事案件
广东省	广州市	越秀区人民法院	诉讼标的额在200万元以下的第一审一般知识产权民事案件
		海珠区人民法院	
		天河区人民法院	
		白云区人民法院	
		萝岗区人民法院	
		南沙区人民法院	

续表

地区		基层人民法院	管辖第一审知识产权民事案件的标准
	深圳市	罗湖区人民法院	诉讼标的额在200万元以下的第一审一般知识产权民事案件
		福田区人民法院	
		南山区人民法院	
		盐田区人民法院	
		龙岗区人民法院	
		宝安区人民法院	
	佛山市	南海区人民法院	诉讼标的额在200万元以下的第一审一般知识产权民事案件
		禅城区人民法院	
		顺德区人民法院	
	汕头市	龙湖区人民法院	诉讼标的额在200万元以下的第一审一般知识产权民事案件
	江门市	蓬江区人民法院	诉讼标的额在200万元以下的第一审一般知识产权民事案件
		新会区人民法院	
	东莞市	东莞市第一人民法院	诉讼标的额在200万元以下的第一审一般知识产权民事案件
	中山市	中山市人民法院	诉讼标的额在200万元以下的第一审一般知识产权民事案件
广西壮族自治区南宁市		青秀区人民法院	诉讼标的额在80万元以下的第一审一般知识产权民事案件以及诉讼标的额在80万元以上150万元以下且当事人住所地均在南宁市中级人民法院辖区的第一审一般知识产权民事案件
四川省成都市		高新区人民法院	诉讼标的额在50万元以下的第一审一般知识产权民事案件
		武侯区人民法院	
		锦江区人民法院	
重庆市		渝中区人民法院	诉讼标的额在300万元以下的第一审一般知识产权民事案件
		沙坪坝区人民法院	
甘肃省	兰州市	城关区人民法院	诉讼标的额在30万元以下的第一审一般知识产权民事案件
	天水市	秦州区人民法院	

续表

地区	基层人民法院	管辖第一审知识产权民事案件的标准
新疆生产建设兵团 农十二师	乌鲁木齐垦区人民法院	诉讼标的额在100万元以下的第一审一般知识产权民事案件以及诉讼标的额在100万元以上300万元以下且当事人住所地均在农十二师中级人民法院辖区的第一审一般知识产权民事案件
农六师	五家渠市人民法院	诉讼标的额在100万元以下的第一审一般知识产权民事案件以及诉讼标的额在100万元以上200万元以下且当事人住所地均在农六师中级人民法院辖区的第一审一般知识产权民事案件

注：本附件所称“以上”包括本数，“以下”不包括本数。

最高人民法院关于调整高级人民法院和中级人民法院管辖第一审民事案件标准的通知

（颁布机关：最高人民法院；实施日期：2019年5月1日）

各省、自治区、直辖市高级人民法院，解放军军事法院，新疆维吾尔自治区高级人民法院生产建设兵团分院：

为适应新时代审判工作发展要求，合理定位四级法院民事审判职能，促进矛盾纠纷化解重心下移，现就调整高级人民法院和中级人民法院管辖第一审民事案件标准问题，通知如下：

一、中级人民法院管辖第一审民事案件的诉讼标的额上限原则上为50亿元（人民币），诉讼标的额下限继续按照《最高人民法院关于调整地方各级人民法院管辖第一审知识产权民事案件标准的通知》（法发〔2010〕5号）、《最高人民法院关于调整高级人民法院和中级人民法院管辖第一审民商事案件标准的通知》（法发〔2015〕7号）、《最高人民法院关于明确第一审涉外民商事案件级别管辖标准以及归口办理有关问题的通知》（法〔2017〕359号）、《最高人民法院关于调整部分高级人民法院和中级人民法院管辖第一审民商事案件标准的通知》（法发〔2018〕13号）等文件执行。

二、高级人民法院管辖诉讼标的额50亿元（人民币）以上（包含本数）或者其他在本辖区有重大影响的第一审民事案件。

三、海事海商案件、涉外民事案件的级别管辖标准按照本通知执行。

四、知识产权民事案件的级别管辖标准按照本通知执行,但《最高人民法院关于知识产权法庭若干问题的规定》第二条所涉案件类型除外。

五、最高人民法院以前发布的关于第一审民事案件级别管辖标准的规定与本通知不一致的,不再适用。

本通知自2019年5月1日起实施,执行过程中遇到的问题,请及时报告我院。

(4)商标刑事诉讼

刑法(知识产权犯罪部分摘录)

(颁布机关:全国人民代表大会常务委员会;实施日期:2011年5月1日)

第七节 侵犯知识产权罪

第二百一十三条 【假冒注册商标罪】未经注册商标所有人许可,在同一种商品上使用与其注册商标相同的商标,情节严重的,处三年以下有期徒刑或者拘役,并处或者单处罚金;情节特别严重的,处三年以上七年以下有期徒刑,并处罚金。

第二百一十四条 【销售假冒注册商标的商品罪】销售明知是假冒注册商标的商品,销售金额数额较大的,处三年以下有期徒刑或者拘役,并处或者单处罚金;销售金额数额巨大的,处三年以上七年以下有期徒刑,并处罚金。

第二百一十五条 【非法制造、销售非法制造的注册商标标识罪】伪造、擅自制造他人注册商标标识或者销售伪造、擅自制造的注册商标标识,情节严重的,处三年以下有期徒刑、拘役或者管制,并处或者是单处罚金;情节特别严重的,处三年以上七年以下有期徒刑,并处罚金。

最高人民法院、最高人民检察院关于办理侵犯知识产权刑事案件具体应用法律若干问题的解释

（颁布机关：最高人民法院、最高人民检察院；实施日期：2004 年 12 月 22 日）

为依法惩治侵犯知识产权犯罪活动，维护社会主义市场经济秩序，根据刑法有关规定，现就办理侵犯知识产权刑事案件具体应用法律的若干问题解释如下：

第一条　未经注册商标所有人许可，在同一种商品上使用与其注册商标相同的商标，具有下列情形之一的，属于刑法第二百一十三条规定的"情节严重"，应当以假冒注册商标罪判处三年以下有期徒刑或者拘役，并处或者单处罚金：

假冒注册商标罪刑罚
（第 266 页）

（一）非法经营数额在五万元以上或者违法所得数额在三万元以上的；

（二）假冒两种以上注册商标，非法经营数额在三万元以上或者违法所得数额在二万元以上的；

（三）其他情节严重的情形。

具有下列情形之一的，属于刑法第二百一十三条规定的"情节特别严重"，应当以假冒注册商标罪判处三年以上七年以下有期徒刑，并处罚金：

（一）非法经营数额在二十五万元以上或者违法所得数额在十五万元以上的；

（二）假冒两种以上注册商标，非法经营数额在十五万元以上或者违法所得数额在十万元以上的；

（三）其他情节特别严重的情形。

第二条　销售明知是假冒注册商标的商品，销售金额在五万元以上的，属于刑法第二百一十四条规定的"数额较大"，应当以销售假冒注册商标的商品罪判处三年以下有期徒刑或者拘役，并处或者单处罚金。

销售假冒注册商标的商品罪的刑罚
（第 268 页）

销售金额在二十五万元以上的，属于刑法第二百一十四条规定的"数额巨大"，应当以销售假冒注册商标的商品罪判处三年以上七年以下有期徒刑，并处罚金。

第三条　伪造、擅自制造他人注册商标标识或者销售伪造、擅自制造的注册商标标识，具有下列情形之一的，属于刑法第二百一十五条规定的"情节严重"，应当以非法制造、销售非法制造的注册商标标识罪判处三年以下有期徒刑、拘役或者管制，并处或者单处罚金：

非法制造、销售非法制造的注册商标标识罪的刑罚
（第 269 页）

（一）伪造、擅自制造或者销售伪造、擅自制造的注册商标标识数量在二万件以上，或者非法经营数额在五万元以上，或者违法所得数额在三万元以上的；

（二）伪造、擅自制造或者销售伪造、擅自制造两种以上注册商标标识数量在一万件以上，或者非法经营数额在三万元以上，或者违法所得数额在二万元以上的；

（三）其他情节严重的情形。

具有下列情形之一的,属于刑法第二百一十五条规定的“情节特别严重”,应当以非法制造、销售非法制造的注册商标标识罪判处三年以上七年以下有期徒刑,并处罚金:

(一)伪造、擅自制造或者销售伪造、擅自制造的注册商标标识数量在十万件以上,或者非法经营数额在二十五万元以上,或者违法所得数额在十五万元以上的;

(二)伪造、擅自制造或者销售伪造、擅自制造两种以上注册商标标识数量在五万件以上,或者非法经营数额在十五万元以上,或者违法所得数额在十万元以上的;

(三)其他情节特别严重的情形。

第四条 假冒他人专利,具有下列情形之一的,属于刑法第二百一十六条规定的“情节严重”,应当以假冒专利罪判处三年以下有期徒刑或者拘役,并处或者单处罚金:

(一)非法经营数额在二十万元以上或者违法所得数额在十万元以上的;

(二)给专利权人造成直接经济损失五十万元以上的;

(三)假冒两项以上他人专利,非法经营数额在十万元以上或者违法所得数额在五万元以上的;

(四)其他情节严重的情形。

第五条 以营利为目的,实施刑法第二百一十七条所列侵犯著作权行为之一,违法所得数额在三万元以上的,属于“违法所得数额较大”;具有下列情形之一的,属于“有其他严重情节”,应当以侵犯著作权罪判处三年以下有期徒刑或者拘役,并处或者单处罚金:

(一)非法经营数额在五万元以上的;

(二)未经著作权人许可,复制发行其文字作品、音乐、电影、电视、录像作品、计算机软件及其他作品,复制品数量合计在一千张(份)以上的;

(三)其他严重情节的情形。

以营利为目的,实施刑法第二百一十七条所列侵犯著作权行为之一,违法所得数额在十五万元以上的,属于“违法所得数额巨大”;具有下列情形之一的,属于“有其他特别严重情节”,应当以侵犯著作权罪判处三年以上七年以下有期徒刑,并处罚金:

(一)非法经营数额在二十五万元以上的;

(二)未经著作权人许可,复制发行其文字作品、音乐、电影、电视、录像作品、计算机软件及其他作品,复制品数量合计在五千张(份)以上的;

(三)其他特别严重情节的情形。

第六条 以营利为目的,实施刑法第二百一十八条规定的行为,违法所得数额在十万元以上的,属于“违法所得数额巨大”,应当以销售侵权复制品罪判处三年以下有期徒刑或者拘役,并处或者单处罚金。

第七条 实施刑法第二百一十九条规定的行为之一,给商业秘密的权利人造成损失数额在五十万元以上的，属于“给商业秘密的权利人造成重大损失”，应当以侵犯商业秘密罪判处三年以下有期徒刑或者拘役，并处或者单处罚金。

给商业秘密的权利人造成损失数额在二百五十万元以上的，属于刑法第二百一十九条规定的“造成特别严重后果”，应当以侵犯商业秘密罪判处三年以上七年以下有期徒刑，并处罚金。

第八条　刑法第二百一十三条规定的“相同的商标”，是指与被假冒的注册商标完全相同，或者与被假冒的注册商标在视觉上基本无差别、足以对公众产生误导的商标。

相同商标及商标使用
（第266页）

刑法第二百一十三条规定的“使用”，是指将注册商标或者假冒的注册商标用于商品、商品包装或者容器以及产品说明书、商品交易文书，或者将注册商标或者假冒的注册商标用于广告宣传、展览以及其他商业活动等行为。

第九条　刑法第二百一十四条规定的“销售金额”，是指销售假冒注册商标的商品后所得和应得的全部违法收入。

销售明知
（第267页）

具有下列情形之一的，应当认定为属于刑法第二百一十四条规定的“明知”：

（一）知道自己销售的商品上的注册商标被涂改、调换或者覆盖的；

（二）因销售假冒注册商标的商品受到过行政处罚或者承担过民事责任、又销售同一种假冒注册商标的商品的；

（三）伪造、涂改商标注册人授权文件或者知道该文件被伪造、涂改的；

（四）其他知道或者应当知道是假冒注册商标的商品的情形。

第十条　实施下列行为之一的，属于刑法第二百一十六条规定的“假冒他人专利”的行为：

（一）未经许可，在其制造或者销售的产品、产品的包装上标注他人专利号的；

（二）未经许可，在广告或者其他宣传材料中使用他人的专利号，使人将所涉及的技术误认为是他人专利技术的；

（三）未经许可，在合同中使用他人的专利号，使人将合同涉及的技术误认为是他人专利技术的；

（四）伪造或者变造他人的专利证书、专利文件或者专利申请文件的。

第十一条　以刊登收费广告等方式直接或者间接收取费用的情形，属于刑法第二百一十七条规定的“以营利为目的”。

刑法第二百一十七条规定的“未经著作权人许可”，是指没有得到著作权人授权或者伪造、涂改著作权人授权许可文件或者超出授权许可范围的情形。

通过信息网络向公众传播他人文字作品、音乐、电影、电视、录像作品、计算机软件及其他作品的行为，应当视为刑法第二百一十七条规定的“复制发行”。

第十二条　本解释所称“非法经营数额”，是指行为人在实施侵犯知识产权行为过程中，制造、储存、运输、销售侵权产品的价值。已销售的侵权产品的价值，按照实际销售的价格计算。制造、储存、运输和未销售的侵权产品的价值,按照标价或者已经查清的侵权产品的实际销售平均价格计算。侵权产品没有标价或者无法查清其实际销售价格的,按照被侵权产品的市场中间价格计算。

多次实施侵犯知识产权行为,未经行政处理或者刑事处罚的,非法经营数额、违法所得数额或者销售金额累计计算。

本解释第三条所规定的"件",是指标有完整商标图样的一份标识。

第十三条 实施刑法第二百一十三条规定的假冒注册商标犯罪,又销售该假冒注册商标的商品,构成犯罪的,应当依照刑法第二百一十三条的规定,以假冒注册商标罪定罪处罚。

实施刑法第二百一十三条规定的假冒注册商标犯罪,又销售明知是他人的假冒注册商标的商品,构成犯罪的,应当实行数罪并罚。

第十四条 实施刑法第二百一十七条规定的侵犯著作权犯罪,又销售该侵权复制品,构成犯罪的,应当依照刑法第二百一十七条的规定,以侵犯著作权罪定罪处罚。

实施刑法第二百一十七条规定的侵犯著作权犯罪,又销售明知是他人的侵权复制品,构成犯罪的,应当实行数罪并罚。

第十五条 单位实施刑法第二百一十三条至第二百一十九条规定的行为,按照本解释规定的相应个人犯罪的定罪量刑标准的三倍定罪量刑。

第十六条 明知他人实施侵犯知识产权犯罪,而为其提供贷款、资金、账号、发票、证明、许可证件,或者提供生产、经营场所或者运输、储存、代理进出口等便利条件、帮助的,以侵犯知识产权犯罪的共犯论处。

第十七条 以前发布的有关侵犯知识产权犯罪的司法解释,与本解释相抵触的,自本解释施行后不再适用。

最高人民法院、最高人民检察院
关于办理侵犯知识产权刑事案件
具体应用法律若干问题的解释(二)

(颁布机关:最高人民法院、最高人民检察院;实施日期:2007年4月5日)

为维护社会主义市场经济秩序,依法惩治侵犯知识产权犯罪活动,根据刑法、刑事诉讼法有关规定,现就办理侵犯知识产权刑事案件具体应用法律的若干问题解释如下:

第一条 以营利为目的,未经著作权人许可,复制发行其文字作品、音乐、电影、电视、录像作品、计算机软件及其他作品，复制品数量合计在五百张(份)以上的，属于刑法第二百一十七条规定的“有其他严重情节”；复制品数量在二千五百张(份)以上的，属于刑法第二百一十七条规定的“有其他特别严重情节”。

第二条　刑法第二百一十七条侵犯著作权罪中的“复制发行”，包括复制、发行或者既复制又发行的行为。

侵权产品的持有人通过广告、征订等方式推销侵权产品的，属于刑法第二百一十七条规定的“发行”。

非法出版、复制、发行他人作品，侵犯著作权构成犯罪的，按照侵犯著作权罪定罪处罚。

第三条　侵犯知识产权犯罪，符合刑法规定的缓刑条件的，依法适用缓刑。有下列情形之一的，一般不适用缓刑：

(一)因侵犯知识产权被刑事处罚或者行政处罚后，再次侵犯知识产权构成犯罪的；

(二)不具有悔罪表现的；

(三)拒不交出违法所得的；

(四)其他不宜适用缓刑的情形。

第四条　对于侵犯知识产权犯罪的，人民法院应当综合考虑犯罪的违法所得、非法经营数额、给权利人造成的损失、社会危害性等情节，依法判处罚金。罚金数额一般在违法所得的一倍以上五倍以下，或者按照非法经营数额的50%以上一倍以下确定。

第五条　被害人有证据证明的侵犯知识产权刑事案件，直接向人民法院起诉的，人民法院应当依法受理；严重危害社会秩序和国家利益的侵犯知识产权刑事案件，由人民检察院依法提起公诉。

第六条　单位实施刑法第二百一十三条至第二百一十九条规定的行为，按照《最高人民法院、最高人民检察院关于办理侵犯知识产权刑事案件具体应用法律若干问题的解释》和本解释规定的相应个人犯罪的定罪量刑标准定罪处罚。

第七条　以前发布的司法解释与本解释不一致的，以本解释为准。

最高人民检察院、公安部关于公安机关管辖的刑事案件立案追诉标准的规定(二)(摘录)

(颁布机关：最高人民检察院、公安部；实施日期：2010年5月7日)

第六十九条　[假冒注册商标案(刑法第二百一十三条)]未经注册商标所有人

许可,在同一种商品上使用与其注册商标相同的商标,涉嫌下列情形之一的,应予立案追诉:

(一)非法经营数额在五万元以上或者违法所得数额在三万元以上的;

(二)假冒两种以上注册商标,非法经营数额在三万元以上或者违法所得数额在二万元以上的;

(三)其他情节严重的情形。

第七十条　[销售假冒注册商标的商品案(刑法第二百一十四条)]销售明知是假冒注册商标的商品,涉嫌下列情形之一的,应予立案追诉:

(一)销售金额在五万元以上的;

(二)尚未销售,货值金额在十五万元以上的;

(三)销售金额不满五万元,但已销售金额与尚未销售的货值金额合计在十五万元以上的。

第七十一条　[非法制造、销售非法制造的注册商标标识案(刑法第二百一十五条)]伪造、擅自制造他人注册商标标识或者销售伪造、擅自制造的注册商标标识,涉嫌下列情形之一的,应予立案追诉:

(一)伪造、擅自制造或者销售伪造、擅自制造的注册商标标识数量在二万件以上,或者非法经营数额在五万元以上,或者违法所得数额在三万元以上的;

(二)伪造、擅自制造或者销售伪造、擅自制造两种以上注册商标标识数量在一万件以上,或者非法经营数额在三万元以上,或者违法所得数额在二万元以上的;

(三)其他情节严重的情形。

第七十二条　[假冒专利案(刑法第二百一十六条)]假冒他人专利,涉嫌下列情形之一的,应予立案追诉:

(一)非法经营数额在二十万元以上或者违法所得数额在十万元以上的;

(二)给专利权人造成直接经济损失在五十万元以上的;

(三)假冒两项以上他人专利,非法经营数额在十万元以上或者违法所得数额在五万元以上的;

(四)其他情节严重的情形。

第七十三条　[侵犯商业秘密案(刑法第二百一十九条)]侵犯商业秘密,涉嫌下列情形之一的,应予立案追诉:

(一)给商业秘密权利人造成损失数额在五十万元以上的;

(二)因侵犯商业秘密违法所得数额在五十万元以上的;

(三)致使商业秘密权利人破产的;

(四)其他给商业秘密权利人造成重大损失的情形。

最高人民法院、最高人民检察院、公安部关于办理侵犯知识产权刑事案件适用法律若干问题的意见

（颁布机关：最高人民法院、最高人民检察院、公安部；
实施日期：2011 年 1 月 10 日）

各省、自治区、直辖市高级人民法院、人民检察院、公安厅（局），解放军军事法院、军事检察院，总政治部保卫部，新疆维吾尔自治区高级人民法院生产建设兵团分院，新疆生产建设兵团人民检察院、公安局：

为解决近年来公安机关、人民检察院、人民法院在办理侵犯知识产权刑事案件中遇到的新情况、新问题，依法惩治侵犯知识产权犯罪活动，维护社会主义市场经济秩序，最高人民法院、最高人民检察院、公安部在深入调查研究、广泛征求各方意见的基础上，制定了《关于办理侵犯知识产权刑事案件适用法律若干问题的意见》。现印发给你们，请认真组织学习，切实贯彻执行。执行中遇到的重要问题，请及时层报最高人民法院、最高人民检察院、公安部。

二〇一一年一月十日

为解决近年来公安机关、人民检察院、人民法院在办理侵犯知识产权刑事案件中遇到的新情况、新问题，依法惩治侵犯知识产权犯罪活动，维护社会主义市场经济秩序，根据刑法、刑事诉讼法及有关司法解释的规定，结合侦查、起诉、审判实践，制定本意见。

一、关于侵犯知识产权犯罪案件的管辖问题

侵犯知识产权犯罪案件由犯罪地公安机关立案侦查。必要时，可以由犯罪嫌疑人居住地公安机关立案侦查。侵犯知识产权犯罪案件的犯罪地，包括侵权产品制造地、储存地、运输地、销售地，传播侵权作品、销售侵权产品的网站服务器所在地、网络接入地、网站建立者或者管理者所在地，侵权作品上传者所在地，权利人受到实际侵害的犯罪结果发生地。对有多个侵犯知识产权犯罪地的，由最初受理的公安机关或者主要犯罪地公安机关管辖。多个侵犯知识产权犯罪地的公安机关对管辖有争议的，由共同的上级公安机关指定管辖，需要提请批准逮捕、移送审查起诉、提起公诉的，由该公安机关所在地的同级人民检察院、人民法院受理。

对于不同犯罪嫌疑人、犯罪团伙跨地区实施的涉及同一批侵权产品的制造、储存、运输、销售等侵犯知识产权犯罪行为，符合并案处理要求的，有关公安机关可以

一并立案侦查,需要提请批准逮捕、移送审查起诉、提起公诉的,由该公安机关所在地的同级人民检察院、人民法院受理。

二、关于办理侵犯知识产权刑事案件中行政执法部门收集、调取证据的效力问题

行政执法部门依法收集、调取、制作的物证、书证、视听资料、检验报告、鉴定结论、勘验笔录、现场笔录,经公安机关、人民检察院审查,人民法院庭审质证确认,可以作为刑事证据使用。

行政执法部门制作的证人证言、当事人陈述等调查笔录,公安机关认为有必要作为刑事证据使用的,应当依法重新收集、制作。

三、关于办理侵犯知识产权刑事案件的抽样取证问题和委托鉴定问题

公安机关在办理侵犯知识产权刑事案件时,可以根据工作需要抽样取证,或者商请同级行政执法部门、有关检验机构协助抽样取证。法律、法规对抽样机构或者抽样方法有规定的,应当委托规定的机构并按照规定方法抽取样品。

公安机关、人民检察院、人民法院在办理侵犯知识产权刑事案件时,对于需要鉴定的事项,应当委托国家认可的有鉴定资质的鉴定机构进行鉴定。

公安机关、人民检察院、人民法院应当对鉴定结论进行审查,听取权利人、犯罪嫌疑人、被告人对鉴定结论的意见,可以要求鉴定机构作出相应说明。

四、关于侵犯知识产权犯罪自诉案件的证据收集问题

人民法院依法受理侵犯知识产权刑事自诉案件,对于当事人因客观原因不能取得的证据,在提起自诉时能够提供有关线索,申请人民法院调取的,人民法院应当依法调取。

五、关于刑法第二百一十三条规定的"同一种商品"的认定问题

名称相同的商品以及名称不同但指同一事物的商品,可以认定为"同一种商品"。"名称"是指国家工商行政管理总局商标局在商标注册工作中对商品使用的名称,通常即《商标注册用商品和服务国际分类》中规定的商品名称。"名称不同但指同一事物的商品"是指在功能、用途、主要原料、消费对象、销售渠道等方面相同或者基本相同,相关公众一般认为是同一种事物的商品。

认定"同一种商品",应当在权利人注册商标核定使用的商品和行为人实际生产销售的商品之间进行比较。

六、关于刑法第二百一十三条规定的"与其注册商标相同的商标"的认定问题

具有下列情形之一,可以认定为"与其注册商标相同的商标":

(一)改变注册商标的字体、字母大小写或者文字横竖排列,与注册商标之间仅有细微差别的;

(二)改变注册商标的文字、字母、数字等之间的间距,不影响体现注册商标显著特征的;

（三）改变注册商标颜色的；

（四）其他与注册商标在视觉上基本无差别、足以对公众产生误导的商标。

七、关于尚未附着或者尚未全部附着假冒注册商标标识的侵权产品价值是否计入非法经营数额的问题

在计算制造、储存、运输和未销售的假冒注册商标侵权产品价值时，对于已经制作完成但尚未附着（含加贴）或者尚未全部附着（含加贴）假冒注册商标标识的产品，如果有确实、充分证据证明该产品将假冒他人注册商标，其价值计入非法经营数额。

八、关于销售假冒注册商标的商品犯罪案件中尚未销售或者部分销售情形的定罪量刑问题

销售明知是假冒注册商标的商品，具有下列情形之一的，依照刑法第二百一十四条的规定，以销售假冒注册商标的商品罪（未遂）定罪处罚：

（一）假冒注册商标的商品尚未销售，货值金额在十五万元以上的；

（二）假冒注册商标的商品部分销售，已销售金额不满五万元，但与尚未销售的假冒注册商标的商品的货值金额合计在十五万元以上的。

假冒注册商标的商品尚未销售，货值金额分别达到十五万元以上不满二十五万元、二十五万元以上的，分别依照刑法第二百一十四条规定的各法定刑幅度定罪处罚。

销售金额和未销售货值金额分别达到不同的法定刑幅度或者均达到同一法定刑幅度的，在处罚较重的法定刑或者同一法定刑幅度内酌情从重处罚。

九、关于销售他人非法制造的注册商标标识犯罪案件中尚未销售或者部分销售情形的定罪问题

销售他人伪造、擅自制造的注册商标标识，具有下列情形之一的，依照刑法第二百一十五条的规定，以销售非法制造的注册商标标识罪（未遂）定罪处罚：

（一）尚未销售他人伪造、擅自制造的注册商标标识数量在六万件以上的；

（二）尚未销售他人伪造、擅自制造的两种以上注册商标标识数量在三万件以上的；

（三）部分销售他人伪造、擅自制造的注册商标标识，已销售标识数量不满二万件，但与尚未销售标识数量合计在六万件以上的；

（四）部分销售他人伪造、擅自制造的两种以上注册商标标识，已销售标识数量不满一万件，但与尚未销售标识数量合计在三万件以上的。

十、关于侵犯著作权犯罪案件“以营利为目的”的认定问题

除销售外，具有下列情形之一的，可以认定为“以营利为目的”：

（一）以在他人作品中刊登收费广告、捆绑第三方作品等方式直接或者间接收取费用的；

(二)通过信息网络传播他人作品,或者利用他人上传的侵权作品,在网站或者网页上提供刊登收费广告服务,直接或者间接收取费用的;

(三)以会员制方式通过信息网络传播他人作品,收取会员注册费或者其他费用的;

(四)其他利用他人作品牟利的情形。

十一、关于侵犯著作权犯罪案件"未经著作权人许可"的认定问题

"未经著作权人许可"一般应当依据著作权人或者其授权的代理人、著作权集体管理组织、国家著作权行政管理部门指定的著作权认证机构出具的涉案作品版权认证文书,或者证明出版者、复制发行者伪造、涂改授权许可文件或者超出授权许可范围的证据,结合其他证据综合予以认定。

在涉案作品种类众多且权利人分散的案件中,上述证据确实难以一一取得,但有证据证明涉案复制品系非法出版、复制发行的,且出版者、复制发行者不能提供获得著作权人许可的相关证明材料的,可以认定为"未经著作权人许可"。但是,有证据证明权利人放弃权利、涉案作品的著作权不受我国著作权法保护,或者著作权保护期限已经届满的除外。

十二、关于刑法第二百一十七条规定的"发行"的认定及相关问题

"发行",包括总发行、批发、零售、通过信息网络传播以及出租、展销等活动。

非法出版、复制、发行他人作品,侵犯著作权构成犯罪的,按照侵犯著作权罪定罪处罚,不认定为非法经营罪等其他犯罪。

十三、关于通过信息网络传播侵权作品行为的定罪处罚标准问题

以营利为目的,未经著作权人许可,通过信息网络向公众传播他人文字作品、音乐、电影、电视、美术、摄影、录像作品、录音录像制品、计算机软件及其他作品,具有下列情形之一的,属于刑法第二百一十七条规定的"其他严重情节":

(一)非法经营数额在五万元以上的;

(二)传播他人作品的数量合计在五百件(部)以上的;

(三)传播他人作品的实际被点击数达到五万次以上的;

(四)以会员制方式传播他人作品,注册会员达到一千人以上的;

(五)数额或者数量虽未达到第(一)项至第(四)项规定标准,但分别达到其中两项以上标准一半以上的;

(六)其他严重情节的情形。

实施前款规定的行为,数额或者数量达到前款第(一)项至第(五)项规定标准五倍以上的,属于刑法第二百一十七条规定的"其他特别严重情节"。

十四、关于多次实施侵犯知识产权行为累计计算数额问题

依照《最高人民法院、最高人民检察院关于办理侵犯知识产权刑事案件具体应用法律若干问题的解释》第十二条第二款的规定,多次实施侵犯知识产权行为,未经行政处理或者刑事处罚的，非法经营数额、违法所得数额或者销售金额累计计算。

二年内多次实施侵犯知识产权违法行为，未经行政处理，累计数额构成犯罪的，应当依法定罪处罚。实施侵犯知识产权犯罪行为的追诉期限，适用刑法的有关规定，不受前述二年的限制。

十五、关于为他人实施侵犯知识产权犯罪提供原材料、机械设备等行为的定性问题

明知他人实施侵犯知识产权犯罪，而为其提供生产、制造侵权产品的主要原材料、辅助材料、半成品、包装材料、机械设备、标签标识、生产技术、配方等帮助，或者提供互联网接入、服务器托管、网络存储空间、通讯传输通道、代收费、费用结算等服务的，以侵犯知识产权犯罪的共犯论处。

十六、关于侵犯知识产权犯罪竞合的处理问题

行为人实施侵犯知识产权犯罪，同时构成生产、销售伪劣商品犯罪的，依照侵犯知识产权犯罪与生产、销售伪劣商品犯罪中处罚较重的规定定罪处罚。

9. 域名争议

中国互联网络信息中心国家顶级域名争议解决办法

（颁布机关：中国互联网络信息中心；实施日期：2014 年 11 月 21 日）

第一条 为了解决互联网络域名争议，根据有关法律、行政法规及《中国互联网络域名管理办法》的规定，制订本办法。

投诉书的提交
（第 208 页）

第二条 本办法适用于因互联网络域名的注册或者使用而引发的争议。所争议域名应当限于由中国互联网络信息中心负责管理的“.CN”、“.中国”域名。但是，所争议域名注册期限满两年的，域名争议解决机构不予受理。

第三条 域名争议由中国互联网络信息中心认可的争议解决机构受理解决。

争议解决机构应当根据本办法和《中国互联网络信息中心国家顶级域名争议解决办法程序规则》，制订相应的补充规则。

第四条 争议解决机构实行专家组负责争议解决的制度。专家组由一名或三名掌握互联网络及相关法律知识，具备较高职业道德，能够独立并中立地对域名争议作出裁决的专家组成。域名争议解决机构通过在线方式公布可供投诉人和被投诉人选择的专家名册。

第五条 任何人认为他人已注册的域名与其合法权益发生冲突的，均可以向争议解决机构提出投诉。

争议解决机构受理投诉后，应当按照程序规则的规定组成专家组，并由专家组根据本办法及程序规则，遵循“独立、中立、便捷”的原则，在专家组成立之日起 14 日内对争议做出裁决。

第六条 裁决程序使用的语言为中文，但投诉人和被投诉人另有约定，或者专家组决定采用其他语言的除外。

第七条 投诉人和被投诉人应当对各自的主张承担举证责任。

投诉主张及证明事项
（第 207 页）

第八条 符合下列条件的，投诉应当得到支持：

（一）被投诉的域名与投诉人享有民事权益的名称或者标志相同，或者具有足以导致混淆的近似性；

（二）被投诉的域名持有人对域名或者其主要部分不享有合法权益；

（三）被投诉的域名持有人对域名的注册或者使用具有恶意。

恶意
（第 207 页）

第九条 被投诉的域名持有人具有下列情形之一的，其行为构成恶意注册或者使用域名：

（一）注册或受让域名的目的是为了向作为民事权益所有人的投诉人或其竞争

对手出售、出租或者以其他方式转让该域名，以获取不正当利益；

（二）多次将他人享有合法权益的名称或者标志注册为自己的域名，以阻止他人以域名的形式在互联网上使用其享有合法权益的名称或者标志；

（三）注册或者受让域名是为了损害投诉人的声誉，破坏投诉人正常的业务活动，或者混淆与投诉人之间的区别，误导公众；

（四）其他恶意的情形。

第十条　被投诉人在接到争议解决机构送达的投诉书之前具有下列情形之一的，表明其对该域名享有合法权益：

（一）被投诉人在提供商品或服务的过程中已善意地使用该域名或与该域名相对应的名称；

（二）被投诉人虽未获得商品商标或有关服务商标，但所持有的域名已经获得一定的知名度；

（三）被投诉人合理地使用或非商业性地合法使用该域名，不存在为获取商业利益而误导消费者的意图。

第十一条　投诉人针对同一被投诉人的多个域名提出争议的，投诉人或者被投诉人可以请求争议解决机构将多个争议合并为一个争议案件，由同一个专家组处理。是否合并处理，由专家组决定。

第十二条　在专家组就有关争议作出裁决之前，投诉人或者被投诉人认为专家组成员与对方当事人有利害关系，有可能影响案件的公正裁决的，可以向争议解决机构提出要求专家回避的请求，但应当说明提出回避请求所依据的具体事实和理由，并举证。是否回避，由争议解决机构决定。

第十三条　在域名争议解决程序中，除域名注册服务机构根据争议解决机构的要求提供与域名注册及使用有关的信息外，中国互联网络信息中心和域名注册服务机构不以任何身份或者方式参与争议解决程序。

第十四条　专家组根据投诉人和被投诉人提供的证据及争议涉及的事实，对争议进行裁决。专家组认定投诉成立的，应当裁决注销已经注册的域名，或者裁决将注册域名转移给投诉人。专家组认定投诉不成立的，应当裁决驳回投诉。

第十五条　在依据本办法提出投诉之前，争议解决程序进行中，或者专家组作出裁决后，投诉人或者被投诉人均可以就同一争议向中国互联网络信息中心所在地的中国法院提起诉讼，或者基于协议提请中国仲裁机构仲裁。

提起司法或仲裁程序
（第210页）

第十六条　争议解决机构裁决注销域名或者裁决将域名转移给投诉人的，自裁决公布之日起满10日的，域名注册服务机构予以执行。但被投诉人自裁决公布之日起10日内提供有效证据证明有管辖权的司法机关或者仲裁机构已经受理相关争议的，争议解决机构的裁决暂停执行。

对于暂停执行的争议解决机构的裁决，域名注册服务机构视情况作如下处理：

(一)有证据表明,争议双方已经达成和解的,执行和解协议;

(二)有证据表明,有关起诉或者仲裁申请已经被驳回或者撤回的,执行争议解决机构的裁决;

(三)有关司法机关或者仲裁机构作出裁判,且已发生法律效力的,执行该裁判。

第十七条 在域名争议解决期间以及裁决执行完毕前,域名持有人不得申请转让或者注销处于争议状态的域名,也不得变更域名注册服务机构,但受让人以书面形式同意接受争议解决裁决约束的除外。

第十八条 争议解决机构建立专门的互联网络网站,通过在线方式接受有关域名争议的投诉,并发布与域名争议有关的资料。但经投诉人或者被投诉人请求,争议解决机构认为发布后有可能损害投诉人或者被投诉人利益的资料和信息,可不予发布。

第十九条 中国互联网络信息中心可以根据互联网络及域名技术的发展,以及中国有关法律、行政法规及政策的变化等情况对本办法加以修改。修改后的办法将通过网站公布,且于公布之日起30日后实施。本办法修改前已经提交到争议解决机构的域名争议不适用新办法。

修改后的办法将自动成为域名持有人与域名注册服务机构之间已经存在的域名注册协议的一部分。域名持有人不同意接受争议解决办法或者其修改后的文本约束的,应当及时通知域名注册服务机构。收到通知后,域名注册服务机构将为其保留30日域名服务;30日后,有关域名将予注销。

第二十条 本办法由中国互联网络信息中心负责解释。

第二十一条 本办法自2014年11月21日起施行。2012年6月28日施行的原《中国互联网络信息中心域名争议解决办法》同时废止。

中国互联网络信息中心
国家顶级域名争议解决办法程序规则

(颁布机关:中国互联网络信息中心;实施日期:2014年11月21日)

第一章 总则与定义

第一条 为了保证域名争议解决程序的公正性、方便性及快捷性,根据中国互联网络信息中心《中国互联网络信息中心国家顶级域名争议解决办法》(以下简称《解决办法》)的规定,制定本程序规则。

第二条 根据《解决办法》而进行的域名争议解决程序受本规则及域名争议解

决机构根据本规则制定的《补充规则》所约束。

第三条　本规则(以下简称《程序规则》)中涉及的下列术语的含义是：

(一)《解决办法》：指中国互联网络信息中心制定的《中国互联网络信息中心国家顶级域名争议解决办法》。《解决办法》构成域名持有人与域名注册服务机构之间的域名注册协议的一部分，对域名持有人和域名注册服务机构具有约束力。

(二)注册协议：指域名持有人与域名注册服务机构之间签订的域名注册协议。

(三)当事人：指域名争议的投诉人和被投诉人。

(四)投诉人：指对相关域名有争议，并依据《解决办法》与《程序规则》向域名争议解决机构提出投诉的一方当事人。

(五)被投诉人：指被投诉的域名持有人。

(六)域名注册管理机构：指中国互联网络信息中心(CNNIC)。

(七)域名注册服务机构：指经中国互联网络信息中心授权，负责受理域名注册申请并完成注册的机构。

(八)域名注册代理机构：指在注册服务机构授权范围内接受域名注册申请的机构。

(九)域名争议解决机构：指经由中国互联网络信息中心认可与授权，负责解决中国互联网络域名争议的机构。

(十)专家组：指由域名争议解决机构指定的审理有关域名争议投诉的一名或三名专家组成的小组。

(十一)专家：指由域名争议解决机构认可，并在域名争议解决机构网站上专家名册中公布的、有资格担任域名争议解决机构域名争议专家组成员的人。

(十二)《补充规则》指域名争议解决机构根据《程序规则》制定的《程序规则》的补充规则。

(十三)《简易规则》指域名争议解决机构根据《程序规则》和《补充规则》制定的适用于《解决办法》项下特殊类型域名争议的快速程序规则。

第二章　文件的提交与送达

第四条　域名争议案件文件的提交应当遵守以下原则：

(一)域名争议解决机构向一方当事人传送的任何文件，必须同时向另一方当事人传送副本；

(二)专家组传送给任何一方当事人的文件，必须同时向域名争议解决机构和另一方当事人传送副本；

(三)文件传送方有义务为其传送的文件保留记录，以记载有关文件传送的具体事实和情况，供有关当事方查阅，并用以制作相应的报告；

(四)当传送文件的一方当事人收到通知，被告知未收到其所传送的文件时，或者传送文件的当事人自己认为未能成功地传送有关文件时,该当事人应立即将有关情况通知域名争议解决机构。此后,任何文件的传送与回复均应当依照域名争议解决机构的指示为之;

(五)任何一方当事人均可通知域名争议解决机构,更新其详细的联络信息。

第五条 域名争议解决机构有责任采取有效措施,确保被投诉人实际收到投诉书。被投诉人实际收到投诉书,或者域名争议解决机构为使被投诉人实际收到投诉书而实施以下行为后,上述责任即视为解除:

(一)按照域名注册管理机构及域名注册服务机构WHOIS数据库中记录的域名注册者、域名注册者联系人、管理联系人、技术联系人、承办人和缴费联系人的电子邮件地址,或者当域名对应于一个网站时,按照该网站联系方式中提供的电子邮件地址向被投诉人传送电子形式投诉书(包括可按照相关格式送达被投诉人的附件)的;

(二)按照被投诉人自行选择并通知域名争议解决机构的其他电子邮件地址,及在可行范围内由投诉人根据第十二条第五项提供的所有其他电子邮件地址向被投诉人发送投诉书的。

第六条 除前条规定的情形外,依本规则向投诉人或被投诉人传送的任何文件均应当通过网络以电子形式传送。但经争议解决机构同意,也可按照投诉人或被投诉人要求的其他合理方式送达。

第七条 投诉人和被投诉人向域名争议解决机构或专家组提交的任何文件均应当按照域名争议解决机构《补充规则》所规定的方法和方式(包括份数)提交。

第八条 除非当事人另有约定或者专家组在特殊情形下另有决定,域名争议解决程序所使用的语言应为中文。专家组对任何非以中文制作的文件可以要求当事人提交全部或部分中文译文。

第九条 除非本规则另有规定,或者专家组另有决定,本规则规定的所有文件于下列情况下应视为已经送达:

(一)过传真方式传送的,以传送确认书上显示的日期为准;

(二)通过邮寄或者邮政快递方式发送的,以邮寄回执上记载的日期为准;

(三)通过网络传送的,在传送日期可予验证的情况下,以该日期为准。

第十条 除非本规则另有规定,本规则规定的期间的起算日应当是根据前条规定推定的文件最早送达日。

第三章 投 诉

第十一条 任何机构或者个人均可以依据《解决办法》及《程序规则》的规定向经中国互联网络信息中心授权的域名争议解决机构提出投诉以启动域名争议解决程序。

第十二条　投诉书应当采用电子文件形式提交,并应当包括以下内容:

(一)依据《解决办法》和《程序规则》进行审理和裁决的明确请求;

(二)投诉人及其代理人的姓名(名称)、邮政地址、电子邮件地址、联系电话和传真号码;

(三)在域名争议解决程序中与投诉人联络的首选方式,包括联系人、联系方式及联络地址;

(四)是否选择处理争议的专家,以及选择由一人还是三人专家组。如果选择三人专家组裁决争议的,投诉人应当从域名争议解决机构专家名册中按其自行决定的顺序选择三名专家作为候选人,并写明专家姓名。投诉人也可以授权域名争议解决机构代其指定专家;

(五)就其所知,写明被投诉人(域名持有人)或其代表、代理人的姓名(名称)及详细的联络信息(包括所有的邮政地址、电子邮件地址、联系电话和传真号码)。上述信息应详细具体,足以允许域名争议解决机构将投诉人的投诉书按本规则规定的方式传送给被投诉人;

(六)写明争议域名;

(七)确定争议域名的注册服务机构和/或注册代理机构;

(八)投诉人投诉所依据的其针对争议域名所享有的权利或者合法利益,附带能够表明权利状况的所有资料;

(九)根据《解决办法》,说明据以提出投诉的理由,尤其应写明:

1. 被投诉人(域名持有人)的域名与投诉人享有民事权益的名称或标志相同,或者具有足以导致混淆的相似性;

2. 被投诉人(域名持有人)对该域名或者其主要部分不享有合法权益;

3. 被投诉人(域名持有人)对该域名的注册或使用具有恶意;

(就第3项而言,投诉人应说明《解决办法》第九条所规定的各个方面。有关说明文字应遵守域名争议解决机构《补充规则》规定的字数或文件页数的限制。)

(十)依据《解决办法》第十三条所寻求的救济方式;

(十一)如果存在就同一域名争议而提起的司法或仲裁程序,无论此类程序是否已经完结,均应当加以说明,并提交与该程序相关,且投诉人能够获得的所有资料;

(十二)投诉书的结尾应附有下列声明,并由投诉人或其法定代表人,或者授权的代理人签字或盖章:

“投诉人确认:有关投诉是依据《中国互联网络信息中心国家顶级域名争议解决办法》、《中国互联网络信息中心国家顶级域名争议解决程序规则》及相关法律而提出的;就本人所知,投诉书所载信息是完整的和准确的;有关的投诉及救济主张仅针对注册域名持有人,不涉及域名争议解决机构及专家组专家,也不涉及域名注册管理机构及注册服务机构、注册人员及域名注册代理机构。"

(十三)作为附件,提交能够证明权利状况的文件及任何其他相关文件。

第十三条 一份投诉可以针对同一域名持有人所注册的多个域名提出。

第十四条 域名争议解决机构收到投诉书后,应当根据《解决办法》、《程序规则》以及《补充规则》的规定对投诉书进行形式审查。

域名争议解决机构经审查认为投诉符合受理要求的,应于收到投诉人按规定缴纳的费用后,按本规则规定的方式将投诉书副本送达被投诉的域名持有人;经审查认为投诉文件在形式上存有缺陷的,域名争议解决机构应及时通知投诉人,要求其在规定时限内对投诉文件加以必要的修改。投诉人未在规定的时限内对投诉书予以修改,或修改后的文件仍不符合要求的,经域名争议解决机构书面通知,其投诉被视为撤回。

第十五条 域名争议解决机构依照《程序规则》第五条的规定完成向被投诉人送达投诉文件之日,为域名争议解决程序的正式开始日期。

第十六条 域名争议解决机构应当将争议解决程序的开始日期及时通知各方当事人和域名注册服务机构以及中国互联网络信息中心。

第四章 答 辩

第十七条 被投诉人应当在域名争议解决程序开始之日起20日内向域名争议解决机构提交答辩。

第十八条 答辩书应以电子文件形式提交,并应当包括以下内容:

(一)对投诉人的投诉主张进行反驳,并申明继续拥有和使用争议域名的依据和具体理由(答辩书该部分应当遵守域名争议解决机构《补充规则》所规定的字数或页数限制);

(二)被投诉人及其授权代理人的姓名(名称)及详细的联络信息(邮政地址、电子邮件地址、联系电话和传真号码);

(三)无论是电子文件还是有形书面文件,均应当注明在域名争议解决程序中与被投诉人进行联络的首选联络方式,包括联系人、联系方式及联络地址;

(四)如果投诉人在投诉书中选择一人专家组审理案件,则应当声明被投诉人是否选择将争议交由三人专家组审理;

(五)如果投诉人或被投诉人选择由三人专家组审理,被投诉人应当从域名争议解决机构公布的专家名单中按其自行决定的顺序选择三名专家作为候选人,并写明专家姓名。被投诉人也可以授权域名争议解决中心代其指定专家;

(六)如果存在就同一域名争议所提起的司法或仲裁程序,无论该程序是否已经完结,都应当加以说明,并提交被投诉人能够获得的、与该程序有关的全部资料;

(七)答辩书的结尾应附有下列声明,并经被投诉人或其法定代表人或其授权代理人签字或盖章：

"被投诉人确认，有关答辩是依据中国互联网络信息中心《中国互联网络信息中心国家顶级域名争议解决办法》、《中国互联网络信息中心国家顶级域名争议解决程序规则》及相关法律而进行的。就本人所知，答辩书所载信息是完整的和准确的。有关答辩及主张仅针对投诉人，不涉及域名争议解决机构及专家组专家，也不涉及域名注册管理机构及注册服务机构、注册人员及域名注册代理机构。"

（八）作为附件，提交能够证明权利状况的文件及任何其他相关文件。

第十九条 如果投诉人选择将争议交由一人专家组审理，而被投诉人选择将争议交由三人专家组审理，被投诉人则应当承担域名争议解决机构《补充规则》所规定的三人专家组费用的一半。该费用应当由被投诉人在向域名争议解决机构提交答辩时一并交付。如所应收取的费用未能按照要求缴付，争议将由一人专家组审理。

第二十条 应被投诉人的请求，域名争议解决机构在特殊情形下可以适当延长被投诉人提交答辩的期限。当事人也可协议延长被投诉人提交答辩的期限，但须征得域名争议解决机构的同意。

第五章 专家组的指定

第二十一条 域名争议解决机构应当在线公布专家名册。负责域名争议解决程序的专家组由一名或者三名专家组成。

第二十二条 如果投诉人和被投诉人均未选择三人专家组，域名争议解决机构将在收到被投诉人答辩或答辩期限届满后 5 日内从其专家名册中指定一名专家成立独任专家组。一人专家组费用应全部由投诉人承担。

第二十三条 如果投诉人或被投诉人之一方选择三人专家组，域名争议解决机构应当根据第二十五条和第二十六条所规定的程序指定三位专家。三人专家组费用应全部由投诉人承担，但三人专家组由被投诉人选择的除外。在后一种情形下，所涉费用应当由双方各半分担。

第二十四条 除非投诉人已经选择三人专家组并提供三名候选专家，投诉人应当在收到域名争议解决机构有关被投诉人选择三人专家组的答辩书后 3 日内，向域名争议解决机构提交将被指定作为案件专家组成员之一的三位候选专家的姓名。

第二十五条 如果投诉人或被投诉人之一方选择三人专家组，域名争议解决机构应当分别从投诉人和被投诉人各自提供的三位候选专家名单中指定一名专家。如果域名争议解决机构无法在 5 日内按照惯常条件从某一方当事人选择的专家中指定一名专家，则域名争议解决机构将自行从其专家名册中予以指定。第三名专家应当由域名争议解决机构从其专家名单中指定。第三名专家为首席专家。

第二十六条 如果被投诉人未提交答辩或提交了答辩但未表明如何选定专家组,域名争议解决机构应当以下述方式指定专家组:

(一)如果投诉人选择一人专家组,域名争议解决机构应当从其专家名册中指定一名专家;

(二)如果投诉人选择三人专家组,在可能的情况下,域名争议解决机构应当从投诉人提供的三位候选专家中指定一名专家,从其专家名册中指定第二名专家和首席专家。

第二十七条 是否接受指定,由专家自行决定。为了保证争议解决程序的快速、顺利进行,如果被当事人选定为候选人的专家不同意接受指定,域名争议解决机构将自行指定其他专家组成专家组。

第二十八条 专家组成立后,域名争议解决机构应当及时将案件移交专家组,并将专家组的组成情况及专家组应将裁决提交争议解决机构的日期及时通知各方当事人。

第二十九条 专家应当独立公正,并应在接受指定前向域名争议解决机构披露有可能对其独立性与公正性产生合理怀疑的任何情形。如果在程序进行过程中的任何阶段出现了可导致对其独立性与公正性产生合理怀疑的新情况,则该专家应当立即将该情形向域名争议解决机构披露。在这种情况下,域名争议解决机构有权指定其他专家。

专家在接受指定前应当向域名争议解决机构提交书面的独立性与公正性声明。

当事人一方认为某专家与对方当事人有利害关系,有可能影响案件的公正裁决的,应当在专家组就有关争议作出裁决前向域名争议解决机构提出。专家是否退出专家组,由域名争议解决机构决定。

第三十条 任何一方当事人或其代理人均不得与专家组进行单方联络。当事人一方与专家组或域名争议解决机构间的所有联络均应当通过域名争议解决机构根据其《补充规则》规定的方式指定的案件经办人进行。

第六章 审理和裁决

第三十一条 专家组应当根据《程序规则》和《补充规则》,以其认为适当的方式进行案件程序,基于投诉人和被投诉人投诉书和答辩书中各自的主张、所涉及的事实及所提交的证据,依据《解决办法》以及可予适用的法律规则对域名争议作出裁决。如果被投诉人未提交答辩,如无特殊情形,专家组应当依据投诉书裁决争议。

在争议处理过程中,专家组应当平等地对待双方当事人,给予当事人双方平等的陈述事实、说明理由及提供证据的机会。

专家组应确保争议解决程序快速进行。应当事人请求，专家组有权决定在特殊情况下延长本规则所确定的期限。

专家组有权认定证据的可采性、关联性、利害关系和证明力。

第三十二条　除投诉书与答辩书外，专家组有权要求任何一方当事人就案件提供进一步的说明及有关证据材料。

对于当事人在投诉书与答辩书之外自行提交的材料，除非当事人双方另有约定或专家组另有决定，专家组原则上不再接受。

第三十三条　正常情况下，域名争议解决程序不举行当庭听证(包括以电话会议、视频会议及网络会议方式进行的任何听证)，但专家组认为有必要举行且当事人愿意承担相关费用的除外。

第三十四条　除非有特殊理由，如果一方当事人未能遵守《程序规则》和《补充规则》的规定或者专家组确定的任何期限，专家组将继续进行程序，直至就所涉争议作出裁决。

第三十五条　除非有特殊理由，如果一方当事人未能遵守《程序规则》和《补充规则》中的任何规定或专家组的任何指令，专家组有权依其认为适当的情形对此予以推论。

第三十六条　如果投诉人与被投诉人之间存有多个域名争议，投诉人或被投诉人均可以请求将这些争议交由一个专家组合并审理。该请求应向第一个被指定负责审理双方争议的专家组提出。该专家组有权决定将此类争议部分或全部予以合并审理，只要这些合并审理的争议受《解决办法》的约束。

第三十七条　如无特殊情形，专家组应于成立后14日内就所涉域名争议作出裁决，并将裁决书提交域名争议解决机构。

第三十八条　专家应在确认签署裁决前将裁决书草案提交域名争议解决机构。在不影响专家独立裁决的前提下，域名争议解决机构可以就裁决书的形式问题进行核阅。

第三十九条　在案件由三人专家组审理的情况下，裁决应当按照多数人的意见作出。每一位专家享有平等的表决权。专家组不能形成多数意见时，裁决依首席专家的意见作出。任何不同意见均应当载入裁决之中。

第四十条　裁决书应以电子形式作成，且应说明裁决结果及裁决理由，写明裁决作出的日期及专家的姓名。

如果专家组认为投诉的争议不属于其管辖的范围，应加以说明。如果专家组经审阅当事人所提交的文件后认定投诉具有恶意，专家组可以在裁决中宣布该投诉构成对域名争议解决程序的滥用。

提起司法或仲裁程序（第210页）

第四十一条 如果在程序正式开始之前或进行的过程中，当事人一方就争议域名提起了司法程序或仲裁程序，域名争议解决机构或专家组有权决定中止或终止程序，或继续进行程序，直至作出裁决。

当事人一方如果在程序进行期间就争议域名提起了任何司法程序或仲裁程序，应当立即通知专家组和域名争议解决机构。

第四十二条 在专家组作出裁决之前，域名争议解决程序可因下列情况而终止：

（一）当事人之间自行达成和解；

（二）专家组认为域名争议解决程序由于其他原因已无必要继续进行或不可能继续进行，除非一方当事人在专家组规定的时间内提出合理的反对理由。

第七章 裁决的送达与公布

第四十三条 域名争议解决机构应当在收到专家组提交的裁决后三日内将裁决书以电子邮件形式通知各方当事人、相应的域名注册服务机构以及中国互联网络信息中心。

第四十四条 除非专家组根据当事人的请求或争议的具体情况另有决定，域名争议解决机构应当将裁决书的全部内容在上述第四十三条所规定的期限内在公开网站上予以公布。

第八章 费 用

第四十五条 投诉人应根据域名争议解决机构《补充规则》或《简易规则》的规定，按规定的时间和金额，向域名争议解决机构支付固定的程序费用。

如果被投诉人选择将争议交由三人专家组审理，而不是交由投诉人选择的一人专家组审理，则三人专家组费用的一半应由被投诉人承担。在其他情形下，域名争议解决的所有费用应由投诉人承担。

第四十六条 在投诉人未根据《程序规则》和《补充规则》以及《简易规则》的规定向域名争议解决机构缴纳程序费用前，域名争议解决机构不应就有关投诉采取任何进一步的行动。

第四十七条 在特殊情形下，如果举行当庭听证，域名争议解决机构可以要求当事人双方另外支付费用。该费用应当由域名争议解决机构与当事人双方和专家组协商后确定。

第九章 附 则

第四十八条 除故意行为外，域名争议解决机构及专家均不就本规则下与域名争议解决程序有关的任何行为或疏忽向任何一方当事人承担责任。

第四十九条 本规则规定的期限或者根据本规则确定的期限，应当自期限开始之次日起算。期限开始之日，不计算在期限内。

如果期限开始之次日为法定节假日，则从其后的第一个工作日开始计算。期限内的法定节假日应计算在期限内。期限届满日是法定节假的，以其后的第一个工作日为期限届满日。

第五十条　域名争议解决机构可以根据本《程序规则》制定相应的《补充规则》，也可以根据《程序规则》和《补充规则》制定适用于《解决办法》项下特殊类型域名争议的《简易规则》。

第五十一条　本《程序规则》由中国互联网络信息中心负责解释。

第五十二条　本《程序规则》自2014年11月21日起施行。2012年6月28日施行的原《中国互联网络信息中心域名争议解决办法程序规则》同时废止。

中国国际经济贸易仲裁委员会关于《中国互联网络信息中心国家顶级域名争议解决办法》补充规则

（颁布机关：中国国际经济贸易仲裁委员会；实施日期：2014年11月21日）

第一条　定义

（一）《程序规则》指中国互联网络信息中心2014年11月21日实施的《中国互联网络信息中心国家顶级域名争议解决程序规则》。

（二）《解决办法》指中国互联网络信息中心2014年11月21日实施的《中国互联网络信息中心国家顶级域名争议解决办法》。

（三）《补充规则》指中国国际经济贸易仲裁委员会为审查域名争议投诉及管理案件程序，根据《程序规则》的规定而制定的补充规则。

（四）域名争议解决中心指中国国际经济贸易仲裁委员会域名争议解决中心。

（五）任何在《解决办法》和《程序规则》中所定义的术语在本《补充规则》中均具有相同含义。

第二条　范围

（一）本《补充规则》应与《解决办法》和《程序规则》一并理解适用。

（二）所有提交至域名争议解决中心的域名投诉均受《解决办法》、《程序规则》和本《补充规则》所约束。

第三条　当事人与中心的联络

（一）除非事先与中心另有约定，根据《解决办法》、《程序规则》及本《补充规则》的规定，任何可以或应要求提交至域名争议解决中心的文件，均应在可保留传送记录的情况下，通过互联网络以电子形式提交。在以电子形式与域名争议解决中心联络时,应当使用中心电子邮件地址 domain@ cietac. org 或者案件经办人所确定的其他电子邮件地址。

(二)如经中心同意,当事人需要以有形书面文件形式提交有关文件时,所有以有形书面文件形式提交至域名争议解决中心的文件,当事人应在注有“原件”字样的正本文件之外另外附加两(2)套(一人专家组)或四(4)套副本(三人专家组)。

(三)域名争议解决中心对根据《程序规则》和本《补充规则》所收到的或当事人应要求而提交的文件,自投诉人最初提出投诉之日起保存一年。此后,所有这些已由域名争议解决中心所收到的文件材料均予以销毁。

第四条 当事人与专家组的联络

(一)当事人一方与专家组之间的联系或应要求向专家组所提交的文件,均应当通过域名争议解决中心所指定的案件经办人进行。当事人均不得单方面与专家组成员自行联络。

(二)当事人可以通过电话、传真、电子邮件或普通邮寄(邮政快递)的方式与域名争议解决中心进行联络。任何邮寄文件,若为国内邮件,则在投邮后四(4)日视为收到,若为国际邮件,则在投邮后七(7)日视为收到。对于以即时联络方式传送的文件,文件传送的当日即为接收日。

第五条 投诉

(一)投诉人向域名争议解决中心提交的投诉书应当采用电子文件形式提交(无法按规定提交电子文本投诉书以及没有电子文件格式的附件除外),并应当使用域名争议解决中心制作并提供的格式文件。

(二)投诉人应当使用域名争议解决中心设定并在中心网站(dndrc. cietac. org 或者 www. odr. org. cn)上公布的“投诉书格式文本”制作投诉书,并按照中心网站“投诉书提交指南”的要求,将投诉书提交至域名争议解决中心秘书处。

第六条 中心对投诉书的审查及书面投诉通知

(一)域名争议解决中心在确认收到投诉书后,可以就争议域名的注册信息请求域名注册服务机构或者域名注册管理机构予以确认。根据域名注册服务机构或者域名注册管理机构对争议域名注册信息的确认,域名争议解决中心就投诉书是否符合《解决办法》、《程序规则》及《补充规则》的规定进行审查。

(二)域名争议解决中心经审查认定投诉书符合要求的,应于收到投诉人按规定缴纳的程序费用后,按《程序规则》所规定的方式将投诉书送达被投诉人。

(三)域名争议解决中心经审查认为投诉书在形式上存有缺陷的,应当及时将所存在的缺陷通知投诉人。投诉人应在域名争议解决中心秘书处所限定的期限内对中心所确认的缺陷进行修改。如投诉人未能在限定期限内对投诉书予以修改或修改后的文件仍不符合要求的,根据《程序规则》第十四条的规定,经域名争议解决中心书面通知,投诉被视为撤回,案件予以撤销。

(四)案件程序自域名争议解决中心向被投诉人送达业经审查合格的投诉书之日视为正式开始。

(五)域名争议解决中心在以电子形式向被投诉人送达投诉书及其附件的同时,可向 Whoise 数据库域名注册资料中显示的注册域名持有人、技术联系人、管理联系人以及注册商向争议解决机构提供的域名注册缴费联系人的所有邮政通讯及传真地址发送书面投诉通知,告知被投诉人被投诉的事实,并说明域名争议解决中心已按《程序规则》及本《补充规则》规定,以电子文件形式向被投诉人传送了投诉书及附件。书面投诉通知本身不包含书面投诉书或任何附件。

第七条 答辩

(一)被投诉人应于案件程序正式开始之日起 20 日内向域名争议解决中心提交答辩。

(二)被投诉人向域名争议解决中心提交的答辩书应当采用电子文件形式提交(无法按规定提交电子文本答辩书以及没有电子文件格式的附件除外),并应当使用域名争议解决中心制作并提供的格式文件。

(三)被投诉人应当使用域名争议解决中心设定并在中心网站(dndrc. cietac. org 或者 www. odr. org. cn)上公布的"答辩书格式文本"制作答辩书,并按照中心网站"答辩书提交指南"的要求,将答辩书提交至域名争议解决中心秘书处。

第八条 专家指定

域名争议解决中心应当制作并公布一份列有各自任职资格的专家名册。当事人可查询域名争议解决中心网站以获取专家详细信息。就个案专家的指定而言,域名争议解决中心应当考虑以下情形:

1. 争议的性质
2. 专家的可获得性
3. 当事人各方的身份
4. 专家的独立性及公正性
5. 相关注册协议中的规定

第九条 公正与独立

(一)专家在案件程序进行期间,应当始终保持独立与公正,不得作为任何一方当事人的代理人。

(二)候选专家在接受指定前和指定专家在争议解决程序进行中应当向双方当事人及中心披露任何可能产生不公正或有碍当事人间争议得以及时解决的情形。除非经当事人双方同意,任何与争议有利害关系而可能使一方当事人对其独立公正产生合理怀疑的专家均不得作为专家组成员。

(三)在被指定后直至裁决做出前,遇有专家死亡、不能履行职能或拒绝履行职能的情形,中心可应一方当事人的请求,指定替代专家。

第十条 专家组裁决

(一)裁决书应当以电子文本形式作成。裁决书应当根据《程序规则》第四十条的规定,说明裁决结果及裁决理由,注明裁决作出日期并由专家确认签署。

(二)专家组应当在其组成之日起十四(14)日内将裁决提交域名争议解决中心秘书处。如遇特殊情形,域名争议解决中心可延长专家组作出裁决的期限。

第十一条 裁决的公布

域名争议解决中心应当在收到专家组裁决之日起三(3)日内将裁决书以电子通讯方式通知双方当事人和有关注册服务机构以及中国互联网络信息中心。除非专家组另有决定,域名争议解决中心应当将裁决书全文在网站上予以公布,并应列明:

1. 案件编号
2. 争议域名
3. 投诉人和被投诉人名称
4. 案件裁决
5. 裁决公布日期

第十二条 裁决之修正

(一)在收到裁决通知之日起七(7)日内,一方当事人可书面通知中心,请求专家组对裁决中的计算、书写及打印错误或其他类似错误进行更正。更正应以电子形式作出并构成原裁决书的一部分。

(二)专家组自裁决做出之日起七(7)日内,可就前款所规定的错误自行作出更正。

第十三条 书面陈述的字数限制

(一)根据《程序规则》第十二条第九款及第十八条第一款的规定,投诉书和答辩书"事实与理由"部分的字数(最多)应为3000字(不含标点符号)。当事人应遵守域名争议解决中心有关字数的规定,专家组有权自行决定对超出字数限制以外的文字不予考虑,当事人应当自行承担因此而产生的后果。

(二)根据《程序规则》第三十九条和第四十条的规定,专家组有权自行决定其裁决书的长度,不受上述字数的限制。

第十四条 案件经办人的指定

(一)投诉人的投诉一经受理,域名争议解决中心即应指定一名工作人员作为经办人负责案件的程序性事项。案件经办人仅向专家组提供行政协助,无权就与域名争议有关的实体问题发表意见。

(二)当事人双方与专家组之间的联络应当通过案件经办人进行。

第十五条 费用(人民币)

(一)案件程序所需费用标准如下:

专家组构成	争议域名数量	收费总额(元)	管理费(元)	专家费(元)
一(1)人独任专家组	1	8000	4000	4000
	2至5	12000	6000	6000
	6至10	16000	8000	8000
	10个以上	由争议解决机构决定	由争议解决机构决定	由争议解决机构决定
三(3)人合议专家组	1	14,000	6000	8000(首席:4000;其他:2000/人)
	2至5	20,000	8000	12,000(首席:6000;其他:3000/人)
	6至10	24,000	9000	15,000(首席:7000;其他4000/人)
	10个以上	由争议解决机构决定	由争议解决机构决定	由争议解决机构决定

(二)在向域名争议解决中心提交投诉书后三(3)日内,投诉人应当依据其自己选择的专家组成员数量及其提出投诉的域名的数量,按照上述收费标准向中心缴纳域名争议解决程序所需的费用。在此期限内未依规定缴纳相应费用并经域名争议解决中心书面通知后仍未在限定时间内缴纳的,经域名争议解决中心书面告知,投诉视为撤回,案件程序予以终止。

(三)依本《补充规则》的规定,应当向域名争议解决中心缴纳的案件程序费用,可以现金、支票、银行汇款或银行汇票等方式向"中国国际经济贸易仲裁委员会"支付。一般情况下,所需支付的费用均以人民币为准。如果当事人以美元缴纳,则美元与人民币之间的汇率应以现行汇率作准。

(四)案件程序费用应当全部由投诉人承担。在投诉人选择一(1)人专家组,而被投诉人选择三(3)人专家组的情况下,案件程序费用由投诉人和被投诉人等额承担。

(五)上述费用不包括当事人一方可能向其代理律师支付的任何费用。

(六)任何因向域名争议解决中心缴纳案件程序费用而产生的银行手续费、转账费或其他费用均由缴纳费用的当事人一方自行承担。

第十六条 责任的排除

(一)在不违背任何现行法律的情况下,除欺诈或故意不当行为外,专家不应就与依照《解决办法》、《程序规则》及《补充规则》的规定所进行的案件程序有关的任何行为或疏忽向当事人、相关注册服务机构或中国互联网络信息中心承担责任。

(二)在不违背任何现行法律的情况下,除有欺诈或故意不当行为外,域名争议解决中心、中心负责人员及其工作人员不应就与依照《解决办法》、《程序规则》及《补充规则》的规定所进行的案件程序有关的任何行为或疏忽向当事人、相关注册服务机构或中国互联网络信息中心承担责任。

第十七条　修订

在遵守《解决办法》和《程序规则》的前提下,域名争议解决中心有权适时自行对本《补充规则》予以修订,并在征得中国互联网络信息中心的认可后并公布实施。

第十八条　解释

本《补充规则》由中国国际经济贸易仲裁委员会负责解释。

第十九条　生效

本《补充规则》自2014年11月21日起施行。2012年6月28日施行的原《补充规则》同时废止。

香港国际仲裁中心关于《中国互联网络信息中心国家顶级域名争议解决办法》补充规则

(颁布机关:香港国际仲裁中心;实施日期:2014年11月21日)

第一条　定义

(一)程序规则　指中国互联网络信息中心2014年11月21日批准施行的《中国互联网络信息中心国家顶级域名争议解决程序规则》。

(二)解决办法　指中国互联网络信息中心2014年11月21日批准施行的《中国互联网络信息中心国家顶级域名争议解决办法》。

(三)补充规则　指香港国际仲裁中心为审查域名争议投诉及管理案件程序,根据程序规则的规定而制定实施的解决办法的补充规则。

(四)中心　指香港国际仲裁中心。

(五)任何在程序规则中所定义的术语在本补充规则中均具有相同含义。

第二条　范围

(一)本补充规则应与解决办法和程序规则一并理解适用。

(二)所有提交至中心的域名投诉均受解决办法、程序规则和本补充规则所约束。

第三条　当事人与中心的联络

除非事先与中心另有约定,根据程序规则、解决办法及本补充规则的规定,任何可以或应要求提交至中心的文件,在可保留传送记录的情况下,通过互联网络以电子方式提交。在以电子方式与中心联络时，应当使用电子邮件地址 cndomain@hkiac.org。

第四条 当事人与专家组的联络

（一）当事人一方与专家组之间的联系或应要求向专家组所提交的文件，均应当通过中心所指定的案件经办人进行。任何当事人均不得单方面与专家组成员自行联络。

（二）当事人向中心提交的文件，必须同时抄送另一方当事人，并向中心提交相应的已将文件抄送对方当事人的证明。

（三）当事人可以通过电话或电子邮件的方式与中心进行联络。

第五条 投诉

（一）投诉人向中心提交的投诉书应当采用电子文件（没有电子文件格式的附件除外）形式提交，并应当使用中心制作并提供的格式文件。

（二）投诉人应当使用中心设定并在中心网站（www.hkiac.org）上公布的「投诉书传送格式封面」（CTC）和「投诉书格式文本」（Form C_CN）制作投诉书，并将其按照中心网站「投诉书提交指南」的要求，将投诉书提交至中心秘书处。

（三）根据程序规则第十四条的规定，中心应在收到投诉人缴纳的基本费用后，将投诉书提交被投诉人。

（四）案件程序自中心向被投诉人提交投诉书之日视为正式开始。

第六条 答辩

（一）被投诉人应于案件程序开始之日起 20 日内向中心提交答辩。

（二）被投诉人向中心提交的答辩书应当采用电子文件（没有电子文件格式的附件除外）形式提交，并应当使用中心制作并提供的格式文件。

（三）被投诉人应当使用中心设定并在中心网站（www.hkiac.org）上公布的「答辩书格式文本」（Form R_CN）制作投诉书，并将其按照中心网站「答辩书提交指南」的要求，将答辩书提交至中心秘书处。

（四）根据程序规则第四条和第十八条第七款的规定，被投诉人应当在向中心提交答辩的同时将答辩书副本抄送投诉人。

第七条 中心对投诉书的审查

（一）中心在确认收到投诉书之日起三日内，就投诉书是否符合解决办法、程序规则及补充规则的规定进行审查。

（二）中心经审查认定投诉书符合要求的，应于收到投诉人按规定缴纳的费用后三日内，按程序规则的规定方式将投诉书送达被投诉人。

（三）中心经审查认为投诉书在形式上存有缺陷的，应当及时将所存在的缺陷通知投诉人。投诉人应在规定期限内对中心所确认的缺陷进行修改。如投诉人未能在限定期限内对投诉书予以修改，根据程序规则第十四条的规定，投诉将被视为撤回,案件予以撤销。

第八条 专家指定

中心应当制作并公布一份列有各自任职资格的专家名册。当事人可查询中心网站 http://www.hkiac.org 以获取专家详细信息。

就个案专家的指定而言,中心应当考虑以下情形:

1. 争议的性质;

2. 专家的可获得性;

3. 当事人各方的身份;

4. 专家的独立性及公正性;以及

5. 相关注册协议中的规定。

第九条 公正与独立

(一)专家在案件程序进行期间,应当始终保持独立与公正,不得作为任何当事人的代理人。

(二)候选专家在接受指定前应当书面向双方当事人及中心披露任何可能产生不公正或有碍当事人之间争议得以及时解决的情形。除非经当事人双方同意,任何与争议有利害关系而可能使一方当事人对其独立公正产生合理怀疑的专家均不得作为专家组成员。

(三)在被指定后直至裁决做出前,遇有专家死亡、不能履行职能或拒绝履行职能的情形,中心可应一方当事人的请求,指定替代专家。

第十条 专家组裁决

(一)裁决应当以电子文本形式作成。裁决书应依程序规则第40条的规定,说明裁决结果及裁决理由,注明裁决作出日期并经专家签署。

(二)专家组应当自其得以指定之日起十四日内将裁决提交至中心秘书处。如遇特殊情形,中心可延长专家组作出裁决的期限。

第十一条 裁决的公布

中心应当在收到专家组裁决之日起三日内将裁决书以电子邮件形式通知各方当事人和有关注册商以及中国互联网络信息中心。除非专家组另有决定,中心应当将裁决全文在网站上予以公布,并应列明:

1. 案件编号;

2. 争议域名;

3. 投诉人和被投诉人名称;

4. 案件裁决;

5. 裁决公布日期。

第十二条 裁决之修正

(一)在收到裁决书之日起七日内,一方当事人可书面通知中心和另一方当事人，请求专家组对裁决中的计算、书写及打印错误或其他类似错误进行更正。更正应以电子及书面形式作出并构成原裁决书的一部分。

（二）专家组自裁决做出之日起七日内，可就前款所规定的错误自行作出更正。

第十三条　书面陈述的字数限制

（一）根据程序规则第十二条第九款及第十八条第一款的规定，投诉书和答辩书「事实与理由」部分的字数（最多）应为3000字。当事人应遵守中心有关字数的规定，专家组有权自行决定对超出字数限制外的文字不予考虑。

（二）根据规则第三十九条和第四十条的规定，专家组有权自行决定其裁决的长度，不受上述字数的限制。

第十四条　案件经办人的指定

（一）投诉人的投诉一经受理，中心即应指定一名工作人员作为经办人负责案件的程序性事项。案件经办人仅向专家组提供行政协助，无权就与域名争议有关的实体问题发表意见。

（二）当事人双方与专家组之间的联络应当通过案件经办人进行。

第十五条　费用（人民币）

（一）案件程序所需费用标准如下：

专家组	争议域名数量（个数）	总费用（人民币）	中心管理费（人民币）	专家费用（人民币）
一人专家组	1	8000	4000	4000
一人专家组	2到5	12,000	6000	6000
一人专家组	6到10	16,000	8000	8000
一人专家组	10或以上	（由香港国际仲裁中心决定）		
三人专家组	1	14,000	6000	8000 首席专家:4000 合作专家:2000
三人专家组	2到5	20,000	8000	12,000 首席专家:6000 合作专家:3000
三人专家组	6到10	24,000	9000	15,000 首席专家:7000 合作专家:4000
三人专家组	10或以上	（由香港国际仲裁中心决定）		

（二）在向中心提交投诉书后八日内，投诉人应当尽快依据其自己选择的专家组成员数量及其提出投诉的域名的数量，按照上述收费标准向中心缴纳域名争议

解决程序所需的费用。如果投诉人未能在其提交投诉之日起十日内按照规定缴纳相应费用,投诉视为撤回,案件程序予以终止。

(三)依本补充规则的规定,应当向中心缴纳的案件程序费用,可以现金、支票、银行汇款或银行汇票等方式向「香港国际仲裁中心」支付。一般情况下,所需支付的费用均以人民币为准。如果当事人以美元缴纳,则美元与人民币之间的汇率应以现行汇率作准。

(四)案件程序费用应当全部由投诉人缴纳。在投诉人选择一人专家组,而被投诉人选择三人专家组的情况下,案件程序费用由投诉人和被投诉人等额承担。

(五)上述费用不包括当事人一方可能向其代理律师支付的任何费用。

(六)任何因向中心缴纳案件程序费用而产生的银行手续费、转账费或其他费用均由缴纳费用的当事人一方自行承担。

第十六条　责任的排除

(一)在不违背任何现行法律的情况下,除欺诈或故意不当行为外,专家不应就与依照解决办法、程序规则及补充规则的规定所进行的案件程序有关的任何行为或疏忽向当事人、相关注册商或中国互联网络信息中心承担责任。

(二)在不违背任何现行法律的情况下,除有欺诈或故意不当行为外,中心、中心负责人员及其工作人员不应就与依照解决办法、程序规则及补充规则的规定所进行的案件程有关的任何行为或疏忽向当事人、相关注册商或中国互联网络信息中心承担责任。

第十七条　修订

在遵守解决办法和程序规则的前提下,中心有权适时自行对本补充规则予以修订。

第十八条　解释

本补充规则由香港国际仲裁中心负责解释。

第十九条　生效

本《补充规则》自2014年11月21日起施行。2012年6月28日、2007年10月8日施行的原《补充规则》同时废止。

统一域名争议解决政策(中英文)

(颁布机关:互联网络名称和数码分配公司;实施日期:1999年10月24日)

1. 目的。此统一域名争议解决政策(简称"政策")已由互联网名称与数字地址分配机构(ICANN)所采用,并已作为参考纳入你方的注册协议,同时针对由你方和除我方(注册商)之外的其他方因注册和使用由你方注册的互联网域名所引发的争议规定了相关条款和条件。本政策的第4条中所规定的程序将根据统一域名争议解决政策规则(下称"议事规则")和选定的管理争议解决服务提供商的补充规则进行处理,其中议事规则可从以下网址获得:http://www.icann.org/zh/dndr/udrp/uniform-rules-zh.htm。

2. 你方的陈述。申请注册域名或者要求我方维护或续签域名注册,即表示你方特此声明并保证(a)你方在注册协议中所述的声明皆完整准确;(b)据你方所知,域名注册将不会侵犯或触犯任何第三方的权益;(c)你方注册域名出于合法目的;以及(d)你方将不会使用域名故意违反任何适用的法律法规。你方有责任确定你方的域名注册是否会侵犯或触犯他人的权益。

3. 撤销、转让及变更。在下列情况下,我方将撤销、转让或变更域名注册:

a. 依据第8条的规定,我方收到你方或你方授权代理机构的书面通知或适当的电子通知,要求采取此类行动;

b. 我方收到具有有效管辖权的任何法院或仲裁法庭的指令,要求采取此类行动;以及/或者

c. 我方收到行政专家组依据由互联网名称与数字地址分配机构(ICANN)所采用的本政策或更高版本在任何行政程序中作出的裁决,要求采取此类行动,其中你方为该行政程序中的一方当事人。[请参见以下第4条(i)和第4条(k)]

我方还可能会根据你方的注册协议条款或其他法律要求而撤销、转让或变更域名注册。

4. 强制性行政程序。

本条规定了你方必须服从强制性行政程序的争议类型。这些程序将由以下网址(http://www.icann.org/en/dndr/udrp/approved-providers.htm)所列的管理争议解决服务提供商(均简称为"提供商")之一予以实施。

a. 适用的争议。如果第三方(即"投诉人")依照议事规则向适当的提供商提出如下声明,则你方必须服从强制性行政程序:

投诉主张及证明事项
(第202页)

(i)你方的域名与投诉人拥有的商标或服务标记相同或极其相似,容易引起混淆;以及

(ii)你方不拥有对该域名的权利或合法利益;以及

(iii)你方的域名已被注册并且正被恶意使用。

在行政程序中,投诉人必须证实以上三种情况同时存在。

b. 恶意注册和使用域名的证据。针对第4条(a)(iii),如果专家组发现存在以下情况(特别是以下情况但不仅限于),则可将其作为恶意注册和使用域名的证据:

注册和使用具有恶意
(第203页)

(i)一些情况表明,你方已注册域名或已获得域名,主要用于向投诉人(商标或服务标记的所有者)或该投诉人的竞争对手销售、租赁或转让该域名注册,以获得

比你方所记录的与域名直接相关之现款支付成本的等价回报还要高的收益;或者

(ii)你方已注册该域名,其目的是防止商标或服务标记的所有者获得与标记相对应的域名,只要你方已参与了此类行为;或者

(iii)你方已注册该域名,主要用于破坏竞争对手的业务;或者

(iv)你方使用该域名是企图故意吸引互联网用户访问你方网站或其他在线网址以获得商业利益,方法是使你方网站或网址或者该网站或网址上的产品或服务的来源、赞助商、从属关系或认可与投诉人的标记具有相似性从而使人产生混淆。

c. 如何回应投诉,表明你方对域名的权利和合法利益。收到投诉后,你方应参照议事规则第5条,确定你方应如何准备回应。针对第4条(a)(ii),如果专家组根据对其提供的所有证据的评估发现确实存在以下任意情况(特别是以下情况但不仅限于),则可表明你方对该域名的权利或合法利益:

(i)在接到有关争议的任何通知之前,你方使用或有证据表明准备使用该域名或与该域名对应的名称来用于提供诚信商品或服务;或者

(ii)即使你方未获得商标或服务标记,但你方(作为个人、企业或其他组织)一直以该域名而广为人知;或者

(iii)你方合法或合理使用该域名、不以营利为目的,不存在为商业利润而误导消费者或玷污引起争议之商标或服务标记之意图。

d. 选择提供商。投诉人应从由互联网名称与数字地址分配机构(ICANN)批准的提供商中进行选择,并向所选提供商提交投诉。除了第4条(f)中所述的合并的情况之外,诉讼程序都将由被选定的提供商进行管理。

e. 启动程序和流程以及任命行政专家组。议事规则声明了启动和实施程序以及任命裁决争议的专家组(即"行政专家组")的流程。

f. 合并。当你方与投诉人之间存在多个争议时,你方或投诉人可以请求由一个行政专家组合并处理争议。此请求应由被任命处理双方待解决争议的第一个行政专家组进行审理。只要所合并的争议均受互联网名称与数字地址分配机构(ICANN)所采用的本政策或更高版本监管,此行政专家组就可以将其全权受理的任意或所有此类争议都进行合并。

g. 费用。在行政专家组根据本政策实施的情况下,提供商就某争议所收取的全部费用均由投诉人支付,除非如第5条(b)(iv)所述,你方要求将行政专家组的人员从一名成员增加为三名成员,在这种情况下,由你方与投诉人平均承担全部费用。

h. 我方在行政程序中的立场。我方没有并且将来也不会参与行政专家组所实施的任何程序的管理或安排。另外,我方将不会对行政专家组作出的任何裁决的结果负责。

i. 补偿。投诉人依据某程序可获得的补偿应限于要求撤销你方的域名或将你

方的域名注册转让给投诉人。

j. 通知和公布。提供商应通知我方由行政专家组针对你方通过我方所注册之域名所作出的所有裁决。依据本政策作出的所有裁决都将全文发布到互联网上,除非行政专家组在例外情况下决定修改其裁决中的部分内容。

k. 诉讼程序的可行性。根据第 4 条中所述的强制性行政程序要求,在此类强制性行政程序开始之前或结束之后,均不得妨碍你方或者投诉人向具有有效管辖权的法院提交争议要求独立解决。如果行政专家组裁决你方的域名注册应被撤销或转让,我方将在接到适当提供商发出的行政专家组裁决通知后十(10)个工作日(以我方总部所在地的时间为准)之后执行该裁决。除非我方在这十(10)个工作日内收到你方的正式文件(例如由法院书记员签字归档的投诉副本),表明你方已根据议事规则第 3 条(b)(xiii)的条款针对该诉讼在提交该诉讼的辖区内提起诉讼,否则我方将如期执行裁决。[通常,该辖区指我方总部所在地或在我方 Whois 数据库中显示的你方的地址。请参见议事规则的第 1 条和第 3 条(b)(xiii)了解详细信息。]如果我方在十(10)个工作日内收到此类文件,我方将不会执行行政专家组的裁决并且不会采取进一步的行动,直至收到(i)令我方确信双方已解决争议的证据;(ii)令我方确信你方诉讼已被驳回或撤回的证据;或者(iii)由此类法院发出的驳回你方诉讼或者责令你方无权再继续使用你方域名的指令副本。

裁决后的诉讼程序
(第 212 页)
裁决的抗辩与执行
(第 205 页)

5. 所有其他争议和诉讼。你方与除我方之外的任何其他方之间因你方的域名注册而产生的所有其他争议若不是依据第 4 条中强制性行政程序规定所提起的争议,则应由你方与另一方通过法院程序、仲裁或其他适用的程序予以解决。

6. 我方在争议中的立场。我方不以任何方式参与你方与除我方之外的任何其他方之间因注册和使用你方域名而产生的任何争议。你方不得将我方列为争议一方,不得以其他方式使我方介入任何此类程序中。如果我方在任何此类程序中被列为争议一方,我方将保留进行适当辩护以及采取任何其他必要行动以维护我方利益的权利。

7. 维持现状。根据本政策,除以上第 3 条所列的情况外,我方不会撤销、转让、激活、停用或变更任何域名注册的状态。

8. 争议过程中的转让。

a. 将域名转让给新持有人。在下列情况下,你方不得将域名注册转让给其他持有人:(i)依据第 4 条提起的行政程序进行期间或在此类程序结束后十五(15)个工作日(以我方总部所在地的时间为准)期间;或者(ii)与你方域名有关的法院程序或仲裁进行期间,除非接受域名注册转让的一方以书面形式同意服从法院或仲裁人的裁决。我方保留对违反本条款所进行的将域名注册转让给其他持有人的任何行为予以撤销的权利。

b. 变更注册商。依据第 4 条提起的行政程序进行期间或在此类程序结束后十五(15)个工作日(以我方总部所在地的时间为准)期间,你方不得将域名注册转让给其他注册商。只要你方通过我方注册的域名可继续受制于你方目前所进行的程序并遵守本政策的条款,在法院诉讼或仲裁进行期间,你方可以将域名注册转让给其他注册商进行管理。如果你方在法院诉讼或仲裁进行期间将域名注册转让给我方,则此类争议将仍受制于提供域名注册转让的注册商之域名争议政策。

9.政策修改。我方保留在征得互联网名称与数字地址分配机构(ICANN)允许的情况下随时修改本政策的权利。在修改后的政策生效前,我方将提前至少三十(30)个日历日于<URL>上予以公布。如果本政策已被投诉人在向提供商提交的投诉书中所援引,则在解决争议期间,你方应受投诉人援引时有效的政策版本约束。除此之外,无论域名注册争议产生在修改政策生效之前、生效之时抑或生效之后,就争议而言,所有这些修改之处均对你方具有约束力。如果你方反对本政策中的修改,你方的唯一解决方法是撤销你方在我方的域名注册,但你方无权要求我方退还任何费用。修改后的政策将适用于你方,直至你方撤销域名注册。

Uniform Domain Name Dispute Resolution Policy

(As Approved by ICANN on October 24,1999)

1. Purpose.

This Uniform Domain Name Dispute Resolution Policy (the "Policy") has been adopted by the Internet Corporation for Assigned Names and Numbers ("ICANN"), is incorporated by reference into your Registration Agreement, and sets forth the terms and conditions in connection with a dispute between you and any party other than us (the registrar) over the registration and use of an Internet domain name registered by you. Proceedings under Paragraph 4 of this Policy will be conducted according to the Rules for Uniform Domain Name Dispute Resolution Policy (the "Rules of Procedure"), which are available at http://www.icann.org/en/dndr/udrp/uniform-rules.htm, and the selected administrative-dispute-resolution service provider's supplemental rules.

2. Your Representations.

By applying to register a domain name, or by asking us to maintain or renew a domain name registration, you hereby represent and warrant to us that (a) the statements that you made in your Registration Agreement are complete and accurate; (b) to your knowledge, the registration of the domain name will not infringe upon or otherwise violate the rights of any third party; (c) you are not registering the domain name for an unlawful purpose; and (d) you will not knowingly use the domain name in violation of any applicable laws or regulations. It is your responsibility to determine whether your domain name registration infringes or violates someone else's rights.

3. Cancellations, Transfers, and Changes.

We will cancel, transfer or otherwise make changes to domain name registrations under the following circumstances:

a. subject to the provisions of Paragraph 8, our receipt of written or appropriate electronic instructions from you or your authorized agent to take such action;

b. our receipt of an order from a court or arbitral tribunal, in each case of competent jurisdiction, requiring such action; and/or

c. our receipt of a decision of an Administrative Panel requiring such action in any administrative proceeding to which you were a party and which was conducted under this Policy or a later version of this Policy adopted by ICANN. (See Paragraph 4(i) and (k) below.)

We may also cancel, transfer or otherwise make changes to a domain name registration in accordance with the terms of your Registration Agreement or other legal requirements.

4. Mandatory Administrative Proceeding.

This Paragraph sets forth the type of disputes for which you are required to submit to a mandatory administrative proceeding. These proceedings will be conducted before one of the administrative – dispute – resolution service providers listed at www. icann. org/en/dndr/udrp/approved – providers. htm (each, a "Provider").

a. Applicable Disputes. You are required to submit to a mandatory administrative proceeding in the event that a third party (a "complainant") asserts to the applicable Provider, in compliance with the Rules of Procedure, that

(i) your domain name is identical or confusingly similar to a trademark or service mark in which the complainant has rights; and

(ii) you have no rights or legitimate interests in respect of the domain name; and

(iii) your domain name has been registered and is being used in bad faith.

In the administrative proceeding, the complainant must prove that each of these three elements are present.

b. Evidence of Registration and Use in Bad Faith. For the purposes of Paragraph 4 (a)(iii), the following circumstances, in particular but without limitation, if found by the Panel to be present, shall be evidence of the registration and use of a domain name in bad faith:

(i) circumstances indicating that you have registered or you have acquired the domain name primarily for the purpose of selling, renting, or otherwise transferring the domain name registration to the complainant who is the owner of the trademark or service mark or to a competitor of that complainant, for valuable consideration in excess of your documented out-of-pocket costs directly related to the domain name; or

(ii) you have registered the domain name in order to prevent the owner of the trademark or service mark from reflecting the mark in a corresponding domain name, provided that you have engaged in a pattern of such conduct; or

(iii) you have registered the domain name primarily for the purpose of disrupting the business of a competitor; or

(iv) by using the domain name, you have intentionally attempted to attract, for commercial gain, Internet users to your web site or other on-line location, by creating a likelihood of confusion with the complainant's mark as to the source, sponsorship, affiliation, or endorsement of your web site or location or of a product or service on your web site or location.

c. How to Demonstrate Your Rights to and Legitimate Interests in the Domain Name in Responding to a Complaint. When you receive a complaint, you should refer to Paragraph 5 of the Rules of Procedure in determining how your response should be prepared. Any of the following circumstances, in particular but without limitation, if found by the Panel to be proved based on its evaluation of all evidence presented, shall demonstrate your rights or legitimate interests to the domain name for purposes of Paragraph 4(a)(ii):

(i) before any notice to you of the dispute, your use of, or demonstrable preparations to use, the domain name or a name corresponding to the domain name in connection with a bona fide offering of goods or services; or

(ii) you (as an individual, business, or other organization) have been commonly known by the domain name, even if you have acquired no trademark or service mark rights; or

(iii) you are making a legitimate noncommercial or fair use of the domain name, without intent for commercial gain to misleadingly divert consumers or to tarnish the trademark or service mark at issue.

d. Selection of Provider. The complainant shall select the Provider from among those approved by ICANN by submitting the complaint to that Provider. The selected Provider will administer the proceeding, except in cases of consolidation as described in Paragraph 4(f).

e. Initiation of Proceeding and Process and Appointment of Administrative Panel. The Rules of Procedure state the process for initiating and conducting a proceeding and for appointing the panel that will decide the dispute (the "Administrative Panel").

f. Consolidation. In the event of multiple disputes between you and a complainant, either you or the complainant may petition to consolidate the disputes before a single Administrative Panel. This petition shall be made to the first Administrative Panel appointed to hear a pending dispute between the parties. This Administrative Panel may consolidate before it any or all such disputes in its sole discretion, provided that the disputes being consolidated are governed by this Policy or a later version of this Policy adopted by ICANN.

g. Fees. All fees charged by a Provider in connection with any dispute before an Administrative Panel pursuant to this Policy shall be paid by the complainant, except in cases where you elect to expand the Administrative Panel from one to three panelists as provided in Paragraph 5(b)(iv) of the Rules of Procedure, in which case all fees will be split evenly by you and the complainant.

h. Our Involvement in Administrative Proceedings. We do not, and will not, participate in the administration or conduct of any proceeding before an Administrative Panel. In addition, we will not be liable as a result of any decisions rendered by the Administrative Panel.

i. Remedies. The remedies available to a complainant pursuant to any proceeding before an Administrative Panel shall be limited to requiring the cancellation of your domain name or the transfer of your domain name registration to the complainant.

j. Notification and Publication. The Provider shall notify us of any decision made by an Administrative Panel with respect to a domain name you have registered with us. All decisions under this Policy will be published in full over the Internet, except when an Administrative Panel determines in an exceptional case to redact portions of its decision.

k. Availability of Court Proceedings. The mandatory administrative proceeding requirements set forth in Paragraph 4 shall not prevent either you or the complainant from submitting the dispute to a court of competent jurisdiction for independent resolution before such mandatory administrative proceeding is commenced or after such proceeding is concluded. If an Administrative Panel decides that your domain name registration should be canceled or transferred, we will wait ten (10) business days (as observed in the location of our principal office) after we are informed by the applicable Provider of the Administrative Panel's decision before implementing that decision. We will then implement the decision unless we have received from you during that ten (10) business day period official documentation (such as a copy of a complaint, file - stamped by the clerk of the court) that you have commenced a lawsuit against the complainant in a jurisdiction to which the complainant has submitted under Paragraph 3 (b)(xiii) of the Rules of Procedure. (In general, that jurisdiction is either the location of our principal office or of your address as shown in our Whois database. See Paragraphs 1 and 3(b)(xiii) of the Rules of Procedure for details.) If we receive such documentation within the ten (10) business day period, we will not implement the Administrative Panel's decision, and we will take no further action, until we receive (i) evidence satisfactory to us of a resolution between the parties; (ii) evidence satisfactory to us that your lawsuit has been dismissed or withdrawn; or (iii) a copy of an order from such court dismissing your lawsuit or ordering that you do not have the right to continue to use your domain name.

5. All Other Disputes and Litigation.

All other disputes between you and any party other than us regarding your domain name registration that are not brought pursuant to the mandatory administrative proceeding provisions of Paragraph 4 shall be resolved between you and such other party through any court, arbitration or other proceeding that may be available.

6. Our Involvement in Disputes.

We will not participate in any way in any dispute between you and any party other than us regarding the registration and use of your domain name. You shall not name us as a party or otherwise include us in any such proceeding. In the event that we are named as a party in any such proceeding, we reserve the right to raise any and all defenses deemed appropriate, and to take any other action necessary to defend ourselves.

7. Maintaining the Status Quo.

We will not cancel, transfer, activate, deactivate, or otherwise change the status of any domain name registration under this Policy except as provided in Paragraph 3 above.

8. Transfers During a Dispute.

a. Transfers of a Domain Name to a New Holder. You may not transfer your domain name registration to another holder (i) during a pending administrative proceeding brought pursuant to Paragraph 4 or for a period of fifteen (15) business days (as observed in the location of our principal place of business) after such proceeding is concluded; or (ii) during a pending court proceeding or arbitration commenced regarding your domain name unless the party to whom the domain name registration is being transferred agrees, in writing, to be bound by the decision of the court or arbitrator. We reserve the right to cancel any transfer of a domain name registration to another holder that is made in violation of this subparagraph.

b. Changing Registrars. You may not transfer your domain name registration to another registrar during a pending administrative proceeding brought pursuant to Paragraph 4 or for a period of fifteen (15) business days (as observed in the location of our principal place of business) after such proceeding is concluded. You may transfer administration of your domain name registration to another registrar during a pending court action or arbitration, provided that the domain name you have registered with us shall continue to be subject to the proceedings commenced against you in accordance with the terms of this Policy. In the event that you transfer a domain name registration to us during the pendency of a court action or arbitration, such dispute shall remain subject to the domain name dispute policy of the registrar from which the domain name registration was transferred.

9. Policy Modifications.

We reserve the right to modify this Policy at any time with the permission of ICANN. We will post our revised Policy at <URL> at least thirty (30) calendar days before it becomes effective. Unless this Policy has already been invoked by the submission of a complaint to a Provider, in which event the version of the Policy in effect at the time it was invoked will apply to you until the dispute is over, all such changes will be binding upon you with respect to any domain name registration dispute, whether the dispute arose before, on or after the effective date of our change. In the event that you object to a change in this Policy, your sole remedy is to cancel your domain name registration with us, provided that you will not be entitled to a refund of any fees you paid to us. The revised Policy will apply to you until you cancel your domain name registration.

统一域名争议解决政策之规则（“规则”）（中英文）

（颁布机关：互联网络名称和数码分配公司；实施日期：2009 年 10 月 30 日）

由 ICANN 董事会于 2009 年 10 月 30 日通过。

新规则适用于 2010 年 3 月 1 日及之后提交的投诉案件，于 2010 年 2 月 28 日及以前提交的案件仍旧适用原有的规则。（原规则地址：http://www.icann.org/en/dndr/udrp/uniform-rules-24oct99-en.htm。）UDRP 相关争议解决机构可在 2010

年3月1日前公布新规则。

以下最新规则适用于在2015年7月31日当天或之后向提供商提交投诉而启动的所有UDRP程序。UDRP提供商可选择在2015年7月31日前通过本规则所载通知程序发出通知。

根据由ICANN采纳的《统一域名争议解决政策》进行的争议解决行政程序受本《规则》以及管理案件程序的《补充规则》所约束(发布于ICANN网站上)。如任何争议解决机构的《补充规则》与本《规则》出现冲突,应以本《规则》为准。

1. 定义

在本《规则》中:

投诉人　指就有关域名注册提起投诉的一方当事人。

ICANN　指互联网络名称及数码分配公司。

交互管辖法域　指(a)注册商总办事处所在地的法院管辖(前提是域名持有人已在其注册协议中规定将涉及其域名使用的争议交由该法域的法院管辖)或(b)投诉提交至争议解决机构之时,注册商在Whois数据库的域名注册信息中所显示的域名持有人地址所在地的法院管辖。

专家组　指由争议解决机构指定的负责裁定有关域名注册投诉的行政专家组。

专家　指由争议解决机构指定的作为专家组成员的个人。

当事人　指投诉人或被投诉人。

《政策》　指《统一域名争议解决政策》,该《政策》通过引用的方式并入注册协议中,成为协议的一部分。

争议解决机构　指由ICANN所认可的争议解决服务提供者。机构名单可查阅网址http://www.icann.org/zh/dndr/udrp/approved-providers-zh.htm。

注册商　指为被投诉人提供争议域名注册服务的公司。

注册协议　指注册商与域名持有人之间所签订的域名注册协议。

被投诉人　指持有被投诉注册域名的持有人。

反向域名侵夺　指恶意利用《政策》规定,企图剥夺注册域名持有人所持有的域名的行为。

《补充规则》　指争议解决机构所采纳的、用于管理投诉程序的本《规则》之补充规则。《补充规则》内容不应与《政策》或本《规则》规定相悖,并应包括以下内容:费用、字数和页数限制及指南、文件大小和格式、仲裁机构和专家组的联系方式以及封面格式。

书面通知　指争议解决机构依据《政策》向被投诉人送达的程序正式开始的书面通知,该通知应告知被投诉人被投诉的事实,并应说明争议解决机构已按本《规则》规定,以电子文本的形式向被投诉人发送了投诉书及附件。书面通知本身不包含书面投诉书或任何附件。

2. 送达

(a)在向被投诉人送达电子形式的投诉书及附件时，争议解决机构有责任采取合理可行的手段以保证被投诉人确实收到投诉书。当被投诉人确实收到投诉书，或争议解决机构为使被投诉人确实收到投诉书而实施下列行为后，该责任即行解除：

(i)向(A)注册商在 Whois 数据库域名注册资料中显示的注册域名持有人、技术联系人、管理联系人以及(B)注册商向争议解决机构提供的域名注册缴费联系人的所有邮政通讯及传真地址发送投诉的书面通知；并且

(ii)通过电子邮件向以下地址传送电子形式的投诉书及所有附件：

(A)该注册域名的技术联系人、管理联系人及缴费联系人的电子邮件地址；

(B)postmaster@ <争议域名>；及

(C)当该域名(或 www. 后接该域名)能解析至一个有效网页(争议解决机构确认该网页并非由注册商或 ISP 所维护的、可停放多个域名持有人所注册域名的一般网页)时，该网页上显示的或链接到的所有电子邮件地址；

(iii)向被投诉人自行选择并通知争议解决机构的所有电子邮件地址发送投诉书及附件，并在可行范围内，向由投诉人根据第 3(b)(v)条向争议解决机构提供的其他所有电子邮件地址发送投诉书及附件。

(b)除第 2(a)条规定的情形外，依本《规则》向投诉人和被投诉人发送的任何书面文件均应以电子文本形式通过互联网传送(并应保存传送记录)或分别根据投诉人和被投诉人选定的合理方式进行[见第 3(b)(iii)条和第 5(b)(iii)条]。

(c)向争议解决机构或专家组提交的所有文件均应按争议解决机构《补充规则》所规定的方法和方式(包括副本份数的要求)提交。

(d)文件均应以第 11 条所规定的语言撰写。

(e)任何一方当事人均可通知争议解决机构和注册商，以更新其详细联络信息。

(f)除非本《规则》另有规定或专家组另行决定，否则根据本《规则》所提交的所有文件在下列情形中均应视为已经送达：

(i)通过互联网传送的，在传送日期可予验证的情况下，以该文件传送日期为准；或

(ii)通过传真方式传送的，以传送确认书上显示的日期为准；或

(iii)通过邮寄或快递方式发送的，以收据上标注的日期为准。

(g)除非本《规则》另有规定，否则本《规则》规定的所有从文件送达起计算的期限均按第 2(f)条规定，以文件被视为送达的最早日期开始计算。

(h)任何文件

(i)凡由专家组传送给任何一方当事人者，必须同时向争议解决机构和另一方

当事人传送文件副本;

(ii)凡由争议解决机构传送给任何一方当事人者,必须同时向另一方当事人传送文件副本;以及

(iii)凡由一方当事人提交者,必须同时向另一方当事人、专家组以及争议解决机构传送文件副本。

(i)文件传送方有义务记录文件传送事实和传送情况,供有关当事方查阅以及报告所用。包括争议解决机构依据第2(a)(i)条向被投诉人以邮寄或传真的形式送达的书面通知。

(j)如果发送文件的一方当事人收到文件未送达的通知,该当事人应立即向专家组通报有关情况(如果尚未指定专家组,则通知争议解决机构)。有关文件传送和回复的进一步程序均应依照专家组(或争议机构)的指示进行。

3. 投诉

(a)任何个人或实体均可依据《政策》及本《规则》向经ICANN认可的争议解决机构提出投诉,启动行政程序。(由于工作量限制或其他原因,争议解决机构受理投诉有时可能会暂停受理投诉。在这种情况下,该争议解决机构将拒绝接受投诉申请。有关个人或企业可向其他争议解决机构提起投诉。)

(b)投诉书及附件应以电子文件形式提交,并且应当:

(i)提出请求根据《政策》和本《规则》裁决本次投诉;

(ii)提供投诉人及其行政程序授权代表的姓名、通讯地址、电子邮件地址、电话和传真号码;

(iii)注明行政程序中就(A)电子文件材料和(B)包含有形书面文件的材料(如果有)与投诉人联络的首选通讯方式(包括联系人、联系方式及联络地址);

(iv)决定投诉人是选择一人专家组还是三人专家组裁决纠纷。如果投诉人选择由三人专家组裁决纠纷,则应提供三名候选专家的姓名和详细联络信息,案件专家组的成员之一将从中指定(三位候选专家可从任一家ICANN认可的争议解决机构的专家名单中选择);

(v)提供被投诉人(域名持有人)的名称以及投诉人已知的有关被投诉人及其代表联络方式的所有信息,包括投诉前双方协商过程中的联络信息(所有的通讯及电子邮件地址、电话和传真号码等),上述信息应具体详细,以便争议解决机构能够按第2(a)条规定向被投诉人发送投诉书;

(vi)明确该投诉所指的域名;

(vii)指出提起投诉之时上述域名的注册商;

(viii)明确该投诉针对的商品商标或服务商标。对于每一种商标,均应说明使用该商标的商品或服务(投诉人亦可单独说明在提起投诉之时起,被投诉人意图在其他哪些商品及服务上使用该商标);

（ix）根据《政策》规定，说明投诉理由，尤其应包括：

（1）争议域名与投诉人享有权利的商品商标或服务商标相同或混淆性相似；及

（2）被投诉人（域名持有人）对争议域名不享有权利或不具备合法利益的原因；及

（3）认为争议域名系恶意注册和使用的理由

[投诉人说明第（2）项和第（3）项内容时，应对《政策》第4（b）条和第4（c）条中适用的各个方面进行讨论。说明内容应符合争议解决机构《补充规则》对字数或文件页数的限制。]

（x）根据《政策》规定，明确所寻求的救济方式；

（xi）指出其他所有已开始或已终止的与争议域名相关的诉讼程序；

（xii）声明已经根据第2（b）条规定向被投诉人（域名持有人）发送了投诉书及所有附件的副本，以及争议解决机构《补充规则》所规定的封面。

（xiii）声明投诉人如对行政程序中取消或转移域名的裁决有任何异议，将把相关争议交由已确定的至少一个交互管辖法域中的法院管辖；

（xiv）投诉书的结尾应附有下列声明，并由投诉人或其授权代表签署（以电子形式）：

“投诉人同意，其有关域名注册、争议或争议解决的投诉及救济主张仅针对域名持有人，该投诉及救济主张不涉及（a）争议解决机构及专家，但故意不当行为除外；（b）注册商；（c）注册官员，以及（d）互联网络名称和数码分配公司，以及上述机构的董事、官员、雇员及代理商。”

“投诉人确认，投诉书中所载信息就其所知是完整和准确的。本投诉并无讹诈等任何不正当目的。投诉人保证投诉书的相关主张均是依据本《规则》和适用法律所提出，无论目前或将来用于善意、合理抗辩中均符合上述规定。”并且

（xv）以附件形式提交包括争议域名适用的《政策》副本与投诉所涉及的注册商标和服务商标在内的所有文件或其他证据，并同时提供上述证据的目录索引表；

（c）投诉人可对同一域名持有人注册的多个域名提出投诉。

4. 投诉通知

（a）争议解决机构应审查投诉书是否符合《政策》及本《规则》的形式定。如果符合，争议解决机构应在收到投诉人根据第19条交纳的费用后3日内依第2（a）条所规定的方式将投诉书及所有附件和投诉书面通知一起以电子形式发送给被投诉人（连同争议解决机构《补充规则》所规定的说明性封面）。

（b）如果争议解决机构发现投诉书存在形式缺陷，应立即通知投诉人和被投诉人该缺陷。投诉人应在收到通知后5日内纠正该缺陷。如未能在上述期限内纠正，将视为撤销行政程序，但并不妨碍投诉人提起另一不同的投诉。

(c)争议解决机构依第2(a)条完成向被投诉人送达投诉文件职责之日即为行政程序开始之日。

(d)争议解决机构应立即通知投诉人、被投诉人、有关注册商及ICANN行政程序的开始日期。

5. 答辩

(a)被投诉人应在行政程序开始之日起20日内向争议解决机构提交答辩。

(b)答辩书及附件应以电子文件形式提交,并应当:

(i)对投诉书中的陈述和主张予以具体反驳,并申明被投诉人(域名持有人)保留争议域名的注册和继续使用争议域名的所有依据和具体理由(答辩书该部分内容应当符合争议解决机构《补充规则》规定的字数或页数限制);

(ii)提供被投诉人(域名持有人)及其授权行政程序代理人的姓名、通讯及电子邮件地址以及电话和传真号码;

(iii)注明行政程序中就(A)电子文件材料和(B)包含有形书面文件的材料(如果有)与被投诉人联络的首选通讯方式(包括联系人、联系方式及联络地址);

(iv)如果投诉人在投诉书中选择一人专家组审理案件[见第3(b)(iv)条],则应声明被投诉人是否选择将争议交由三人专家组裁决;

(v)如果投诉人或被投诉人选择了三人专家组,则应提供三名候选专家的姓名和详细联络信息,案件专家组的成员之一将从中指定(候选专家可从任一家ICANN认可的争议解决机构的专家名单中选择);

(vi)指出其他所有已开始或已终止的与争议域名相关的诉讼程序;

(vii)声明已经依照第2(b)条规定向投诉人发送了答辩书及附件副本;并且

(viii)答辩书的结尾应附有下列声明,并由被投诉人或其授权代表签署(以电子形式):

"被投诉人确认,答辩书中所载信息就其所知是完整和准确的。本答辩并无讹诈等任何不正当目的。被投诉人保证答辩书的相关主张均是依据本《规则》和适用法律所提出,无论目前或将来用于善意、合理抗辩中均符合上述规定。"并且

(ix)以附件形式提交答辩所涉及的所有文件或其他证据,并同时提供上述证据的目录索引表;

(c)如果投诉人选择将争议交由一人专家组裁决,而被投诉人选择将争议交由三人专家组裁决,则被投诉人应承担争议解决机构《补充规则》所规定的三人专家组费用的一半。该费用应在向争议解决机构提交答辩时一并支付。如未能按要求支付上述费用,争议将由一人专家组审理。

(d)应被投诉人请求,争议解决机构可在个别案件中延长提交答辩的期限。经当事人书面约定、获得争议解决机构批准,也可延长该期限。

(e)如果被投诉人未提交答辩,如无特殊情形,专家组应依据投诉书裁决争议。

6. 专家组的指定及裁决期限

(a)每个争议解决机构均应制定并公布其专家名单及各专家资历。

(b)如果投诉人和被投诉人均未选定三人专家组[第3(b)(iv)条和第5(b)(iv)条]，则争议解决机构应在收到被投诉人答辩或答辩期限届满后5日内从其专家名单中指定一名专家组成一人专家组。一人专家组的费用应全部由投诉人承担。

(c)如果投诉人或被投诉人其中任一方选择将争议交由三人专家组裁决，争议解决机构应根据第6(e)条规定的程序指定三位专家。三人专家组的费用应全部由投诉人承担，但如果三人专家组由被投诉人选定，则相关费用应由双方各分担一半。

(d)除非投诉人已经选定了三人专家组，否则投诉人应在收到被投诉人选定三人专家组的答辩后5日内向争议解决机构提交专家组的三位候选专家的姓名和详细联络信息。候选专家可从任一家ICANN认可的争议解决机构的专家名单中选择。

(e)如果投诉人或被投诉人其中任意一方选定了三人专家组，争议解决机构应尽量从投诉人及被投诉人提供的候选专家名单中各指定一名专家。如果争议解决机构未能在5日内按惯例从双方候选专家名单中各指定一名专家，则应从该机构的专家名单中指定两名专家。第三名专家应由争议解决机构从其提供给当事人的五位候选专家名单中指定。在争议解决机构向双方当事人提交五位候选专家名单后5日内，双方均可凭自身意愿进行选择，争议解决机构应权衡双方选择，指定第三名专家。

(f)专家组一经指定，争议解决机构应通知双方当事人指定的专家名单以及提交日期。如无特殊情况，专家组应在该日期前将其有关投诉的裁决提交给争议解决机构。

7. 独立与公正

专家应独立公正，并应在接受委任前向争议解决机构披露有可能影响其独立公正性的一切情况。如果在行政程序的任何阶段出现可能影响其独立公正性的新情况，该专家应立即向争议解决机构披露。在这种情况下，争议解决机构有权指定其他专家代替。

8. 当事人与专家组之间的联络

任何一方当事人或其代理人均不得与专家组进行单方面联络。当事人一方与专家组或争议解决机构间的所有联络均应通过争议解决机构以其《补充规则》所规定的方式指定案件经办人进行。

9. 案件移交专家组

当专家组由一人组成时，该名专家一经指定，或当专家组由三人组成时，最后一位专家一经指定，争议解决机构即应将案件移交给专家组。

10. 专家组的一般权利

(a)专家组应依照《政策》和本《规则》规定，以其认为适当的方式进行行政程序。

(b)对于所有案件,专家组均应保证平等对待双方当事人,并保证各方当事人均有平等的机会陈述案情。

(c)专家组应确保行政程序快速进行。在特殊情形下,专家组可应一方当事人请求或自行决定延长本《规则》或专家组所确定的时限。

(d)专家组有权决定证据的可接受性、关联性、实质性和重要性。

(e)专家组可根据《政策》和本《规则》规定决定是否应一方当事人的请求对多个域名争议合并审理。

投诉语言
(第204页)

11. 程序所使用的语言

(a)除非当事人另有约定或注册协议另有规定,以及专家组权威人士根据行政解决程序的具体情形另行决定,否则行政程序所使用的语言应与注册协议所使用的语言一致。

(b)如果当事人提交的文本语言与行政程序所用语言不同,专家组可要求当事人根据行政程序所用的语言提供该文件的全文或部分翻译。

12. 进一步陈述

除投诉书和答辩书外,专家组可自行决定要求当事人一方就所涉案件提供进一步陈述或提交相关文件。

13. 当庭听证

除非专家组在特殊情况下自行决定有必要进行当庭听证来裁决争议,否则不应举行当庭听证(包括以电话会议、视频会议及网络会议进行的听证)。

14. 缺席

(a)如无特殊情况,当事人一方不遵守本《规则》或专家组所确立的任何时限时,专家组应继续进行行政程序,对所涉投诉作出裁决。

(b)如无特殊情况,当事人一方不遵守本《规则》的规定、要求或专家组的任何要求时,专家组应对此作出其认为适当的推论。

15. 专家组裁决

(a)专家组应根据当事人所提交的陈述及证据,依照《政策》、本《规则》以及一切适用法律法规和原则裁决争议。

专家组裁决
(第205页)

(b)如无特殊情形,专家组应在其根据第6条规定任命后14日内将有关投诉的裁决提交给争议解决机构。

(c)如果是三人专家组,应根据多数意见作出裁决。

(d)专家组裁决应为书面形式,注明裁决理由、裁决日期,并写明专家姓名。

(e)专家组裁决及相关不同意见一般应符合争议解决机构《补充规则》关于文件长度的要求。根据多数意见裁决时应附上所有不同意见。如果专家组认为所涉争议不属于《政策》第4(a)条规定的范围,应予以说明。经审阅当事人所提交的文件后,如果专家组认定该投诉为恶意投诉,例如属于反向域名侵夺或企图讹诈域名持有人等情形，应在裁决中宣布该投诉为恶意投诉，构成行政程序滥用。

16. 裁决送达当事人

（a）争议解决机构应在收到专家组提交的裁决后3日内将裁决书全文发送给各方当事人、有关注册商及ICANN。有关注册商应根据《政策》规定，立即告知各方当事人、争议解决机构和ICANN该裁决的执行日期。

（b）除专家组另有决定外［见《政策》第4（j）条］，争议解决机构应在公开网站上公布裁决全文及其执行日期。在任何情况下，争议解决机构均应公开裁决中有关恶意投诉的部分［见本《规则》第15（e）条］。

17. 和解或其他终止程序的事由

（a）如果当事人在专家组作出裁决之前达成和解，专家组应终止行政程序。

（b）如果在专家组作出裁决之前，由于其他原因，行政程序已无必要或不可能继续进行，专家组应终止行政程序，除非一方当事人在专家组规定的时间内提出合理的反对理由。

18. 诉讼程序的效力

（a）在行政程序开始之前或其进行过程中，如果出现有关争议域名的诉讼，专家组有权自行决定暂停或终止行政程序，或者继续行政程序直至作出裁决。

（b）如果一方当事人在行政程序进行期间就争议域名提起诉讼，该当事人应立即通知专家组和争议解决机构。见上述第8条。

19. 费用

（a）投诉人应根据争议解决机构《补充规则》的要求在规定时间内向争议解决机构支付固定的基本费用。如果被投诉人根据第5（b）（iv）条规定选择将争议交由三人专家组裁决，而不是交由投诉人选定的一人专家组裁决，则被投诉人应向争议解决机构支付三人专家组固定费用的一半。见第5（c）条。在其他情况下，争议解决机构的所有费用均由投诉人承担，但第19（d）条规定的情形除外。专家组一经指定，争议解决机构即应根据争议解决机构《补充规则》的规定将适当比例的基本费用返还给投诉人（如果适用）。

（b）在投诉人未根据第19（a）条规定向争议解决机构缴纳基本费用前，争议解决机构不应就有关投诉采取任何行动。

（c）如果争议解决机构在收到投诉后10日内未收到有关费用，则视为撤销投诉，行政程序终止。

（d）如遇特殊情况，例如举行当庭听证等，争议解决机构应要求双方当事人另外付费。该费用应经双方当事人和专家组协商后确定。

20. 责任免除

争议解决机构及专家不向任一方当事人承担与依照本《规则》进行的行政程序相关的任何行为或疏忽的责任，但故意不当行为除外。

21.修订

本版本《规则》自投诉提交至争议解决机构之时起生效,适用于就该投诉进行的行政程序。本《规则》只有在获得ICANN的明确书面批准后方可修订。

Rules for Uniform Domain Name Dispute Resolution Policy (the "Rules")

(As approved by the ICANN Board of Directors on 30 October 2009)

These Rules are in effect for all UDRP proceedings in which a complaint is submitted to a provider on or after 1 March 2010. The prior version of the Rules, applicable to all proceedings in which a complaint was submitted to a Provider on or before 28 February 2010, is athttp://www.icann.org/en/dndr/udrp/uniform-rules-24oct99-en.htm. UDRP Providers may elect to adopt the notice procedures set forth in these Rules prior to 1 March 2010.

The following updated Rules will go in effect for all UDRP proceedings in which a complaint is submitted to a provider on or after 31 July 2015. UDRP Providers may elect to adopt updated Rules prior to 31 July 2015.

Administrative proceedings for the resolution of disputes under the Uniform Dispute Resolution Policy adopted by ICANN shall be governed by these Rules and also the Supplemental Rules of the Provider administering the proceedings, as posted on its web site. To the extent that the Supplemental Rules of any Provider conflict with these Rules, these Rules supersede.

1. Definitions

In these Rules:

Complainant means the party initiating a complaint concerning a domain-name registration.

ICANN refers to the Internet Corporation for Assigned Names and Numbers.

Mutual Jurisdiction means a court jurisdiction at the location of either (a) the principal office of the Registrar (provided the domain-name holder has submitted in its Registration Agreement to that jurisdiction for court adjudication of disputes concerning or arising from the use of the domain name) or (b) the domain-name holder's address as shown for the registration of the domain name in Registrar's Whois database at the time the complaint is submitted to the Provider.

Panel means an administrative panel appointed by a Provider to decide a complaint concerning a domain – name registration.

Panelist means an individual appointed by a Provider to be a member of a Panel.

Party means a Complainant or a Respondent.

Policy means the Uniform Domain Name Dispute Resolution Policy that is incorporated by reference and made a part of the Registration Agreement.

Provider means a dispute – resolution service provider approved by ICANN. A list of such Providers appears at http://www.icann.org/en/dndr/udrp/approved – providers.htm.

Registrar means the entity with which the Respondent has registered a domain name that is the subject of a complaint.

Registration Agreement means the agreement between a Registrar and a domain – name holder.

Respondent means the holder of a domain – name registration against which a complaint is initiated.

Reverse Domain Name Hijacking means using the Policy in bad faith to attempt to deprive a registered domain – name holder of a domain name.

Supplemental Rules means the rules adopted by the Provider administering a proceeding to supplement these Rules. Supplemental Rules shall not be inconsistent with the Policy or these Rules and shall cover such topics as fees, word and page limits and guidelines, file size and format modalities, the means for communicating with the Provider and the Panel, and the form of cover sheets.

Written Notice means hardcopy notification by the Provider to the Respondent of the commencement of an administrative proceeding under the Policy which shall inform the respondent that a complaint has been filed against it, and which shall state that the Provider has electronically transmitted the complaint including any annexes to the Respondent by the means specified herein. Written notice does not include a hardcopy of the complaint itself or of any annexes.

2. Communications

(a) When forwarding a complaint, including any annexes, electronically to the Respondent, it shall be the Provider's responsibility to employ reasonably available means calculated to achieve actual notice to Respondent. Achieving actual notice, or employing the following measures to do so, shall discharge this responsibility:

(i) sending Written Notice of the complaint to all postal – mail and facsimile addresses (A) shown in the domain name's registration data in Registrar's Whois database for the registered domain – name holder, the technical contact, and the administrative contact and (B) supplied by Registrar to the Provider for the registration's billing contact; and

(ii) sending the complaint, including any annexes, in electronic form by e-mail to:

(A) the e-mail addresses for those technical, administrative, and billing contacts;

(B) postmaster@ <the contested domain name>; and

(C) if the domain name (or "www." followed by the domain name) resolves to an active web page (other than a generic page the Provider concludes is maintained by a registrar or ISP for parking domain-names registered by multiple domain-name holders), any e-mail address shown or e-mail links on that web page; and

(iii) sending the complaint, including any annexes, to any e-mail address the Respondent has notified the Provider it prefers and, to the extent practicable, to all other e-mail addresses provided to the Provider by Complainant under Paragraph 3(b)(v).

(b) Except as provided in Paragraph 2(a), any written communication to Complainant or Respondent provided for under these Rules shall be made electronically via the Internet (a record of its transmission being available), or by any reasonably requested preferred means stated by the Complainant or Respondent, respectively (see Paragraphs 3(b)(iii) and 5(b)(iii)).

(c) Any communication to the Provider or the Panel shall be made by the means and in the manner (including, where applicable, the number of copies) stated in the Provider's Supplemental Rules.

(d) Communications shall be made in the language prescribed in Paragraph 11.

(e) Either Party may update its contact details by notifying the Provider and the Registrar.

(f) Except as otherwise provided in these Rules, or decided by a Panel, all communications provided for under these Rules shall be deemed to have been made:

(i) if via the Internet, on the date that the communication was transmitted, provided that the date of transmission is verifiable; or, where applicable

(ii) if delivered by telecopy or facsimile transmission, on the date shown on the confirmation of transmission; or:

(iii) if by postal or courier service, on the date marked on the receipt.

(g) Except as otherwise provided in these Rules, all time periods calculated under these Rules to begin when a communication is made shall begin to run on the earliest date that the communication is deemed to have been made in accordance with Paragraph 2(f).

(h) Any communication by

(i) a Panel to any Party shall be copied to the Provider and to the other Party;

(ii) the Provider to any Party shall be copied to the other Party; and

(iii) a Party shall be copied to the other Party, the Panel and the Provider, as the case may be.

(i) It shall be the responsibility of the sender to retain records of the fact and circumstances of sending, which shall be available for inspection by affected parties and for reporting purposes. This includes the Provider in sending Written Notice to the Respondent by post and/or facsimile under Paragraph 2(a)(i).

(j) In the event a Party sending a communication receives notification of non – delivery of the communication, the Party shall promptly notify the Panel (or, if no Panel is yet appointed, the Provider) of the circumstances of the notification. Further proceedings concerning the communication and any response shall be as directed by the Panel (or the Provider).

3. The Complaint

(a) Any person or entity may initiate an administrative proceeding by submitting a complaint in accordance with the Policy and these Rules to any Provider approved by ICANN. (Due to capacity constraints or for other reasons, a Provider's ability to accept complaints may be suspended at times. In that event, the Provider shall refuse the submission. The person or entity may submit the complaint to another Provider.)

(b) The complaint including any annexes shall be submitted in electronic form and shall:

(i) Request that the complaint be submitted for decision in accordance with the Policy and these Rules;

(ii) Provide the name, postal and e – mail addresses, and the telephone and telefax numbers of the Complainant and of any representative authorized to act for the Complainant in the administrative proceeding;

(iii) Specify a preferred method for communications directed to the Complainant in the administrative proceeding (including person to be contacted, medium, and address information) for each of (A) electronic – only material and (B) material including hard copy (where applicable);

(iv) Designate whether Complainant elects to have the dispute decided by a single-member or a three – member Panel and, in the event Complainant elects a three – member Panel, provide the names and contact details of three candidates to serve as one of the Panelists (these candidates may be drawn from any ICANN – approved Provider's list of panelists);

(v) Provide the name of the Respondent (domain – name holder) and all information (including any postal and e－mail addresses and telephone and telefax numbers) known to Complainant regarding how to contact Respondent or any representative of Respondent, including contact information based on pre complaint dealings, in sufficient detail to allow the Provider to send the complaint as described in Paragraph 2(a);

(vi) Specify the domain name(s) that is/are the subject of the complaint;

(vii) Identify the Registrar(s) with whom the domain name(s) is/are registered at the time the complaint is filed;

(viii) Specify the trademark(s) or service mark(s) on which the complaint is based and, for each mark, describe the goods or services, if any, with which the mark is used (Complainant may also separately describe other goods and services with which it intends, at the time the complaint is submitted, to use the mark in the future);

(ix) Describe, in accordance with the Policy, the grounds on which the complaint is made including, in particular,

(1) the manner in which the domain name(s) is/are identical or confusingly similar to a trademark or service mark in which the Complainant has rights; and

(2) why the Respondent (domain－name holder) should be considered as having no rights or legitimate interests in respect of the domain name(s) that is/are the subject of the complaint; and

(3) why the domain name(s) should be considered as having been registered and being used in bad faith

(The description should, for elements (2) and (3), discuss any aspects of Paragraphs 4(b) and 4(c) of the Policy that are applicable. The description shall comply with any word or page limit set forth in the Provider's Supplemental Rules.);

(x) Specify, in accordance with the Policy, the remedies sought;

(xi) Identify any other legal proceedings that have been commenced or terminated in connection with or relating to any of the domain name(s) that are the subject of the complaint;

(xii) State that a copy of the complaint, including any annexes, together with the cover sheet as prescribed by the Provider's Supplemental Rules, has been sent or transmitted to the Respondent (domain－name holder), in accordance with Paragraph 2(b);

(xiii) State that Complainant will submit, with respect to any challenges to a decision in the administrative proceeding canceling or transferring the domain name, to the jurisdiction of the courts in at least one specified Mutual Jurisdiction;

(xiv) Conclude with the following statement followed by the signature (in any electronic format) of the Complainant or its authorized representative:

"Complainant agrees that its claims and remedies concerning the registration of the domain name, the dispute, or the dispute's resolution shall be solely against the domain-name holder and waives all such claims and remedies against (a) the dispute-resolution provider and panelists, except in the case of deliberate wrongdoing, (b) the registrar, (c) the registry administrator, and (d) the Internet Corporation for Assigned Names and Numbers, as well as their directors, officers, employees, and agents."

"Complainant certifies that the information contained in this Complaint is to the best of Complainant's knowledge complete and accurate, that this Complaint is not being presented for any improper purpose, such as to harass, and that the assertions in this Complaint are warranted under these Rules and under applicable law, as it now exists or as it may be extended by a good-faith and reasonable argument."; and

(xv) Annex any documentary or other evidence, including a copy of the Policy applicable to the domain name(s) in dispute and any trademark or service mark registration upon which the complaint relies, together with a schedule indexing such evidence.

(c) The complaint may relate to more than one domain name, provided that the domain names are registered by the same domain-name holder.

4. Notification of Complaint

(a) The Provider shall review the complaint for administrative compliance with the Policy and these Rules and, if in compliance, shall forward the complaint, including any annexes, electronically to the Respondent and shall send Written Notice of the complaint (together with the explanatory cover sheet prescribed by the Provider's Supplemental Rules) to the Respondent, in the manner prescribed by Paragraph 2(a), within three (3) calendar days following receipt of the fees to be paid by the Complainant in accordance with Paragraph 19.

(b) If the Provider finds the complaint to be administratively deficient, it shall promptly notify the Complainant and the Respondent of the nature of the deficiencies identified. The Complainant shall have five (5) calendar days within which to correct any such deficiencies, after which the administrative proceeding will be deemed withdrawn without prejudice to submission of a different complaint by Complainant.

(c) The date of commencement of the administrative proceeding shall be the date on which the Provider completes its responsibilities under Paragraph 2(a) in connection with sending the complaint to the Respondent.

(d) The Provider shall immediately notify the Complainant, the Respondent, the concerned Registrar(s), and ICANN of the date of commencement of the administrative proceeding.

5. The Response

(a) Within twenty (20) days of the date of commencement of the administrative proceeding the Respondent shall submit a response to the Provider.

(b) The response, including any annexes, shall be submitted in electronic form and shall:

(i) Respond specifically to the statements and allegations contained in the complaint and include any and all bases for the Respondent (domain – name holder) to retain registration and use of the disputed domain name (This portion of the response shall comply with any word or page limit set forth in the Provider's Supplemental Rules);

(ii) Provide the name, postal and e – mail addresses, and the telephone and telefax numbers of the Respondent (domain – name holder) and of any representative authorized to act for the Respondent in the administrative proceeding;

(iii) Specify a preferred method for communications directed to the Respondent in the administrative proceeding (including person to be contacted, medium, and address information) for each of (A) electronic – only material and (B) material including hard copy (where applicable);

(iv) If Complainant has elected a single – member panel in the complaint (see Paragraph 3 (b) (iv)), state whether Respondent elects instead to have the dispute decided by a three – member panel;

(v) If either Complainant or Respondent elects a three – member Panel, provide the names and contact details of three candidates to serve as one of the Panelists (these candidates may be drawn from any ICANN – approved Provider's list of panelists);

(vi) Identify any other legal proceedings that have been commenced or terminated in connection with or relating to any of the domain name(s) that are the subject of the complaint;

(vii) State that a copy of the response including any annexes has been sent or transmitted to the Complainant, in accordance with Paragraph 2(b); and

(viii) Conclude with the following statement followed by the signature (in any electronic format) of the Respondent or its authorized representative:

"Respondent certifies that the information contained in this Response is to the best of Respondent's knowledge complete and accurate, that this Response is not being presented for any improper purpose, such as to harass, and that the assertions in this Response are warranted under these Rules and under applicable law, as it now exists or as it may be extended by a good – faith and reasonable argument"; and

(ix) Annex any documentary or other evidence upon which the Respondent relies, together with a schedule indexing such documents.

(c) If Complainant has elected to have the dispute decided by a single – member Panel and Respondent elects a three – member Panel, Respondent shall be required to pay one – half of the applicable fee for a three – member Panel as set forth in the Provider's Supplemental Rules. This payment shall be made together with the submission of the response to the Provider. In the event that the required payment is not made, the dispute shall be decided by a single – member Panel.

(d) At the request of the Respondent, the Provider may, in exceptional cases, extend the period of time for the filing of the response. The period may also be extended by written stipulation between the Parties, provided the stipulation is approved by the Provider.

(e) If a Respondent does not submit a response, in the absence of exceptional circumstances, the Panel shall decide the dispute based upon the complaint.

6. Appointment of the Panel and Timing of Decision

(a) Each Provider shall maintain and publish a publicly available list of panelists and their qualifications.

(b) If neither the Complainant nor the Respondent has elected a three – member Panel (Paragraphs 3(b)(iv) and 5(b)(iv)), the Provider shall appoint, within five (5) calendar days following receipt of the response by the Provider, or the lapse of the time period for the submission thereof, a single Panelist from its list of panelists. The fees for a single – member Panel shall be paid entirely by the Complainant.

(c) If either the Complainant or the Respondent elects to have the dispute decided by a three – member Panel, the Provider shall appoint three Panelists in accordance with the procedures identified in Paragraph 6(e). The fees for a three – member Panel shall be paid in their entirety by the Complainant, except where the election for a three – member Panel was made by the Respondent, in which case the applicable fees shall be shared equally between the Parties.

(d) Unless it has already elected a three – member Panel, the Complainant shall submit to the Provider, within five (5) calendar days of communication of a response in which the Respondent elects a three – member Panel, the names and contact details of three candidates to serve as one of the Panelists. These candidates may be drawn from any ICANN – approved Provider's list of panelists.

(e) In the event that either the Complainant or the Respondent elects a three – member Panel, the Provider shall endeavor to appoint one Panelist from the list of candidates provided by each of the Complainant and the Respondent. In the event the Provider is unable within five (5) calendar days to secure the appointment of a Panelist on its customary terms from either Party's list of candidates, the Provider shall make that appointment from its list of panelists. The third Panelist shall be appointed by the Provider from a list of five candidates submitted by the Provider to the Parties, the Provider's selection from among the five being made in a manner that reasonably balances the preferences of both Parties, as they may specify to the Provider within five (5) calendar days of the Provider's submission of the five – candidate list to the Parties.

(f) Once the entire Panel is appointed, the Provider shall notify the Parties of the Panelists appointed and the date by which, absent exceptional circumstances, the Panel shall forward its decision on the complaint to the Provider.

7. Impartiality and Independence

A Panelist shall be impartial and independent and shall have, before accepting appointment, disclosed to the Provider any circumstances giving rise to justifiable doubt as to the Panelist's impartiality or independence. If, at any stage during the administrative proceeding, new circumstances arise that could give rise to justifiable doubt as to the impartiality or independence of the Panelist, that Panelist shall promptly disclose such circumstances to the Provider. In such event, the Provider shall have the discretion to appoint a substitute Panelist.

8. Communication Between Parties and the Panel

No Party or anyone acting on its behalf may have any unilateral communication with the Panel. All communications between a Party and the Panel or the Provider shall be made to a case administrator appointed by the Provider in the manner prescribed in the Provider's Supplemental Rules.

9. Transmission of the File to the Panel

The Provider shall forward the file to the Panel as soon as the Panelist is appointed in the case of a Panel consisting of a single member, or as soon as the last Panelist is appointed in the case of a three – member Panel.

10. General Powers of the Panel

(a) The Panel shall conduct the administrative proceeding in such manner as it considers appropriate in accordance with the Policy and these Rules.

(b) In all cases, the Panel shall ensure that the Parties are treated with equality and that each Party is given a fair opportunity to present its case.

(c) The Panel shall ensure that the administrative proceeding takes place with due expedition. It may, at the request of a Party or on its own motion, extend, in exceptional cases, a period of time fixed by these Rules or by the Panel.

(d) The Panel shall determine the admissibility, relevance, materiality and weight of the evidence.

(e) A Panel shall decide a request by a Party to consolidate multiple domain name disputes in accordance with the Policy and these Rules.

11. Language of Proceedings

(a) Unless otherwise agreed by the Parties, or specified otherwise in the Registration Agreement, the language of the administrative proceeding shall be the language of the Registration Agreement, subject to the authority of the Panel to determine otherwise, having regard to the circumstances of the administrative proceeding.

(b) The Panel may order that any documents submitted in languages other than the language of the administrative proceeding be accompanied by a translation in whole or in part into the language of the administrative proceeding.

12. Further Statements

In addition to the complaint and the response, the Panel may request, in its sole discretion, further statements or documents from either of the Parties.

13. In – Person Hearings

There shall be no in – person hearings (including hearings by teleconference, videoconference, and web conference), unless the Panel determines, in its sole discretion and as an exceptional matter, that such a hearing is necessary for deciding the complaint.

14. Default

(a) In the event that a Party, in the absence of exceptional circumstances, does not comply with any of the time periods established by these Rules or the Panel, the Panel shall proceed to a decision on the complaint.

(b) If a Party, in the absence of exceptional circumstances, does not comply with any provision of, or requirement under, these Rules or any request from the Panel, the Panel shall draw such inferences therefrom as it considers appropriate.

15. Panel Decisions

(a) A Panel shall decide a complaint on the basis of the statements and documents submitted and in accordance with the Policy, these Rules and any rules and principles of law that it deems applicable.

(b) In the absence of exceptional circumstances, the Panel shall forward its decision on the complaint to the Provider within fourteen (14) days of its appointment pursuant to Paragraph 6.

(c) In the case of a three – member Panel, the Panel's decision shall be made by a majority.

(d) The Panel's decision shall be in writing, provide the reasons on which it is based, indicate the date on which it was rendered and identify the name(s) of the Panelist(s).

(e) Panel decisions and dissenting opinions shall normally comply with the guidelines as to length set forth in the Provider's Supplemental Rules. Any dissenting opinion shall accompany the majority decision. If the Panel concludes that the dispute is not within the scope of Paragraph 4(a) of the Policy, it shall so state. If after considering the submissions the Panel finds that the complaint was brought in bad faith, for example in an attempt at Reverse Domain Name Hijacking or was brought primarily to harass the domain – name holder, the Panel shall declare in its decision that the complaint was brought in bad faith and constitutes an abuse of the administrative proceeding.

16. Communication of Decision to Parties

(a) Within three (3) calendar days after receiving the decision from the Panel, the Provider shall communicate the full text of the decision to each Party, the concerned Registrar(s), and ICANN. The concerned Registrar(s) shall immediately communicate to each Party, the Provider, and ICANN the date for the implementation of the decision in accordance with the Policy.

(b) Except if the Panel determines otherwise (see Paragraph 4(j) of the Policy), the Provider shall publish the full decision and the date of its implementation on a publicly accessible web site. In any event, the portion of any decision determining a complaint to have been brought in bad faith (see Paragraph 15(e) of these Rules) shall be published.

17. Settlement or Other Grounds for Termination

(a) If, before the Panel's decision, the Parties agree on a settlement, the Panel shall terminate the administrative proceeding.

(b) If, before the Panel's decision is made, it becomes unnecessary or impossible to continue the administrative proceeding for any reason, the Panel shall terminate the administrative proceeding, unless a Party raises justifiable grounds for objection within a period of time to be determined by the Panel.

18. Effect of Court Proceedings

(a) In the event of any legal proceedings initiated prior to or during an administrative proceeding in respect of a domain – name dispute that is the subject of the complaint, the Panel shall have the discretion to decide whether to suspend or terminate the administrative proceeding, or to proceed to a decision.

(b) In the event that a Party initiates any legal proceedings during the pendency of an administrative proceeding in respect of a domain – name dispute that is the subject of the complaint, it shall promptly notify the Panel and the Provider. See Paragraph 8 above.

19. Fees

(a) The Complainant shall pay to the Provider an initial fixed fee, in accordance with the Provider's Supplemental Rules, within the time and in the amount required. A Respondent electing under Paragraph 5(b)(iv) to have the dispute decided by a three – member Panel, rather than the single – member Panel elected by the Complainant, shall pay the Provider one – half the fixed fee for a three – member Panel. See Paragraph 5 (c). In all other cases, the Complainant shall bear all of the Provider's fees, except as prescribed under Paragraph 19(d). Upon appointment of the Panel, the Provider shall refund the appropriate portion, if any, of the initial fee to the Complainant, as specified in the Provider's Supplemental Rules.

(b) No action shall be taken by the Provider on a complaint until it has received from Complainant the initial fee in accordance with Paragraph 19(a).

(c) If the Provider has not received the fee within ten (10) calendar days of receiving the complaint, the complaint shall be deemed withdrawn and the administrative proceeding terminated.

(d) In exceptional circumstances, for example in the event an in – person hearing is held, the Provider shall request the Parties for the payment of additional fees, which shall be established in agreement with the Parties and the Panel.

20. Exclusion of Liability

Except in the case of deliberate wrongdoing, neither the Provider nor a Panelist shall be liable to a Party for any act or omission in connection with any administrative proceeding under these Rules.

21. Amendments

The version of these Rules in effect at the time of the submission of the complaint to the Provider shall apply to the administrative proceeding commenced thereby. These Rules may not be amended without the express written approval of ICANN.

世界知识产权组织统一域名争议解决办法补充规则(中英文)

(颁布机关:世界知识产权组织;实施日期:2009年12月14日)

1. 范围

(a)与规则的关系　本补充规则应与业经ICANN于2009年10月30日确认的统一域名争议解决办法规则(下称规则)一并予以理解使用。

(b)补充规则的文本　行政解决程序应受提交投诉书之日现行有效的补充规则文本的约束。

2. 定义

本补充规则任何术语的定义与规则相应术语的定义相同。

3. 送达

(a)送达方式　根据规则第3(b)条和第5(b)条的规定,除事先与中心另有约定外,任何根据规则可以或应要求向中心或行政专家组提交的文件可以下述方式提交:

(i)通过使用经中心确认地址的电子邮件传送;

(ii)通过中心国际互联网案件档案管理系统传送。

(b)案卷归档　中心应将其所收到的及当事人依规则要求所提交的所有文件留份并予以归档。

4. 投诉书的提交

(a)投诉传送格式文件封面　根据规则第3(b)(xii)条,投诉人应按照中心网站所发布的附件A中所设定的投诉传送格式文件封面的格式发送或传送其投诉书。如可能,投诉人应使用与已成为投诉标的的域名注册协议相同语言的文本。

(b)通知注册管理机构　投诉人在向中心提交投诉书的同时,应将投诉书副本提交至有关注册管理机构。

(c)投诉通知须知　根据规则第4(a)条,中心应将投诉人投诉书连同中心网站发布的附件B所设定的投诉通知须知一并送达被投诉人。

5. 形式符合审查

(a)形式缺陷通知　中心应在其收到投诉书后5日内对投诉书是否符合争议解决办法、规则及补充规则的有关形式要求予以审查,并通知投诉人和被投诉人投诉书所存在的任何缺陷。

(b)撤回投诉　如果投诉人未能在规则第4规定的期限内(即5日)就中心所指明的任何形式缺陷予以弥补,中心将通知投诉人、被投诉人和有关的注册管理机构,投诉视为已被撤回。

(c)费用返还　除非投诉人确认其将就已视为撤回的投诉重新提起投诉,中心应在扣除附件 D 所规定的少许受理费后,将根据规则第 19 条所收取的费用返还投诉人。

6. 案件经办人的指定

(a)通知　中心应将其经指定作为案件经办人的工作人员的姓名及详细的联络信息告知当事人。该经办人将对与所涉争议及行政专家组联络有关的所有行政事件负责。

(b)责任案件经办人可向行政专家组或专家提供行政协助,但无权处理与所涉争议有关实体问题。

7. 答辩提交

答辩书(包含附件)必须以电子形式根据下文 12(a)的要求提交。

8. 专家指定程序

(a)当事人一方候选人　如果一方当事人应要求提供三位候选人姓名以供中心考虑指定为专家组[即根据规则第 3(b)(iv)条、第 5(b)(v)条和第 6(d)条],该方当事人应以其自己选择的顺序提供三位候选人的姓名和详细的联络信息。在指定专家时,如可能,中心应尊重一方当事人所选择的上述顺序。

(b)首席专家

(i)根据规则第 6(e)条所指定的第三位专家是首席专家。

(ii)如果一方当事人未能根据规则第 6(e)条向中心告知其候选人选择顺序以便确定首席专家,中心将指定首席专家。

(iii)尽管规则第 6(e)条规定了专家组指定程序,当事人仍可共同协商确定首席专家。当事人双方应在其接到中心根据规则第 6(e)条提供的专家候选人名单后 5 日内书面将其协商确定的首席专家通知中心。

(c)被投诉人缺席

如果被投诉人未能提交答辩或未能依照中心确定的最后期限支付规则第 5(c)条所规定的费用,中心将以下述方式指定行政专家组:

(i)如果投诉人选择一人行政专家组,中心应从其发布的专家成员名册中指定专家;

(ii)如果投诉人选择三人行政专家组,如可能,中心应从投诉人提供的候选人中指定一名专家,从其发布的专家成员名册中指定第二位专家和首席专家。

9. 独立公正声明

根据规则第 7 条,在被指定为专家之前,候选人应用中心网站所发布的附件 C 所设定的格式文件向中心提交独立公正声明。

10. 费用

行政程序所收取的费用在中心网站发布的附件D中予以规定。

11. 文字限制

(a)规则第3(b)(ix)条文件字数为5000字。

(b)规则第5(b)(i)条所指文件字数为5000字。

(c)规则第15(e)条文件无字数限制。

12. 文件大小及格式

(a)规则第3(b)条规定的尺寸及格式应遵照网站上公布的附件E规定。

(b)规则第5(b)条规定的尺寸及格式应遵照网站上公布的附件E规定。

13. 修改

基准于争议解决办法和规则,中心可自行修改本补充规则。

14. 责任排除

除故意行为外,行政专家组、世界知识产权组织及中心不对因与行政程序有关的任何行为或疏忽而对一方当事人、有关注册管理机构或ICANN承担责任。

World Intellectual Property Organization Supplemental Rules for Uniform Domain Name Dispute Resolution Policy

(the WIPO "Supplemental Rules"; In effect as of December 14, 2009)

1. Scope

(a) Relationship to Rules. These Supplemental Rules are to be read and used in connection with the Rules for Uniform Domain Name Dispute Resolution Policy, approved by the Internet Corporation for Assigned Names and Numbers (ICANN) on October 30, 2009 (the "Rules").

(b) Version of Supplemental Rules. The version of these Supplemental Rules as in effect on the date of the submission of the complaint shall apply to the administrative proceeding commenced thereby.

2. Definitions

Any term defined in the Rules shall have the same meaning in these Supplemental Rules.

3. Communications

(a) Modalities. Subject to Paragraphs 3(b) and 5(b) of the Rules, except where otherwise agreed with the Center, any submission that may or is required to be made to the Center or to an Administrative Panel pursuant to these Rules, shall be made either:

(i) by electronic mail (e – mail) using the address specified by the Center; or

(ii) through the Center's Internet – based case filing and administration system.

(b) Archive. The Center shall maintain an archive of all communications received or required to be made under the Rules.

4. Submission of Complaint and Annexes

(a) Complaint Including Annexes. The complaint including any annexes shall be submitted electronically in complete form (in accordance with paragraph 12(a) below).

(b) Complaint Transmittal Coversheet. In accordance with Paragraph 3(b)(xii) of the Rules, the Complainant shall be required to send or transmit its complaint under cover of the Complaint Transmittal Coversheet set out in Annex A hereto and posted on the Center's web site. Where available, the Complainant shall use the version that is in the same language(s) as the registration agreement(s) for the domain name(s) that is/are the subject of the complaint.

(c) Registrar Notification. The Complainant shall provide a copy of the complaint to the concerned Registrar(s) at the same time as it submits its complaint to the Center.

(d) Complaint Notification Instructions. In accordance with Paragraph 4(a) of the Rules, the Center shall forward the complaint electronically to the Respondent together with the instructions set out in Annex B hereto and posted on the Center's website. In accordance with Paragraph 2(a)(i) of the Rules the Center shall also forward Written Notice of the complaint to the Respondent.

5. Formalities Compliance Review

(a) Deficiency Notification. The Center shall, within five (5) calendar days of receiving the complaint, review the complaint for compliance with the formal requirements of the Policy, Rules and Supplemental Rules and notify the Complainant and Respondent of any deficiencies therein.

(b) Withdrawal. If the Complainant fails to remedy any deficiencies identified by the Center within the time period provided for in Paragraph 4 of the Rules (i. e., five (5) calendar days), the Center shall notify the Complainant, the Respondent and the concerned Registrar(s) of the deemed withdrawal of the complaint.

(c) Fee Refunds. Unless the Complainant confirms its intention to re – submit a complaint to the Center following a deemed withdrawal, the Center shall refund the fee paid by the Complainant pursuant to Paragraph 19 of the Rules, less a processing fee as set forth in Annex D.

6. Appointment of Case Administrator

(a) Notification. The Center shall advise the Parties of the name and contact details of a member of its staff who shall be the Case Administrator and who shall be responsible for all administrative matters relating to the dispute and communications to the Administrative Panel.

(b) Responsibilities. The Case Administrator may provide administrative assistance to the Administrative Panel or a Panelist, but shall have no authority to decide matters of a substantive nature concerning the dispute.

7. Submission of a Response

The response including any annexes shall be submitted electronically in complete form (in accordance with paragraph 12(b) below).

8. Panelist Appointment Procedures

(a) Party Candidates. Where a Party is required to submit the names of three (3) candidates for consideration for appointment by the Center as a Panelist (i. e., in accordance with paragraphs 3(b)(iv), 5(b)(v) and 6(d) of the Rules), that Party shall provide the names and contact details of its three candidates in the order of its preference. In appointing a Panelist, the Center shall, subject to availability, respect the order of preference indicated by a Party.

(b) Presiding Panelist

(i) The third Panelist appointed in accordance with Paragraph 6(e) of the Rules shall be the Presiding Panelist.

(ii) Where, under Paragraph 6(e) of the Rules, a Party fails to indicate its order of preference for the Presiding Panelist to the Center, the Center shall nevertheless proceed to appoint the Presiding Panelist.

(iii) Notwithstanding the procedure provided for in Paragraph 6(e) of the Rules, the Parties may jointly agree on the identity of the Presiding Panelist, in which case they shall notify the Center in writing of such agreement no later than five (5) calendar days after receiving the list of candidates provided for in Paragraph 6(e) of the Rules.

(c) Respondent Default

Where the Respondent does not submit a response or does not submit the payment provided for in Paragraph 5(c) of the Rules by the deadline specified by the Center, the Center shall proceed to appoint the Administrative Panel, as follows:

(i) If the Complainant has designated a single member Administrative Panel, the

Center shall appoint the Panelist from its published list;

(ii) If the Complainant has designated a three member Administrative Panel, the Center shall, subject to availability, appoint one Panelist from the names submitted by the Complainant and shall appoint the second Panelist and the Presiding Panelist from its published list.

9. Declaration

In accordance with Paragraph 7 of the Rules, prior to appointment as a Panelist, a candidate shall be required to submit to the Center a Declaration of Independence and Impartiality using the form set out in Annex C hereto and posted on the Center's web site.

10. Fees

The applicable fees for the administrative procedure are specified in Annex D hereto and posted on the Center's web site.

11. Word Limits

(a) The word limit under Paragraph 3(b)(ix) of the Rules shall be 5000 words.

(b) The word limit under Paragraph 5(b)(i) of the Rules shall be 5000 words.

(c) For the purposes of Paragraph 15(e) of the Rules, there shall be no word limits.

12. File Size and Format Modalities

(a) The file size and format modalities under Paragraph 3(b) of the Rules shall be as set forth in Annex E hereto and posted on the Center's website.

(b) The file size and format modalities under Paragraph 5(b) of the Rules shall be set forth in Annex E hereto and posted on the Center's website.

13. Amendments

Subject to the Policy and Rules, the Center may amend these Supplemental Rules in its sole discretion.

14. Exclusion of Liability

Except in respect of deliberate wrongdoing, an Administrative Panel, the World Intellectual Property Organization and the Center shall not be liable to a party, a concerned registrar or ICANN for any act or omission in connection with the administrative proceeding.

最高人民法院关于审理涉及计算机网络域名民事纠纷案件适用法律若干问题的解释

(颁布机关:最高人民法院;实施日期:2001年7月24日)

为了正确审理涉及计算机网络域名注册、使用等行为的民事纠纷案件(以下简称域名纠纷案件),根据《中华人民共和国民法通则》(以下简称民法通则)、《中华人民共和国反不正当竞争法》(以下简称反不正当竞争法)和《中华人民共和国民事诉讼法》(以下简称民事诉讼法)等法律的规定,作如下解释:

第一条 对于涉及计算机网络域名注册、使用等行为的民事纠纷,当事人向人民法院提起诉讼,经审查符合民事诉讼法第一百零八条规定的,人民法院应当受理。

域名侵权诉讼管辖法院
(第213页)

第二条 涉及域名的侵权纠纷案件,由侵权行为地或者被告住所地的中级人民法院管辖。对难以确定侵权行为地和被告住所地的,原告发现该域名的计算机终端等设备所在地可以视为侵权行为地。

涉外域名纠纷案件包括当事人一方或者双方是外国人、无国籍人、外国企业或组织、国际组织,或者域名注册地在外国的域名纠纷案件。在中华人民共和国领域内发生的涉外域名纠纷案件,依照民事诉讼法第四编的规定确定管辖。

第三条 域名纠纷案件的案由,根据双方当事人争议的法律关系的性质确定,并在其前冠以计算机网络域名;争议的法律关系的性质难以确定的,可以通称为计算机网络域名纠纷案件。

域名侵权要件
(第212页)

第四条 人民法院审理域名纠纷案件,对符合以下各项条件的,应当认定被告注册、使用域名等行为构成侵权或者不正当竞争:

(一)原告请求保护的民事权益合法有效;

(二)被告域名或其主要部分构成对原告驰名商标的复制、模仿、翻译或音译;或者与原告的注册商标、域名等相同或近似,足以造成相关公众的误认;

(三)被告对该域名或其主要部分不享有权益,也无注册、使用该域名的正当理由;

(四)被告对该域名的注册、使用具有恶意。

恶意认定
(第213页)
驰名对抗域名
(第163页)

第五条 被告的行为被证明具有下列情形之一的,人民法院应当认定其具有恶意:

(一)为商业目的将他人驰名商标注册为域名的;

(二)为商业目的注册、使用与原告的注册商标、域名等相同或近似的域名,故意造成与原告提供的产品、服务或者原告网站的混淆,误导网络用户访问其网站或其他在线站点的;

（三）曾要约高价出售、出租或者以其他方式转让该域名获取不正当利益的；

（四）注册域名后自己并不使用也未准备使用，而有意阻止权利人注册该域名的；

（五）具有其他恶意情形的。

被告举证证明在纠纷发生前其所持有的域名已经获得一定的知名度，且能与原告的注册商标、域名等相区别，或者具有其他情形足以证明其不具有恶意的，人民法院可以不认定被告具有恶意。

第六条　人民法院审理域名纠纷案件，根据当事人的请求以及案件的具体情况，可以对涉及的注册商标是否驰名依法作出认定。

第七条　人民法院在审理域名纠纷案件中，对符合本解释第四条规定的情形，依照有关法律规定构成侵权的，应当适用相应的法律规定；构成不正当竞争的，可以适用民法通则第四条、反不正当竞争法第二条第一款的规定。

域名侵权纠纷的法律适用
（第 214 页）

涉外域名纠纷案件，依照民法通则第八章的有关规定处理。

第八条　人民法院认定域名注册、使用等行为构成侵权或者不正当竞争的，可以判令被告停止侵权、注销域名，或者依原告的请求判令由原告注册使用该域名；给权利人造成实际损害的，可以判令被告赔偿损失。

域名侵权的民事责任
（第 214 页）

北京市高级人民法院关于审理因域名注册、使用而引起的知识产权民事纠纷案件的若干指导意见

（颁布机关：北京市高级人民法院；实施日期：2000 年 8 月 15 日）

一、域名纠纷案件的受理

域名侵权诉讼管辖法院
（第 213 页）

当事人因域名注册、使用与已经注册的商标、企业和其他组织名称等发生冲突而向法院起诉的民事纠纷，经审查符合民事诉讼法第 108 条规定的，人民法院应予以受理。

二、域名纠纷案件的管辖

域名纠纷案件由中级法院作为第一审法院；诉讼标的额超过 300 万元的，由高级人民法院作为第一法院。域名纠纷案件由被告住所地、侵权行为地人民法院管辖。当域名注册地亦是侵权行为地时，注册地法院可管辖。域名纠纷案件由被告住所地、侵权行为地的法院管辖。不能仅依据域名注册地这一事实确定域名注册机构所在地为侵权行为地。

三、域名纠纷案件的案由

对于域名纠纷案件，应根据双方当事人争议的法律关系的性质确定案由。原告以域名侵犯其商标权为由起诉，应确定为侵犯商标纠纷；以不正当竞争行为起诉，应依据不正当竞争行为的性质确定案由。

四、将他人驰名商标恶意注册、盗用为域名的行为的法律适用

出现恶意将他人驰名商标注册、盗用为域名的行为违反诚实信用原则,违背公认的商业道德,属不正当竞争行为,应适用民法通则,反不正当竞争法调整。

五、恶意注册域名的认定

认定域名注册行为是否构成恶意注册域名,应审查其行为是否同时符合以下三个必备条件:

(一)注册的域名与权利人享有的标识相同或足以导致误认的相似;

(二)域名持有人对该域名标记不享有任何其他在先的权利;

(三)对该域名的注册和使用具有恶意,具体是指:域名持有人提出向权利人出售、出租或以其他方式有偿转让域名;或者为营利目的,以故意混淆域名与权利人商标、商号的方式引诱网络用户进入其网页或其他在线服务;或者专为阻止他人将商标、商害他人的商誉而注册域名等。

六、法律责任的承担

因域名注册构成不正当竞争的,人民法院可判令域名持有人、使用人停止使用、申请撤销或变更域名,因实施不正当竞争行为给原告造成损害的,还应判令其赔偿损失。

10. 国际注册

商标国际注册马德里协定

(实施日期:1989年5月25日)

第一条 〔成立特别同盟;向国际局申请商标注册;所属国的定义〕

(一)本协定所适用的国家组成商标国际注册特别同盟。

(二)任何缔约国的国民,可以通过原属国的注册当局,向成立世界知识产权组织(以下称"本组织")公约中的知识产权国际局(以下称"国际局")提出商标注册申请,以在一切其他本协定参加国取得其已在所属国注册的用于商品或服务项目的标记的保护。

(三)称为原属国的国家是:申请人置有真实有效的工商业营业所的特别同盟国家;如果他在特别同盟国家中没有这种营业所,则为其有住所的特别同盟国家;如果他在特别同盟境内没有住所,但系特别同盟国家的国民,则为他作为其国民的国家。

第二条 〔关于巴黎公约第三条(对某些种类的人给予同盟国国民的同样待遇)〕

未参加本协定的国家的国民,在依本协定组成的特别同盟领土内,符合保护工业产权巴黎公约第三条所规定的条件者,得与缔约国国民同样对待。

第三条 〔申请国际注册的内容〕

(一)每一个国际注册申请必须用细则所规定的格式提出;商标原属国的注册当局应证明这种申请中的具体项目与本国注册簿中的具体项目相符合,并说明商标在原属国的申请和注册的日期和号码及申请国际注册的日期。

(二)申请人应指明使用要求保护的商标的商品或服务项目,如果可能,也应指明其根据商标注册商品和服务项目国际分类尼斯协定所分的相应类别。如果申请人未指明,国际局应将商品或服务项目分入该分类的适当类别。申请人所作的类别说明须经国际局检查,此项检查由国际局会同本国注册当局进行。如果本国注册当局和国际局意见不一致时,以后者的意见为准。

(三)如果申请人要求将颜色作为其商标的一个显著特点,他必须:

(1)说明实际情况,并随同申请书提出说明所要求的颜色或颜色组合的通知书;

(2)随同申请书加交所述商标的彩色图样,附于国际局的通知书后。这种图样的份数由细则规定。

(四)国际局应对根据第一条规定提出申请的商标立即予以注册。如果国际局在向所属国申请国际注册后两个月内收到申请时,注册时应注明在原属国申请国际注册的日期,如果在该期限内未收到申请,国际局则按其收到申请的日期进行登记。国际局应不迟延地将这种注册通知有关注册当局。根据注册申请所包括的具体项目,注册商标应在国际局所出的定期刊物上公布。如商标含有图形部分或特殊字体,细则可以决定是否须由申请人提供印版。

(五)考虑到要在各缔约国公告注册商标,每一个注册当局得依据保护工业产权巴黎公约第十六条第(四)款第(1)项所规定的单位数的比例和细则所规定的条件,从国际局那里免费收到一些上述刊物和一些减价本。在所有缔约国,只需要此种公告,不必再要求申请人作其他公告。

第三条之二 〔“领土限制”〕

(一)任何缔约国可在任何时候书面通知本组织总干事(以下称“总干事”),通过国际注册所得到的保护,只有在商标所有人明确要求时,才得以延伸至该国。

(二)这种通知,在总干事通知其他缔约国后六个月发生效力。

第三条之三 〔要求“领土延伸”〕

(一)要求将通过国际注册所得到的保护延伸至一个利用第三条之二所规定的权利的国家时,必须在第三条(一)所谈到的申请中特别提明。

(二)在国际注册以后所提出的关于领土延伸的任何要求,必须用细则所规定的格式,通过原属国的注册当局提出。国际局应立即将这种要求注册,不迟延地通知有关注册当局,并在国际局所出的定期刊物上公布。这种领土延伸自在国际注册簿上已经登记的日期开始生效,在有关的商标国际注册的有效期届满时停止效力。

第四条 〔国际注册的效力〕

(一)从根据第三条之三在国际局生效的注册日期开始,商标在每个有关缔约国的保护,应如同该商标直接在该国提出注册的一样。第三条所规定的商品和服务项目类别的说明,不得在决定商标保护范围方面约束缔约国。

(二)办理国际注册的每个商标,享有保护工业产权巴黎公约第四条所规定的优先权,而不必再履行该条第(四)款所规定的各项手续。

第四条之二 〔以国际注册代替原先的国家注册〕

(一)如某一商标已在一个或更多的缔约国提出注册,后来又以同一所有人或其权利继承者的名义经国际局注册,该国际注册应视为已代替原先的国家注册,但不损及基于这种原先注册的既得权利。

(二)国家注册当局应依请求将国际注册在其注册簿上予以登记。

第五条 〔各国注册当局的批驳〕

(一)某一商标注册或根据第三条所作的延伸保护的请求经国际局通知各国注册当局后,经国家法律授权的注册当局有权声明在其领土上不能给予这种商标以保护。根据保护工业产权巴黎公约,这种拒绝只能以对申请本国注册的商标同样适用的理由为根据。但是,不得仅仅以除非用在一些限定的类别或限定的商品或服务项目上,否则本国法律不允许以注册为理由而拒绝给予保护,即使是部分拒绝也不行。

(二)想行使这种权利的各国注册当局,应在其本国法律规定的时间内,并最迟不晚于商标国际注册后或根据第三条之三所作的保护延伸的请求后一年之内,向国际局发出批驳通知,并随附所有理由的说明。

(三)国际局将不迟延地将此通知的批驳声明的抄件一份转给原属国的注册当局和商标所有人,如该注册当局已向国际局指明商标所有人的代理人,则转给其代理人。有关当事人得有同样的补救办法,犹如该商标曾由他向拒绝给予保护的国家直接申请注册一样。

(四)经任何有关当事人请求,批驳商标的理由应由国际局通知他们。

(五)如在上述至多一年的时间内,国家注册当局未将关于批驳商标注册或保护延伸请求的任何临时或最终的决定通知国际局,则就有关商标而言,它即失去本条第(一)款所规定的权利。

(六)若未及时给予商标所有人机会辩护其权利,主管当局不得声明撤销国际商标。撤销应通知国际局。

第五条之二 〔关于商标某些部分使用的合法性的证明文件〕

各缔约国注册当局可能规定需要就商标某些组成部分例如纹章、附有纹章的盾、肖像、名誉称号、头衔、商号或非属申请人的姓名或其他类似标记等的使用的合法性提供证明文件。这些证明文件除经所属国认证或证明外,其他一概免除。

第五条之三 〔国际注册簿登记事项的副本、预先查询、国际注册簿摘录〕

(一)国际局得对任何提出要求的人发给某具体商标在注册簿登记事项的副本,但应征收细则所规定的费用。

(二)国际局亦可收费办理国际商标的预先查询。

(三)为了向缔约国之一提供而请求发给的国际注册簿摘录,免除一切认证。

第六条 〔国际注册的有效期。国际注册的独立性。在原属国的保护的终止〕

(一)在国际局的商标注册的有效期为二十年,并可根据第七条规定的条件予以续展。

(二)自国际注册的日期开始满五年时,这种注册即与在原属国原先注册的国家商标无关系,但受下列规定的限制。

(三)自国际注册的日期开始五年之内,如根据第一条而在原属国原先注册的国家商标已全部或部分不复享受法律保护时,那么,国际注册所得到的保护,不论其是否已经转让,也全部或部分不再产生权利。当五年期限届满前因引起诉讼而致停止法律保护时,本规定亦同样适用。

(四)如自动撤销或依据职权被撤销,原属国的注册当局应要求撤销在国际局的商标,国际局应予以撤销。当引起法律诉讼时,上述注册当局应依据职权或经原告请求,将诉讼已经开始的申诉文件或其他证明文件的抄件,以及法院的最终判决,寄给国际局,国际局应在国际注册簿上予以登记。

第七条 〔国际局注册的续展〕

(一)任何注册均可续展,期限自上一次期限届满时算起为二十年,续展仅需付基本费用,需要时,则按第八条第(二)款的规定付补加费。

(二)续展不包括对以前注册的最后式样的任何变更。

(三)根据一九五七年六月十五日尼斯议定书或本议定书的规定所办的第一次续展得包括对注册的有关国际分类的类别说明。

(四)保护期满前六个月,国际局应发送非正式通知,提醒商标所有人或其代理人确切的届满日期。

(五)对国际注册的续展可给予六个月的宽展期,但要收根据细则规定的罚款。

第八条 〔国家收费、国际收费、多余收入的分配、附加费及补加费〕

(一)原属国的注册当局,可自行规定为其自身利益向申请国际注册或续展的商标所有人收取国家费用。

(二)在国际局的商标注册预收国际费用,包括:

(1)基本费;

(2)对超过国际分类三类以上的所申请的商标的商品或服务项目,每超过一类收一笔附加费;

(3)对根据第三条之三的保护延伸要求,收补加费。

(三)然而,如若商品或服务项目的类数已由国际局确定或有争议,在不损及注册日期的情况下,第(二)款第(2)项所规定的附加费可于细则所规定的期限内交付。如在上述期限到期时,申请人还未交附加费,或者商品或服务项目单还未减缩到需要的程度,则国际注册申请被视作已经放弃。

(四)国际注册各种收入每年所得,除第(二)款第(2)、(3)项所规定的以外,经扣除为执行本议定书所需要的用款,由国际局在本议定书参加国之间平分。如在本议定书生效时,某国尚未批准或加入,要到它批准或加入时,它才有权分得按对它适用的原先议定书计算的一份多余收入。

(五)第(二)款第(2)项所规定的附加费所得的款额,按每年在每国申请保护的商标数的比例在每年年终分给本议定书参加国或一九五七年六月十五日尼斯议定书参加国;对于预先审查的国家,此数要乘以细则所决定的系数。如在本议定书生效时,某国尚未批准或加入,要到它批准或加入时,它才有权分得按尼斯议定书计算的一份金额。

(六)来自第(二)款第(3)项所规定的补加费的金额,应根据第(五)款的条件,在行使第三条之二所规定的权利的国家间进行分配。如在本议定书生效以前,某国尚未批准或加入,要到它批准或加入时,它才有权分得按尼斯议定书计算的一份金额。

第八条之二　〔在一国或更多的国家放弃权利〕

以自己名义取得国际注册的人,可在任何时候放弃在一个或更多的缔约国的保护,办法是向其本国注册当局提出一项声明,要求通知国际局;国际局据以通知保护已被放弃的国家。对放弃不收任何费用。

第九条　〔本国注册簿的变更亦影响到国际注册。在国际注册中言及减缩商品和服务项目单。该单项目的增加。该单项目的替代〕

(一)以其自己名义取得国际注册的人的本国注册当局应同样将在本国注册簿中所作一切关于商标的取消、撤销、放弃、转让和其他变更通知国际局,如果这种变更也影响到国际注册的话。

(二)国际局应将这些变更在国际注册簿上登记,通知各缔约国注册当局,并在其刊物上公布。

(三)当以其自己名义取得国际注册的人要求减缩该项注册适用的商品或服务项目单时,应履行类似的手续。

(四)办理这些事宜应交费,费用由细则规定。

(五)以后对上述商品或服务项目单增加新的商品或服务项目,须按第三条规定提出新的申请才能取得。

(六)以一项商品或服务替代另一项,视同增加一项。

第九条之二　〔所有人国家变更引起的国际商标的转让〕

(一)当在国际注册簿上注册的一个商标转让给一个缔约国的人,而该缔约国不是此人以其自己名义取得国际注册的国家时,后一国家的注册当局得将该转让通知国际局。国际局应登记该转让,通知其他注册当局,并在刊物上予以公布。如果转让是在国际注册后未满五年时间内办的,国际局应征得新所有人所属国家的注册当局的同意,如可能,并应将该商标在新所有人所属国家的注册日期和注册号码公布。

(二)凡将国际注册簿上注册的商标转让给一个无权申请国际商标的人,均不予登记。

(三)在因新所有人的国家拒绝同意,或因已转让给一个无权申请国际注册的人,因而不能在国际注册簿上登记转让时,原所有人国家的注册当局有权要求国际局在其注册簿上撤销该商标。

第九条之三　〔仅就部分注册或商品服务项目转让国际商标,或仅转让给某些缔约国。关于巴黎公约第六条之四(商标转让)〕

(一)如果已通知国际局仅就部分注册商品或服务项目转让国际商标,国际局应在注册簿上登记。如果所转让的那部分商品或服务项目与转让人所保留注册的那部分商品或服务项目类似,每个缔约国均有权拒绝承认转让的有效性。

(二)国际商标只在一个与几个缔约国转让,国际局应同样予以登记。

(三)在上述情况下,如果在所有人的国家发生了变更,且如果在从国际注册之时开始不满五年的时间里,国际商标已经转让,新所有人所属国家的注册当局应按第九条之二的规定予以承认。

(四)上述各款规定的执行,受保护工业产权巴黎公约第六条之四的约束。

第九条之四 〔几个缔约国的统一注册当局;几个缔约国要求按一单个国家对待〕

(一)如果本特别同盟的几个国家同意统一其国内商标立法,它们可以通知总干事:

(1)以一个统一注册当局代替其中每个国家的注册当局。

(2)本条以前所有规定的全部或一部,在它们各自的全部领土适用视为在一单个国家适用。

(二)此项通知在总干事通知其他缔约国六个月后开始生效。

第十条 〔本特别同盟的大会〕

(一)(1)本特别同盟设立由批准或加入本议定书的国家所组成的大会。

(2)每国政府可有一名代表,并可由若干副代表、顾问及专家协助其工作。

(3)代表团的费用,除每个成员国一位代表的旅费及生活津贴外,均由派遣它的政府负担。

(二)(1)大会的职责是:

1. 处理关于维持和发展同盟以及实施本协定的所有事宜;

2. 就修订会议的准备工作向国际局发指示,在这方面要对尚未批准或加入本议定书的本特别同盟成员国的意见予以适当考虑;

3. 修改细则,包括确定第八条第(二)款所提到的费用以及关于国际注册的其他费用;

4. 审查和批准总干事有关本特别同盟的报告和活动,就本同盟主管范围内的事宜向他作必要的指示;

5. 决定本特别同盟的计划,通过三年一次的预算,以及批准其最后帐目;

6. 通过本特别同盟的财务规则;

7. 视需要成立专家和工作小组委员会,以实现本特别同盟的宗旨;

8. 决定允许哪些非本特别同盟成员国以及哪些政府间和非政府间国际组织作为观察员参加会议;

9. 通过对第十条至第十三条的修改;

10. 采取其他适当的行动以进一步实现本特别同盟的宗旨;

11. 行使根据本协定认为合适的其他职责。

(2)关于与本组织所管理的其他同盟有关的事宜,大会在听取本组织协调委员会的建议后,作出决定。

(三)(1)大会的每个成员国均有表决权。

(2)大会的成员国的半数构成法定人数。

(3)不管第(2)项的规定如何,在任何一次会议上,如果出席会议国家的数目不到大会成员国的一半,但达到或超过三分之一时,大会可以作出决议,但所有这种决议除有关其自身的程序的决定外只有履行下列条件,才能生效。国际局应将上述决议通知未出席的大会成员国,请它们在通知之日起三个月内以书面投票或弃权。如果在此期限满后,以这种方式投票或弃权的国家的数目达到了会议本身所缺法定人数的数目,只要同时仍取得了所规定的多数,这种决议就生效。

(4)除第十三条第(二)款规定的以外,大会决议需要三分之二的投票数。

(5)弃权不得视为投票。

(6)一位代表只能代表一个国家并以一个国家的名义投票。

(7)本特别同盟成员国中的非大会成员国得允许作为大会会议的观察员。

(四)(1)如没有特殊情况,大会例会在每第三个历年举行一次,由总干事召集。时间与地点与开本组织大会的时间、地点一致。

(2)经大会四分之一成员国的要求,应由总干事召集特别会议。

(3)每次会议的日程由总干事准备。

(五)大会制定自己的议事规则。

第十一条　〔国际局〕

(一)(1)国际局办理国际注册和履行有关职责以及处理同本特别同盟有关的其他行政工作。

(2)尤其是,国际局应为大会会议进行准备,并为大会以及可能已由大会成立的专家和工作小组委员会提供秘书处。

(3)总干事是特别同盟的行政负责人,并代表本特别同盟。

(二)总干事及由他所指定的任何职员应参加大会及大会所设立的专家或工作小组委员会的所有会议,但没有表决权。总干事或由他所指定的一名职员是那些机构的当然秘书。

(三)(1)国际局得根据大会的指示,为修订本协定中第十至十三条以外的规定所开的会议作准备。

(2)国际局可以就修订会议要作的准备与政府间组织和非政府间的国际组织进行协商。

(3)总干事及由他所指定的人得参加那些会议的讨论,但没有表决权。

(四)国际局应执行分配给它的其他任务。

第十二条　〔财务〕

(一)(1)本特别同盟应有预算。

(2)本特别同盟的预算包括本特别同盟本身的收入和开支,对各同盟共同开支预算的摊款,以及在适当时用作本组织成员国会议预算的款项。

(3)不是专为本特别同盟,而是同时为本组织所管理的一个或更多的其他同盟所开支的款项,视为各同盟共同开支。本特别同盟在这种共同开支中负担的部分,按本特别同盟在其中的权益的比例计算。

(二)制定本特别同盟的预算时,应适当考虑与本组织所管理的其他同盟的预算相协调。

(三)特别同盟的预算从下述来源供给资金:

(1)国际注册费以及国际局所提供的与本特别同盟有关的其他服务的其他收费;

(2)与本特别同盟有关的国际局的出版物的售价或其版税;

(3)捐款、遗赠和补助金;

(4)租金、利息及其他杂项收入。

(四)(1)第八条第(二)款谈到的收费金额及其他有关国际注册的收费经总干事提议,由大会确定。

(2)这些收费金额的规定,除第八条第(二)款第(2)、(3)项所谈到的附加费和补加费外,应能使本特别同盟的各种收费及其他来源的总收入至少足敷国际局有关本特别同盟的开支。

(3)如果预算未能在新的财政年度开始前通过,则应按财务规则的规定保持上一年的预算水平。

(五)国际局提供的有关本特别同盟其他服务的收费额,除第(四)款第(1)项的规定的以外,由总干事确定并报告大会。

(六)(1)本特别同盟设有工作基金,由本特别同盟的每个国家一次付款组成。如果基金不足时,大会得决定增加基金。

(2)每个国家对上述基金的第一次支付额或其在基金增加时的份额,按该国作为保护工业产权巴黎同盟成员国在其建立基金或决定增加基金那年为巴黎同盟预算分摊的比例计算。

(3)付款的比例和条件由大会根据总干事的提议并听取本组织协调委员会的意见后确定。

(4)只要大会授权使用本特别同盟的储备金作为工作基金,大会可以暂缓执行第(1)、(2)、(3)项的规定。

(七)(1)在与本组织总部所在国家所达成的总部协定中,应规定当工作基金不足时,该国应给予垫款。垫款的金额及条件由该国和本组织间根据具体情况另订协定。

(2)前项(1)所提到的国家以及本组织均有权以书面通知废止给予垫款的约定。废止通知从通知之年年底起三年后生效。

（八）帐目稽核按财务规则的规定由本特别同盟的一国或数国或由外面的查帐员进行。查帐员由大会得其同意后指定之。

第十三条 〔对第十条至第十三条的修改〕

（一）提议对第十、十一、十二条及本条进行修改，可由大会的任何成员国或总干事首先提出。这种提议至少应在大会审议前六个月由总干事通知大会成员国。

（二）对第（一）款谈到的条文所作的修改，由大会通过。通过时需要四分之三投票数，如若对第十条或本条进行修改，则需五分之四的投票数。

（三）第（一）款规定的对条文的任何修改，当大会已通过，且总干事已从四分之三的成员国那里收到了根据各自宪法程序予以接受的书面通知后一个月起开始生效。对上述条文所作的修改，对其开始生效时的大会成员或以后成为大会成员的所有国家都有约束力。

第十四条 〔批准和加入、生效。参加早先的议定书；关于巴黎公约第二十四条（领土）〕

（一）任何本特别同盟成员国已经就本议定书签字的，可予以批准；如果尚未签字，可以加入。

（二）（1）本特别同盟以外的任何国家但系保护工业产权巴黎公约成员者，可以加入本议定书，由此成为本特别同盟的成员。

（2）一旦国际局被通知这样的一个国家已加入本议定书，它应根据第三条向该国的注册当局发出当时享受国际保护的商标的汇总通知。

（3）这种通知本身应保证这些商标在所述国家的领土内享受上述规定的利益，并注明一年期限的开始日期，在这一年中，有关注册当局可以提出第五条所规定的声明。

（4）但在加入本协定书时，任何这种国家可以声明，除对以前已在该国有了相同且仍有效的国家注册一经有关当事人请求即应予承认的那些国际商标外，本议定书仅适用于自该国的加入生效以后所注册的商标。

（5）国际局接到这种声明即不必作出上述的汇总通知。国际局仅就自新国家加入之日起一年之内它收到了关于要利用第（4）项所规定的例外的详细请求的那些商标发出通知。

（6）国际局对在加入本协定书时声明要利用第三条之二所规定的权利的国家不发汇总通知。所述国家亦可同时声明，本议定书仅使用于自其加入生效之日起所注册的商标；但这种限制不得影响已经在这些国家有了相同的本国注册的，并可能引起根据第三条之三和第八条第（二）款第（3）项作出和通知了领土延伸要求的国际商标。

（7）属于本款规定的一项通知中的商标注册，视为代替了在新缔约国的加入生效前直接向该国所办的注册。

(三)批准书和加入书应交给总干事存档。

(四)(1)对于已经将其批准书和加入书交存的头五个国家,本议定书自第五个文件交存后三个月起开始生效。

(2)对于其他任何国家,本议定书在总干事将该国的批准书或加入书发出通知之日后三个月起开始生效,但在批准书或加入书中规定有一个较迟的日期时除外。在后者情况下,本议定书对该国自其规定的日期开始生效。

(五)批准或加入本议定书,即当然接受本议定书的所有条款并享受本议定书的所有利益。

(六)本议定书生效后,一个国家只有同时批准或加入本议定书,才可以参加一九五七年六月十五日的尼斯议定书。加入尼斯议定书以前的议定书,即使是同时批准或参加本议定书,也是不允许的。

(七)保护工业产权巴黎公约第二十四条的规定适用于本协定。

第十五条 〔退约〕

(一)本协定无时间限制地保持有效。

(二)任何国家可以通知总干事声明退出本议定书。这种退约亦构成退出原先的所有议定书,但只影响到作此通知的国家,协定对本特别同盟的其他国家继续全部有效。

(三)退约自总干事接到通知之日后一年生效。

(四)成为本特别同盟成员尚不满五年的国家,不得行使本条所规定的退约权。

(五)截止退约生效之日为止所注册的国际商标,如在第五条所规定的一年期限内未被拒绝,应在国际保护期内继续享有同在该退约国直接提出者一样的保护。

第十六条 〔先前议定书的适用〕

(一)(1)在已经批准或加入本议定书的本特别同盟成员国家间,自本议定书对它们生效之日起,本议定书即代替一八九一年马德里协定在本议定书以前的其他文本。

(2)但是,已经批准或加入本议定书的本特别同盟的任何成员国,如先前没有根据一九五七年六月十五日尼斯议定书第十二条第(四)款的规定退出先前文本,在它与未批准或加入本议定书的国家的关系中,应继续受先前文本的约束。

(二)已参加本议定书的非本特别同盟成员国,应对通过未参加本议定书的任一本特别同盟成员国的国家主管机关向国际局办理的国际注册,适用本议定书,只就这些国家说这种注册符合本议定书的要求。对于通过已参加本议定书的非本特别同盟成员国的国家主管机关向国际局办理的国际注册,这些国家承认,上述本特别同盟成员国可以要求遵守它所参加的那个最新议定书的规定。

第十七条 〔签字、语言、保存职责〕

(一)(1)本议定书在一个法文原本上签字,存于瑞士政府。

(2)大会所指定其他国语言的正本,由总干事经与有关政府磋商后确定。

(二)本议定书在斯德哥尔摩开放签字至一九六八年一月十三日止。

(三)总干事应将经过瑞士政府证明的本议定书签字原本的副本两份送给本特别同盟所有国家的政府,并送给提出请求的任何其他国家的政府。

(四)总干事应将本议定书在联合国秘书处登记。

(五)总干事应将下述情况通知本特别同盟的所有国家:签字、批准书或加入书及这些文件所包括的任何声明的交存,本议定书任何规定的生效,退约通知,按照第三条之二、第九条之四、第十四条第(七)款以及第十五条第(二)款所发的通知。

第十八条　〔过渡规定〕

(一)在第一任总干事就职以前,本议定书所指的本组织国际局或总干事应分别理解为保护工业产权巴黎公约所成立的同盟局或其干事。

(二)在成立本组织的公约生效后五年内,未批准或加入本议定书的本特别同盟成员国如果希望的话,可以行使第十至十三条所规定的权利,犹如这些国家受这些条文的约束一样。任何希望行使这种权利的国家得就此书面通知总干事。这种通知从接到之日起有效。这种国家被视为是大会成员直到所述期限届满时为止。

第三部分

案 例 参 考

参考案例 1：
合一网络技术(北京)有限公司与北京优酷支付服务有限公司侵害商标权纠纷案

关键词：互联网金融商标侵权及不正当竞争

北京市石景山区人民法院
民事判决书
(2015)石民(知)初字第 7083 号

原告：合一网络技术(北京)有限公司，住所地北京市海淀区海淀大街 8 号中钢国际广场×座×层×区。

法定代表人：古某某，董事长。

被告：北京优酷支付服务有限公司，住所地北京市石景山区广宁村东山增产居委会二号一层 1012。

法定代表人：李某，总经理。

原告合一网络技术(北京)有限公司(以下简称合一公司)诉被告北京优酷支付服务有限公司(以下简称优酷支付公司)侵害商标权及不正当竞争纠纷一案，本院于 2015 年 10 月 23 日受理后，依法组成由本院审判员易珍春担任审判长，由代理审判员张冬、人民陪审员冯凤增参加的合议庭，于 2016 年 1 月 21 日公开开庭进行审理。原告合一公司的委托代理人刘新焱、张锐以及被告优酷支付公司的委托代理人刘占林到庭参加了诉讼。本案现已审理终结。

原告合一公司诉称：

一、原告(优酷网)是中国乃至全球知名的互联网企业，其“优酷”商标为一般大众所熟知，且享有极高的知名度。原告“优酷 YOUKU”商标也多次在商标评审案件中被认定为驰名商标，早已与原告建立了确定唯一的对应关系。原告“优酷”及“YOUKU”商标已在多个商品及服务类别申请并获得注册。其中，早在被告成立日期 2014 年 8 月 6 日之前，原告已在如下第 36 类“金融服务”相关服务项目上获得注册商标专用权，包括第 6886294 号“优酷”、第 9395271 号“YOUKU 优币”、第 13835407 号“优酷”及第 13835402 号“YOUKU”。上述商标经原告在金融服务领域的长期持续使用，如“优酷众筹”“优酷钱包”“优酷充值”等，已为消费者所熟知。

二、被告擅自使用“优酷”“YOUKU”商标从事金融服务，侵犯了原告第 36 类注册商标专用权。被告未经原告许可在其域名、网站、名片、宣传材料中使用“优酷”“YOUKU”商标从事“网络支付、POS收单、移动支付、代收代付”等金融服务,侵犯了原告上述注册商标专用权。

三、被告擅自使用包含有原告“优酷”商标的“北京优酷支付服务有限公司”企业名称构成不正当竞争。

四、被告侵权恶意明显,原告在起诉前曾要求被告停止侵权,被告在明知原告采取措施要求其停止侵权的情况下,仍拒绝反馈或答辩,继续实施侵权行为。被告从事网络支付服务,非法经营规模巨大,原告的品牌声誉因被告的侵权行为遭受了一定损失。

综上,为维护原告合法权益,特诉诸法院,请求法院判令:1. 被告立即停止侵犯原告“优酷”“YOUKU”注册商标专用权的行为,包括停止在商品、包装、经营场所、宣传材料、网站和其他宣传媒体上使用“优酷”及“YOUKU”标识的行为;2. 被告立即停止在其企业名称中使用“优酷”文字,并向工商行政机关申请变更企业名称;3. 被告赔偿原告经济损失300万元(包含律师费、公证费、交通费、调查费等合理支出);4. 被告在《中国工商报》的显著位置刊登声明,向原告公开道歉,消除侵权造成的不良影响;5. 被告承担本案诉讼费用。

被告优酷支付公司辩称,请求法院驳回原告的所有诉讼请求,理由:

一、被告使用的商标有合法授权。第5651657号“优酷”商标由公司法人李某于2006年10月10日提出申请,经过商标局核准指定使用在第42类“主持计算机网站、替他人创建和维护网站”等服务上,专用权期限为2011年1月14日至2021年1月13日。经李某合法授权,由被告使用该商标。

二、被告并非在金融产品使用涉案商标。被告在网站上对于涉案商标的使用主要集中在第42类的相关服务上。被告于2014年与案外人深圳盒子支付信息技术有限公司(以下简称深圳盒子支付公司)签订了一份代理协议,依约定被告代理“盒子”产品。由于“盒子”产品具有即时支付功能,因此被告网站上即使出现金融字眼,也只是为了销售的需要、对其代理的一款产品的描述性使用而已,并非是被告自己在从事第36类金融服务,也并未在第36类服务上使用涉案商标。

三、被告企业商号中虽含有“优酷”一词,但由于被告实际经营的业务与原告商标指定使用的服务相差甚远,不会对消费者进行误导,也不会对原告的利益构成损害,未构成不正当竞争。

四、原告主张赔偿300万元的诉讼请求不应得到支持。根据《商标法》第64条的规定,即使有他人侵害了原告的商标专用权,由于原告没有对涉案商标进行实际使用,亦不应当获得赔偿。

本案中,原告合一公司为证明其所主张的事实及诉讼请求,向本院提交了7组共22份证据材料:

第一组证据为权属证据,包括:证据1,商标注册证,证明原告合一公司在第36类“保险;

金融服务;金融咨询;期货经纪;艺术品估价;不动产出租;不动产代理;不动产管理;经纪;信托”服务项目上注册了“优酷”商标,商标注册证号为第 6886294 号。证据 2,商标注册证,证明原告合一公司在第 36 类“保险经纪;货币兑换;票据交换(金融);金融服务;电子转账;借款卡服务;信用卡发放;经纪;信托;典当”服务项目上注册了“youku 优币”商标,商标注册证号为第 9395271 号。证据 3,商标注册证,证明原告合一公司在第 36 类“通过网站提供金融信息”服务项目上注册了“YOUKU”商标,商标注册证号为第 13835402 号。证据 4,商标注册证,证明原告合一公司在第 36 类“通过网站提供金融信息”服务项目上注册了“优酷”商标,商标注册证号为第 13835407 号。

第二组证据证明“优酷”商标为一般公众所广泛知晓,包括:证据 5,关于第 11634678 号“优酷 YOUKU”商标无效宣告请求裁定书,即商评字(2015)28621 号,证明原告注册的第 5939386 号“YOUKU 优酷”商标被商标评审委员会认定为驰名商标,且驰名状态在 2010 年前即已客观成立。证据 6,关于第 9139764 号“优酷 youku”商标无效宣告请求裁定书即商评字(2015)第 51840 号,证明目的与证据 5 一致。证据 7,(2015)京知行初字第 3543 号行政判决书,证明北京知识产权法院已于 2015 年 8 月 20 日判决认定,原告注册的 5939386 号“YOUKU 优酷”商标在诉争商标申请日,即 2011 年 7 月 4 日之前在中国大陆范围为相关公众广为知晓,构成驰名商标。诉争商标减弱了原告驰名商标“YOUKU 优酷”的显著性,进而损害原告作为驰名商标权利人的利益。证据 8,(2015)京知行初字第 3544 号行政判决书,证明目的与证据 7 一致。

第三组证据,被告优酷支付公司侵犯原告合一公司商标权及不正当竞争的证据,包括:证据 9,(2014)京中信内经证字第 48180 号公证书,证明被告通过“www. yokucn. com”域名提供支付服务,并在网站显著部位标注“优酷”字样。证据 10,(2015)京长安内经证字第 13788 号公证书,证明经实际调查,被告在经营服务过程中在其商品、经营场所宣传材料和其他宣传媒体上使用“优酷”及“YOUKU”标识。证据 11,原告合一公司根据公证录音资料整理的书面内容,证明被告方自认其经营是连锁经营,每个连锁加盟方将要向其支付 10 万元加盟费,自认至少有 40 ~ 50 家成功加盟的加盟商,进而证明被告优酷支付公司因为侵权行为和不正当竞争行为非法所得巨大。证据 12,世界知识产权组织(WIPO)第 D2015 - 1727 号裁决书网页打印件,证明被告在注册与原告的“YOUKU”和“优酷”商标混淆近似的“www. yokucn. com”域名时就知晓“YOUKU”“优酷”商标具有很高的知名度,且在网站内容中使用了原告合一公司的注册商标“优酷”,并且附加了注册商标标志,同时还在该网站上从事与原告注册商标指定服务类别相类似的商业活动,被告的主观恶意明显,意图利用原告“YOUKU”和“优酷”商标的声誉吸引用户,牟取非法商业利益。

第四组证据证明原告合一公司对注册在第 36 类的“优酷”“YOUKU”商标进行了大量使用,包括:证据 13,(2015)京中信内经证字第 56901 号公证书,证明原告方在被告公司成立之前就一直在金融服务、支付、金融信息等领域上使用其注册商标“YOUKU”“优酷”。

第五组证据证明原告注册商标核准指定项目“金融服务”包括支付服务,包括:证据 14,

2011年国家统计局编纂的《2011国民经济行业分类注释》一书的复印件,书中明确了非金融机构支付服务属于金融服务范围,包括网络支付,金融信息服务也属于金融服务范围;证据15,各类媒体关于金融服务的相关文章共13篇,证明目的同证据14。

第六组证据为6份生效判决书,即证据16~21,证明在同类案件中认定与本案相似的情况构成商标侵权,在企业字号中使用原告注册商标构成不正当竞争。

第七组证据即证据22,顶级国际域名证书,证明被告恶意抢注域名"www.yokucn.com",并恶意使用原告优酷商标,世界知识产权组织裁决生效,并已执行完毕,该域名已转移到原告名下。

针对原告合一公司提交的上述证据,被告优酷支付公司发表如下质证意见:

对证据1~4、证据12、证据14、证据15、证据22的真实性、合法性、关联性均认可。对证据5~8的真实性、合法性、关联性均认可,但不认可其证明目的,因为认定的驰名商标是第5939386号商标,服务内容是在娱乐、提供在线电子出版物服务等方面,而非在金融服务上驰名。对证据9、证据10的证明目的均不予认可,因为被告不是在提供金融服务,而是为深圳盒子支付公司代理一款产品,网页内容均是摘抄于深圳盒子支付公司,对公司的介绍并非商标意义上的使用,所以并不能证明商标侵权的存在。关于企业名称,即"优酷"和"支付"一起使用的问题,"优酷"是被告的注册商标,出现"支付"字样是因为前几年公司法人申请过"支付"这个商标,但还没有核准注册下来。关于证据11认可其真实性,但认为商家在宣传经营的产品时会有适当的夸大,这款产品经营情况并不好。录音中的最后一句,委托人问被告与优酷视频有没有关系,被告明确表态没有关系,表明被告在实际经营过程中没有恶意傍靠他人的主观意图。对于证据13的真实性、合法性没有异议,但认为该公证并没有很好地表现出原告使用其注册商标的状况。对证据16~21即法院判决书,认可真实性、合法性,但认为每个案件有其特殊性,上述案件的判决结果不一定与本案有关联性。

被告北京优酷支付公司为证明其诉讼主张提供以下6份证据:

证据1,商标注册证复印件,证明被告在第42类"计算机编程、主持计算机站(网站)、把有形的数据和文字转换成电子媒体、计算机软件设计、计算机软件出租、替他人创建和维护网站、计算机程序和数据的转换(非有形转换)、为计算机用户间交换数据提供即时连接服务,出租包含商业金融信息的CD光盘、计算机程序复制"服务项目上注册了"优酷"商标,商标注册证号为第5651657号。

证据2,代理权(北京市)转让协议复印件,证明被告网站上代理的产品是经过合法授权,同时说明被告网站的内容是关于这款产品本身功能性的介绍,而非金融类服务,被告并不是在第36类相关服务上使用了"优酷"商标。

证据3,商标使用许可协议,证明被告使用"优酷"商标有合法来源,商标使用许可人(甲方)为李某、孔某某,孔某某是法人李某的前妻,商标使用被许可人(乙方)是被告,授权的是第5651657号商标,授权时间是从2014年8月26日至2016年8月25日,许可使用范围是中华人民共和国国内,形式是独占使用许可。

证据4,盒子支付移动支付平台服务代理协议复印件,证明目的同证据1、证据2。深圳盒子支付公司原来委托北京金盛梓翔文化发展有限公司来代理这款盒子产品,后北京金盛梓翔文化发展有限公司又把权限转给被告,因为被告不是合同双方当事人,因此无法出示原件。

证据5,商标档案打印件5份,来源是商标局的公开信息,证明被告网站上体现的是深圳盒子支付公司的产品叫"盒子支付",印证被告推广的产品是经过合法授权的,金融信息的出现是对于这款产品的描述。

证据6,"盒子支付"实物一个,证明它是一款产品,其产品特征类似于手机POS机,是通过手机连接到"盒子"上来,通过与商家连接,输入具体金额,可以实现瞬间支付。

针对被告优酷支付公司提交的上述证据,原告合一公司对于证据1~5的真实性均提出异议,并认为即便是盒子确实是被告方经营的产品,也不能免除被告方利用"优酷"商标的专用权和"优酷"本身的知名度来获取相关非法收益的法律责任;对证据6无异议。

根据双方当事人的举证质证意见,对于原告合一公司提交证据1~4、证据9、证据10、证据12~15、证据22,因被告优酷支付公司对上述证据的真实性、合法性、关联性均无异议,本院予以采信;对于证据5~8、证据16~21,因缺乏与本案的关联性,本院不予采信;对于证据11,被告优酷支付公司认可其真实性,但对其证明目的不予认可,故本院对其真实性予以认可;被告优酷支付公司提交的证据1、证据6,经本院核实,予以采信;被告优酷支付公司未提供证据2、证据4、证据5的原件,原告合一公司不认可真实性并指出了证据间的矛盾之处,故本院对上述证据不予认可;对被告优酷支付公司提交的证据3,原告合一公司对其真实性及关联性提出异议,但原告已当庭核对了证据原件,目前并无其他证据和事实表明该证据不真实,且该证据与被告使用"优酷"商标具有关联性,故本院对该证据予以采信。

经审理查明,根据对双方当事人提交证据的认证及双方当庭陈述,本院认定如下事实:

原告合一公司成立于2005年11月14日,经营范围:研究、开发、生产计算机软硬件;提供计算机网络系统集成服务及计算机应用系统安装及维修;提供自产产品的技术及商务咨询、技术服务、技术转让、技术培训等。

被告优酷支付公司成立于2014年8月6日,经营范围:网络支付;技术开发、技术推广、技术转让;经济信息咨询;销售电子产品等。

2010年6月14日,经国家工商行政管理总局商标局(以下简称商标局)核准,原告合一公司在第36类"保险;金融服务;金融咨询"等服务上注册了"优酷"商标,商标注册证号为第6886294号(以下简称涉案商标一);2012年5月14日,原告合一公司经商标局核准,在第36类"保险经纪;货币兑换;票据交换(金融);金融服务;电子转账"等服务上注册了"youku优币"商标,商标注册证号为第9395271号(以下简称涉案商标二);2015年2月21日,原告合一公司经商标局核准,在第36类"通过网站提供金融信息"服务上注册了"YOUKU"商标,商标注册证号为第13835402号(以下简称涉案商标三);2015年2月28日,原告合一公司经商标局核准,在第36类"通过网站提供金融信息"服务上注册了"优酷"商标,商标注册证号为第13835407号(以下简称涉案商标四)。上述商标均在注册有效期限内。

为证明早在被告优酷支付公司成立之前,原告合一公司即在金融服务、支付、金融信息等服务领域上使用其注册的"YOUKU""优酷"商标,原告合一公司提交了(2015)京中信内经证字第56901号公证书,该公证书显示:2015年10月28日,打开公证处电脑,在浏览器中输入www. youku. com,进入原告合一公司经营的优酷网网站,点击上方的"财经",进入下一页面,分别点击"品牌节目""财经快讯""创业商机""消费理财""精彩节目",分别进入下一页面,点击右上方的"优酷众筹",进入下一页面,点击"发起项目""了解优酷众筹",分别进入下一页面,点击左上方的"优酷钱包"进入下一页面,分别点击左下方的"什么是优酷钱包""优酷钱包协议"。本院认为该公证书可以证实原告合一公司实际使用了其享有权利的涉案商标。

为证明涉案商标一、涉案商标二核准指定项目"金融服务"包括支付服务,原告合一公司提交了国家统计局编写的《2011国民经济行业分类注释》一书及各类媒体关于金融服务的相关报道,足以证明原告上述主张,故本院对该证明事项予以认定。

为证明被告优酷支付公司存在商标侵权和不正当竞争行为,原告合一公司提交了两份公证书。第一份公证书是(2014)京中信内经证字第48180号公证书,该公证书显示,2014年11月21日,北京天玺泽知识产权代理有限公司的委托代理人在北京市中信公证处公证人员的监督下,连接公证处网络的办公电脑进行如下操作:打开电脑,在浏览器中输入"www. yokucn. com",打开网页,该网页左上端标有"优酷? 支付?";点击该页面上端的"关于公司",出现以下内容:"公司简介北京优酷支付服务有限公司,成立于2014年8月,优酷支付作为一家市场化运作的支付服务商,致力于为移动互联网支付提供业界领先的技术理念和各种优质的产品服务,是国内一家与盒子支付公司签订了战略合作协议的移动互联网支付公司……优酷支付与盒子支付的合作,在不断改善用户体验、洞察移动支付行业消费需求的基础上,重点打造'智能云支付开放平台',推出新一代手机云POS金融级支付终端,坚持走在移动支付的变革的浪潮之巅,并在创新实践中继续发展壮大。优酷支付提供网上支付、POS收单、移动支付、代收代付等全方位的支付平台服务,为行业客户提供定制化综合金融解决方案。在POS收单领域,优酷支付针对中国POS市场需求,创新金融收单直联和平台外包结合的服务模式,从而充实金融服务的市场力量;在移动支付领域,优酷支付代理的盒子支付蓝牙POS及音频刷卡器设备,满足小微商户及个人的刷卡收款需求。针对小微商户的库存管理,金融服务贷款、融资等提供全方位金融解决方案。目前,优酷支付行业客户有较为丰富而成熟的金融服务经验。"点击"帮助中心",进入下一页面,该页面显示"合作伙伴"中,有工商银行、中国银行、1号店、支付宝等商业标识。原告合一公司认为被告优酷支付公司通过"yokucn. com"域名经营侵权产品及服务,并在网站显著部位标注"优酷"字样,是对原告商标的突出使用,是一种直接侵权。被告优酷支付公司官方发布的合作伙伴中大部分都是金融机构,同样证明其所从事的经营行为主要是在第36类商标的业务范围内。

第二份公证书是(2015)京长安内经证字第13788号公证书,该公证书显示,2015年6月25日,北京天玺泽知识产权代理有限公司的委托代理人张博与北京市长安公证处的公证员一起来到位于北京市昌平区立水桥龙德紫金3号楼425室。在该地点,一位被称为“李总”(音)的男士接待了张博,随后张博与“李总”进行了谈话并索要了名片及宣传资料。在上述过程中,共取得录音资料一份、名片一张、宣传资料一份。谈话结束后,张博对该地点的部分内部及外部现状进行了拍照,现场取得照片8张。该名片左半部上端显示“优酷? 支付? 盒子支付合伙人”,下端显示“李荣 CEO”,名片右半部显示“北京优酷支付服务有限公司深圳盒子支付信息技术有限公司北京代理商”及公司联系方式等内容。宣传资料的主要内容是对“盒子支付”产品的介绍及对深圳盒子支付公司的介绍,最后一页显示有“北京优酷支付服务有限公司深圳盒子支付信息技术有限公司一级代理”。原告合一公司认为该公证书可以证明经实际调查,被告优酷支付公司在经营服务过程中在其商品、经营场所宣传材料和公司CEO名片上突出使用了“优酷”及“YOUKU”标识。

被告优酷支付公司对原告合一公司提交的两份公证书的证明目的不予认可,其认为其网站上的大部分信息和宣传资料里的内容都是直接摘抄于深圳盒子支付公司的信息,公司介绍并非商标意义上的使用,不能证明商标侵权行为的存在。关于被告企业名称的问题,“优酷”是被告的注册商标,因此不构成不正当竞争。

另查,经商标局核准,被告优酷支付公司的法定代表人李某于2011年1月14日,在第42类“计算机编程、主持计算机站(网站)、把有形的数据和文字转换成电子媒体、计算机软件设计、计算机软件出租、替他人创建和维护网站、计算机程序和数据的转换(非有形转换)、为计算机用户间交换数据提供即时连接服务,出租包含商业金融信息的CD光盘、计算机程序复制”服务项目上注册了“优酷”商标,商标注册证号是第5651657号(以下称涉案商标五)。2014年8月26日,许可人(甲方)李某、孔某某(被告优酷支付公司自述孔某某为公司法定代表人李某的前妻)与被许可人(乙方)被告优酷支付公司签订《商标使用许可协议》,协议中载明:一、甲方将其持有的第5651657号“优酷”商标许可乙方在商标指定使用的商品上使用。二、许可使用期限自2014年8月26日起至2016年8月25日止。三、甲方许可乙方使用商标的地域范围:中华人民共和国境内。四、甲方许可乙方使用商标的形式为:独占使用许可。

再查,2015年11月18日,世界知识产权组织(WIPO)仲裁与调解中心就编号为D2015-1727的案件出具裁决书,该裁决书载明:专家组认定,被投诉人注册和使用争议域名具有恶意……鉴于上述所有理由……专家组裁定将争议域名(youkucn. com)转让给投诉人合一网络技术(北京)有限公司。该裁决已生效并已执行完毕。

本院认为,综合当事人的诉辩意见,本案涉及两个争议焦点:

第一,被告优酷支付公司的涉案行为是否属于提供金融服务的行为,是否侵犯了原告合

一公司注册商标专用权利;

第二,被告公司名称中包含"优酷"字号是否构成不正当竞争。

关于第一个争议焦点,即被告优酷支付公司的涉案行为是否属于提供金融服务的行为,是否侵犯了原告合一公司注册商标专用权利的问题。

我国《商标法》第56条规定,注册商标的专用权,以核准注册的商标和核定使用的商品为限;第57条规定,未经商标注册人的许可,在同一种商品或服务上使用与其注册商标相同的商标的;未经商标注册人的许可,在同一种商品或服务上使用与其注册商标近似的商标,或者在类似商品或服务上使用与其注册商标相同或者近似的商标,容易导致混淆的,均属侵犯注册商标专用权的行为。本案中原告合一公司在36类服务项目上注册有第6886294号"优酷"、第9395271号"YOUKU优币"、第13835407号"优酷"及第13835402号"YOUKU"四个商标,被告优酷支付公司经授权取得了注册在第42类服务上的第5651657号"优酷"商标。因此,被告是否在"金融服务"上使用了上述标识是认定其行为是否构成商标权侵权的关键所在。

对此本院认为,首先,根据原告合一公司提供的国家统计局编纂的《国民经济行业分类注释》及大量有关金融服务的文章,应当确认网络支付属于非金融机构支付服务,非金融机构支付服务又属于金融服务范围,通过网站提供金融信息也应当属于金融服务的范畴。

其次,从原告合一公司提交的公证书内容来看,被告优酷支付公司经营的网址为"www.yokucn.com"的网站中突出使用了"优酷"标识,该网站中存在大量有关支付业务的介绍,其明显是从事支付业务,而支付服务又属于金融服务,因此应当认定被告在从事金融服务及通过网站提供金融信息时突出使用了"优酷"和"yoku"标识。被告优酷支付公司虽然企业名称含有"优酷"两字且享有注册在第42类的"优酷"商标,但其在金融服务中突出使用"优酷"商标的行为,超出了其注册商标核定使用范围。

最后,经比对,涉案商标一、涉案商标四为中文文字"优酷",与被告优酷支付公司在其网站中使用的"优酷"标识完全相同。被告优酷支付公司在其网站域名中使用了"yoku"英文文字,与涉案商标三"YOUKU"虽然存在拼写和大小写方面的差异,但两者从整体上和发音上均较为相似,应构成近似。涉案商标二虽然包括英文字母"YOUKU",但其为中英文组合商标,公众更容易识别出中文"优币",故该商标的显著特征在于"优币"而非"YOUKU",而且从整体上看"YOUKU优币"与"yoku"两者不构成近似。根据最高人民法院《关于审理商标民事纠纷案件适用法律若干问题的解释》的有关规定,将与他人注册商标相同或者相近似的文字注册为域名,并且通过该域名进行相关商品交易的电子商务,容易使相关公众产生误认的,属于给他人注册商标专用权造成其他损害的行为。

综上,被告优酷支付公司在从事金融服务中突出使用"优酷"标识,构成对涉案商标一、涉案商标四的侵害,其使用含有"yoku"文字的域名的行为构成对涉案商标三的侵害。被告优酷支付公司辩称其网站上出现金融字眼,只是为了销售其代理的一款产品而进行的描述性使用,并非从事第36类金融服务,也未在第36类服务上使用涉案商标,上述意见与本案查明的事实不符,故本院对该抗辩主张不予采纳。

关于第二个争议焦点,关于被告公司名称中包含“优酷”字号是否构成不正当竞争的问题。

《商标法》第58条规定,将他人注册商标、未注册的驰名商标作为企业名称中的字号使用,误导公众,构成不正当竞争行为的,依照反不正当竞争法处理。根据反不正当竞争法及相关规定,经营者在市场交易中,应当遵循自愿、平等、公平、诚实信用的原则,遵守公认的商业道德。在处理注册商标与注册使用企业名称冲突纠纷案件中,应当遵循诚实信用、保护在先合法权益的原则。根据本案查明的事实,原告合一公司于2010年6月即取得了注册在第36类“金融服务”等服务上的“优酷”商标专用权,并通过在其经营的优酷网上长期使用,在公众中具有一定的知名度。被告优酷支付公司成立于2014年6月,虽然其取得了注册在第42类“主持计算机网站”等服务上的“优酷”商标,但该商标使用范围并不包括支付服务,其却在企业名称中将“优酷”与“支付”共同使用,明显具有攀附原告合一公司“优酷”商标商誉的意图,而且被告优酷支付公司主要是通过其网站经营、宣传公司的支付业务,容易造成相关公众的混淆误认,违反了诚实信用原则,构成不正当竞争。故对于被告优酷支付公司关于被告企业商号中虽含有“优酷”一词,但由于被告实际经营的业务与原告商标指定使用的服务相差甚远,不会对消费者进行误导,也不会对原告利益构成损害,未构成不正当竞争的抗辩主张,本院亦不予采纳。

综上,被告优酷支付公司因实施了侵犯原告合一公司涉案商标一、涉案商标三、涉案商标四专用权的行为及构成不正当竞争,根据《民法通则》第118条及最高人民法院《关于审理注册商标、企业名称与在先权利冲突的民事纠纷案件若干问题的规定》第4条的规定,应承担停止侵权行为、赔偿损失的法律责任。由于被告优酷支付公司涉嫌侵权的域名已转让到原告合一公司名下,不存在继续实施该侵权行为的可能,故本院对相关诉讼请求不再予以处理。关于原告合一公司要求被告优酷支付公司公开道歉、消除影响的诉讼请求,由于原告未提供证据证明被告涉案行为给其商誉造成负面影响,故对于该项请求,本院不予支持。

关于具体的赔偿数额,原告合一公司虽然提交了一份公证书及谈话录音以证明对方因侵权行为获利巨大,但在无其他证据予以佐证的情况下,仅凭一份谈话录音不能充分有效地证明侵权人因侵权所获得的利益,故本院将依据以下事实进行酌定:1.原告合一公司为涉案注册商标的注册人,上述商标经过原告合一公司的使用,具有一定的知名度;2.从被告优酷支付公司侵权行为的性质和具体方式看,实施了在经营的网站、域名中使用原告合一公司享有权利的3个商标和在企业名称中突出使用“优酷”商标的两个行为,侵权情节较严重,主观过错较明显;3.关于原告合一公司主张的合理支出部分,虽未提供相应票据,但根据本案原告方确有律师代理并出庭、原告提交了多份公证书必然会发生公证费用的事实,本院对其主张的合理支出中的两项,即律师费、公证费,酌情予以支持。

综上所述,本院依照《民法通则》第118条,《商标法》第56条、第57条第1项与第2项、第58条、第63条第3款,《反不正当竞争法》第2条第1款与第2款、第20条,《民事诉讼法》第64条,最高人民法院《关于审理商标民事纠纷案件适用法律若干问题的解释》第1条第1项、第3项以及最高人民法院《关于审理商标民事纠纷案件适用法律若干问题的解释》第1条第1项,最高人民法院《关于审理注册商标、企业名称与在先权利冲突的民事纠纷案件若干问题的规定》第4条的规定,判决如下:

一、被告北京优酷支付服务有限公司于本判决生效后立即停止侵犯原告合一网络技术(北京)有限公司第6886294号"优酷"注册商标和第13835407号"优酷"注册商标专用权的行为;

二、被告北京优酷支付服务有限公司于本判决生效后立即停止在企业名称中使用"优酷"字号,并于本判决生效后30日内变更登记企业名称;

三、被告北京优酷支付服务有限公司于本判决生效后10日内赔偿原告合一网络技术(北京)有限公司经济损失47万元及诉讼合理支出3万元,两项共计50万元;

四、驳回原告合一网络技术(北京)有限公司其他诉讼请求。

如果未按本判决指定的期间履行给付金钱义务,被告北京优酷支付服务有限公司应当依照《民事诉讼法》第253条之规定,加倍支付迟延履行期间的债务利息。

案件受理费30,800元,由原告合一网络技术(北京)有限公司负担22,000元(已交纳),由被告北京优酷支付服务有限公司负担8800元(于本判决生效之日起7日内交纳)。

如不服本判决,可在判决书送达之日起15日内,向本院递交上诉状,并按对方当事人的人数提出副本,于上诉期满之日起7日内交纳上诉案件受理费,上诉于北京知识产权法院。在上诉期限内,提出上诉却拒不交纳或逾期交纳上诉案件受理费的,按自动撤回上诉处理。

审　判　长　易珍春
代理审判员　张　冬
人民陪审员　冯凤增
二〇一六年四月二十二日
书　记　员　刘艳炜

参考案例2：
江苏省广播电视总台与金某某侵害商标权纠纷案

关键词：节目名称　商标专用权

广东省高级人民法院
民事判决书
(2016)粤民再447号

再审申请人(一审被告、二审被上诉人)：江苏省广播电视总台，住所地：江苏省南京市玄武区某路×号。

法定代表人：卜某，台长。

再审申请人(一审被告、二审被上诉人)：深圳市珍爱网信息技术有限公司。

法定代表人：陈某。

被申请人(一审原告、二审上诉人)：金某某。

再审申请人江苏省广播电视总台(以下简称江苏电视台)、深圳市珍爱网信息技术有限公司(以下简称珍爱网公司)因与被申请人金某某侵害商标权纠纷一案，不服广东省深圳市中级人民法院(2015)深中法知民终字第927号民事判决，向本院申请再审。

本院于2016年5月13日作出(2016)粤民申69号民事裁定，提审本案。本院依法组成合议庭，开庭审理了本案。

再审申请人江苏电视台的委托诉讼代理人黄武双、马翔，珍爱网公司的委托诉讼代理人刘虹环、徐初萌，以及被申请人金某某的委托诉讼代理人肖才元、王承恩到庭参加诉讼。本案现已审理终结。

江苏电视台申请再审称：

一、一审、二审判决对于涉案被诉《非诚勿扰》节目名称是否属于商标法意义上的使用未作审查，以“上诉人和被上诉人均无异议”来认定商标性使用，属于法律适用错误。江苏电视台对于节目名称的使用并未产生商标区分产源的功能，不属于商标性使用。被诉标识图样多样、位置多变，不符合商标使用的规范，而被诉电视节目左上角固定显示的“江苏卫视”台标，才是标注商品/服务来源的商标性使用。

二、金某某涉案注册商标指定使用的服务类别为“交友服务、婚姻介绍所”，该服务与《非诚勿扰》电视节目的服务目的、内容、方式、对象均不相同，被诉节目系对现实生活的二度艺术加工,是精神文化产品,二审法院未作细化考虑,将该节目认定为“交友、婚姻介绍”服务,属于对电视节目的属性认定错误。

三、《非诚勿扰》节目与金某某涉案注册商标不会造成混淆或反向混淆,不构成侵权。(1)金某某涉案注册商标系对知名电影《非诚勿扰》名称的简单复制,金某某注册商标的目的系诉讼而非真实使用。(2)金某某涉案注册商标本身无法产生区分产源的商标功能,被诉《非诚勿扰》节目名称与涉案注册商标存在明显差异,不存在混淆可能性。(3)金某某并未对涉案注册商标进行商业性使用,不存在混淆前提。

四、金某某不应对通过侵权获得的涉案注册商标享有权利,在江苏电视台获得原始权利人华谊兄弟传媒股份有限公司(以下简称华谊公司)授权而使用的情况下,被诉行为不应被认定侵权。

五、二审判决不仅严重损害江苏电视台权利,也将严重损害社会公共利益,与商标法立法精神相悖。故请求本院判令:(1)撤销二审判决;(2)驳回金某某全部诉讼请求;(3)由金某某负担本案一审、二审费用。

金某某辩称:

二审法院认定事实清楚,适用法律正确。

一、江苏电视台申请再审所提供的证据及理由均不成立,不符合法律规定。

二、金某某涉案第7199523号注册商标合法有效,专用权稳定。金某某仅申请注册涉案注册商标,没有注册过其他商标,也一直艰难地从事婚介交友服务,没有任何不正当、不诚信的行为。

三、江苏电视台违背诚实信用原则。江苏电视台在一审、二审诉讼中均承认被诉“非诚勿扰”电视栏目名称属于商标性使用,如今又反悔并申请再审;其在节目中自认是大型婚恋交友节目、提供全新交友模式,但在诉讼中又不承认系婚恋节目或提供了婚恋交友服务。

四、“非诚勿扰”既是其节目名称,又是其婚介、交友、相亲服务的服务标识,具有标识来源作用。并无法律规定一个商业主体不能同时使用两个品牌。江苏电视台在与被诉节目相关的各环节反复使用、突出使用“非诚勿扰”,系商标性使用。

五、金某某涉案注册商标核定服务项目包括交友服务、婚姻介绍。本案江苏电视台的《非诚勿扰》节目此前一直自认系婚恋交友节目,容易引发与婚介交友服务相关的消费者、经营者的误认,官方媒体与电视同行对婚介节目的认识就是“电视红娘”,且该被诉节目提供了真实的婚介交友服务,侵入金某某注册商标专用权范围。电视节目与互联网只是江苏电视台、珍爱网公司提供婚介交友服务的手段,并不因此改变婚介交友属性。

六、被诉电视节目“非诚勿扰”标识与金某某涉案“非诚勿扰”注册商标相同,故本案属于服务相同、商标实质性相同的情况,法律上无须比较混淆,足以认定构成商标侵权。

七、江苏电视台对被诉标识的使用,不具有正当性。江苏电视台对被诉标识不具有先用权,其所谓得到华谊公司授权的真实性值得怀疑,即使获得授权,也仅涉及在第41类服务的授权,并不影响对其侵犯金某某第45类商标专用权行为的认定。当从事某一服务超出该行业的一般特性并延伸至其他类别服务时,必须给予必要的谨慎并避免与覆盖类别服务中的他人注册商标专用权发生冲突。

八、电视手段融化于婚介服务模式中已成社会常态,“电视节目”是按照服务手段分类,而“交友、婚姻介绍”是按照服务内容分类,两者必然存在交集,能够导致公众混淆。

珍爱网公司述称:

同意江苏电视台的申请再审请求与理由。金某某并未真实、合法使用涉案注册商标,珍爱网公司已就此向相关商标行政管理部门提请启动撤销涉案商标的审查程序。此外,珍爱网公司对被诉标识的使用属于指示性使用,不构成共同侵权。

珍爱网公司亦向本院申请再审称:

二审法院认定事实与适用法律均有错误。

一、被诉《非诚勿扰》电视栏目与金某某涉案注册商标在服务的内容、方式、目的和对象等方面均不相同,盈利模式完全不同,不具有同质性,不属于相同或类似服务。

二、二审判决关于《非诚勿扰》电视栏目对“非诚勿扰”的使用构成反向混淆的认定缺乏事实依据,适用法律错误。

三、江苏电视台使用“非诚勿扰”作为栏目名称,具有合法的他人授权,且实际使用的范围未超过他人合法授权的范围。

四、二审判决关于珍爱网公司与江苏电视台构成共同侵权的认定事实错误,适用法律错误,应予纠正。珍爱网公司并未与江苏电视台共同制作《非诚勿扰》电视栏目,仅是参加了该节目嘉宾招募、宣传等工作。故珍爱网公司对“非诚勿扰”的使用,属于指示性、描述性的客观使用,不构成商标侵权。共同侵权应以存在侵权的共同意思联络与过错为前提,在江苏电视台已获得相关标识的授权、被诉节目与金某某注册商标服务类别完全不同的情况下,珍爱网公司已尽合理注意义务,不存在任何主观过错。二审法院在改判一审判决时并未援引任何共同侵权的法律条文,显然缺乏法律依据。

五、金某某涉案注册商标侵害了他人的在先权利,且未进行实际的商业使用,该注册商标应被无效或撤销。故珍爱网公司请求本院判令:1.撤销二审判决;2.维持一审判决,即驳回金某某提出的全部诉讼请求。

金某某辩称:

珍爱网公司关于“指示性使用”、不构成共同侵权的理由不成立。本案不涉及赔偿,江苏电视台和珍爱网公司是否存在主观过错不是本案关注的重点。只有在江苏电视台的“非诚勿扰”标识是合法时,珍爱网公司才构成指示性使用,否则就属侵权。珍爱网公司利用被诉标识大做广告,进行线下与网站上的相亲、婚介活动,与江苏电视台“资源共享”等,构成共同侵权。

江苏电视台述称,同意珍爱网公司申请再审请求与理由。

金某某以江苏电视台、珍爱网公司侵害其商标权为由,向一审法院提起诉讼,请求判令:

1.江苏电视台所属的江苏卫视频道立即停止使用"非诚勿扰"栏目名称;2.珍爱网公司立即停止使用"非诚勿扰"名称进行广告推销、报名筛选、后续服务等共同侵权行为;3.江苏电视台与珍爱网公司共同承担本案全部诉讼费用。

一审法院认定事实:

2009年2月16日,金某某向国家工商行政管理总局商标局(以下简称商标局)申请注册"非诚勿扰"商标。2010年6月6日,商标局发布了包括"非诚勿扰"商标在内的商标初步审定公告。2010年9月7日,金某某获得第7199523号"非诚勿扰"商标注册证,有效期自2010年9月7日至2020年9月6日,核定服务项目为第45类,包括"交友服务、婚姻介绍所"等。

为证明江苏电视台有关侵权事实,金某某提交了深圳市盐田公证处(2013)深盐证字第1099号公证书。该公证书系对江苏电视台有关网页内容的公证。江苏电视台有关网页显示:《非诚勿扰》系江苏电视台下属江苏卫视的一个栏目,长江龙新媒体有限公司(以下简称长江龙公司)系江苏电视台的下属单位;2013年江苏卫视广告价目表显示《非诚勿扰》播出前的21:08~21:10时刻的广告价格为11万元/5秒、21万元/10秒、30万元/15秒;江苏卫视《非诚勿扰》栏目的网页显示"新派交友电视节目"以及"非诚勿扰"等文字,其中,"非诚勿扰"为突出使用;上述网页在节目简介中称"《非诚勿扰》是一档适应现代生活节奏的大型婚恋交友节目,我们将为您提供公开的婚恋交友平台,高质量的婚恋交友嘉宾,全新的婚恋交友模式"。播放频道:江苏卫视。播出时间:每周六、周日晚21点20分;上述网页显示报名方法为"在珍爱网登记报名资料、上传照片、填写个人文字(特征、专长、经历),丰富者优先"。

为证明江苏电视台、珍爱网公司在广东地区实施侵权行为的事实,金某某提交了深圳市盐田公证处(2013)深盐证字第1100号公证书。该公证书系对以"非诚勿扰深圳招募""珍爱网非诚勿扰"等为关键词通过百度进行搜索后显示的有关网页内容的公证。经过公证的网页显示:2012年9月22日,江苏卫视《非诚勿扰》等三大王牌节目在深圳现场招募嘉宾,报名地点设在深圳市福田区,珍爱通会员男不限、女不限;深圳特区报2012年6月11日报道,江苏卫视《非诚勿扰》等三大王牌节目在深圳现场招募嘉宾,活动时间为2012年6月9日,报名地点设在深圳市南山区,该活动由江苏卫视和珍爱网公司联合主办;2012年3月11日,珍爱网公司在东莞举办"非常有爱 非诚勿扰——珍爱网单身男女寻缘派对"活动。

金某某提交的深圳市盐田公证处(2013)深盐证字第1101号公证书显示,普通用户可以通过互联网登录江苏电视台的网站,然后通过江苏卫视《非诚勿扰》栏目中的"珍爱网报名"登录珍爱网公司的网站;珍爱网公司的报名网页显示,江苏卫视通过珍爱网"火热招募男女嘉宾”，且突出使用了“非诚勿扰”文字标识。金某某还以公证书的形式提交了两期《非诚勿扰》的视频内容。

为证明电视节目名称可以作为注册商标，金某某提交了两份与中国商标网站相关的公证书，即深圳市盐田公证处（2013）深盐证字第1102号、第2296号公证书。公证书显示，江苏电视台下属的长江龙公司于2011年12月7日分别在第16类、第30类商品申请注册商标“非诚勿扰”，长江龙公司在第45类商品类别注册了商标“非常了得”；江苏电视台在1－45类商品类别全部注册了商标“孟非”；中央电视台在多个商品类别注册数百个不同商标。

江苏电视台提交了两份版权登记证书、《非诚勿扰》视频内容及相关判决书，证明长江龙公司系《非诚勿扰》节目的版权人。江苏电视台（甲方）还提交了其与珍爱网公司（乙方）的《合作协议书》。合作协议约定，甲方在节目中应对乙方之品牌进行口播和标识露出，乙方从其会员中筛选并推荐给甲方《非诚勿扰》栏目组。

珍爱网公司提交了中国商标网的网页以及《非诚勿扰》电影宣传册，以证明金某某侵犯了他人在先权利。该网页显示，案外人华谊公司于2008年11月20日在第41类商品/服务申请注册了商标“非诚勿扰”，第41类商品/服务包括“电视文娱节目、娱乐”等，初审公告日期为2010年7月20日，有效期自2010年10月21日至2020年10月20日。

一审法院认为：

本案各方的主要争议焦点在于，江苏电视台、珍爱网公司是否侵犯金某某的注册商标专用权。

首先，江苏电视台使用“非诚勿扰”是商标性使用。“非诚勿扰”既是江苏电视台电视节目的名称，也是一种服务商标。如果仅将“非诚勿扰”定性为节目名称，而不承认其具有标识服务来源的功能，与大量节目名称注册为商标（包括江苏电视台也将电视节目名称注册为商标）的客观事实不相符，也与江苏电视台在该电视节目中反复突出使用“非诚勿扰”并且进行广告招商等客观事实不相符。其次，金某某的文字商标“非诚勿扰”与江苏电视台电视节目的名称“非诚勿扰”是相同的。因此，两者的商标是相同的。关键在于两者对应的商品是否属于同类商品。

金某某涉案注册商标“非诚勿扰”所对应的商品/服务系“交友服务、婚姻介绍”，即第45类；而江苏电视台的商标“非诚勿扰”所对应的商品/服务系“电视节目”，即第41类；而且，从服务的目的、内容、方式、对象等方面综合考察，江苏电视台的《非诚勿扰》电视节目虽然与婚恋交友有关，但终究是电视节目，相关公众一般认为两者不存在特定联系，不容易造成公众混淆，两者属于不同类商品/服务，不构成侵权。

综上，一审法院依照《商标法》第56条、第57条之规定，并经该院审判委员会讨论决定，于2014年9月29日作出（2013）深南法知民初字第208号民事判决：驳回金某某的诉讼请求。一审案件受理费人民币100元，由金某某负担。

金某某不服一审判决，上诉请求：（1）撤销广东省深圳市南山区人民法院（2013）深南法知民初字第208号民事判决。(2)请求二审依法改判,判令江苏电视台与珍爱网公司立即停止使用“非诚勿扰”标识进行婚姻介绍、交友服务之共同侵权行为,具体包括:①判令江苏电视台所属江苏卫视频道立即停止使用“非诚勿扰”栏目名称;②判令珍爱网公司停止协助江苏电视台将“非诚勿扰”名称用于广告推销、报名筛选、后续服务等;③一审、二审诉讼费用由江苏电视台与珍爱网公司承担。

二审法院认定事实与一审法院认定的事实一致。

二审法院认为,本案系侵害商标权纠纷。金某某经国家商标行政管理部门核准,依法取得第7199523号“非诚勿扰”注册商标专用权,该商标处于法律规定的保护期之内,依法应受到法律的保护。第7199523号“非诚勿扰”注册商标核定服务项目为第45类,包括“交友服务、婚姻介绍所”等。一审法院认定江苏电视台电视节目的名称“非诚勿扰”与金某某的文字商标“非诚勿扰”相同,江苏电视台使用“非诚勿扰”为商标性使用。各方当事人均无异议,二审法院不再赘述。

本案的关键问题在于江苏电视台使用“非诚勿扰”电视节目与金某某第7199523号“非诚勿扰”注册商标核定服务类别是否相同或者类似,江苏电视台与珍爱网公司是否构成共同侵权。

关于两者是否属于相同或者类似服务问题:

金某某“非诚勿扰”核定服务项目为第45类,包括“交友服务、婚姻介绍所”等。江苏卫视《非诚勿扰》节目简介为:“《非诚勿扰》是一档适应现代生活节奏的大型婚恋交友节目,我们将为您提供公开的婚恋交友平台、高质量的婚恋交友嘉宾,全新的婚恋交友模式。”《非诚勿扰》栏目主持人开场白为:“如果想要渴望结婚成家的那些人来说,我宽慰他们几句,没事宅在家里看《非诚勿扰》,跟《非诚勿扰》有关的事,都促进你们的婚姻。一句话,关注《非诚勿扰》,对你结束单身生活,是有帮助的。”结束语为:“观众朋友如果想了解24位女嘉宾的个人资料和联系方式,可以拿起手机编辑短信81168加女嘉宾编号发送到1066666620或者登录步步高VIVO智能手机非诚勿扰的官方网站,给他们留言。想要征婚、相亲、交友的朋友,可以通过珍爱网、百合网、新浪微博或通过现场报名点报名,来到《非诚勿扰》舞台,在这里追求你们的幸福。”参加《非诚勿扰》的报名条件为达到婚龄的未婚男女,节目中男女嘉宾的自我介绍、兴趣爱好表述、问题的提问及回答、嘉宾的互动,都是为了交友、相亲择偶,节目结束时也有当场达成配对意向或者成果的情况,节目之后嘉宾之间还进行进一步交往(谈恋爱)。江苏电视台在网站上称,为了给更多的女生制造机会,“爱转角”的24个席位除了牵手成功后的自然替换外,还将半个月进行一次整体更换,让相信缘分的单身男女们“有缘千里来相会”。另外,广电总局2010年16号文、新闻网发表的官方文章《电视红娘如何牵红线而不踩红线》,均印证了江苏电视台的《非诚勿扰》为相亲、交友节目。所以,江苏电视台的《非诚勿扰》节目,从服务的目的、内容、方式、对象等判定,均是提供征婚、相亲、交友的服务,与金某某第7199523号“非诚勿扰”商标注册证上核定的服务项目“交友、婚姻介绍”相同。

本案金某某第7199523号“非诚勿扰”注册商标已投入商业使用,被诉行为影响了该商标的正常使用,使之难以正常发挥应有的作用。由于江苏电视台的知名度及节目的宣传,相关公众容易对权利人的注册商标使用与江苏电视台产生错误认识及联系,造成反向混淆。江苏电视台通过江苏卫视播出《非诚勿扰》,收取大量广告费用,也在节目后期通过收取短信费获利,足以证明系以营利为目的的商业使用,其行为构成侵权。在判定本案江苏电视台是否构成侵害商标权时,不能只考虑《非诚勿扰》在电视上播出的形式,更应当考虑该电视节目的内容和目的等,客观判定两者服务类别是否相同或者近似。一审法院认为“江苏电视台的‘非诚勿扰’电视节目虽然与婚恋交友有关,但终究是电视节目,相关公众一般认为两者不存在特定联系,不容易造成公众混淆,两者属于不同类商品/服务,不构成侵权”的认定错误,二审法院予以纠正。金某某指控江苏电视台在《非诚勿扰》节目中使用“非诚勿扰”商标行为侵害其商标权,证据充分,二审法院予以支持。

关于江苏电视台与珍爱网公司是否构成共同侵权问题:

本案侵害金某某商标权的《非诚勿扰》节目由江苏电视台下属的江苏卫视负责筹划、播出、宣传等,珍爱网公司参与了节目嘉宾的招募,以及举办“非常有爱非诚勿扰——珍爱网单身男女寻缘派对”活动,也在其网站上进行宣传等,声称“江苏卫视和珍爱网联合主办”。就江苏卫视的《非诚勿扰》节目问题,江苏电视台与珍爱网公司还签订有《合作协议书》。上述事实证明江苏电视台和珍爱网公司共同实施了侵权行为,构成共同侵权。至于江苏电视台抗辩其《非诚勿扰》节目内容系长江龙公司拥有版权的作品,责任人应当为长江龙公司。二审法院认为,长江龙公司系江苏电视台下属单位,此为江苏电视台对其下属的分工问题,本案并非著作权侵权纠纷,而是商标权侵权纠纷,侵害商标权的主体应当为江苏电视台。因此,江苏电视台的该抗辩理由不成立,二审法院不予采纳。关于珍爱网公司抗辩其已经尽到合理注意义务,使用“非诚勿扰”只是指明来源问题。二审法院认为,珍爱网公司与江苏电视台就实施本案侵权行为是合作关系,珍爱网公司也实际参与了侵权行为的实施,并不是间接侵权,也不是转播关系,审查义务不适用于其行为,珍爱网公司也不是在使用江苏电视台的节目进行说明来源,故珍爱网公司的抗辩理由不成立,二审法院不予采纳。

综上,二审法院依照《商标法》第4条第2款、第57条第1项、《民事诉讼法》第170条第1款第2项、第3项、最高人民法院《关于民事诉讼证据的若干规定》第2条的规定,于2015年12月11日作出(2015)深中法知民终字第927号民事判决:

一、撤销广东省深圳市南山区人民法院(2013)深南法知民初字第208号民事判决;二、江苏省广播电视总台立即停止侵害金某某第7199523号“非诚勿扰”注册商标行为,即其所属的江苏卫视频道于判决生效后立即停止使用“非诚勿扰”栏目名称;三、深圳市珍爱网信息技术有限公司立即停止侵害金某某第7199523号“非诚勿扰”注册商标行为,即于判决生效后立即停止使用“非诚勿扰”名称进行广告推销、报名筛选、后续服务等行为。本案一审、二审案件受理费共计人民币200元,由江苏省广播电视总台、深圳市珍爱网信息技术有限公司共同负担。

本院经审理查明,一审、二审查明的事实基本属实,本院予以确认。

本院另查明,金某某在本案所主张保护的涉案第7199523号注册商标系以繁体字与美术形态显示的文字商标。而金某某在一审、二审的庭审和代理词中明确主张,江苏电视台在被诉节目中使用的被诉"非诚勿扰"标识主要体现为两种形态:一是"非诚勿扰"纯文字标识;二是"非诚勿扰"文字与女性剪影组合的图文标识。

还查明,商标局自2012年1月1日起实行的《类似商品和服务区分表》(基于尼斯分类第十版)将编码为450112的服务项目从第九版的"婚姻介绍所"调整为"婚姻介绍"。

在本案再审审查及提审审理期间,江苏电视台为证明金某某涉案第7199523号注册商标权利状况及被诉行为性质,向本院补充提交了7组共33份证据。金某某为证明被诉行为性质属于商标性使用并仍在持续,向本院提交了12份证据。珍爱网公司为证明其并未在《商标法》意义上使用被诉标识,向本院提交了2份证据。对当事人提交的上述证据,质证、认证如下:

江苏电视台提交的第一组证据为证据1～4,用以证明"非诚勿扰"是日常用语和婚恋交友领域的商贸用语,涉案商标不具有显著性,不能起到识别服务来源的作用。分别为:证据1,报纸、期刊检索报告;证据2,《新形式新用法成语词典》对"非诚勿扰"的解释;证据3,(2016)京东方内民证字第03526号公证书;证据4,(2016)京东方内民证字第03524号公证书。对该组证据,珍爱网公司均对其真实性、合法性与关联性予以认可,认为该组证据同时证明金某某涉案注册商标权利状况不稳定。金某某对该组证据质证认为:相关证据均不属于新证据,且无法证明江苏电视台的证明目的。证据1属于重新处理编辑的资料,对其真实性、合法性、关联性不予认可;证据2的形式真实性可确认,但对内容真实性、关联性与合法性不予认可;证据3～4与本案无关,对其真实性、合法性与关联性均不予认可。

江苏电视台提交的第二组证据为证据5～12,用以证明金某某不享有合法、稳定的注册商标权利。分别为:证据5,(2016)京东方内民证字第03524号公证书;证据6,(2016)京东方内民证字第03528号公证书;证据7,(2016)京东方内民证字第03528号公证书、(2016)宁钟证经内字第777号公证书及人民网报道《记者探访温州非诚勿扰婚介所:仅做房产中介》;证据8,永嘉县非诚勿扰婚姻介绍所(普通合伙)查询档案;证据9,(2016)京东方内民证字第03529号公证书;证据10,商标无效宣告报文清单及北京市朝阳区人民法院受理案件通知书;证据11,无效宣告、连续三年不使用撤销报文清单;证据12,类似案件判决书。对该组证据的真实性、合法性与关联性,珍爱网公司均予以认可。金某某则认为,前述证据均不属于新证据。证据5、证据6属于不同当事人之间的不同法律关系,不属于本案争议范围,且涉案商标已经注册超过5年,不可能被撤销也不可能被判停止使用;证据7的真实性、合法性与关联性均不予确认,相关报道逻辑混乱,前后矛盾,不能作为定案依据;证据8、证据9的真实性予以确认,但不能证明江苏电视台的证明目的,金某某在注册婚介所之前,已经以网络经营形式实际从事婚介服务,始终在真实使用涉案商标;证据10、证据11的真实性予以确认,但合法性、关联性不予确认,所谓三年不使用的撤销理由完全不能成立,金某某涉案商标权利稳定;对证据12不予认可,与本案毫无关联。

江苏电视台提交的第三组证据为证据13~19,拟证明江苏电视台作为重要省级媒体单位,由广电行政部门管理,电视节目受到严格监管,节目名称系依照行业特别规定使用,不属于商标性使用。分别为:证据13,江苏电视台的成立批复、事业单位证书、广播电视播出机构许可证、广播频道许可证书、《广电总局关于同意江苏电视台变更台标的批复》;证据14,书籍《电视节目策划学》《电视专题与电视栏目》相关内容;证据15,广电总局《关于部分电视台情感故事类、婚恋交友类节目整改情况的通报》《关于非诚勿扰嘉宾选择不当的整改报告》;证据16,电视上星综合频道节目备案表;证据17,《非诚勿扰》电视节目一期视频及节目台本;证据18,著作权登记证书和金某某注册商标初审公告,说明被诉节目的使用日期早于金某某涉案商标的初审公告日;证据19,类似案件判决书。对该组证据,珍爱网公司均认可其真实性、合法性与关联性。金某某质证认为,相关证据均无法证明江苏电视台的证明目的。证据13、证据14均与本案无关;证据15恰恰说明被诉节目就是在从事相亲、交友服务;证据16不影响本案性质认定;证据17只有复印件,对其真实性、合法性与关联性均不予确认;证据18无法证明江苏电视台的证明目的,被诉名称的使用比金某某注册商标的申请日晚了11个月,不存在善意与正当性;证据19与本案无关联性。

江苏电视台提交的第四组证据为证据20~26,拟证明被诉"非诚勿扰"节目与"婚姻介绍所、交友"服务不相同也不类似。分别为:证据20,《非诚勿扰》电视节目视频及节目台本、节目制作流程表,《电视节目策划学》《电视专题与电视栏目》,以及广电总局《关于部分电视台情感故事类、婚恋交友类节目整改情况的通报》《关于非诚勿扰嘉宾选择不当的整改报告》等相应内容;证据21,黄菡作为点评嘉宾参与《非诚勿扰》节目相关情况的说明、(2016)京东方内民证字第03529号公证书;证据22,嘉宾协议、挑选嘉宾的流程、面试视频、差旅费及奖励支付凭据、(2016)京东方内民证字第03525号公证书;证据23,《江苏卫视〈非诚勿扰〉"爱情地图"全国嘉宾招募站合作协议书》;证据24,《当代广播电视概论》;证据25,《类似商品和服务区分表》;证据26,在先类似判决。对该组证据,珍爱网公司均认可其真实性、合法性与关联性。金某某质证认为,对证据20的质证意见与之前证据14~17一致,且不能证明江苏电视台的主张;对证据21的真实性、合法性与关联性均不予认可,黄菡本身是"非诚合伙人",证言不可采信;对证据22的嘉宾协议真实性予以认可,但此恰恰证明《非诚勿扰》提供的是婚介交友服务,其他证据均为单方材料,对真实性、合法性与关联性不予认可;对证据23、证据24的真实性、合法性与关联性均不予认可;证据25只能作为参考资料,不能证明江苏电视台的证明目的;证据26与本案无关联性,不能作为证据。

江苏电视台提交的第五组证据为证据27、证据28,拟证明江苏电视台提供的是"电视播放",与金某某涉案商标核定使用服务不相同也不相类似。分别为:证据27,《广播电视管理条例》、电视广播播出机构许可证、第4945182号"JSBC及图"注册商标证书;证据28,在先类似案件判决书。对该组证据,珍爱网公司均认可其真实性、合法性与关联性。金某某质证认为,对证据27的真实性不持异议,但不能证明其证明目的;证据28与本案无关,不能作为证据使用。

江苏电视台提交的第六组证据为证据29、证据30,拟证明被诉标识与金某某注册商标不构成相同;如果认定被诉标识是商标,则与金某某注册商标也不构成商标法意义上的近似。分别为:证据29,金某某涉案注册商标档案与被诉标识的对比图;证据30,在先类似案件判决书。对该组证据,珍爱网公司均认可其真实性、合法性与关联性。金某某质证认为,证据29不能证明江苏电视台的证明目的;证据30与本案无关联,不能作为证据使用。

江苏电视台提交的第七组证据为证据31~33,拟证明被诉节目使用被诉标识存在正当性,不会造成公众混淆。分别为:证据31,索福瑞公司作出的《2010~2015非诚勿扰收视报告》及《非诚勿扰》收视情况数据表;证据32,(2016)京东方内民证字第03524号、第03529号公证书及荣誉证书;证据33,江苏电视台与华谊公司的《许可使用协议》及银行回单、电子银行转账凭证、发票,著作权登记证书等。对该组证据,珍爱网公司均认可其真实性、合法性与关联性。金某某质证认为:证据31的收视报告与数据表不具有合法性与关联性;证据32的荣誉证书具有关联性、合法性,但不能证明江苏电视台的证明目的,不能否认被诉节目的娱乐成分,但广电总局也明确该节目是婚恋节目;证据33的真实性、合法性与关联性均不予认可。江苏电视台在一审、二审期间均不提交该份证据,可见该证据并不存在,实际付款时间与许可协议本身不吻合,很可能是后期制作的。且相关授权只是在41类“电视文娱节目”和38类“电视播放”服务上,并未覆盖本案第45类服务上,江苏电视台不存在任何正当使用理由。

关于江苏电视台提交的第一组、第二组证据,本院认为,江苏电视台提交该两组证据的目的是证明金某某涉案第7199523号注册商标显著性不强,权利状况不稳定。因江苏电视台与珍爱网公司均确认已就涉案注册商标向商标局和商标评审委员会提出撤销和无效宣告申请,且商标局也作出相应决定,驳回江苏电视台与珍爱网公司的撤销申请,故在没有证据证明金某某涉案第7199523号注册商标权利状况发生变化的情况下,本院对该两组证据均不予采信,仅作为对“非诚勿扰”词汇先天显著性的参考。关于江苏电视台提交的第三组证据,金某某已确认证据13、证据15中的江苏电视台的事业单位证书、广播电视播出机构许可证书、广播电视频道许可证书、广电总局《关于进一步规范婚恋交友类电视节目的管理通知》、整改通报等证据的真实性与合法性,且前述证据与本案《非诚勿扰》电视节目的传播具有关联性,本院予以采信。证据17即《非诚勿扰》电视节目一期视频及节目台本只有复印件,且金某某对该证据真实性、合法性不予确认,本院不予采信。证据14、证据16、证据19均与本案无关,本院不予采信。关于江苏电视台提交的第四组证据,证据22中的《嘉宾协议》的真实性为金某某所确认,本院作为行为定性的参考因素之一。证据20中的被诉节目视频及台本、流程表和证据23属于单方制作证据,证据21的证人黄菡与被诉节目关系密切,且未出庭作证,在金某某对该3份证据的真实性、合法性均不予认可的情况下,本院亦不予采信。证据25即《类似商品和服务区分表》的真实性为金某某所认可,但该证据材料仅系判断商品和服务类别的参考因素之一。证据24和证据26,均与本案无直接关系,不能直接作为认定事实的依据,本院不予采信。关于江苏电视台提交的第五组证据,金某某对证据27即江苏电视台的播出机构许可证、第4945182号"JSBC及图"商标的真实性均予以确认,仅对其合法性与关联性不予认可,故本院对该证据的真实性予以确认。但至于该证据是否能够证明被诉行为定性,本院结合本案情况在下文综合论述。至于证据28即在先类似案件判决书,与本案无关,本院不作为证据采信。关于江苏电视台提交的第六组证据,对证据29即涉案商标与被诉标识的对比图的真实性、合法性为金某某所认可,本院予以确认,至于是否构成相近似并构成混淆误认,本院根据本案情况在下文进一步论述。证据30即在先类似案件判决书,与本案无关,本院不予采信。关于江苏电视台提交的第七组证据,金某某认可证据32中的荣誉证书的真实性,且该证据与被诉节目的影响力有关,本院对该证据予以采信;对于证据33的许可使用协议,虽然金某某不认可其真实性,但基于江苏电视台不仅提供了协议,还提供了银行转账凭证与发票,故本院对该证据的真实性予以确认,对该证据与本案的关联性,本院结合本案情况在下文评述。其他证据,包括证据31中的收视报告、公证书等,金某某对真实性不予认可,相关证据与本案被诉行为亦无直接关系,本院不予采信。

珍爱网公司向本院提交如下两份新证据:证据1,珍爱网公司在第45类上注册的"珍爱网"商标注册证,拟证明珍爱网公司使用的是自己的"珍爱网"商标;证据2,珍爱网公司官网上对被诉节目的报名网页,拟证明珍爱网公司在使用被诉标识时指向的就是被诉节目,是按照被诉节目的要求提供嘉宾选拔机会,不是在提供婚恋交友服务。对该两份证据的真实性、合法性与关联性,江苏电视台均予以认可。金某某质证认为:证据1真实性不持异议,但与本案无关;证据2的真实性予以确认,但对关联性不予认可,不能证明珍爱网公司的证明目的。

对于珍爱网公司提交的该两份证据,证据1、证据2的真实性均为江苏电视台与金某某所认可,本院予以确认。但证据1与本案被诉行为无关,本院对该证据不予采信;证据2涉及被诉行为定性,本院结合本案情况在下文评述。

金某某向本院提交如下12份证据:证据1,(2015)深盐证字第8759号公证书,拟证明《非诚勿扰》节目中对被诉标识的使用情况及被诉行为;证据2,(2016)深盐证字第1277号公证书,拟证明江苏电视台与珍爱网公司官网上对于《非诚勿扰》节目报名者的要求及相关标识突出使用情况;证据3,(2016)深盐证字第1666号公证书,拟证明相关线下节目突出使用被诉标识,压缩了金某某的发展空间;证据4,(2015)广和见字第58号见证书,拟证明在2015年12月26日被诉节目中,江苏电视台多处突出使用"非诚勿扰"标识;证据5,(2016)广和见字第03号见证书,拟证明江苏电视台在二审判决后继续突出使用被诉标识;证据6,(2016)深盐证字第2572号公证书,拟证明被诉节目通过"微信摇一摇"实现婚介交友;证据7与证据8,《楚天都市报》2015年10月20日、26日的相关报道,拟证明江苏电视台及其合作机构在线下活动中将"非诚勿扰"作为商标突出使用;证据9、证据10为金某某在2016年2月5日、3月30日《温州都市报》上刊登的广告,拟证明金某某对涉案注册商标进行持续使用;证据11、证据12为商标局分别于2016年10月21日、25日作出的《关于第7199523号第45类"非诚勿扰"

注册商标连续三年不使用撤销申请的决定》[商标撤三字(2016)第Y008990号、第Y008991号],拟证明涉案注册商标权利稳定,江苏电视台与珍爱网公司所谓涉案注册商标未使用的主张毫无依据。对前述证据,江苏电视台质证认为:证据1~8均针对的是二审判决后的新行为,并不属于本案审理范围。相关证据既与本案无关联性,也不能证明金某某的证明目的。证据9、证据10明显是金某某为了维持商标而做出的虚假使用行为,不属于真实使用。而且证据6~10均超出法院指定证据提交时间,属于证据突袭,不应采信。对证据11、证据12的真实性、关联性予以确认,但合法性、证明目的不予确认,该决定尚未生效,江苏电视台已针对该决定提请复审。珍爱网公司质证认为:对证据1、证据3形式上的真实性予以认可,对内容的真实性有待核实,不认可证据的关联性与证明目的。认可证据2的真实性,但不认可其关联性与证明目的,该证据恰恰证明了珍爱网公司对"非诚勿扰"的使用都是指向该电视节目的指示性使用。对证据4、证据5的合法性、关联性不予确认,节目录制并非律师可以承办的见证事项,律师见证也不具有独立的证据形式意义。证据6~10均超出法院指定的举证期限,不应予以采信;证据6中涉及的是"缘来非诚勿扰"是否侵权的问题,与本案审理的江苏电视台原"非诚勿扰"电视栏目是否侵权的问题无关。证据7、证据8形式上的真实性予以认可,但具体内容无法看清,不确认内容的真实性,且该证据材料中的"非诚勿扰"明显是作为节目名称使用,而并非作为商标使用。该两证据所涉线下活动与本案无关,因为金某某在本案仅仅针对的是《非诚勿扰》电视节目是否侵权。证据9、证据10不符合真实、善意、长期、合法的商标使用定义,不认可其真实性、合法性与关联性。证据11、证据12形式上的真实性予以认可,珍爱网公司不认可该决定的结论,已就相关决定向商标评审委员会申请复审,该决定尚未生效。

对于金某某提供的前述证据,本院认为,证据1~8涉及的均系江苏电视台在二审期间及二审判决后的新行为,均非本案的诉讼请求所针对的对象,并非本案审理范围,且江苏电视台与珍爱网公司均对相关证据的真实性、合法性和关联性不予确认,本院不予采信。证据9、证据10即金某某在温州都市报的广告,虽江苏电视台与珍爱网公司对该证据的真实性不予确认,但基于金某某向本院提交了原件,本院对真实性予以确认,但该证据与本案被诉行为没有直接关系,故本院对该证据不予采信。证据11、证据12即商标局的相关决定的真实性为江苏电视台和珍爱网公司所认可,本院对真实性予以确认,但基于江苏电视台和珍爱网公司均明确已就相关决定向商标评审委员会申请复审,该决定尚未发生法律效力,不能直接作为认定事实的依据,故本院对相关决定不作为证据采信。

本院再审认为,本案系侵害商标权纠纷。根据再审申请人的再审请求、被申请人答辩意见及本案证据,本案的争议焦点为:

1.江苏电视台对被诉标识的使用是否属于商标性使用;2.江苏电视台是否侵害了金某某涉案注册商标权;3.珍爱网公司是否与江苏电视台构成共同侵权。

一、关于江苏电视台对被诉标识的使用是否属于商标性使用的问题

本案中,江苏电视台主张,其对被诉"非诚勿扰"标识(含文字标识及图文组合标识两种

形态)的使用仅仅属于对节目名称的使用,且被诉“非诚勿扰”标识在播出过程中图样、位置多变,不符合商标定义,相关公众依靠的是江苏卫视的台标来识别来源,故被诉标识未起到识别来源的作用,不属于商标性使用。对此本院认为,相关标识具有节目名称的属性并不能当然排斥该标识作为商标的可能性,而被诉标识在电视节目上的显示位置及样式是否固定、使用的同时是否还使用了其他标识,亦非否定被诉标识作为商标性使用的充分理据。判断被诉“非诚勿扰”标识是否属于商标性使用,关键在于相关标识的使用是否为了指示相关商品/服务的来源,起到使相关公众区分不同商品/服务的提供者的作用。

本案中,“非诚勿扰”原是江苏电视台为了区分其台下多个电视栏目而命名的节目名称,但从本案的情况来看,江苏电视台对被诉“非诚勿扰”标识的使用,并非仅为概括具体电视节目内容而进行的描述性使用,而是反复多次、大量地在其电视、官网、招商广告、现场宣传等商业活动中单独使用或突出使用,使用方式上具有持续性与连贯性,其中标识更在整体呈现方式上具有一定独特性,这显然超出对节目或者作品内容进行描述性使用所必需的范围和通常认知,具备了区分商品/服务的功能。

江苏电视台在播出被诉节目同时标注“江苏卫视”台标的行为,客观上并未改变“非诚勿扰”标识指示来源的作用和功能,反而促使相关公众更加紧密地将“非诚勿扰”标识与江苏电视台下属频道“江苏卫视”相联系。随着该节目持续热播及广告宣传,被诉“非诚勿扰”标识已具有较强显著性,相关公众看到被诉标识,将联想到该电视节目及其提供者江苏电视台下属江苏卫视,客观上起到了指示商品/服务来源的作用。

而且,江苏电视台在不少广告中,将被诉“非诚勿扰”标识与“江苏卫视”台标、“途牛”、“韩束”等品牌标识并列进行宣传,在再审审查程序中提交的证据表明江苏电视台曾就该标识的使用向华谊公司谋求商标授权,以上均直接反映江苏电视台主观上亦存在将被诉标识作为识别来源的商标使用、作为品牌而进行维护的意愿。因此,江苏电视台仅以“非诚勿扰”属于节目名称、同时标注台标明晰来源为由,否认相关行为属于商标性使用,不能成立,本院不予支持。

二、关于江苏电视台是否侵害金某某涉案注册商标权的问题

根据我国商标法规定,注册商标的专用权,以核准注册的商标和核定使用的商品/服务为限。未经商标注册人的许可,在同一种商品/服务上使用与其注册商标相同的商标,属于侵犯注册商标专用权的行为;在同一种商品/服务上使用与其注册商标近似的商标,或者在类似商品/服务上使用与其注册商标相同或近似的商标,容易导致混淆的,亦构成侵权。据此,在商标侵权裁判中,必须对被诉标识与注册商标是否相同或近似、两者服务是否相同或类似,以及是否容易引起相关公众的混淆误认作出判断。

(一)关于被诉标识与涉案商标是否相同或近似的问题

本案中,将被诉“非诚勿扰”文字标识及图文标识分别与金某某涉案第7199523号注册商标相比对,文字形态上均存在繁体字与简体字的区别,在字体及文字排列上亦有差异。被诉图文组合标识与金某某注册商标相比,还多了颜色及图案差异。故该两被诉标识与金某某涉

案第7199523号注册商标相比,均不属于相同标识。

该两被诉标识与金某某涉案注册商标的显著部分与核心部分均为“非诚勿扰”,文字相同,整体结构相似,在自然组成要素上相近似。但客观要素的相近似并不等同于商标法意义上的近似。商标法所要保护的,并非仅以注册行为所固化的商标标识本身,而是商标所具有的识别和区分商品/服务来源的功能。如果被诉行为并非使用在相同或类似商品/服务上,或者并未损害涉案注册商标的识别和区分功能,亦未因此导致市场混淆后果的,不应认定构成商标侵权。

(二)关于两者服务类别是否相同或类似的问题

对于被诉节目是否与第45类中的“交友服务、婚姻介绍”服务相同或类似,不能仅看其题材或表现形式来简单判定,应当根据商标在商业流通中发挥识别作用的本质,结合相关服务的目的、内容、方式、对象等方面情况并综合相关公众的一般认识,进行综合考量。

如前所述,江苏电视台经过长期对《非诚勿扰》节目及标识的宣传和使用,已使社会公众将该标识与被诉节目、江苏电视台下属频道江苏卫视相联系。而这种使用,从相关服务的目的、内容、方式、对象等方面情况来看,正是典型的使用在电视文娱节目上。

具体言之,被诉《非诚勿扰》节目系一档以相亲、交友为题材的电视文娱节目,其借助相亲、交友场景中现代未婚男女的言行举止,结合现场点评嘉宾及主持人的评论及引导,通过剪辑编排成电视节目予以播放,使社会公众在娱乐、放松、休闲的同时,了解当今社会交友现象及相关价值观念,引导树立健康向上的婚恋观与人生观。

其服务目的在于向社会公众提供旨在娱乐、消遣的文化娱乐节目,凭节目的收视率与关注度获取广告赞助等经济收入;服务的内容和方式为通过电视广播这一特定渠道和大众传媒方式向社会提供和传播文娱节目;服务对象是不特定的广大电视观众等。

而第45类中的“交友服务、婚姻介绍”系为满足特定个人的婚配需求而提供的中介服务;服务目的系通过提供促成婚恋配对的服务来获取经济收入;服务内容和方式通常包括管理相关需求人员信息、提供咨询建议、传递意向信息等中介服务;服务对象为特定的有婚恋需求的未婚男女。

故两者无论是在服务目的、内容、方式和对象上均区别明显。以相关公众的一般认知,能够清晰区分电视文娱节目的内容与现实中的婚介服务活动,不会误以为两者具有某种特定联系,两者不构成相同服务或类似服务。

退一步而言,即使如金某某所主张,认为江苏电视台提供的被诉《非诚勿扰》节目与“交友服务、婚姻介绍”服务类似,但因被诉行为不会导致相关公众对服务来源产生混淆误认,也不构成商标侵权。

如前所述,商标法保护的系商标所具有的识别和区分来源功能,故必须考虑涉案注册商标的显著性与知名度,在确定其保护范围与保护强度的基础上考虑相关公众混淆、误认的可能性。

本案中,金某某涉案注册商标中的“非诚勿扰”文字本系商贸活动中的常见词汇,用于婚姻介绍服务领域显著性较低,其亦未经过金某某长期、大量的使用而获得后天的显著性。故本案对该注册商标的保护范围和保护强度,应与金某某对该商标的显著性和知名度做出的贡献相符。反观被诉《非诚勿扰》节目,其将"非诚勿扰"作为相亲、交友题材节目的名称具有一定合理性,经过长期热播,作为娱乐、消遣的综艺性文娱电视节目为公众所熟知。即使被诉节目涉及交友方面的内容,相关公众也能够对该服务来源作出清晰区分,不会产生两者误认和混淆,不构成商标侵权。

综上,虽然被诉"非诚勿扰"标识与金某某涉案注册商标在客观要素上相近似,但两者用于不同的服务类别,也不会使相关公众产生混淆误认,江苏电视台在电视文娱节目上使用被诉"非诚勿扰"标识,并不构成对金某某涉案第7199523号注册商标的侵权。

二审法院未能从相关服务的整体、本质出发,结合相关公众的一般认识对是否构成类似服务进行科学合理判断,而仅凭题材、形式的相似性及个别宣传措辞,认定江苏电视台被诉行为与"交友服务、婚姻介绍"服务相同,并作出构成商标侵权的不当判决,本院依法予以纠正。

需要特别指出的是,作为大众传媒的广播电视行业本身负有宣传正确的价值观、寓教于乐等公众文化服务职责,其不可避免地要对现实生活有关题材进行创作升华,故其节目中都会涉及现实生活题材。但这些现实生活题材只是电视节目的组成要素。在判断此类电视节目是否与某一服务类别相同或类似时,不能简单、孤立地将某种表现形式或某一题材内容从整体节目中割裂开来,片面、机械地作出认定,而应当综合考察节目的整体和主要特征,把握其行为本质,作出全面、合理、正确的审查认定,并紧扣商标法宗旨,从相关公众的一般认识出发充分考察被诉行为是否导致混淆误认,恰如其分地作出侵权与否的判断,在维护保障商标权人正当权益与合理维护广播电视行业的繁荣和发展之间取得最佳平衡。

三、关于珍爱网公司是否与江苏电视台构成共同侵权的问题

鉴于本院已经认定江苏电视台的行为不构成商标侵权,故金某某关于珍爱网公司协助江苏电视台就《非诚勿扰》节目开展广告推销、报名筛选、后续服务,构成共同侵权的主张不能成立,本院不予支持。至于珍爱网公司是否在被诉节目之外,还存在单独使用"非诚勿扰"标识进行婚姻介绍、交友服务的问题,并非本案的审理范围,本院不予评述。珍爱网公司关于其并未与江苏电视台构成共同侵权的再审请求和理由成立,本院予以支持。

综上,江苏电视台与珍爱网公司关于被诉行为不构成商标侵权的再审请求和理由成立,本院予以支持。二审法院认定事实与适用法律均有错误,本院予以纠正。依照《商标法》第57条第1、2项,最高人民法院《关于审理商标民事纠纷案件适用法律若干问题的解释》第9条、第10条、第11条、第12条,《民事诉讼法》第207条第1款、第170条第1款第2项之规定,判决如下:

一、撤销广东省深圳市中级人民法院(2015)深中法知民终字第927号民事判决。

二、维持广东省深圳市南山区人民法院(2013)深南法知民初字第208号民事判决。

本案一审、二审案件受理费各100元,均由金某某负担。

本判决为终审判决。

审　判　长　徐春建
审　判　员　邱永清
审　判　员　肖海棠
二〇一六年十二月二十六日
书　记　员　李婵娟
书　记　员　郭少妍

参考案例3：
最高人民法院公开宣判再审申请人迈克尔·杰弗里·乔丹与被申请人国家工商行政管理总局商标评审委员会、一审第三人乔丹体育股份有限公司商标争议行政纠纷系列案

关键词：姓名权

中华人民共和国最高人民法院
行政判决书
(2016)最高法行再26号

再审申请人(一审原告、二审上诉人):迈克尔·杰弗里·乔丹(Michael Jeffrey Jordan),男,1963年2月17日出生,美利坚合众国国籍,住美利坚合众国。

被申请人(一审被告、二审被上诉人):国家工商行政管理总局商标评审委员会。住所地:中华人民共和国北京市西城区茶马南街1号。

法定代表人:赵某,该委员会主任。

委托诉讼代理人:刘胤颖,该委员会审查员。

委托诉讼代理人:马岩岩,该委员会审查员。

一审第三人:乔丹体育股份有限公司。住所地:中华人民共和国福建省晋江市陈埭溪边工业区。

法定代表人:丁某,该公司董事长。

再审申请人迈克尔·杰弗里·乔丹因与被申请人国家工商行政管理总局商标评审委员会(以下简称商标评审委员会)、一审第三人乔丹体育股份有限公司(以下简称乔丹公司)商标争议行政纠纷一案,不服北京市高级人民法院(2015)高行(知)终字第1925号行政判决,向本院申请再审。本院于2015年12月18日作出(2015)知行字第314号行政裁定,提审本案。本院依法组成合议庭,分别于2016年4月19日、4月26日公开开庭审理了本案。再审申请人迈克尔·杰弗里·乔丹的委托诉讼代理人,被申请人商标评审委员会的委托诉讼代理人刘胤颖、马岩岩,一审第三人乔丹公司的委托诉讼代理人到庭参加诉讼。本案现已审理终结。

2012年10月31日,再审申请人向商标评审委员会提出撤销申请,请求撤销乔丹公司的第4152827号“乔丹”商标(以下简称争议商标)。争议商标核定使用在国际分类第25类的“服装、婴儿全套衣、游泳衣、鞋、足球鞋、帽、袜、手套、领带、皮带(服饰用)、防水服、舞衣、婚

纱”商品上，于2004年7月5日申请注册，专用权期限自2008年2月21日至2018年2月20日。再审申请人申请撤销争议商标的主要理由为：(一)再审申请人是世界知名的美国篮球运动体育明星，在我国具有极高的知名度。相关公众看到与“乔丹”“QIAODAN”相同或者相似的标志，就会将其与再审申请人关联在一起。乔丹公司及其关联公司在明知或应知再审申请人知名度的情况下，将包括“乔丹”“QIAODAN”在内的大量与再审申请人相关的标志申请注册为商标，属于《反不正当竞争法》第2条规定的违反诚实信用原则的行为，以及第5条第3项规定的“擅自使用他人的企业名称或姓名，引人误认为是他人的商品”的不正当竞争行为。(二)争议商标的注册损害了再审申请人的在先权利。争议商标容易导致相关公众将之与再审申请人相关联。乔丹公司未经再审申请人许可，擅自将与再审申请人中文译名相同或近似的标志申请注册为商标，属于2001年《商标法》第31条规定的“损害他人现有的在先权利”的情形。(三)乔丹公司的行为属于《商标法》第10条第1款第8项规定的“有其他不良影响”的情形，以及商标法第41条第1款规定的“以其他不正当手段取得注册”的情形。

再审申请人向商标评审委员会提交了以下10组主要证据：1. 有关再审申请人的媒体报道，用于证明再审申请人在我国的知名度；2. 有关再审申请人特定篮球运动形象的证据；3. 有关再审申请人参加商业活动，以及涉及再审申请人商业价值的报道；4. 用于证明乔丹公司与其他公司之间关联关系的证据；5. 乔丹公司及其关联公司的其他商标的注册资料；6. 其他用于证明乔丹公司恶意的证据；7. 再审申请人在上海市第二中级人民法院起诉乔丹公司等侵害再审申请人姓名权纠纷案件的有关证据，以及涉及该案的媒体报道、公众评论等；8. 有关案件判决；9. 关于相关公众对再审申请人的认知，以及对乔丹公司与再审申请人关系产生误认的调查报告、报道和评论等；10. 其他相关证据。

乔丹公司向商标评审委员会答辩称：1. “乔丹”为常见英文姓氏，在我国亦有公众将其用作姓名。“乔丹”“QIAODAN”及有关运动图形并未与再审申请人形成唯一对应关系。2. “乔丹”是乔丹公司合法拥有的商号，争议商标等系列商标系合法注册，经乔丹公司多年宣传、使用，已形成相当的知名度和美誉度，并曾被认定为驰名商标。乔丹公司在其《招股说明书》中，已对乔丹公司关联公司情况及持有注册商标的情况作了详尽披露。乔丹公司出于正当商业使用的目的申请注册商标，并无不当。乔丹公司诚实经营，规范使用注册商标，没有误导公众以使其产生混淆的行为和故意，未违反诚实信用原则。3. 经乔丹公司大力宣传和广泛使用，争议商标已与该公司建立了一一对应的联系。乔丹公司注重产品质量，因而其产品获得广大消费者的信赖和选购。乔丹公司是“乔丹”等系列品牌价值的缔造者，是真正的合法所有权人。再审申请人提供的调查报告等证据缺乏证明力。4. 乔丹公司注册大量商标的行为属于保护知识产权的正常防御性注册，嗣后撤回或注销商标的行为亦属正当行使自身权利，并不属于扰乱商标注册秩序的情形。争议商标未构成《商标法》第10条第1款第8项、第41条第1款，以及《反不正当竞争法》规定的情形。5. 在乔丹公司已经巨额投入对“乔丹”等商标进行经营，并产生巨大商业利益时，再审申请人通过提起诉讼、申请撤销争议商标等手段，阻挠乔丹公司的正常经营，具有恶意。

乔丹公司向商标评审委员会提交了如下13组主要证据：1. 关于“乔丹”一词的解释，其他姓氏为“乔丹”的名人的报道，以及关于我国公民姓名为“乔丹”的统计资料；2. 与乔丹公司商标有关的另案裁判文书；3. 用于证明争议商标与再审申请人无对应关系的证据；4. 关于登记、使用乔丹公司商号的证据；5. 与乔丹公司注册商标有关的证据；6. 乔丹公司广告专项审计报告、广告合同、付款单据、投放报告等有关广告宣传的证据；7. 乔丹公司内部财务报表审计报告，以及乔丹公司开设品牌专卖店等证据；8. 乔丹公司赞助体育赛事、公益活动，以及获得的荣誉等证据；9. 与乔丹公司的商标及产品所获荣誉有关的证据；10. 乔丹公司的商标获得保护的证据，以及曾被认定为驰名商标的证据；11. 用于证明乔丹公司并未故意致使相关公众产生混淆的证据；12. 涉及其他商标的另案裁判文书；13. 关于乔丹公司在美国职业篮球联赛进行广告宣传，再审申请人的队友使用乔丹公司产品的证据，用于证明再审申请人早已知晓乔丹公司的商标，其申请撤销乔丹公司的商标存在恶意。

2014年4月14日，商标评审委员会作出商评字〔2014〕第052226号关于第4152827号“乔丹”商标争议裁定（以下简称被诉裁定），裁定维持争议商标。其主要理由为：（一）关于《商标法》第31条。1. 再审申请人提供了我国媒体对其宣传报道的众多证据，能够证明其在我国以及篮球运动领域具有较高的知名度。但是，争议商标文字“乔丹”与“Michael Jordan”及其中文译名“迈克尔·乔丹”存在一定区别，并且“乔丹”为英美普通姓氏，难以认定这一姓氏与再审申请人之间存在当然的对应关系。2. 在宣传使用再审申请人的姓名及形象时，再审申请人及其商业合作伙伴耐克公司使用的是“Michael Jordan”或“迈克尔·乔丹”的全名，以及与再审申请人飞身扣篮动作形象相关的标志。3. 乔丹公司分别于2001年、2003年获准注册第1541331号“乔丹”商标（以下简称331号商标）、第3028870号图形商标（以下简称870号商标），并曾受到驰名商标保护。乔丹公司对上述商标相关标志已进行长期、广泛的宣传使用，获得了较高的市场声誉，这一事实与再审申请人及耐克公司的商业活动并存市场已长达近二十年，双方已分别形成了各自的消费群体和市场认知。4. 尽管有部分媒体在有关篮球运动的报道中以“乔丹”指代再审申请人，但使用数量有限。无论是媒体报道，还是耐克公司，均未就这一指代称谓形成统一、固定的使用形式。相较于乔丹公司对争议商标相关标志的使用，从双方使用的广泛性、持续性、唯一对应性等方面综合考虑，本案尚不能认定“乔丹”与再审申请人之间的对应关系已强于乔丹公司。综上，争议商标的注册未损害再审申请人的姓名权。（二）争议商标的注册不属于《商标法》第10条第1款第8项、第41条第1款规定的情形。

再审申请人不服被诉裁定，向北京市第一中级人民法院（以下简称一审法院）提起行政诉讼，请求撤销被诉裁定。再审申请人向一审法院提交了20份证据，用以证明再审申请人在我国的知名度，以及乔丹公司申请注册争议商标时存在恶意。乔丹公司向一审法院提交了25份证据，用以证明经过使用，争议商标已具有极高的知名度，相关公众不会产生混淆误认。一审法院认为，上述证据与《商标法》第10条第1款第8项及第41条第1款无关，且上述证据并非商标评审委员会作出被诉裁定的依据，故对上述证据不予采信。

一审法院审理查明以下事实：

再审申请人作为篮球运动明星，自1984年起被《当代体育》《体育博览》《新体育》《篮球》《体育世界》《中国新闻周刊》《中学生百科》《中国广告》《经营与管理》等众多我国媒体所报道。其多被称为"迈克尔·乔丹"，在部分媒体的篮球运动相关报道中，也以"乔丹"指代。

2000年1月1日至2004年5月18日，乔丹公司支出广告费用、赞助体育和公益事业的费用总计为5317万元。2010年，乔丹公司在中央电视台的广告宣传费用支出近7000万元。除中央电视台外，乔丹公司还在山东卫视、贵州卫视等电视台进行广告宣传。乔丹公司2008年、2009年、2010年及2011年截至6月30日的6个月营业收入分别为51,848万元、78,093万元、286,099万元、171,066万元，净利润分别为5281万元、9294万元、51,047万元、9669万元。乔丹公司提交了其在全国5700余家经销商的具体地址、联系人姓名及联系电话。

除争议商标外，乔丹公司还申请注册有"侨丹""桥丹""乔丹王""飞翔动力"等近200件其他商标。

另查明，乔丹公司于2001年3月21日获准注册331号商标，该商标曾在第3208768号商标异议案件中，被国家工商行政管理总局商标局（以下简称商标局）认定为"足球鞋、爬山鞋"等商品上的驰名商标。乔丹公司还于2003年3月21日获准注册第870号图形商标，该商标曾于2005年6月被商标局认定为"运动鞋、运动服装"商品上的驰名商标。

一审法院认为：

（一）关于《商标法》第31条。争议商标为"乔丹"。"乔丹"为美国人的姓氏，本案证据尚不足以证明单独的"乔丹"明确指向再审申请人。而且，争议商标指定使用的"体育活动器械"等商品与再审申请人具有影响力的篮球运动领域差别较大，相关公众不易将使用在"体育活动器械"等商品上的争议商标与再审申请人相联系。现有证据亦不足以证明争议商标的注册与使用不当利用了再审申请人的知名度，或可能对再审申请人的姓名权造成其他影响。因此，本案证据尚不足以证明争议商标的注册损害了再审申请人的姓名权。（二）关于《商标法》第10条第1款第8项、第41条第1款。乔丹公司对争议商标已进行了长期、广泛的宣传、使用，获得了较高的市场声誉，这一事实与再审申请人及耐克公司从事的商业活动并存市场已长达近20年。通过各自较大规模的宣传、使用，双方已分别形成了各自的消费群体和市场认知，以及较为稳定的竞争秩序，故争议商标不应被撤销。因此，争议商标的注册未违反《商标法》第10条第1款第8项、第41条第1款的规定。综上，一审法院判决：维持被诉裁定。案件受理费100元由再审申请人负担。

再审申请人不服一审判决，向北京市高级人民法院（以下简称二审法院）提起上诉，请求撤销一审判决，依法改判撤销被诉裁定。其主要上诉理由为：（一）争议商标的注册违反《商标法》第31条的规定。（二）争议商标的注册违反《商标法》第10条第1款第8项、第41条第1款的规定。

商标评审委员会、乔丹公司服从一审判决。

二审法院经审理查明,一审判决查明的事实清楚,二审法院予以确认。

二审法院审理期间,再审申请人向二审法院提交了以下7份证据:1.北京零点市场调查有限公司(以下简称零点调查公司)于2015年4月10日作出的"乔丹"联想调查报告(北京);2.北京市长安公证处(2015)京长内经字第6291号公证书,内容为2012年2月24日中央电视台有关新闻专题节目;3.新浪网关于2014年国家体育总局局长袁伟民会见再审申请人的网络报道;4.人民网、光明网等网站关于再审申请人将于2015年访华的报道;5."知产力"发布的"微信"案相关文章及判决;6.最高人民法院(2012)知行字第11号行政裁定;7.北京市高级人民法院(2010)高行终字第766号行政判决。以上证据用以证明再审申请人在我国以"乔丹"为相关公众熟知,具有极高知名度。争议商标已经导致了相关公众混淆误认。另案裁判已认定导致相关公众混淆误认时,可以适用《商标法》第10条第1款第8项的规定。

二审法院认为,各方当事人均认可上述证据1的真实性,经审查予以确认。但由于证据1与本案争议焦点不具有关联性,不是商标评审委员会作出被诉裁定的依据,故对证据1不予采信。证据2形成于2012年2月。证据3、证据4为网络打印件,无法确认其真实性。证据5、证据6、证据7为相关法院判决。上述证据材料均不属于新证据,二审法院不予采信。

二审法院认为:

(一)关于《商标法》第10条第1款第8项。如果有关标志的注册仅损害特定民事权益,由于商标法已经另行规定了救济方式和相应程序,不宜认定其属于商标法第10条第1款第8项规定的"有其他不良影响"的情形。本案中,争议商标标志本身并不具有"有害于社会主义道德风尚或者有其他不良影响"的因素,商标评审委员会认定争议商标不属于"有害于社会主义道德风尚或者有其他不良影响的标志"并无不当。争议商标的使用是否会造成相关公众的混淆误认,不属于《商标法》第10条第1款第8项规定调整的范围。(二)关于《商标法》第41条第1款。本案证据不足以证明争议商标系以欺骗手段或者其他不正当手段取得注册。争议商标的使用是否会造成相关公众的混淆误认,亦不属于《商标法》第41条第1款规定调整的范围。二审法院判决:驳回上诉,维持原判。一审、二审案件受理费各100元,均由再审申请人负担。

再审申请人不服二审判决,以二审判决认定事实和适用法律均有错误,且遗漏其有关《商标法》第31条的上诉理由为由,向本院申请再审,请求本院:撤销被诉裁定以及一审、二审判决,判令商标评审委员会对争议商标重新作出裁定。其主要理由为:(一)关于再审申请人主张保护姓名权的法律依据。1.在2001年修正《商标法》之前,1993年修正的《商标法实施细则》第25条第1款第4项已经规定了商标注册不得"侵犯他人合法的在先权利"。2.最高人民法院《关于审理商标授权确权行政案件若干问题的意见》第17条规定,《商标法》第31条中的"在先权利"包括根据《商标法》《民法通则》及其他法律应予保护的合法权益。商标评审委员会《商标审查及审理标准》中亦规定"在先权利"包括姓名权。因此,《商标法》第31条规定的"在先权利"包括姓名权。(二)再审申请人对"乔丹"和"QIAODAN"享有姓名权。1.姓名权的客体包括全名,以及其他能够与特定自然人建立对应关系的主体识别符号,如笔名、艺名、雅号、绰号,且这种对应关系不需要达到“唯一”的绝对程度。2. 应当结合自然人的知名度,审查社会公众是否认为争议商标使用的标志指代该自然人,即是否存在“对应关系”。3. 外国人姓氏的中文译名也可以作为姓名标志获得保护。由于外国人的全名较长,我国社会公众习惯以其姓氏的中文译名或者别号称呼。我国社会公众一直称呼再审申请人为“乔丹”“QIAODAN”,看到“乔丹”及“QIAODAN”时容易联想到再审申请人,并且“乔丹”“QIAODAN”与再审申请人的联系明显强于与乔丹公司的联系。(三)再审申请人具有超越篮球运动领域的广泛知名度。1. 在过去30年间,我国媒体对再审申请人进行了大量报道,有接近一半在没有提及其全名的情况下,仅以“乔丹”指代再审申请人。再审申请人不仅是体育明星,也是具有影响力的公众人物。2. 相关公众是否会将争议商标指向再审申请人的决定因素,是再审申请人的知名度以及再审申请人与争议商标之间是否建立了对应关系。在相关公众的认知中,“乔丹”已经与再审申请人建立了对应关系。(四)再审申请人是否主动使用“乔丹”“QIAODAN”对于其在本案中主张保护姓名权没有影响。再审申请人知悉并认可他人称呼其为“乔丹”“QIAODAN”,并将“乔丹”视为其中文姓名。(五)争议商标容易使相关公众联想到再审申请人,并认为标记有争议商标的商品与再审申请人有代言、许可等特定联系,损害了再审申请人的姓名权。1. 乔丹公司的主营业务为体育相关用品,而且在实际经营中,其将再审申请人的姓名和形象作为商标结合使用,使消费者产生了乔丹公司与再审申请人有关的错误认识。争议商标的注册容易导致相关公众混淆误认,并已经发生了混淆误认。2. 乔丹公司在相关案件的庭审笔录以及《招股说明书》中承认存在消费者联想、混淆、误认的可能性。3. 相关调查报告显示,有七成左右的受访者误认为乔丹公司与再审申请人存在代言、许可等特定联系。4. 再审申请人作为公众人物,具有广泛而持续的知名度,其影响力远远超越体育领域,可能使相关公众产生联想的商品类别范围广泛。即使乔丹公司在与体育用品无关的商品上注册使用争议商标,也会导致相关公众混淆误认。5. 乔丹公司主张其他人名为“乔丹”,以及“Jordan”有多个中文翻译,均不能证明争议商标不会导致相关公众混淆误认。(六)乔丹公司注册争议商标时存在明显的主观恶意。1. 乔丹公司明知再审申请人的知名度,却注册与其相关的商标,搭乘其良好声誉。2. 乔丹公司原名“福建省晋江市陈埭溪边日用品二厂”,却于2000年更名并以“乔丹”为企业字号进行经营活动。3. 乔丹公司协同其关联公司,注册与再审申请人密切相关的其他商标。4. 乔丹公司无法合理解释其申请注册争议商标,以及其他与再审申请人有关的注册商标的创意来源,其有关防御性注册的主张不能成立。(七)乔丹公司的“知名度”是建立在相关公众混淆误认的基础上,获得了本不属于其的市场竞争地位和经济利益。其“知名度”并不是诚信经营的结果,不能使其恶意注册正当化。乔丹公司提交的《乔丹品牌区隔力调研报告》等证据不能证明已形成所谓的“稳定的市场秩序”。(八)再审申请人并未怠于保护其姓名权。1. 再审申请人系在《商标法》第41条第2款规定的5年期限内提出撤销申请。2. 再审申请人在本案中主张姓名权,请求撤销争议商标,不受诉讼时效的限制。3. 再审申请人在知晓乔丹公司注册、使用争议商标以及其他相关商标后,立即采取了相关法律行动。(九)二审判决遗漏了其有关《商标法》第31条的上诉理由。(十)争议商标违反《商标法》第10条第1款第8项、第41条第1款的规定。

商标评审委员会辩称:

(一)关于再审申请人主张保护姓名权的法律依据。《民法通则》第99条对姓名权作出了规定。《商标法》第31条规定的“在先权利”包括姓名权。外国人的姓名权也可依法在我国受到保护,但应根据其在我国的知名情况来认定。(二)关于再审申请人姓名权所保护的具体内容。1.姓名权的保护客体是自然人的姓名,不限于在户籍机关正式登记的本名,也包括笔名、艺名、别名等。2.姓名具有能够商品化的价值,商标法保护的即为这种商业价值或经济利益,其与姓名权人在我国的知名程度、知名领域密切相关。3.姓名的保护应当以我国社会公众的认知为基础,以社会公众对争议商标文字与姓名权人之间已经形成唯一、固定的对应性认知为前提。4.在确定姓名权的保护内容及保护范围时,应综合考虑权利人的知名程度、知名领域,以及争议商标指定的商品类别。(三)关于再审申请人在我国的知名度。再审申请人在我国具有较高的知名度,但“乔丹”并未唯一、固定地指向再审申请人。1.“乔丹”为英美普通姓氏,与再审申请人姓名“Michael Jordan”及其常用中文译名“迈克尔·乔丹”存在一定区别。2.尽管有部分媒体以“乔丹”指代再审申请人,但其使用数量有限,并且要与“篮球”“飞人”等其他关键词或上下文结合,才能确定性指向再审申请人。无论是媒体还是耐克公司,均未就再审申请人的指代称谓形成统一、固定的使用形式。3.权利人主张的“姓名”与其本人的对应关系应当唯一、固定,明显强于该“姓名”与其他主体的联系。如果相关公众看到“姓名”后首先想到的不是权利人,或者知道有两个主体都与该“姓名”有密切联系,会进行进一步分辨,区分其所指示的商品来源,故难以认定损害了权利人的在先姓名权。4.再审申请人的知名度主要集中在体育领域。在争议商标指定的商品上,综合考虑使用的广泛性、持续性、唯一对应性等因素,不能认定“乔丹”与再审申请人的联系已经明显强于与乔丹公司的联系。5.再审申请人未主动使用“乔丹”,“乔丹”与再审申请人之间不具有当然的对应关系。6.关于再审申请人提交的调查报告。首先,再审申请人、乔丹公司在诉讼阶段提交的证据均不符合《行政诉讼法》关于新证据的规定,并非被诉裁定的依据,应当不予采信。其次,调查报告系由再审申请人委托作出,难谓客观、中立,调查方式亦难谓科学、严谨,调查结果证明力弱,应当不予采信。(四)本案证据不能证明再审申请人及耐克公司主动使用了“乔丹”或者“QIAODAN”,仅能证明再审申请人对于被称呼为“乔丹”并未提出异议。权利人是否主动使用对于判断社会公众的认知具有重要意义。在再审申请人未主动使用的情况下,再审申请人又未及时提出异议,使“乔丹”与再审申请人之间的对应关系被削弱。(五)关于争议商标的具体情形是否会使相关公众误认其与再审申请人具有关联。1.在10多年前,乔丹公司已经在服装、鞋等主营商品上获得“乔丹”系列商标的注册并持续使用,同一主体在相同或者近似的商业标志上累积的商誉具有延续性。2.虽然争议商标指定的商品与再审申请人知名的领域及其商业价值均存在一定关联,但是,从双方使用的广泛性、持续性、唯一对应性等方面综合考虑,难以认定在争议商标指定的商品上使用“乔丹”或“QIAODAN”时,相关公众将之与再审申请人联系的可能性会强于乔丹公司。(六)关于乔丹公司对于争议商标的注册是否存在主观恶意。1. 虽然乔丹公司某些行为确有不当,但争议商标属于乔丹公司对其既已申请注册的其他商标的延续性注册。2. 恶意注册和权利人怠于保护自身权利都可能导致相关公众的合法权益受到损害,并对商标注册管理秩序和市场秩序造成损害。(七)乔丹公司对“乔丹”商标进行了长期、广泛的使用,取得较高的市场占有率和较大的影响力,与再审申请人及耐克公司的商业活动并存市场已长达近20年,已分别形成了各自的消费群体和市场认知。本案并无证据证明在双方并存市场期间,客观上造成了混淆误认及竞争秩序混乱。“乔丹”商标已形成了较为稳定的市场认知和竞争秩序,所累积的商誉及相关利益应归属于商标实际使用者。撤销“乔丹”系列商标有失公平。(八)关于再审申请人是否具有怠于保护其姓名权的情形及其对本案的影响。1. 在再审申请人申请撤销争议商标之前,乔丹公司已有数十件“乔丹”系列商标的注册时间超过了《商标法》第41条第2款规定的5年期限。耐克公司曾对其中数件商标提出过异议、异议复审,但是没有提起行政诉讼。2. 在对争议商标提出撤销申请之前,再审申请人未对乔丹公司的“乔丹”系列商标提出过异议或争议。由于超过5年期限,再审申请人不能再依据《商标法》第31条的规定,主张在先的“乔丹”商标损害其姓名权。3. 再审申请人未积极主张权利,造成了目前的市场竞争秩序,使“乔丹”分别与再审申请人和乔丹公司存在两组不同的对应关系,再审申请人应承担一定的不利后果。(九)争议商标的注册未违反《商标法》第10条第1款第8项、第41条第1款的规定。

乔丹公司述称:

(一)《商标法》第31条虽规定了“在先权利”,但并未明确规定其中包括姓名权,不能用兜底条款或者通过扩大解释“在先权利”,事后限制他人获得商标注册的机会。(二)再审申请人不能就“乔丹”享有姓名权。1. 再审申请人的姓名是“Michael Jordan”,“乔丹”仅是英美常用姓氏“Jordan”的惯常翻译之一。单纯“姓氏”或其翻译不能成为姓名权的客体。2. 未经再审申请人本人决定,他人(包括新闻媒体)不能为再审申请人创设姓名权。仅凭对应关系将“乔丹”认定为再审申请人的姓名,没有法律依据。3. 我国有4200多位姓名为“乔丹”的公民,我国媒体也使用“乔丹”指代其他外国人,再审申请人有关“乔丹”系其姓名,或者“乔丹”“QIAODAN”确定指向再审申请人的主张不能成立。4. 虽然再审申请人在篮球运动领域有杰出成就以及知名度,但并不当然地意味着他在某个领域(如运动与休闲服装)拥有具体的商誉。(三)再审申请人并未实际使用“乔丹”并对其贡献过商誉,或者受到财产损失。再审申请人已经将其姓名的财产权益独家许可给耐克公司,无权以自己的名义再行主张姓名权中的财产权益。调查报告等证据并非认定侵害姓名权的依据。(四)乔丹公司基于信赖和防御目的申请注册争议商标,不违反法律规定。乔丹公司已经与再审申请人及耐克公司各自形成稳定的市场格局。再审申请人怠于行使权利,丧失了主张在先权利的机会。(五)乔丹公司对于争议商标的注册不存在主观恶意。1. 在2001年修正《商标法》之前,《商标法》中并无保护

"在先权利"的规定,乔丹公司申请注册"乔丹"系列商标符合法律规定,并无明显恶意。2. 在多个商品类别上,乔丹公司已经长期、合法拥有"乔丹"商标,争议商标为延续性、防御性注册,具有正当性和合法性。(六)乔丹公司通过依法申请注册,有效地确立了与"乔丹"商标的具体联系。乔丹公司从最开始申请"乔丹"系列商标至今已逾24年,取得了巨大的商业成功,建立了稳定的消费者群体和较高的市场声誉,形成了稳定、可区分的市场秩序。争议商标对再审申请人的姓名权没有影响,也不会造成相关公众混淆误认。"乔丹"系列商标创造了巨大的商业价值,为社会做出了巨大贡献,不能由再审申请人侵占乔丹公司取得的成就。(七)我国商标制度采取的是"注册在先原则",如果姓名权的效力过分扩张,会使商标注册制度在很大程度上成为多余,因此,本案应当严格解释《商标法》第31条中的"在先权利"。(八)争议商标的注册未违反《商标法》第10条第1款第8项、第41条第1款的规定。

围绕当事人的再审请求,本院结合当事人提交的有关证据,对有争议的证据和事实查明并认定如下:

(一)关于再审申请人的本名

再审申请人护照上记载的本名(全名)为"Michael Jeffrey Jordan"。再审申请人提交的由北京百嘉翻译服务有限公司出具的中文翻译中,将其翻译为"迈克尔·杰弗里·乔丹",商标评审委员会和乔丹公司对其予以认可。因此,被诉裁定以及一审、二审法院认定再审申请人本名(全名)为"迈克尔·乔丹(Michael Jordan)"有误,本院予以纠正。

(二)与我国部分报纸、期刊、网站上刊登的与再审申请人相关的文章,以及与再审申请人相关的书籍、专刊有关的事实

1984年6月26日至2010年5月22日,在《人民日报》《参考消息》《经济日报》上先后刊登了《乔丹获"冠中冠"称号》《乔丹迈入名人堂》等有关再审申请人的文章282篇。在所述文章的标题中涉及再审申请人的,大多数以"乔丹"指代,其他分别以"飞人""飞人乔丹"等指代。

1985年6月至2012年1月,在我国《当代体育》《篮球》等体育类期刊,《瞭望》《新闻周刊》等新闻类期刊,《经济世界》《经济管理》等经营管理类期刊,以及《中学生百科》《小读者》等学习、教育类期刊上,先后刊登了《业余球王乔丹》《天王一对一乔丹VS科比》《与乔丹的故事》等涉及再审申请人的文章1376篇。在所述文章的标题中涉及再审申请人的,多数以"乔丹"指代,其他分别以"飞人""飞人乔丹""迈克尔·乔丹"等指代。

2015年10月,针对再审申请人访华并出席有关商业活动,腾讯网、中国新闻网、上海热线、中国日报、网易等网站上先后刊登了《中国赛成神秘乔丹行众人不惜血本只为朝圣》《NBA中国赛乔丹成为主角篮球之神让比赛成配菜》《乔丹代表一代人青春沪媒:这一夜只属于篮球之神》等有关再审申请人的文章。

1984年至2011年,我国境内出版、发行了《乔丹写真集》《最后的乔丹》等有关再审申请人的26种书籍、专刊。其中14种的书名或者刊名以"乔丹"指代再审申请人,另有7种以"迈

克尔·乔丹"指代再审申请人。

综上,在我国有关报纸、期刊、网站上发表的有关再审申请人的文章中,以及有关再审申请人的书籍、专刊中,其标题或名称如有涉及再审申请人的,均主要以"乔丹"指代再审申请人。一审判决认定"其多被称为'迈克尔·乔丹'"与事实不符,本院予以纠正。

(三)关于再审申请人代言有关产品的事实

在本案之前,再审申请人还先后代言了耐克公司的"AIRJORDAN"系列产品,以及"恒适(Hanes)"内衣、"WheatiesBox"麦片、"佳得乐"饮料等多种类型的产品。

(四)与再审申请人提交的调查报告有关的事实

再审申请人提交了两份零点调查公司于2012年完成的《MichaelJordan(迈克尔·乔丹)与乔丹体育品牌联想调查报告(全国、上海)》(以下统称两份调查报告)。两份调查报告的调查活动分别在北京、上海、广州、成都和常熟五个城市进行,以获得一般消费者对乔丹体育品牌和再审申请人之间关系的认知。两份调查报告的调查过程分别由北京市长安公证处、上海市东方公证处等公证机构进行了公证,两份调查报告后附有"技术说明"和"问卷",以及问题"卡片"等。

两份调查报告显示,调查的对象为年龄在28~60周岁,在调查地居住2年以上的当地居民,过去半年没有接受过市场调查,非调查、咨询、广告、服装、体育等敏感行业从业人员,实际调查的人群人口学分布特征与"2010年第六次全国人口普查"的人口学分布特征基本一致。访问方式采用拦截访问的方式,采用读录式问卷进行访问。抽样方法为多阶段分层随机抽样方法。

两份调查报告显示,向受访者提问"提到'乔丹',您第一反应想到的是"时,分别有85%、63.8%的受访者回答想到的是再审申请人,分别有14.5%、24%的受访者回答想到的是"乔丹体育"。在问到再审申请人与"乔丹体育"之间的关系的时候,分别有68.1%、58.1%的受访者认为二者有关。在近两年(调查时)购买过乔丹体育品牌产品的受访者中,分别有93.5%、78.1%的受让者认为再审申请人与"乔丹体育"有关。关于再审申请人与乔丹公司的具体关系,由高到低不同比例的受访者认为二者为"代言人""授权使用""企业开办人"等关系。

本院认为,两份调查报告的调查过程由公证机关进行了公证,调查程序较为规范,调查结论的真实性、证明力相对较高,可以与本案其他证据结合后共同证明相关事实。关于采信两份调查报告的具体理由,本院在本案争议焦点问题的第二个具体问题中还将详细论述。

(五)与乔丹公司提交的《乔丹品牌辨识度研究报告》有关的事实

乔丹公司提交了大正市场研究2011年完成的《乔丹品牌辨识度研究报告》。其"研究目的"为:"了解我国消费者对各主要运动服装品牌的认知情况,并且针对性地了解在我国消费者的认知与消费行为中,'乔丹'和'AIRJORDAN'两个品牌之间的辨识程度。"

在标注时间为"2012.6",名称为《乔丹品牌区隔力调研报告》的文件中,结论(2)为:"针对乔丹品牌与飞人迈克尔·乔丹的关系认知,只有7%的被访者认为乔丹体育'QIAODAN'就是迈克尔·乔丹的品牌;有90%的乔丹品牌消费者觉得'乔丹体育'是我国品牌,与再审申请人无关;另有3%的乔丹品牌消费者不认识再审申请人。"本院认为,由于该报告没有记载调查过程,也没有附调查问卷或具体问题,其相关调查数据的来源和调查结论的形成过程不明,真实性难以认定,本院不予采信。

(六)关于乔丹公司在本案及其他关联案件中的相关陈述

在一审法院针对本案,以及与本案相关的(2014)一中行(知)初字第9102号等10件关联案件的一审开庭笔录(以下统称一审庭审笔录)中,乔丹公司有如下陈述:1."乔丹"与再审申请人有关联,但认为不是唯一的。我国的相关公众以"乔丹"称呼再审申请人,但并非提到"乔丹"二字,就一定指向再审申请人。2.除了乔丹公司与再审申请人外,没有其他人使用"乔丹"并形成持续的影响力和知名度。3.乔丹公司是在知晓再审申请人知名度的情况下注册有关争议商标。4.确实会有没有购买过我方(乔丹公司)商品的公众会产生联系的可能,但在实际购买时不会产生混淆。

关于使用"乔丹"的理由,乔丹公司先后做出过三种不同的解释。其一,在上海市第二中级人民法院审理的再审申请人诉乔丹公司等侵害姓名权的(2012)沪二中民一(民)初字第1号案件一审庭审中,乔丹公司解释"乔丹"的含义为"南方之草木"。其二,在一审法院2014年10月29日进行的庭审中,其解释为"美好的意思""普通含义,美好意愿"。其三,在本院2015年11月27日对(2015)知行字第299号等案件进行的听证中,乔丹公司解释为"在90年代中期,他们还是村办企业的时候,曾经找到了晋江当地的商标事务所帮他们起名,就包括这个名字,就注册了"。

(七)关于乔丹公司《招股说明书》中记载的有关内容

《招股说明书》中记载:乔丹公司的主营业务为"运动鞋、运动服装和运动配饰的设计、生产和销售"。乔丹公司产品主要使用以下4件注册商标:2002年4月16日申请的第3148047号"乔丹"商标、第3148049号"乔丹"商标、第3148050号"QIAODAN"商标,以及2001年12月3日申请的第870号商标。上述商标指定的商品类别均为第25类。

"需要特别关注的风险因素"中记载:"发行人(乔丹公司)商号及主要产品商标'乔丹'与美国前职业篮球球星'Michael Jordan'的中文音译名'迈克尔·乔丹'姓氏相同……可能会有部分消费者将发行人及其产品与迈克尔·乔丹联系起来从而产生误解或混淆,在此特提请投资者注意。"

(八)关于乔丹公司及其关联公司申请其他与再审申请人有关的商标的事实

2005年10月17日,乔丹公司将再审申请人两个孩子的姓名"杰弗里·乔丹""马库斯·乔丹"及其拼音"JIEFULIQIAODAN""MAKUSIQIAODAN",分别申请注册了16件商标。同日,乔丹公司的控股股东案外人福建百群公司将"杰弗里""马库斯""JIEFULI""MAKUSI"分别申请注册了16件商标。

乔丹公司的关联公司案外人晋江麦克鞋塑有限公司(以下简称麦克公司)申请注册了第1407911号商标,该商标的标志由下方的"QIAODAN"与上方的图形组成。该图形与耐克公司申请的第643806号、第4932232号图形商标中的图形基本一致。

《美国职篮画刊》(中文国际版)第26期(1998年1月15日~2月15日)刊登了一张再审申请人比赛时的照片,该照片中再审申请人的身体轮廓与乔丹公司申请的第870号商标等图形商标中的图形基本一致。第870号商标曾于2005年6月被商标局以批复形式,认定为“运动鞋、运动服装”商品上的驰名商标。

2001年8月20日,乔丹公司的关联公司案外人福建湖人队体育用品有限公司申请注册第1905046号、第1967177号、第2009309号“LAKERSTEAM”商标,以及第1905050号、第1967878号、第1961198号“湖人队 HURENDUI”商标。

(九)关于最高人民法院(2002)民三终字第9号民事判决的有关认定

2003年9月16日,本院曾就福建省乔丹体育用品有限公司与案外人晋江市阳新体育用品有限公司不正当竞争纠纷一案,作出(2002)民三终字第9号民事判决,认定:“本案可以认定福建乔丹在先使用的鞋盒所包装的运动鞋产品为知名商品,其鞋盒装潢亦为其知名商品的特有装潢。”

(十)与第331号商标是否曾被认定为驰名商标有关的事实

针对案外人无锡好球体育用品有限公司(以下简称好球公司)与被上诉人麦克公司、一审被告商标评审委员会商标异议复审行政纠纷一案,北京市高级人民法院于2012年8月29日作出(2012)高行终字第1209号行政二审判决。

该案被异议商标为好球公司于2002年6月12日申请注册的第3208768号“乔丹”商标,引证商标一为乔丹公司的第331号“乔丹”商标。引证商标二为麦克公司申请注册的第1629121号“QIAODAN及图”商标。

2009年,商标局作出〔2009〕商标异字第05650号商标异议裁定书,认定在“足球鞋、爬山鞋”等商品上的第331号“乔丹”商标为驰名商标。2010年12月20日,商标评审委员会作出商评字〔2010〕第36887号异议复审裁定书(以下简称第36887号裁定),认为该案证据不足以证明在2002年6月12日之前,第331号商标构成了驰名商标。商标评审委员会裁定被异议商标予以核准注册。

麦克公司不服提起行政诉讼。北京市第一中级人民法院一审认为,该案证据不足以证明第331号“乔丹”商标已经构成驰名商标。被异议商标与引证商标二构成使用在相同或者类似商品上的近似商标,违反《商标法》第28条的规定,故判决撤销第36887号裁定,判令商标评审委员会重新作出裁定。北京市高级人民法院二审认为,被异议商标与引证商标二构成使用在相同或类似商品上的近似商标,判决驳回上诉,维持一审判决。据此,被诉裁定以及一审判决中有关第331号“乔丹”商标曾获得驰名商标保护的认定与事实不符,本院予以纠正。

本院再审认为,本案争议焦点为争议商标的注册是否损害了再审申请人就“乔丹”主张的姓名权,违反《商标法》第32条关于“申请商标注册不得损害他人现有的在先权利”的规定。

该争议焦点分为以下八个具体问题:第一,再审申请人主张保护姓名权的法律依据是什么?第二,再审申请人主张的姓名权所保护的具体内容是什么?第三,再审申请人在我国具有何种程度和范围的知名度?第四,再审申请人及其授权的耐克公司是否主动使用“乔丹”,

其是否主动使用的事实对于再审申请人在本案中主张的姓名权有何影响?第五,争议商标的具体情形是否会使相关公众误认为与再审申请人具有关联?第六,乔丹公司对于争议商标的注册是否存在明显的主观恶意?第七,乔丹公司的经营状况,以及乔丹公司对其企业名称、有关商标的宣传、使用、获奖、被保护等情况,对本案具有何种影响?第八,再审申请人是否具有怠于保护其主张的姓名权的情形,该情形对本案有何影响?围绕上述八个具体问题,本院逐一评述并认定如下:

(一)关于再审申请人主张保护姓名权的法律依据

首先,《商标法》第32条规定:"申请商标注册不得损害他人现有的在先权利"。因民事主体依法享有的民事权益多种多样,立法上难以穷尽地列举,故《商标法》第31条并未明确规定或者列举在先权利的任何具体类型,而是以"在先权利"作出概括性规定,以符合经济社会不断发展和保护民事主体合法权益的需要。本院认为,对于商标法已有特别规定的在先权利,应当根据商标法的特别规定予以保护。对于商标法虽无特别规定,但根据《民法通则》《侵权责任法》和其他法律的规定应予保护,并且在争议商标申请日之前已由民事主体依法享有的民事权利或者民事权益,应当根据该概括性规定给予保护。

其次,关于再审申请人在本案中主张的姓名权,《民法通则》第99条第1款规定:"公民享有姓名权,有权决定、使用和依照规定改变自己的姓名,禁止他人干涉、盗用、假冒。"《侵权责任法》第2条第2款规定:"本法所称民事权益,包括生命权、健康权、姓名权……等人身、财产权益。"据此,姓名权可以构成《商标法》第31条规定的"在先权利"。争议商标的注册损害他人在先姓名权的,应当认定该争议商标的注册违反《商标法》第31条的规定。因此,对于乔丹公司关于"商标法第三十一条并未明确规定'在先权利'包括姓名权,不能用兜底条款或者通过扩大解释'在先权利',事后限制他人获得商标注册的机会"的主张,本院不予支持。

最后,姓名被用于指代、称呼、区分特定的自然人,姓名权是自然人对其姓名享有的重要人身权。随着我国社会主义市场经济不断发展,具有一定知名度的自然人将其姓名进行商业化利用,通过合同等方式为特定商品、服务代言并获得经济利益的现象已经日益普遍。名人代言日益成为经营者提升品牌形象、推销商品或者服务、扩大知名度的一种重要的营销手段。《广告法》第2条第5款即规定:"本法所称的广告代言人,是指广告主以外的,在广告中以自己的名义或者形象对商品、服务作引荐、证明的自然人、法人或者其他组织。"《侵权责任法》第20条关于侵害他人人身权益造成财产损失的赔偿的规定,亦充分体现了我国法律对包括姓名权在内的人身权益中所蕴含的经济利益的承认和保护。因此,在适用《商标法》第31条的规定对他人的在先姓名权予以保护时,不仅涉及对自然人人格尊严的保护,而且涉及对自然人姓名,尤其是知名人物姓名所蕴含的经济利益的保护。鉴于商标的主要作用在于区分商品或者服务的来源,故未经许可擅自将他人享有在先姓名权的姓名注册为商标的,不仅会损害该自然人的人格尊严,而且容易导致相关公众误认为标记有该商标的商品或者服务与该自然人存在代言、许可等特定联系。该行为在损害该自然人姓名权的同时,也损害了消费者的合法权益。

综上,依照《民法通则》第99条、《侵权责任法》第2条的规定,自然人依法享有姓名权。未经许可擅自将他人享有在先姓名权的姓名注册为商标,容易导致相关公众误认为标记有该商标的商品或者服务与该自然人存在代言、许可等特定联系的,应当认定该商标的注册损害他人的在先姓名权,违反《商标法》第31条的规定。

(二)关于再审申请人主张的姓名权所保护的具体内容

关于再审申请人在本案中主张的姓名权所保护的具体内容,其实质是再审申请人能否就“乔丹”享有姓名权。因“乔丹”系再审申请人英文姓名“Michael Jeffrey Jordan”中“Jordan”的中文译名,故本案涉及再审申请人能否就其外文姓名的部分中文译名享有姓名权的问题。本院认为,根据自然人姓名权保护的条件,再审申请人就“乔丹”享有姓名权。具体理由如下:

第一,自然人依据《商标法》第31条的规定,就特定名称主张姓名权保护时,应当满足必要的条件。

其一,该特定名称应具有一定知名度、为相关公众所知悉,并用于指代该自然人。针对《反不正当竞争法》第5条第3项中规定的“姓名”,最高人民法院《关于审理不正当竞争民事案件应用法律若干问题的解释》(以下简称《不正当竞争民事案件解释》)第6条第2款规定:“具有一定的市场知名度、为相关公众所知悉的自然人的笔名、艺名等,可以认定为反不正当竞争法第五条第(三)项规定的‘姓名’”。虽然上述规定是针对“擅自使用他人的姓名,引人误认为是他人的商品”的不正当竞争行为的认定而作出的司法解释,但该不正当竞争行为本质上也是损害他人姓名权的侵权行为。认定该行为时所涉及的“引人误认为是他人的商品”,与本案中认定争议商标的注册是否容易导致相关公众误认为存在代言、许可等特定联系,是密切相关的。因此,在本案中可参照适用上述司法解释的规定,确定自然人姓名权保护的条件。

其二,该特定名称应与该自然人之间已建立稳定的对应关系。在适用《商标法》第31条有关“申请商标注册不得损害他人现有的在先权利”的规定时,涉及在先权利与注册商标权的权利冲突。在解决本案涉及的在先姓名权与注册商标权的权利冲突时,应合理确定在先姓名权的保护标准,平衡在先姓名权人与商标权人的利益。既不能由于争议商标标志中使用或包含有仅为部分人所知悉或临时性使用的自然人“姓名”,即认定争议商标的注册损害该自然人的姓名权;也不能如商标评审委员会所主张的那样,以自然人主张的“姓名”与该自然人形成“唯一”对应为前提,对自然人主张姓名权的保护提出过苛的标准。本院认为,根据《民法通则》第99条第1款的规定,自然人享有姓名权,有权决定、改变自己的姓名,但姓名权人并不能禁止他人善意、合法地“决定”起同样的名字。由于重名的原因,姓名与自然人之间难以形成唯一对应关系。而且,除本名外,自然人还可以有艺名、笔名、译名等其他名称。从历史传统来看,古人还可以有字、号等。在特定情况下,相关公众更熟悉并习惯以自然人本名之外的其他名称(如艺名、笔名等)指代该自然人,其他名称的知名度可能比其本名的知名度更高。如果以商标评审委员会主张的“唯一”对应作为主张姓名权的前提条件,将使与他人重名的人,或者除本名之外还有其他名称的人,无论其知名度或者相关公众认知情况如何,均无法获得姓名权的保护。因此，自然人所主张的特定名称与该自然人已经建立稳定的对应关系时，即使该对应关系达不到"唯一"的程度，也可以依法获得姓名权的保护。商标评审委员会主张的"唯一"对应标准过于严苛，本院不予支持。

综上，本院认为，在适用《商标法》第 31 条关于"不得损害他人现有的在先权利"的规定时，自然人就特定名称主张姓名权保护的，该特定名称应当符合以下三项条件：其一，该特定名称在我国具有一定的知名度、为相关公众所知悉；其二，相关公众使用该特定名称指代该自然人；其三，该特定名称已经与该自然人之间建立了稳定的对应关系。

第二，关于外国人能否就其外文姓名的部分中文译名主张姓名权保护的问题。本院认为，由于语言和文化等方面的差异以及为了便于称呼，我国相关公众通常习惯于以外国人外文姓名的部分中文译名来指代、称呼该外国人，而不会使用其完整姓名的中文译名，有时甚至对其完整姓名的中文译名不了解、不熟悉。因此，在判断外国人能否就其外文姓名的部分中文译名主张姓名权保护时，需要考虑我国相关公众对外国人的称谓习惯。本案中，无论是再审申请人主张的"乔丹"，还是商标评审委员会被诉裁定中错误认定为再审申请人全名的"迈克尔·乔丹"，实质上都是再审申请人完整英文姓名"Michael Jeffrey Jordan"的部分中文译名，但都被相关公众用于称呼和指代再审申请人。综上，再审申请人主张的"乔丹"如符合本院阐明的前述三项条件，可以依法主张姓名权的保护。对于乔丹公司有关"单纯'姓氏'或其翻译不能成为姓名权的客体"的主张，本院不予支持。

第三，本案证据可以证明再审申请人主张的"乔丹"符合本院阐明的前述三项条件，再审申请人对"乔丹"享有姓名权。具体理由如下：

首先，根据再审申请人提交的证据，我国境内有关报纸、期刊、网站上刊登的大量关于再审申请人的文章，以及相关书籍、专刊中，多以"乔丹"指代再审申请人，可以证明我国相关公众、新闻媒体普遍以"乔丹"指代再审申请人，"乔丹"已经与再审申请人建立了稳定的对应关系。其一，从 1984 年 6 月 26 日至 2010 年 5 月 22 日，在我国具有较高权威性和广泛影响力的《人民日报》《参考消息》《经济日报》上，先后刊登了《乔丹获"冠中冠"称号》《乔丹迈入名人堂》等 282 篇有关再审申请人的文章。从 1985 年 6 月至 2012 年 1 月，在我国境内有关体育、新闻、经营管理、学习、教育等各类期刊上，先后刊登了《天王一对一乔丹 VS 科比》《与乔丹的故事》等 1376 篇有关再审申请人的文章。在上述文章的标题中若有涉及再审申请人的，多数以"乔丹"指代，其他分别以"飞人乔丹""迈克尔·乔丹""飞人"等指代。其二，从 1984 年至 2011 年，在我国境内出版、发行了《乔丹写真集》《最后的乔丹》等 26 种涉及再审申请人的书籍、专刊。其中 14 种书名或者刊名以"乔丹"指代再审申请人，另有 7 种以"迈克尔·乔丹"指代再审申请人。其三，2015 年 10 月，在腾讯网、中国新闻网（China News）、上海热线、中国日报（China Daily）、网易等国内具有较高知名度的网站上，先后发表了《中国赛成神秘乔丹行众人不惜血本只为朝圣》《NBA 中国赛乔丹成为主角篮球之神让比赛成配菜》《乔丹代表一代人青春沪媒：这一夜只属于篮球之神》等多篇有关再审申请人访华参加有关商业活动的文章，这些文章的标题也多以"乔丹"指代再审申请人。

其次,在一审庭审笔录中,乔丹公司认可“乔丹”与再审申请人有关联,但认为“不是唯一”的。乔丹公司亦认可我国相关公众是以“乔丹”称呼再审申请人,但主张“并非提到‘乔丹’二字,就一定指向原告(再审申请人)”。在回答一审法院有关“乔丹这两个字,除了原告(再审申请人)、乔丹公司在使用以外,在我国大陆是否有其他人使用?有没有在我国大陆形成持续的影响力和知名度?”的问题时,乔丹公司陈述:“我们提交的证据里面没有。我们注册之后不可能再有,争议之前也没有发现。”

再次,在乔丹公司《招股说明书》中的“品牌风险”中,特别注明:“特别提醒投资者‘可能会有部分消费者将发行人及其产品与迈克尔·乔丹联系起来从而产生误解或混淆,在此特提请投资者注意。’”表明乔丹公司亦认识到相关公众可能会将“乔丹”与再审申请人相互联系。

最后,两份调查报告可以进一步佐证相关公众以“乔丹”指代再审申请人,“乔丹”已经与再审申请人建立了稳定的对应关系。其一,关于本院采信两份调查报告的具体理由。因本案案件事实、法律适用与相关公众的认知状况密切相关,故通过客观、公正、规范、透明的市场调查,有助于人民法院进一步查明相关公众有关“乔丹”的认知情况。根据本院查明的事实,两份调查报告由零点调查公司完成,调查活动分别在北京、上海、广州、成都和常熟五个城市进行,以获得一般消费者对乔丹体育品牌和再审申请人之间关系的认知。两份调查报告的调查过程分别由北京市长安公证处、上海市东方公证处等公证机构进行了公证,对调查对象的构成、访问方式、抽样方法、调查结论的形成过程等均作出了详细的说明。调查报告后还附有详细的“技术说明”“问卷”以及问题“卡片”,故调查结论的真实性、证明力相对较高,可以与本案其他证据结合后共同证明相关事实。商标评审委员会、乔丹公司虽对两份调查报告提出质疑,但既未提出充分的反证,也未提出合理的反对理由,故本院对其主张不予支持。其二,关于相关调查数据。两份调查报告显示,向受访者提问“提到乔丹,您第一反应想到的是”时,分别有85%、63.8%的受访者回答想到的是再审申请人,分别有14.5%、24%的受访者回答想到的是“乔丹体育”。该调查数据与本院认定的前述其他相关事实可以相互印证,可以证明我国相关公众通常以“乔丹”指代再审申请人,“乔丹”与再审申请人之间已经建立了稳定的对应关系。

综上,因本案现有证据足以证明“乔丹”在我国具有较高的知名度、为相关公众所知悉,我国相关公众通常以“乔丹”指代再审申请人,并且“乔丹”已经与再审申请人之间形成了稳定的对应关系,故再审申请人就“乔丹”享有姓名权。

乔丹公司认为,我国还有其他自然人叫作“乔丹”,我国新闻媒体也使用“乔丹”指代其他外国人,故再审申请人不能就“乔丹”享有姓名权。本院认为,虽然确有其他自然人的本名或者中文译名为“乔丹”,或者其中包括“乔丹”,但由于其在我国相关公众中的知名度相对有限,没有证据证明我国相关公众广泛知晓并以“乔丹”指代其他自然人。特别是,乔丹公司在一审庭审笔录中也主张除再审申请人和乔丹公司外,没有其他人“在我国大陆形成持续的影响力和知名度”,因此,对于乔丹公司的该项主张,本院不予支持。

乔丹公司还认为,再审申请人已将其姓名的财产权益独家许可给耐克公司,其无权以自己的名义再行主张姓名权中的财产权益。本院认为,姓名权为人身权,虽然姓名权可以含有经济利益,例如,权利人可以将其姓名许可给他人进行商业利用,但姓名权本身既不能与权利人的人身完全分离,也不能完全转让。因此,即使再审申请人将其姓名独家许可给耐克公司商业使用,其本人仍然享有姓名权,有权单独就争议商标提出撤销申请,故本院对乔丹公司的该项主张不予支持。

(三)关于再审申请人在我国具有何种程度和范围的知名度

本案中,正确认定再审申请人在我国具有何种程度和范围的知名度,对于本院认定再审申请人能否就“乔丹”享有姓名权,乔丹公司对于争议商标的注册是否存在明显的主观恶意,以及相关公众是否会误认为标记有争议商标的商品与再审申请人具有关联等具体问题均具有重要影响。本院认为,本案证据可以证明在争议商标的申请日之前,直至2015年,再审申请人在我国一直具有较高的知名度,其知名范围已不仅仅局限于篮球运动领域,而是已成为具有较高知名度的公众人物。具体理由如下:

第一,如前所述,再审申请人提交了从1984年至2012年,在我国境内有关报纸、期刊上刊登的有关再审申请人的1658篇文章,以及有关再审申请人的26种书籍、专刊。虽然有关文章主要与再审申请人从事的篮球运动有关,但相关媒体类型并不仅仅局限于《当代体育》《篮球》等体育类期刊,还包括新闻、经营管理、学习、教育等各类期刊。尤其是在我国具有较高权威性和广泛影响力的《人民日报》《参考消息》《经济日报》中,也对再审申请人进行了持续、大量的新闻报道。综合考量相关媒体的权威性、类型、受众范围及其年龄层次,相关文章的发表时间、数量和内容,以及有关再审申请人的大量书籍、专刊等,现有证据已经足以证明再审申请人在我国相关公众中长期具有较高的知名度,其知名范围已经不再局限于篮球运动领域。

第二,在2015年再审申请人访华前后,腾讯网、中国新闻网(China News)、网易等国内知名网站上先后发表了多篇有关再审申请人参与相关商业活动的文章,足以证明再审申请人目前在我国依然具有较高的知名度。尤其是从有关文章标题中所使用的“不惜血本只为朝圣”“篮球之神”“代表一代人青春”等感情色彩强烈的措辞来看,即使其中可能采取了相对夸张的修饰手法,也足以反映出再审申请人在相关公众中仍然具有较高的知名度。

第三,两份调查报告可以进一步佐证再审申请人的知名程度和范围。根据两份调查报告,调查的对象为年龄在28~60周岁、在调查地居住2年以上的当地居民,实际调查的人群人口学分布特征与“2010年第六次全国人口普查”的人口学分布特征基本一致。在被问到“提到乔丹,您第一反应想到的是”时,分别有85%、63.8%的受访者第一反应想到的是再审申请人。因此,两份调查报告的调查对象以及上述调查数据也可以进一步佐证再审申请人在我国相关公众中具有广泛的知名度,其知名范围并不仅仅限于篮球运动领域。

第四,再审申请人除了为耐克公司代言“AIRJORDAN”系列产品外,还先后代言了“佳得乐”饮料、“恒适”内衣、“WheatiesBox”麦片等多种与篮球运动没有直接关联的商品。代言活动一方面反映出再审申请人个人的形象和知名度已得到相关商品经营者的普遍认可,另一方面也使相关公众在日常生活中更容易通过广告、媒体等媒介,有更多机会了解和接触到再审申请人,进一步增强和扩大了再审申请人在相关公众中的知名程度和范围。

(四)关于再审申请人及其授权的耐克公司是否主动使用"乔丹",其是否主动使用的事实对于再审申请人在本案中主张的姓名权有何影响

本院认为,首先,《民法通则》第99条第1款规定:"公民享有姓名权,有权决定、使用和依照规定改变自己的姓名,禁止他人干涉、盗用、假冒。"据此规定,"使用"是姓名权人享有的权利内容之一,并非其承担的义务,更不是姓名权人"禁止他人干涉、盗用、假冒",主张保护其姓名权的法定前提条件。

其次,在适用《商标法》第31条的规定保护他人在先姓名权时,相关公众是否容易误认为标记有争议商标的商品或者服务与该自然人存在代言、许可等特定联系,是认定争议商标的注册是否损害该自然人姓名权的重要因素。因此,在符合本院阐明的有关姓名权保护的三项条件的情况下,自然人有权根据《商标法》第31条的规定,就其并未主动使用的特定名称获得姓名权的保护。这不仅有利于保护自然人的人格尊严及其姓名所蕴含的经济利益,也有利于防止相关公众误认,借以保护消费者的合法权益。

最后,本案再审申请人为美利坚合众国公民。对于在我国具有一定知名度的外国人,其本人或者利害关系人可能并未在我国境内主动使用其姓名;或者由于便于称呼、语言习惯、文化差异等原因,我国相关公众、新闻媒体所熟悉和使用的"姓名"与其主动使用的姓名并不完全相同。例如,在本案中,我国相关公众、新闻媒体普遍以"乔丹"指代再审申请人,而再审申请人、耐克公司则主要使用"迈克尔·乔丹"。但无论是"迈克尔·乔丹"还是"乔丹",在相关公众中均具有较高的知名度,均被相关公众普遍用于指代再审申请人,且再审申请人并未提出异议或者反对。故商标评审委员会、乔丹公司关于再审申请人、耐克公司未主动使用"乔丹",再审申请人对"乔丹"不享有姓名权的主张,本院不予支持。

(五)关于争议商标的具体情形是否会使相关公众误认为与再审申请人具有关联

本案争议商标为第4152827号"乔丹"商标,指定使用的商品类别为第25类"服装、婴儿全套衣、游泳衣、鞋、足球鞋、帽、袜、手套、领带、皮带(服饰用)、防水服、舞衣、婚纱"。本院认为,上述商品的相关公众容易误认为标记有争议商标的商品与再审申请人存在代言、许可等特定联系。具体理由如下:

首先,本案证据足以证明再审申请人及其姓名"乔丹"在我国具有长期、广泛的知名度,相关公众熟悉并普遍使用"乔丹"指代再审申请人。"乔丹"与再审申请人之间已经建立了稳定的对应关系。因争议商标标志仅为"乔丹"文字,故相关公众看到争议商标后,容易由此联想到再审申请人本人,进而容易误认为标记有争议商标的商品与再审申请人存在代言、许可等特定联系。

其次,乔丹公司在《招股说明书》之"品牌风险"中特别注明:"特别提醒投资者'可能会有部分消费者将发行人及其产品与迈克尔·乔丹联系起来从而产生误解或混淆,在此特提请投资者注意。'"这表明其已经认识到相关公众容易将"乔丹"与再审申请人相互联系,可能导致

相关公众误认。乔丹公司在一审庭审笔录中,亦认可“确实会有没有购买过我方商品的公众会产生联系的可能”。

最后,两份调查报告可以与其他证据结合,进一步证明相关公众容易误认为“乔丹”与再审申请人存在特定联系。两份调查报告显示,分别有68.1%、58.1%的受访者认为再审申请人与“乔丹体育”有关。在购买过乔丹体育品牌产品的受访者中,分别有93.5%、78.1%的受访者认为再审申请人与“乔丹体育”有关。对于二者的具体关系,由高到低不同比例的受访者认为二者具有代言人、姓名授权使用、企业开办人等关系。虽然上述调查数据针对的是相关公众对再审申请人与“乔丹体育”之间关系的认知,但由于“乔丹体育”为争议商标的商标权人,且“乔丹体育”中的“乔丹”起到主要的识别作用,而“体育”为普通词汇,难以起到区分商品来源的作用,故两份调查报告可以进一步佐证在争议商标指定使用的商品上,相关公众容易误认为标记有争议商标的商品与再审申请人存在特定联系。

(六)关于乔丹公司对于争议商标的注册是否存在明显的主观恶意

本案中,乔丹公司申请注册争议商标时是否存在主观恶意,是本院认定争议商标的注册是否损害再审申请人姓名权的重要考量因素。本院认为,本案证据足以证明乔丹公司是在明知再审申请人及其姓名“乔丹”具有较高知名度的情况下,并未与再审申请人协商、谈判以获得其许可或授权,而是擅自注册了包括争议商标在内的大量与再审申请人密切相关的商标,放任相关公众误认为标记有争议商标的商品与再审申请人存在特定联系的损害结果,使乔丹公司无须付出过多成本,即可实现由再审申请人为其“代言”等效果。乔丹公司的行为有违《民法通则》第4条规定的诚实信用原则,其对于争议商标的注册具有明显的主观恶意。具体理由如下:

首先,自1984年起至2015年止,再审申请人在我国具有长期、广泛的知名度。我国相关公众主要以“乔丹”指代再审申请人。乔丹公司原名“福建省晋江市陈埭溪边日用品二厂”,原本与“乔丹”没有任何联系,却于2000年6月更名为“晋江市乔丹体育用品有限公司”,又于2000年9月更名为“福建省乔丹体育用品有限公司”,后又于2009年12月更名为目前的名称。乔丹公司主要从事“运动鞋、运动服装和运动配饰的设计、生产和销售”,其主营业务与再审申请人的职业高度关联,理应对再审申请人及其知名度有相当程度的了解。事实上,乔丹公司在一审庭审笔录中也明确承认其是在“知晓他(再审申请人)的知名度的情况下注册(争议商标)的”。

其次,对于使用“乔丹”申请注册争议商标的缘由,乔丹公司在本院进行的听证、一审法院的庭审以及在上海市第二中级人民法院审理的再审申请人诉乔丹公司等侵害姓名权纠纷案件的庭审中,先后作出过三种完全不同的解释。但无论是“南方的草木”,抑或是“美好的意思”“普通含义、美好意愿”,又或者是“在90年代中期,他们还是村办企业的时候,曾经找到了晋江当地的商标事务所帮他们起名,就包括这个名字”,均明显有悖于常理或者缺乏事实依据,难以令本院信服。因此,乔丹公司对于使用“乔丹”申请注册争议商标不能做出正当合理的解释。

最后,除申请注册争议商标外,乔丹公司及其关联公司还先后申请注册了一系列与再审申请人密切相关的其他商标,更加凸显其主观恶意。这些商标主要包括:1. 乔丹公司将再审申请人两个孩子的姓名"杰弗里·乔丹""马库斯·乔丹"及其汉语拼音申请注册了多件商标。其控股股东案外人福建百群公司将"杰弗里""马库斯""JIEFULI""MAKUSI"分别申请注册了16件商标。2. 针对1998年《美国职篮画刊》(中文国际版)上刊登的再审申请人比赛时的照片,乔丹公司将与再审申请人身体轮廓基本相同的图形作为构成要素,单独或者与"乔丹""QIAODAN",再审申请人的球衣号码"23"等组合申请了多件注册商标。3. 其关联公司麦克公司使用耐克公司第643806号、第4932232号商标中的图形,另行申请注册第1407911号组合商标。4. 针对美国职业篮球联赛球队"湖人队",乔丹公司的关联公司湖人队体育公司申请注册了第1905046号、第1967177号、第2009309号"LAKERSTEAM"商标,以及第1905050号、第1967878号、第1961198号"湖人队 HURENDUI"商标,并将"湖人队"作为其企业名称中的字号使用。综上,乔丹公司使用"乔丹"申请注册争议商标并非孤立、偶然的事件,而是其和关联公司在明知再审申请人具有较高知名度的情况下,围绕再审申请人申请注册各相关商标的系列行为之一。乔丹公司对再审申请人的姓名"乔丹",球衣号码"23",尤其是再审申请人两个孩子的姓名均不享有合法的在先权益。乔丹公司、商标评审委员会关于乔丹公司的行为属于延续性注册、防御性注册的主张缺乏事实和法律依据,本院不予支持。

(七)关于乔丹公司的经营状况,以及乔丹公司对其企业名称、有关商标的宣传、使用、获奖、被保护等情况,对本案具有何种影响

本院认为,根据一审法院以及本院查明的事实,可以认定乔丹公司经过多年的经营,已具有较大的规模,占据了一定的市场份额,在相关行业具有一定的知名度。本院曾在(2002)民三终字第9号民事判决中,认定福建省乔丹体育用品有限公司"在先使用的鞋盒所包装的运动鞋产品为知名商品,其鞋盒装潢亦为其知名商品的特有装潢"。2005年6月,乔丹公司的第870号商标曾被商标局认定为运动鞋、运动服装商品上的驰名商标。此外,乔丹公司还进行了大量的广告宣传、赞助体育赛事和公益事业等活动,投入巨大。然而,上述事实并不影响本院关于争议商标的注册损害再审申请人在先姓名权的认定。具体理由如下:

其一,从权利的性质以及损害在先姓名权的构成要件来看,姓名被用于指代、称呼、区分特定的自然人,姓名权是自然人对其姓名享有的人身权。而商标的主要作用在于区分商品或者服务来源,属于财产权,与姓名权是性质不同的权利。如前所述,在认定争议商标的注册是否损害他人在先姓名权时,关键在于是否容易导致相关公众误认为标记有争议商标的商品或者服务与姓名权人之间存在代言、许可等特定联系,其构成要件与侵害商标权的认定不同。因此,即使乔丹公司经过多年的经营、宣传和使用,使乔丹公司及其"乔丹"商标在特定商品类别上具有较高知名度,相关公众能够认识到标记有"乔丹"商标的商品来源于乔丹公司,也不足以据此认定相关公众不容易误认为标记有"乔丹"商标的商品与再审申请人之间存在代言、许可等特定联系。事实上,乔丹公司将再审申请人球衣号码"23",再审申请人两个孩子的姓名等与之密切相关的信息申请注册其他商标,一定程度上体现了乔丹公司放任前述相关公众

误认的损害后果。因此,对于商标评审委员会关于“不能认定‘乔丹’与再审申请人之间的对应关系已明显强于与乔丹公司的联系”,再审申请人对“乔丹”不享有姓名权,不会使相关公众误认等主张,本院不予支持。

其二,《民法通则》第4条规定:“民事活动应当遵循……诚实信用的原则。”乔丹公司恶意申请注册争议商标,损害再审申请人的在先姓名权,明显有悖于诚实信用原则。商标评审委员会、乔丹公司主张的市场秩序或者商业成功并不完全是乔丹公司诚信经营的合法成果,而是一定程度上建立于相关公众误认的基础之上。维护此种市场秩序或者商业成功,不仅不利于保护姓名权人的合法权益,而且不利于保障消费者的利益,更不利于净化商标注册和使用环境。

综上,本院认为,乔丹公司的经营状况,以及乔丹公司对其企业名称、有关商标的宣传、使用、获奖、被保护等情况,均不足以使争议商标的注册具有合法性。

(八)关于再审申请人是否具有怠于保护其主张的姓名权的情形,该情形对本案有何影响

《商标法》第41条第2款规定:“已经注册的商标,违反本法……第三十一条规定的,自商标注册之日起五年内……可以请求商标评审委员会裁定撤销该注册商标。”本院认为,上述规定中的“自商标注册之日起5年内”是向商标评审委员会申请撤销争议商标的法定期限,立法者在规定该期限时已经充分考虑了在先权利人与商标权人之间的利益平衡。该期限可以督促权利人或者利害关系人及时主张权利,避免争议商标的法律效力在核准注册后的过长时期内仍处于可争议状态,从而影响商标权人对争议商标的宣传和使用,损害商标权人的合法权益。本案中,再审申请人在争议商标注册之日起5年内向商标评审委员会提出撤销申请,符合上述法律规定。因此,商标评审委员会、乔丹公司关于再审申请人怠于保护其姓名权的主张缺乏事实和法律依据,本院不予支持。

综上,《商标法》第31条规定的“在先权利”包括他人在争议商标申请日之前已经享有的姓名权。再审申请人对争议商标标志“乔丹”享有在先的姓名权。乔丹公司明知再审申请人在我国具有长期、广泛的知名度,仍然使用“乔丹”申请注册争议商标,容易导致相关公众误认为标记有争议商标的商品与再审申请人存在代言、许可等特定联系,损害了再审申请人的在先姓名权。乔丹公司对于争议商标的注册具有明显的主观恶意。乔丹公司的经营状况,以及乔丹公司对其企业名称、有关商标的宣传、使用、获奖、被保护等情况,均不足以使争议商标的注册具有合法性。因此,争议商标的注册违反《商标法》第31条的规定,依照《商标法》第41条第2款的规定应予撤销,应由商标评审委员会就争议商标重新作出裁定。

关于争议商标的注册是否属于《商标法》第10条第1款第8项规定的“有害于社会主义道德风尚或者有其他不良影响”的情形。本院认为,争议商标标志不存在可能对我国政治、经济、文化、宗教、民族等社会公共利益和公共秩序产生消极、负面影响的情形。因此,对于再审申请人关于争议商标的注册违反《商标法》第10条第1款第8项规定的申请再审理由,本院不予支持。

关于争议商标的注册是否属于《商标法》第41条第1款规定的“以欺骗手段或者其他不

正当手段取得注册”的情形。本院认为,争议商标的注册不属于扰乱商标注册秩序、损害公共利益、不正当占用公共资源,或者以其他方式谋取不正当利益的行为,不属于《商标法》第41条第1款所规定的“其他不正当手段”。再审申请人亦未提供证据证明争议商标的注册系以欺骗手段或者其他不正当手段取得注册。因此,对于再审申请人关于争议商标的注册违反《商标法》第41条第1款规定的申请再审理由,本院亦不予支持。

综上所述,本院认为,被诉裁定、一审判决认定事实和适用法律均有错误,应予撤销;二审判决错误维持一审判决,对再审申请人关于争议商标违反《商标法》第31条规定的上诉理由未予审查,亦应予撤销。经本院审判委员会讨论决定,依照《民法通则》第4条、第99条,《侵权责任法》第2条、第20条,2001年修正的《商标法》第10条第1款第8项、第31条、第41条,参照最高人民法院《关于审理不正当竞争民事案件应用法律若干问题的解释》第6条第2款,以及依照《行政诉讼法》第70条、第89条第1款第2项,最高人民法院《关于执行〈中华人民共和国行政诉讼法〉若干问题的解释》第76条第1款、第78条的规定,判决如下:

一、撤销北京市第一中级人民法院(2014)一中行(知)初字第9161号行政判决;

二、撤销北京市高级人民法院(2015)高行(知)终字第1925号行政判决;

三、撤销国家工商行政管理总局商标评审委员会商评字〔2014〕第052226号关于第4152827号“乔丹”商标争议裁定;

四、国家工商行政管理总局商标评审委员会对第4152827号“乔丹”商标重新作出裁定。

一审案件受理费100元,二审案件受理费100元,均由国家工商行政管理总局商标评审委员会负担。

本判决为终审判决。

审　判　长　陶凯元
审　判　员　王　闯
审　判　员　夏君丽
审　判　员　王艳芳
代理审判员　杜微科
二〇一六年十二月八日
书　记　员　包　硕
书　记　员　张　博

参考案例4：
上海艺想文化用品有限公司与毕加索国际企业股份有限公司、上海大者实业有限公司商标权转让合同纠纷案

关键词：商标许可使用

上海知识产权法院
民事判决书
（2015）沪知民终字第165号

上诉人（原审原告）：上海艺想文化用品有限公司，住所地上海市闵行区。

法定代表人：王某某，执行董事。

被上诉人（原审被告）：毕加索国际企业股份有限公司，住所地台湾地区台北市。

法定代表人：游某某，董事长。

被上诉人（原审被告）：上海大者实业有限公司，住所地上海市松江区。

法定代表人：单某某，执行董事。

上诉人上海艺想文化用品有限公司（以下简称艺想公司）因商标权转让合同纠纷一案，不服上海市徐汇区人民法院（2013）徐民三（知）初字第522号民事判决，向本院提起上诉。

本院受理后，依法组成合议庭，于2016年1月15日公开开庭审理了本案。上诉人艺想公司的法定代表人王某某、被上诉人毕加索国际企业股份有限公司（以下简称毕加索公司）的委托代理人倪力鸣律师、被上诉人上海大者实业有限公司（以下简称大者公司）的委托代理人袁洋律师均到庭参加诉讼。本案现已审理终结。艺想公司在原审中诉称：其与毕加索公司于2012年2月16日签订《商标使用许可合同书》，约定毕加索公司将其所有的第××××××××号图文注册商标（以下简称系争商标）许可艺想公司独占使用，许可期限为2012年1月15日至2017年8月31日。《商标使用许可合同书》还约定，合同期届满艺想公司享有优先续约或者受让系争商标的优先权。之后，艺想公司意外发现，其经授权独占许可使用的系争商标已由毕加索公司转让给大者公司；更有甚者，大者公司在受让系争商标后，立即许可案外人上海帕弗洛文化用品有限公司（以下简称帕弗洛公司）独占使用，而帕弗洛公司恰好是艺想公司长期以来的诉讼打假对象。艺想公司认为，毕加索公司在未解除艺想公司所获独占使用许可授权的情况下，即与大者公司签订系争商标转让协议，而大者公司受让系争商标后随即授权案外人帕弗洛公司独占许可使用，明显与艺想公司获得的独占许可使用权利相冲突。由此可

见,毕加索公司与大者公司,甚至与案外人帕弗洛公司之间有明显的串通恶意。就本案而言,毕加索公司与大者公司之间就系争商标的转让实属恶意串通,严重侵害艺想公司就系争商标享有的独占许可使用权及优先购买权;此外,毕加索公司与大者公司还就系争商标先后签订了两份价格迥异的"阴阳"转让合同,刻意提交明显低于市场交易的不合理低价合同申请备案,并以此作为税基缴纳交易税款,该行为亦损害了国家利益,故毕加索公司与大者公司转让系争商标当属无效,据此请求判令:1. 毕加索公司、大者公司于2012年10月12日签订的《转让商标合同》无效;2. 大者公司办理变更手续将相关商标的注册商标专用权移返登记至毕加索公司名下;3. 本案诉讼费由毕加索公司与大者公司承担。

毕加索公司在原审中辩称:

不同意艺想公司的全部诉讼主张。首先,其与大者公司签订《转让商标合同》并未侵害艺想公司就系争商标享有的独占许可使用权。根据法律规定,艺想公司于系争商标转让前获得的独占使用许可并不会受系争商标转让的影响。如果其独占许可使用权确实受到了侵害,应当请求判令大者公司对案外人帕弗洛公司的独占许可使用授权无效,而非《转让商标合同》无效。其次,其与大者公司签订《转让商标合同》,未侵害艺想公司的优先购买权。2012年10月,毕加索公司向艺想公司发出《解约函》,因艺想公司在使用过程中刻意歪曲、淡化系争商标而解除了授权其独占许可使用系争商标的《商标使用许可合同书》。鉴于该合同已被发函解除,故此种情况下艺想公司已不享有针对系争商标的优先购买权;况且,早在2012年4月,毕加索公司还专程函告艺想公司,表示因案外人愿以人民币500万元(以下币种相同)出价受让系争商标,毕加索公司愿以相同价格优先将系争商标售予艺想公司。之后,艺想公司表示价格过高不愿购买。现毕加索公司以500余万元的价格将系争商标转让给大者公司亦不构成对艺想公司优先购买权的侵害。再次,艺想公司提出毕加索公司与大者公司签订"阴阳"合同损害国家利益的情况不存在,备案合同不可能作为纳税的税基,毕加索公司与大者公司的转让行为未损害国家利益。最后,艺想公司提交的证据无法证明毕加索公司与大者公司,甚至与案外人帕弗洛公司存在串通的恶意。综上,不同意艺想公司的上述主张,请求依法驳回其全部诉讼请求。

大者公司在原审中辩称:

其与毕加索公司签订的《转让商标合同》依法成立,且该转让已经过国家工商行政管理总局商标局(以下简称国家商标局)核准公告,商标权转移已发生法律效力,受法律保护。艺想公司主张大者公司与毕加索公司恶意串通,损害其权益与国家利益的主张无事实依据,故大者公司不同意艺想公司的全部诉讼请求,请求依法予以驳回。原审法院经审理查明:毕加索公司经国家商标局核准取得系争商标,核定使用商品为第16类:纸、桌上纸杯垫、纸餐巾、卡纸板制品、雪茄烟用套环、笔记本或绘图本、卡片、印刷品、贺卡、印刷出版物、图画、照片、纸牌、包装纸、书籍装订材料、文具、墨水、印章(印)、书写工具,文具或家用胶带,直角尺,绘画仪器,绘画材料,电动或非电动打字机,教学材料(仪器除外),室内水族池,日历(年历)。注册有效期自2003年5月21日至2013年5月20日,经续展有效期限至2023年5月20日。毕加索公司经国家商标局核准取得第×××××××号文字商标,核定使用商品为第16类:纸,卡纸板制品,笔记本,卡片,贺卡,图画,照片,书籍装订材料,文具,墨水,印章(印)等。注册有效期自2013年6月21日至2023年6月20日。2009年3月12日,国家商标局向毕加索公司发出商标使用许可合同备案通知书,告知毕加索公司于2008年6月30日报送的许可案外人帕弗洛公司使用系争商标的使用许可合同备案申请已被核准备案。2012年1月1日,毕加索公司(甲方)与案外人帕弗洛公司(乙方)签订商标使用许可合同备案提前终止协议,其上载明:一、甲、乙双方于2003年签订关于第×××××××号商标使用许可合同,并向国家商标局申请许可备案,备案号:××××××××××,许可期限自2003年7月9日至2013年5月19日;二、经双方友好协商,双方一致同意提前终止第×××××××号商标使用许可备案,提前终止日期为2012年1月1日;三、该协议仅供办理提前终止第×××××××号商标使用许可备案之用,甲、乙双方关于该商标的其他约定不受影响。国家商标局发布的2012年第10期商标公告载明:毕加索公司与案外人帕弗洛公司就系争商标的许可合同备案提前终止,提前终止日期为2012年1月1日。2012年2月16日,毕加索公司(甲方)就系争商标与艺想公司(乙方)在上海签订《商标使用许可合同书》,授权许可总价为195万元。该合同约定:第二条,独占使用。第五条,许可期限2012年1月15日至2017年8月31日;第六条,商标许可使用费的支付:(一)第一期2012年1月15日至2013年使用许可费35万元……(二)双方签约后甲方合同备案成功后再付10万元。特别说明:甲方应在签订此合同一年内完成许可合同备案;除因国家商标局审查程序、期限冗长之外,若因甲方未积极撤销与帕弗洛公司在国家商标局之备案合同或者其他原因未在国家商标局办妥备案的,则乙方有权终止本合同。第十一条,本合同应当到国家商标局进行备案,甲方自行到国家商标局办理商标许可使用合同的备案手续……第十二条,甲方义务:商标代理机构将双方签订的商标使用许可合同和甲方撤销帕弗洛公司原备案合同的材料递交国家商标局后,甲方主合同义务履行完毕,但甲方还应全力配合乙方在市场的打假……第十五条,合同的变更及效力……如果提交国家商标局的商标使用许可备案合同(甲、乙双方为了保密合同条款应为去备案另立此许可备案合同送国家商标局备案)与本合同或变更后的合同内容或补充协议相冲突的,则以本合同或变更后的合同内容或补充协议为准。第十七条,合同违约和责任……三、甲方应保证除乙方外不得在同类产品上向第三方授权。乙方在对市场上侵权、仿冒维权过程中,甲方不得与任何一方私自和解;一旦和解,甲方应赔偿乙方一百五十万元;乙方如与帕弗洛公司以外第三方和解的,应告知甲方。第二十二条,本合同期限届满,乙方享有优先续约或者受让系争商标优先权。此外,双方还明确了履约中通知文件的有效送达地址,以及特快专递寄出后第三日即视为送达的约定,其中艺想公司的通信地址为上海市辛耕路×××弄×××号×××室。2012年2月28日,毕加索公司、艺想公司就系争商标另行签订《商标使用许可合同》用于国家商标局备案,其中明确,系争商标的许可方式为独占许可,许可期限为17个月,自2012年1月15日至

2013年5月20日,但并未明确记载授权许可费用金额、支付方式及优先受让系争商标等内容。2012年3月1日,该《商标使用许可合同》与相关材料一并提请至国家商标局申请备案,但之后该使用许可未予备案公告。艺想公司于2012年2月16日将合计25万元的商标许可使用费支付给毕加索公司。2012年4月25日,毕加索公司向艺想公司发出《关于贵处商标侵权与商标转让要约告知函》,其上载明:1. 艺想公司持有的相关注册商标已侵害了毕加索公司权益,要求艺想公司将该部分侵权商标悉数转让给毕加索公司;2. 因有案外人求果系争商标,毕加索公司愿以500万元的转让价格出售。但考虑与艺想公司之合作,故愿意将系争商标优先售予艺想公司,同时要求艺想公司3日之内就是否购买给予回复。同年4月28日,艺想公司回函毕加索公司,称可以考虑购买系争商标,具体事项需另行协商。之后,双方未能就系争商标转让达成合意。2012年10月12日,毕加索公司与大者公司签订《转让商标合同》,约定将系争商标及第×××××××号文字注册商标转让给大者公司,转让费为25万元整。2012年10月18日,上海市徐汇公证处就毕加索公司与大者公司的前述缔约过程出具(2012)沪徐证经字第5502号公证书。之后,毕加索公司持上述合同及公证书向国家商标局申请备案。2013年2月6日,国家商标局核准系争商标转让,注册商标专用权人由毕加索公司变更为大者公司。2012年10月24日,毕加索公司向艺想公司出具《解约函》,并于次日按照《商标使用许可合同书》中约定的通信地址以EMS特快专递方式寄出(《国内特快专递邮件详情单》编号为EW×××××××××CS)。该函载明,因艺想公司在许可使用过程中擅自拆分、改变系争商标,已构成违约,故解除双方2012年2月16日就授权艺想公司使用系争商标而签订的《商标使用许可合同书》。2013年2月22日经上网查询,《解约函》已于2012年10月28日投递并签收,投递结果为程智萍代收。2012年11月15日,毕加索公司、大者公司签订《商标转让协议》,约定由毕加索公司将系争商标及与其相同或近似的商标一并转让给大者公司,转让费用为500余万元,具体支付方式由双方另行约定,双方对本协议有关事项互负保密义务。此外,上述协议还明确,鉴于系争商标曾由毕加索公司授权第三人艺想公司独占使用,但鉴于毕加索公司已发函解约,故原则上大者公司受让后没有使用限制;倘若毕加索公司与第三人间的授权使用合同被有权机构认定为未解除的,从被认定为未解除之日起,毕加索公司不再收取第三人的商标使用费,改由大者公司收取。2012年11月19日,毕加索公司、大者公司签订《补充协议》,约定前述《商标转让协议》中的商标转让费分期支付如下:1. 大者公司于《补充协议》签约日向毕加索公司支付100万元;2. 大者公司于2013年1月31日前,向毕加索公司指定的收款人支付150万元;3. 商标转让核准完成之后的三个月内,大者公司应以电汇方式汇付25万元至毕加索公司境外账户;4. 2013年12月31日前,大者公司应向毕加索公司指定的收款人支付剩余款项。同时,毕加索公司将第×××××××号文字商标转让给大者公司。此外,《补充协议》还载明协议签订地为上海市。2012年11月19日,台湾地区居民林达宏出具收据一张,其上载明"兹收到上海大者实业有限公司支付的现金人民币壹佰万元整为第×××××××号、第×××××××号商标转让费"。签收人处具名为"林达宏毕加索国际企业股份有限公司"。2013年1月28日,林达宏再次出具收据两张,其中一张载明“兹收到上海大者实业有限公司法人单海珍出具银行本票。票号为×××××××××、××××××××金额为人民币壹佰贰拾伍万元整,为第××××××××号、第××××××××号商标转让费”,另一张载明“兹收到上海大者实业有限公司支付的现金人民币贰拾伍万元整,为第××××××××号、第××××××××号商标转让费”。该两张收据签收人处具名均为“林达宏毕加索国际企业股份有限公司”。此外,(2013)沪闵证经字第664号公证书中所载毕加索公司的注册登记信息显示,2012年11月1日起林达宏即为毕加索公司董事,其任期至2015年10月31日。该信息摘录时间为2013年1月7日。此外,上海市公安局出入境管理局出具的出入境记录显示,上述三张收据签署时点,案外人林达宏身处大陆境内。2013年5月23日,大者公司代毕加索公司缴纳企业所得税、教育附加费、商标著作权转让服务费等税费,合计金额39,292.46元。2013年6月3日,大者公司通过中国光大银行向境外汇款,所汇款项等值人民币金额为210,707.54元,收款人常驻地区为台湾地区,收款人姓名为PICASSOINTERNATIONALINCORPORATED(INC),汇款附言处记载为商标转让费。大者公司为前述汇款及税费合计支出金额25万元。原审庭审中毕加索公司确认,大者公司于《商标转让协议》及《补充协议》项下累计向其付款275万元(含大者公司代付税费),且已全部收到。2013年1月18日,大者公司发表《关于授权上海帕弗洛文化用品有限公司继续使用商标的声明》,明确大者公司为系争商标的唯一合法权利人,并确认帕弗洛公司可以继续独家使用系争商标至2023年12月31日;同时声称,系争商标的原权利人毕加索公司与艺想公司签订的相应授权书,因与帕弗洛公司在先的系争商标独占许可使用权利相冲突,故大者公司对艺想公司所获独占许可使用授权不予认可。2013年1月28日,毕加索公司委托上海市国茂律师事务所律师倪力鸣登报刊载声明,向社会公告毕加索公司已向艺想公司发出《解约函》,解除了双方于2012年2月16日签订的《商标使用许可合同书》。2013年3月1日,大者公司与案外人帕弗洛公司签订《商标使用许可合同》,约定由大者公司授权帕弗洛公司独占许可使用系争商标,许可期限自2013年3月1日至2023年12月31日。2013年5月20日,大者公司就上述商标使用许可合同向国家商标局申请备案。

原审庭审中,艺想公司尚提交如下证据材料:

1.若干民事起诉状、受理通知书、民事判决书等,用以证明艺想公司就系争商标起诉案外人帕弗洛公司维权的事实;2.(2013)沪东证经字第13892号公证书,用以证明大者公司与案外人帕弗洛公司存在密切关联;3.原审法院查封系争商标的民事裁定等证据材料。

毕加索公司向原审法院提交:

1.(2012)沪闵证经字第2486号公证书、艺想公司申请、受让的第16类相关商标列表,用以证明艺想公司违约使用授权系争商标;2.(香港)法国毕加索家族国际集团有限公司2012年度年检报告、PICASSO International Development Limited的公司注册证和章程,用以证明上述公司与艺想公司具有关联关系。原审法院认定上述证据材料与本案系争法律关系不具有关联性,对艺想公司及毕加索公司据此所持主张均不予采纳。另外,大者公司还向原审法院提交第1167期、第1215期商标初步审定公告,用以证明其2012年10月12日与毕加索公司签订《转让商标合同》前,已履行过相关公告备案的核查义务,并不知晓艺想公司就系争商标曾获毕加索公司独占许可使用授权的事实。

原审法院判定,上述证据不足以佐证大者公司于受让系争商标前查询过许可备案情况的事实,故原审法院对其所持相关主张难以采纳。原审法院认为:民事合同系当事人间协商一致的合意表达,法律对此意思自治行为给予必要尊重,但应以合意内容合法、诚信、不损害第三方权益为前提。为此《合同法》第52条第2项将"恶意串通,损害国家、集体或第三人利益"订立的合同归于无效。归纳本案各方当事人的诉辩主张,所涉争议焦点如下:一、毕加索公司、大者公司于2012年10月12日签订《转让商标合同》有无串通恶意;二、《转让商标合同》的签订是否损害艺想公司利益;三、《转让商标合同》是否损害国家利益。现逐一评述。一、现有证据无法佐证毕加索公司与大者公司订立《转让商标合同》系恶意串通原审审理中,艺想公司多次以系争商标最终授权帕弗洛公司独占许可使用、"《转让商标合同》中25万元明显属不合理转让低价"为由,主张毕加索公司与大者公司,以及与案外人帕弗洛公司间有明显的串通恶意,《转让商标合同》无效。对此,原审法院认为,《合同法》第52条第2项中规定的恶意串通应符合如下条件:1.负有串通恶意的应限于缔约当事人,并非为合同订立主体以外的第三方;2.缔约当事人均负有通过损害第三方利益而非法获利的恶意(故意);3.缔约(甚至履约)过程中,当事人间相互串通、配合勾结,均希望通过实施某种行为损害第三方权益。根据本案已查明的事实:首先,案外人帕弗洛公司并非《转让商标合同》缔约主体,艺想公司亦无证据证明帕弗洛公司实质性参与或操纵了《转让商标合同》的缔约过程及结果,故艺想公司主张帕弗洛公司与毕加索公司、大者公司间恶意串通的观点缺乏事实依据,原审法院不予采纳;其次,虽然《转让商标合同》中约定系争商标及第×××××××号文字商标的共同转让对价为25万元,远低于同年4月25日毕加索公司向艺想公司发出《关于贵处商标侵权与商标转让要约告知函》中的要约报价500万元,但考察2012年11月15日、19日,毕加索公司、大者公司就相同转让标的先后签订的《商标转让协议》及《补充协议》中转让总价为500余万元之约定,尤其考虑案外人林达宏曾就收讫前述商标转让款项出具三份收据,毕加索公司注册登记信息中林达宏的职务,林达宏本人的出入境记录,大者公司实际付款时点与《补充协议》约定基本吻合等因素,一并结合银行交易款项的付款(汇款)记录、税收缴款单据等客观证据,在艺想公司未提交反证的情况下,原审法院认定大者公司主张已就前述商标转让事宜实际向毕加索公司支付转让费275万元(含代缴税费)的事实成立,《商标转让协议》及《补充协议》中约定的500余万元乃为系争商标及第×××××××号文字商标的真实转让价格,故毕加索公司、大者公司之间并不存在非法获利的故意。因此,艺想公司所持"25万元明显属不合理转让低价"的主张无法成立,原审法院不予采纳;最后,毕加索公司与大者公司订立的《转让商标合同》文意内容,甚至后续签订的《商标转让协议》《补充协议》约定事项,均无法体现出毕加索公司与大者公司通过缔约损害艺想公司权益的共同恶意。更何况,毕加索公司与大者公司还在《商标转让协议》中,就毕加索公司已发函解除此前艺想公司所获独占许可授权问题作了约定,对发函未产生解除授权效力情况下的后续事宜进行了安排。依据上述事实,一并考量系争商标交割过户,备案公告等履约实际,均无法佐证毕加索公司与大者公司间存在配合、勾结损害艺想公司利益并非法获利的共同恶意,故艺想公司的相应主张无事实依据,原审法院不予采纳。二、《转让商标合同》并未损害艺想公司利益最高人民法院《关于审理商标民事纠纷案件适用法律若干问题的解释》第20条规定,注册商标的转让不影响转让前已经生效的商标使用许可合同的效力,但商标使用许可合同另有约定的除外。本案中,艺想公司主张毕加索公司与大者公司签订《转让商标合同》在前,而毕加索公司发函解除对艺想公司的独占许可授权使用在后,串通恶意明显,已侵害了艺想公司就系争商标享有的独占许可使用权。原审法院注意到,倘若艺想公司依据与毕加索公司签订的《商标使用许可合同书》获得了系争商标的独占许可使用权,鉴于《商标使用许可合同书》对系争商标转让是否影响独占许可使用并无约定,故毕加索公司与大者公司之间订立《转让商标合同》不会对《商标使用许可合同书》的原有效力以及艺想公司获得的独占许可使用权构成影响及损害。因此,艺想公司有关毕加索公司与大者公司签订《转让商标合同》损害其独占许可使用权的主张不能成立。此外,艺想公司还主张毕加索公司与大者公司签订《转让商标合同》侵害了其依据《商标使用许可合同书》就涉案商标享有的受让优先权。原审法院注意到,艺想公司与毕加索公司于《商标使用许可合同书》中明确约定,合同期限届满,艺想公司享有优先续约或者受让系争商标优先权。分析该条文意并结合相邻条款理解,不难发现,无论艺想公司享有优先续约权或是受让系争商标的优先权,其前提均为合同期限届满。因该前提约定属艺想公司与毕加索公司之间的意思自治,且于法无悖,原审法院予以尊重。鉴于《商标使用许可合同书》所载合同期限尚未届满,故艺想公司提出受让系争商标的优先权受到侵害的观点原审法院不予采纳。三、现有证据无法证明《转让商标合同》损害国家利益艺想公司主张毕加索公司、大者公司就系争商标先后签订了《转让商标合同》及《商标转让协议》,刻意将转让费用较低的《转让商标合同》提交国家商标局备案,并以其所载转让金额作为税基缴纳交易税款,通过掩盖真实交易价格偷逃国家税款,严重损害了国家利益,应判定为无效。对此,原审法院认为,首先艺想公司未能提交证据证明国家商标局负有依据当事人提交之备案商标转让合同进行核价审税的行政职权,亦未能证明备案《转让商标合同》中的转让金额即为当事双方缴纳税款的税基,故艺想公司主张毕加索公司与大者公司签订“阴阳合同”,意图偷逃国家税款并无事实依据;更何况,提交转让合同备案的审查制度,其目的在于将商标转让的事实向社会公众进行公示,借此让不特定第三人知晓商标专用权的权利变动情况,包括转让价格在内的具体交易细节并非备案审查、公告的必要条件,故原审法院对艺想公司所持主张不予采纳。

综上所述,鉴于艺想公司认为毕加索公司与大者公司签订《转让商标合同》属恶意串通,损害艺想公司及国家利益无事实依据,其据此提出《转让商标合同》应属无效的主张无法成立,原审法院对其要求判令《转让商标合同》无效,大者公司将相关注册商标专用权移返登记至毕加索公司名下的诉讼请求不予支持。

据此,原审法院依照《合同法》第52条第2项、《民事诉讼法》第134条第2款之规定,判决:驳回艺想公司的全部诉讼请求。一审案件受理费5000元、保全申请费800元,由艺想公司负担。原审判决后,艺想公司不服,向本院提起上诉,请求撤销原审判决,改判支持其原审全部诉讼请求。

其主要上诉理由为:

一、涉案合同不含任何商业秘密因素,原审法院以涉及商业秘密为由不公开审理是错误的,不公开必然导致不公正。二、两被上诉人与案外人帕弗洛公司一系列的操作行为违反通常的商业逻辑,大者公司并无使用系争商标的必要性,却花500万元购买,且目前又无偿长期把商标全部授权给帕弗洛公司使用,足以证明两被上诉人与帕弗洛公司之间恶意串通,损害上诉人艺想公司独占使用权的合法权益。三、上诉人在原审时提供证据证明大者公司与帕弗洛公司是上海丽水商会的会长与副会长单位,亦提供证据证明系争商标曾在另案中被原审法院查封,查封期间为2012年7月18日至2013年1月17日,故在毕加索公司于2012年10月12日向大者公司转让系争商标时,没有帕弗洛公司配合向原审法院提出申请解封,系争商标无法进行转让,上述证据足以证明大者公司与帕弗洛公司关系密切,两被上诉人与帕弗洛公司之间恶意串通,但原审法院刻意不采纳该两组证据。四、被上诉人大者公司给上诉人艺想公司及艺想公司的全国经销商发出停止使用系争商标的警告函,造成广大经销商纷纷退货,给上诉人艺想公司造成极大的利益损害,原审法院对此亦刻意不审查。五、系争商标转让所缴纳的税费只有39,292.46元,与实际应缴纳税费125万元相差极大,两被上诉人商标权转让过程中税款严重流失,涉嫌严重违反外汇管理条例和偷税漏税,损害国家利益。

被上诉人毕加索公司辩称:

合同法对合同无效之认定有严格的规范,本案不存在任何恶意成分,上诉人艺想公司提出的税收问题、造成其利益损失问题均与合同效力的认定无关,系争商标权转让后被上诉人大者公司如何操作亦不影响商标转让合同的效力认定,新的权利人若造成上诉人损失应另案主张。被上诉人大者公司辩称:是否公开审理是由法院判断的,涉案合同信息有价值,合同中也约定需要保密,大者公司受让系争商标主要是为了获得许可费,在商标使用许可合同中对于许可费会有一个基础,不希望对外公开,故本案相关合同满足商业秘密的条件;上诉人艺想公司不享有商标专用权,上诉人的使用权不构成对抗,上诉人主张的优先购买权行使的条件是合同履行期限届满之后,且在被上诉人毕加索公司转让给被上诉人大者公司之前也给上诉人艺想公司发了通知,上诉人当时没有接受优先购买条件;被上诉人大者公司并非无偿许可案外人帕弗洛公司使用系争商标,至于具体许可使用费金额,没有义务告诉上诉人;商业活动中参加商会是很正常的,不认可上诉人有关同属一个商会就恶意串通的说法;被上诉人毕加索公司是在报纸上公告解除对上诉人艺想公司的授权；国家商标局不具有核价审税的职能，为了保密交给国家商标局一个形式合同是常见的做法，被上诉人毕加索公司作为台湾公司需要接受外汇管制，故不存在损害国家利益问题。本院经审理查明，原审法院事实认定属实，本院予以确认。

本院认为：

根据各方当事人在二审中诉辩意见，本案的主要争议焦点在于：一、上诉人艺想公司主张原审法院对本案不公开审理导致审理不公正，该项理由是否影响原审法院的公正审理；二、上诉人艺想公司有关涉案《转让商标合同》的签订因存在恶意串通、损害其权益及国家利益之情形而无效的主张能否成立。

对于第一项争议焦点，本院认为，《民事诉讼法》第134条第2款规定，涉及商业秘密的案件，当事人申请不公开审理的，可以不公开审理。原审审理中，被上诉人大者公司以涉案合同中载明的包括合同价款在内的信息涉及商业秘密为由而申请不公开审理，原审法院经审查后予以准许具有法律依据且并无明显不妥，上诉人亦未举证证明不公开审理已影响原审法院的公正审理，故本院对上诉人该项上诉理由不予采纳。

对于第二项争议焦点，本院认为，原审法院已就涉案《转让商标合同》是否符合认定合同无效的法定条件做了充分阐述，本院予以认同。针对上诉人艺想公司提出的几点上诉理由，本院逐一加以评述。第一，就被上诉人大者公司受让系争商标目的问题，从其受让后即向帕弗洛公司授权的事实来看，被上诉人大者公司受让系争商标的主要目的是通过对外许可获得收益，上诉人艺想公司认为系无偿授权缺乏证据佐证，本院不予采信。第二，就大者公司与帕弗洛公司之间的关系问题，上诉人提供证据证明两者系上海丽水商会的会长与副会长单位，但这并不足以表明两者对涉案合同的签订存在恶意串通，上诉人还提供证据欲证明帕弗洛公司在系争商标转让时向原审法院提出解封申请，但尚缺乏证据证明解封的原因与涉案《转让商标合同》的签订直接相关，故原审法院以证据材料不具有关联性而未采纳该两组证据并无不当。第三，就上诉人艺想公司主张被上诉人大者公司向上诉人经销商发警告函，损害上诉人利益问题，因该行为妥当与否并非涉案合同效力的判断因素，故在本案中不予审查。第四，就是否存在损害国家税收利益问题，一方面，不能以提交国家商标局备案的合同与实际签订的合同金额不一致而直接认定合同签订主体的目的是为了逃税；另一方面，涉案合同尚未履行完毕，上诉人艺想公司若就两被上诉人最终是否损害国家利益向有关部门进行举报，则属另案待查事实。

因此，综合原审法院已阐述之判决理由，上诉人艺想公司有关涉案《转让商标合同》的签订因存在恶意串通、损害其权益及国家利益之情形而无效的主张不能成立。

综上所述，原审法院认定事实清楚，适用法律正确，原判应予维持。上诉人的上诉请求及其理由缺乏事实和法律依据，应予驳回。

据此，依照《民事诉讼法》第170条第1款第1项、第175条的规定，判决如下：驳回上诉，维持原判。二审案件受理费人民币5000元,由上诉人上海艺想文化用品有限公司负担。

本判决为终审判决。

审 判 长 刘 静
审 判 员 吴盈喆
审 判 员 杨 韡
二〇一六年六月二十九日
书 记 员 曾 旭

参考案例5：
江西润田饮料股份有限公司诉商标评审委员会商标无效宣告请求行政纠纷案

关键词：地理标志

北京知识产权法院
行政判决书
(2015)京知行初字第2515号

原告：江西润田饮料股份有限公司，住所地江西省南昌经济技术开发区。

法定代表人：黄某某，董事长。

被告：国家工商行政管理总局商标评审委员会。住所地：北京市西城区茶马南街1号。

法定代表人：何某某，主任。

委托代理人：周阳，国家工商行政管理总局商标评审委员会审查员。

第三人：神农架林区人民政府，住所地湖北省神农架林区松柏镇常青路51号。

法定代表人：杜某某，区长。

原告江西润田饮料股份有限公司(以下简称润田公司)因商标权无效宣告请求行政纠纷一案，不服被告国家工商行政管理总局商标评审委员会(以下简称商标评审委员会)于2015年2月11日作出的商评字〔2015〕第19316号关于第8455622号“神农架”商标无效宣告请求裁定(以下简称被诉裁定)，于法定期限内向本院提起行政诉讼。本院于2015年4月29日受理后，依法组成合议庭，并通知被诉裁定的利害关系人神农架林区人民政府作为第三人参加本案诉讼。2015年7月15日，本院依法公开开庭审理了本案。原告润田公司的委托代理人朱立新，被告商标评审委员会的委托代理人周阳，第三人神农架林区人民政府的委托代理人刘新焱、张锐到庭参加了诉讼，本案现已审理终结。

被诉裁定系被告商标评审委员会针对第三人神农架林区人民政府就原告润田公司注册的第8455622号“神农架”商标(以下简称诉争商标)所提出的无效宣告请求而作出的。商标评审委员会在该裁定中认定：神农架林区人民政府提交的证据可以证明诉争商标“神农架”属于湖北省县级以上行政区划的名称，不得作为商标注册使用。因此，诉争商标的注册违反了2001年10月27日修正的《商标法》(以下简称2001年《商标法》)第10条第2款的规定，应予撤销注册。神农架林区人民政府提出的其他撤销理由不能成立。综上，商标评审委员会依据2001年《商标法》第10条第2款以及2013年8月30日修正的《商标法》(以下简称2014年《商标法》)第44条第1款、第3款和第46条的规定，裁定诉争商标予以无效宣告。

原告润田公司诉称:

诉争商标的申请注册及使用未违反2001年《商标法》第10条第2款的规定。原告持有的第285389号"神农架"商标(以下简称在先商标)于1986年7月2日申请注册,1987年4月30日获准注册。该商标申请注册时适用1982年8月23日制定通过的《商标法》(以下简称1983年《商标法》),此时的商标法未禁止县级以上行政区划的地名作为商标注册,根据现行商标法的规定,在先商标继续有效。诉争商标与在先商标是原告在类似商品上注册的近似商标,是对在先商标的传承使用,是原告出于扩大生产、方便营销、区分等级的需要而申请注册的商标,因此符合商标法有关"已经注册的使用地名的商标继续有效"的规定,未违反2001年《商标法》第10条第2款的规定。综上,原告请求法院撤销被诉裁定,并责令被告重新做出裁定。

被告商标评审委员会辩称:

被诉裁定认定事实清楚,适用法律正确,作出程序合法,原告的诉讼请求和理由缺乏事实依据和法律依据,不能成立。

第三人神农架林区人民政府述称:

诉争商标与第三人县级以上行政区划名称"神农架"相同,其注册违反了2001年《商标法》第10条第2款的规定,应予撤销。原告的在先商标与本案无关,且该商标从注册至今并无任何使用,第三人已对该商标提起了连续三年停止使用的撤销申请。综上,请求法院依法驳回原告的诉讼请求。

本院经审理查明:

诉争商标为第8455622号"神农架"商标(商标图样见附图),由润田公司于2010年7月6日申请注册,2012年2月21日获准注册,核定使用在第32类果汁、矿泉水、无酒精饮料、汽水、可乐、奶茶(非奶为主)、果子粉、纯净水(饮料)、乳酸饮料(果制品,非奶)商品上。

2013年11月13日,神农架林区人民政府以诉争商标违反2001年《商标法》第10条第1款第8项、第10条第2款、第41条第1款的规定为由,向商标评审委员会请求撤销诉争商标的注册。神农架林区人民政府向商标评审委员会提交了《中华人民共和国行政区划简册》(2010)等证据证明其主张。该行政区划简册显示,神农架林区为湖北省直辖县级行政单位。

针对上述撤销请求,润田公司辩称:

诉争商标是对润田公司在先商标的延续性注册,未违反2001年《商标法》第10条第2款的规定。润田公司的全资子公司房县润田神农架矿泉水有限公司位于大神农架林区内,其"神农架"牌矿泉水来源于神农架林区,未欺骗相关消费者,更不会使相关消费者对商品的来源产生混淆误认,从而造成不良的社会影响。润田公司向商标评审委员会提交了以下证据证

明其主张(均为复印件):

1. 第285389号"神农架"商标的注册、续展及转让证明。该组证据显示,第285389号"神农架"商标(在先商标,商标图样见附图)由湖北省房县矿泉水公司于1987年4月30日获准注册,核定使用在第32类矿泉水、汽水、饮料、果汁、可乐商品上,经续展后的商标专用使用权期限至2017年4月28日。2008年10月21日,该商标经核准转让给房县润田神农架矿泉水有限公司。2011年4月6日,该商标又经核准转让给润田公司。

2. 润田公司与湖北省房县人民政府签订的《神农架牌矿泉水投资协议书》。

3. 房县润田神农架矿泉水有限公司的工商登记信息打印件、车间照片、产品图片、产品条形码证书。

4. 房县润田神农架矿泉水有限公司就神农架矿泉水产品与石家庄永盟商贸有限公司签订的河北省区域销售经销协议,与潘某某签订的江苏省无锡、常州、苏州区域销售经销协议,与赵某签订的湖北省神农架区域销售经销协议。

2015年2月11日,商标评审委员会作出被诉裁定。

诉讼过程中,润田公司向本院另行提交了润田公司许可房县润田神农架矿泉水有限公司使用诉争商标的商标使用许可合同,房县润田神农架矿泉水有限公司的矿泉水产品检验报告、增值税发票、出库单,其他市场主体注册的"神农架"商标的商标档案等证据。

诉讼过程中,神农架林区人民政府向本院另行提交了国务院于1970年5月28日发出的(70)国发文47号《国务院关于湖北省神农架林区行政区划问题的批复》复印件,批复中称同意将神农架林区划定为相当县一级的行政区。

庭审中,润田公司表示对"神农架"属于县级以上行政区划的地名不持异议。但润田公司主张,"神农架"作为原始森林的名称被公众所熟知,已经产生了强于地名的其他含义。并主张"神农架"经过其广泛使用,也已经产生了有别于地名的其他含义。另外,润田公司认为2001年《商标法》第10条第2款中有关"已经注册的使用地名的商标继续有效"的规定,应理解为只要是已经注册的使用地名的商标,就应继续有效。

上述事实,有诉争商标档案,润田公司和神农架林区人民政府向商标评审委员会和本院提交的证据材料,当事人陈述等在案佐证。

本院认为:

因诉争商标的核准注册、被诉裁定的作出以及本案的审理跨越了2001年《商标法》和2014年《商标法》的施行期间,故本案涉及两部商标法的法律适用问题。具体来说,因诉争商标为2014年《商标法》修改决定施行前已经核准注册的商标,且被告受理原告的撤销注册申请早于2014年《商标法》修改决定施行时间,而被诉裁定的作出晚于2014年《商标法》修改决定施行时间,故依据最高人民法院《关于商标法修改决定施行后商标案件管辖和法律适用问题的解释》第7条的规定,本案相关实体问题的审理适用2001年《商标法》。

2001年《商标法》第10条第2款规定,县级以上行政区划的地名或者公众知晓的外国地名,不得作为商标。但是,地名具有其他含义或者作为集体商标、证明商标组成部分的除外;已经注册的使用地名的商标继续有效。鉴于各方当事人对诉争商标标识“神农架”属于县级以上行政区划的地名均不持异议,故本案的审理焦点在于以下两个问题。

一、原告关于诉争商标属于“地名具有其他含义的除外”的主张能否成立

2001年《商标法》第10条第2款是对地名商标限制注册的特别规定,之所以限制地名商标注册,是因为一般情况下,地名指示了特定的地理区域,若作为商标注册使用,易使相关公众认为系指示的商品的产地,而非商品的提供者,不具备商标应当具备的区分商品来源的显著特征,且可能影响同地域其他经营者对地名的合理使用。但该条款同时规定了“地名具有其他含义的除外”,之所以有此例外规定,是因为如果地名含义不唯一,使用地名的商标客观上能够起到区分商品来源的作用,能够发挥商标的基本功能,则可以准予注册。

所谓“其他含义”,应当理解为包括以下两种情形:一种情形是该地名名称本身就有除地名之外的其他为相关公众普遍知悉的固有含义,如“朝阳”“灯塔”“武夷山”“都江堰”。这里“朝阳”和“灯塔”的其他含义与地理位置完全无关,而“武夷山”“都江堰”则是根据著名山脉和水利工程命名的地名,其“其他含义”也与地理位置有一定关联。对于地名的其他含义与地理位置完全无关的名称,因其不具备描述商品产地特性的功能,故一般可以考虑作为商标注册。但对于地名的其他含义与地理位置仍有关联的名称,因其可能使相关公众认为系对商品产地特性的描述,故并非一定可以作为商标注册,而要结合指定使用的商品具体分析。另一种情形是通过使用获得“其他含义”。即地名名称经过实际使用具有较高知名度,已被相关公众广为知晓,相关公众在认知该地名商标时,能首先意识到其指代了特定商品的来源而非地名,或者至少能在意识到其指代地名的同时,意识到其也指代了特定商品的来源。虽然2001年《商标法》第10条第2款是禁用禁注条款,一般理解不能通过使用获得可注册性,但如果经过长期广泛使用的地名商标客观上已能起到指示特定商品来源的作用,不准许其注册也与商标法的宗旨有所不符。特别是那些在法律禁止地名作为商标使用之前就已经投入使用但未核准注册的地名商标。近年来的司法实践中已有多个案例支持了使用获得“其他含义”的主张。①

本案中,原告主张诉争商标“神农架”除作为湖北省下辖的县级以上行政区划的地名之外,还是原始森林的名称,即具有“其他含义”。且该“其他含义”甚至强于“神农架”作为县级以上行政区划的地名的含义。对原告的上述主张本院予以认可。但如上所述,作为原始森林

① 如北京市高级人民法院(2010)高行终字第773号判决认为:“老龙口”是辽宁省沈阳市历史悠久的著名白酒酿造工艺名称,其传统的酿造工艺被评为省级非物质文化遗产、国家非物质文化遗产,并予以保护。因此,“老龙口”作为一个整体已经具有了区别于“山东省龙口市”的行政区划名称的其他含义,可以作为商标注册、使用,不属于《商标法》第10条第2款规定的不得作为商标的地名。再如,北京市高级人民法院(2011)高行终字第686号判决认为:“中江国际”作为中国江苏国际经济技术合作公司的简称进行了较长时间的使用,并已被政府部门文件、媒体报道以及相关公众所确认和知晓,具有了一定的知名度。因此,“中江国际”已经与中国江苏国际经济技术合作公司具有了较强的对应关系,足以与地名“中江”相区别,并具备了区分商品和服务来源的作用。

名称的“神农架”依然具备表征特定地理位置的功能，且诉争商标指定使用的“矿泉水、纯净水”等商品的特性与地理位置因素关系密切，故若将“神农架”注册使用在上述商品上，容易使相关公众认为相关商品来源于特定地理区域，甚至具备某种特定品质和功能，故无法发挥商标应当具有的区分不同商品来源的作用。

原告还主张“神农架”经过其广泛使用也已经产生了有别于地名的其他含义。对此本院认为，原告向被告提交的证据 2～4 及向本院补充提交的证据虽然能够证明“神农架”商标在矿泉水商品上进行了使用，但因经销区域、销售数量、宣传范围均有限，故不足以证明该商标在矿泉水商品上已经具有较高知名度，已被相关公众广泛知晓。因此，相关公众在认知诉争商标时，仍会将其作为县级以上行政区划的地名或特定地理位置的名称来识别，而不是将其与特定商品来源相联系，故其无法发挥商标的识别作用。因此，原告的上述主张不能成立。

综上，虽然诉争商标标识“神农架”确有除县级以上行政区划的地名之外、为相关公众普遍知悉的其他固有含义，但该“其他含义”并不能使诉争商标具备商标应当具备的区分商品来源的基本功能。在此基础上，考虑“神农架”也是县级以上行政区划的地名，故被告适用 2001 年《商标法》第 10 条第 2 款宣告诉争商标无效并无不当。原告关于诉争商标属于“地名具有其他含义的除外”的情形，可以维持注册的主张，不能成立。

二、原告关于诉争商标属于“已经注册的使用地名的商标继续有效”的主张能否成立

（一）原告关于诉争商标已经注册，故应当继续有效的主张能否成立

《商标法》自 1982 年 8 月 23 日制定通过后（1983 年《商标法》），至今历经了三次修正。分别为 1993 年 2 月 22 日第一次修正（此次修正的《商标法》以下简称 1993 年《商标法》），2001 年 10 月 27 日第二次修正（2001 年《商标法》），2013 年 8 月 30 日第三次修正（2014 年《商标法》）。其中，1983 年《商标法》中没有关于地名商标的规定。1993 年《商标法》第一次加入了地名商标的规定，该法第 8 条第 2 款规定，“县级以上行政区划的地名或者公众知晓的外国地名，不得作为商标，但是，地名具有其他含义的除外；已经注册的使用地名的商标继续有效”。2001 年《商标法》延续了 1993 年《商标法》有关地名商标的规定，并增加了“地名作为集体商标、证明商标组成部分的除外”的内容，该法第 10 条第 2 款规定，“县级以上行政区划的地名或者公众知晓的外国地名，不得作为商标。但是，地名具有其他含义或者作为集体商标、证明商标组成部分的除外；已经注册的使用地名的商标继续有效”。2014 年《商标法》完全沿用了 2001 年《商标法》第 10 条第 2 款的内容，未做修改。

可见，“已经注册的使用地名的商标继续有效”是自 1993 年《商标法》第一次加入地名商标时就一直存续的规定，其目的是解决在法无明文禁止之前，已经注册的地名商标的有效性问题，正如 1983 年《商标法》在附则部分也提到“本法施行以前已经注册的商标继续有效”，这是法不溯及既往原则在商标法中的具体体现。因此，在 1993 年《商标法》施行期间内，该条款应理解为，在 1993 年 7 月 1 日之前，即 1993 年《商标法》施行之前，已经注册的使用地名的商标继续有效。

2001 年《商标法》延续了 1993 年《商标法》有关地名商标的规定，包括禁止性规定和例外

规定。根据法律的目的解释和体系解释方法,在1993年《商标法》有明确禁止性规定之后,除“地名具有其他含义”的情形之外,县级以上行政区划的地名已不得作为商标注册和使用。因此,2001年《商标法》中“已经注册的使用地名的商标继续有效”应当理解为,在1993年《商标法》施行(1993年7月1日)之前,已经注册的使用地名的商标继续有效。而不是理解为,在2001年《商标法》施行(2001年12月1日)之前,已经注册的使用地名的商标继续有效。否则将会导致一枚1998年申请注册的地名商标违反1993年《商标法》的规定,不应核准注册或应予撤销注册,但如果该商标持续到2001年《商标法》施行期间,则变成了可以继续有效的商标,这是不合逻辑又违背常理的。

同理,2001年《商标法》中“已经注册的使用地名的商标继续有效”也不能理解为,只要是已经注册的商标,就可以继续有效。否则还意味着2001年《商标法》第10条第2款只能用于对未注册商标的审查,而不能用于对已注册商标的审查。但事实上,根据2001年《商标法》第41条第1款的规定,违反第10条规定的已注册商标是应当被撤销注册的。

综上,诉争商标于2010年7月6日申请注册,远远晚于1993年《商标法》施行之日(1993年7月1日),原告关于诉争商标已经注册,故应当继续有效的主张不能成立。

(二)原告关于诉争商标系在先商标的延续注册,属于“已经注册的使用地名的商标继续有效”的主张能否成立

首先,根据文义解释,“已经注册的使用地名的商标继续有效”,其含义是明确的,如前所述,其是指在1993年《商标法》施行(1993年7月1日)之前,已经注册的使用地名的商标继续有效。不包括同一主体在相同或类似商品上,在1993年7月1日之后申请的与在先已经注册的使用地名的商标相同或近似的商标。

其次,即便对“已经注册的使用地名的商标继续有效”这一例外规定做一定范围的扩大解释,从基础注册商标和在后商标①的一般关系上看,它们是相互独立的商标,并不存在当然的延续关系。如果一味准许商标权人在基础注册商标之上注册在后商标,则一方面可能会对基础商标注册后、在后商标申请前,申请注册近似商标的其他主体有失公平;另一方面也可能使商标权人轻易规避“连续三年不使用的商标可被撤销”的规定。但司法实践中对基础注册商标和在后商标的关系并非一律不考虑。如北京市高级人民法院《关于商标授权确权行政案件的审理指南》(京高法发〔2014〕37号)第8条规定,商标注册人的基础注册商标经过使用获得一定知名度,从而导致相关公众将其在同一种或类似商品上在后申请注册的相同或者近似商标与其基础注册商标联系在一起,并认为使用两商标的商品均来自该商标注册人或与其存在特定联系的,基础注册商标的商业信誉可以在在后申请注册的商标上延续。即判断的关键在于基础注册商标的知名度和影响力能否辐射到在后商标,相关公众能否在认知在后商标时即

① 基础注册商标和在后商标并非法律概念,但学理上和司法实践中均有此说法。一般是指同一主体在相同或类似商品上先后申请注册的相同或近似的商标。本判决参考了北京市高级人民法院《关于商标授权确权行政案件的审理指南》(京高法发〔2014〕37号)中的提法。

联想到基础注册商标,并认为两商标指代了相同的商品来源,而不是联想到其他商品来源,产生误认。

上述判断规则若运用到基础注册的地名商标和在后申请的地名商标的关系上,应当把握如下标准:基础注册的地名商标经过实际使用具有较高知名度,已被相关公众广为知晓,相关公众在认知该地名商标时,能首先意识到其指代了特定商品的来源而非地名,或者至少能在意识到其指代地名的同时,意识到其也指代了特定商品的来源。只有基础注册的地名商标满足以上条件,在后申请的地名商标才具备注册的可能性。但本案中,现有证据不足以证明在先商标"神农架"经过实际使用在"矿泉水、纯净水"等商品上具有较高知名度,从而排除相关公众对"神农架"仅作为县级以上行政区划的地名或特定地理位置名称的认知,并在事实上发挥指示商品来源的功能。因此,在后申请的诉争商标不具备可注册性。

综上,原告关于诉争商标系在先商标的延续注册,属于"已经注册的使用地名的商标继续有效"的主张,既缺乏法律依据,也缺乏事实基础,不能成立。

综上所述,诉争商标违反了2001年《商标法》第10条第2款的规定。被告作出的被诉裁定证据确凿,适用法律、法规正确,符合法定程序。原告的诉讼请求缺乏事实与法律依据,本院不予支持。依照《行政诉讼法》第69条之规定,本院判决如下:

驳回原告江西润田饮料股份有限公司的诉讼请求。

案件受理费100元,由原告江西润田饮料股份有限公司负担(已交纳)。

如不服本判决,各方当事人可在本判决书送达之日起15日内向本院递交上诉状及副本,并交纳上诉案件受理费100元,上诉于北京市高级人民法院。

审 判 长 周丽婷
人民陪审员 郭灵东
人民陪审员 李新平
二○一五年八月二十日
法 官 助 理 谭乃文
书 记 员 宋 然

神农架

神农架

参考案例6：
关于 youkutudou.com 的 WIPO 域名争议案件

关键词：域名争议

世界知识产权组织仲裁与
调解中心行政专家组裁决
合一网络技术(北京)有限公司和
上海全土豆网络科技有限公司诉 Mei Han
案件编号：D2014-0447

1. 当事人双方

本案第一投诉人是合一网络技术(北京)有限公司，其位于中国北京市。本案第二投诉人是上海全土豆网络科技有限公司，其位于中国上海市。以上第一和第二投诉人合称“投诉人”。投诉人的授权代理人是北京天玺泽知识产权代理有限公司，其位于中国北京市。

本案被投诉人是 Mei Han，其位于中国河南省新乡市。

2. 争议域名及注册机构

本案所争议的域名是 <youkutudou.com>(以下简称争议域名)。上述争议域名的注册机构是 GoDaddy.com，LLC(下称“注册机构”)。

3. 案件程序

世界知识产权组织(WIPO)仲裁与调解中心(以下简称中心)于 2014 年 3 月 23 日收到投诉书。2014 年 3 月 24 日，中心向注册机构发出电子邮件，请其对争议域名所涉及的有关注册事项予以确认。2014 年 3 月 24 日，注册机构通过电子邮件发出确认答复。注册机构确认被投诉人是该争议域名的注册人，并提供其详细联系办法。2014 年 4 月 3 日，中心使用中文和英文向当事人发出关于行政程序语言的电子邮件。2014 年 4 月 5 日，投诉人向中心提出使用中文作为行政程序语言的请求。被投诉人没有在规定日期内对行政程序语言问题作出评论。

中心确认，投诉书符合《统一域名争议解决政策》(以下简称政策或 UDRP)、《统一域名争议解决政策规则》(以下简称规则)及《世界知识产权组织统一域名争议解决政策补充规则》(以下简称补充规则)规定的形式要求。

根据规则第 2 条第(a)项与第 4 条第(a)项，中心于 2014 年 4 月 9 日正式向被投诉人发出投诉书通知，行政程序于 2014 年 4 月 9 日开始。根据规则第 5 条第(a)项，提交答辩书的截止日期是 2014 年 4 月 29 日。被投诉人没有作出任何答辩。中心于 2014 年 4 月 30 日发出被投诉人缺席的通知。

2014年5月9日,中心指定Yong Li为独任专家审理本案。专家组认为其已适当成立。专家组按中心为确保规则第7条得到遵守所规定的要求,提交了《接受书和公正独立声明》。

4. 基本事实

专家组根据投诉人提供的证据查明,第一投诉人在中国至少自2010年4月14日起已相继在包括第41类的多个类别上注册了9个YOUKU优酷、优酷YOUKU.COM或YOUKU商标。第二投诉人在中国至少自2010年2月28日起已相继在包括第38类的多个类别上注册了16个TUDOU、土豆网或土豆网TUDOU.COM商标。第一投诉人和第二投诉人合并后自2013年6月28日起共同在中国在包括第41类和第42类的多个类别上注册了21个YOUKU TUDOU和优酷土豆商标。

被投诉人于2011年3月10日注册了本案争议域名。

根据投诉人提交的证据,争议域名指向含有各类点击付费广告(Pay Per Click)的网站链接,并且在该网站上推广与投诉人的名称和投诉人的商标密切相关的"优酷电影""土豆网电视剧"链接,同时还推广具有商业因素的订票网和企业招聘网链接。

5. 当事人双方主张

A. 投诉人

投诉人提出,第一投诉人的YOUKU及优酷商标在中国乃至全球享有较高知名度。优酷网于2005年创立于中国,其"YOUKU优酷"视频网站于2006年正式上线,是全球第二(仅次于Youtube)、中国第一视频网站。2010年12月8日,优酷网正式在美国纽约证券交易所挂牌上市("Youku Inc."),成为中国第一家在海外规模上市的视频网站,全球首家独立上市的视频网站。经过多年的发展和推广,第一投诉人获得极高的知名度,取得过诸多荣誉,其中包括亚洲百强称号、卓越雇主称号、中国互联网峰会最具人气视频网站称号、中国互联网品牌竞争力排行榜冠军称号等。第一投诉人还获得世界知识产权组织创新企业奖。

投诉人还提出,第二投诉人的TUDOU及土豆网商标在中国乃至全球享有较高知名度。土豆网于2005年4月15日正式上线,是中国最早和最具影响力的网络视频平台,也是全球最早上线的视频网站之一。土豆网目前视频总数接近7900万,有近1亿的注册用户。根据调研公司艾瑞的数据,从2010年12月到2011年12月,土豆网每月独立访问用户数量从1.82亿增长到2.27亿;每月视频播放量从26亿次翻番到52亿次。2011年8月17日,土豆网成功实现Initial Public Offering(IPO),正式登陆美国纳斯达克市场,名为"Tudou Sites"。

投诉人还提出,根据互联网研究机构"易观国际"2011年Q4中国网络视频市场收入份额统计,第一投诉人和第二投诉人分别以21.8%和13.7%列第一位和第二位。2012年3月12日,第一投诉人和第二投诉人合并后,总的网络视频用户超过3亿,覆盖率接近80%。

投诉人主张,本案争议域名与投诉人享有权利的商品商标或服务商标混淆性相似;被投诉人对争议域名不享有权利或合法利益;被投诉人对争议域名的注册和使用具有恶意。为了支持上述主张,投诉人提出了相应理由和证据。

投诉人请求行政专家组裁决将争议域名转移给投诉人。

B. 被投诉人

被投诉人未对投诉人的主张作出答辩。

6. 分析与认定

6.1　行政程序语言

根据争议域名的注册机构对中心的确认,本案争议域名的注册协议语言是英文。按照规则第 11 条的规定,如当事人双方无任何协议或注册协议中未另作规定,行政程序的进行应当使用注册协议的语言。中心于 2014 年 4 月 3 日使用中文和英文向投诉人和被投诉人发出有关行政程序语言的通知书。投诉人在回复时提出了使用中文进行本案行政程序的请求并且提出了理由。投诉人认为,本案当事人均位于中国,投诉人是中国公司,被投诉人是中国个人,被投诉人使用争议域名建立的网站所使用的语言是中文,所以请求本案以中文进行。被投诉人并未对投诉人提出的这一请求和理由提出反驳意见。

专家组注意到,中心在行政程序中同时使用中文和英文与当事双方联系。被投诉人被明确告知,在投诉人已经请求使用中文作为行政程序语言的情况下,被投诉人如果反对该请求必须明确提出并且说明理由,如果未提出意见,则视为不反对使用中文进行本案行政程序。在投诉人请求使用中文作为行政程序语言之后,被投诉人有诸多机会就行政程序语言作出评论或者提出反对意见。但是被投诉人并没有就行政程序语言作出任何评论或者明确提出反对投诉人的请求。鉴于上述原因,专家组根据规则第 11 条的规定并考虑了投诉人提出的理由,决定本案行政程序以中文进行并且认为以中文作为本案行政程序语言不会对任何当事一方造成不公平,并有利于该行政程序快速及高效地进行,符合政策及规则的精神。

6.2　多个投诉人合并审理

在本案中第一投诉人和第二投诉人共同提交了本案投诉书。如第 4 部分所述,第一投诉人在中国拥有 YOUKU 等注册商标。第二投诉人在中国拥有 TUDOU 等注册商标。第一投诉人和第二投诉人合并后自 2013 年 6 月 28 日起共同在中国注册了 YOUKU TUDOU 等商标。所以专家组认为,被投诉人的行为对第一投诉人和第二投诉人各自的权利以相似方式造成了影响,因此第一投诉人和第二投诉人以共同投诉人名义提出本案投诉书应当得到允许。参见 WIPO Overview of WIPO Panel Views on Selected UDRP Questions, Second Edition (“WIPO Overview 2.0”),第 4.16 段。

6.3　分析与认定

根据政策第 4(a)条的规定,投诉人提出的转让域名的投诉请求获得支持的条件是必须证明其投诉同时满足以下三个要素:

(1)争议域名与投诉人享有权利的商品商标或服务商标相同或混淆性相似;

(2)被投诉人对争议域名不享有权利或合法利益;以及

(3)被投诉人注册和使用争议域名具有恶意。

A. 相同或混淆性相似

投诉人主张,在争议域名 < youkutudou. com > 中,“youkutudou”为争议域名主体部分,

“. com”为国际顶级域名后缀。争议域名的主体部分“youkutudou”完全包括了第一投诉人的YOUKU及第二投诉人的TUDOU商标。此外,投诉人的YOUKU及TUDOU商标在中国享有较高知名度,对于一般消费者而言,很可能认为争议域名同投诉人存在某种法律或商业关系。专家组通过将争议域名与投诉人的商标进行比较,确认本案争议域名的主体部分“youkutudou”系由第一投诉人的YOUKU商标及第二投诉人的TUDOU商标合并构成。此外,根据投诉人提交的大量证据和材料,专家组确认第一投诉人和第二投诉人在网络视频领域有大量的商业活动,在中国占据了很高的市场份额,在其业务领域内获得过多个荣誉,第一及第二投诉人的商标YOUKU和TUDOU在中国具有较高的知名度。

专家组注意到,许多在先的UDRP案件的专家组认为,如果争议域名中完整地包含了投诉人的注册商标文字,则可认定争议域名与投诉人的商标混淆性相似(如 *Oki Data Americas, Inc. 诉 ASD Inc.*, WIPO 案件编号 D2001 - 0903 和 *CSC Holdings, Inc. 诉 Elbridge Gagne*, WIPO 案件编号 D2003 - 0273)。对此问题本案专家组与上述案件专家组意见相同。本案争议域名的主体部分“youkutudou”完整地包含了第一投诉人和第二投诉人的商标YOUKU和TUDOU,同时,第一投诉人和第二投诉人的YOUKU和TUDOU商标在中国具有较高的知名度,因此专家组认定争议域名分别与第一投诉人和第二投诉人的商标YOUKU和TUDOU混淆性相似。

据此,专家组认定争议域名与投诉人的商标混淆性相似。政策第4(a)条所规定的第一个条件已经得以证明。

B. 权利或合法利益

投诉人提出,投诉人未发现被投诉人享有任何与争议域名相应的注册商标或商号;投诉人从未授权、许可或允许被投诉人使用其商标注册域名;被投诉人故意注册含有投诉人注册商标YOUKU和TUDOU的争议域名,并在相应网站“www. youkutudou. com”上使用投诉人注册商标土豆网及优酷,用以吸引并误导互联网用户,试图依靠投诉人的上述商标的较高知名度牟取不当利益,被投诉人对争议域名的使用不属于善意提供商品或服务。

专家组认为,投诉人已经尽其可能说明并证明被投诉人对于争议域名没有任何权利或合法利益。此时,被投诉人有义务说明并举证证明其对于争议域名享有权利或合法利益。如果被投诉人放弃举证和进行相应说明的机会,专家组可以根据投诉人提出的证据和理由进行审查,从而作出判断。在本案中,被投诉人没有进行答辩和举证,专家组也没有发现本案中存在政策第4(c)条所规定的表明被投诉人对争议域名享有权利或合法利益的情形。专家组注意到,根据投诉人提交的证据,争议域名指向的网站含有各类Pay Per Click的网站链接,并在未经投诉人同意的情况下,含有“优酷电影”“土豆网电视剧”等链接,而优酷和土豆网分别为投诉人的商标文字。被投诉人这种对于争议域名的使用不构成政策第4(c)(i)条所定义的“善意提供商品或服务”。

据此,专家组认定被投诉人对争议域名不享有权利或合法利益。政策第4(a)条所规定的第二个条件已经得以证明。

C. 恶意注册和使用域名

根据投诉人提交的大量证据和材料,专家组确认,第一投诉人和第二投诉人在网络视频领域有大量的商业活动,在中国占据了很高的市场份额,在其业务领域内获得过多个荣誉,第一及第二投诉人的商标 YOUKU 和 TUDOU 在中国具有较高的知名度。根据投诉人提交的证据,专家组还查明争议域名所指向的网站上除含有"优酷电影""土豆网电视剧"等链接外,还含有航班订票网站、廉价订票网站、企业招聘网站等链接。专家组认为,投诉人在中国是知名度很高的公司,通过大量的经营活动和推广宣传,第一投诉人的商标 YOUKU 优酷及 YOUKU 和第二投诉人的商标 TUDOU 及土豆网在中国具有较高知名度和商誉。被投诉人作为中国个人在注册本案争议域名时应当知晓或不可能不知晓第一及第二投诉人商标的影响力和商业价值。被投诉人将第一及第二投诉人的商标 YOUKU 和 TUDOU 简单组合作为争议域名的主体部分注册争议域名,并且在争议域名指向的网站上推广与第一及第二投诉人的名称和商标密切相关的"优酷电影""土豆网电视剧"链接外,同时还推广具有商业因素的订票网和企业招聘网链接。被投诉人的上述行为表明其在注册争议域名时就熟知第一及第二投诉人及其商标的巨大影响。被投诉人的上述行为表明,被投诉人注册和使用本案争议域名的意图在于利用第一及第二投诉人商标的声誉吸引互联网用户,以牟取商业利益。根据政策第4(b)(iv)规定,恶意注册和使用域名的情形之一是:"通过使用该域名,你方故意试图通过在你方的网站或网址或者你方网站或网址上的商品或服务的来源、赞助、附属关系或担保方面造成与投诉人商标之间可能的混淆,来吸引因特网用户访问你方网站或其他在线地址,以牟取商业利益"。专家组认为被投诉人的行为属于上述条款所规定的情况,因而认定被投诉人注册和使用争议域名具有恶意。

综合上述分析,专家组认定,被投诉人注册和使用争议域名具有恶意。政策第4(a)条所规定的第三个条件已经得以证明。

7. 裁决

鉴于上述所有理由,根据政策第4条第(i)项和规则第15条,专家组裁定将争议域名 < youkutudou. com > 转移给投诉人。

Yong Li
独任专家
日期:2014年5月23日

图书在版编目(CIP)数据

商标实务指南 / 张锐主编. -- 3 版. -- 北京 : 法律出版社, 2019(2020.12 重印)
ISBN 978-7-5197-3618-7

Ⅰ. ①商… Ⅱ. ①张… Ⅲ. ①商标法-中国-指南
Ⅳ. ①D923.43-62

中国版本图书馆 CIP 数据核字(2019)第 122862 号

商标实务指南(第 3 版)
SHANGBIAO SHIWU ZHINAN(DI 3 BAN)

张　锐　主编

策划编辑 沈小英
责任编辑 刘晓萌
装帧设计 李　瞻

出版 法律出版社
总发行 中国法律图书有限公司
经销 新华书店
印刷 中煤(北京)印务有限公司
责任校对 杨锦华　郭艳萍
责任印制 吕亚莉

编辑统筹 法治与经济出版分社
开本 787 毫米×1092 毫米　1/16
印张 51.75
字数 1150 千
版本 2019 年 6 月第 3 版
印次 2020 年 12 月第 2 次印刷

法律出版社/北京市丰台区莲花池西里 7 号(100073)
网址/www.lawpress.com.cn
投稿邮箱/info@lawpress.com.cn
举报维权邮箱/jbwq@lawpress.com.cn
销售热线/400-660-8393
咨询电话/010-63939796

中国法律图书有限公司/北京市丰台区莲花池西里 7 号(100073)
全国各地中法图分、子公司销售电话:
统一销售客服/400-660-8393/6393
第一法律书店/010-83938432/8433　西安分公司/029-85330678　重庆分公司/023-67453036
上海分公司/021-62071639/1636　深圳分公司/0755-83072995

书号:ISBN 978-7-5197-3618-7　**定价**:188.00 元
(如有缺页或倒装,中国法律图书有限公司负责退换)